KB083439

文明論之概略

### 지은이

**후쿠자와 유키치**(福澤諭吉, 1834~1901) 1834년 12월 12일(음력) 일본 오사카에서 후쿠자와 하쿠스케 (福澤百助)의 2남 3녀 중 막내로 태어났다. 하쿠스케는 나카쓰 번의 하급무사로 당시 나카쓰 번의 오사카 구라야시키(藏屋敷)에서 근무하고 있었다. 1836년 6월 부친이 세상을 떠나자 어머니를 따라 나카쓰로 이주하여 어린시절을 보냈다. 1854년 나가사키에서 유학했고 이어 오사카로 가 오가타 고안의 데키주쿠(適塾)에서 난학을 배웠다. 1858년 에도 쓰키지 뎃포즈(鐵砲州)에서 자신의 난학숙(게이오대학의 전신)을 개설했다. 그 뒤 막부 사절단을 따라 세 차례 미국과 유럽을 다녀왔고, 이때의 경험을 토대로 『서양사정』등을 저술하며 계몽활동에 전념했다. 메이지유신 뒤에는 메이로쿠샤(明六社)를 설립하여 학술활동을 하였고, 1879년 도쿄학사회(현재의 일본학사원) 초대 회장에 취임했다. 1882년에는 지지신보(時事新報)를 창간해 언론인으로 활동했다. 1901년 1월 25일(양력) 뇌출혈로 세상을 떠났다. 『학문의 권장』, 『문명론 개략』등 모두 56권의 저술을 남겼으며, 메이지를 대표하는 교육자, 언론인, 사상가로 오늘날까지 존경받고 있는 인물이다. 1만 엔 일본 지폐에 그의 얼굴이 실려 있다.

### 역주 · 해제

**성희엽**(成熙曄, Seong Heui Yeob) 국제지역학 박사. 일본근대사 전공. 서울대학교 자연과학대학 화학과를 졸업한 뒤 동아대학교 동북아국제대학원을 거쳐 국립 부경대학교 국제지역학부 대학원에서 일본 근대사에 관한 연구로 박사학위를 받았다. 부산광역시청, 기획재정부에서 근무했으며 부산동서대학교 대학원 일본 지역 연구과에서 초빙교수로 강의했다. 지금은 부경대학교 일어일문학부에서 일본학에 관해 강의하고 있다. 저서로는 『조용한 혁명』(2016)이 있다.

### 문명론 개략

**초판 1쇄 발행** 2020년 9월 10일
**초판 2쇄 발행** 2022년 8월 15일
**지은이** 후쿠자와 유키치 **옮긴이** 성희엽 **펴낸이** 박성모 **펴낸곳** 소명출판 **출판등록** 제13-522호
**주소** 서울시 서초구 사임당로14길 15 서광빌딩 2층
**전화** 02-585-7840 **팩스** 02-585-7848 **전자우편** somyungbooks@daum.net **홈페이지** www.somyong.co.kr

값 34,000원   ⓒ 성희엽, 2020
ISBN 979-11-5905-546-1 03910

잘못된 책은 바꾸어드립니다.
이 책은 저작권법의 보호를 받는 저작물이므로 무단전재와 복제를 금하며,
이 책의 전부 또는 일부를 이용하려면 반드시 사전에 소명출판의 동의를 받아야 합니다.

후쿠자와 유키치

미국을 방문한 간닌마루 일행(1860년 12월), 맨 오른쪽이 후쿠자와이다.

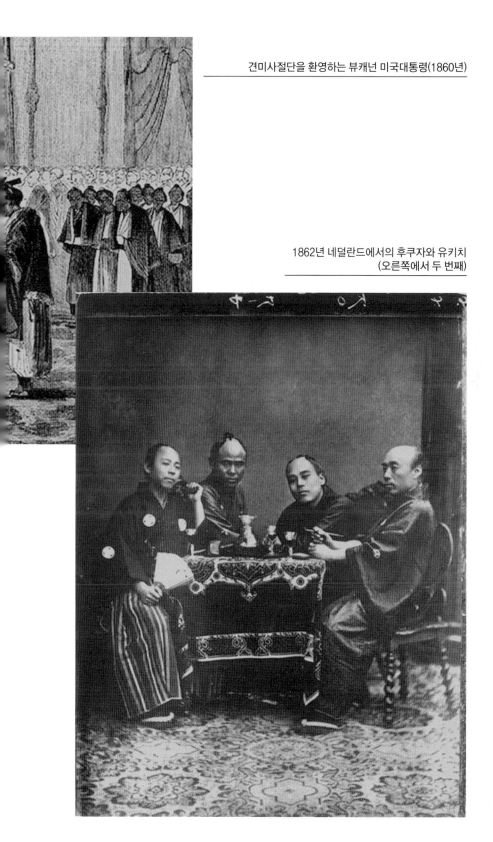

견미사절단을 환영하는 뷰캐넌 미국대통령(1860년)

1862년 네덜란드에서의 후쿠자와 유키치
(오른쪽에서 두 번째)

게이오대학 및 난학의 발상지(도쿄 성 루카병원 옆)

1833년 총58권으로 완성된 Doeff-Halma 사전(데키주쿠 소장)

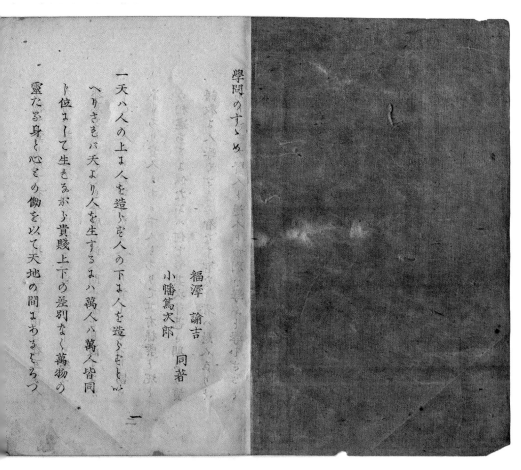

『학문의 권장』 초판본(1872년)

후쿠자와 유키치의 친필 '독립자존(獨立自尊)'

후쿠자와 유키치의 딸들

후쿠자와 유키치와 부인(1900년)

후쿠자와 유키치와 두 아들(1872년경)

후쿠자와 유키치 구택(나카쓰시)

후쿠자와가 어린 시절 공부하던 창고(나카쓰시 구택)

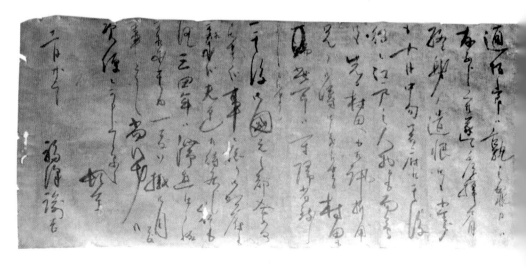

후쿠자와 유키치의 자필 편지 중 가장 오래된 편지(1858년 11월 22일)

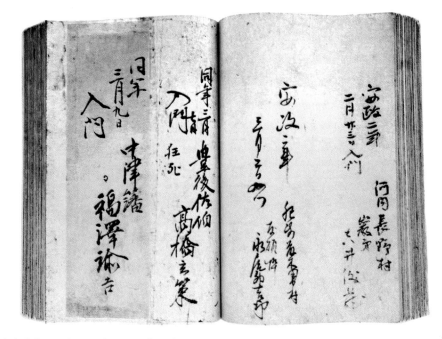

후쿠자와의 오사카 데키주쿠 입문 기록(1856년 3월 9일)

오카타 고안(오사카 데키주쿠의 스승)

후쿠자와 유키치 흉상(게이오대학 도쿄 미타캠퍼스)

후쿠자와 유키치 탄생지 유적(오사카 아사히방송국 근처)

후쿠자와 유키치 묘(도쿄 미나토구 아자부 젠푸쿠지)

독립자존탑(규슈 오이타현 나카쓰시 나카쓰성 안)

문명론 개략

# 文明論之概略

후쿠자와 선집
01

후쿠자와 유키치

**성희엽 옮김**

라셀라스 : 유럽인들은 어떻게 그리 강한가?

이믈락 : 그들이 우리보다 강한 건 지혜롭기 때문입니다, 폐하.

　　　　인간이 동물을 지배하듯,

　　　　지혜는 언제나 무지를

　　　　지배할 것입니다.


— 새뮤얼 존슨(Samuel Johnson),

　『라셀라스(The Prince of Abissinia : A Tale)』(1759) 중에서

## 일러두기

이 책의 저본, 한글표기 등은 다음과 같이 정하였다.

1) 저본 및 주요 참고서적

① 저본은 1898년 후쿠자와 생전에 간행된 『후쿠자와 전집(福澤全集)』 3(時事新報社, 1898)을 기준으로 삼았다. 후쿠자와 생전에 편집된, 마지막 판본이라는 점 외에도 지지신보사 사장으로 있던 차남을 통해 자신이 직접 『전집』 간행에 관해 세세한 사항까지 직접 관여했기 때문이다. 이 『전집』은 각 권마다 2천 권씩 모두 1만 권이 간행되었다. 그밖에 1958년 간행된 『후쿠자와전집(福澤諭吉全集)』 4(岩波書店, 1958)과 2012년 간행된 『후쿠자와유키치저작집(福澤諭吉著作集)』 4(慶應義塾出版會, 2002~2003)을 참고하였다.

② 이 책의 주해에는 마루야마 마사오, 이토 마사오, 마쓰자와 히로아키의 책(마루야마 마사오, 김석근 역, 『『문명론의 개략』을 읽는다』, 문학동네, 2007; 福澤諭吉, 伊藤正雄 譯, 現代語譯, 安西敏三 補註 · 解題, 『文明論之槪略』, 慶應義塾大學出版會, 2010; 福澤諭吉, 松澤弘陽 校注, 『文明論之槪略』, 岩波文庫, 2001)을 참고하였다. 이토 마사오와 마쓰자와 히로아키의 책은 후쿠자와 유키치가 『문명론 개략』을 집필하면서 참고했던 동 · 서양의 고전이 자세하게 밝혀져 있다.

③ 위의 저서를 참고하면서 역사적 사실이나 한자 숙어, 문장의 의미와 같이 사실에 관한 부분은 관련 서적을 따로 확인하였으며, 별도로 인용 내지 참고 표기를 하지 않았다. 다만 독창적인 의견이나 해석에 해당하는 내용일 경우에는 인용한 부분을 표기하였다.

④ 그밖에 현재까지 일본 국내에 간행되어 있는 현대 일본어 번역 『문명론 개략』도 여러 권 참고하였다. 『문명론 개략』이 처음 나온 해가 1875년이다 보니 현대의 일본 사람들도 쉽게 이해할 수 없는 말들이 많이 있다. 따라서 일본에서도 낭내 사람들이 쉽게 읽을 수 있도록 새로운 일본어 번역이 계속 나오고 있다. 이 책을 번역하면서 참고한 현대 일본어 번역 『문명론 개략』은 다음과 같다. 福澤諭吉, 先崎彰容 全譯, 『文明論之槪略』, 角川文庫, 2017; 福澤諭吉, 齋藤孝 譯, 『現代語譯文明論之槪略』, ちくま文庫, 2013; 福澤諭吉, 伊藤正雄 譯, 『文明論之槪略』, 慶應義塾大學出版會, 2010.

2) 날짜 및 법령의 표기

① 날짜의 표기 : 일본은 1872년(메이지 5년) 11월 9일(양력 1872.12.9) 태음력을 폐지하고 태
   양력을 채택하는 조서를 발표하여, 1872년 12월 3일을 1873년 1월 1일로 정하였다. 이로써
   날짜 표기가 연호·음력에서 연호·양력으로 바뀌었다. 따라서 이 책에서는 원칙적으로 이
   날을 기준으로 그 이전은 연호를, 그 이후는 연도를 사용하여 표기하였다. 날짜는 그 이전은
   음력으로 그 이후는 양력을 사용하였다. 예외적으로 막부 말기 일본이 서양 국가들과 체결
   한 조약에 정해진 개항, 개시(開市) 일정은 별로의 언급이 없는 한 양력으로 표시하였으며,
   서양에서 일어난 사건도 양력으로 표기하였다.

② 사람의 생몰연대는 1872년까지는 일본의 연호·음력으로, 그 이후는 연도로 표기하였다.

③ 연령의 표기 : 일본은 1950년 1월 1일을 기준으로 연령 표기를 수 연령(數年齡) 표기에서 만
   연령(滿年齡) 표기로 바꾸었다. 따라서 이 책도 이 기준에 따랐다. 다만 외국인은 이와 상관
   없이 만 연령으로 표기하였다.

④ 법령의 공포일은 천황이 재가한 일자 혹은 제정된 일자가 아니라 그 법령이 관보에 등재된
   날짜를 기준으로 삼아 표기했다. 다만 1886년(메이지19년) 2월 26일 공문식(公文式)공포
   이전의 법령과 대만총독부, 조선총독부의 율령(律令), 제령(制令), 부령(府令)은 재가 일자
   를 기준으로 표기하였다.

⑤ 법령의 표기는 공문식 공포 이전에는 항목 끝에 괄호를 두어 법령의 발령 주체와 형식을 약
   호로 표시하였다(太布＝太政官布告, 太布達＝太政官布達, 太達＝太政官達). 태정관포고
   제254호 이전까지는 법의 형식이 매우 애매모호하였기 때문에 명시적인 표기를 피하고 있
   는 경우가 많다. 한편 일본의 법령전서는 1868년에서 1870년까지는 발령주체와 상관없이
   발령 일자에 따라 편찬되어 있고, 1871년 이후에는 발령주체에 따라 편찬되어 있다. 이는
   1870년까지는 정부의 관제가 정비되어 가는 과정이어서 발령 주체의 확정이 곤란했기 때문
   이다. 이러한 혼란은 공문식이 공포되어 법령의 표기가 발령 주체와 형식에 따라 매우 세부
   적으로 정해짐에 따라 사라졌다.

3) 일본어의 한글 표기

① 이 책의 일본어 표기는 국립국어원의 일본어 표기법을 따랐다. 다만 국립국어원의 현재 표
   기법은 글로벌시대 한글의 위상과 전혀 어울리지 않는 많은 문제점을 가지고 있다. 외국어

표기법은 인문학의 기초에 해당하는 중요한 일로서 국립국어원을 포함하여 일본 연구와 관련된 모든 학회와 학자 그리고 출판계가 함께 책임의식을 가지고 하루속히 해결할 필요가 있다.

② 일본어 인명, 지명, 행정구역 등의 고유명사는 일본어음으로 읽어주는 것을 원칙으로 하였다. 다만 이미 우리나라에서 관용적으로 굳어져 있거나, 그 의미를 명확히 드러내기 위해 꼭 필요한 경우에 한하여 한자음을 우리식으로 적고 괄호 안에 일본어 발음을 표기해 두었다.

③ 도래인과 중국인의 이름은 한자음을 우리식으로 적고 괄호 안에 일본어 발음을 표기해 두었다. 그 밖의 외국인의 이름은 그 나라의 발음을 기준으로 하였다.

④ 일본어로 쓴 책의 제목은 일본어음을 그대로 적는 것을 원칙으로 하였다. 다만 국학자들이 쓴 책은 고대 일본어로 표기되어 있는 경우가 많아 이 원칙을 그대로 따르기 어렵다. 그럴 경우 책 제목과 주요 개념은 발음하는 것도 그 의미를 이해하는 것도 모두 어려워 독자들에게는 아무런 실익이 없기 때문이다. 이런 문제점 때문에 국학자들의 책 제목과 중요개념의 표기는 고대 일본어음과 우리식의 한자어 발음 중 독자들이 이해하고 익히기 쉬운 표기법에 따라 선택적으로 표기했다.

⑤ 우리나라에서는 천황의 호칭으로는 현재 '천황'과 '일왕' 두 가지를 함께 사용하고 있다. 이 책에서는 천황의 호칭이 일본 역사서에 처음 등장하는 7세기 중엽 덴치(天智) 천황 이후의 천황은 천황으로, 그 이전의 천황은 왕 또는 여왕으로 표기하였다. 천황의 가족도 이 기준에 따라 적어 두었다. 이러한 호칭은 그 나라에서 사용하는 대로 표기해주는 것이 옳다.

4) 참고문헌의 표기
참고문헌은 처음에만 상세히 표기하였고, 그 다음부터는 책 이름과 쪽수만 간략히 표기하였다. 같은 저자가 여러 권의 책이 있을 경우에는 책 이름 뒤에 발행년도를 표시하여 구분하였다.

1875년, 일본은 혁명과 문명의 갈림길에 서 있었다. 유신정변으로 수립된 유신정부는 내란이 진정되자마자, 강력한 중앙집권화 정책과 함께 문명개화정책을 빠른 속도로 추진했다. 이에 따라 전통적인 봉건사회가 근대 사회로 정신없이 바뀌어갔다.

말 그대로, 천지개벽과 같은 급격한 이러한 사회변화는, 일반 백성들에게도 사무라이들에게도 매우 낯선 것이었다. 무위武威와 수직적 신분질서를 토대로 유지되던 에도 봉건사회와 개인의 능력과 수평적 인간관계를 토대로 성립된 근대사회는 너무나 달랐다. 더욱이 700년 가까이 지속된 구체제가 해체되는 데 채 3년이 걸리지 않을 정도로 그 속도는 빨랐다. 속도가 빨랐다고 해서 혁명 주체세력들이 이러한 사회변화를 미리 다 계획하고 있었던 것도 아니었다. 시행착오를 겪으며, 닥치는 문제들을 하나씩 해결해나갔을 뿐이었다.

시간이 흐를수록 유신정부의 문명개화정책에 반대하는 세력도 늘어났다. 역설적이게도 이 반대세력은 유신을 주도했던 사쓰마, 조슈에서 많이 나왔다. 특히 사쓰마 사무라이들의 불만이 컸다. 다른 곳도 아니고, 유신정변의 최대 공헌자인 사쓰마의 불만은 간단한 일이 아니었다. 더욱이 사쓰마라는 이름은 일본에서 가장 용맹한 사무라이로 통했다. 그것은 선대 사무라이들이 숱한 전투를 치르며 쌓아올린 명예였다.

정유재란 때의 사천왜성전투와 노량해전이 바로 사쓰마와의 전투였다. 1598년 10월 1일(양력 10월 31일) 사천왜성전투에서 12,000명의 사쓰마군이 29,000명의 조·명연합군을 대파했다. 임진왜란, 정유재란을 통틀어 가장 처참한 전투였다. 조·명연합군 8,000명이 전사했다.[1] 이로 인해 시마즈가는 군신으로까지 칭송된다. 노량해전은 이순신 장군의 마지막 전투다. 이순신은, 순천왜성에 고립된 고니시 유키나가군을 구출하기 위해, 500척의 대함대를 이끌고 순천으로 향하던 사쓰마군을 괴멸시켰다. 이때 시마즈함대는 겨우 50척만 살아남았다. 큰 타격을 입었지만 대신 사쓰마의 희생 덕분에 고니시군은 탈출에 성공했고, 사쓰마는 패전의 불명예를 이로써 덮을 수 있었다. 이처럼 사쓰마라는 이름은 또 우리에게 전혀 다른 의미를 갖고 있다.

사쓰마의 용맹함은 그 2년 뒤 벌어진, 세키가하라 전투(1600)에서도 이어졌다. '시마즈의 적중돌파'라고 불리는 전투이다. 이 전투에서 시마즈군은, 도쿠가와 이에야스의 동군으로부터 삼면으로 포위되자, 적 본진의 정면을 기습 돌파한 뒤, 죽음을 각오한 병사들이 적병의 추격을 화승총으로 가로막으며 지연시키는 사석捨石 작전 끝에 기적적으로 주군을 생환시켰다. 오로지 주군의 생환이라는 목적을 위해 대부분의 병사들이 목숨을 바친 처절한 전투였다. 1,500명 중 80명만이 살아남았다. 전국시대의 내전과 임진왜란, 정유재란, 세키가하라 전투 등 숱한 전투에서 주군 가의 사무라이들이 직접 일반 사병들과 함께 전투를 치르며 쌓아올린 두터운 신뢰가 있었기에 가능한 일이었다. 이 세 전투를 지휘했던 장수는 시마즈가의 번주 시마즈 요시히로였다. 사쓰마 사무라이 강건한 기풍은 막부 말기 유신 동란 때에도 두드러

---

1    시마즈가의 사서인 『시마즈중흥기』에는 시마즈 군대 8,383명 등이 조·명연합군 38,717명의 목을 베어 그 코를 잘라 10개의 큰나무통에 넣어 소금으로 절여 본국에 보냈다고 기록되어 있다. 이 전투에는 시마즈 요시히로 외에도 그의 형 시마즈 요시히사와 그의 아들 시마즈 요시히로가 출전했다.

지는 힘을 발휘했다. 쇼군가의 상속자들이 연속적으로 유약했던 반면 시마즈가에서는 줄곧 강한 개성과 탁월한 능력을 가진 인물이 나와 메이지유신 직후까지 정국을 주도했다.

하지만 거기까지였다. 근대국가 수립이라는 문명의 과제와 사쓰마 사무라이의 기풍 사이에는 너무나 깊은 골이 자리 잡고 있었다. 사무라이의 자존심과 용맹함만으로 건너기에는 전통사회과 근대문명 사이에 놓인 골은 너무 싶었다. 한 발을 이 쪽 언덕에 둔 채 다른 한 발로 근대문명의 언덕으로 건너가려고 했지만 그건 이뤄질 수 없는 환상이었다.

자부심이 강한 만큼 항상 가난에 찌들렸던 사쓰마 사무라이들은 문명개화정책이 자신들의 특권마저 뺏어가려 한다고 받아들였다. 유신정부로부터 자신들의 공헌을 인정받고 적절한 보상을 기대했던 이들에게 이는 참을 수 없는 모욕이었다. 이에 이들은 사이고 다카모리에게 몰려가, "우리가 이러려고 혁명했나"라며, 사쓰마 사무라이의 자존심에 호소했고, 혁명의 대의를 다시 내세우며, 대외적인 군사행동까지 암시했다. 결국 이들은 근대문명의 문턱에서 봉건적 허상을 간직한 채 장렬하게 쓰러지는 길을 택했다. 이들에게는 근대문명보다 봉건적 신분사회가, 나라 전체의 이익보다는 번의 사적 이익이, 근대적 가치보다는 주군과의 의리가 더 중요했다. 하지만 이들의 용맹함은 근대적 병기로 훈련된 농민 출신 정부군조차 이길 수 없었다. 한 시대가 그렇게 저물었다.

이처럼 혁명과 문명은 전혀 다르다. 그 주체도 다르고 과제도 다르다. 이 둘을 구별하지 못해 많은 나라들이 혁명의 광기에 휩싸여 대외전쟁 때보다 더 많은 희생과 혼란을 겪어야 했다. 대혁명 이후의 프랑스가 그랬고, 전제군주의 압제와 제국주의 국가들의 침략에서 벗어나기 위해 계급 혁명의 길을 선택했던 사회주의 나라들이 그렇다. 프랑스는 절대군주를 처형하는 대신 한때 로베스피에르를 절대 권력자로 숭배했고, 노트르담 성당의 성상을 모두 파괴하고 대신 볼테르와 루소를 이성의 신으로 모셨다. 사회주의 국가들은 아직도 기독교 신 대신 마르크스-레닌주의와 혁명가들을 그들의 신과 성인으로 숭배하고 있다.

문명에는 개인의 자유가 있는 반면 혁명에는 개인의 자유가 없다. 혁명에서 문명으로 나아간 사회와 혁명 그 자체에 머무르다 후퇴한 사회의 차이는 바로 여기에 있다. 내가 메이지유신 전후 일본의 발전과정에 관심을 두고 있는 이유도 이 시기 일본사회에는 이미 개인의 자유를 바탕으로 성립된 서구 문명사회를 통찰했던 치열한 지적 고투들이 있었기 때문이다.

유신 직후 일본에서는 사쓰마 사무라이들 외에도 혁명의 대의를 주장했던 세력은 여럿 있었다. 유신정변에 참여했던 일단의 국학자들이 그중 대표적인 세력이다. 이들도 유신정부의 문명개화정책과는 전혀 반대방향으로 움직이고 있었다. 이들이 생각하는 혁명의 대의는 천황친정체제의 부활이었고 그 중심에는 만세일계의 천황관이 자리 잡고 있었다. 이처럼 유신정변 직후에는 여러 세력들이 각자가 믿는 사적인 혁명 대의를 내세우며 움직이고 있었다. 적어도 1877년 서남전쟁의 패배로 사쓰마 사무라이들이 반란의 꿈을 완전히 접기 전까지는 유신정부의 미래를 예측할 수 없었다.

이로써 알 수 있듯이 근대국가의 수립이라는 근대 일본의 위업은 누군가가 미리 예비해놓은 길을 따라 흔들림 없이 앞으로 나아가며 완성한 것이 아니다. 오히려 끊임없이 흔들리고 뒤틀리는 가운데 유신정부와 민간의 치열한 노력 끝에 하나하나 만들어져간 것이다. 다만 한 가지 분명한 사실은 그러한 흔들림 속에서도 일본의 지도자들은 사적인 혁명 대의보다는, 문명세계의 보편적인 가치와 제도의 중요성을 일찍 깨쳤고, 이를 일본 사회에 맞춰 도입하기 위해 헌신적인 노력을 아끼지 않았다는 점이다.

후쿠자와 유키치와 『문명론 개략』도 이런 흐름 속에서 이해해야만 그 진정한 가치를 알 수 있다. 후쿠자와는 아담 스미스, 월터 배젯, 알렉시스 드 토크빌, 제임스 밀, 찰스 다윈, 허버트 스펜서 같은 서구 근대 사상가들과의 지적 고투를 거치며 사적인 혁명 대의가 아니라 자유, 공화, 독립자존이라는 서구 근대문명의 보편적 가치를 일찍 깨달았고, 그 위에서 근대문명사회로 나아가기 위해서는 이러한 서구의 정신문명부터 받아들이지 않으면 안 된다고 주장했다. 대부분의 문명개화론자들조차 서구 물질문명과 일본 혼을 적당하게 절충하는 방식, 즉 화혼양재和魂洋才를 주장하고 있을 때였다.

1875년의 시점에서 이는 결코 쉬운 일이 아니다. 그 뒤 조선과 청이 걸어갔던 길만 봐도 잘 알 수 있다. 절대왕정체제도, 전체주의 국가도, 사회주의 국가도 짧은 기간 특정한 역사적 국면에서는 나라 안의 모든 인력과 자원을 짜내 급속한 국가 발전을 이룰 수가 있지만, 장기간 동안 지속적인 국가 발전을 이룰 수 있는 길은 개인의 자유와 창의성을 보장해주는 방법 외에는 달리 없다. 『문명론 개략』의 사상적 의의는 이처럼 자유, 공화, 독립자존이라는 서구의 근대적 가치를 동양사회에 가장 먼저, 가장 체계적으로 제시해 주었다는 데 있다.

『문명론 개략』은 또 자유, 공화, 독립자존 같은 서구문명의 보편적 가치들이 일본 사회에 어떻게 수용되었는지를 알려 주는 매우 중요한 책이다. 일본에서는 이미 18세기 중반부터 의학과 과학·기술 서적을 중심으로 일본에서 번역되기 시작하여, 1870년대에 이르면 서구의 근대사상, 정치제도, 법률, 역사 등 서구 근대 정신문명에 관한 지식까지 번역되고 체계화되는데.

『문명론 개략』은 에도시대 '백년의 정신혁명'이라고도 불릴 수 있는, 이 100여 년 동안 축적된 일본의 근대적 지식의 정점에 있는 책이기 때문이다.

『해체신서』(1774) 이후 『문명론 개략』에 이르기까지 이 백 년 동안 일본 사회는 근대적 과학정신과 서구의 근대적 가치를 내부에 축적했고 이 지식과 가치의 힘을 토대로 봉건적 에도 사회를 서구 근대사회로 탈바꿈해나갔다. 다시 말해 일본의 근대국가 수립과정은 표면적으로 보면 메이지유신이라는 정치군사적 변혁과 그 뒤의 문명개화정책에 의해 완수되었지만 이 두 과정을 모두 이끈 근원적인 힘은 에도시대 '백년의 정신혁명'을 통해 뿌리내린 근대적 과학정신과 근대적 가치, 그리고 근대적 공적 사명감이었다고 말할 수 있다.

마지막으로 이 자리를 빌려 감사의 마음을 전하고 싶은 분들이 있다. 부족한 제자를 학문의 길로 인도해주신 부경대학교 인문대학장 김진기 교수님, 사랑하는 아내와 아이들, 가족들, 책 친구들, 그 밖에 일일이 이름을 다 밝힐 수 없는 소중한 분들께 진심으로 감사드린다. 소명출판 대표님과 직원들께도 당연히 감사드린다. 이 분들의 따뜻한 격려와 보이지 않는 응원이 있었기에 이 책을 끝낼 수 있었다. 세상은 고되지만 따뜻하다.

## 차례

# '혁명'[1]에서
# 자유·공화·독립자존의 '문명'으로
### 동아시아의 근대적 개혁운동과 『문명론 개략』의 사상사적 의의

이 책은 후쿠자와 유키치福澤諭吉(1834~1901)의 『문명론 개략』(1875)을 한글로 옮긴 것이다. 『문명론 개략』은 출간 이후 오늘에 이르기까지 숱한 우여곡절을 겪으면서도 여전히 일본인으로부터 많은 사랑을 받고 있는 고전

---

1   여기서 '혁명'은 사쓰마·조슈 등 혁명주체 세력들이 제각기 생각하던 혁명대의를 가리킨다. 특히 사쓰마·조슈 사무라이들은 대부분 자신들이 혁명을 한다고 생각했다. 하지만 이들이 생각하는 혁명은 서구의 근대적인 혁명과는 달랐다. 유신정변이 성공한 뒤에도 이들에게는 근대문명국가에 관한 청사진이라고 할 만한 것이 전혀 없었다. 대부분의 사무라이들은 막부정권 대신 두 번이 주도하는 혁명정부가 수립되어 그로부터 혁명의 공과에 따른 보상을 받으리라고 기대할 뿐이었다. 이처럼 이들이 생각하는 혁명은 막부권력의 탈취에 지나지 않았다. 유신정부 초기 사무라이들의 반란은 이러한 기대가 무산되면서 일어난 것이었다. 멀리 프랑스 대혁명 시기 혁명공회의 공포정치를 꺼낼 것도 없이, 혁명의 열기는 문명의 가치를 실현하는 법과 제도와 습속으로 안착되지 못할 경우, 언제든지 반혁명, 반문명의 광란으로 쉽게 변질될 수 있다. 다행히 유신정부 지도자들은 이들의 광란에 휩쓸리지 않고, 혁명을 넘어 문명으로 나아갔다. 혁명은 짧고 문명은 길다. 그만큼 정치혁명 뒤의 문명화 과정은 힘들다. 유신 정부는 혁명대의를 내세우며 호소하는 동지들을 단호하게 진압하면서 문명개화정책을 밀고 나갔다. 그것은 불과 얼마 전까지 생사를 함께 나눴던 혁명동지들과의 냉혹한 결별을 의미했다. 하지만 다른 한편으로 그것은 사적인 권력탈취를 넘어 새로운 차원의 '공의(公議)' 즉 근대'일본의 탄생'으로 나아가는 길이었다. 『문명론 개략』은 서구문명이 '자유'와 '공화'라는 근본가치 위에 놓여있음을 일깨워줌으로써, 근대 일본이 그러한 문명의 길로 향해 나아가는데 크게 기여했다.

이다. 후쿠자와는 청淸과 조선의 근대적 개혁가들에게도 많은 영향을 미쳤다. 1860년대 청의 양무개혁파, 1898년 이후 청의 변법개혁파, 조선의 개화파 가운데 많은 인물들이 그의 영향을 받았다. 특히 김옥균을 비롯한 조선의 개화파들은 후쿠자와 유키치와 아주 깊은 관계를 맺고 있었다. 따라서 먼저 후쿠자와 유키치의 생애와 그의 주요 저작, 그리고 조선 및 청 말기 두 나라 개혁운동가들과의 연관성 등을 먼저 살펴본 뒤『문명론 개략』의 주요 내용과 의의에 관해 설명하도록 하겠다.

## 한 몸으로 두 생生을 살다

후쿠자와 유키치는 1834년 12월 12일(음력)[2] 일본 오사카에서 후쿠자와 하쿠스케福澤百助의 2남 3녀 중 막내로 태어났다. 하쿠스케는 규슈 나카쓰 번의 하급무사로 당시 오사카에 있던 나카쓰 번 구라야시키藏屋敷[3]에서 근무하고 있었다. 후쿠자와의 이름에 쓰인 '유諭' 자는 '깨우치다'는 의미를 가지고 있는 한자로,『상유조례上諭條例』의 '유諭' 자에서 따온 것이다.『상유조례』는 청나라 옹정제에서 건륭제까지의 조칙, 칙령, 정령 등을 편년체로 편찬한 책인데, 수년 동안 이를 갖고 싶어 하던 하쿠스케가 유키치가 태어난 날 마침 이를 구입하게 되어, 기쁜 마음에 이 '유諭' 자와 '길하다'는 의미를 갖고 있

---

2   이 책에서 날짜는 일본이 음력에서 양력으로 바꾸는 1873년 1월 1일을 기준으로 하여 그 이전은 음력으로, 그 이후는 양력으로 표기하였다. 자료에 따라 후쿠자와 유키치의 탄생년도가 1834년 혹은 1835년으로 표기되는 것은 양력인지 음력인지 명확하게 구분하지 않아서 생기는 혼동이다.

3   에도시대 오사카에서는 쌀(연공미)과 특산물 등 각 지역의 생산품이 집결, 유통되었다. 이 때문에 각 번은 이곳에 물류창고와 사무소를 두고 특산물을 유통시켜, 번과 영주의 에도생활에 필요한 다른 물품과 경비를 조달하였다. 이런 물류창고 겸 번 사무소를 '구라야시키'라고 불렀다. 현재의 오사카 북구 나카노시마 주변에 각 번의 구라야시키가 몰려 있었다. 가장 많았던 때인 에도시대 말기에는 그 수가 124개나 되었다.

는 '길吉' 자를 써서 유키치라고 이름지었다고 한다. 이렇듯 그의 부친은 유학적 소양이 높은 학자풍의 사무라이였다. 하지만 신분이 낮아 번 안에서 중요한 직책을 맡지는 못하고 지내다가, 1836년 6월 병으로 갑자기 세상을 떠났다. 후쿠자와 유키치는 부친이 그리울 때마다 봉건 문벌체제에 가로막혀 뜻을 펼치지 못했던 그를 그리워하며 눈물을 흘리곤 했다.[4]

1854년 19세 때 후쿠자와 유키치는 형의 권유로 나가사키로 가 난학에 입문했고, 이어 오사카에 있던 오가타 고안의 데키주쿠適塾[5]에서 3년 동안 난학을 집중적으로 공부했다. 오가타 고안은 의사이자 의학자로서 일본 최초로 천연두 접종을 실시하고, 1858년 에도에 콜레라가 크게 유행했을 때에는 콜레라 치료 지침을 만들어 이를 퇴치하는 데 크게 기여했던 인물이다. 일본 최초의 병리학 책인 『병학통론』 등 기초 의학 관련 책도 여러 권 남겼다. 후쿠자와는 데키주쿠에서 의학 외에 물리, 화학 등 자연과학도 배웠으며, 데키주쿠를 마친 뒤에는 번의 명령에 따라, 1858년 10월부터 에도 쓰키지 뎃포즈鐵砲州의 나카쓰 번저 귀퉁이에 자신의 난학숙을 열어 학생들을 가르치기 시작했다.

---

4  이와 관련하여 후쿠자와는 『자서전』에서 "문벌은 나의 원수다"라고 적고 있다. 후쿠자와 유키치, 허호 역, 『후쿠자와 유키치 자서전』, 이산, 2004, 27~29쪽, 67쪽. 후쿠자와는 봉건 문벌제도로 인해 재능을 발휘하지 못하고 세상을 떠난 부친에 대해 깊은 연민을 가지고 있었다. 한편 하루스케는 나카쓰에서는 드물게 1,500권 정도의 많은 장서를 보유하고 있었다고 한다.

5  오가타 고안(緒方洪庵, 1810~1863)은 오사카 지역의 난학을 대표하는 난의학자다. 1849년 종두소를 설립하여 제너의 종두법에 따라 천연두 접종을 시행했고, 1858년에는 콜레라 퇴치 지침을 만들어 보급하는 등 예방의학과 공중위생 확립에 선구적인 역할을 했다. 이런 공으로 1862년 막부 의학소 소장에 임명되었지만 다음해 병으로 갑자기 세상을 떠났다. 데키주쿠는 그 뒤 1886년까지 운영되다가 오사카 대학 의학부로 편입되었다. 후쿠자와 유키치 외에도 많은 인물들이 데키주쿠에서 공부한 뒤 의사로 활동하거나 유신 동란에 뛰어들었다. 대표적인 인물로는 하시모토 사나이(1834~1859), 오무라 마스지로(1824~1869)가 있다.

1860년에서 1867년까지 막부 사절단을 따라 세 차례 서양나라를 방문하였고, 그때의 경험과 관찰을 토대로『서양사정』을 저술[6]하여 이름을 알렸다. 유신 정변이 일어나던 해인 1868년 자신의 난학숙 이름을 그때의 연호를 따 게이오의숙으로 바꾼 뒤,[7] 교육과 집필 및 계몽활동에 전념했다. 1873년 모리 아리노리 등과 함께 메이로쿠샤明六社[8]를 설립하여 메이지 초기의 계몽학술운동을 주도했고, 1879년 도쿄학사회(현재의 일본학사원) 초대 회장에 취임했다. 1882년에는『지지신보時事新報』를 창간하여 언론인으로서 활동했다.『서양사정』『학문의 권장』,『문명론 개략』 등 모두 56권을 저술했으며, 메이지기 근대 일본을 대표하는 교육자, 언론인, 사상가로서 일본에 서구의 근대

6   후쿠자와는 모두 세 차례(1860년, 1862년, 1867년) 사절단을 따라 갔는데, 1862년 견구사절단 때에는 1년 동안 프랑스, 네덜란드, 영국, 프러시아, 러시아, 포르투갈 등 6개 국가를 방문했다. 이때 조사한 자료(『서항수첩(西航手帳)』)와 구입 도서를 토대로『서항기(西航記)』를 먼저 펴낸 뒤, 1866년 12월『서양사정 초편(初編)』을 발간했다. 참고로 막부말기 일본은 모두 7차례 해외사절단을 파견하였다. 자세한 내용은 성희엽,『조용한 혁명』, 2016, 156~159쪽. 성희엽,「메이지유신과 근대적 지식인의 탄생-일본 근대국가형성에 미친 후쿠자와 유키치의 사상적 역할」,『메이지유신의 새로운 조명』(메이지유신 150주년 특별기획 학술대회 자료집), 일본사학회 · 고려대아세아문제연구소, 2018.9.15 참조.
7   게이오대학은 이 날을 개교기념일(1868.4.23(양력))로 삼고 있다.
8   메이로쿠샤는 메이지6년(1873) 설립된 일본 최초의 민간학술단체다. 설립에 참여한 사람은 모두 10명으로 당시 지식인 사회를 대표하는 인물들이었다. 초대 회장은 미국유학을 마치고 막 돌아온 만 26세의 모리 아리노리가 맡았다. 기관지로『메이로쿠잡지』을 발간했고, 폐간될 때까지 모두 43회, 156편의 논문이 실렸다. 그중 쓰다 마미치가 29편, 니시 아마네가 25편 발표했고, 후쿠자와 유키치는 3편 게재했다. 베이컨, 토마스 홉즈, 스펜스, 블룬칠리, 헨리 버클 등의 저서를 발췌 번역하여 실은 것도 모두 16편 있다.『메이로쿠잡지』에서는 또 학술과 정책에 관한 지상 논쟁도 벌어졌는데, 학자직분 논쟁, 민선의원설립 논쟁, 국어국자 논쟁, 축첩 논쟁 등이 있다. 이는 그 이전의 지식인 사회에서는 볼 수 없었던 새로운 광경이었다. 학술적인 잡지였음에도 불구하고 매회 평균 3,205권이 팔릴 정도(43회 동안 발간된 전체 잡지 수는 105, 984권)로 메이지 초기 일본사회에 큰 영향력을 가지고 있었다. 메이지7년 당시 가장 발행부수가 많았던 신문사가『동경일일신문』으로 약 8천 부에 불과했음을 감안하면 이는 매우 높은 수치라고 말할 수 있다. 山室信一 · 中野目徹校注,『明六雑誌』下, 岩波文庫, 2009, 색인 37~41쪽; 遠山茂樹,『遠山茂樹著作集』5-明治の思想とナショナリズム, 岩波書店, 1992, 78쪽.

적 가치와 독립자존의 중요성을 일깨워 주었다. 메이지 시대를 살다간 대표적인 사상가로 오늘날까지 많은 일본인으로부터 존경을 받고 있으며, 일본의 1만 엔권 지폐에는 1984년 이후 계속 그의 얼굴이 실려 있다.[9]

두 차례의 뇌일혈 끝에 1901년 1월 25일 세상을 떠났으며, 그는 66년의 생애 동안 절반은 봉건 문벌사회에서 다른 절반은 근대사회에서 살았다. 『문명론 개략』에는 이처럼 '한 몸으로 두 생을 살면서' 두 체제와 두 문명에서 직접 겪은 그의 경험과 통찰이 풍부하고도 생생하게 남아있다.

### 지식인에서 사상가로

후쿠자와는 첫 번째 저작인 『증정화영통어』[10](1860) 이후 모두 56권의 책을 펴냈다. 그중 『문명론 개략』 전에 발간된 22권은 서양 서적을 번역하거나 편집한 것인데, 이에 관해서는 스스로, "서양의 새로운 문물을 수입함과 동시에 자기 나라의 오랜 폐습을 제거할 목적으로, 말하자면 문명의 한

---

9   일본에서 현재 통용되고 있는 지폐는 2024년 교체된다. 만 엔권의 새 인물은 시부사와 에이이치(1840~1931)로 정해졌다. 농민의 아들로 태어나 막부 신하로 1867년 프랑스박람회에 참가하였다. 메이지유신 뒤에는 재무성에서 화폐제도의 개혁 등 제도개혁에 힘쓰다 퇴직한 뒤 기업인으로서 일가를 이루었다. 일본 자본주의의 아버지로도 불린다. 오천 엔권 지폐의 새 인물은 일본 여성교육의 선구자로 쓰다주쿠대학의 설립자인 쓰다 우메코(1864~1929)이다. 그녀는 1871년 이와쿠라사절단을 따라 미국으로 유학을 떠났던 5명의 여학생 중 가장 나이가 어렸던 인물이다. 천 엔권 인물은 일본 세균학의 아버지로 불리는 기타자토 시바사부로(1853~1931)로 바뀐다. 모두 메이지기 일본의 근대국가 형성 과정에 크게 기여한 인물들이다. 시부사와 에이이치, 박훈 역, 『일본의 설계자, 시부사와 에이이치 – 망국의 신하에서 일본경제의 전설이 되기까지』, 21세기북스, 2019 참고.

10  후쿠자와는 1860년 견미사절단을 따라 미국에 갔을 때, 샌프란시스코에서 웹스터 사전 1권과 중국인 서점에서 자경(子卿)이 편찬한 『화영통어(華英通語)』를 1권 사 왔고, 이를 토대로 같은 해 8월 『증정화영통어(增訂華英通語)』를 출간했다. 영어·중국어 대역 단어집 겸 회화집(會話集)에 단순히 가타카나만을 붙인 책이다. 慶應義塾, 『福澤諭吉事典』, 慶應義塾大學出版會, 2015, 613쪽. 아래에서는 단순하게 『事典』으로 표기하겠다.

부분을 조금씩 잘라 판매한" 것이라고 말하고 있다.[11] 이는 자신의 저술활동에 대한 겸허한 표현임과 동시에 자신의 초기 저작의 특징과 한계를 잘 설명해주는 고백이기도 하다.

하지만 후쿠자와의 고백에도 불구하고 이 시기 그의 저작들이 단순히 서양문물을 수입, 판매하는 중개상과 같은 역할에 머문 것은 아니다. 1860년 이후 1870년대 초까지 그가 펴낸 번역서들에도 당시 일본의 봉건문벌체제를 넘어 문명사회를 향한 그의 의지와 염원이 담겨 있기 때문이다. 대표적인 책이 『서양사정』이다. 『서양사정』에는 「미국독립선언서」 전문이 번역되어 있을 뿐 아니라 인간의 권리와 의무, 서구의 정치제도와 역사 등 서구 근대문명의 가치와 제도가 선택적으로 소개되어 있다. 그 밖에도 철도. 통신, 선박, 우편제도, 박물관, 구빈원, 고아원 등 서구 근대제도와 문물이 소개되어 있다. 메이지 초기 일본인들은 후쿠자와의 이 저작들을 통해 서양에 관한 다양한 지식을 습득할 수 있었다.

반면 『문명론 개략』과 그 이후 간행된 33권은 모두 자신의 저작이다.[12] 그중 가장 중요한 책이 바로 『문명론 개략』이다. 그의 저작 중 가장 체계적이고 방대하며, 그 뒤의 저작에도 많은 영향을 미쳤다. 후쿠자와가 지식인에서 사상가로 도약하는 분기점을 이루는 책이다.

후쿠자와는 세 차례의 서구체험과 서구 주요 사상가들의 저작을 통해 일찍이 서구 근대문명의 바탕에는 '자유', '공화'와 같은 가치들이 놓여 있음을 간파했다. 나아가 이런 통찰을 바탕으로 대부분의 사람들이 '화혼양

---

11  福澤諭吉, 「福澤全集緒言」, 『福澤諭吉著作集』 12, 慶應義塾大學出版會, 2002, 494~
    495쪽. 아래에서는 그냥 『著作集』으로 표기하겠다.
12  『事典』, 667~675쪽.

재'를 내세우며, 서양과 동양의 장점을 적당히 절충하려고 하던 그 시기에, 서양문명의 핵심가치와 정신문명부터 과감하게 도입하지 않으면 일본은 문명으로 나아갈 수 없다고 주장했다. 이는 고대 이래 일본문명의 특징과 한계를 서구문명과 비교하며 냉철하게 성찰할 수 있었기에 가능했던 일이다. 서구문명의 핵심가치와 일본문명의 한계에 관한 이러한 성찰이 없었더라면 막부 독재정권의 뒤를 이어 입헌제 군주제 근대국가 대신 아마 사쓰마·조슈의 연립독재정권이나 천황 중심의 전제군주체제가 들어섰을지도 모른다.

『문명론 개략』은 당시로서는 꽤 방대하고도 난해한 책이었음에도 불구하고 적지 않은 부수가 팔렸다. 1899년까지 대략 5만 부 정도 팔렸다. 서남전쟁을 앞둔 시점에 사쓰마의 사이고 다카모리도 이 책을 읽고 주변에 읽어보도록 권했다고 한다.[13] 쇼와 파시즘 시기 그의 저작은 지식인들에게 큰 힘이 되었고, 시대에 대한 저항을 은밀히 표현하는 수단으로 쓰이기도 했다.[14] 그때 『문명론 개략』은 정부 당국의 검열에 걸려 일부분을 삭제당한 채 출간되기도 했다.[15]

한편 후쿠자와의 저작에 대한 관심은 일본의 시대적 상황에 따라 많은 부침을 보였다. 메이지 후반 일본정부가 유교적 도덕교육을 강화하면서부터 관심이 식기 시작해 한동안 잊혀졌다가, 제2차 세계대전이 끝난 뒤 다시 활발

---

13  福澤諭吉,「福澤全集緒言」,『著作集』12, 495쪽.
14  마루야마 마사오,『'문명론 개략'을 읽는다』, 문학동네, 2007, 40쪽. 마르크스주의 역
    사학자였던 하니 고로(羽仁五郎, 1901~1983)는 이와나미 문고판『白石·福澤』에서
    아라이 하쿠세키와 후쿠자와 유키치 두 사람 책을 매우 많이 인용하고 있다.
15  이와나미 문고에서 1931년 간행한 문고판『문명론 개략』2쇄(1936년 간행)는 제4장
    중 천황에 관한 내용 일부분이 삭제되어 백지상태로 출간되었다. 마루야마 마사오, 앞의
    책, 310~313쪽.

해졌다. 전후에는 다른 나라에서도 그의 저작을 펴내기 시작했다. 그중 『문명론 개략』은 1959년 베이징에서 중국어로, 1973년 도쿄에서 영어로 발간되었다.[16]

### 조선의 개혁가들과 후쿠자와 유키치

1800년대 동아시아에서 『문명론 개략』만큼 깊게 서양의 역사와 문화, 사상의 본질을 성찰한 책은 없다. 그만큼 당대 동아시아의 개혁가와 개혁사상에 많은 영향을 미쳤다. 특히 조선의 개혁가와 개혁사상, 개혁운동에는 이루 다 말할 수 없을 정도로 큰 영향을 미쳤다.

조선인으로 가장 먼저 후쿠자와를 접촉한 사람은 승려 이동인이다. 그는 김옥균의 지원으로 밀항한 뒤 교토의 히가시 혼간지東本願寺에 머물면서 일본의 주요 인물들을 사귀었고, 거기서 얻은 최신 정보를 김옥균 등에게 알려주었다. 이동인의 활약에 힘입어 1876년 개항 이후 1880년대 초반까지 수신사,[17] 조사시찰단[18] 등으로 일본을 방문했던 많은 인물[19]들이 후쿠자와 유키치를 만났다.

19세기 후반 일본으로 유학 갔던 세 차례의 조선 국비유학생들[20]은 거의

---

16 『事典』, 1084~1087쪽.
17 1876년에는 김기수가, 1880년에는 김홍집이 각각 수신사(修信使)의 정사로 다녀왔다.
18 이전에는 신사유람단이라고 불렀다. 하지만 허동현이, 이들은 신사도 아니고 유람을 떠난 것도 아니며, 정부 관료로 파견되어 시찰을 했기 때문에 조사시찰단((朝事視察團)이 적합하다고 주장한 뒤 이 명칭으로 바뀌었다. 조사시찰단 구성과 역할 활동 등에 관한 자세한 내용은, 허동현, 「1881년 朝鮮 朝事 日本視察團에 관한 一研究」, 『한국사연구』 52, 한국사연구회, 1986, 107쪽; 김태웅, 『어윤중과 그의 시대』, 2018, 아카넷, 92~107쪽 참조. 이 조사시찰단은 조사와 수행원, 일본인 통역관을 포함 모두 64명으로 구성되었다.
19 대표적인 사람으로 이동인, 김홍집, 어윤중, 박정양, 홍영식, 서광범, 유길준 등을 들 수 있다.

다 후쿠자와 유키치의 게이오대학에서 공부했다. 조선 정부가 재정난으로 이들의 학비조차 대지 못하자, 후쿠자와가 개인적으로 부담한 적도 있었다.[21] 유길준, 윤치호, 서재필 등 조선의 대표적인 개혁가들도 이때 국비 유학생 자격으로 게이오대학에서 공부했다. 조선인 일본 유학생의 수는 그 뒤 시간이 지날수록 늘어났는데, 1897년 187명에서 1909년이 되자 739명으로 크게 증가했다.[22]

조선의 개화당 리더였던 김옥균은 후쿠자와 유키치와 아주 깊은 관계를 맺고 있었다.[23] 김옥균은 1882년 3월 중순부터 8월까지 일본을 다녀왔고 그 뒤 두 차례 더 방문했는데, 그때마다 후쿠자와 유키치를 만나 조선의 개혁문제에 관해 상의하고 도움을 받았다. 때로는 재정적인 지원도 받았다.[24]

---

20  1881년 6월, 1883년 6월, 1894년 3월 등 모두 세 차례 파견되었으며 게이오대학의 도쿄 미타 캠퍼스에서 공부했다. 1881년 유학생 중 유길준, 유정수는 게이오대학에서, 윤치호는 도진샤(同人社) 대학에서 공부했다. 1883년 파견된 두 번째 국비유학생들은 서재필, 박준양 등 30명이었다. 어학과정을 마친 뒤 서재필 등 14명은 일본 육군 도야마군사학교(陸軍戶山學校)에서 군사훈련을 받았고 이듬해 5월 31일 졸업했다. 그 뒤 이들은 조선으로 돌아와 1884년 갑신정변 당시 모두 참가하였다. 그중 7명은 고종을 호위하다가 청나라 군대에 살해당했고, 서재필 등 5명은 김옥균과 함께 피신하여 일본으로 망명했다.

21  慶応義塾 編, 『福澤諭吉全集』 20, 1958, 392쪽. 현재의 가치로 환산하면 10억 원 정도 된다고 한다. 아래에서는 간략하게 『全集』으로 표기하겠다.

22  앙드레 슈미드, 정여울 역, 『제국 그 사이의 한국』, 휴머니스트, 2007, 270쪽. 우리나라에서는 이 유학생들에 관한 자료와 연구가 거의 없다. 량치차오는 조선의 유학생들에 대해, "해외에서 졸업한 유학생들이 근 천 명이나 되지만 지금까지 완전한 학교 하나 운영하지 못했고, 지금까지 책 한 권 저술할 수 있는 사람이 없으며, 더구나 번역본으로 좀 볼 만한 것조차 없다"고 신랄하게 비판하고 있다. 량치차오, 최형욱 역, 『음빙실문집』, 지식을만드는지식, 2015, 23~24쪽.

23  김종학, 『개화당의 기원과 비밀외교』, 일조각, 2017; 石河幹明, 『福澤諭吉傳』 3, 岩波書店, 1932.

24  윤치호가 남긴 일기에는 김옥균과 후쿠자와의 관계를 추측해볼 수 있는 내용이 나온다. 윤치호는 1883년에서 1945년까지 거의 매일 일기를 썼는데 안타깝게도 1883년의 일기는 1월 17일부터 10월 18일까지 비어 있다. 아마 유실된 것으로 보인다. 이 일기에 따르면 김옥균의 두 번째 일본 방문 때인 1883년 1월 1일부터 16일까지 16일 동안 그

김옥균은 조선의 '문명개화'를 놓고 서광범 등과 함께 매일 밤 토론할[25] 정도로 조선의 개혁에 열정적인 리더였지만 갑신정변의 실패로 그의 계획은 허무하게 끝나고 만다. 김옥균과의 깊은 관계로 인하여 후쿠자와는 갑신정변에도 깊숙이 관련되어 있다.[26]

유길준도 후쿠자와 유키치와 인연이 많다. 조선 최초의 국비유학생으로서 후쿠자와의 게이오대학에서 공부했고, 그의 대표작 『서유견문』은 후쿠자와의 도움을 받아 도쿄 교순사[27]에서 발간되었다.[28] 『서유견문』이 후쿠자와 유

---

는 후쿠자와를 세 번(1월 2,4,13일) 찾아가 만났고 1월14일은 방문했으나 부재중이어서 만나지 못했다. 또한 1월 3일에는 나카무라 마사나오와 외무경 이노우에 카오루를 만났다. 윤치호, 『국역 윤치호 일기』 1, 연세대학교 출판부, 2001, 7~16쪽. 후쿠자와에 관한 가장 방대한 전기인 이시카와 미키아키의 『후쿠자와유키치전(福澤諭吉傳)』 제3권에는 후쿠자와와 김옥균의 관계에 관한 상세한 기록들이 남겨져 있다. 후쿠자와는 김옥균에게 개인적으로 금전을 빌려주기도 하고, 김옥균이 상해에서 피살된 뒤에는 유족의 생계도 돕고 있었음을 알 수 있다. 石河幹明, 앞의 책, 276~464쪽.

25 갑신정변 직후 조선 주재 미국공사관 무관 조지 C. 포크 해군소위가 남긴 기록이 있다. 원문은 다음과 같다. 'Prior to the revolt of troops in Seoul in 1882, (…중략…) So and Kim, who held nightly discussion of the civilization problem (…후략…)' George M. McCune · John A. Harrison eds, *Korean-American relations-documents pertaining to the Far Eastern diplomacy of the United States* 1, university of california Press, 1951, p.102 (https://babel.hathitrust.org/cgi/pt?id=wu.890 66072869;view=1up;seq=122)(검색일 2019.1.22).

26 후쿠자와 유키치가 김옥균으로부터 갑신정변에 관한 사실들을 듣고 기록해 놓은 문헌이 「선생수기 변란시말(先生手記変亂始末)」이라는 제목으로 남아 있다. 김종학에 따르면 이 문헌은 실제 후쿠자와의 수기가 아니라 후쿠자와의 제자들이 김옥균과 박영효의 「석필일기(石筆日記)」를 토대로 만든 것이며, 원래의 제목은 『조선갑신일기』였는데, 『후쿠자와전』에 실릴 때 후쿠자와의 수기로 둔갑했다고 한다. 또한 「시말」을 『후쿠자와전』에 실을 때 이노우에 가쿠고로와 이마이즈미 히데타로 등 갑신정변 관련자들의 이름을 뺌으로써 후쿠자와의 정변개입 사실을 은폐했다고 한다. 김종학, 앞의 책, 338~40쪽. 石河幹明, 앞의 책, 312쪽.

27 교순사(交詢社, 코쥰샤)는 후쿠자와 유키치가 제안하여 1880년 설립된 기업인의 사교 클럽이었다. 게이오대학 졸업생들을 중심으로 결성되었고 자유민권운동기에는 『교순사 헌법안』을 발표하는 등 정치활동도 했다. 출판사를 설립하여 출판사업도 전개했다. 1926년 재단법인으로 바뀌어 오늘날까지 유지되고 있다. 주로 공개강좌, 문화사업 지원 등의 사업을 하고 있다. 도쿄 긴자에 빌딩이 있다. 교순사와 관련된 후쿠자와의 연설

키치의 『서양사정』, 『문명론 개략』 등을 발췌,[29] 참고하여 집필되었음은 널리 알려진 사실이다. 유길준의 다른 저작 『세계대세론』 또한 후쿠자와 유키치의 『세계국진』, 『문명론 개략』, 『시사소언』 등을 참고하여 집필되었다.[30]

우리나라 개화기 최초의 신문인 『한성순보』(1883)와 『한성주보』(1886)는 후쿠자와가 지원해 준 인쇄기와 활자 그리고 그가 추천해준 일본인 편집, 인쇄 기술자의 도움을 받아 제작되었다. 박영효 등 조선인들은 두 신문 모두 순한문으로 제작하길 원했지만 한글 사용을 권하는 후쿠자와의 주장에 따라 『한성주보』는 국·한문 혼용으로 제작되었다. 한글 활자는 후쿠자와가 별도로 주문하여 구해준 것이었다.

당시 조선에서는 책을 인쇄할 곳[31]도, 한글 활자로 책을 보급할 수 있는 전국적인 유통망도 없었다. 나라의 총인구조차 정확히 알 수 있는 통계자료가 없었고,[32] 서구의 새로운 지식뿐만 아니라 조선에 관한 정확한 정보를 찾

---

문은 『著作集』第5卷, 415~432쪽 참조.

28  유길준은 갑오경장 이후 의화군의 일본 시찰 때 그를 따라 일본으로 갔는데, 이때 후쿠자와의 지원과 협조를 받아 교순사에서 1000부 인쇄하였고, 이를 조선으로 가져와 고위 관료 및 영향력 있는 인사들에게 배포했다.

29  앙드레 슈미드는 이 책의 처음 5분의 4에 해당하는 부분은 거의 후쿠자와의 저서에서 도움을 받았다고 본다. 이광린은 주요한 내용에 해당하는 두 장의 약 50% 가량이 『서양사정』을 거의 그대로 베꼈다고 분석했다. 두 책의 연관성은 익히 널리 알려져 있는 사실이다. 앙드레 슈미드, 앞의 책, 273쪽. 유길준, 허경진 역, 『서유견문』, 서해문집, 2004. 유길준 원저, 장인성 저, 『서유견문-한국 보수주의의 기원에 관한 성찰』, 아카넷, 2017. 참조. 유길준에 관한 한국·일본의 최근 연구동향과 연구 성과는 다음 책에 수록된 논문들에 잘 정리되어 있다. 최덕수 외, 『근대한국의 개혁구상과 유길준』, 고려대 출판문화원, 2015.

30  그 밖에 우치다 마사오의 『여지지략(輿地誌略)』을 많이 참고했다. 최덕수 외, 『근대한국의 개혁구상과 유길준』, 고려대학교출판문화원, 2015. 중 박한민의 논문 「유길준 『세계대세론』의 전거와 저술적 성격」 참고.

31  국내에서 민간인쇄소에 의해 책이 본격적으로 인쇄되는 시기는 1900년대 들어서 부터이다. 다만 규모도 크고 근대적인 시설이 갖춰진 인쇄소들은 대부분 일본인들이 운영하는 인쇄소였다. 대한인쇄문화협회 홈페이지(http://www.print.or.kr) 참조.

기 위해서도 도쿄나 오사카로 가야 했다. 심지어 『동국통감』 같은 고역사서 조차도 일본에서 구하는 것이 더 쉬운 실정이었다.[33] 거기에 정부의 재정은 심지어 한 달분의 여유조차 없던 때도 있었다. 이처럼 당시 조선 정부의 국가 운영능력과 조선의 근대적 지식수준은 폐허 상태였다. 『서유견문』을 빼면 서양문명을 소개하거나 성찰한 저작이라고 할 만한 것도 전혀 없었다.[34] 이런 상황과 조건 아래에서 조선의 개혁가들이 선택할 수 있는 수단은 많지 않았다.

반면 일본에서는 유신정부 지도자들이 각종 개혁 정책을 단행하여 중앙 집권체제를 구축하였고, 근대적 의회의 설립과 헌법제정을 앞두고 있었다. 서구의 각종 제도와 문물은 1850년대 중반부터 도입되기 시작하여 1880년대에 오면 유럽 나라들에 비교해도 뒤지지 않는 수준에 도달해 있었다. 청역시 아편전쟁이라는 시련을 겪은 뒤부터는 개혁하려는 시도가 내부에서 끊이지 않았다. 1860년대부터 쩡궈판曾國藩, 리훙장李鴻章, 쭤쭝탕左宗棠, 장즈둥張之洞 같은 양무파[35] 관료들의 주도 아래 서구의 병기, 산업, 기술, 학문

---

32 『독립신문』, 1898.9.9.
33 앙드레 슈미드, 앞의 책, 256쪽.
34 1800년대 후반에서 1900년대 초반 조선인이 서양문명을 소개하거나 논의한 저작은 거의 없다. 유길준을 제외하면 윤치호, 김윤식 등 소수의 인물들의 일기 등 일차적인 자료와 외국인들의 여행기, 수기, 일기 등이 남아 있을 뿐이다.
35 양무란 대외관계의 모든 일을 가리킨다. 그 이전에는 오랑캐 관련 일이라는 의미로 이무(夷務)라고 불렀다. 여기에는 외교교섭과 조약 체결, 유학생 파견, 서양과학지식의 학습, 서양 총포의 구매, 광산 개발 및 공장 설립, 외국인 군사교관 고용, 서양식 군대 훈련, 군수공업 육성, 신식 육해군 설치 등이 포함된다. 1861년 공친왕 혁흔 등이 양무를 전담하는 내각으로 총리각국사무아문을 설치하자는 상주문을 올림으로써 시작됐다. 1865년 관영병기공장인 강남제조국(상해)과 금능제조국(남경)이, 1866년에는 군용선박을 제조하는 마미조선국(복주선정국)이, 1867년에는 화약과 총탄을 만드는 천진기기국이 설립되었다. 민영기업으로는 1872년 윤선 운수업에 초상국을, 1877년 광업에 개평광무국을, 1889년 제철소인 한양철창을, 방직공업에는 1880년 감숙기기직니창, 1890년 상해기기직포국 등을 설립했다. 하지만 군수공업과 각종 기업은 부패와 기술부족, 관련

등을 도입하여 나라를 개혁하려는 시도가 이어졌다.

이런 상황에서 조선의 개혁가들로서는 이 두 나라의 영향을 받지 않을 수가 없었다. 친일파라 부르건 친청파라 부르건, 급진개혁가라 부르건 온건개혁가라고 부르건, 이들은 꿈은 똑같이 조선을 바꾸는 것이었다. 누가 뭐라고 말하건 이들은 모두 왕실과 세도가문, 향촌양반들의 사적인 지배체제를 근대적 국가의 공적인 지배체제로 바꾸려고 했던 개혁가들이었다. 그 길만이 유일하게 조선을 살릴 수 있는 길이었다. 따라서 조선의 개혁에 바친 이들의 헌신을 친일파와 친청파, 혹은 급진개화파와 온건개화파의 대립으로 보는 견해는 전혀 온당치 않다. 일본 또는 청의 지원 아래 조선의 개혁을 추진하려고 했다는 이 유만으로 이들을 가볍게 친일파 혹은 친청파로 매도해서도 안 된다.[36]

### 청의 개혁가들과 후쿠자와 유키치

1896년, 청 왕조의 국비유학생 13명이 언어方文와 군사 분야武備의 근대문물을 배우기 위해 일본으로 갔다. 청에서 보낸 최초의 일본유학생[37]이다. 그

---

사업의 미성숙, 낮은 생산능력 등의 문제로 결국 실패하고 만다. 리훙장은 또 독일로부터 6천 마력 철갑선 2척(정원, 진원)과 2800 마력 강철 장갑선 한 척(제원)을 1885년 구매하고, 그 뒤 추가로 독일, 영국에서 군함을 몇 척 더 사들여 군항과 도크도 설치했다. 리훙장의 북양해군도 청일전쟁에서 궤멸됨으로써 실패로 끝나고 만다. 한편 중국에서 양무운동을 처음 주장한 사람은 린쩌쉬(林則徐)이다. 그는 중화사상에서 벗어나 중국인으로써는 최초로 서양인으로부터 대포와 함선 만드는 방법을 배우자고 주장했다. 호승, 박종일 역, 『아편전쟁에서 5.4운동까지』, 인간사랑, 2013, 282~312쪽.

36 조선과는 비교가 되지 않을 정도로 높은 지적 기반과 인적·물적 자원을 가지고 있었던 청의 개혁가들도 다른 나라의 지원에 기대어 개혁하려는 노력을 많이 펼쳤다. 특히 쑨원은 국제정세와 열강들 사이의 대립관계를 봐 가며 일본, 프랑스, 영국, 미국, 러시아 등에 중국 본토의 자원과 영토를 이권으로 제시하며 그 대가로 자금제공을 지원받으려는 협상을 여러 차례 시도했었다. 그가 마지막으로 협상한 나라가 바로 사회주의 혁명을 성공시킨 뒤 혁명 수출에 나선 소련이었다. 후카마치 히데오, 박제이 역, 『쑨원-근대화의 기로』, AK, 2018. 참조.

37 1900년 전후 청 유학생에 관한 상세한 내용은 옌안성, 한영혜 역, 『신산을 찾아 동쪽으

2년 뒤 1898년에는 캉유웨이, 량치차오 등 변법개혁가들이 무술신정[38]의 실패 뒤 닥친 탄압을 피해 일본으로 망명했다. 쑨원孫文은 1894년 호놀룰루에서 흥중회를 조직한 뒤 1895년 광주폭동을 시도했으나 실패했고, 망명객으로 전 세계를 떠돌다가, 캉유웨이보다 1년 앞서 1897년 일본으로 건너갔다. 이처럼 1800년대 말 청조에 반기를 든, 청의 다양한 개혁파 리더들이 일본으로 가 도쿄, 요코하마를 중심으로 청조 개혁운동을 이어갔다. 의화단의 난이 실패하고 청에서 과거시험을 폐지(1905)하자 청의 일본 유학생은 급격히 늘어났다. 이들 가운데 상당수가 미리 와 있던 개혁가들의 영향 아래 다음 세대의 개혁가, 혁명가로 자랐다.

일본에 온 중국 유학생의 규모는 1905~1906년 8천여 명에 이를 정도로 많았다.[39] 중국 대륙 각지에서 톈진, 상하이, 홍콩 등 항만도시를 거쳐 도쿄로 이어진 이 유학생 네트워크를 통해 근대적인 지식과 사상이 중국대륙 곳곳으로 다시 흘러들어갔고, 전 세계의 화교네트워크와도 결합되었다.[40]

일본의 유신 지사들이 1863년부터 비밀리에 유럽으로 가 서구문명을 배웠듯이, 캉유웨이, 쑨원, 량치차오, 루쉰 등 청의 개혁가들은, 불과 10여 년 전 청일전쟁에서 그들의 조국에 치욕적인 패배를 안겨준 일본 땅에서, 서구 문물과 서구의 근대적 가치를 배우며 청 왕조의 개혁에 대한 꿈을 키웠던 것이다. 1912년 신해혁명의 성공에는 이처럼 일본에 온 중국 망명객과 유학생에서부터 출발한 지식 네트워크와 화교 네트워크의 힘이 바탕에 있었다.

일본에 온 망명객들 중 후쿠자와로부터 특히 많은 영향을 받은 인물이 량

---

로 향하네』, 일조각, 2005. 참조.
38  무술유신(戊戌維新)이라고 부르기도 한다.
39  강진아, 『문명제국에서 국민국가로』, 창비, 2010, 218쪽.
40  후카마치 히데오, 앞의 책, 70~72쪽.

치차오이다. 『신민설』, 『음빙실자유서』[41] 등 그의 저작을 보면 후쿠자와의 영향을 쉽게 확인할 수 있다. 량치차오는 중국인으로서는 서구의 근대적 제도와 가치를 깊이 이해[42]했던 인물로 온건한 방식의 입헌군주제적 개혁을 추구했다. 반면 쑨원은 토지 국유화를 지향하는 혁명적 공화주의를, 캉유웨이는 광서제의 복귀를 전제로 하는 무술변법 방식의 개혁에서 벗어나지 못했다.

어찌됐건 1900년대 초 일본은 청의 개혁가들에게 전제 군주의 폭정에서 벗어나 쉴 수 있는 피난처이자 안식처였으며, 서구의 근대적 지식과 사상을 쉽고도 빨리 배울 수 있게 해준[43] 문명의 교사였고, 청년 유학생들을 개혁가와 혁명가로 성장할 수 있게 해준 혁명의 학교이자 기지였다.

### 조선 지배계층의 지력知力과 구한말 개혁운동의 단절

동아시아 세 나라의 근대화는 시간적인 차이는 있지만 모두 외세라는 바깥요인에 의해 갑자기 촉발되었다. 이 때문에 세 나라의 발전과정은 외세의

---

41  양계초, 이혜경 주해, 『신민설』, 서울대학교출판문화원, 2014. 양계초, 강중기·양일모 외 역, 『음빙실자유서』, 푸른역사, 2017.

42  셰시장, 김영문 역, 『량치차오 평전』, 글항아리, 2015, 753~763. 량치차오는 공화정과 입헌군주정 및 미국, 영국, 프랑스 정치제도의 장단점에 관해 정확하게 이해하고 있었다. 신해혁명 직전에 량치차오가 쓴 「신중국건설문제」에는, "연방국체냐 단일국체냐, 입헌군주 정치체제냐 민주공화정치 체제냐 같은 국가체제 문제와 국가조직의 구성 방법과 이치를 해결해야 한다"고 하면서 서구의 다양한 정치체제를 상세하게 비교, 분석하고 있다. 「신중국건설문제」 원문은 『량치차오연보장편』에 실려 있다. 丁文江·趙豊田 編, 島田虔次 譯, 『梁啓超年譜長編』 3-1908~1914, 岩波書店, 2004. 참조.

43  청의 대표적인 양무개혁파 관료였던 장즈둥이 한 말이다. 그는 『권학편』에서 일본 유학을 권하면서, "외국에 일 년 나가 있는 것이 사서를 5년 동안 읽는 것보다 낫다."고 주장했다. 그는 특히 일본 유학은, 서양 유학보다 절반의 노력으로 배의 효과를 얻을 수 있는 등 여러 가지 장점이 있다고 말했다. 또한 일본이 작은 섬나라임에도 불구하고 번성하는 이유에 관해, 이토 히로부미, 야마가타 아리토모 같은 일본 지도자들이 유럽에서 유학하며 새로운 학문을 배웠기 때문이라고 생각했다. 장지동, 송인재 역, 『권학편』, 산지니, 2017, 101~105쪽.

개입 정도와 함께 그 시기 각 나라의 내부 조건에 크게 좌우될 수밖에 없었다. 이 내부 조건으로는 지배체제의 성격, 지배계층의 주체적 대응 능력, 군사적 대응 태세, 종합적인 경제력 수준 등 여러 가지를 손꼽을 수 있지만, 여기에서는 나라의 근대적 지력 즉 근대적 지식수준을 주요 변수로 삼아, 세 나라의 개혁운동과 근대적 발전과정을 살펴보겠다.

우선 조선의 지배체제는 멀리 신라 시대의 골품제도 때부터 이어져 내려온 것이었다. 특이하게도 600년이라는 긴 기간 동안 위로부터의 큰 개혁도 아래로부터의 대규모 변혁운동도 없었다는 것은 거꾸로 그만큼 조선사회 내부에서 체제를 위협할 만한 사회경제적인 변화가 없었음을 역설해준다. 사실 조선은 고려시대 문벌귀족에 대항하여 형성된 신흥사대부 계층이 주도하여 만든 나라가 아니었다. 오히려 고려의 문벌귀족들이 주자학을 새로운 정치이념으로 받아들여 자신들의 지배를 연장하는 데 성공한 체제에 지나지 않았다.[44] 이렇게 보면 한반도를 지배했던 지배세력은 한 번도 제대로 변혁된 적이 없었다고도 말할 수 있다.

임진왜란 중에 군사제도, 노비제도, 대동법, 화폐제도의 개혁이 시도되었지만 오래가지 못 했고 사회 전체에 큰 변화를 가져오지도 못했다. 임진왜란, 병자호란 두 국난을 겪은 뒤에도 조선의 지배계층은 두 국난의 교훈을 살려 내부를 개혁하여 부국강병책을 모색하기보다는, 주자학의 이상세계인 고대 중국사회를 모델로 사회전체를 더 엄격하게 통제하는 시대착오적인 방향으로 나아갔다.

그들이 생각하는 이상적인 정치는 곧 중국 고대 선왕들의 정치였고, 그들

---

44 존 B. 던컨, 김범 역, 『조선 왕조의 기원』, 너머북스, 2013. 참고.

이 생각하는 이상적인 경제는 곧 고대 중국의 농업경제였으며, 그들이 도입한 이상적인 법질서는 곧 『예기』, 『의례』, 『주례』 등에 나와 있는 고대중국의 봉건적 통치 질서였다. 한마디로 그들이 생각하는 조선의 정통성은 주공周公과 공자에게 있었다. 따라서 이들은 굳이 다른 나라에 관심을 가질 이유도, 해외정세나 서구문명에 촉각을 세울 이유도 없었다. 조선의 지력은 중국 고대시대 즉 기원전 시대에 머물러 있었던 것과 마찬가지였다. 이이, 유형원, 이익 등 포괄적인 국가 개혁 방안을 제시한 경세가들이 있었지만 이들 역시 중국 문헌에 기술되어 있는 고대 중국의 제도와 정책에서 크게 벗어나지는 못했다. 정부의 정책에도 대부분 반영되지 못했다.[45]

중국 왕조의 보호 아래 외부로부터의 충격이 없는 동안은 조선왕조와 양반지배층도 어찌됐건 권력을 유지할 수 있었다. 하지만 세계사의 흐름은 그들의 희망대로 되지 않았다. 1801년 왕위에 오른 순조를 비롯하여 그 뒤의 왕들은 어리거나, 제왕의 자격을 전혀 갖추지 못한 채 갑자기 왕위에 올랐다.[46] 전제군주국에서 허약한 왕의 연속적인 등장은 치명적인 결과를 초래할 수밖에 없다. 이로 인해 중앙권력은 왕실 친인척과 소수의 문벌들이, 지방권력은 향촌의 양반 지배세력들이, 제각각 사적私的인 방식으로 농단했다. 출계를 중심으로 결속한 양반가문들이 분할 지배한 이 체제는 천 년 이상 지속될 정도로 강고한 것[47]이었는데 이 시기에 와서는 노골적인 사익의 추구

---

45  제임스. B. 팔레, 김범 역, 『유교적 경세론과 조선의 제도들-유형원과 조선 후기』 2권, 산처럼, 2008, 589쪽.
46  1800년대 중반 청 역시 마찬가지였다. 동치제(1862~1874)는 6세에 즉위하여 13년 동안 왕위에 올랐고 수렴청정에서 벗어난 지 얼마 지나지 않아 21세로 사망했다. 뒤를 이은 광서제(1875~1908)는 3세에 왕위에 올라 34년 동안 재위했다. 두 황제의 재위 기간인 47년 동안 동치제의 생모인 자희태후가 수렴청정하며 권력을 전횡했다. 청조의 마지막 황제인 선통제(푸이)는 2세에 즉위했다.

집단으로 전락했다. 한 마디로 조선의 백성에게는 나라가 없었고, 조선의 지배계급에게는 백성이 없었다. 이 시기 조선의 지배계층은 고대 중국의 이념으로 한반도의 백성들을 지배했던 이민족 지배자와 다를 바 없었다.[48]

이처럼 망상과 환상에 빠진 채 바깥 세계에는 완벽하게 무지했기에 고종과 조선의 지배계층은 서구열강과 일본의 치열한 외교전쟁을 전혀 이해할 수 없었다. 그때그때 강해보이는 나라에 기대어 위기를 모면하려는 임기응변이 있었을 뿐이다. 처음에는 청, 다음에는 일본, 미국에 의존해 왕권을 유지하려고 했고, 마지막에는 영국과 전 세계에 걸쳐 대립하고 있던 러시아에 매달렸다. 러시아의 품에 안긴다는 것은 19세기 최고의 강대국인 영국과 적대적인 진영에 가담한다는 것을 의미했다. 이는 국제정치적 관점에서 볼 때 최악의 선택이었다. 정글 같은 국제정치에서 국제질서에 대한 무지와 동맹국에 대한 잘못된 선택은 치명적이다. 러일전쟁에서 러시아마저 일본에 패배하자 이제 고종이 기댈 나라는 한 곳도 남아 있지 않았다. 량치차오는 「조선멸망의 원인」이라는 글에서 조선멸망의 최대 원인으로 고종과 왕실을 손꼽으며 신랄하게 비판했었다.[49]

---

47  마르티나 도이힐러, 김우영·문옥표 역, 『조상의 눈 아래에서』, 너머북스, 2018. 마르티나 도이힐러, 이훈상 역, 『한국의 유교화 과정』, 너머북스, 2013.
48  조선 시대 천민층의 그 비중은 30~40%에 이를 정도로 기형적이었다. 서구의 고대 노예제 사회든 미국의 노예제도든 동서양을 막론하고 역사상 천민층의 비중이 이렇게 높았던 사회는 없다.
49  량치차오, 최형욱 역, 『음빙실문집』, 지식을만드는지식, 2015, 11~32쪽. 이글은 량치차오가 조선의 멸망을 경계삼아 자신들을 돌아보자는 취지에서 쓴 글이다. 그는 이글에서 왕실에 이어 양반계층도 신랄하게 비판하며 이어 조선인의 일반적인 습속까지도 비판하고 있다. 예를 들어 다음과 같은 문장을 들 수 있다. "이번에 합병조약이 발표되자 이웃나라 백성은 오히려 조선을 위해 흐느껴 울며 눈물을 흘렸는데, 조선 사람들은 술에 취해 놀며 만족했다. 고관들은 더구나 날마다 출세를 위한 운동을 하고, 새 조정의 영광스러운 작위를 얻기 바라며 기꺼이 즐겼다." 같은 책, 25쪽.

일본은 서구열강에 맞서 메이지유신으로 근대국가를 수립하고, 청은 서구열강의 영토점령과 군벌이 할거하는 상황에서도 청 왕조를 무너뜨리고 1912년 공화정을 수립했지만 조선 왕조는 제대로 된 전투 한 번 벌이지 못하고 소리 없이 무너졌다. 두 나라가 겪어야 했던 국난의 강도와 내부 변혁과정에서 치렀던 개혁가들의 희생을 생각해 보면 조선은 전적으로 내부 집권세력의 무능력 때문에 무너졌다고 볼 수밖에 없다.

조선의 지배체제와 지배층의 행태를 돌아볼 때, 조선 왕조가 사라진 것을 아쉬워해야 할 이유는 전혀 없다. 다만 안타까운 것은 구한말의 절망적인 상황 아래에서, 자립적의 발전을 이룰 수 있었던 유일한 희망, 즉 우리 내부의 개혁운동 뿌리가 조선의 지배계층에 의해 송두리째 뽑혀버렸다는 사실이다. 갑신정변의 실패로 김옥균, 홍영식 등이 살해되고, 아관파천 직후 김홍집, 어윤중마저 살해되면서 조선을 내부에서 스스로 개혁할 수 있는 희망은 완전히 무산되고 말았다.

이 절망적인 상황에 관해 김윤식은 1897년, 김홍집과 어윤중 등을 추모하는 시에서, "나라는 처량하고 모든 일은 재로 변해버렸네"[50]라며 한탄했다. 아관파천은 이처럼 1876년 개항 이후 어렵사리 형성된 조선의 개혁가들과, 개혁운동의 마지막 희망마저 불태워버린 통한의 사건이었다. 더욱이 이런 왕

---

50  김윤식(1835~1922)의 「열 분을 애도하는 시(十哀詩)」에 나오는 구절이다. 원문은 다음과 같다. "邦國淒凉萬事灰". 1897(광무1)년 자신도, "흰머리로 떠도는 신세 되어, 그림자 바라보다 슬픔이 북받쳐 지었다"는 애도시다. "혼탁한 세상을 살면서도 충효와 설개, 공정, 정직함을 지키다 세상을 떠난" 평생의 사우(師友) 10명을 추모하여 한 명당 1편 씩 모두 10 편의 시를 지었다. 박규수, 유신환, 서응순, 이응진, 김홍집, 이연익, 어윤중, 이건창, 박선수 홍계훈 등 10명이다. 한국고전번역연구원(db.itkc.or.k) 『운양집』 제5권 참고. 구한말 절망적인 시대상황에서도 조선을 위해 헌신했던 탁월한 개혁가, 관료, 군인, 학자들의 비극적인 운명을 엿볼 수 있다. 김홍집에 관해서는 안승일, 『김홍집과 그 시대』, 연암서가, 2016. 참조.

이 왕좌에 앉아 있었던 기간은 조선왕조에서 세 번째로 긴 43년 7개월이었다. 겹불행이라고밖에는 달리 표현할 말이 없다. 이런 고종과 일본의 약속을 믿고 조선을 바꾸어 보려고 했던 개혁파들에게 전제군주와 전제군주체제를 필사적으로 지키려는 자들의 배신은 언제든지 닥칠 수 있는 운명이었다. 하지만 그럼에도 불구하고 그들은 역사가 맡긴 불길한 사명을 피하지 않았다. 그들은 마치 조선이라는 광야에 외롭게 피었다가 떨어진 한 떨기 들꽃과 같았다.

### 청말 개혁운동의 흐름과 급진 공화주의의 등장

청은 조선과 달리 최악의 시련을 겪으면서 더 강해졌다. 무술변법의 무산과 개혁세력에 대한 탄압은 의미 있는 패배였다. 쑨원, 캉유웨이, 량치차오 등 청의 개혁가들은 일본에서 새로운 사상을 흡수하며 개혁운동을 이어나갔다. 이들의 노력을 발판으로 이제는 중국 본토뿐만 아니라 전 세계의 화교사회에까지 개혁운동이 싹 텄다.

초기 해외망명세력을 주도했던 흐름은 캉유웨이, 량치차오 등이 주도한 온건한 방식의 개혁이었다. 이들은 광서제의 복위를 굳게 믿었다. 하지만 이들의 기대와 달리 시간이 흐를수록 한족의 부흥을 목표로 하는 급진적 민족주의운동이 강해졌다. 만주족 황실의 부패, 무능력과 반개혁 정책, 군벌의 지방장악, 서구열강과 일본 러시아의 군사적 개입 등 중국을 둘러싼 절박한 환경이, 입헌군주제적 방식보다는 반만반청反滿反淸의 깃발을 내세운 급진적 공화주의 노선을 선호하게 만들었다. 그 중심에 쑨원이 있었다. 개인의 자유보다는 전체 인민의 단일한 의지를, 자치보다는 강력한 중앙집권제를, 의회보다는 군대를, 군주제보다는 총통제를 주장하는 노선이 힘을 얻었다.

영국식 입헌군주제는 군주를 허용한다는 사실 하나만으로 간단히 거부되었다. 영국의 입헌체제는 사실상 '위장된 공화정'[51]이었지만, 중국인들이 이를 이해하기에는 때가 너무 일렀다. 다만 량치차오는 달랐다. 그는 서구 근대문명의 뿌리를 정확히 이해하고 있었다. 그렇지만 그의 입헌군주제 노선과 온건한 개혁방식은 갈수록 고립되었다. 스승 캉유웨이는 한술 더 떠 청 왕조의 유지를 전제로 한 개혁, 즉 무술변법 방식의 개혁전망에서 한 발짝도 움직이지 않았다. 캉유웨이에겐 광서제의 복귀가 유일한 희망이었다. 이런 상황에서 량치차오가 쑨원의 급진적 공화주의와 위안스카이의 권력욕에 맞서 개혁운동을 주도하는 것은 애당초 불가능했다.

이리하여 중국의 개혁운동은 개인의 자유와 존엄, 법치와 공화주의 등 서구문명의 핵심가치와 원리를 제대로 이해하기도 전에 혁명파에게 주도권을 뺏기고 말았다. 양계초가 죽은 뒤 불과 20년 만에 중국 대륙에는, 정치적 급진주의와 배타적 중화민족주의의 잘못된 만남에 의해 마침내, 기묘한 통치체제가 들어섰다. 당과 군이 지배하는 중화주의적 방식의 농촌사회주의가 탄생한 것이다. 하지만 자유와 공화의 정신이 빠진 이 체제는, 그들의 주장에도 불구하고, 여전히 개인의 존엄과 행복을 찾아볼 수 없는, 전근대적 전제체제에 지나지 않았다.

### '백년의 정신혁명'

정, 소선과 달리 일본은 전국시대 말부터 서양문명을 받아들이기 시작했다. 에도막부는 천주교의 포교를 막기 위해 쇄국정책을 실시하긴 했지만 서양과의 교류를 완전히 막지는 않았다. 오히려 나가사키 앞 바다를 매립하여

---

51  월터 배젓, 이태숙·김종원 역, 『영국헌정』, 지식을만드는지식, 2012, 457쪽.

인공섬 데지마出島를 조성한 뒤 이곳을 통해 네덜란드, 중국과와 무역을 허용했다. 대신 막부는 무역선을 통해 해외정보의 수집에 심혈을 기울였다. 이에 따라 1641년부터 1859년까지 나가사키 데지마에 입항하는 모든 네덜란드 배는 의무적으로 최근의 해외정보를 막부에 보고[52]했고, 막부의 핵심 인물들은 이를 통해 해외의 주요 사정을 파악할 수 있었다.

일본의 지식인 사회는 또한 네덜란드 상관에 와 있던 의사, 박물학자, 식물학들과 교류하면서 열정적으로 서구의 근대과학지식을 배웠다. 상관에서 근무한 의사와 과학자들은 귀국한 뒤 일본에 관한 책을 펴냈고, 이들을 통해 유럽과 일본 사이의 지적 교류관계[53]가 형성되었다. 대표적인 사람으로는 켐펠,[54] 툰베르,[55] 지볼트[56] 등이 있다. 이처럼 에도 일본은 일찍이 1600년

---

52  에도막부가 수집한 해외정보 관련 자료에 관해서는, 성희엽, 앞의 책, 251~256쪽, 松方冬子,『オランダ風説書と近世日本』, 東京大学出版会, 2007. 松方冬子 編輯,『別段風説書が語る19世紀－翻訳と研究』, 東京大学出版会, 2012. 松方冬子,『オランダ風説書－「鎖国」日本に語られた「世界」』, 中公新書, 2010. 참고. 이 중『別段風説書が語る19世紀－翻訳と研究』는 1840~1857 기간에 네덜란드령 동인도 정청에서 에도막부에 보낸 별단풍설서 네덜란드 원문을 〈네덜란드 국립 중앙문서관〉, 〈인도네시아 국립 문서관〉에서 찾아 현대일본어로 번역한 자료집이다. 그 전에는 막부 통사들이 일본어로 번역한 자료가 부분적으로 밖에 남아 있지 않았다. 여기에는 아편전쟁, 아시아, 태평양, 아프리카의 식민지화, 해적, 1848 유럽혁명, 유럽과 중남미의 내전과 분쟁, 미국과 호주의 골드 러쉬(Gold Rush), 1849년 영국의 항해법 폐지와 자유무역으로의 전환, 서양 국가들의 통상외교, 크리미아 전쟁, 인도 세포이 반란, 과학기술의 발전과 교통혁명 등이 실려 있다. 이 자료들을 보면 에도막부가 세계정세를 얼마나 신속하게 파악하고 있었는지 알 수 있다.

53  피터 버크, 박광식 역,『지식의 사회사』1, 민음사, 2017, 93~112쪽.

54  엥겔하르트 캠퍼(Engelbert Kaempfer, 1651~1716).『일본지』를 저술해 유럽에 일본을 처음 체계적으로 소개한 의사, 박물학자다. 이 책은 1727년 그의 사후 영국인 의사 슬론(Sir Hans Sloane)이 그의 유고를 영어로 번역하여 런던에서 출간했고, 그 뒤 프랑스어, 네덜란드어, 독일어로도 출간되었다. 특히 프랑스어 판은 프랑스 계몽사상가 디드로가『백과전서』일본 편을 집필할 때 많이 참고하였다.『백과사전』영향으로 유럽에 일본 붐이 일어났음은 널리 알려져 있다.

55  툰베르(Carl Peter Thunberg, 1743~1828). 스웨덴의 의사, 식물학자다. 식물분류학을 확립한 린네의 제자로 일본에서 귀국한 뒤 웁살라 대학의 교수로 있으면서『일본식

대 후반에 이미 간접적이나마 유럽의 지적 네트워크와 연결되어 있었다.

에도시대 일본의 근대적 지식은 누구보다도 민간 학자들의 자발적인 노력에 의해 체계적으로 축적되었다. 그중에서도 양의학자들은 노력은 경이로울 정도이다. 1774년 스기타 겐파쿠와 그의 동료들이 3년 5개월의 고행 끝에 독일 해부학자 요한 쿨무스Johann Adam Kulmus의 해부학 책『타펠 아나토미아Tafel Anatomia』를 일본어로 번역했다.[57]『해체신서』로 불리는 이 책의 발간은 일본의 서양 근대지식 수용 역사에 큰 획을 긋는 사건이었다.『해체신서』에 이어 의학, 병비, 과학기술, 어학, 해외정세, 해외문물과 제도 등에 관한 서적이 연이어 번역되고 양학 붐이 일어났다.[58] 이렇게 하여 일본은 메이지 초기까지 약 100년 동안 서양 근대문명에 관한 지식을 매우 높은 수준에 이르기까지 축적할 수 있었다.

---

물지』를 펴냈다. 1700년대 말 러시아를 대리하여 일본과 협상을 벌인 락스만은 툰베르의 제자이다.

56  지볼트(Philipp Franz Balthasar von Siebold, 1796~1866). 독일의 의사, 식물학자다. 나가사키에 외국인으로서는 처음으로 명룡숙(鳴滝塾)이라는 서양학문을 가르치는 학교를 만들어 많은 일본인 제자를 길러냈다. 또한 방대한 양의 일본 민속학 자료와 동·식물 표본을 수집하여 네덜란드로 가져간 뒤 이를 토대로『일본』(전7권)을 펴냈다.

57  성희엽, 앞의 책, 163~173쪽.

58  스기타 겐파쿠의『난학사시(蘭学事始)』(1814)와 그의 수제자 오쓰키 겐타쿠의『난학계제(蘭学階梯)』(1783)에 실려 있는 서양도서 목록을 보면 이 시기 서양도서의 번역현황을 대략 짐작할 수 있다. 두 책에 나와 있는 자세한 목록은 이 책의 부록 4-1「『난학계제』(1783)에 언급된 네덜란드 도서 현황」, 부록 4-2「『난학사시』(1815)에 언급된 서양 번역서 현황」참조.『난학계제』원문은『洋學(上)』(日本思想大系 64), 岩波書店, 1976. 참조.『난학사시』는 난학의 개조인 스기파 겐파쿠가 1815년 만 83세 때 에도시대 난학의 출발과 발전과정을 자신의 기억에 의지해 기술한 책이다. 스기타 겐파쿠는 이 원고를 두 부 작성하였는데, 스기타 가에서 보관하던 한 부는 1855년 에도 대지진 때 소실되었고, 오쓰기 겐타쿠가 보관하던 다른 한 부가 유신 전후 혼란기에 간다 다카히라(神田孝平, 1830~1898)(개성소 교수, 메이로쿠사 회원 문부소보 역임)에 의해 에도 혼고거리 유시마 성당 뒤편 헌책방에서 우연히 발견되었다. 이를 후쿠자와 유키치가 유족을 설득하여 1869년 1월 출간했다. '난학'이란 용어는『난학계제』에서 처음 쓰였다.

오쓰키 뉴덴[59]의 『신찬양학연표<sup>新撰洋學年表</sup>』(1927)[60]에는 1720년에서 1867년까지 일본에서 번역된 서양 번역서 467권이 연도별로 실려 있다. 이 연표를 보면 에도사회가 얼마나 열성적으로 서구 근대지식을 수용해 왔는지를 알 수 있다.

메이지유신은 이런 흐름을 더욱 가속화했다. 해외서적의 번역이 급증[61]하고, 근대적 독자층이 형성되었다.[62] 사무엘 스마일스의 『자조론』은 영국보다 더 많이 100만 부 이상이 팔리는 대기록을 세웠다.[63] 유신 전인 1866년에 발간된 후쿠자와 유키치의 『서양사정』은 25만 부나 팔렸다.[64] 일본에서

---

59 오쓰키 뉴덴은 스기타 겐파쿠와 함께 『해체신서』(1774)를 번역한 오쓰기 겐타쿠의 손자로 센다이 번의 유학자다. 가학으로 하야시가의 유학을 배웠고 번교 양현당에서 국학도 배웠다. 메이지유신 뒤에는 해군병학료, 문부성 등에서 근무했다.

60 이 책은 오쓰키 뉴덴(大槻如電, 1845~1931)이 1877년 펴낸 『일본양학년표(日本洋學年表)』를 정정·보완하여 1927년 다시 펴낸 것이다. 『일본양학년표』는 일본 국회도서관의 디지털 라이브러리에서 원문을 볼 수 있지만, 『신찬양학년표』는 아직 미공개상태이다. 大槻如電, 『新撰洋學年表』, 東京, 六合館及ひ開成館 發賣, 1927. 『일본양학년표』는 http://dl.ndl.go.jp/info:ndljp/pid/992287(검색일 2019.2.1) 참조.

61 야마오카 요이치(山岡洋一)가 2004년 일본 국립정보학연구소에서 공개한 자료를 토대로 1868년에서 1883년까지 발간된 책을 조사한 결과에 따르면 전체도서 9713종 중 번역서는 1,869종이며, 이 가운데 중복된 도서를 제외한 순 번역도서는 1410종이다. 山岡洋一의 『翻譯通信』(2004年 3月号). 야마오카 요이치(1945~2011)는 번역가로 존 스튜어트 밀의 『자유론』, 아담 스미스의 『국부론』 등을 번역했다. 2002년 8월부터 『번역통신』(http://www.honyaku-tsushin.net/)(2002.8~2011.8)를 운영하면서 같은 제목의 인터넷 판 학술잡지를 운영했다.

62 마에다 아이, 유은경·이원의 역, 『일본 근대 독자의 성립』, 이룸, 2003. 참고. 일반적으로 문학자들은 근대적 독자를 독서형태의 변화 즉 '음독이나 낭송에서 묵독으로의 전환'에서 찾는다. 여기에서는 서양번역서와 같은 근대적 지식으로의 변화를 가리킨다.

63 막부 유학생으로 영국에서 유학한 나카무라 마사나오(中村正直, 1832~1891)가 번역하여 1867년 『서국입지편』이란 제목으로 출간되었다. http://dl.ndl.go.jp/info:ndljp/pid/755558/1(검색일 2019.2.1) 참조.

64 후쿠자와는 1898년 발간된 최초의 전집 서언에서 직접 자신의 저작에 관해 집필 경위와 배경, 판매부수 등을 설명하고 있다. 이에 따르면, 『서양사정』 초편은 15만 부를 밑돌지 않으며, 해적판까지 감안하면 25만부 정도 될 것이라고 하며, 『학문의 권장』은 매 편마다 20만부씩에 달해 전체 17편까지 모두 합치면 340만 부 가량 될 것으로 추측하고 있다. 『문명론 개략』도 몇 만부가 팔렸다. 『著作集』 第12卷, 444~450쪽. 460~476쪽,

는 이미 메이지 초기에 지적 독서층이 전국에 걸쳐 광범하게 형성되었다.

서양번역서가 물밀 듯 나오자 서양번역서를 읽는 독서모임이 전국적으로 결성되었다. 야노 후미오[65]는 이들을 위해 1882년『역서독법譯書讀法』[66]이라는 서양번역서의 독서방법에 관한 책을 펴냈다. 참고 삼아 이 목록 가운데 역사 분야의 책을 한번 살펴보면, 세계사에 관한 책으로는『파레만국사』(군리치, 牧山 譯), 『만국사략』(치트레・테롤 등, 西村 譯) 등이 있고 각 나라별 역사책으로는『희랍사략』(세베르, 楢岡 譯), 『로마사략』(大槻 譯), 『게르만국사』(마르캄, 小林 譯), 『구씨具氏 프랑스사』(군리치, 和蘭漢加斯底爾 譯), 『영국사』(흄, 大島 譯), 『미국사략』(콕켄보스, 高橋 譯), 『러시아연혁사』(千葉 譯) 등이 있다. 그 밖에『만국신사』(챔블・기르네이 등, 箕作 譯), 『근세태서통람』(다이아, 沼間 外譯) 등도 있다. 또 혁명사 분야의 책으로는『프랑스혁명사』(河津 譯), 『혁명사감(革命史鑑)』(久松 譯), 『청국근세난사』(曾根 撰) 등이 소개되어 있다.

이 독서안내서는 원래 야노 후미오가 규슈 오이타현의 작은 마을에서 활동하던 고향사람들의 독서모임을 위해 작성한 것이었다. 이를 보면 메이지 유신 전후 일본인의 지식열은 단지 대도시의 특정 계층에 한정된 것이 아니

---

494쪽. 하지만 유교주의 교육이 강화되는 1882년 이후가 되면, 문부성에서 후쿠자와의 책을 백해무익한 것으로 규정하는 등의 영향으로 판매 부수가 급감한다. 『事典』, 117~118쪽.

65 야노 후미오(1850~1931)는 메이지 초기의 언론인이다. 정치소설인『경국미담(経国美談)』으로 유명하다.

66 失野文雄, 『譯書讀法』, 報知社, 1883, 7~8쪽. 일본국회 디지털라이브러리 참고.(https://www.dl.ndl.go.jp/api/iiif/897161/manifest.json, 검색일 2018.8.20)『역서독법』의 주요 내용은 부록에 실려 있는 부록 5「『역서독법(譯書讀法)』의 분류체계 및 도서 목록」참조. 한편 야노 후미오는『판권서목(版權書目)』을 토대로『역서독법』을 썼다. 『판권서목』은 당시 내무성 도서국에서 판권이 있는 서적들의 목록을 엮어 펴낸 것으로, 1876년부터 1883년까지 모두 27호가 간행되었다. 마루야마 마사오 가토 슈이치, 임성모 역, 『번역과 일본 근대』, 이산, 2000, 59쪽.

라 전국적으로 매우 높았음을 알 수 있다.

해외에 가서 선진문물을 배우려는 일본인의 노력 또한 끊이지 않고 이어졌다. 유럽의 선진문물을 배우려는 시도는 이미 전국시대 말에 시작되었다. 1582년 규슈지역의 다이묘 3명이 4명의 소년을 로마로 보냈고,[67] 1613년 센다이 다이묘 다테 마사무네는 가신 하세쿠라 쓰네나가가 이끄는 통상교섭 사절단 180명을 로마로 파견했다.[68]

1863년 유신 동란 중에는 이토 히로부미 등 5명의 조슈 청년이 막부 몰래 영국 런던대학으로 유학을 떠났다. 그 뒤 다른 몇 개 번에서도 비밀리에 유럽으로 유학생들 파견했다.[69] 막부 또한 해외에 사절단을 파견할 때 유학생을 함께 보냈고, 사절단에게는 별도로 대량의 서적을 구입해 오게 했다.[70] 서양문명에 관심 있는 번들은 사절단원에게 개별적으로 부탁해 서양서적을 구입하기도 했다. 보수적인 센다이 번도 후쿠자와에게 개별적으로 의뢰하여 미국에서 도서를 구입했다.[71] 센다이번이 구입한 도서의 현황은 『번학양현

---

67  덴쇼(天正) 견구사절단을 가리킨다. 성희엽, 앞의 책, 129~130쪽.
68  게이초(慶長) 견구사절단을 가리킨다. 앞의 책, 130~134쪽.
69  메이지유신 이전에 막부는 모두 7차례 해외사절단을 파견하는데, 1862년 네덜란드, 1865년 러시아, 1866년 영국, 1867년 프랑스 등 모두 네 차례에 걸쳐 유학생을 함께 보냈다. 한 나라가 아니라 유럽 4개 나라에 골고루 유학생을 보내고 있는 사실을 보면 메이지유신 이전에 일본이 얼마나 서구 사정을 자세히 알고 있었는지 짐작할 수 있다.
70  막부가 해외에서 구입한 책 중 현재 남아 있는 것은 모두 6,547권이다. 그중 일본국립국회도서관에 3,630권, 시즈오카 도서관(葵文庫)에 2,547권이 보관되어 있으며, 영어 외에도 불어 러시아어 책도 있다. 1862년 견구사절단 때 1,200권의 영서를 구입했고, 1867년 견미사절단 방문 시에는 교과서 13,000권, 자연과학서 1,000권, 사전류 2,500권 등을 구입했다는 기록이 남아 있다. 하지만 막부 폐지 이후 내란과 대외침략 전쟁 와중에 상당 부분의 책은 유실되어 그 행방을 알 수 없게 되었다.
71  센다이 번은 원래 막부와의 전투에 대비하기 위한 총을 원했는데, 이 계획이 어려워지자 대신 책을 구매하였다. 막부 관리였던 후쿠자와가 막부에 적대적인 센다이 번으로부터 총기구매 의뢰를 받은 것도, 총 대신 서양 책을 구입한 것도 예사롭지 않다. 센다이번의 총기관련 문의에 관한 자료는 후쿠자와가 센다이 번 에도 번저의 오와라 신타유(大童信太夫, 1834~1900)에게 보낸 편지(게이오 2년 12.23)에서 확인할 수 있다. 『福澤選

당장양서목록藩学養賢堂蔵洋書目録』[72]에 나와 있다. 후쿠자와도 이때 많은 책을 사와 게이오대학의 원서교재로 사용했다.[73]

유신 뒤 정국이 어느 정도 안정되자 이제는 정부의 핵심 인물들이 서구의 제도와 문물을 견학하러 떠났다. 이들이 해외에서 강의를 듣거나 시찰하면서 남긴 기록들은 지금도 많이 남아있다.[74] 이들이 서구문명을 배우기 위해 쏟은 노력은 세계에서 그 유례를 찾아볼 수 없을 정도로 헌신적인 것이었다. 그중 가장 돋보이는 사례는 단연코 이와쿠라 사절단이다. 이와쿠라 도모미를 단장으로 구성된 이와쿠라 사절단은 기도 다카요시, 오쿠보 도시미치, 이토 히로부미 등 유신정부의 주요 수뇌부가 함께 22개월 동안 미국과 유럽 12개 나라를 공식 방문했다. 이들은 가는 곳마다 국빈으로 환영받으며 그 나라의 황제, 대통령, 수상, 참모총장 등 최고 지도자들과 교류하고 국제정세에 관한 조언을 받았다. 이와쿠라 사절단의 주요 인물들은 이때의 경험을 토대로 그 뒤 일본의 건국과정을 주도해나갔다.

---

集』第13卷, 岩波書店, 1981, 30~31쪽.

72  이 도서 목록은 아오모리 현지사를 역임한 사와 타다시(佐和正, 1844~1918)가 죽기 얼마 전인 1931년 센다이 다이묘 가문인 타테 가에 기증한 것이다. 그는 센다이 번의 번사로 무진전쟁 때에는 항전파로 전투에 참가했고, 유신 뒤에는 내무성 관료로 일했다. 구입해온 도서는 유신 뒤의 혼란과 전쟁 와중에 행방을 알 수 없게 되었고 1970년대 후반에 와세다대학에서 구입한 도서 속에서 우연히 이 목록만 발견되었다. 이 책이 발견되기 전에는 후쿠자와 전집이나 자서전, 편지 등에 기록되어 있는 자료들을 통해 일부만 알려져 있었다. 도서 목록 및 현황은 부록 6「양현당 도서(1868) 현황」 참조.

73  후쿠자와는 이 책들을 뉴욕의 유명한 출판사이자 서점인 Daniel Appleton & Co.에서 구입했다. 이 출판사는 웹스터 영어사전을 간행하여 4,000만 부 판매라는 경이적인 기록을 세운 곳이다. 그는 여기서 사전류 외에도 E.L. Youman의 과학책, George R. Perkins의 수학 책, Sarah S. Cornell의 지리 책 등 당시 유행하던 교과서, 대중계몽서 등을 대량으로 구입했다. 그 밖에 후쿠자와가『문명론 개략』쓰면서 참고했던 존 스튜어트 밀이나 프랑수아 기조, 토마스 버클의 책도 이 출판사에서 번역 간행된 것이다.

74  예를 들어 이토 히로부미가 헌법연구를 위해 독일 베를린에서 모스(Moss)에게 받은 강의록, 오스트리아 빈에서 슈타인(Stein)에게 받은 강의기록 등 많은 기록이 남아 있다. 성희엽, 앞의 책, 626~632쪽.

이와쿠라 사절단의 시찰경험을 기록한 『미구회람실기』[75]를 보면 유신정부 지도자들이 청이나 조선과 달리 세계정세에 관해 얼마나 깊은 관심을 가지고 있었는지, 당시 일본의 근대적 지력이 얼마나 높은 수준에 도달해 있었는지 엿볼 수 있다. 이런 국가적인 지력이 뒷받침 되었기에 신생 국가에 지나지 않았던 일본은 제국주의 열강들과 겨루며 냉철한 외교 전략을 펼칠 수 있었다. 예를 들어 아관파천이라는 최악의 선택을 했던 고종과 달리 일본은 1870년대에 러시아의 국력이 영국, 프랑스에는 상대가 되지 않음을 이미 알고 있었다. 그 뒤 일본은 줄곧 영국과의 협조노선을 유지했다.[76]

이처럼 에도 일본은 1600년대 초부터 서양의 근대지식과 서양 세계에 관한 정보를 지속적으로 받아들이고 축적했다. 막부도 서양의학과 과학기술의 유입을 막지 않았다. 거기에다가 평화가 지속되자 인구가 급격히 늘고 상공업이 번성했다. 전국에 걸쳐 교통망이 발달하고 수많은 도시가 생겨났다. 전국적인 유통망을 운영하며 큰 부를 축적한 상인들도 생겨났다. 하지만 공적 세계는 여전히 사무라이들의 전유물이었기 때문에 상인들은 향락적인 문화, 예술을 주도하며 현세에 탐닉했다. 스기타 겐파쿠의 『해체신서』가 발간되기 전 에도 사회는 이미 새로운 형태의 사회경제적 변화를 겪고 있었던 것이다.

유례없는 평화와 번영 속에 '에도 르네상스'라고 부를 수 있을 정도로 활력이 넘쳤던 이 시대에 이어 18세기 후반부터는 또 다른 형태의 사회변화가 시작되었다. 『해체신서』의 발간과 함께 시작된 이 시대는 새로운 지식에 대

---

75  구메 구니타케, 『특명전권대사 미구회람실기』 제1~5권, 소명출판, 2011.
76  구메 구니타케, 서민교 역, 『특명전권대사 미구회람실기』 제4권 유럽대륙(중), 소명출판, 2011, 135~140쪽. 성희엽, 앞의 책, 503쪽. "서양인은 러시아를 터키가 조금 근대화한 정도의 평가 밖에 하지 않으며, 러시아도 영국·프랑스의 강한 국력 앞에는 승복하지 않을 수 없다"고 기록되어 있다. 또한 그동안 러시아를 강대국이라고 판단했던 자신들의 판단이, "우물 안 개구리 같이 좁은 생각에서 나온 망상"이었다고 반성하고 있다.

한 탐구열로 충만했다. 1800년대에 들어서면서 러시아, 영국, 미국 등 서구 열강들의 함선이 일본 연안에 자주 출몰하자 대외적 경계감과 위기의식이 더욱 높아졌고, 이에 따라 서구세계에 관한 지식과 정보탐구 열기도 고조되었다. 이러한 흐름은 『문명론 개략』 직후까지 대략 백여 년 동안 이어졌다.

그 이전 평화와 번영의 시대가 부를 축적한 상인의 시대였다면, 이 시대는 근대적 지식과 공적 사명감으로 무장한 사무라이의 시대였다. 전국의 번교와 대도시의 사숙에서 근대적 지식과 공적 사명감을 갖춘 새로운 사무라이들이 자라났다. 자신들도 모르는 사이에 에도 사회는 대외적 위기와 새로운 사회적 변화에 대응해나갈 수 있는 다음 세대의 주체들을 스스로 길러내고 있었던 것이다. 오랜 기간에 걸쳐 준비된 이러한 사회적 역량이 내부에 축적되어 있었기에 일본 사회는 유신으로 돌진해 가는 급격한 정치군사적 혼란 속에서도, 번의 사적 이익私益을 넘어 일본 전체의 이익國益과 문명의 보편적 가치에 눈을 뜬 혁명적 사무라이, 즉 진정한 의미의 근대적 혁명가들을 길러낼 수 있었다. 이 백여 년 동안의 지적, 도덕적 변화야말로 에도 사회를 대체할 수 있었던 근원적이고도 실질적인 힘이었다. 유신과 건국을 이끈 원동력은 바로 이 '백년의 정신혁명'에서 나왔다.

### 구한말의 정신적 동향과 근대적 가치의 태동

조선의 1800년대는 지적·정신적 측면에서 일본과는 이미 비교할 수 없을 정도로 큰 격차를 가지고 있었다. 청과의 격차 역시 마찬가지였다. 구한말 조선 지배계층의 정신적인 동향을 엿볼 수 있는 문헌과 기록은 헤아릴 수 없이 많지만, 대표적인 것으로 이만손의 『영남만인소』를 들 수 있다. 『영남만인소』는 황쭌셴의 『조선책략』[77]에 반대하는 영남 유생들의 상소문이다.

황쭌셴은 중국을 중심으로 미국·일본과 외교관계를 가질 것을 권했는데, 영남의 유생들이 여기에 크게 반발하고 나선 것이었다. 이들이 반대하는 논거를 한 번 살펴보자.

상소문에서 이만손은 우선 자신들을, "다행히 성덕이 빛나고 밝은 때에 태어나 추鄒,[78] 노魯[79]와 같은 인현仁賢의 고장에서 살고 있으므로 외우고 말하는 것이 주공, 공자의 책이요 따르고 읽는 것도 주공, 공자의 가르침입니다"라고 소개하는 것에서 시작한다. 이어, "중국은 우리가 신하로서 번속의 직분을 충실히 한 지 벌써 200년이 되었는데 더 친할 게 뭐가 있으며, 러시아, 일본, 미국은 똑같은 오랑캐인데 누구를 후하게 하고 누구를 박하게 대하기는 어렵다"는 등 여덟 가지 이유를 들어 『조선책략』을 반박한 뒤, "주공을 위해 죽고 공자를 위해 죽고 선왕[80]을 위해 죽고 전하를 위해 죽어서 옛날의 호전胡銓,[81] 어림於琳과 함께 땅 밑에서 노닐 수만 있다면 더없는 영광이므로", "자신들은 죽을지언정 차마 금수견양禽獸犬羊과 함께 어울리면서 구차하게 살 수 없다"[82]라고 말하고 있다. 이처럼 구한말 조선 지배층의 정신적 주인은 주공과 공자 그리고 요순임금이었다. 급변하던 세계정세에 대한

---

77 『조선책략』은 김홍집이 1880년 제2차 수신사로 일본을 다녀오는 길에 가져왔다. 조선이 친중국(親中), 결일본(結日本), 연미국(聯美國)이라는 외교 노선을 채택해야 한다고 주장했다. 황쭌셴(1848~1905)은 도쿄에 있던 청나라 외교관으로 이 책의 원래 제목은 『사의조선책략(私擬朝鮮策略)』이다. 『조선책략』이라는 제목에도 불구하고 실제로는 조선을 위한 책략이 아니라 조선에 대한 종주국 지위를 강화하면서 러시아를 견제하려는 '청'의 책략이었다.
78 맹자의 고향을 가리킨다.
79 공자의 고향을 가리킨다.
80 여기서의 선왕은 중국 고대의 황제인 요·순 임금을 가리킨다.
81 호전(1102~1180)은 중국 남송 때의 강서(江西)성 출신 인물로, 추밀원 편수관, 공부시랑, 자정전대학사(資政殿大学士)를 역임했다. 금(金)과의 전쟁을 주장한 주전론자로, 당시 화의를 주장하던 재상 진회(秦檜) 등의 목을 베야 한다는 상소를 올렸다.
82 최익현 외, 이주명 편역, 『원문 사료로 읽는 한국 근대사』, 필맥, 2014, 47쪽, 57쪽.

이들의 무지와 중화주의에의 정신적 굴종은 상상을 뛰어 넘는다.

이들의 무지와 정신적 굴종은 1910년 경술국치로 나라가 망한 뒤에도 계속되었다. 조선 왕실의 혈통은 여전히 보존되었고 왕족들은 일본 황실의 일원으로서 황족 대우를 받았기 때문에 이들에게 망국의 의미는 일반 백성의 것과는 달랐다. 대중화도 아직 살아있었다. 믿기 어렵겠지만 이들의 인식이 바뀌기 시작하는 계기는 신해혁명이었다. 위안스카이에 의해 공화주의 정부가 들어서고 대중화인 청 왕조가 멸망하고 나서야 비로소 무지와 굴종에서 깨어나기 시작했던 것이다. 살아서도 중화, 죽어서도 중화, 중화가 그들의 정신적 주인이었다.

게다가 조선시대 후기 사림의 향촌지배가 강화되면서 일반백성들에게는 자신의 영혼을 맡길 만한 종교도 없었다. 고려시대 화려하게 꽃피었던 불교는 탄압을 받아 힘을 잃은 지 오래였고, 승려들은 천민 취급을 받으며 양반 지배층의 횡포를 견뎌야 했다. 어느 정도 교리와 교단조직을 갖춘 다른 전통종교도 없었다. 오직 혹세무민으로 이익을 취하려는 미신과 점술, 그리고 도참만이 유행할 뿐이었다.

조선에 근대적 사상, 종교와 문물은 전혀 뜻하지 않게 바다 건너편으로부터, 그야말로 하늘에서 떨어지듯이 들어왔다.[83] 어느 날 갑자기, 조선과는

---

83  1883년 도쿄에 있던 조선인 기독교 신자 이수정은 미국 교계에 조선에 선교사를 보내달라는 간절한 편지를 보냈다. 이 편지는 미국 교계와 선교사회에 큰 반향을 일으켰다. 24세의 언더우드(1859~1916)와 아펜젤러(1858~1902)도 이 편지를 읽고 마음을 바꾸었다. CBS 특집다큐, '한국 기독교 선교의 개척자, 이수정'(2016.8.3). 이수정(李樹廷, 1845~?)은 이병규의 아들로 과거에 급제하여 승정원에서 근무하였고, 임오군란 때 민비를 대피시켰던 인물이다. 이 공로로 1882년 9월 본인의 희망에 따라 신사유람단과 함께 일본으로 유학 갔다. 이미 일본을 방문했던 안종수(『농정신편』)의 소개로 도시샤 대학의 농학교수 쓰다 쎈을 만나 기독교 신자가 되었고 도쿄 시바교회에서 야스가와 목사에게 세례(1883.4.29)를 받았다. 이 자리에 헨리 루이스, 조지 낙스 등 미국 선교사들도

아무런 인연도 없는 미국의 해외선교사들이 인천 제물포항으로 들어왔다. 갑신정변 주모자의 가족들이 삼족까지 몰살당하는 참극을 치르며 조선 최초의 근대적 변혁운동이 뿌리째 뽑혀 나가고 있던 때였다. 1885년 4월 5일 언더우드[84]와 아펜젤러 선교사가 처음 한국 땅을 밟은 뒤 1945년까지 모두 1529명의 해외 선교사가 우리나라에 왔다. 그중 미국북장로교와 남장로교[85] 교단에서 파견한 헌신적인 엘리트 선교사들은 조선 사회에 큰 변화를 가져왔다. 이들이 조선사회에 처음으로 근대적 종교, 근대적 문물과 함께 서구문명의 근대적 가치를 가져왔다.[86] 교회, 학교,[87] 병원이 세워지고, 한글성경[88]이 간행되었으며, 신문과 출판사가 세워졌다. 신분을 떠나 인간은 평등하고 자유로운 존재라는 인식이 저자거리에서부터 퍼져 나갔고, 가난한 집 출신 여자아이가 학교를 마친 뒤 미국에서 의사, 박사가 되어 다시 조선에서 활동하는 사례도 생겨났다. 이 모두 그 이전 조선사회에서는 꿈도 꿀 수 없는 일이었다.[89]

---

입회했다. 한국인으로서는 최초로 『마가복음』, 『주기도문』 등을 한글로 번역(『마가복음언해』, 1885)했다. 그 뒤 도쿄외국어학교 교수로 한글을 가르치는 등 4년 동안 기독교인으로 활동하다가, 어느 날 홀연히 사라졌다. 언더우드는 조선에 들어오기 전 일본에 체류하는 동안 이수정에게 한글을 배웠고, 그가 번역한 『마가복음언해』를 가지고 제물포(인천)로 입국했다. 이런 측면에서 보면 미국 선교사들이 조선으로 오게 된 배경에는 이수정의 역할이 매우 컸다고 말할 수 있다.

84 릴리어스 호턴 언더우드, 이만열 역, 『언더우드-조선에 온 첫 번째 선교사와 한국 개신교의 시작 이야기』, IVP, 2015. 김용삼, 『대한민국 건국의 기획자들』, 백년동안, 2015. 전택부, 『양화진 선교사 열전』, 홍성사, 2005.

85 송현강, 『미국 남장로교의 한국 선교』, 한국기독교역사연구소, 2018.

86 류대영, 『미국종교사』, 청년사, 2007. 류대영, 초기 미국 선교사 연구, 한국기독교역사연구소, 2001. 류대영, 『한국 근현대사와 기독교』, 푸른역사, 2008.

87 이성전, 서정민, 『미국선교사와 한국근대교육』, 한국기독교역사연구소, 2007.

88 대한성서공회에서 1910년 신약전서를, 1911년 구약전서를 간행했다.

89 대표적인 인물로 한국 최초의 미국 여자유학생 박 에스더(본명 김점동, 1876~1910)를 들 수 있다. 그녀는 헨리 아펜젤러의 집에서 일하던 부친(김홍택)의 영향으로 10세 때 이화학당에 입학해 신학문을 배웠다. 여성 의료선교사인 로제타 홀의 조수로 활동하

갑신정변의 주역인 김옥균, 박영효, 서재필 등이 제물포항에서 일본으로 피신한 뒤 마치 서로의 역사적 임무를 교대하듯 제물포항으로 들어온 해외 선교사들은 종교적 차원을 넘어 구한말 조선사회가 문명으로 나아가는 데 많은 기여를 했다.

이때 들어온 해외선교사들은 특히 왕실과 양반문벌층 등 조선의 지배층 뿐만 아니라 4대문 밖에 있는 일반 백성들의 거주 지역으로 들어가 지배층에게 베푼 것과 똑같이 병원을 짓고 치료에 나섰다. 학교를 세워 아이들도 똑같이 가르쳤다. 그에 힘입어 10여 년 뒤 이들이 뿌린 근대적 교육의 씨앗이 불모의 땅 조선에서도 하나씩 싹을 틔우게 된다. 1895년 시작된 독립협회의 활동은 서재필[90]과 윤치호[91] 등 갑신정변에서 기적적으로 살아남은 개

---

다가 미국 기독교 여성선교사들의 도움을 받아 1895년 미국으로 유학 갔다. 1년 뒤 미국 볼티모어 여자의과대학에 입학해 의학을 공부했고, 졸업한 뒤에도 학업을 계속하여 1901년 박사학위까지 받았다. 1900년 귀국한 뒤 보구녀관(普救女館)에서 여성 환자들을 치료했다. 1910년 폐결핵으로 34의 젊은 나이에 세상을 떠났다. 당시 1800년대 말 서울에는 알렌이 운영하는 왕립병원, 윌리엄 스크랜튼이 운영하는 감리교 정동병원(시병원), 동대문의 볼드윈진료소, 그리고 여성전용병원으로 이화학당 구내에 개설된 보구녀관 등이 있었다. 보구녀관은 이화학당을 세운 메리 스크랜턴(1832~1909)이 1887년 10월 31일 설립했다. 뒤에 이화여자대학교 의료원으로 이어졌다. 이화여자대학교 의료원은 오늘날도 이날을 설립기념일로 삼고 있다. 이화여자고등학교는 2013년 기숙사를 새로 지으면서 그 명칭을 에스더 박의 결혼 전 이름을 따 김점동관으로 붙였다. 참고로 에스더 박의 남편은 로제타 홀 교수의 조수로 일하던 박유산이다. 에스더 박이 미국에서 의대를 다니는 동안 힘들게 뒷바라지를 했지만, 그녀가 졸업하기 3주 전 폐결핵으로 세상을 떠났다.

90 서재필 박사에 관해서는 다음의 책 참조. 서재필, 최기영, 『서재필이 꿈꾼 나라』, 현대한국학연구소 자료총서시리즈 12, 푸른역사, 2010. 서재필기념회, 정진석, 『선각자 서재필-민족을 위한 희망의 씨앗을 뿌리다』, 기파랑, 2014. 김승태, 『서재필 : 독립협회를 창설한 개화 개혁의 선구자』, 역사공간, 2011. 서재필, 『자주독립 민주개혁의 선구자 서재필』, KIATS(키아츠), 2013.

91 윤치호(1865~1945)는 독립신문 2대 사장을 지내고, 독립협회 활동도 주도했지만 독립협회가 강제로 해산된 뒤에는 고종의 배려로 원산부윤, 천안군수, 무안군수, 외무부 대신 서리 등 관료생활을 했다. 을사조약이 체결되자 이에 반대하며 을사오적을 처벌하라는 상소를 올리지만 받아들여지지 않자 관직을 사퇴하고 애국계몽활동에 뛰어들었

혁가들이 주도했지만 여기에 참여했던 인물들은 대부분 선교사들이 세운 학교에서 교육받은 청년들이었다. 『독립신문』 역시 선교사들의 도움으로 발간되었다. 독립협회 이후 근대적 성격의 계몽운동 교육운동 물산장려운동 그리고 3·1운동에 이르기까지 조선의 독립운동과 사회운동은 이들이 뿌린 씨앗이 거둔 열매였다.[92] 조선에서의 근대적 사회개혁운동은 이처럼 조선사회 내부에서 자발적으로 성장한 세력이 아니라, 미국 선교사의 희생과 헌신 그리고 조선의 현실과 세계의 변화에 눈뜬 몇몇 선각자들에 의해 개별적이고도 불연속적인 형태로 진행되었다.

### 『해체신서』에서 『문명론 개략』까지 - 근대적 과학정신과 근대적 세계관의 탄생

일본은 고대에 한반도를 통해 한자와 유교 등 중국 문명를 받아들였고, 이를 바탕으로 고대문명을 이루었다. 봉건적 신분사회였던 일본에서는 지식이 아니라 신분에 의해 관료를 충원했기에 과거제도가 필요 없었고, 권력이나 재산을 보장해주는 수단도 아니었기에 학문과 예술이 오히려 자유롭고 다양하게 발전했다. 이 과정에서 일본인들은 중국에 대한 정신적 의존에서 벗어나 자립적인 문명국으로서의 자의식을 갖기 시작했다.

스기타 겐파쿠의 『해체신서』(1774)는 이런 정신적 탈중국화에 획기적인

---

다. 일제 강점기에는 주로 문화와 교육 사업에 헌신했고 1945년 12월 세상을 떴다. 한편 윤치호는 1945년 4월 3일 귀족원 칙선의원에 선임되었는데, 이를 근거로 『친일인명사전』에 등재되어 있다. 조선인 귀족원 의원은 1945년 1월, 조선인 참정권을 공식적으로 명시한 법률 제34호 '중의원 선거법 개정안'과 칙령 제193호 '귀족원령 개정안'이 제국의회에서 통과됨에 따라 선임된 것으로, 1945년 4월 3일 조선인 7명, 타이완인 3명이 함께 선임되었다.

92  한국기독교역사연구소, 『3·1운동과 기독교 민족대표 16인』, 한국기독교역사연구소, 2019.

계기를 마련했다. 무엇보다 『해체신서』는 일본 사회에 근대적 과학정신을 싹트게 했다. 『해체신서』의 번역자들은 중국 의학서와 서양의학서에 나와 있는 해부도를 실제 인체해부를 통해 확인해본 결과 그때까지 진리로 믿었던 중국 의학이 오류투성이임을 깨닫게 되었고, 이들에 의해, 진리란 전통이 아니라 실제 경험과 관찰 그리고 검증을 통해 확인해야 한다는 실증적 방법론과 근대적 과학정신이 에도사회 전체로 퍼져나갔다. 『해체신서』에서 시작된 근대적 과학정신은 그 뒤 일본의 과학기술 발전을 이끄는 원동력이 되었다.

1901년 제1회 노벨생리학·의학상 최종 후보에 일본인 과학자가 올랐다. 바로 독일 세균학자 로베르트 코흐[93]의 제자였던 기타자토 시바자부로[94]이다. 그는 1880년대에 이미 세계적인 세균학자로 이름이 알려져 있었고 1891년 도쿄에 전염병 연구소를 설립했다. 1900년대 초가 되면 전염병연구소의 연구원 다카미네 조키치가 아드레날린을 발견하는 등 일본의 과학 중 몇 분야는 세계적인 수준에 이른다.

---

93 로베르트 코흐( Robert Heinrich Hermann Koch, 1843~1910). 탄저균(1877), 결핵균(1882), 콜레라 균(1885) 등을 발견했다. 1905년 결핵균 발견 공로로 노벨 생리학·의학상을 받았다.

94 기타자토 시바자부로(北里柴三郎, 1853~1931). 히젠 번 출신으로, 1883년 동경대 의학부(현 동경대 의대)를 졸업한 뒤 내무성 위생국을 거쳐 1885년 독일로 가 베를린대학의 코흐 연구실에서 세균학을 연구했다. 1889년, 뒤에 제1회 노벨 생리학·의학상 수상자로 선정된 베링과 함께 세계 최초로 파상풍균의 배양에 성공했다. 이어 1890년 세계 최초로 항혈청치료법을 발견했고, 1894년 진염병연구소에서, 디프테리아독소와 파상풍독소에 대한 항혈청을 제조하여 치료를 시작했다. 같은 해 홍콩에 유행한 전염병 조사에서 페스트균을 최초로 발견했다. 전염병연구소의 연구원 시가 기요시(志賀潔, 1871~1957)는 세계 최초로 이질균을 발견했다. 1901년 제1회 노벨 생리학·의학상 최종후보(15명)에 선정되었다. 1917년 게이오대학 의학부가 설립되자 초대 학장을 맡았고, 1923년 일본의사회의 초대 회장에 취임했다. 일본 세균학의 아버지로 불린다. 이질균을 발견한 시가 기요시는 뒤에 조선총독부의원장, 경성의학전문학교 교장, 경성제국대학 총장을 역임했다.

후쿠자와의 『자서전』에도 1850년대 일본사회의 과학적 분위기를 엿볼 수 있는 내용이 많이 실려 있다. 그가 오사카 데키주쿠에서 난학을 공부할 때 염산과 요오드를 만드는 실험이나, 암모니아와 황산을 제조하는 실험, 그리고 동물과 사형수 해부, 제약실험 등을 하는 장면이 소개되어 있다.[95] 모두 1850년대 중반 에도시대의 이야기이다. 이때 이미 개인 난학숙에서 이런 과학실험을 가르칠 만큼 과학정신이 보급되어 있었던 것이다. 이런 분위기에서 공부를 했기에 후쿠자와는 과학 분야에도 많은 관심을 가지고 있었다. 1868년 『훈몽궁리도해』[96]라는 과학 입문서를 번역하여 펴냈으며, 기타자토 시바자부로가 전염병 연구소를 설립할 때에는 사재를 내어 지원하기도 했다.

『해체신서』 이후 일본의 지성사에서 가장 의미 있는 책은 단연코 『문명론 개략』이다. 『해체신서』가 일본사회에 근대적 과학정신을 불러일으키는 계기가 되었다면 『문명론 개략』은 일본사회가 서구의 근대적 세계관을 본격적으로 받아들이는 계기가 되었다. 개인의 자유와 창의성을 바탕으로 하는 '자유'와 '공화'라는 가치는 누가 뭐래도 오늘날 근대세계를 떠받치며 인류가 앞으로 나아갈 수 있도록 해주는 근본가치이다. 후쿠자와가 메이지기 일본사회에 미친 가장 큰 기여는, 『문명론 개략』을 통해 일본사회가 나아가야 할 방향이 여기에 있음을 분명히 제시해준 것이다. 그 시기 조선이나 청 그리고 유럽 주요 나라 이외의 다른 나라들의 상황과 그 뒤 세계역사를 돌아보면 이것이 얼마나 중요한 것이었는지 금방 알 수 있다.

---

**95** 후쿠자와 유키치, 허호 역, 『후쿠자와 유키치 자서전』, 이산 2004, 107~109쪽.

**96** 「訓蒙窮理圖解」, 『著作集』제2권, 1~62쪽. 1868년 발간된 과학입문서로, 열 공기 물 바람 번개 인력 밤낮 사계절 일식과 월식 등 과학의 기초개념을 그림과 함께 설명하고 있다. 메이지 초기에는 과학책 붐이 일어나 수십 권의 과학입문서가 잇따라 나왔다. 고토 히데키, 허태성 역, 『천재와 괴짜들의 일본 과학사』, 부키, 29~35쪽.

이처럼 일본은 근대적 과학정신과 근대적 세계관이라는 근대의 두 정신적 기둥을, 『해체신서』(1774)에서 『문명론개략』(1875)까지 100년 동안에 세울 수 있었다. 일본이 동아시아를 넘어 비서구권 국가 중에서 유일하게 스스로 근대국가를 수립할 수 있었던 것은 바로 이 두 정신적 기둥 위에 근대적 국가지력을 구축할 수 있었기 때문이다.

결론적으로 동아시아 세 나라의 근대적 발전과정을 근대적 국가지력을 구축해나간 주체세력이라는 기준에서 서로 비교해 보면, 일본에서는 민간의 양학자들에 의해 시작되어 지배계층인 사무라이 지식인들이 주도했고, 중국 대륙에서는 지배계층이 아니라 청 왕조의 타도에 나선 해외유학파 반청 지식인과 혁명가들이 이끌어갔으며, 구한말 조선에서는 안이 아니라 바깥에서 온 의외의 인물들 즉 해외선교사들에 의해 시작되었다고 볼 수 있다.


### 『문명론 개략』과 '자유'

앞에서 언급했듯이 후쿠자와는 동아시아에서 최초로 근대 서구문명의 핵심가치가 '개인의 자유'와 '공화주의'에 있음을 꿰뚫어 보았다.[97] 1875년 시점의 동아시아에는 오늘날 우리가 사용하는 의미의 '자유Liberty'와 '공화Republic'라는 말도 없었다. '자유'와 '공화' 두 단어는 후쿠자와가 새로운 의미를 부여하여 살려낸 단어들이다. 그럼 후쿠자와가 찾아낸 '자유'와 '공화'가 어떤 것이었는지, 그리고 이것이 메이지 일본에 어떤 사상적 기여를 했는지 알아보자.

---

**97** 후쿠자와가 영향을 받았던 유럽의 사상가들에는 아담 스미스, 프랑수아 기조, 제임스 밀, 알렉시스 드 토크빌, 찰스 다윈, 로버트 스펜스, 월트 배젓 등이 있다. 이들의 주요 저서는 게이오대학에서 원서 교재로 쓰였다. 安西敏三, 『福澤諭吉と自由主義―個人・自治・国体』, 慶應義塾大学出版会, 2007, 190~191쪽.

먼저, 고대 중국에도 '자유'라는 말은 있었다. 하지만 대개 '제멋대로'라는 의미로, 부정적인 표현에 쓰였다. 1850~1860년대 일본에서 발간된 사전에도 주로 그런 의미로 소개되었다.[98] 후쿠자와는 1870년『서양사정』제2편에서, "'Liberty'는 '자유自由'라는 의미로서, 중국인漢人은 자주自主, 자전自專, 임의任意, 자득自得, 자락自諾, 자주재自主宰, 관용寬容, 종용從容[99] 등의 글자로 번역하여 쓰고 있다"고 설명하고 있다. 그러면서도 여전히 이 단어들이 만족스럽지 않았든지, "이 단어들로는 아직 본래의 의미를 온전히 살려내기에 부족하다"[100]며, 자유와 비슷한 의미를 가지는 단어로 '자주임의自主任意',[101] '자주자재自主自裁',[102] '자주자유自主自由'[103] 등을 함께 쓰고 있다.[104]

이때까지만 해도 후쿠자와가 '자유'를 서구문명의 핵심가치로서 인식한 것은 아니었다. 그 역시 인간의 타고난 개별적인 권리 정도로 받아들이고 있었다. 후쿠자와가 '자유'를 개별적인 권리를 넘어 서구문명의 핵심가치, 서구문명의 뿌리를 이루는 하나의 세계관으로 쓰기 시작하는 것은『문명론 개략』에서부터이다.

---

**98** 야나부 아키라, 김옥희 역,『번역어의 성립』, 마음산책, 2011, 177~182쪽.
**99** 성격이 차분하고 침착함을 가리킨다.
**100**『저작집』1, 230~231쪽.
**101**『저작집』1, 15쪽. 문명 정치의 6가지 요결을 설명하면서 첫 번째로 자주임의를 손꼽고 있다.
**102**『저작집』1, 68,70쪽. 1776년 미국 13개 주가 발표한「독립선언격문」번역문 가운데 나온다.
**103**『저작집』1, 15쪽. 인간의 권리(通義)와 의무(職分) 항목에 '하늘로부터 부여받은 자주 자유의 권리(通義)'라는 구절이 있다.
**104** 여기서 알 수 있듯이 후쿠자와는 서양 개념어를 번역할 때 두 자로 된 어려운 한자 개념어를 새로 만드는 방식을 선호하지 않았다. 대신 사람들이 알기 쉽게 서양 개념어의 의미를 풀어서 설명하는 방식, 즉 기존에 많이 쓰이는 단어들을 조합하는 방식을 선호했다. 한편 'Liberty'가 일본에서 '자유'로 정착하는 데에는 나카무라 마사나오의『자유지리(自由之理)』가 크게 기여했다. 이 책은 제임스 밀의『자유론(On Liberty)』을 번역한 책이다. 1872년 출판되어 베스트 셀러가 되었다.

예를 들어 후쿠자와는 중국의 역사를 설명하면서, '주 말기의 춘추전국시대를 제외하면 중국에서는 계속 전제정부가 이어졌는데 이는 지존의 지위(종교적 권위)와 지강의 힘(현실적 권력)이 하나로 합쳐 사회를 지배하고 인심까지 지배하여 사람들의 견해를 하나로 단일화시켰기 때문'이라고 말하는 부분이나, '진시황이 분서갱유를 저지른 것은 공자·맹자孔孟의 가르침을 미워해서가 아니라, 공맹이든 양묵이든 제자백가의 모든 이설논쟁을 금지하려고 했던 것인데, 그 까닭은 이설과 논쟁이 활발해지면서 자유의 원소가 생겨나 자신의 전제專制를 해쳤기 때문'이라고 설명하는 것에서 알 수 있다. 후쿠자와는 자유를 이처럼 개인의 권리 차원이 아니라, 전제에 대립되는 문명의 근본요소로 파악하고 있었다. "자유의 기풍은 다사쟁론에서 나온다"(제2장)라거나, 공맹의 가르침은 바로 "전제에 가장 편리하였기 때문에 홀로 세상에 전해지게 된 것"(제2장)이라고 말하는 부분도 마찬가지이다.

자유에 관한 후쿠자와의 이러한 생각은 핸리 버클의 『영국문명사』, 프랑수아 기조의 『유럽문명의 역사』,[105] 밀의 『대의정치론』과 『자유론』 등 서양 고전을 읽으면서 형성된 것이다. 특히 기조는 근대 서양문명의 특징을 다양성에서 찾는다. 『유럽문명의 역사』에서 그는 고대 서양문명의 특징이 단일성Singuality에 있는 반면, 근대 서양문명의 특징은 다양성Diversity에 있다면서, 5세기 말 로마가 멸망한 이후 서양의 역사를 자유의 확대라는 관점에서 해석하고 있다.

---

105 후쿠자와는 특히 프랑수아 기조의 『유럽문명의 역사』로부터 많은 영향을 받았다. 기조는 로마 멸망 이후 교회, 군주, 귀족, 시민 네 요소가 서로 공존하면서 각각 교회정치, 군주정, 봉건제, 민주정을 형성했고, 이와 같은 권력의 다양성이 존재했기 때문에 동양의 전제적 권력체제와 달리 자유의 기풍이 생겨날 수 있었다고 보고 있다. 프랑수아 기조, 임승휘 역, 『유럽문명의 역사—로마제국의 몰락부터 프랑스혁명까지』, 아카넷, 2014. 참조.

후쿠자와는 『문명론 개략』 제8장에서 기조의 문명관을 받아들여, 서양에서는 인간교제[106]에 관한 여러 학설이 획일적이지 않고, 서로 병립하며 공존해왔기 때문에 자주와 자유가 생겼다고 이야기한다. 그리고 이러한 자유가 있었기에, 교회든, 군주든, 귀족이든, 시민이든 각자 어느 정도의 권력을 가지고 자신들의 체제를 이루었으며, 어느 누구도 단일한 나라, 단일한 정부를 세우지는 못하다가, 인민의 지식과 견문이 차츰 열리면서 인민들이 처음에는 귀족의 압제에서 벗어나기 위해 국왕과 연합하여 귀족을 무너뜨렸고, 뒤이어 다시 국왕의 전제에 맞서 정치개혁을 이루었다고 설명하고 있다.

나아가 후쿠자와는 종교개혁[107]이나 시민혁명도, 둘 다 교회와 세속의 구별은 있지만, 자주와 자유의 기풍을 밖으로 흘려보내는 문명의 징후인 점에서는 동일하다고 말한다. 종교개혁이나 시민혁명 같은 커다란 개혁운동의 원동력을 지력의 진보에서 찾는 것 역시 기조의 영향이다. 그렇다고 그가 기조 등 서양 사상사들의 견해를 수동적으로만 받아들이고 있는 것은 아니다. 제9장 「일본문명의 유래」, 제10장 「자국의 독립을 논함」 두 장에는 근대문명의 보편적 가치인 자유와 고대 이래 일본 사회의 발전과정에 대한 그의 독창적인 역사관, 문명관이 잘 나타나 있다.

### 『문명론 개략』과 '공화'

다음으로는 『문명론 개략』과 '공화' 혹은 '공화주의'와의 관계에 관해 알아보자. 우선 『문명론 개략』에서 '공화' 혹은 '공화주의'란 단어는 찾기가

---

106 '사회(society)'의 번역어이다. 이 책 제1장 참고.
107 후쿠자와는 종교개혁의 본질을, 신교와 구교 두 교파가 교리의 옳고 그름을 두고 다툰 싸움이 아니라, 사람들에게 양심의 자유, 종교의 자유를 허락할 것인가 허락하지 않을 것인가를 두고 다툰 싸움으로 보고 있다.

쉽지 않다. 세습 군주를 대신하여 선거로 국민의 대표를 뽑는 정치체제를 가리켜 '공화정'[108]이라고 언급하고 있을 뿐이다. 이 '공화주의'는 '좁은 의미의 공화주의'이다. 오늘날에는 이보다 훨씬 넓은 의미로, 즉 전제의 예방과 민주주의를 지키기 위한 시민적 덕성[109]의 함양까지 포함하여 사용한다. 후쿠자와는 이때 벌써 '넓은 의미의 공화주의'로 일본문명을 성찰하고 있는 것이다. 이는 일본문명의 특징을 '권력의 편중' 즉 전제에서 찾고 있는 데서 잘 알 수 있다.

그는 특히 '권력의 편중'을 특정 시기의 권력구조나 특정 정부의 권력남용의 문제가 아니라 고대 이후 일본문명 전체의 고질적인 문제로 받아들였다. "권력편중을 제거하지 못하고, 자의적인 권력을 제한하지 못하면 난세든 치세든 일본문명은 나아갈 수 없다"는 말에서 알 수 있다. 권력편중이라는 일본문명의 악폐를 바로 잡지 못하면, 근대적 국민이 형성될 수 없다고 본 것도 이 때문이다.

이를 좀 더 자세히 살펴보면, 후쿠자와는 일본에서 이러한 권력편중으로 인해 국가권력에서뿐만 아니라, "지극히 큰 교제에서부터 지극히 작은 교제에까지 미치고, 크고 작음을 묻지 않고, 공과 사에 얽매이지 않으며"(제9장), "전국 인민의 기풍이 되어 있기 때문"(제9장)에, "인민은 국사에 전혀 관여

---

**108** 후쿠자와는 '공화정'이란 용어를 이런 경우에만 한정하여 쓰고 있다.
**109** 시민적 덕성이란 도덕적 혹은 종교적 덕성이 아니라 시민으로서 갖춰야 할 정치적 덕성을 가리킨다. 이와 관련하여 몽테스키외는 『법의 정신』 1787년 판 〈지은이의 주의〉에서, "공화국에서의 덕성이란 조국에 대한 사랑, 평등에 대한 사랑이라는 점에 주의해야 하며, 결코 도덕적인 덕성도 그리스도교적인 덕성도 아닌 정치적 덕성이다"고 말하고 있다. 또한 "군주정체를 움직이는 태엽이 명예이듯이, 그것은 공화국을 움직이는 태엽이다"고도 말하고 있다. 몽테스키외, 하재홍 역, 『법의 정신』, 동서문화사, 2016, 20~21쪽.

하지 않고, 자신의 지위를 중요하게 여기지 않으며, 지방은 각 '자기 지방의 이익Local Interest'을 중요하게 여기지 않고, 각 계층은 '자기 계층의 이익 Class Interest'을 중요하게 여기지 않고, 종교도 학문도 자립하지 못하고, 무사마저도 독립하려는 기상을 잃어 버려"(제9장) "일본에 정부는 있어도 아직 국민은 없는"(제9장) 지경에까지 이르렀다고 말한다.

더욱 심각한 점은 일본 인민들이 오랜 동안 권력편중 아래 살다보니 품행과 본성까지도 수동적이고 의존적으로 바뀌어버렸다는 사실이다. 후쿠자와는 이를, "일본국 안의 수천만 인류는 각각 수천만 개의 상자 안에 갇혀 있고, 또 수천만 개의 장벽으로 가로막혀 있는 것과 같고"(제9장), "백만 명의 사람이 백만 개의 마음을 품은 채 저마다 자기 집 안에 틀어박혀 지내며, 문밖은 마치 외국과 같아서 마음 쓸 일이 전혀 없고"(제5장), "길가에 죽어 있는 사람을 보면 도망쳐 버리고, 개똥과 마주치면 피해가 버리고", "도전 정신까지 완전히 잃어버리고"(제9장), "나라의 치란과 흥망, 문명의 진퇴에 관해서는 마치 구경이나 하듯이" 아예 신경을 쓰지 않게 되어 버렸다면서, 권력편중이 인민의 품행에 끼친 부정적인 영향을 생생하게 그리고 있다.

이처럼 1875년 시점에 후쿠자와는 이미 오늘날 우리가 쓰고 있는 넓은 의미의 공화주의에 비춰 일본 사회 전체에 스며들어 있는 전제적 요소를 성찰하고 있다. 그리고 나아가 그 대안으로서 '먼저 인민의 습관을 바꾸어야 한다'고 결론짓는다. 즉 "정부든, 인민이든, 학자든, 관리든, 그 지위가 어떤지를 묻지 말고, 단지 권력을 가지고 있는 것이라면, 지력이든 완력이든, 그것을 힘이라고 부를 수 있는 것은 모두 제한해야 하며", 이와 함께 인민 각자가 독립적인 개인으로서 자신이 맡아야 하는 영욕을 무겁게 받아들일 용기가 없으면 무슨 일을 의논해도 무익하기 때문에, "활력을 잃고 정체되어 있는 인민의 성품과 품행을 바로잡아", "도전적이며 독립적이며, 자신의 지위에 서서 분노할 것은 분노하고 주장할 것은 주장하는 기풍"을 길러야 한다고 하면서, "지금 일본의 인민이 그러한 기상도, 용기도 없는 것은 타고난 결점 때문이 아니라 습관에 의해 잃어버린 것이므로, 이를 회복하는 것 역시 습관에 의하지 않으면 안 되므로, 먼저 습관을 바꾸어야 한다"(제5장)고 말하고 있다.

이렇듯 후쿠자와에게는 모든 것의 출발점이 "인민의 습관을 바꾸는 것"에 있다. 그에게는 이것이 곧 "인민이 힘을 합쳐 나라를 보호하고 나라의 권리와 체면을 온전히 하는" 방법이었고, 독립을 이루는 길이었으며, 문명으로 나아가는 길"(제10장)이었다.

후쿠자와의 이러한 생각은 알렉시스 드 토크빌의 『아메리카의 민주주의』[110]를 떠올리게 한다. 실제로 후쿠자와는 토크빌의 책을 아주 꼼꼼하게 읽었다. 그는 1873년 뉴욕에서 출간된 헨리 리브스의 영어 번역본[111]을 읽었는데, 이 수택본[112] 여백에는 많은 자필 메모가 남겨져 있다. 토크빌의

---

110 알렉시스 드 토크빌, 이용재 역, 『아메리카의 민주주의』, 아카넷, 2018. 프랑스에서 이 책의 1권은 1835년, 2권은 1840년 출간되었다. 1권의 영어 번역본은 헨리 리브스 번역으로 유럽(1838)과 미국(1859)에서 각각 출간되었다.

111 헨리 리브스(Henry Reeves) 번역본에 존 스펜스(John. C. Spencer)가 서문과 주석을 단 것으로, 1, 2권이 합쳐져 있다. Alexis de Tocqueville, Translated by Henry Reeves, *Democracy in America*, With an Original Preface and Notes by John C. Spencer, New York: A.S. Barns & co., 1873. 후쿠자와는 이 책 외에도 하버드대학 총장을 지낸 프랜시스 보웬(Francis Bowen)이 편집한 영어 번역본도 가지고 있었다. 헨리 리브스 번역본 중 1권 부분에는 후쿠자와의 메모와 노트가 남아 있으며 보웬 번역본의 2권 몇 개 장에도 메모지가 붙어 있다. 안자이 도시미쓰(安西敏三)의 다음 책에는 헨리 리브스가 번역한 후쿠자와 수택본의 주요 메모 내용이 수록되어 있다. 安西敏三, 『福澤諭吉と自由主義―個人・自治・国体』, 慶應義塾大学出版会, 2007. 부록 참조.

112 후쿠자와의 장서 도장('福澤氏所藏書籍之印')이 찍혀 있는 영어 수택본은 현재 모두 65권이 남아 있다. 하지만 그중 일부는 장남 이치타로의 책도 포함되어 있어 모두 다 후쿠자와의 것이라고 보기는 어렵다. 『事典』, 113~114쪽. 참고로 『문명론 개략』 집필에

『아메리카의 민주주의』에 관한 후쿠자와의 메모는 일종의 독서노트인『각서覺書』[113]에도 남아 있다.『문명론 개략』을 집필하던 시점에 그가 다른 어떤 사상가보다도 토크빌에 깊은 관심을 가지고 있었음을 엿볼 수 있다.

참고로, 토크빌은『아메리카의 민주주의』에서 미국 이민자들의 평등한 '사회적 조건'[114]들에 관한 분석에서 출발하여 미국의 정치제도, 정치과정, 정치사상을 고찰했다. 이를 통해 그는 이러한 미국 민주주의를 가능케 한 바탕에 청교도들의 엄격한 신앙생활과 윤리, 종교정신과 자유정신의 조화, 신앙생활과 경제활동의 양립, 시민들의 자발적인 타운town 자치 참여, 전제권력에 대한 견제장치들, 언론과 집회 결사의 자유 등 미국인들의 심성과 태도를 규율하는 마음의 습속들Habits of Heart이 자리 잡고 있음을 보았다. 토크빌의 이 책은 이전의 사상가들이 자연상태나 신의 의지와 같은 가상의 조건에서 출발하여 민주주의를 고찰하는 것과 달리, 이민자들이 식민지에 도착했을 때의 구체적인 사회적 조건에서 출발하여 정치, 언론, 종교, 사람들의

---

참고한 기조의 『유럽문명사』와 헨리 버클의 『영국문명사』는 수택본이 남아 있지만, 밀의 『대의정치론』은 남아 있지 않다.

**113** 『覺書』에는 1877년 6월 24일에서 7월 25일까지 『아메리카의 민주주의』를 읽으면 기록한 메모가 남아 있다. 또 1875년 5월 13일부터 다음해 3월 14일까지 스펜서의 『사회학연구』에 관해 메모했다. 중간 중간 밀의 『공리론』에 관해 기록한 메모도 남아 있다. 또 1876년 5월 10일에서 다음해 6월 27일까지 스펜서의 『제1원리』제2판에 관한 메모도 남아 있다. 『覺書』가 대부분 이 세 권에 관한 메모로 채워져 있고, 별도로 이 세 권의 수택본 여백에도 그의 메모가 남겨져 있는 점을 보면, 『문명론 개략』이 출간된 이후에도 후쿠자와는 토크빌과 스펜서에 관해 깊은 관심을 가지고 있었음을 알 수 있다. 1876~1877년은 서남전쟁이 발생하는 등 사쓰마 사족들의 반감이 최고 심할 때였다. 이에 후쿠자와는 사쓰마에 관해, "사쓰마의 번정은 전제(專制)이지만 번사 상호간에는 자유와 자치의 기풍이 있기 때문에 마치 자유의 정신으로 전제군주를 모신 것과 같은데, 사쓰마 병사의 강함은 특히 이러한 자치와 자율을 바탕으로 하는 동료조직의 결과"라고 보았다. 『事典』, 124~125쪽. 安西敏三, 『福澤諭吉と自由主義―個人・自治・国体』, 慶應義塾大学出版会, 2007, 152~161쪽.

**114** 알렉시스 드 토크빌, 이용재 역, 『아메리카의 민주주의』 1, 아카넷, 2018, 제2장 참고.

심성과 습속과 같은 민주주의에 필수적인 구성요소들을 분석했다는 점에 큰 의의가 있다.

후쿠자와의 탁월성은 그가 토크빌의 이 '사회적 조건'에 주목했다는 점에 있다. 그 이전의 일본학자들은 대부분 쇼군이나 천황 또는 전란시대의 영웅호걸들을 중심으로 일본 문명의 역사를 설명했다. 하지만 후쿠자와는 그러한 서술방식으로는 에도시대 후기에 시작되어 메이지 시대까지 이어진 사회정치적 변화과정의 근원적인 원동력을 설명할 수가 없다고 생각했다. 대신 그는 토크빌이 설명하고 있는 아메리카의 초기 사회적 조건에 주목했다. 청교도들은 모든 신분적 특권과 재산을 조국에 두고 종교적, 정치적 자유를 찾아 떠나온 사람들이었다. 따라서 아메리카에 도착했던 첫 순간부터 그들은 지적, 문화적, 종교적, 사회적, 경제적인 평등상태에서, 즉 평등한 사회적 조건에서 출발할 수 있었던 것이다.

홀어머니 아래 자라면서 어린 시절부터 상급 사무라이로부터 차별과 설움을 많이 받으며 자라야했던 후쿠자와는, '문벌은 나의 원수'라고 맹세할 정도로 에도 사회의 불평등한 사회적 조건을 증오했다. 게다가 그는 1860년대에 이미 3차례나 미국과 유럽의 선진문명사회를 직접 겪었었다. 그는, 일본문명은 미국과 달리 고대 이래 변함없이 불평등한 사회적 조건 아래 놓여 있었다는 사실을 누구보다 빨리 그리고 누구보다 절실하게 체감한 최초의 일본인이었다.

이렇듯 후쿠자와는 토크빌 등 서구 자유주의 사상가들의 저작과 자신의 체험을 바탕으로 근대적 '자유'의 가치에 이어 공화주의의 핵심적인 가치에도 이를 수 있었다. 이 책 제9장과 제10장에는 근대적 '자유'와 '공화'의 가치에 대한 그의 통찰과 독창성이 아주 돋보이게 정리되어 있다. 그것은, "고대로부터 일본 사회의 모든 분야에 스며들어 있는 권력편중으로 인해, 일본에 정부는 있어도 아직 일본 국민은 없다. 새로운 국민, 새로운 국가를 만들기 위해서는 먼저 인민의 품성과 습관부터 바꾸지 않으면 안 된다"는 말로 요약할 수 있다.

### '문명의 이상'과 '일본문명의 당면 과제'

서구문명의 핵심가치인 '자유'와 '공화'를 꿰뚫어 보고 있었기에, 후쿠자와는 유신 정부의 서구화 정책에 관해서도 당시의 일반적인 생각과는 다른 견해를 제시할 수 있었다. 이는 곧 일본 고유의 정신문명과 서구 근대문명을 어떻게 조화시킬 것인가에 관한 문제였다.

동아시아 나라들이 서양문명을 수용하는 방식을 보면 대개 큰 차이가 없다. 화혼양재和魂洋才, 중체서용中體西用, 동도서기東道西器라는 표어에서 알 수 있듯이, 한·중·일 세 나라 모두 고유 문명은 그대로 둔 채 물질문명만 도입하여 절충하려고 했다. 하지만 이는 서양문명의 수용이라기보다는 당면한 위기를 모면하려는 임기응변책에 지나지 않았다. 그것은 서구문명의 본질에 대한 무지에서 나온 것으로, 사실상 서구문명에 대한 거부와 마찬가지였다. 이러한 태도에는 "유럽인들은 어떻게 그리 강한가?"라고 물었던 260년 전 라셀라스 왕자[115]만큼의 절박함도 보이지 않는다. 적어도 라셀라스 왕자는 유럽과 이슬람 문명이 역전된 까닭이 지식 때문이라는 것을 알고 있었다.

한편 후쿠자와의 생각은 이들과 전혀 달랐다. 그는 서양문명을 도입할 때

---

115 새뮤얼 존슨, 이인규 역, 『라셀라스』, 민음사, 2005, 62~63쪽. 새뮤얼 존슨(1709~1784)은 1759년 이 책을 출간했다. 혼자 힘으로 영어사전을 편찬(1747~1754)하였고 셰익스피어 전집도 출간(1765)했다.

에는 전후완급이 있으며, 정신적인 요소부터 도입하고, 그 다음에는 제도적인 요소, 그리고 물질적인 요소는 가장 나중에 도입해야 한다[116]고 주장했다. 덧붙여 일을 좀 편하게 하려고 이 순서를 어기면, "일은 쉬운 듯해 보여도, 갑자기 그 길이 막혀, 마치 장벽 앞에 서 있는 것처럼 한걸음도 나아가지 못할 수도 있다"고 경고했다. 마치 양무운동의 실패를 내다보고 있는 듯하다. 이는 서구문명의 본질, 즉 '자유'와 '공화'에 대한 통찰이 있었기에 가능했던 일이다.

그런데 이런 결론에 이르기 위해서는 그 전에 해결되지 않으면 안 되는 장벽이 하나 있었다. 이른바 '국체國體'의 문제이다. 메이지 중기 이후 본격적으로 대두되어 뒷날 일본을 쇼와 파시즘으로 몰고 간 황국사관도 이 국체 관념에서 출발한다. 황국사관의 국체 관념은 천황가家를 일본의 태양신인 아마테라스오미가미의 직계 후손으로 믿는 데에서 시작한다.[117] 여기서 천황을 살아있는 신現人神으로 믿는 환상이 만들어졌고, 천황가의 혈통이 곧 국체이므로 이를 지키는 게 곧 일본의 국체를 유지하는 것[118]이라는 황국사관이 형성되었다. 유신 동란기의 존황양이론이나 급진적 사무라이들의 양이활동 등에서 알 수 있듯이 일본인의 국체 관념과 서구 근대문명의 가치를 조화시키는 것은 결코 쉬운 문제가 아니었다.

후쿠자와는 이 문제를 어떻게 해결했을까? 『문명론 개략』 제2장에서 그는 먼저 혈통과 정통政統 및 국체의 차이에 관해 설명한다. 여기서 그는 국학

---

116 후쿠자와는 "먼저 인심을 개혁하고 이어 정령으로 넓혀가며, 마지막에 유형의 사물에 이르러야 한다"고 말하고 있다.
117 성희엽, 앞의 책, 69~70쪽.
118 히토쓰바시대학 한국학연구센터 기획, 형진의·임경화 편역, 『『국체의 본의』를 읽다』, 어문학사, 2017 참조. 『국체의 본의』는 1937년 일본 문부성에서 간행했다.

자들의 주장과 달리 혈통과 국체는 다르며, 국체란 천황가의 혈통을 지키는 것이 아니라 나라의 독립을 지키는 것 즉 주권을 지키는 것이라고 정의한다. 나아가 한 나라의 정부 형태 즉 정통은 고정불변이 아니라 편리함을 좇아 언제든지 바뀔 수 있으며, 정통이 바뀌었다고 해서 나라의 독립 즉 국체를 잃는 것은 아니라고 말한다. 이러한 사고방식은 당시로서는 매우 혁신적인 것이었다.

이런 전제 위에서 후쿠자와는 국체와 문명의 모순을, "문명은 국체를 지키는 수단"(제2장)이라고 정의함으로써 단번에 해결해 버린다. 천황가의 혈통이 아니라 나라의 독립을 국체라고 보면, 일본보다 우수한 서구 근대문명을 도입하여 부국강병을 이루고, 일본의 독립을 지키는 일은 곧 국체를 지키는 것과 같아지기 때문이다.

나아가 후쿠자와는 이 국체를 지키기 위해서는, "인민의 지력을 높이지 않으면 안 되며"(제2장), 아메리카 인디언이나 동남아의 여러 나라들이 독립을 잃은 사례를 들면서, "나라를 걱정하는 마음이 있는 사람이라면, 견문을 넓히고 세계고금의 역사를 살펴 뒷날의 재앙 즉 서구열강의 제국주의적 위험에 대비하지 않으면 안 된다"(제10장)고 경계한다.

이처럼 문명을 일본의 국체, 즉 독립을 지키는 수단이라고 정의하였기에, "나라의 독립은 목적이고 문명은 수단이다"(제10장)라는 정의 또한 자연스럽게 나올 수 있었다. 다만 이 정의는 『문명론 개략』 제1장에서 제3장에 걸쳐 설명한 '문명의 본지'와 모순된다는 문제점이 있다. 후쿠자와는 거기서, "문명의 본래 뜻은 지극히 크고 넓어서, 외국에 대해 자국의 독립을 도모하는 것 따위는 사소한 일개 항목에 지나지 않는다"(제3, 10장)고 정의하고 있기 때문이다. 이 모순은 '문명의 본지'와 '일본문명의 당면 과제' 사이에서 발생하는 문제라고 말할 수 있다.

이 역시 후쿠자와는 문명진보의 단계론으로 간단히 해결해 버린다. 즉 문명의 진보에는 여러 단계가 있으므로, 각각의 단계에 맞는 조치가 취해지지 않으면 안 되는데, 지금의 일본문명은 참으로 자국의 독립을 걱정해야 하는 단계에 있으므로, "나라의 독립은 목적이고 문명은 수단"이라고 결론짓고 있다.

후쿠자와는 이 책을 1875년에 출간했다. 청은 양무운동이 한창 진행 중이었고, 조선은 개항을 1년 앞둔 시점이었다. 두 나라에 『문명론 개략』과 같은 국가적 지력이 있었다면 조선과 청의 왕조에게도 개혁과 자주독립을 도모할 시간이 부족하지는 않았으리라. 두 나라 개혁운동의 한계는 근본적으로 두 나라의 지력의 한계였다.

### 『문명론 개략』의 역사관, '지력과 전제의 전쟁'

후쿠자와는 유신 동란 기간 동안 방관자로 있을 뿐 어느 쪽도 응원하지 않았다. 그의 『자서전』에는 유신 쿠데타의 성공 직후, 막부군과 혁명군이 도쿄 우에노 공원에서 전투를 벌이는 와중에 그 총소리를 들으면서도 수업을 계속하는 장면이 나온다.[119] 문명개화론자였던 후쿠자와에게는 막부군이

---

119 후쿠자와 유키치, 허호 역, 『후쿠자와 유키치 자서전』, 이산, 2004, 235쪽. 후쿠자와는 당시 영어 원서로 경제 강의를 히고 있었다고 적고 있다. 이 영어 원서는 웨이랜드 (Francis Wayland)의 경제학 책이었다. 웨이랜드는 브라운대학의 학장을 지낸 미국의 경제학자다. 후쿠자와는 그의 책(『The Elements of Political Economy』)을 1867년 미국 방문 때 대량으로 사 왔는데 곧바로 게이오의숙의 경제학 강의교재로 사용했다. 이것이 일본 최초의 영어원서 강의다. 매주 화, 목, 토 오전 10시부터 강독을 했고 뒤에 이 강의를 이어받은 오바타 도쿠지로는 웨이랜드의 『수신론(The Elements of Moral Science)』을 강독했다. 한편 이 날(1868.5.15)은 '후쿠자 선생 웨이랜드 경제서 강의 기념일'로 제정(1956.5.15)되어 건학이념을 계승하는 날로 기념되고 있다. 『事典』,

든 혁명군이든 별 다른 차이가 없었다. 그에게 유신 동란은 막부와 웅번들 사이의 사적私的인 권력투쟁에 지나지 않았다. 이 때문에 설령 조슈·사쓰마 군이 승리하더라도 막부 대신 또 다른 전제권력이 수립될 것으로 내다보았 다. 말하자면 후쿠자와는 메이지유신의 방관자였다.

대신 그는 『서양사정』 초편(1866)에서 『문명론 개략』(1875)에 이르기까 지 약 10년 동안 교육과 집필 활동에 전념했다. 그 이면에는 그의 독특한 문 명사관이 자리 잡고 있었다. 즉 그는 권력 탈취나 정권교체가 아니라 인민의 지덕 향상과 이에 바탕을 둔 문명화만이 역사를 진전시킬 수 있다고 보았다.

후쿠자와가 메이지유신의 본질을 군사적·정치적 투쟁이 아니라, 오랜 시간 진행되어온 '지력과 전제의 전쟁'(제5장)으로 본 것은 이런 까닭에서였 다. 그에게 메이지유신은 국내의 일반적인 지력이 향상함에 따라, 이 지력이 "양이론을 선봉으로 삼고, 서양문명을 지원병으로 삼아, 오랜 문벌전제를 정벌하여 혁명의 일대 거사를 끝내고 개선한 것"(제5장)이었다. 또한 같은 이유 때문에 그는 미들 클래스Middle Class의 사회적 역할을 매우 중요하게 여겼다. 후쿠자와는 특히 아담 스미스나 뉴턴 같은 학자들, 감옥개량운동과 노예해방운동에 헌신했던 사회개혁가들,[120] 제임스 와트나 조지 스티븐슨 같은 기술자들이 인류문명의 진보에 크게 기여했다고 생각했다. 『서양사 정』에서부터 이들의 전기와 주요 활동을 소개하고, 또 학자의 사명과 독립 성을 강조하면서도, 다른 한편으로는 학자들이 "자신의 본분을 잃고 세간에

---

103쪽.
**120** 이 책 제6장에서 후쿠자와는 노예제 및 노예매매제도 철폐운동을 한 토마스 클락슨과 감옥개량운동을 펼친 존 호워드에 관해 언급하고 있다. 후쿠자와는 지와 덕의 공능에 대 해 설명하면서, 두 사람 모두 사덕을 넓혀 공덕을 이루고 그 공덕을 광대무량하게 만들 었다고 설명하고 있다.

서 바쁘게 뛰어다니거나 관리에게 부림을 당해 눈앞의 이해를 처리하려고 하다가, 그 일도 이루지 못하고 오히려 학자의 품위를 떨어뜨리는"(제4장) 세태를 강하게 비판하는 것도 이러한 문명관에서 나왔다.

이와 같이 서구문명과 인류문명의 진보에 관한 깊은 통찰이 있었기 때문에 후쿠자와는, 유신 주체세력들이 '혁명'[121] 깃발을 앞세우며, 혁명의 길[122]을 가려고 할 때 그것이 아니라, '문명의 길'로 나아가야 한다고 주장할 수 있었다. 그 길은 바로 고대에서부터 이어져 내려온 일본의 사회적 조건들을 뿌리 채 변혁할 수 있는 '자유'와 '공화'의 길이었다. 그리고 결론적으로 그 길이야말로, 일본이 서구 강대국들과 어깨를 나란히 겨룰 수 있는 '독립자존'의 길이었다.


### 『문명론 개략』의 사상사적 의의와 역사의 은감殷鑑

지금까지 살펴보았듯이 『문명론 개략』은 일본뿐만 아니라 동아시아의 고전이라고 부를 수 있는 책이다. 결론을 대신하여 『문명론 개략』의 사상사적 의의를 요약하면 다음과 같다.

우선, 동아시아 사상계에서 최초로 서구 근대사상의 핵심가치를 제시했다는 점을 들 수 있다. 동아시아에서의 사상적 근대는 사실상 『문명론 개략』에서 시작한다. 1875년 3월이다. 동아시아가 주자학과 전제권력의 망상에서 아직 벗어나지 못하고 있을 때 후쿠자와는 '개인의 자유', '공화주의

---

121 메이지 초기까지만 해도 '혁명'이란 말은 공공연하게 사용되었다. 『문명론 개략』에도 '혁명'이란 용어가 많이 나온다.
122 예를 들어 사쓰마의 급진적 사무라이들은 신분제 폐지, 징병제, 질록처분, 사족의 대도 금지 등 신정부의 봉건적 신분제도 및 특권 폐지 정책에 대해, '혁명 이념'을 앞세우며 불만을 드러냈다. 서남전쟁은 사이고 다카모리가 "이럴려고 우리가 혁명했나?"고 항변하는 사쓰마 사무라이들의 불만을 묵인함으로써 시작된 반란이었다.

정신', '개인과 사회와 국가의 독립자존'에 관해 사유했다. 동·서양의 문명이 부딪히며 일으키는 사상적 소용돌이 안에서 벌인 그의 사상적 고투가 있었기에 조선과 청의 개혁가들은 쉽고 빠르게 서구 근대문명의 핵심을 이해할 수 있었다.

둘째, 개념사 측면에서의 의의를 들 수 있다. 동아시아 사상사를 개념사 측면에서 고찰하려고 할 때『문명론 개략』은 언젠가는 넘지 않으면 안 되는 봉우리이다.『문명론 개략』에는 메이지 초기 한자로 번역된 서구의 개념어가 풍부하고도 생생하게 나와 있다. 에도 말기에서 메이지기에 걸쳐 일본인이 만든 한자어를 신한어新漢語라고 부르는데 대략 1만 5천 단어에[123]에 이른다. 우리가 인식하지 못하고 쓰고 있는 많은 단어들[124]이 메이지 시대 일

---

**123** 가마타 타다시와 요네야마 토라타로가 집필한 대수관 서점의 신한어 사전에는 14,629 단어가, 이와나미 출판사의 신한어 사전에는 12,600 단어가 실려 있다. 鎌田正·米山寅太郎,『新漢語林』第二版, 大修館書店, 2011. 山口明穂·竹田晃 編,『岩波新漢語辞典』第三版, 岩波書店, 2014. 조재룡은 아래 강의에서 신한어가 2만을 넘는다고 설명하고 있다. 조재룡,『번역과 지(知)의 횡단 : 언어-개념-근대』, 네이버 열린연단 제44강 (2018.12.1) 강연문 참고.

**124** 예를 들어 철학, 종교, 윤리, 이성, 논리 의식, 관념, 심리, 명제, 구체, 추상, 낙관, 비관, 객체, 연역, 귀납, 직접, 간접, 좌익, 우익, 무정부주의, 진보, 공산, 노동자, 인민, 민중, 단결, 맹종, 반동, 진화, 민족, 교환, 분배, 독점, 저축, 자본, 금융, 중공업, 경공업, 회사, 결산, 판권, 민족, 정치, 정부, 대통령, 정당, 의회, 선거, 자치, 의무, 회의, 연설, 토론, 찬성, 표결, 부결, 취소, 대리, 경찰, 간첩, 법정, 당사자, 제3자, 판결, 보증, 등기, 강제집행, 인도, 세기, 간첩, 청원, 교통, 박사, 상상, 문명, 예술, 비평, 고전, 강의, 봉건, 사회, 복지, 집단, 개인, 물질, 과학, 화학, 물리학, 사회학, 경제학, 통계학, 학위, 학기, 강의, 자료, 수업료, 무기, 유기, 분자, 원자, 광선, 액체, 고체, 기체, 섬유 온도, 의학, 위생, 신경, 동맥, 연골, 미술, 건축, 기차, 철도, 야구 같은 단어들이 있다. 심지어 중국의 국호 중화인민공화국이나 조선민주주의인민공화국에 쓰인 '인민', '민주주의', '공화국'조차도 일본에서 만들어진 단어다. 이를 보면 신한어 중 우리나라에 도입되어 정착한 단어들을 따로 모은 사전이나, 한국어 어원사전을 체계적으로 다시 편찬해야 할 필요성이 있다. 그런 작업은 우리의 모국어를 일본풍으로 병들게 하는 게 아니라, 오히려 우리 모국어의 어휘와 표현을 더욱 더 풍성하게 만들어 줄 것이다. 언어도 문화도 세상도 역사도 원래 그런 것이다.

본인에 의해 만들어졌다. 언어가 인간의 사고와 사회에서 차지하는 중요한 역할을 고려할 때 우리는 이 시기 일본인들에게 청산이 불가능한 큰 빚을 지고 있는 셈이다.

셋째, 동아시아 개혁사상에 미친 영향을 들 수 있다. 앞에서 살펴보았듯이 조선의 개화파 인물들과 일본으로 유학 갔던 조선 유학생들은 후쿠자와 유키치로부터 많은 영향을 받았다. 량치차오 등 청의 수많은 개혁가들도 마찬가지이다.

이런 사실을 바탕으로 생각해 보면 통념과 달리 당시 동아시아의 개혁가들에게 일본이라는 나라는, 조선과 청을 침략하기 위해 늘 군비를 증강하고, 정한론과 대륙침략론을 시시때때로 제기하며, 침략의 기회만을 엿보는 부정적인 이미지의 나라가 아니었다. 오히려 정반대였다. 이들에게 일본은 메이지 유신을 성공시키고 서양문명을 도입하여 국가개혁에 성공한 나라이자, 자신들이 따라가야 할 국가개혁의 모델이자 선진문명국이었다.

끝으로 후쿠자와 유키치가 『문명론 개략』에서 제시했던 문명론은, 오늘날 우리들에게도 여전히 유효한 역사적 은감임을 잊어서는 안 된다. 19세기 말 조선과 청이 겪은 비극적인 역사를 되돌아보면, 그때 사람들은 대부분 이해할 수 없었겠지만 메이지 일본이 '혁명'의 광기와 사적인 욕망의 덫에 빠지지 않고, '자유', '공화', '독립자존'의 문명으로 나아갔던 것이 얼마나 현명한 선택이었는지 잘 알 수 있다. 또한 유신정부 지도자들이 혁명동지들을 문명개화의 제물로 삼아 근대국가를 향해 전진해 나간 것은 얼마나 비장한 역사적 대전환이었는지도 결단이었는지도 잘 알 수 있다.

결론적으로 19세기 동아시아의 역사는 바로 '개인의 자유'와 '공화주의'를 바탕으로 하지 않는 국가체제는, 아무리 화려한 가면으로 꾸민다고 해도,

그 본질은 전제專制에 지나지 않으며, 개인과 사회는 물론이고 종국에는 그 국가마저도 '독립'자존할 수 없게 만듦을 생생하게 증거해 준다. 이런 측면에서 볼 때 이 시기 동아시아 세 나라의 역사는 국가의 흥망성쇠를 생생하게 비춰주는 은감, 즉 역사의 거울이다. 뜻이 있는 사람이라면, 매일 아침 이 거울 앞에 서서, 자신의 모습을 비춰보며, 성찰하지 않으면 안 된다.

문명론 개략

# 머리말緒言[1]

문명론이란 사람의 정신발달에 관한 논의이다.[2] 그 취지는 한 사람[3]의

---

1 「머리말」에는 후쿠자와가 『문명론 개략』을 쓰게 된 동기, 주요 배경, 취지, 방법론, 독자에게 당부하고 싶은 말 등이 적혀 있다. 따라서 이 책을 입체적으로 이해하는 데 매우 중요한 부분이다. 다만 이 책을 다 읽기 전에는 이 말이 선뜻 다가오지 않을 수도 있다. 이 「머리말」의 중요성에 관해 가장 먼저 언급한 사람은 마루야마 마사오다. 「근대 일본에서의 사상사적 방법 형성(近代日本における思想史的方法の形成)」이라는 논문에서 「머리말」의 중요성을 주장했다.(福田歓一 等編, 『政治思想における西欧と日本-南原繁先生古稀記念』下, 東京大学出版会, 1961) 마루야마 마사오가 『문명론 개략』을 주석하여 펴낸 『『문명론 개략』을 읽는다』에서 이 「머리말」을 맨 뒤에 싣고 있는 것도 이 때문이다.(마루야마 마사오, 김석근 역, 『『문명론의 개략』을 읽는다』, 문학동네, 2007) 한편 후쿠자와는 이 「머리말」을 본문 전체를 완성하고 난 뒤에 썼다. 언제 원고가 완성되었는가라는 집필 시기의 문제는 일반적으로는 중요하지 않지만 이 책에서는 매우 중요하다. 왜냐하면 이 책이 집필될 당시 일본에서는 서양 개념어 하나에 여러 가지 다양한 번역어가 경합하다가 점차 지금 쓰고 있는 번역어로 정착해 갔기 때문이다. 이러한 '말들의 전쟁'을 거쳐 서양 개념어와 번역어가 일대일로 정착되기까지는 몇 년에서 몇십 년까지 걸렸다. 「머리말」에 나오는 '외교'라는 용어도 당시에는 '외국교제', '교제' 등 여러 가지 용어가 통용되고 있었다. 따라서 「머리말」에는 '외교'로 쓰고 있는 반면 본문에서는 '외국교제', '교제'로 쓰고 있다. 끝으로 머리말이 완성된 시기는 메이지 8년 3월 25일, 즉 1875년 3월 25일이며, 『문명론 개략』 원고를 탈고한 날은 4월 말, 출간된 날은 1875년 8월 20일이다. 후쿠자와는 이 책을 집필하던 시기에 『학문의 권장』도 같이 집필했다. 『문명론 개략』 「머리말」이 완성된 1875년 3월 말에 『학문의 권장』 제14편이 출간되었다.(慶應義塾, 『事典』, 2015, 1030쪽) 두 책은 내용적으로도 시기적으로도 밀접하게 관련되어 있다.

2 이 문장에 있는 '정신발달'은 후쿠자와가 심사숙고 끝에 정한 용어이다. 초기 자필원고에는 정신'활동(働)'으로 되어 있었다. 후쿠자와가 집필의 마지막 단계에서 '활동'을 '발달'로 수정한 것이다. 그럼 그 까닭은 무엇일까? 사실 이 두 단어 사이에는 큰 차이가 있다. 정신'활동'에 관한 논의라고 할 경우에는 '문명론 일반'에 관한 논의라는 의미가 되지만, 정신'발달'이라고 말할 경우에는 '문명의 발전단계론' 혹은 '문명발달의 역사'에 관한

정신발달이 아니라, 천하天下[4] 중인衆人[5]을 하나로 묶어 그 전체의 발달을

논의라는 의미가 되기 때문이다. 그렇다고 이 책이 '문명의 발전단계론'에 치우쳐 있는 것은 아니다. 이 책 제8장, 제9장에서 서양문명사와 일본문명사를 다루고 있긴 하지만 오히려 전체적으로는 일반적인 문명론에 관한 서술이 훨씬 많다. 그런데도 후쿠자와가 집필의 마지막 단계에 와서까지 수정하면서 정신'발달'을 강조한 이유는 그가 이 책을 쓴 동기이자 목적이었던, 일본문명의 독자적인 발달과정을 염두에 두고 있었기 때문이었다. 당시 후쿠자와는 서구에서 일반적으로 통용되던 헨리 토마스 버클(Henry Thomas Buckle, 1822~1862)의 '문명발전 3단계론―야만, 반개, 문명'에서 벗어나, 그것과는 다른 독자적인 일본문명의 발전경로 즉 일본문명의 발전단계론을 만들기 위해 고심하고 있었다. 한편 '정신발달'에서의 '발달'은 헨리 토마스 버클의 『영국문명사(*History of Civilization in England*)』1・2(London : Longmans, Green and Co., 1872)에 나오는 'progress(mental progress)'를 번역한 것이다. 영어 'progress'는 오늘날 보통 '진보'로 번역할 수 있지만 당시에는 주로 '발달'로 번역되었다. 이 책에서는 후쿠자와가 명확하게 '진보(進步)'라고 쓰고 있는 경우에만 '진보'로 번역하였다. 반면 비슷한 의미를 가지는 일본어 동사 '進む'는 그냥 '나아지다', '나아가다'로 번역했다. '진보'는 계몽주의적인 사회발전단계론 혹은 특정 문명발전 단계론의 전제 위에서 사회의 상태가 개선되었음을 가리키는 역사・사회적 개념인데 반해 '進む'는 그러한 발전 단계를 전제하지 않고 한 사회의 상태가 나아지고 있음을 의미하는 동사다. 따라서 둘은 구별할 필요가 있다.

3 여기서의 '한 사람'은 한 명(一人)을 의미한다. 이 '한 사람'은 뒤에 나오는 '개인'과는 그 의미가 전혀 다르다. '한 사람'이란 사람의 숫자가 한 명임을 의미하지만, 뒤에 나오는 '개인'은 봉건제 신분사회를 벗어나 스스로 시민사회의 자유로운 주체임을 자각하고 있는, '독립적인 개인', 즉 '근대적 개인'을 의미한다. 다만 후쿠자와가 이 책을 집필할 당시만 해도 아직 '개인'이라는 용어는 정착되어 있지 않았다. 대신 '독일개(獨一個)', '일개(一個)' 등 다양한 용어가 섞여서 사용되고 있었다. '개인'은 1870년대 후반부터 비로소 쓰이기 시작한다. 이런 이유로 인해 이 용어들을 '개인'이라는 단어로 번역하지는 않았다. '개인'이라는 단어를 쓰지 않을 때의 불편함을 느끼는 사람이라면 이 단어가 얼마나 위대한 발명품인지 알 수 있을 것이다. '개인'과 같이 메이지기에 일본에서 발명된 번역어는 약 15,000자에 이른다. 그 대부분을 오늘날 우리나라에서도 쓰고 있다.

4 이 책에는 천하와 비슷한 의미를 갖는 용어로 '세상(世)', '세간(世間)', '세(世)' 등이 있다. 각각 미묘한 의미의 차이가 있는데, 문맥에 따라 '세상', '세계', '세간'으로 번역하였다. 또 일정 지역에서 배타적인 지배권을 가지고 있는 정치체제를 의미하는 용어로 '국가(國家)', '구니(國)', '번(藩)' 등이 나온다. 문맥에 따라 '국가', '국', '구니' 혹은 '번'으로 번역하였다.

5 '중인'에는 '인(人)'과 '민(民)'처럼 '신분적인 차별'이라는 의미가 없다. 단순히 몰개성적으로 '많은 사람'을 의미할 뿐이다. 따라서 오늘날의 '대중'이라는 말과 비슷한 의미를 가지고 있다. 다만 '대중'은 '대중사회'라는 용어에서 알 수 있듯이, 20세기 초 매스 커뮤니케이션의 발달로 인해 자신의 독자적인 주관보다는 미디어의 영향에 따라 의사와 행동이 결정되는 수동적인 '사람들'이라는 부정적인 의미도 가지고 있다. 이 책에서는 이런 혼동을 피하기 위해 '중인'을 '대중'으로 번역하지 않고, 원문 그대로 '중인' 혹

논하는 데 있다. 따라서 문명론은, 달리 인간정신[6]발달론이라고도 말할 수 있다.

생각건대, 사람이 세상을 살다보면 지엽적인 이해득실에 사로잡혀 소견所見을 그르치는 경우가 아주 많다. 습관智慣[7]이 오래 되면 천연天然과 인위人爲[8]를 거의 구별할 수 없게 된다. 천연이라고 생각했는데 알고 보면 습관인 경우가 있다. 혹은 습관인 줄 알았는데 거꾸로 천연인 경우도 없지 않다. 문명에 관한 논의는 이처럼 분요잡박紛擾雜駁한[9] 때를 맞아 헝클어지지 않은 조리

---

      은 '다중'으로 번역하였다. '인(人)'과 '민(民)'의 차이에 관해서는 이 장 각주 16 참고.

6   원문에는 '중심(衆心)'으로 되어 있으며, 버클의 책 『영국문명사』에는 '인간정신(human mind)'로 되어 있다. 우리에게 익숙하지 않은 '중심'이라는 용어 대신 영어 원문에 따라 '인간정신'으로 옮겼다.

7   후쿠자와가 사용하는 '습관'이란 말은 우리말의 '습관'과 '관습'에 모두 해당된다. 이 책에서는 문맥에 따라 '습관' 혹은 '관습'으로 번역했다.

8   '본래 타고난 것'과 '후천적으로 만들어진 것'이란 의미이다. '천연'은 바꿀 수 없는 반면 '인위'는 바꿀 수 있다는 점에서 둘은 큰 차이가 있다. 후쿠자와는 여기서 '습관'이란 원래 바꿀 수 있는 '인위'적인 것인데도 불구하고, '천연'으로 잘못 여겨져 바꿀 수 없는 것으로 생각하는 사고방식의 문제점을 지적하고 있다. 봉건체제 안에서 길러진 '인위'의 잘못된 습관을 바꾸는 것은 후쿠자와가 이 책을 집필하게 된 주요 동기 중 하나이다. 후쿠자와는 당시 일본 지식인 사회에 별다른 이견 없이 받아들여지고 있던 서양의 문명 발전단계론(서양을 문명국, 일본을 '반개화(半開化)국'으로, 아프리카, 호주는 '미개국'으로 정의했다)에 대해서도, 이는 '인위'의 논리이기 때문에 바꿀 수 있다고 보았다. 반면 유신 이후 서양이론을 맹목적으로 추종하던 많은 '양학자'들은 이를 '인위'가 아니라 '천연'으로 보았다.

9   세상이 시끄럽고 어지러우며 뒤죽박죽이 되어 매우 혼란스러운 상태를 가리킨다. 카오스 상태라고 말할 수 있다. 몇 문장 뒤에 나오는 '인심의 소란'도 같은 상황을 표현하고 있다. 이 책을 집필한 배경과 동기가 여기에 잘 나타나 있다. 『문명론 개략』 제10장 마지막 문장도, 이러한 '인심소란'이라는 위기의식, 문제의식에 대응하여, "지금 일본의 인심을 유지하는 데에는 오로지 이 방법 하나뿐"이라고 끝맺고 있다. 한편 후쿠자와가 이 책을 집필할 때 참고한 버클의『영국문명사』나 기조의『유럽문명의 역사』에도 비슷한 내용들이 나온다. 기조의 책은 1828년에, 버클의 책은 1857~1861년에, 후쿠자와의 책은 1875년에 각각 출간되었다. 영국, 프랑스, 일본에서 각각 다른 시기에 출간된 이 책들이 모두 비슷한 문제의식을 가지고 있다는 점은 매우 흥미롭다.(Henry Thomas Buckle, 앞의 책, 제1장; 프랑수아 기조, 임승휘 역, 「제12장」,『유럽문명의 역사－로마 제국의 몰락부터 프랑스혁명까지』, 아카넷, 2014)

條理를 찾으려는 것이므로 더욱더 어렵다고 하겠다.

지금의 서양문명은 로마의 멸망 뒤 오늘에 이르기까지 대략 천여 년[10] 동안 성장한 것으로서 그 유래가 매우 오래되었다. 우리 일본도 건국한 지 이미 이천오백 년[11]이 지났고, 우리나라我邦의[12] 독자적인 문명은 스스로 진보進步하여 이르러야 할 곳에 이르렀다고 말할 수 있지만, 이를 서양문명에 견줘보면 형태가 다른 점이 없을 수 없다. 가에이嘉永[13] 연간에 미국인米人이 도래하고, 이어서 서양 여러 나라들과 통신通信[14] 및 무역 조약[15]을 체결하게

---

10 미국에서 번역 출간된 기조의 『유럽문명의 역사(Histoire de La civilization en Europe)』에는 유럽 각국의 연표가 실려 있다. '황폐한 시대의 연표'라는 제목으로 507년에서 814년까지를, 1094년에서 1291년까지는 십자군 연표를, 그리고 800년에서 1789년 프랑스혁명까지 기간은 영국, 스코틀랜드, 프랑스, 독일, 러시아, 스페인, 교황의 연표를 싣고 있다.

11 일본의 황기(皇紀)에 따른 것이다. 황기는 일본에서 가장 오래된 역사책인 『일본서기(日本書紀)』를 근거로, 진무 천황 즉위년(기원전 660)을 기원 원년으로 삼고 있다. 이 책에 자주 나오는 '개벽(開闢)'이란 용어는 '기원 원년'을 의미한다.

12 이 문장과 다음 문장에 일본을 가리키는 말로, '일본(日本)', '방(邦, 구니)', '국(國, 구니)' 등 세 가지 용어가 나온다. '방'과 '국'은 둘 다 나라를 의미하면서도 '방'은 '영역'을 '국'은 '경계'를 가리키는 차이점이 있다. 둘 다 중국 고대 이후 제후의 영토를 나타내는 말로 쓰였지만, 뒤에 천자의 영토와 제후의 영토 둘 다 가리키는 말로 의미가 확대되었다. 예를 들어 전한시대에는 외국을 가리킬 때에는 '타방(他邦)', 재상 직책을 가리킬 때에는 '상방(相邦)'이라고 사용하였다. 그러다가 오늘날처럼 '방' 대신 '국'이 일반적으로 쓰이게 된 계기는 유방의 한(漢) 건국 이후부터이다. 당시에는 '피휘(避諱)'라고 하여 천자의 이름에 쓰인 글자를 문서에 쓰지 않는 관례가 있었기 때문에 유방의 '휘(諱)'인 '방' 자를 기피하였고, 그 전까지 '방' 자로 표기된 것도 '국' 자로 바꾸어 쓴 것이다. 즉 '방토(邦土)', '방내(邦內)', '방군(邦君)', '방가(邦家)' 등의 글자를 '국토(國土)', '국내(國內)', '국군(國君)', '국가(國家)'로 바꾸어 썼다. 그 뒤 왕조가 바뀌어도 '국' 자를 '방' 자로 다시 바꾸지 않고 그대로 쓰면서 오늘날까지 이어지게 되었다.

13 가에이(1848~1853) 연간은 도쿠가와 막부 말기로, 고메이(孝明) 천황이 재위(1846~1866)한 기간의 연호다. 1853년 6월 3일 미국의 태평양함대 사령관 페리 제독이 이끄는 함대가 지금의 도쿄만 앞바다(우라가)에 나타나 개항을 요구했다. 후쿠자와는 페리 제독의 『페리 제독 일본원정기』 중 일부분을 번역하기도 했다.(福澤諭吉, 慶應義塾 編, 『福澤諭吉全集』 7ー페리 提督寄航拔純譯, 岩波書店, 1958, 560~563쪽 참조)

14 '통신'은 두 나라 사이에 공식적인 외교관계를 맺은 경우를 말한다. 반면 '통상(通商)'은 공식적인 외교관계는 맺지 않고, 경제적인 교류만 유지하는 경우를 말한다. 에도시대 일본은 조선과는 통신 및 통상관계를 모두 맺고 있었다. 하지만 중국, 네덜란드와는 통

되어 우리나라我國 인민人民[16]은 처음으로 서양이 있음을 알게 되었고, 그들과 우리 문명의 모습을 비교하여 큰 차이가 있음을 알자 한 순간에 이목耳目이 크게 놀라 마치 인심에 큰 소란이 생긴 듯했다. 물론 이천오백 년 동안 세상의 치란흥망治亂興廢으로 인해 사람들이 놀란 적이 없지는 않지만, 인심의 내부까지 깊게 범하며 감동시킨 건 상고시대, 유교와 불교의 가르침을 지나

상관계만을 맺고 있었다. '통신'은 에도막부가 1854년 서양5개국(미국, 영국, 프랑스, 네덜란드, 러시아)과 체결한 화친조약을 가리킨다. 이 조약으로 인해 에도막부와 서양5개국은 공식적인 외교관계를 맺었다. 통상관계는 1858년 미국을 시작으로 서양5개국이 별도로 체결하면서 시작되었다. 막부 말기의 대혼란과 변혁은 통상조약의 체결을 둘러싼 막부와 천황 등 국내 정치세력들의 갈등에서 비롯되었다. 자세한 내용은 성희엽, 『조용한 혁명─메이지유신과 일본의 건국』, 소명출판, 2016, 277~290쪽 참조.

15  1858년 7월 29일 서양5개국(미국, 영국, 프랑스, 네덜란드, 러시아)과 체결한 수호통상조약을 말한다.

16  전통적으로 유학에서는 지배계층(士)을 '인', 피지배 계층을 '민'으로 구분하였다. '인'은 성(姓)을 가지는 반면, '민'은 성을 가질 수 없다. 이러한 구분 위에서 '인'을 '군자'와 '소인(小人)'으로 나누고 '민'도 '일반적인 민'과 '소민(小民)'으로 나누었다. 메이지유신 뒤 신분제도가 폐지됨에 따라, 봉건적 신분제도로서의 지배계층과 피지배계층이라는 구분은 없어졌다. 후쿠자와 유키치가 영어의 'people'을 한자로 번역하면서 '인'과 '민'을 합쳐 '인민'이라는 단어를 만든 배경에는 이런 사회적 변화가 있었다. 따라서 인민이란 지배자, 피지배자의 구별 없이 일반적인 사람을 가리키는 말이다. 뒤에 나오는 '인민동권론(人民同權論)', 즉 서구 계몽사상에서 주장하는 '만민평등론'도 이러한 배경에서 보면 쉽게 이해된다. 후쿠자와는 이러한 의미의 인민이라는 단어를 미국의 역사에서 이해하였다. 1865년 미국 대통령 링컨이 게티스버그 연설에서 'of the people, by the people, for the people'이라는 명언을 했다. 여기서의 'people'은 인종 간에 아무런 차별이 없이, 모든 사람은 인간으로서 동등한 법적, 정치적 권리를 갖는다는 의미였다. 그 뒤 메이지 근대국가가 수립되면서 국경의 구분이 없는 인민이라는 용어보다는 한 국가 안에서 동일한 법적, 정치적 권리를 갖는다는 의미에서 '국민'이라는 용어가 등상했시만, 메이지헌법 아래에시 '신민'이라는 8어를 쓰면서, 천황에 대비되는 '신민'이라는 용어가 제2차 세계대전이 끝날 때까지 사용되었다. '국민'이라는 용어는 1948년 현재의 일본헌법이 공포되고 난 뒤 정착되었다. '인민'이라는 용어는 1900년대 들어 중국, 북한, 동구권 공산주의 국가들이 국호에 '인민'을 붙이고, '국민'이라는 말 대신 '인민'이라는 용어를 공식적으로 사용하는 바람에, 민주주의 국가들에서는 잘 사용하지 않게 되었다. 일본이나 우리나라에서는 현재도 잘 쓰지 않고 있다. 하지만 이 책에서는 '인민'의 원래 의미를 이해하고, 신민, 국민 등 비슷한 용어와의 구별, 이 시대의 언어가 가지고 있는 역사성을 실감할 필요성 등등 때문에 그대로 살려 두었다.

支那[17]로부터 전래 받은 때가 처음이었고, 그 뒤로는 특히 최근의 외교[18]가 으뜸이다. 거기에다가 유불儒佛의 가르침敎[19]은 아시아의 원소元素[20]를 아시아에 전하고 베푼 것이므로 단지 정도粗密(조밀)의 차이만 있을 뿐 그것을 접하는 데에는 어려움이 없었다. 어쩌면 우리에게 새로운 것이기는 해도 기이하지는 않았다고 말할 수 있는데, 저 최근의 외교는 말하자면 그렇지 않다. 지리적인 구역이 다르고, 문명의 원소가 다르고, 그 원소의 발육이 다르고, 그 발육의 정도가 다른 특수하고 이질적인 것을 갑자기 만나 서로 가까이에서 접하다보니 우리 인민에게는 그 일이 새롭고 진기함은 물론이고 사물들

---

17 이 책 전체에서 후쿠자와는 당시 중국의 정식 국호인 '청(淸)' 대신 '지나'라는 용어를 쓰고 있다. '지나'라는 용어에는 당시 중국을 약간 비하하는 뉘앙스가 포함되어 있지만, 이 책에서는 원문의 분위기를 그대로 살리기 위해, '지나'로 번역하였다. 제2장 각주 72 참조.

18 여기에서는 '외교'로 쓰고 있지만 이 책 본문에서 '외교'를 가리킬 때에는 거의 대부분 '외국교제', '교제' 등으로 쓰고 있다. 당시 '외교'를 가리키는 용어로 여러 가지 개념들이 경쟁하고 있었지만 시간이 흐르면서 차츰 '외교'로 통일되어 갔다. 한편 이 책에서는 '외교'를 정부 차원의 공식적인 외교활동뿐만 아니라 민간 차원의 접촉까지 포함하는 폭 넓은 의미로 사용하고 있다.

19 유교는 4~5세기, 불교는 6세기에 조선을 거쳐 일본으로 전래되었다. 백제 성명왕(聖明王, 재위 523~554) 때 불상과 경전을 보내온 것이 공식 전래라고 알려져 있다. 하지만 실제로는 그 이전 시기인 5세기 초에 이미 전래되었다고 보기도 한다. 『일본서기』에 따르면 유교는 긴메이(欽明) 천황(재위 539~571) 때 왕인이 경전 등을 가져왔다는 내용만 있을 뿐 더 이상 자세한 기록은 남아 있지 않다. 우리나라에는 아무런 기록이 남아 있지 않다. 일본 학계에 불교의 일본 전래시기에 관해서는 538년, 548년, 552년 등 세 가지 설이 있는데, 그중 백제·고구려·신라 사이에 전쟁이 있었던 550년 직전인 548년 설을 가장 가능성이 높은 것으로 보고 있다. 한편 불상의 전래와 관련해서는 『일본서기』 긴메이 천황 13년 조에, 불상을 받아들일지 말지를 두고 논의하는 모습이 기록되어 있다. 이때 소가(蘇我)씨의 이나메 수쿠네는 불상을 받아들이자는 편에, 모노노베노 오코시와 나카토미노 가마코는 반대하는 편에 있었다. 최종적으로는 소가씨의 견해가 받아들여져 불상을 소가씨의 무쿠하라 자택에 모셨다고 한다.(미노아 겐료, 김천학 역, 『일본불교사』, 동국대 출판부, 2017, 31~33쪽)

20 여기서 '원소'는 문명을 구성하고 있는 핵심적인 요소, 근본 요소를 가리킨다. 후쿠자와는 서양문명의 원소와 일본문명의 원소에 관해 이 책 제8장, 제9장에서 각각 구체적으로 설명하고 있다.

을 보면 기이하지 않은 게 없고 들으면 괴상하지 않은 게 없었다. 이를 비유하자면 극도로 뜨거운 불이 극도로 차가운 물을 만난 듯 사람들의 정신에 파란이 생겨났을 뿐만 아니라 그 내부 밑바닥까지 완전히 전복회선顚覆回旋[21] 되는 대소란이 일어나지 않을 수 없었다.

이러한 인심 소란의 결과 터진 게 몇 년 전의 왕제일신王制一新[22]이고, 뒤이은 폐번치현[23]이다. 이렇게 해서 지금에 이르렀기에, 이런 갖가지 사건件들은 멈춰질 수 있는 게 아니다. 병마의 소란[24]은 몇 년 전의 일이고 그 흔적은 이미 찾아볼 수도 없지만, 인심의 소란은 아직도 여전하며 나날이 더 심해지고 있다고 말할 수 있다.[25]

---

21 뒤집히고 회오리가 치며 빙빙 도는 상태를 가리킨다.
22 '왕제일신'이란 막부 정부에서 천황제 정부로의 변혁, 즉 메이지유신을 가리킨다. 메이지유신을 정치적 권력구조의 변혁이라는 측면에서 보면 쇼군과 다이묘가 중앙정부와 지방정부를 각각 통치하는 막번 체제에서 중앙집권적인 천황제 정부로의 변혁이라고 말할 수 있다. 이 당시에는 아직 메이지유신이라는 용어가 사용되지 않고 있었음을 알 수 있다. 대신 '일신(一新)', 혹은 '혁명'이라는 용어가 많이 쓰였다. '혁명'이라는 용어는 그 뒤 천황절대주의가 강해짐에 따라 차츰 사라져갔다.
23 메이지유신이 성공한 지 3년 뒤인 1871년 7월 14일, 유신정부가 도쿄에 있는 56개 번의 지번사를 황궁으로 소집하여, 전국의 모든 번을 폐지하고 유신정부가 직접 관할하는 현을 새로 설치한다는 혁명적인 조치를 전격적으로 발표하였다. 이것이 바로 폐번치현이다. 폐번치현으로 일본은 봉건적 막번체제에서 근대적 중앙집권체제로 가는 실질적인 토대를 마련했다. 자세한 내용은 성희엽, 앞의 책, 455~471쪽 참고.
24 왕정복고 쿠데타 이후 구 막부 편에 선 일부 번과 구 막부의 신하 등이 일으킨 반란과 전투를 가리킨다. 교토 인근 도바 후시미 일대에서 벌어졌던 도바 후시미 전투, 우에노 전투, 동북지방의 번들이 연합하여 일으킨 아이즈 전쟁, 에노모토 다케아키(榎本武揚, 1836~1908), 오도리 게이스케 등 구 막부 신하들이 막부의 해군연습선을 탈취하여 삿포로 하코다테로 간 뒤 혁명군에 저항하였던 하코다테 전투 등이 있었다. 에노모토 다케아키가 홋카이도 오룡곽에서 항복한 것은 1869년 5월이다. 위의 책, 373~380·426~437쪽, 657쪽 각주 12·13; 손일, 『막말의 풍운아－에노모토 다케아키와 메이지유신』, 푸른길, 2017 등 참고.
25 1874년 6월에 출간된 『학문의 권장』 제9편에도 다음과 같이 비슷한 내용이 나온다. "문명의 공능(功能)은 겨우 한 번의 전쟁으로 멈출 수 있는 것이 아니다. 따라서 이 변동은 전쟁의 변동이 아니며, 문명에 의해 재촉된 인심의 변동이기 때문에, 저 전쟁의 변동은 이미 7년 전에 끝나 흔적조차 찾아볼 수 없지만, 인심의 변동은 지금도 여전하다. 무릇

생각건대 이 소란은 전국의 인민이 문명으로 나아가려는 분발이다. 우리 문명에 만족하지 않고 서양문명을 받아들이려는 열정熱心이다.[26] 따라서 그 것이 꾀하는 건 결국 우리 문명이 서양문명과 같아지도록 하여 그것과 나란히 서든지, 아니면 그것보다 더 뛰어나게 되지 않으면 멈출 수 없다. 그런데 저 서양문명도 지금 분명 운동하면서 날마다 달마다 개진改進해 가고 있기에, 우리나라의 인심도 이와 함께 운동하면서 마지막까지 멈추어서는[27] 안 된다. 가에이 연간에 미국인이 도래한 큰 사건은 참으로 마치 우리 민심[28]에 불을 지른 것과 같았고, 한번 불붙자 다시는 걷잡을 수 없었다. 인심의 소란, 이와 같다. 세상 사물의 분요잡박함은 거의 상상조차 할 수 없는 지경이다.

이러한 때를 맞아 문명에 관한 논의를 세우고 헝클어지지 않은 조리를 찾는 일은 학자들學者[29]에게 매우 중요하고도 어려운 과업이라고 말할 수 있

---

만물(物)은 움직이지 않으면 이를 이끌 수가 없다. 학문의 길(道)을 앞서 주장하고 천하의 인심을 이끌고, 밀면서, 이를 고상한 영역으로 나아가도록 하기 위해서는, 특히 지금 이때를 호기회로 삼고, 이 기회와 만난 자는 곧 지금의 학자들이므로, 학자들은 세상을 위해 열심히 노력하지 않으면 안 된다."(福澤諭吉, 戶澤行夫 編, 『福澤諭吉著作集』 3, 慶應義塾大學出版會, 2002, 103쪽); 후쿠자와 유키치, 남상영 역, 『학문의 권장』, 소화, 2003, 129쪽)

26  여기서 후쿠자와가 인심의 소란을 문명으로 나아가려는 인민의 분투, 열정으로 이해하고 있음에 주의해야 한다. 일반적으로 국가권력은 이러한 인심의 소란을 반정부적인 투쟁으로 간주하여 권력에 대한 위협으로 받아들이는 데 반해, 후쿠자와는 이를 오히려 긍정적으로 해석하고 있다.

27  원문에는 '소식(消息)'으로 되어 있다. 후쿠자와는 여기서 한자의 개별 의미를 살려 '활동을 멈춘다'는 의미로 쓰고 있다. 원래 '소식'은 멀리 있는 사람이나 사건의 '사정'이라는 의미 외에 '자연의 변화'를 가리키기도 한다.

28  후쿠자와는 이 책에서 '인심(人心)'과 '민심(民心)'을 구별하여 사용하고 있다. 각주 16에 설명되어 있듯이 '인'은 사무라이 계층을, '민'은 일반 백성을 의미한다.

29  여기서의 '학자'는 학문을 가르치고 연구하는, 좁은 의미의 학자가 아니라 학문에 뜻을 두고 있는 학생들도 포함하여 지식인 계층 일반을 가리키는 넓은 의미로 사용되고 있다. 후쿠자와는 이런 넓은 의미의 학자들에게 당부하고, 격려하며, 조언하는 형식을 빌려

다. 서양 각 나라에서는 한 학자가 일신日新[30]의 학설을 제창하면 그에 이어 다른 학설이 나와 또 새로워지며[31] 사람의 이목을 놀라게 하는 경우가 많긴 하지만, 천여 년의 연혁에 따라 선조의 유산遺物을 이어받아 절차탁마한 것이기에, 가령 그 학설이 신기하다고 해도 똑같이 동일한 원소元素에서 발생한 것이지 새로 만들어진 건 아니다. 이를 어찌 우리나라의 지금 상황에 견주어 함께 논할 수 있겠느냐. 지금 우리 문명은 이를테면 불에서 물로 바뀌고, 무無에서 유有로 옮아가려는 것으로서, 이 돌연한 변화를 단순히 개진改進이라고 말할 수는 없고, 어쩌면 시조始造[32]라고 일컬을 수도 있다. 그 논의

---

이 책을 썼다. 참고로 후쿠자와는 스스로, 유학자류의 노인(古老)을 우리 편으로 끌어들이기 위해 이 책을 저술했다고 말했다. 그는 이 책이 나오기 전에 발표한『학문의 권장』제7편에서, 구스노키 마사시게가 고다이고(後醍醐) 천황을 위해 싸우다 전사한 것을 두고 봉건적 도덕이라고 신랄하게 비판했는데, 이 때문에 보수적 유학자들로부터 많은 공격을 받았다. 이에 후쿠자와는『문명론 개략』을 쓸 때에는 자극적인 단어를 삼가고 서구문명의 도입이 필요한 이유를 논리적으로 설득하였다. 다행히 이런 노력이 그들에게도 받아들여져 후쿠자와의『문명론 개략』과 후쿠자와를 새롭게 보기 시작했다고 한다. 후쿠자와에 따르면 사이고 다카모리도 이 책을 읽고 자신이 만든 사(私)학교 생도들에게 읽어보기를 권했다고 한다.(『著作集』 10, 494~495쪽)

30 '일신의 설'에서 '일신'은 원래『대학(大學)』「전」제2장에『대학』의 삼강령 중 '신민'에 대한 설명에 나온다. 원문은 다음과 같다. "구일신(苟日新), 일일신(日日新), 우일신(又日新)." 우리말로는, "오늘 새로워지고, 나날이 새로워지고, 또 하루 새로워진다"로 번역할 수 있다. 날마다 도덕적 수양에 힘써야 한다는 뜻이다. 고대 중국에서 은 왕조를 연 탕 임금이 세수 대야에 이 아홉 글자를 새겨놓고, 매일 아침 이를 보면서 수신과 정치에 관한 각오를 다졌다는 이야기에서 유래한다.

31 이 문장은 일신의 학설이 하나 나오면, 이어서 다른 학설이 나오고 또 다른 학설이 이어서 계속 나오면서 자유롭게 학문이 발전해가는 과정을 묘사한 것이다. 프랑수아 기조나 토마스 버클 등 서양학자들의 학설을 가리킨다.

32 '시조'라는 말은 매우 중요한 의미를 가지고 있다. 1870년대 초반 일본은 유신정부의 급속한 문명개화 정책에 힘입어 서구문명에 대한 심취와 모방이 최고조에 달한 시기였다. 일찍이 막부 체제 아래에 있을 때부터 후쿠자와는 누구보다 앞서 서구문명을 소개하고 그 도입을 주장했다. 하지만 신정부가 수립되고 난 뒤에는 이러한 서구문명의 무분별한 심취와 모방이 오히려 일본 스스로 독립적인 근대문명국가를 수립하는 데에 방해가 될 것으로 내다보았다. 여기에는 일본이 서양 국가들과 체결한 불평등조약과 서구 국가들의 제국주의적 형태에 대한 절실한 위기의식이 깔려 있었다. 이런 측면에서 후쿠자와 유키치는『문명론 개략』에는 유신 직후의 사회적 변동과 사상적 혼란을 극복하고, 일본의

가 지극히 곤란함도 까닭이 없는 건 아니다.

지금의 학자들이 이 곤란한 과업을 맡고 있지만 여기에는 또 우연한 요행도 없지 않다. 그 사정을 얘기하자면, 우리나라가 개항한 뒤부터 세상의 학자들 중 많은 수가 양학으로 돌아섰고 그 연구 수준은 당연히 거칠고 협애했다고 말할 수 있지만 마치 서양문명의 작은 점 하나를 방불케 하는 정도는 엿본 듯하다. 다른 한편으로 이 학자란 사람들은 이십 년 전에는 20년 이전에는 순연한 일본문명에 흠뻑 빠져 있으면서 단지 그것을 보고 들었을 뿐만 아니라 실제로 그 일을 맡아서 행했던 사람들이기에, 지난 일을 논할 때 억측, 추량하여 애매함에 빠지는 일이 적고 자신의 경험을 직접 서양문명에 비춰볼 수 있는 유리함이 있다.

이 일 한 가지에서는, 저 서양 학자들이 이미 형체를 갖춘 문명 안에 살면서 다른 나라의 양상을 어림잡아 살펴보는 경우보다도 우리 학자들의 경험[33]이 훨씬 더 확실하다고 하지 않을 수 없다. 지금 학자들의 요행이란 바로 이 실제 경험實驗 한 가지이며, 더군다나 이 실제 경험이란 지금 세대가 지나가 버리면 다시는 결코 얻을 수 없으므로 지금 이때는 특히 소중한 호기회라고 말할 수 있다.

참고로 보라, 지금 우리나라의 양학자류[34] 중에 이전에는 모두 다 한학서

---

고유한 문명발전을 서양의 문명 발전 단계론이 아니라 독자적인 문명발전 단계론 위에 세우려고 했다. '시조(始造)'의 의미와 관련해서는 마쓰자와 히로아키의 논문 「문명론에서의 시조와 독립」 참고. 松沢弘陽, 『近代日本の形成と西洋経験』, 岩波書店, 1993, 307~381쪽.

33 원문에는 '실험(實驗)'으로 되어 있다. 이 당시에는 경험(experience)과 실험(experiment)이 같은 의미로 쓰이고 있었다.

34 여기서 '류'는 어설픈 양학자를 비꼬는 말투이다. 개항 후 서양문명이 물밀듯 들어오자, 유행을 쫓아 급하게 양학을 공부한 바람에 그 수준이 어중간하고 어설펐던 사람을 가리킨다. 후쿠자와는 이 책을 쓰기 전 양학자뿐만 아니라 국학자 등등 여러 분야의 지식인

생이지 않았던 자가 없고 신불神佛[35]을 믿지 않았던 자도 없다. 또 봉건 사족이 아니면 봉건 백성民[36]이었다. 마치 한 몸으로 두 생을 사는 듯 하고, 한 사람에게 두 몸이 있는 듯했다. 두 생을 서로 견주고 두 몸을 서로 겨루어 그 전생前生과 전신前身에서 얻은 것을 지금 생今生과 지금 몸今身에서 얻은 서양 문명에 비추어보면 그 형체와 그림자形影가 서로 밝혀줌에 과연 어떤 생각이 들겠느냐. 그 논의, 분명 확실해지지 않을 수 없을 것이다.

생각건대 내가 어렴풋한 양학 소견을 가지고, 스스로의 천열賤劣을 돌아보지 않고 감히 이 책을 지음에, 서양 대학자들諸家의 원서를 그대로 번역하지 않고 단지 그 대의를 감안하여 일본의 사실事實에 참작한 것은 우리들[37]은 바로 얻지만 다음 세대는 다시 얻을 수 없는 호기회를 살려 지금의 소견을 남김으로써 뒷날 비고에 쓰이도록 하려는 아주 작은 뜻일 따름.

단지 그 논의가 거칠고 오류가 많음은 나 스스로 자백하고 참회한다. 다만 특별히 바라는 것이 하나 있다면, 뒤 세대의 학자들에게 큰 배움이 있어 물릴 때까지 서양의 각종 책을 읽고 물릴 때까지 일본의 실정을 자세히 밝히며, 소견을 더욱더 넓히고 논의를 더욱더 알차게 하여, 정말로 문명의 대저작全大論이라고 일컬을 만한 것을 저술하여 이로써 일본 전체의 얼굴을 완전히 바꿀一新 것이라는 희망이다. 나 또한 아직 늙은 나이는 아니니 언젠가 반

---

에게 이런 식의 말투로 신랄하게 비판하곤 했다. 하지만 이 책에서는 전과 달리 매우 신중하고 논리적인 말투를 쓰고 있다. 이 책의 대상으로 삼았던 계층이 당시의 지식층, 그 중에서도 유학 등 고전에 해박하고 연로한 보수층이었기 때문이다.

35 신도(神道)와 불교를 가리킨다.

36 에도시대에 '백성(百姓)'은 농민을 가리켰다. 여기서의 '민'은 에도시대의 지배층인 '사족(人)'을 제외한 피지배계층 일반을 가리키므로 '농민'보다는 훨씬 넓은 범위를 가리킨다. '백성'이란 말 이외에 적당한 단어가 없으므로 그냥 '백성'으로 번역하였다.

37 원문에는 '여배(余輩)'로 되어 있다. 이 말은 나 혹은 우리 등 단수와 복수 양쪽 다 쓰일 수 있다. 여기서는 문맥상 '오늘날의 우리들'이라는 의미이므로 복수로 번역했다.

드시 이런 큰 일이 있기를 기다리며 지금보다 더욱더 열심히 공부하여 거기에 작은 힘이나마 보탤 수 있게 되기를 기대할 따름.

이 책에서 서양의 여러 가지 책을 인용하며 그 원문을 바로 번역한 건 그 책의 이름을 적어 출전을 밝혔지만, 단지 그 대의만 뽑아 번역하였든지 아니면 여러 가지 책을 참고하면서 그 취지를 찾은 뒤 그 뜻에 따라 저자의 주장을 말한 경우에는 일일이 출전을 적지 않았다. 이를 비유한다면 음식물을 먹고 소화하는 것과 같다. 그 물질은 외부의 물질이지만 일단 내게 들어오면 저절로 내 몸 안의 물질로 되지 않을 수 없다. 따라서 책 안에 드물게 훌륭한 주장이 있다면 그것은 나의 주장이 아니라 음식물이 훌륭하기 때문인 줄로 알아야 한다.

이 책을 지을 때에, 이따금 사우社友[38]들과 의논하면서 때로는 그들의 소견을 묻고 때로는 그들이 전에 읽었던 책 속의 논의를 듣고서 도움을 얻은 경우가 적지 않다. 그중 오바타 도쿠지로小幡篤次郎[39] 군에게는 특별히 이 책

---

38  사우는 사추(社中, 단체)의 동료를 친근하게 부르는 말이다. 여기서는 게이오(慶応) 기주쿠의 동료를 가리킨다. 게이오 기주쿠는 1858년 후쿠자와 유키치가 에도에 설립한 난학숙에서 출발하였다. 당시 게이오 기주쿠에서는 학교를 뜻을 같이하는 단체를 의미하는 '사추'로 부르고, 선생이든 학생이든 학교의 모든 구성원을 뜻을 같이하는 동지, 혹은 '사우'로 불렀다.

39  오바타 도쿠지로(1842~1905). 후쿠자와와 같은 나카쓰번 출신이다. 게이오 기주쿠의 운영을 도와줄 사람을 구하던 후쿠자와의 눈에 띄어 함께 에도로 상경하였고 그 뒤 평생 동안 후쿠자와의 분신이 되어 게이오 기주쿠, 지지신보(時事新報) 등의 운영에 헌신했다. 또한 후쿠자와의 집필을 돕고, 그의 뜻을 받들어 논설, 저서를 집필했다. 1871년 12월에 출간한 『학문의 권장』 초편은 후쿠자와 유키치와 오바타 도쿠지로의 공동 집필로 되어 있을 정도로 후쿠자와의 신뢰를 받았다. 이 책 455쪽에는 게이오 기주쿠에서 발행한 『민간잡지』 제8호에 오바타 도쿠지로가 기고한 내용이 소개되어 있다. 1879년 동경학사회원의 회원에 뽑혔으며, 1890년 귀족원 의원이 되었다. 후쿠자와가 세상을 떠난 뒤에는 그 뒤를 이어받아 게이오 기주쿠의 3대 이사장이 되었다. 후쿠자와와 오바타의 관계는 『후쿠자와 유키치 자서전』에 자세히 나와 있다. (후쿠자와 유키치, 허호 역, 『후쿠자와 유키치 자서전』, 이산, 2006)

을 열독<sup>閱見</sup>하는 폐를 끼치고 교정[40]을 부탁하여 이론으로서의 가치<sup>品價</sup>를 높인 곳이 많다.

메이지 8년(1875) 3월 25일

후쿠자와 유키치[41] 씀

---

40  원문에는 '정산(正刪, 깎고 다듬음)'으로 되어 있다
41  후쿠자와 유키치(1835.12.12~1901.2.3)의 이름 중 '유(諭)' 자는 그의 부친이 청(淸)
   의 법령집 『상유조례(上諭條例)』에서 따온 것이다. 한편 『상유조례』는 청나라 옹정제
   에서부터 건륭제까지의 재위 기간(1735~1750) 동안 공포된 조칙, 칙령, 정령 등을 편
   년체로 편찬하여 펴낸 책이다. 총 64권으로 구성되어 있다. 후쿠자와가 태어난 날, 오랫
   동안 구입하길 원했던 이 책을 구하자, 그의 부친이 이를 기념하여 '유' 자를 넣어 '유키
   치'라고 이름을 지었다고 한다. 한 동안 그 행방을 모르다가 이 책 중 한 권을 제외한 63
   권이 1954년 10월 나카쓰 옛 번사의 집에서 발견되었다. 이 책에는 후쿠자와 가의 장서
   인이 찍혀 있다. 지금은 게이오대학에 보관되어 있다.

# 제1권

# 제1장

# 논의의 본위<sup>本位</sup>¹를 정하는 일

## ❙ 먼저 논의의 본위를 정해야 한다

경중輕重, 장단長短, 선악善惡, 시비是非 등의 글자는 상대적인² 생각考에서 나온 것이다. 경이 없으면 중은 있을 수 없고, 선이 없으면 악도 있을 수 없다. 따라서 경이란 중보다 가볍고, 선이란 악보다 선함을 말하는 것으로, 이 것과 저것을 상대시키지 않으면 경중선악을 논할 수 없다. 이처럼 서로 상대하여 중이라고 정하고 선이라고 정하는 것을 논의의 본위라고 부른다.

속담에 말하길 '배腹는 등背과 바꾸기 어렵다'고 한다. 또 말하길, '작은 벌레를 죽여 큰 벌레를 구한다'고 한다. 따라서 사람의 몸에 관해 논의한다면, 배 부분은 등 부분보다 소중한 까닭에 비록 등에 상처를 입더라도 배를

---

1 제1장의 제목에 처음부터 '본위'가 들어가 있었던 것은 아니다. 제1장의 제목은 논의를 정하는 일'로 되어 있었다. '본위'는 초고 No.5 단계에서 가필되었다(게이오대의 후쿠자와 연구센터에 소장되어 있는 자필초고에는 시기와 형태에 따라 No.1부터 No.18까지 번호가 매겨져 있다).(『著作集』4, 363쪽) 본위는 '본질', '목적', '기준', '기본', '근본', '중심', '핵심' 등 여러 가지로 번역될 수 있다. 이 책에서는 원문 그대로 '본위'로 썼다. 다만 문맥에 따라 의미를 좀 더 명확하게 하기 위해 본질, 기준 등으로 번역한 경우도 있다. 참고로 이토 마사오는 '본질', '기본' 등으로, 마루야마 마사오, 마쓰자와 히로아키는 '본위' 그대로 쓰고 있다. 게이오대학 출판사가 펴낸 『著作集』에서는 '기준'으로 해석하고 있다.

2 영어의 'relative'를 번역한 것이다.

탈 없이 보호하지 않으면 안 된다. 또 동물을 다룰 때에는, 학이 미꾸라지보다 크고 귀한 까닭에 학의 먹이로 미꾸라지를 써도 문제되지 않는다고 말한다. 예를 들어 일본에서는 봉건시대에 다이묘와 번사藩士[3]들이 아무 일도 하지 않으면서 입고 먹던 것을 제도를 바꿔 지금처럼 만든 게 괜히 유산有産 무리를 뒤엎어 무산無産의 고통(난삽難澁)에 빠뜨린 듯해 보여도, 일본국과 각 번을 서로 마주하면 일본국은 무겁고 각 번은 가벼우며, 번을 없앰은 마치 배를 등과 바꿀 수 없는 것과 같고 다이묘와 번사의 녹祿[4]을 뺏음은 미꾸라지를 죽여 학을 기르는 것과 같다. 무릇 사물을 탐색(전색詮索)함에는 지말枝末[5]을 버리고 그 본원本源으로 거슬러 올라가[6] 머무를 곳의 본위[7]를 찾지 않

---

3   다이묘(大名)는 에도시대 각 번의 영주를 가리키며 번사(한시)는 각 번의 사무라이를 말한다. 에도시대에는 약 270개의 번이 있었다. 각 다이묘 간의 서열은 쇼군 가와의 관계, 농업생산량인 석고(石高), 조정에서의 위계(관위) 등을 종합적으로 감안하여 정해졌다. 번사의 서열도 다이묘 가와의 관계, 현직 여부, 봉록의 수준, 직책의 세습 여부 등에 따라 정해졌다. 이 책에서 '번', '번사', '번주'는 일본어로는 '한', '한시', '한슈'로 읽지만 '번'이라는 단어가 우리나라에서 이미 널리 쓰이고 있는 점을 고려하여 그냥 '번', '번사', '번주'로 번역하였다.

4   녹봉(祿俸)은 '봉록' 혹은 간단하게 '녹'이라고도 불렸는데, 고대 율령제 시기에 정착되어 막번체제에서도 이어졌다. 수당에 해당하는 '봉(俸)', 급여에 해당하는 '녹(祿)'이 있으며, 상급사무라이에게는 별도로 토지를 지급하여 수익권을 보장해주는 '지행(知行)'이 있었다. '봉'은 '부지(扶持)'라고도 불렸는데, 에도시대에 1인 당 하루에 현미 5홉을 표준으로 하여 한 달에 1두5승(1斗5升), 1년에 1석8두(一石八斗)를 1인 부지로 지급하였다. 1두는 오늘날 약 18리터에 해당한다. '지행'은 상급사무라이에게 토지의 수익권을 보장하던 제도로 헤이안시대에서 전국시대에 걸쳐 정착되었다. 지행지의 연공은 영주가 일괄적으로 거둔 뒤 지행고에 해당하는 봉록을 사무라이에게 지급하였다. 일본의 토지제도와 조세제도는 중국 율령제를 모방하여 고대 국가체제를 형성할 때 만들어졌다. 한편 고대 중국의 토지, 조세 제도는『맹자』「만장」편,『논어』「계사」편 등 유교 경전에도 소개되어 있다. 1875년 질록처분으로 녹봉제도는 완전히 사라졌다.

5   '지말'은 '지엽말단'과 같은 의미이다. 원래는 나무 가지와 나무의 끝부분을 가리킨다. '지'는 큰 줄기에서 가지가 갈려져 나오듯이 갈라져 나온 견해를, '말'은 나무의 끝부분처럼 중요하지 않은 견해를 의미한다.

6   후쿠자와는 자기주장의 근거를 유학경전에서 직접 인용하거나, 빗대어 자주 설명한다. 이 부분 역시 유학의 '본말론'에 빗대어 설명하는 것이다. 따라서 여기에서는 유학의 본 말론과의 연관성을 그대로 살려 두기 위해 '본', '말'을 따로 번역하지 않고 그대로 두었

으면 안 된다.

이렇게 하면 논의할 항목은 차츰 줄어들고 본위는 더욱더 확실해진다. 뉴턴이 처음으로 만유인력의 이치理를 발명發明[8]하여, 모든 사물은 한번 움직이면 움직여서 멈추지 않고 한번 멈추면 멈추어서 움직이지 않는다고 명확하게 그 법칙定則[9]을 세운 뒤부터 세상 만물의 운동의 이치 모두 여기에서 유래하지 않는 것이 없다. 법칙이란 곧 도리의 본위라고도 말할 수 있다. 만약

---

다. 다만 그 의미를 명확히 하기 위해 필요한 경우, '본'은 '근본'으로 '말'은 '말단' 혹은 '결말' 등으로도 번역하였다. 한편 '본말론'은 『대학』을 비롯하여, 『맹자』 「양혜왕」편과 『고자』 「하」편 등에 나와 있다. 그중 『대학』 「경문(經文)」 제1장과 「전문(傳文)」 제10장에 비교적 자세하게 나와 있다. 『대학』의 「경문」은 공자의 말을 증자가 기록한 것이고, 「전문」은 증자의 뜻을 그의 문인들이 쓴 것이다. 참고로 「경문」 제1장의 원문은 다음과 같다. "大學之道 在明明德 在親民 在止於至善 知止而后有定 定而后能靜 靜而后能安 安而后能慮 慮而后能得 物有本末 事有終始 知所先後 則近道矣 古之欲明明德於天下者 先治其國 欲治其國者 先齊其家 欲齊其家者 先修其身 欲修其身者 先正其心 欲正其心者 先誠其意 欲誠其意者 先致其知 致知在格物 物格而后知至 知至而后意誠 意誠而后心正 心正而后身修 身修而后家齊 家齊而后國治 國治而后天下平 自天子以至於庶人 壹是皆以修身爲本 其本亂而末治者否矣 其所厚者薄 而其所薄者厚 未之有也." 「전문」 제10장의 해당 원문은 다음과 같다. "德者 本也 財者 末也 外本內末, 爭民施奪. 是故 財聚卽民散, 財散卽民聚 是故言悖而出者, 亦悖而入 貨悖而入者, 亦悖而出." 이를 번역하면 다음과 같다. "덕은 뿌리요, 재물은 끝가지다. 뿌리를 밖으로 하고 끝가지를 안으로 하면, 백성과 싸워 재물을 수탈해간다. 따라서 재물이 모이면 백성들은 흩어지고, 재물이 흩어지면 백성들은 모인다. 이런 까닭에 말이 어그러져서 나가면 다시 어그러져서 들어오고, 재물이 어그러져서 들어오면 다시 어그러져서 나간다."

7  여기서 '논의의 본위'란 '궁극적인 본질'을 의미한다. '머물 곳(머물러야 할 곳)'이란 말은 『대학』 「경문」 제1장의 첫 구절에 따 온 것이다. 원문은 다음과 같다. "大學之道 在明明德 在親民 在止於至善." 여기서 '지선'이란 '지극한 선', '궁극적으로 선한 상태', 즉 유학에서 추구하는 이상적인 상태를 가리킨다. 따라서 '재지어지선(在止於至善)'이란 '『대학』의 도'는 유학의 이상인 '궁극적으로 선한 상태'를 추구하고 있음을 가리킨다.

8  영어 'invention'을 번역한 것이다. 지금의 발명보다 훨씬 넓은 의미로 쓰였다. '발견'이라는 의미도 포함되어 있다.

9  '만유인력의 법칙(law of universal gravity)'은 아이작 뉴턴이 1687년 자신의 논문 「자연철학의 수학적 원리, 혹은 프린키피아(Principia)」에서 공개하였다. 뉴턴은 여기서 운동원리에 관한 세 개의 법칙을 도출했다. 본문의 법칙은 뉴턴 역학의 제1법칙인 '관성의 법칙'을 말한다. 제2법칙은 '가속도의 법칙', 제3의 법칙은 '작용 반작용의 법칙'이다.

운동의 이치를 논할 때 이러한 법칙이 없으면 논의가 각각 다르게 되어 끝際限이 나지 않으며, 배는 배의 운동으로 이치의 법칙을 세우고 차車[10]는 차의 운동으로 논의의 본위를 정하여, 쓸데없이 이론의 개수만 늘어나 그것이 귀결되어야 할 사항의 근본本은 하나로 정해지지 않고, 하나로 정해지지 않으면 곧 확실함도 얻을 수 없다.

논의의 본위를 정하지 않으면 그 이해득실을 이야기할 수 없다. 성곽은 지키는 사람에게는 이롭지만 공격하는 사람에게는 해롭다. 적의 득得은 우리 편의 실失이다. 지난날의 편리는 다가올 날의 불편이다. 따라서 이런 것들의 이해득실을 이야기함에는 먼저 그것이 무엇을 위하려는 지를 정해 지키는 자를 위하는지, 공격하는 자를 위하는지, 적을 위하는지, 우리 편을 위하는지, 다른 무엇보다도 그것이 주로 삼으려는 사항의 근본을 정하지 않으면 안 된다.


## ▍처음부터 견해가 다른 경우[11]

고금의 세론이 여러 갈래로 서로 저어齟齬[12]함도, 그 근본을 자세히 살펴보면 애당초 견해가 다른데 끝末에 가서 억지로 지말枝末을 똑같이 맞추려고 욕심내다가 그렇게 되는 것이다. 예를 들어 신도와 불교의 주장은 항상 합쳐지지 않는데, 각자 그 주장하는 내용을 들어보면 둘 다 그럴듯하게 들리지만

---

10 '차'는 자동차가 아니라 수레를 가리킨다.
11 논의의 본위가 서로 다른 경우를 설명하고 있다. 여기에는 '처음부터 견해가 다른 경우', '결론은 같지만 그 이유가 서로 다른 경우', '처음부터 서로 극단적인 주장을 펼치는 경우', '서로 상대방의 결점만 공격하는 경우' 등 4가지 사례를 들고 있다.
12 아래윗니가 서로 맞지 않아 틀어진 것처럼 견해가 서로 어긋남을 가리킨다.

그 근본을 자세히 알아보면 신도는 현재의 길흉을 말하고 불교佛法는 미래의 화복을 주장하여 논의의 본위가 다르기 때문에 두 주장은 끝내 합쳐질 수 없는 것이다.

한유자漢儒者[13]와 일본 국학자和學者 사이의 논쟁은 천 갈래 만 갈래 되지만 그것이 갈라지는 큰 취지는 결국 한유자는 탕무湯武의 방벌放伐[14]을 인정하고 일본 국학자는 일계만대一系萬代[15]를 주장함에 있다. 한유자가 곤란해

---

13 '한유자'는 한대(漢代)의 유학자를 가리킨다. 보통 유학자를 가리킬 때에는 '유자(儒子)'로 쓴다. 후쿠자와는, '낡은 풍습을 묵수하려는 유학자'라는 의미를 강조하기 위해 의도적으로 '한유자'로 쓰고 있다. 한대 유학의 특징은 새로운 철학적 탐구보다는 경전 해석을 위주로 하는 훈고학이었기 때문에 '한유자'라는 말에는 자연히 이런 의미가 포함되어 있다. 한편 훈고학에 반발하여, 유학을 우주와 인간에 관한 철학으로 새롭게 해석한 것이 주자학이다. 송(宋)대에 정호, 정이, 주자 등이 이러한 철학적 체계를 완성했다. 송대의 유학자를 가리킬 때에는 송유(宋儒)라고 쓴다. 한편 이토 마사오는 '한유자'를 '한학자'로 번역하고 있다.

14 '탕무'는 고대 중국의 은나라 탕(湯)왕과 주나라 무(武)왕을, '방벌'은 쳐서 쫓아냄을 가리킨다. 여기서 '벌'은 신하가 주군을 치는 것을 의미한다. 이 때문에 '방벌'의 경우에는 그 주체들이 하늘의 뜻, 하늘의 명령을 내세워 자신들의 정당성을 찾으려고 한다. 반면 똑같이 다른 사람을 친다는 의미를 갖는 한자인 '정(征)'은 거꾸로 윗사람이 아랫사람을 치는 것을 가리킨다. '탕무의 방벌'은 이를 인정하느냐 않느냐에 따라 역성혁명을 인정하느냐 않느냐는 문제와 바로 연결된다. 탕왕은 폭군인 하의 걸(桀)을 토벌한 뒤 은나라를 열었고, 무왕은 은나라의 마지막 임금인 주(紂)를 토벌하고 반란을 진압하여 주 왕조를 열었다. 이에 관해 제나라 선왕이, "신하가 임금을 시해해도 되느냐"고 묻자, 맹자는 "한 사내인 걸과 주를 처형했다는 말은 들었지만 군주를 시해했다는 말은 듣지 못했다"고 대답함으로써 역성혁명을 인정하였다. 다만 맹자도 역성혁명을 제한된 조건 아래에서만 인정하였다. 반면 일본의 국학자들은 천황가의 정통성은 개인의 능력이나 덕치 여부가 아니라 오로지 '혈통'에서만 나온다고 보았기 때문에 역성혁명을 부정하고『맹자』자체도 금기시하였다. 유학에서는 왕조교체에 관한 이상적인 형태로 평화적인 정권 이양 즉 선양(요임금과 순임금은 선양을 했다)을 손꼽지만, 이와 함께 엄격한 조건 아래에서 이루어지는 방벌도 인정하였다. 그리고 이 두 가지 모두 덕이 있는 자가 하늘의 명을 받아 덕으로서 천하를 다스린다는 천명설과 덕치주의 사상에 의해 정당화되었다.(성희엽, 앞의 책, 31~37쪽;『맹자』「제선왕」편 참조)『맹자』의 일본수용과정에 대해서는 野口武彦,『王道と革命の間』, 筑摩書房, 1986 참조.

15 당시 국학자들의 주장이다. 이들은 일본 천황가의 시조인 진무 천황에서 현재의 천황에 이르기까지 그 혈통이 한 번도 끊기지 않고 이어져 내려왔으며 앞으로도 만대에 이르기까지 영원히 이어질 거라고 믿었다. 모토오리 노리나가(本居宣長, 1730~1801), 히라타

하는 건 오직 이 한 가지뿐이다. 이처럼 사물의 근본으로 파고들지 않고 말단末만을 이야기하는 동안에는 신·유·불(신도, 유교, 불교)의 이론異論도 매듭지어질 날이 없으며, 그 내용은 마치 무기 용도로 활, 화살, 검, 창의 득실을 다투는 것처럼 끝이 나지 않는다. 만약 이들을 화의和睦시키길 원하다면, 각자 주장하는 것보다 훨씬 더 고상하고 새로운 학설을 내세워 자연스럽게 새것과 옛것의 득실을 판단하게 하는 방법 하나뿐이다. 활과 화살, 검과 창의 논쟁도 옛날 한때에는 시끄러웠지만, 소총이 등장하고 난 뒤부터 세상에서는 이를 이야기하는 사람이 없다(신관神官의 이야기를 들으면, 신도에도 신장제神葬祭의 법[16]이 있는 까닭 때문에 미래를 설명하기도 한다고 하고, 또 승려의 주장을 들으면 법화종 등에는 가지기도加持祈禱[17]의 관습이 있기에 불법佛法에서도 현재의 길흉을 중요하게 여긴다고 하는 등 억지 논리를 분명 이야기하리라. 그렇지만 이것들은 모두 신불의 혼합[18]이 오래됨에 따라 승려가 신관의 흉내를 내려고 하고 신관은 승려의 직분을 침범하려

---

아쓰타네(平田篤胤, 1776~1843) 등 일본 국학을 체계화한 국학자들은 또 여기에 천황가의 정통성이 있다고 믿었다. 미토의 유학자들은 이 논리를 받아들여 메이지유신으로 가는 사상적 토대(존황론)를 형성했다.(성희엽, 앞의 책, 84~106쪽 참조)

16 신장제(신소사이)는 고대 신도방식의 장례식을 가리킨다. 고대 일본 천황가의 장례는 원래 대규모 고분을 조성하는 방식이었다. 불교가 전래된 뒤에는 그 영향을 받아 불교식으로 간소하게 화장한 뒤 부도탑에 안장하는 방식으로 바뀌었다. 702년 제41대 지토(持統) 천황이 처음 화장을 한 이래 메이지유신 전까지 역대 천황들의 장례식은 거의 다 불교식으로 거행되었다. 한편 1700년대 후반 들어 국학자들을 중심으로, 일본 고유의 정신과 문화를 되찾자는 국학운동이 일어났다. 이에 따라 불교식의 장례의식에서 벗어나 『고사기(古事記)』 등에 기록되어 있는 일본 고유의 방식을 따르자는 신장제 운동도 일어났다. 이에 막부는 덴메(天明) 5년(1785) 막부가 인가한 신도 가문 중 하나인 요시다(吉田) 가문에 신장제를 거행할 수 있는 권한을 부여하였다. 메이지유신 직전인 1867년 제121대 고메이천왕이 세상을 떠나자 거의 1,000년 만에 다시 큰 규모의 고분이 조성되기 시작했다. 메이지유신이 성공한 뒤에는 국가 최고 권력기관인 태정관과 함께 신기정책을 관할하는 신기관도 함께 부활시켰다. 이에 따라 대상제 등 천황가의 제사와 의례가 고대의 방식에 따라 다시 부활했다. 현재 도쿄 미나토 구에 있는 아오야마 묘원(青山霊園)도 1872년 신장제 전용 묘원으로 조성된 것이다.(위의 책, 399~400쪽 참조)

17 부처의 힘을 빌려서 병, 재난, 부정 등 현세의 화를 피하기 위해 올리는 기도를 말한다.

는 것일 뿐으로, 신불 양 종교의 취지를 논하자면, 하나는 미래를 주로 삼고 다른 하나는 현재를 주로 삼는 것으로, 수천 년 동안 이어진 관습을 보면 명확하다. 오늘 또다시 구구한 논의에 귀 기울일 필요는 없다).

## | 결론은 같지만 그 이유가 서로 다른 경우

또 논의의 본위가 다른 경우를 보면, 주장의 결말末은 서로 같은 듯해도 중도에 가지枝가 갈라져 서로 다르게 귀결되는 경우가 있다. 따라서 사물의 이해를 주장함에, 그처럼 이것은 이롭고 저것은 해롭다고 하는 얘기를 그냥 듣고 있으면 양 주장이 서로 같은 듯해 보일 때에도, 이것은 이롭고 저것은 해롭다고 하는 까닭의 이치를 이야기하는 데까지 이르면 그 주장은 중도에서부터 서로 갈라져 귀결하는 곳이 다르게 된다.

예를 들어 완고한 사민士民[19]은 외국인을 증오하는 것을 예사로 여긴다.

18 일본에 불교가 전래되면서 일본의 고유 신앙인 신도와 불교가 융합하게 된 현상을 신불습합이라고 부른다. 나라시대(710~784)에 처음 나타났다. 741년 나라의 도다이사(東大寺)에 거대한 불상을 세우기 전에 이 계획을 이세 신궁에 있는 태양신 아마테라스 오미카미에게 알리는 행사를 가지고, 규슈에서는 도다이사를 수호하기 위한 목적으로 군신(軍神)인 하치만(八幡)에게 도움을 구하면서, 사원 내에 우사 하치만신사(宇佐八幡神社)의 한 분파가 건립되었다. 그 이후로 불교사원 경내에 신사를 건립하거나 신사 근처에 사찰 또는 불탑을 건축하는 관행이 퍼졌다. 나아가 신도의 가미가 불교의 부처와 동일시되기도 했다. 이러한 융합현상을 설명하기 위한 불교이론(本地垂迹說, 본지수적설)도 등장했다. 형이상학적인 본래의 부처(本地)와 현실에 화신으로 나타나는 화신(化身)을 분리하는 이론이다. 아주 오랜 기간 동안 이어지던 신불습합현상은 메이지유신 직후 유신정부의 신불 분리정책에 의해 끝나게 된다. '신불판연령'(1868) 및 이어진 신도정책으로 인해 불교 승려들은 신사의 신관이 되든가 환속하였고, 불교 사원에 속한 토지들이 몰수되었으며, 황실 내에서의 불교행사는 폐지되었다. 이때 많은 불교 유적들이 파괴되었다. 신불습합에 관해서는 무라오카 쓰네쓰구, 박규태 역, 『일본신도사』, 예문서원, 1998; 이노우에 노부타카 외, 박규태 역, 『신도, 일본 태생의 종교시스템』, 제이앤씨, 2010, 129~137쪽; 성희엽, 앞의 책, 104~105쪽; 박규태, 『일본 신사의 역사와 신앙』, 역락, 2017 등 참조.

또 학자류[20]의 사람 중에 조금이나마 학식이 있는 자는 외국인의 거동을 보고도 결코 마음을 뺏기지 않으며, 외국인을 달가워하지 않는 마음도 저 완고한 백성과 다를 게 없다고 할 수 있다. 이 단계까지는 양 주장이 서로 통하는 듯해 보여도, 그들이 이를 달가워하지 않는 이유를 이야기하기에 이르면 그제서야 저어하게 되어 갑은 외국인을 마냥 다른 종류의 사람이라고 인식하여 사물의 이해득실을 떠나 막무가내로 이들을 미워할 따름. 을은 소견이 조금이나마 원대하여 이들을 마냥 혐오하지는 않지만, 그 교제交際[21]에서 생길 만한 폐해를 깊이 생각하여, 문명이라고 불리는 외국인임에도 우리에게 불공평한 조치를 함에 분개하는 것이다. 양측 모두 이들을 미워하는 마음은 같을지라도 이들을 미워하는 원인이 다르기 때문에 이들을 접하는 방법 또한 같을 수가 없다. 결론적으로 이들 양이파攘夷家와 개국파開國家는 주장의 결말末은 같아도 중도에 서로 갈려져 그 근본이 다른 것이다. 세상만사[22] 모든 일은 유희와 주연에 이르기까지 각자 일을 함께 하면서도 호상好尙[23]이 다른 경우가 많다. 어떤 사람의 한때의 거동을 피상적으로만 보고 성급하게 그 마음속心事까지 판단해선 안 된다.

---

19  사족과 백성을 가리킨다.
20  양학자를 가리킨다.
21  원문에는 '교제'로 되어 있다. 문맥에 따라 '교류' 혹은 '교제'로 번역하였다.
22  원문에는 인간만사(人間万事)로 되어 있다. 이 당시 '인간(人間)'은 오늘날처럼 '사람'이라는 의미가 아니라, '사람 사이의 교제' 혹은 '속간(俗間)' '세상(世の中)'이라는 의미로 쓰였다. 이 책에서는 경우에 따라 '세상' 혹은 '사람과 사람 사이'로 번역하였다.
23  좋아하고 숭상함을 말한다.

## ┃ 처음부터 서로 극단적인 주장을 펼치는 경우

또 때로는 사물의 이해를 논함에 극단極度과 극단을 들고 나와 처음부터 서로의 논의가 갈라져 양측이 서로 가까워질 수 없는 경우가 있다. 그 사례를 하나 들어보겠다. 요즘 인민동권人民同權[24]이라는 새로운 학설을 이야기하는 사람이 있는데, 고풍가古風家[25]인 사람은 이를 듣고 다짜고짜 바로 합중정치合衆政治[26], [27]의 논리로 간주하여 지금 우리 일본에서 합중정치론을 주장하면 우리 국체가 어떻게 되겠느냐, 결국에는 예측하지 못한 화를 입으리라고 말하며, 그 걱정하는 모습이 마치 지금 당장 군주도 없고 정부도 없는 대란大亂에 빠질 것처럼 두려워하여 논의의 첫 단계에서부터 미래의 미래를 상상하고, 동권同權이 어떤 것인지는 미처 따져보지도 않고, 그 취지가 무엇인지도 묻지 않고 한결같이 이를 거부할 따름.

또한 저 신설가新說家[28]도 처음부터 고풍가를 적敵처럼 여겨, 무리하면서

---

24  '인민동권'은 모든 사람의 권리가 동등하다는 주장, 즉 '만민평등론'을 말한다.

25  옛것을 고집하는 사람으로 수구파를 가리킨다. 후쿠자와는 '고풍가'와 '신설가' 두 부류의 사람을 예로 들어, 극단주의의 폐해를 설명하고 있다.

26  '합중정치'는 미국식 민주주의 정치제도를 말한다. 반면 일반적인 '의회 민주주의'를 가리킬 때는 '민서합의', '민서위정', '중서위정' 등으로, '공화주의 정치'는 그대로 '공화정'으로 쓰고 있다. 이처럼 후쿠자와는 이미 이때 이 개념들을 각각 따로 구분하였다. 원래 '민주주의', '공화제', '미국식 민주주의'는 각각 다른 개념이다. 따라서 미국의 '합중정치'를 '공화제' 내지 '민주주의'로 번역하면 안 된다.

27  한편 '공화', '공화정'이라는 개념은 고대 중국에서 이미 사용되었던 '공화(共和)'라는 한자어에서 유래하는 개념으로,『사기』「주(周) 본기」에 나온다. 주의 여왕(厲王)이 폭동에 의해 쫓겨난 뒤 다음 왕인 선왕(宣王)이 왕위에 오를 때까지 두 사람의 제후(정공, 소목공)가 정무를 보았는데, 이 기간 동안의 정치체제를 가리켜 '공화'라고 불렀다. 다른 한편으로 '공(共)'이라는 지역 혹은 시호로 백작 작위를 받은 '화(和)'라는 이름의 인물이 정무를 보았다는 주장도 있다. 이 '공백화(共伯和)'는 시기적으로 볼 때 위나라의 무공(武公)이라는 설이 있다. 어쨌건 '공화'란 세습 왕이 없고 대신 힘 있는 제후의 합의를 바탕으로 국정을 운영했던 체제를 가리킨다. 이를 일본 사람들이 네덜란드어 'res publica'의 번역어로 채택하면서 한자문화권에 널리 퍼지게 되었다.『사기』에 나오는 이 '공화'의 기간은 기원전 841년에서 828년까지에 해당된다.

까지 옛 학설舊說을 물리치려고 해 결국 적대적인 형세가 이루어져 논의가 서로 합쳐질 수 없게 만든다. 필시 양측 다 극단과 극단을 제시하는 바람에 결국 이런 터무니없는 일이 생기는 것이다.

가까운 예를 들어 이를 설명해보겠다. 여기에 주객酒客과 하호下戶[29] 두 사람이 있는데, 주객은 떡을 싫어하고 하호는 술을 싫어하여 서로 상대방에게 그 해를 얘기하여 그걸 끊게 하려 한다고 치자. 먼저 하호가 주객의 주장을 물리치며, 떡이 해로운 것이라면 우리나라에서 수백 년 동안 이어 내려온 관습慣例을 없애고, 정월 초하루에는 오차즈케[30]를 먹고, 떡 가게는 가업을 그만두고 나라 안에 찹쌀농사 짓는 것도 금해야 하느냐, 할 수 없는 일이라고 말했다. 이에 주객이 하호의 주장을 반박하며, 술이 해롭다고 한다면 내일부터 천하의 술집을 헐고, 술 취한 자에게는 엄벌을 내리고, 약품의 주정酒精으로는 감주를 대신 쓰고, 혼례의식에서는 미즈사카즈키水盃[31]을 써야 하느냐,

---

28 '신설가'는 새로운 학설을 좋아하는 사람이란 의미로 여기에서는 예수교를 받아들이자고 주장하거나 서양의 새로운 학설 문물을 받아들이자고 주장하는 개화론자, 양학자를 가리키는 말이다.

29 '주객'은 '술꾼', '하호(게코)'는 술을 전혀 못하는 사람을 가리킨다. '하호'의 반대말은 '상호(上戶, 조고)'라고 한다.

30 쌀밥에 따뜻한 녹차를 부어 먹는 간단한 음식이다. 물 같은 것에 밥을 말아먹는 풍습은 쌀밥을 지어먹는 것과 거의 동시에 발생했다. 밥을 국수처럼 찬물에 씻어 물을 빼고 얼음을 넣어 차게 한 뒤 간단한 고명을 얹고 절임 반찬을 곁들여 여름에 간단히 때우는 게 물밥이고, 여기서 조금 더 발전한 것이 '오차즈케'이다. 일본의 정형화된 '오차즈케'는 차도의 발전에 따라서 차가 널리 보급된 에도시대 중기에 탄생했다고 보고 있다.

31 '수배(水盃)'를 단순히 '물잔'으로 번역해버리면 이 문장의 의미를 제대로 살릴 수 없다. 통상 '배'는 술을 따라 마시는 술잔을 의미한다. 따라서 '수배' 역시 '물잔' 혹은 '의식용 물잔'으로 번역할 수가 있다. 하지만 여기서의 후쿠자와가 '수배'라는 단어를 사용한 데에는 단순히 '술' 대신 '물'을 사용할 수 없다는 뜻이 아니다. 하나의 의식으로서의 '수배'는, 사지로 떠나는 병사를 환송하거나 생애의 마지막을 각오하는 경우처럼 최후의 의식을 상징하는 것이기 때문이다. '수배'를 다 비운 뒤에는 술잔을 땅바닥에 던져 깨어 버리는데, 이 역시 살아서는 두 번 다시 그 술잔을 받지 못한다는 것을 상징한다. 따라서 '미즈사카즈키'는 혼례의식과 같은 축하 자리에서 이별이나 마지막 인사를 상징하는

있을 수 없는 일이라고 말했다. 이처럼 다른 주장의 양 극단이 만나면 그 형세는 반드시 충돌하여 서로 가까워질 수 없고 끝내 사람과 사람 사이人間에 불화를 일으키고 세상에도 큰 해를 끼친다.

천하고금에 그런 사례가 적지 않다. 이러한 불화가 학자와 사군자 사이에서 일어나면 혀와 붓으로 싸우는데 때로는 주장을 내세우고 때로는 책을 지어 말하자면 공론空論32으로 인심을 움직인다. 단, 무학문맹인 자는 혀와 붓을 쓸 수 있는 능력이 없으니 근골筋骨의 힘에 기대어 걸핏하면 암살을 꾀하는 경우가 많다.

## 서로 상대방의 결점만 공격하는 경우

또 세상世에서 상대를 반박하며 논쟁하는 것을 보면, 서로 한쪽의 결점만 공격하여 양쪽 다 진면목을 드러낼 수 없는 경우가 있다. 그 결점이란 사물의 일리일득一利一得에 따라다니는 폐해를 말한다. 예를 들자면 시골田舍의 농민百姓은 정직하면서도 완우頑愚33하고, 도시都会의 시민市民34은 영리하면서도 경박하다. 정직과 영리는 사람의 미덕이지만, 완우와 경박이란 항상 이것에 따라다니는 폐해다. 농민과 시민의 논의를 들어보면 다툼이 여기에서

---

'미즈사카즈키'는 결코 사용할 수 없다는 점을 강조하기 위한 비유이다. 한편 '수배'에서 사용하는 물은 정결함을 의미한다. 일본 신사에서 손과 입을 물로 씻는 미소기(禊) 의례와 같은 것이다.

32  '公論'이 아니라 '空論'임에 주의해야 한다.

33  고집이 세고 어리석은 상태를 가리킨다.

34  후쿠자와는 '농민'과 '시민'을 명확하게 구분하여 쓰고 있다. 특히 '시민'이라는 개념을 쓰고 있음에 주목할 필요가 있다. 시민은 국정에 참여할 수 있는 지위에 있는 국민을 가리킨다. 뒤에 나오는 '시민의 회의' 참조.

비롯되는 경우가 많다. 농민은 시민을 가리켜 경박한 애들輕薄兒이라고 일컫고 시민은 백성을 매도하여 완루한 것들頑陋物이라고 말하는데, 그 상황은 마치 필적이 서로 한쪽 눈을 감고 상대방의 아름다움은 보지 않고 추한 부분만을 찾는 것과 같다. 만약 이 사람들이 양쪽 눈을 다 뜨도록 하여 한쪽 눈으로는 상대방의 장점을 살피고 다른 눈으로는 단점을 본다면, 그 장단점이 상쇄되어 덕분에 양측의 논쟁이 화합하는 일도 있으리라. 때로는 그 장점으로 단점을 모두 덮어 논쟁이 그칠 뿐만 아니라 끝에 가서는 상대방을 친구로 여겨 서로 도움을 얻는 일도 있으리라.

세상의 학자들도 또한 마찬가지다. 예를 들어 지금 일본에서 논객議論家을 분류하면 고풍가와 개혁가改革家 두 부류뿐이다. 개혁가는 영민하고 나아가서 얻으려는 자이고, 고풍가는 착실하고 물러서서 지키려는 자이다. 물러서서 지키려는 자는 완루함에 빠지는 폐가 있고, 나아가서 얻으려는 자는 경솔함으로 흐를 우려가 있다. 그렇다고 착실함이 반드시 완루함에 따라다녀야만 하는 이치는 없고, 영민함이 반드시 경솔함으로 흘러야만 하는 이치도 없다.

생각해 보라, 세간[35]의 사람 중에는 술을 마셔도 취하지 않는 사람이 있고

---

[35] '세간'이라는 단어는 '사회'와 달리 일본어로서 이미 천 년 이상의 역사를 갖고 있는 일상어이다. 그러나 이 '세간'이 'society'의 번역어로서 사용된 예는 드물다. 1870년대 후반 이후 일본에서 '사회'라는 번역어가 정착된 후, '세간'이라는 단어는 번역문장에서 거의 사용되지 않았다. 다만 오늘날 일본어 사전을 보면, '사회'의 설명에 '세간'이라는 단어가 포함되어 있고, '세간'의 설명에도 '사회'가 들어 있다. 따라서 세간과 사회는 같은 의미를 가지고 있으면서도 서로 명확하게 구분되어 쓰인다고 봐야 한다. 결론적으로 말해 '세간'은 '세간의 소문이 나쁘다', '사군자가 세간의 영예를 구해서는 안 된다' 등의 경우처럼, 부정적이고 소극적인 의미로써 많이 쓰이고 있는 반면 '사회'는 긍정적이고 적극적인 의미로 많이 쓰이고, 또 '세간'은 구체적인 의미로, '사회'는 추상적인 의미로 주로 쓰이고 있다. (야나부 아키라, 김옥희 역, 『번역어의 성립』, 마음산책, 2011, 31~33쪽) 근대 일본에서 서양의 개념이 일본에서 대량으로 번역될 때에 새로운 번역어는 이처럼 긍정적, 추상적인 의미로 쓰이는 경우가 많았다. 야나부 아키라는 이 책에 10개의 주요 개념어가 번역된 사정을 상세하게 밝혀 놓고 있다. 다만 안타깝게도 위 번역서

떡을 먹어도 배탈이 나지 않는 사람이 있다. 술과 떡이 반드시 명정酩酊(만취)과 배탈의 원인은 아니며, 그렇게 되고 안 되고는 오로지 이것을 절제하는지 아닌지에 달려 있을 따름. 그렇다면 곧 고풍가도 무조건 개혁가를 미워해서는 안 되며, 개혁가도 무조건 고풍가를 욕하면 안 된다. 여기에 네 사람이 있다. 갑은 착실하고, 을은 완루하며, 병은 영민하고 정은 경솔하다. 갑과 정이 마주치고 을과 병이 접하면 틀림없이 상대방을 적대시하며 서로 경멸하지 않을 수 없지만, 갑과 병이 만나면 틀림없이 상대방과 의기투합하여 서로 친해지지 않을 수 없을 것이다. 서로에게 친한 정情이 생겨야 비로소 쌍방의 진면목이 드러나고, 적의도 차츰 녹일 수 있다.

옛날 봉건封建시대에는 다이묘의 게라이家來[36]도, 에도 번저藩邸에 거주하는 자와 영지國邑의 조카마치城下村[37]에 사는 자는 의견이 늘 저어하여 같은 번의 가신단 안家中에서 거의 원수처럼 지내는 경우도 있었다. 이 또한 사람의 진면목을 드러낼 수 없는 사례 중 하나다. 이러한 폐해는 물론 사람의 지혜와 식견智見이 나아짐에 따라 자연히 없어지는 것이지만, 이를 없애는 데 가장 유력한 건 사람과 사람의 교제交際[38]이다. 그 교제는 상업에서도, 학문

에서는 '세간'을 '세상'으로 번역해 놓았다. '세상'은 '세간'과는 구분되어야 하는 단어이다.

36  '가신'과 같은 의미다. 원래는 공가를 모시는 사무라이를 가리켰지만 범위가 넓어져 다른 무사를 섬기는 사무라이도 가리키게 되었다.

37  전국시대 말 이후 영주가 사는 성을 중심으로 형성된 도시를 말한다. 조카마치의 형성에 가장 큰 기여를 한 사람은 오다 노부나가이다. 그는 사무라이를 농촌지역에서 떠나게 한 뒤 성(城) 주변으로 집결시켰고, 동시에 비교적 자유로운 시장을 마련하여 상공업의 발전을 도왔다. 도요토미 히데요시(豊臣秀吉) 또한 이 정책을 이어 발전시켜나갔다. 오사카는 전국의 부가 집결하는 상업 중심지로 변했고, '천하의 부엌'으로 불릴 정도로 전국의 물산과 부가 집결하는 도시로 성장하였다. 에도시대에 들어서면서 병농분리 정책이 정착되고 평화가 지속되자 조카마치의 군사적인 성격은 엷어지고 정치경제의 중심지로서 크게 발전했다. 오늘날 일본의 대도시 중 많은 수가 에도시대의 조카마치에서 출발하였다.

에서도, 심지어는 유희와 예능遊藝, 주연酒宴 혹은 공사 소송公事訴訟,[39] 싸움,

전쟁에서조차도, 단지 사람과 사람이 서로 접하여 마음속으로 생각하는 것

---

**38** 여기서 '사람과 사람의 교제'는 영어의 'society' 즉, '사회(社會)'에 해당하는 번역어
다. 'society'는 사람들의 개인적인 인간관계나 교제, 모임, 단체 등을 가리킬 때처럼 구
체적인 의미와 개인적인 인간관계를 넘어 '인간의 집합체'를 가리킬 때처럼 추상적인
의미를 모두 가지고 있다. 이 중 구체적인 의미로서의 'society'는 비교적 일찍 일본어
로 번역되었지만, 추상적인 의미으로서의 'society'는 1870년대 중반이 되어서야 '사
회'라는 번역어로 일본에 정착한다. 'society'는 1796년에 발간된 네덜란드-일본어 사
전『하루마와해』에 처음 등장한다. 이때는 '교제하다', '모이다' 등으로 번역되었다. 당
시만 해도 일본에는 오늘날 우리가 쓰고 있는 '사회'라는 의미의 단어가 없었기 때문에
번역하기가 매우 까다로웠다. 특히 철저한 신분제 사회였던 에도시대 일본으로서는 수
평적인 인간관계를 전제로 하고 있는 이 개념을 이해하기가 쉽지 않았을 것이다. 번역자
에 따라 매우 다양하긴 했지만 1850년대까지는 개인적인 인간관계나 구체적인 모임 등
의 의미로 번역되었다. 메이지유신 직전에 발간된 『화영어림집성(和英語林集
成)』(1867)에서도 '동료(連中)', '단체' 혹은 '동아리(社中)', '패거리(組)' 등으로 번
역되었다. 후쿠자와 유키치는 『서양사정(西洋事情)』 '외편』(1868)에서 'society'를
처음 소개하였는데 이때만 해도 '인간교제', '교제', '국가(國)', '세인(世人)' 등등 여러
가지로 번역하였다. 그 뒤 『문명론 개략』을 비롯하여 여러 책에서 '사람과 사람 사이의
교제' 또는 '인간교제' 등으로 번역하면서 이 번역어가 널리 알려지게 되었다. 'society'
는 이런 과정을 통해 '구체적인 인간관계'라는 의미를 넘어 추상적인 의미를 갖는 오늘
날의 '사회'라는 의미에 차츰 접근해 갔다. 이처럼 후쿠자와는 가급적 일상생활에서 많
이 쓰는 쉬운 일본어를 찾아내어 서양어가 가지고 있는 고유의 의미를 살리려고 노력하
였다. 'society'를 오늘날의 '사회'라는 말로 번역한 사람은 모리 아리노리(森有禮)로
1875년 메이로쿠샤 1주년 연설에서 처음 사용했다. 『메이로쿠잡지』 제30호(1875.3)
에 이 연설문이 실려 있다.(山室信一・中野目撤 校注, 『明六雜誌』 下, 岩波書店, 2009,
55쪽) 모리 아리노리는 사쓰마 출신으로 막부 말기에 영국 런던대학에서 유학했으며 메
이로쿠샤 창립 당시 26세였다. 1875년에 히토쓰바시 대학의 전신인 상법강습소를 창설
하였다.
한편 유신혁명 직후 존 스튜어트 밀(J. S. Mill))의 『자유론』을 『자유지리(自由之理)』(187
0~1872)로 번역한 나카무라 마사오는 'society'를 '정부(政府)', '중간연중(仲間連中)',
'중간회사(仲間會社)', '총체인(總體人)' 등 여러 가지 단어로 번역하였다. 후쿠자와 유키
치는 1876년 말 출간한 『학문의 권장』 제17편에서 '사회'라는 번역어를 처음 사용하고
있다.(『著作集』 3, 189쪽) 이처럼 'society'라고 하는 서양의 한 단어가 일본에서 '사회'라
는 단어로 정착해간 과정은, 80년에 걸쳐 일본 지식인들이 벌인 '단어와의 싸움', '지적
대장정'이었다.(야나부 아키라, 김옥희 역, 앞의 책, 제1장; 마루야마 마사오・가토 슈이치,
임성모 역, 『번역과 일본의 근대』, 이산, 2002; 최경옥, 『번역과 일본의 근대』, 살림, 2012,
31~35쪽)

**39** '공사'는 공적인 일 혹은 정부의 업무를 가리키지만, '공사소송'과 함께 '소송'을 의미하
기도 한다.

을 말과 행동으로 표현할 기회가 있기만 해도 쌍방의 인정을 매우 부드럽게 만들어 이를테면 두 눈을 열고 서로 다른 사람의 장점을 볼 수 있게 한다. 시민의 회의會議,[40] 사우의 연설,[41] 도로의 편리함,[42] 출판의 자유[43] 등, 이런

---

[40] '시민의 회의'는 폐번치현 뒤 각 지방에 설치된 부현회 등 시민을 대표하는 사람들의 회의를 거쳐 주요 결정을 내리는 기구를 가리킨다. 봉건 '백성'이 아니라 근대 '시민'이 회의의 주체임을 분명히 나타내 주고 있다. 이처럼 후쿠자와는 서양의 '번역어'를 매우 엄밀하게 사용하고 있다. '회의'라는 단어는 후쿠자와가 직접 번역한 용어이다.(「福澤全集緖言」, 『著作集』 10, 485~487쪽)

[41] 후쿠자와 유키치는 의견이 다른 사람들 사이의 토론과 연설을 매우 중요하게 생각했다. 일본에서 처음 공개적으로 연설을 한 사람도 후쿠자와 유키치였다. 후쿠자와는 생전에 출간된 1898년 판『福澤全集』「서언」에서 '연설(演說)'이란 용어의 번역 과정에 관해 설명하고 있다. 봉건시대 나카쓰번에서 번사가 번청에 사적인 일이나 공적인 정실(情實)에 관해 은밀히 적어서 제출하는 문서를 연설서(演舌書)라고 불렀는데, 이에 착안하여 '설(舌)' 자를 '설(說)' 자로 바꾸어 지금의 연설로 번역했다고 한다. 후쿠자와는 그 밖에도 'second'를 '찬성', 'debate'를 '토론', 'copy right'를 '판권'으로 번역했다. 『학문의 권장』 제12편에서는 연설하는 방법을 권하고 있다. 여기서 그는, "학자란 안으로는 지식을 쌓으면서도 밖으로는 사람들을 만나 적극적으로 활동해야 한다"고 말하고 있다. 일본에서는 1873년경부터 전국에서 토론회, 연설회 등이 매우 성행하였다. 자유민권운동가들이 민선의원설립 청원 운동, 즉 의회설립 운동을 전개할 때도 연설회 형식을 빌려 전국적으로 확산해 나갔다. 후쿠자와도 게이오대학에서 연설회를 자주 개최하였다. 당시 게이오대학 미타캠퍼스에서 연설장으로 사용하던 건물은 지금도 보존되어 있다.

[42] 후쿠자와는 이 책을 집필하기 전인 1874년 11월, 「후젠후고(豊前豊後) 도로건설에 관한 설(豊前豊後道普請の説)」에서 지방도로를 개설하여 지방끼리의 교류를 촉진하고, 봉건시대의 폐쇄적인 적대의식을 없애야 한다고 주장했다.(『全集』 20, 128~130쪽)

[43] 이 책 집필 당시 일본의 출판업은 면허제로 되어 있었다. 따라서 출판의 자유화가 중요한 이슈였다. 오바타 도쿠지로가 번역한 토크빌의 책『아메리카의 민주주의』(1873)와 쓰다 마미치(津田真道, 1829~1902)가『메이로쿠잡지』제6호(1874.4)에 발표한 「출판자유를 희망한다」라는 논문은 출판의 자유를 촉구하기 위해 나온 것이었다. 이런 활동에 힘입어 1875년 9월 '출판조례'가 개정되면서, 출판업은 면허제에서 등록제로 바뀌었다.(デ・トクヴィル, 小幡篤次郎 譯, 『上木自由之論』, 1873; 일본 국립 국회도서관 디지털 라이브러리(http://dl.ndl.go.jp/info:ndljp/pid/783212?__lang=jp) 참조) 이 책은 오바타 도쿠지로가『미국의 민주주의』중 출판자유에 관한 부분만을 발췌하여 번역한 것으로, 토크빌은 이때 처음 일본어로 소개되었다. 한글번역본은 알렉시스 드 토크빌, 이용재 역, 『아메리카의 민주주의』 1, 아카넷, 2018(불어판 번역), 제2부 제3장; 알렉시스 드 토크빌, 임효선・박지동 역, 『미국의 민주주의』 I, 한길사, 2002(영어판 번역), 11장 「합중국의 언론자유」 참조. 이 밖에도 오바타는 토크빌의『미국의 민주주의』 I, 제3장 「영국계 아메리카인들의 사회상태」를 참고하여『민간잡지』제11호(1875)에 「적

종류의 모든 일에 관해 식자識者들이 눈을 두는 이유도 이러한 인민의 교제를 돕는 데에 특히 중요하다고 여기기 때문이다.

## | 천하의 논의를 획일화하지 말라—이단망설과 세론을 두려워하지 말라

세상사에 관한 모든 논의는 사람들 각자가 자신의 의견을 얘기하는 것이기에 당연히 일률적일 수 없다. 의견이 고원高遠(높고 원대함)하면 논의 또한 고원하고, 의견이 천박近淺(짧고 얕음)하면 논의 또한 천박하다. 그처럼 천박한 의견은 미처 논의의 본위本位에 이르지도 못한 채 너무 일찍 다른 사람의 주장을 반박하려 들어 양 주장의 방향을 달라지게 한다. 예를 들어 지금 외국교제外國交際[44]의 이해를 논함에, 갑도 개국開國을 주장하고 을도 개국을 주

---

자에 한정하여 가독을 상속하는 일의 폐해를 논함(嫡子に限り家督相續を為すの弊を論ず)」이라는 논문을 실었다. 그 뒤에도 그는 게이오대학에서 출판하고 있던 잡지 『가정총담(家庭叢談)』(각각 제23, 29, 34호)에 「민주주의의 3가지 요소(デモクラシーの3つ)」라는 글을 발표하였는데, 이는 각각 『미국의 민주주의』 I을 부분 발췌하여 번역한 것이었다. 일본어 제목은 다음과 같다. 「アメリカ連邦における公共精神について」, 「アメリカ連邦における權利の觀念について」, 「アメリカ連邦における行政の地方分權の政治的諸效果について」. 토크빌의 이 책은 프랑스에서는 *De la democratie en Amerique*라는 제목으로 제1권은 1835년, 제2권은 1840년 출간되었다. 오바타 도쿠지로와 후쿠자와 유키치는 1873년 미국에서 번역된 책을 읽었다. 미국 번역본의 서지사항은 다음과 같다. *The Republic of the United States of America, and It's Political Institutions*, Reviewed and Examined, by Alexis de Tocqueville, Member of the Institute of France, and of the Chamber of Deputies, etc. Translated by Henry Reeves, ESQ, With an Original Preface and Notes by John C. Spencer, Counsellor at Law. Two Volumes In One, New York : A. S. Barne & Co., 111&113 William Street, 1873. 한글로는 1982년 번역되었다.

44 '사람과 사람의 교제'가 '사회'이듯 외국교제는 '국가와 국가의 교제', 즉 '외교'를 가리킨다. 다만 이 책에서는 원문의 느낌을 최대한 살리고, 주요 서양 개념이 한자문화권에 확산되어 가는 과정을 보여주기 위해 '외교'로 번역하지 않고 '외국교제' 혹은 '교제' 그대로 두었다.

장하고 있는데, 이를 얼핏 보면 갑과 을의 주장이 부합하는 듯하지만 그 갑이란 자가 자신의 주장을 점점 상세히 펼쳐 아주 고원한 수준에 이를수록 을의 귀에는 그 주장이 더욱더 거슬리게 되어 결국 서로의 불화를 일으키는 것과 같은 게 바로 그렇다. 생각건대 이 을이라는 자는 이른바 세간의 평범한 인물로 세간의 평범한 세론世論을 외치고 내다보는 견해가 천박하여 미처 논의의 본위를 밝힐 수가 없는데, 갑자기 고상한 말을 들으면 오히려 방향을 잃고 만다.[45]

세간에는 그런 사례가 적지 않다. 마치 위장이 약한 사람이 자양滋養 음식을 먹고도 이를 소화시킬 수가 없어서 오히려 병을 더 악화시키는 경우와 같다. 이런 사정을 감안해 보면 고원한 논의가 세상에 유해무익한 것으로 보일 수도 있지만 결코 그렇지 않다. 고원한 논의가 없으면 후진들이 고원한 영역에 이르도록 해줄 수 있는 길도 없다. 위장의 약함이 두려워 영양 공급을 끊으면 그 환자는 결국 죽고 말 것이다. 이런 잘못된 생각으로 인해 고금의 세계에 비통해할 만한 큰일이 생긴다.

어느 나라에서든 어느 시대이든 한 세대一世 인민을 보면, 지극히 어리석은 자도 매우 적고 지극히 지혜로운 자도 매우 드물다. 대부분의 세상 사람은 그저 지혜와 어리석음의 중간에 있으면서 세간世間과 함께 흘러가며 죄도 없고 공도 없이 서로에게 부화뇌동雷同하다가 일생을 마친다.[46] 이러한 무리

---

45 토크빌은 『아메리카의 민주주의』에서, 존 스튜어트 밀은 『자유론』에서 세간의 이런 보통 인물들이 다수결을 무기로 여론을 좌우할 위험성에 관해, '다수의 압제', '다수결의 전제'라고 비판하고 있다. 후쿠자와는 두 사람의 영향을 많이 받았는데, 메이지유신 직후의 혼란한 상황을 보면서, 이런 위험성에 관해 크게 우려했다.

46 『논어』 「양화」편에 오직 지극히 지혜로운 사람과 지극히 어리석은 사람만 자신의 생각이 바뀌지 않는다는 문장이 있다. 원문은 다음과 같다. "子曰, 唯上知與下愚 不移."(성백효, 『논어집주』, 전통문화연구회, 2007)

들을 세간의 평범한 인물[47]이라고 말한다. 이른바 세론은 이런 무리들 사이에서 만들어지는 논의로서 그 세대當世의 있는 모습을 그대로 모사할 뿐, 앞선 세대前代를 돌아보며 물러서는 것도 없고 다음 세대後世를 향한 선견先見도 없이 마치 한 곳에 멈추어 움직이지 않는 것과 같다. 그런데 지금 세간에 "이 무리가 다수이고, 그 무리들의 입은 시끄럽기 때문"이라고 하면서 그들의 소견으로 천하의 논의를 구획하고 조금이라도 이 구획선에서 벗어나면 이를 바로 이단망설이라고 일컬으며 억지로 그 구획선 안으로 밀어 넣어 천하의 논의를 일직선과 같이 만들려고 하는 자들은 도대체 무슨 심보心 때문이란 말인가.[48] 만약 그와 같이 된다면 저 지자智者란 자는 나라를 위해 무슨 소용이 있단 말인가. 다음 세대를 앞서 내다보며 문명의 발단端을 열어가는 일은 과연 누구에게 맡겨야 한단 말인가. 생각이 없어도 너무나 없다.

생각해 보라, 옛날부터 문명의 진보進步,[49] 그 처음은 모두 이른바 이단망설에서 나오지 않은 것이 없다. 아담 스미스Adam Smith가 경제에 관한 이론[50]을 처음 주장했을 때 세상사람 모두 이를 망설이라고 반박하지 않았던

---

47 원문에는 '세간통상(世間通常)의 인물'이라고 되어 있다. 후쿠자와는 또 이와 비슷한 의미로 '세간통상(世間通常)의 군민(群民)'이라는 말도 쓰고 있다. 군민의 '군(群)' 자는 원래 양떼를 거느리는 목동을 가리킨다.

48 후쿠자와는 여기서 권력에 의한 언론통제가 아니라 다수 대중에 의한 여론의 획일화, 대중정치의 위험성, 즉 다수의 전제를 우려하고 있다. 존 스튜어트 밀은 자신의 저서『자유론』에서 다수결을 수단으로 행해지는 다수의 전제에 관해서 영국의회정치를 예로 들어 설명하고 있다. 후쿠자와 유키치가 밀의 저서를 탐독했다는 사실은 익히 알려져 있다. 게이오 기주쿠에서는 밀의『공리주의』등을 원서 교과서로 사용했다. 대중정치, 대중에 의한 여론 왜곡 등의 위험성은 이와쿠라 사절단의 공식보고서인『미구회람실기』(1875)의「영국」편,「미국」편에도 잘 나와 있다. 성희엽, 앞의 책, 475~529쪽; 구메 구니타케, 박삼헌,『특명전권대사 미구회람실기』1~5, 소명출판, 2011 참조.

49 '진보', '진화' 등의 개념에 관해서는 이 책 제2장 각주 60·61 참조.

50 아담 스미스의『국부론(국부의 본질과 원인들에 관한 연구, An Inquiry into the Nature and Causes of the Wealth of Nations)』를 가리킨다. 1776년에 발간되었다. 아담 스미스는 이 책 제6장「지덕의 변별」에 다시 나온다. 아담 스미스는 당시 성경의 가르침과 전

가. 갈릴레이가 지동설地動論을 외쳤을 때에는 이단이라고 일컬으며 단죄하지 않았던가.[51] 이설異說과 논쟁이 해를 거듭하자 세간의 평범한 백성 무리들群民이 마치 지자智者의 지도편달을 받아 부지불식간에 이설을 받아들이듯, 오늘날의 문명에 이르러서는 학교에 다니는 어린아이 중에도 경제론과 지동론을 괴이하게 여기는 자가 없다. 비단 괴이하게 여기지 않을 뿐만 아니라, 이러한 논의에 나오는 법칙을 의심하는 자가 있으면 오히려 이 사람을 어리석게 여기며 끼워주지도 않는 형세에 이르렀다.

또 가까운 사례를 하나 들어 보겠다. 지금으로부터 불과 10년 전, 300 제후가 각각 하나의 정부를 세우고 군신과 상하의 구분을 명확히 하며 생사여탈의 권한權도 쥐어 그 견고함이 만세萬歲에까지 전해질 듯했지만 한 순간 와해되어 지금의 모습으로 바뀌었고 오늘날에 와서는 세간에서 이를 괴상하게 여기는 자가 없다고 하지만, 만약 10년 전에 각 번의 사무라이 중 폐번치현 등의 주장을 내놓은 자가 있었다면 그 번중藩中[52]에서 이 상황에 대해 뭐라

통을 중심으로 하는 중세적, 기독교적 세계관에서 벗어나 인간의 이기심을 과감하게 긍정하는 철학적 토대 위에서 자유경제와 자유무역을 주장했다. 하지만 당시 영국 하원에서 다수를 차지하고 있던 보수파 정치인들은 대부분 이에 반대했다.

51 코페르니쿠스의 책 『천체의 회전에 관하여』는 그가 사망한 뒤인 1543년에 출간되었다. 하지만 천동설을 믿고 있던 로마 가톨릭 교황청은 이 책의 위험성을 우려하여 금서로 지정하였다. 지동설을 지지했던 갈릴레이 갈릴레오의 책 『두 가지 주요 세계관에 관한 대화』는 1632년 피렌체에서 발간되었다. 교황 우르바노 8세는 이 책의 배포를 금지하고, 지동설을 지지하지 않겠다는 약속을 어긴 갈릴레오를 종교재판소에 회부하였다. 1633년 종교재판에서 궐석 상태로 유죄 판결을 받았지만, 그의 건강이 나쁘고 고령이라는 점을 감안해 곧바로 가택연금으로 감형되었다. 한편 1965년에 로마 교황 바오로 6세가 이 재판에 대하여 언급한 것이 발단이 되어, 당시의 재판에 대한 재평가가 시작되었다. 1992년, 로마 교황 요한 바오로 2세는 갈릴레이 재판이 잘못된 것이었음을 인정하고, 갈릴레이에게 사과하였다. 갈릴레이가 죽은 지 350년 만의 일이었다. 영국 성공회도 2008년 다윈 탄생 200주년을 앞두고, 다윈에 대해 사과를 표명했다. 2009년에는 바티칸 교황청 후원 아래 『종의 기원』에 관한 학술행사가 열려, 종교와 이념을 떠나 다윈의 과학적 업적을 재조명했다.

52 '번중'은 같은 번 안의 사무라이 사회를 가리킨다.

고 말했겠는가? 당장 그 사람의 목숨이 위태로워졌을 것임은 두말할 필요가 없다.

따라서 지난날의 이단망설은 지금 세상의 통론이고, 어제의 기이한 주장은 오늘의 상식이다. 그렇다면 곧 오늘의 이단망설 또한 마찬가지로 몇 년 뒤에는 틀림없이 통론과 상식이 될 것이다. 학자들은 부디 세론의 시끄러움을 꺼리지 말고, 이단망설이라는 비방을 두려워하지 말고 용기를 내어 자신이 생각하는 주장을 드러내어 말해야 한다. 또 다른 사람의 주장을 듣고 자신의 지론과 맞지 않는 것이 있으면 그 의미를 더욱더 잘 살펴서, 받아들일 만한 것은 받아들이고 받아들일 수 없는 것은 잠시 그것이 흐르는 방향에 맡겨두고서 뒷날 쌍방의 주장이 하나로 귀결될 때를 기다려야 한다. 이때가 바로 논의의 본위가 같아지는 날이다. 다른 사람의 주장을 꼭 내 주장 안에 가두어서[53] 천하의 논의를 획일화하려고 욕심내지 말지어다.

이러한 사정을 바탕으로 사물의 이해득실을 논한다면 그것의 이해득실과 관련된 부분을 먼저 살핀 뒤 그 경중과 시비를 밝히지 않으면 안 된다. 이해득실을 논하기는 쉽지만 경중과 시비를 밝히기는 매우 어렵다. 자기 자신의 사적인 이해관계로 천하의 일을 시비해서는 안 되며, 한 해의 편·불편함을 따지다가 백년대계를 그르쳐도 안 된다. 고금의 논설을 많이 듣고, 세계의 실상을 널리 익히며, 허심평기虛心平氣[54]한 마음으로 지선至善에 머무르고,[55]

---

53 원문에는 '농락(籠絡)'으로 되어 있다. '농락'은 작은 바구니 안에 가둔다는 뜻으로, 여기서는 나의 논의와 똑같이 만들어 버린다는 의미이다.

54 마음을 비우고 공평한 마음으로 대한다는 의미이다. 즉 '공평무사(公平無私)'와 같은 말이다.

55 『대학』의 「삼강령」에 나오는 "지어지선(止於至善)"을 인용한 것이다. 원문은 "大學之道 在明明德 在親民 在止於至善"이다. 이 구절의 '親民'을 어떻게 해석하는가에 따라 주자학과 양명학의 입장이 나뉘어진다. 주자학에서는 정이(程頤)의 주장을 받아들여 '신

수많은 방해와 장애를 물리치고 세론에 속박됨이 없이, 고상한 지위를 차지하여 이전 세대를 돌아보고 활안活眼을 열어 후세를 미리 내다보지 않으면 안 된다.

생각건대 논의의 본위를 정하고 그곳에 도달하는 방법을 밝혀서 만천하滿天下의 사람들이 모조리 다 나의 소견과 같아지도록 하겠다는 건 당연히 내가 꾀하는 게 아니지만, 감히 한 마디 말을 내걸어 천하 사람들에게 묻겠다. 지금 이때를 맞아 앞으로 나아갈進 것인가 아니면 뒤로 물러설退 것인가, 나아가 문명을 좇을 것인가 아니면 물러서서 야만으로 되돌아갈 것인가, 오로지 진퇴進退라는 두 글자가 있을 뿐이다. 세상 사람들에게 만약 나아가려는 뜻이 있다면 나의 논의에도 볼 만한 것이 있으리라. 다만 이것을 실제로 시행하는 방법은 이 책의 취지가 아니므로, 이는 사람들 각자의 공부에 맡기겠다.

---

민(新民)'으로 해석하여 백성이 새로워지도록 가르치는 것으로 보는 반면, 양명학을 창시한 왕양명은 원래의 판본대로 '친민'으로 해석한다. 즉 '명명덕'과 '친민'을 각각 '체(体)'와 '용(用)'으로 보고, 백성과 친함으로 인해 명덕이 밝아진다고 해석한다. 일반적인 번역은 다음과 같다. "대학의 도는, 본래 밝았던 것을 밝히며, 백성을 날로 새로워지게 하고, 지극한 선에 머무르는 데 있다." 한편 이 '재지어지선(在止於至善)'은 『대학』의 「전(傳)」 제3장에 있는 다음 구절과 함께, 주자의 신유학에서 핵심적인 위치를 차지하고 있다. "詩云 穆穆文王 於緝熙敬止 爲人君 止於仁 爲人臣 止於敬 爲人子 止於孝 爲人父 止於慈 與國人交 止於信."(성백효, 『대학·중용집주』, 전통문화연구회, 2007; 왕양명, 한정길·정인재 역, 『전습록』, 청계, 2007; 정해왕, 『『대학』 읽기』, 세창출판사, 2016)

제2장

# 서양의 문명을 목적으로 하는 일

## ▎세계문명의 3단계 —문명·반개·야만

앞 장에서 사물의 경중과 시비는 상대적인 말이라고 얘기했다. 그렇다면 문명개화라는 글자 또한 상대적인 것이다.[56] 지금 세계의 문명을 논하면, 유럽 국가들과 아메리카합중국을 최상의 문명국이라고 하며, 투르크土耳古,[57] 지나, 일본 등 아시아의 여러 나라는 반개화국半開國이라고 말하고, 아프리카 阿非利加 및 오스트레일리아澳太利亞[58] 등은 야만국이라고 일컫는다. 이러한 이름은 세계의 통설[59]로, 서양 나라들의 인민만 자신의 문명에 자부심을 느끼고 있는 것은 아니며 저 반개·야만의 인민도 이 명칭이 왜곡되지 않았음에

---

56 기조의 책『유럽문명의 역사』제1강에 다음과 같은 문장이 있다. "Civilization is properly a relative term."

57 현재의 터키 지역을 말한다. 당시에는 오스만 제국(1299~1922)이 지배하고 있었다.

58 이 책 집필 당시 오스트레일리아는 영국의 식민지였다. 아직 근대적인 발전이 시작되기 전이었기 때문에 여기에서는 아프리카와 함께 야만국으로 분류되었다.

59 후쿠자와는 이 책을 쓰기 전에 출간한『장중만국일람(掌中万国一覧)』(1869)과『세계국진(世界国盡)』(1869)에서는, 인류문명의 발전단계를 3단계가 아니라 문명, 반개화, 야만, 혼돈의 4단계로 나누고 있다. 이러한 구분법은 당시 미국에서 학생 교과서로 사용되고 있던, *Mitchell's New School Geography*(1866)에 나온다. 후쿠자와는 미첼(Samuel Augustus Mitchell)의 책을 일찍부터 자신의 학교에서 교과서로 사용하고 있었다. 하지만『문명론 개략』에서는 이 견해를 3단계설로 바꾸었는데, 이는 기조의『유럽문명의 역사』에 나와 있는 문명발전 3단계론을 받아들인 것이다.(Samuel Augustus Mitchell, *Mitchell's New School Geography*, Philadelphia : E. H. Butler&Co., 1866)

승복하고 스스로 반개화국·야만국이라는 명칭에 안주하고 있기 때문에 감히 자기 나라의 형국을 자랑스러워하며 서양 국가들보다 더 낫다고 생각하는 자는 없다. 단지 생각하지 않을 뿐만 아니라, 사물의 이치를 조금이나마 아는 자는 그 이치를 더 깊이 앎에 따라 점점 더 자기 나라의 형국을 분명히 알게 되고, 더 분명히 알게 됨에 따라 서양 나라들에 미치지 못함을 점점 더 깨달아 이를 걱정하고 비관하며, 때로는 그들에게 배워 모방하려 하고 때로는 스스로 노력하여 이에 대립해보려고도 하는 등 아시아 나라들에서 식자識者의 평생 걱정은 오직 이 일 하나에 달려 있는 것 같다(완루한 지나 사람支那人도 근래에 전습 생도를 서양으로 보냈다고 한다.[60] 그 우국憂國의 정을 알 수 있다).

---

60 청은 동치제가 황제로 있던 1870년대에 '동치중흥(同治中興)'을 모토로 미국에 유학생을 파견하였다. '동치중흥'은 1860년 영국, 프랑스의 연합군이 북경을 점령한 뒤 시작된 중국식의 서구화 추진 운동이다. 1861년 외교를 담당하는 부서인 '총리아문'이 설립되고, 1862년에는 외국어 교육기관으로 '동문관(同文館)'이 설립되었다. 1863~1864년에는 헨리 휘턴(1785~1848)의 『국제법 원리』(1836)가 윌리엄 마틴의 중국어 번역(『만국공법』)으로 출간되었다(일본에서는 1865년 출간되어 베스트셀러가 되었으며, 막부 말 일본에서 큰 영향을 미쳤다). 이런 흐름 속에서 유학생 파견이 추진되었다. 미국 예일대학에 유학한 룽훙(容宏, Yung Ying, 1828~1912)의 건의를 증국번, 리훙장이 받아들인 것이었다. 하지만 중국 정부의 유학생 파견은 1872년에서 1874년까지 매년 30명의 유학생을 미국으로 파견하는 수준에 그침으로써, 중국의 근대화 과정에 별다른 영향을 미치지는 못한다. 반면 일본에서는 유신정부의 핵심인물로 구성된 이와쿠라 사절단이 1871년 12월 23일부터 1873년 9월 14일까지 1년 10개월 동안 미국과 유럽 12개국을 순방하였고, 이때의 경험을 토대로 일본의 근대화과정을 주도해 나갔다. 1860년 이후 일본에서는 막부와 각 번 차원에서 앞 다투어 서양을 배우기 위해 유학생과 사절단을 파견했다. 두 나라의 사례를 비교해보면 당시 일본과 중국이 서양근대문명을 받아들여 근대국가로 발돋움하려는 의지와 방법에 얼마나 큰 차이가 있었는지 잘 알 수 있다. (성희엽, 앞의 책, 475~507쪽; 구메 구니타케, 박삼헌, 앞의 책) 1800년대 후반 청의 해외견문사절단에 관한 논문으로는 미야지마 히로시, 「『미구회람실기』와『항해술기』에 대해」, 『미야지마 히로시, 나의 한국사 공부』, 너머북스, 2013, 269~317쪽 참조. 『항해술기』는 장덕이(張德彝, 1847~1919)가 1866년 청 정부의 공식사절단이었던 빈춘(斌椿)사절단의 유럽 방문에 참가한 경험에서부터 1902~1906년 주 영국 청 대사로서의 장기 체류 경험까지 모두 7차례에 걸친 서구 견문 경험을 기록한 해외기행문이다. 1999년 북경도서관출판사에서 『고본항해술기회편(稿本航海術奇匯編)』이라는 제목으로 처음 출간되었다. 이 책에 나오는 주요 사절단으로는 1866년의 빈춘 사절단, 186

그런즉 저 문명, 반개, 야만이라는 명칭은 세계의 상식通論으로서 세계의

인민이 인정한 것이다.[61] 그들이 이를 인정한 까닭이 무엇이겠느냐? 그런

7~1869년의 구미사절단 , 1870~1872년 '천진 사건'을 처리하기 위한 사죄사절단 등
이 있다. 이 중 구미사절단은 약 2년 동안 30명의 사절단을 파견하였다. 다만 이 사절단
은 청의 관료가 아니라 청의 의뢰를 받아 미국인, 영국인, 프랑스인이 주요 직책을 맡았
었다.

61  당시 유럽에서는 18세기 말 프랑스 계몽사상의 영향으로 '역사가 진보한다'는 사고방식
이 다양한 형태로 퍼져 있었다. 이러한 사고방식은 크게 마르퀴 드 콩도르세(1745~
1794)에서 시작된 계몽주의적 진보관념, 찰스 다윈(1809~1882), 허버트 스펜서
(1820~1903) 등의 생물학적 진화이론, 그리고 독일 역사학파의 역사발전 관념 등 세
가지로 나눌 수 있다. 역사의 진보에 관한 이러한 세 종류의 진보 관념은 메이지유신 뒤
자유민권사상가들에 의해 한꺼번에 도입되었다. 콩도르세의『인간정신의 진보에 관한
역사적 개요』는 1793년, 다윈의『종의기원』은 1859년에 발간되었다. 여기서 진화론에
관해 잠깐 설명하지 않을 수 없다. 찰스 다윈을 '진화론의 창시자'라고 보는 통념과 달리
『종의 기원』이 출판되기 전에 이미 유럽의 지성계에서는, 생물의 진화에 관한 인식이 광
범위하게 퍼져 있었다. 이는『종의기원』이 출간되기 전 해인 1856년 월러스(Alfred
Russel Wallace)라는 아마추어 박물학자가 다윈에게, 다윈이 구상하고 있던 진화의 규
칙과 거의 같은 논문을 검토해달라고 보냈던 사실에서도 잘 알 수 있다(이로 인해 다윈
은『종의기원』을 발표하기 1년 전인 1858년 월러스와 함께 린네 학회 총회에서 자연선
택에 관한 논문을 공동으로 발표했다). 물론 다윈은 비글호 항해(1831~1836)를 다녀
온 뒤 얼마 지나지 않아 이미 자신의 진화이론의 핵심 개념을 정립하였지만 이를 발표하
지 않고 있었을 뿐이었다. 다윈도『종의기원』서문에서 진화론을 연구했던 학자를 33명
이나 언급하고 있다. 그만큼 당시 진화에 관한 이론은 광범위하게 연구되고 있었다. 한
편 오늘날까지 유효한 다윈의 진화이론은 '자연선택(Natural Seletion)'과 '생명의 나
무(Tree of Life)'라는 개념이다. 다윈의 진화론에서 주의해야 할 것은, 계몽사상가들
의 필연적인 진보 관념이나 역사학파의 역사발전 관념과 달리 자연선택에 의한 진화에
는 발전 내지 진보의 관념이 없다는 사실이다. 진화론에서 말하는 진화는 '우발적이고
우연히 일어나는 사건'이며 그 방향성을 예측할 수가 없다. 지구상에 인류가 탄생하기
전 어느 시점으로 돌아가 생물의 진화가 다시 시작된다고 하더라도 현재의 인류(Homo
Sapiens)가 다시 탄생할 수 있는 확률은 '0'에 가깝다고 보는 학자들도 많다. 또한 우리
에게 우생학이나 제국주의의 식민지 지배를 합리화하고 강자의 약자 지배를 정당화한
이론으로 알려져 있는 '사회다위니즘(엄격하게 말하면 사회스펜스니즘으로 쓰는 게 옳
다)'의 원조인 스펜서도 사실은『종의기원』이 출판되기 8년 전에 이미 자신의 사회진화
이론을 담은『사회정학(Social Statics)』(1851)을 발간했다. 이 책은 6권으로 1881년에
서 1884년에 걸쳐 일본에서『사회평권론』이라는 제목으로 번역되었는데, 자유민권운
동가들에게 열렬하게 받아들여져, 메이지기 최고의 베스트셀러 중 하나가 되었다. 스펜
서 진화사상론의 특징은 '단순성'에서 '복잡성'으로 나아가는 법칙이 지질, 동물, 인류,
사회 등 우주의 모든 분야에 적용된다고 보는데 있다. 다만 다윈과 다른 점은 단순성에
서 복잡성으로의 진화 과정을 하등·열등에서 고등·우등으로의 발전으로 보았다는 점

사실이 있고 속일 수 없는 근거가 명확히 있기 때문이다. 아래에 그 내용을 보여주겠다.[62] 이는 곧 인류가 마땅히 경과해야 하는 단계階級이다. 때로는 이를 문명의 나이라고 말한다.

첫째 삶居에 정해진 장소常處가 없고, 먹음에 정해진 물품常品이 없다. 편리함을 좇아 무리를 이루고는 있지만, 편리함이 다하면 금방 흩어져 흔적을 볼 수 없다. 때로는 장소를 정하여 농업과 어업에 종사하고, 입고 먹는 것이 부족하지는 않지만 기계에 관한 공부工夫를 모르며, 문자가 없지는 않지만 문학文學[63] 같은 것은 없다. 자연天然의 힘을 두려워하고 인위人爲적인 은위恩

이다. 이후 스펜서는 다윈의 학설을 받아들이고 자신의 진화 사상을 더욱더 정교하게 다듬어 『생물학 원리(*Principles of Biology*)』(1864)를 출간하였다. 다윈 또한 『종의 기원』 초판을 발표한 뒤 자신의 책에 대한 반응을 참고하여 모두 6판까지 개정판을 냈다. 제5판에서는 스펜서의 '최적자 생존(survival of the fittest)'이라는 개념을, 제6판에서는 '진화(evolution)'라는 개념을 받아들여 사용했다. 우리나라에 콩도르세의 책은 부분적으로, 다윈의 책은 전체가 한글로 번역되어 있다. 하지만 스펜서의 책은 안타깝게도 아직 번역되어 있는 게 별로 없다. 袍巴土·斯辺琑(ハーバート·スペンサー), 松島剛 訳, 『社会平権論』, 報告社, 明14~17(1881~1884); 허버트 스펜서, 이상률 역, 『개인 대 국가』, 이책, 2014; 허버트 스펜서, 이정훈 역, 『진보의 법칙과 원인』, 지식을만드는 지식, 2014; 마르퀴 드 콩도르세, 장세룡 역, 『인간정신의 진보에 관한 역사적 개요』, 책세상, 2002; 찰스 다윈, 송철용 역, 『종의 기원』, 동서문화동판, 2013; 마루야마 마사오, 김석근 역, 앞의 책 참조)

62 역사의 진보과정을 단계적인 발전과정으로 분류하는 방법은 독일 역사학파의 영향이며, 이어지는 문명의 세 단계는 기조의 『유럽문명의 역사』에서 거의 그대로 인용한 것이다.(프랑수아 기조, 임승휘 역, 앞의 책 참조) 한편 기조의 『유럽문명의 역사』는 메이지 초기에 이미 일본어로 번역되었다. 모두 세 종류의 번역본이 있었는데, 그중 1874년에서 1877년 사이에 걸쳐 간행된 나가미네 히데키(永峰秀樹)의 번역본이 가장 많이 보급되었다. 이 책은 헨리의 영역본을 중역한 것으로 『구라파문명사(歐羅巴文明史)』라는 제목으로 간행되었다. 나가미네는 밀의 『대의정체』도 번역하였다.(ギゾー, ヘンリー 訳, 『欧羅巴文明史』, 奎章閣, 1877; ジョン·スチュアート·ミル(弥児), 『代議政体』, 奎章閣, 1875~1878)

63 여기서 '문학'은 오늘날 우리가 사용하고 있는 좁은 의미의 '문학'과는 다르다. 후쿠자와는 이 말을 '학문과 문예'를 총칭하는 의미로 쓰고 있다. 한편 후쿠자와는 1868년 저술한 『서양사정』「초편」에서, 'science and useful arts'를 '문학기예'로 번역하고 있다. 이러한 사실을 감안해 보면 후쿠자와 유키치는 'useful arts'를 응용과학을 의미하는 '기예(본문 앞 부분의 '기계에 관한 공부'와 동일)'로, 'science'를 순수과학을 의미

威[64]에 의존하며 우연한 화복禍福을 기다릴 뿐으로 스스로 머리를 굴리며 공부하는 자가 없다. 이를 야만이라고 이름한다. 문명을 벗어나 멀리 뒤처져 있는 상태라고 말할 수 있다.

둘째[65] 농업의 길이 크게 열려 먹고 입는 것衣食에 갖춰지지 않은 것이 없다. 집을 짓고 도시를 형성하여, 그 외형은 실제로 국가이지만 그 내실을 찾아보면 부족한 게 매우 많다. 문학이 성행하지만 실학實學[66]에 종사하는 자

하는 '문학'으로 사용하고 있음을 알 수 있다. 여기서 '순수과학'은 자연과학뿐만 아니라 인문, 사회과학까지 포괄하는 광의의 순수과학으로 이해해야 한다. 따라서 '문학'은 '순수학문 전체와 문예'를 가리키는 의미로 봐야 한다.(후쿠자와 유키치, 남상영 역, 앞의 책, 22~25쪽; 마루야마 마사오, 김석근 역, 앞의 책, 104쪽)

64 원문에는 '인위의 은위'로 되어 있다. 여기서 '인위'라는 용어는 자연적인 힘과 대비되는 '사람의 힘'이라는 의미 이외에도 자신이 아닌 '다른 사람의 힘'이라는 의미도 내포되어 있다. '은위'에서 '위'는 '위압', '위엄', '권위' 등으로 번역할 수 있겠지만 여기서는 그 의미상 주로 '위압'으로 번역하였으며 문장에 따라 '위엄' 혹은 '권위'로도 옮겼다.

65 둘째 단계는 당시 일본문명의 단계로 반개화 나라를 가리킨다. 중국도 여기에 해당된다.

66 일반적으로 '실학'이라고 하면 실생활에 도움이 되는 학문이나, 자연과학이나 경제학 같이 실제 경험에 근거한 학문을 말한다. 이런 관점에서 보면 '실학'은 유학이나 국학과 같은 도덕철학이나 종교이론과 대비되는 용어로 볼 수 있다. 후쿠자와가 '실학'을 강조한 이유는 이러한 의미의 실학뿐만 아니라 궁극적으로는 봉건사회의 사고방식에서 벗어난 근대적인 사고방식을 확산시키려고 노력했기 때문이다. 『학문의 권장』에서도 후쿠자와는 실학을 매우 강조하고 있다. 『학문의 권장』「초편」에서 그는 학문 아래 문학과 실학을 구분하고 있다. 즉 "신분이 높고 귀한 사람과 그렇지 않은 사람의 차이는 학문의 힘이 있느냐 없느냐에 따른 차이일 뿐이지 하늘이 처음부터 정해준 것은 아니다. 학문이란 유학자, 국학자(和學者), 한학자처럼 어려운 고전을 읽거나 와카를 즐기거나 한시를 짓는 등 인간의 실생활과 동떨어진 문학이 아니라, 인간의 일상생활에 필요한 실학을 열심히 공부해야 한다"고 말하고 있다. 이어서 예로든 실학에는 편지 쓰는 법, 주판 놓는 법 등 일상생활에 필요한 일 외에도 지리학, 궁리학(물리학), 역사학, 경제학, 수신학(윤리) 등 자연과학, 인문과학, 사회과학 같은 기초학문 분과가 포함되어 있다. "신분의 차이는 타고나는 것이 아니라 학문의 힘이 있느냐 없느냐에 달려 있다"는 문장이나, 실학에 실용적인 기예 외에도 인문, 사회, 자연과학 등 오늘날의 기초과학 분야를 들고 있는 것을 보면 그가 말하는 실학이 어떤 것인지 잘 알 수 있다.(후쿠자와 유키치, 남상영 역, 앞의 책, 22~25쪽) 마루야마 마사오는 유학을 '허학'이 아니라 '윤리적 실학'으로, 그리고 서구의 근대적 학문을 '물리학적 실학'으로 정의한 뒤, 후쿠자와의 학문적 방법론을 '윤리적 실학에서 물리학적 실학으로의 전회(轉回)'라고 해석하고 있다.(丸山正男・松澤弘陽 編, 『福澤諭吉の哲學 他六篇』, 岩波書店, 2015, 36~65쪽) 한편 서구의

는 적고, 인간교제[67]에서는 시의질투猜疑嫉妒하는 마음이 심해도[68] 사물의 이치를 이야기할 때에는 의문疑을 발동하여 의심나는 것을 캐묻는 용기가 없다.[69] 모방하여 세공하는 것은 정교해도 새로운 물건을 만드는 공부는 결핍되어 있으며, 옛것을 익힐 줄은 알아도 옛것을 바꿀 줄은 모른다. 인간교제에 규칙이 없지는 않지만, 습관에 찌들어 규칙의 체계体를 이루지는 못한다. 이를 반개半開라고 이름한다. 아직 문명에는 이르지 못하였다.

셋째 세상天地의 모든 사물이 규칙 안에서 농락되지만, 그 안에서 스스로 활발하게 활동하고 사람의 기풍이 쾌활하고 활달하여 낡은 습관에 혹닉惑溺[70]하지 않고, 스스로 자신을 지배하고 인위적인 은위에 의존하지 않으며,

---

실용주의 사상 역시 실생활에 도움이 되는 학문을 주장한 게 아니며, 플라톤주의와 합리주의의 전통 즉 데카르트주의에서 벗어나 새로운 사상적 토대를 구축하려고 한 시도였다.(윌리엄 제임스, 정해창 역『실용주의』, 아카넷, 2008 참조)

67 앞에서 나온 '인간과 인간의 교제'와 마찬가지로 '인간교제'도 영어의 'society' 즉 '사회'를 번역한 것이다. 다만 여기서의 '사회'의 의미는 추상적인 의미의 '사회'가 아니며, 영어의 'association'에 해당하는 구체적인 모임, 또는 사람들 사이의 교제를 가리킨다.

68 후쿠자와 유키치는『학문의 권장』제13편에서도 이같이 시기하고 질투하는 마음, 즉 원망에 관해 논하고 있다.(후쿠자와 유키치, 남상영 역, 앞의 책, 163~172쪽) 후쿠자와는 이 부분을 존 스튜어트 밀의『대의정부론』에서 많이 참고했다. 밀은 이 책 제3장「최선의 정부형태는 이념적으로는 대의정치」라는 부분에서, '국민성'에 관해 논하고 있다. 여기서 그는 "동양인이 전 인류 중에 가장 질투심이 심하다(The most envious of all mankind are the Orientals)"고 주장하고 있다. 또한 이어서 수동적, 능동적인 성격유형에 관해서도 설명하고 있다. 후쿠자와는 이 책 제6장에서도 시기심에 관해 언급하고 있다.

69 이는 버클의『영국문명사』에 있는 다음 구절을 참고한 것이다. "Yet it is evident, that until doubt began, progress was impossible (…중략…) because without doubt there will be no inquiry there be no knowledge (…중략…)" (Henry Thomas Buckle, 앞의 책, pp.242~243)

70 '혹닉'은 영어의 'superstition'을 번역한 것이다. 니시 아마메(西周, 1829~1897)는『백학연환(百学連環)』이란 책에서, 오시마 히데구치(大島英口)는『개화사(開化史)』초역에서 'superstition'을 '혹닉'으로 번역하여 사용하였다. '혹닉'은 이 책 전체에서 매우 중요한 의미를 차지하고 있는 개념이다. 원래 의미는, 마음을 빼앗길 정도로 뭔가에 깊이 빠져 올바른 판단을 하지 못하는 상태를 의미한다. 후쿠자와는 이를 '봉건적 사고방식'에 빠진 행태를 가리켜 사용하는데, 이 장 후반부에서 '혹닉'에 관해, "사물의 실

스스로 덕을 기르고 스스로 지식을 닦으며, 옛날을 그리워하지 않고 지금에 만족하지 않으며, 작은 안락함小安에 안주하지 않고 미래의 대성大成을 꾀하며, 앞으로 나아가되 물러서지 않고, 도달하되 멈추지 않으며, 학문의 길道은 허虛[71]하지 않아 발명의 토대를 열고 공상工商의 업은 나날이 융성해져 행복의 원천을 깊게 만들고, 사람의 지혜는 오늘 모두 쓰고도 어느 정도는 남겨 이로써 후일을 도모하려는 듯하다. 이를 지금의 문명이라고 말한다. 야만, 반개의 상태에서 벗어나 멀리 앞서가 있다고 말할 수 있다.

## 문명에는 한계가 없다

이상과 같이 세 단계로 구별하여 그 양상을 적어보면 비록 문명과 반개와 야만 사이의 경계는 분명하지만 원래 상대적인 명칭들이기에 아직 문명을 보지 못한 동안에는 반개를 최고의 단계라고 해도 아무런 문제가 없다. 이 문명도 반개에 견줘볼 때에야 당연히 문명이지만, 반개라도 야만에 견줘보면 이를 또 문명이라고 말하지 않을 수 없다. 예를 들어 지금 지나[72]의 모습

---

질적인 효용은 잊고 단지 그 사물만을 중요시하여 꾸미고, 장식하고, 사랑하며, 그 기능이 불편함을 묻지 않고 지키려는 태도"라고 설명한 뒤, 이러한 태도로 인해 음양오행의 혹닉, 정부의 혹닉, 사무라이들이 칼을 차고 다니는 혹닉 등과 같은 온갖 허위 의식이 생기기 때문에 이를 없애기 위해서는 서양문명을 받아들여야 한다고 말하고 있다. 또한 정부와 국체를 지키기 위해서는 무엇보다 인민 전체의 지력을 향상시키지 않으면 안 되는데, 이를 위해서도 먼저 낡은 관습에의 혹닉을 완전히 없애야 한다고 주장한다. 丸山正男・松澤弘陽 編, 앞의 책, 219~270쪽 참조.

71  앞의 '실학'과 대비하여 '허(虛)' 즉, '허학'으로 쓰고 있다.

72  일본에서는 메이지유신 이후 중화주의적 의미를 가지고 있는 '중국'이라는 호칭을 피하기 위해 일반적으로 '지나'라는 호칭을 사용하는데, 청일전쟁에서 승리한 뒤부터는 중국을 비하하는 의미로 사용했다. 중화민국이 성립(1911)된 이후에도 '지나공화국(支那共和國)', '지나 사람(支那人)', '지나사변(支那事變, 중일전쟁)' 등 '지나'라는 호칭을 사용했다. 오늘날에도 일본 내 극우인사들은 중국 대신 '지나'라는 호칭을 쓴다. 단재

을 서양 각 나라에 견주어보면 반개라고 말하지 않을 수 없다. 하지만 이 나라를 남아프리카의 여러 나라들에 견줘보거나, 가깝게는 우리 일본의 상국上國[73] 인민을 에조인[74]에 견줘볼 때에는 이를 문명이라고 말할 수도 있다. 또 서양 여러 나라를 문명이라고 말해도 당연히 지금의 세계에서나 이 명칭을 붙일 수 있을 뿐이다.

이를 자세히 논해보면 부족한 점이 아주 많다. 전쟁은 세상에서 최악의 재앙인데도 서양 각 나라는 끊임없이 전쟁을 벌이고 있다. 절도와 살인은 인간에게 최악의 악행이지만 서양 각 나라에도 물건을 훔치는 자가 있고 살인을 저지르는 자가 있다. 나라 안에서 당파黨與(당여)를 만들어 권리權[75]를 다

---

신채호도 자신의 책에서 중국이라는 말을 한 번도 쓰지 않고, '지나'로만 썼다.

73 헤이안시대에 제작된 율령집인『연희식(延喜式, 엔키시키)』에는 영국(令国)의 종류와 분류방법이 기록되어 있다. 이에 따르면 국력을 기준으로 대국(大国), 상국(上国), 중국(中国), 하국(下国)으로 나누고, 수도로부터의 거리를 기준으로는 또 기내(畿内), 근국(近国), 중국(中国), 원국(遠国)으로 분류하고 있다.

74 '에조인'은 일본 본토 북쪽 지역과 홋카이도에 살던 원주민을 가리키는 말이다.

75 영어의 'right'에 해당하는 번역어이다. 이 책에서 '권(權)'은 문맥에 따라 '권한(power)'과 '권리(right)' 등으로 번역하였다. 하지만 후쿠자와가 명백하게 쓰고 있는 '권의(權義)', '권리(權理)', '통의(通義)', '권리통의(權理通義)' 등은 역사적 느낌을 살리기 위해 원문 그대로 번역하였다. 이 당시만 해도 '권리(權利)'라는 용어가 아직 정착되지 않아 매우 다양한 번역어가 함께 쓰이고 있었다. 후쿠자와도『서양사정』에서는 '통의',『학문의 권장』제2편에서는 '권리도의(權理通義)', '권리통의', '통의', '권리(權理)' 등으로,『학문의 권장』제3편에서는 '권의('권리통의'의 줄임말)', '권리(權利)' 등으로 쓰고 있다(안타깝게도 국내에 번역, 출간되어 있는 후쿠자와의 저작에는 이러한 구분이 전혀 되어 있지 않다).『문명론 개략』에서는 '권', 혹은 '권의'로 쓰고 있다.『서양사정』「초편」은 1866년에 출간되었고,『학문의 권장』제2편, 3편은 1873년 11월, 12월에 출간되었으며,『문명론의 개략』은 1875년 3월에 출간되었다. 후쿠자와가 'right'에 대한 번역어로 '의(義)', 내지 '이(理)'를 붙여 번역하고 있는 것은, 그가 'right'를 자연법적인 의미로 받아들이고 있기 때문이다. 즉 이익을 의미하는 '이(利)'가 아니라 보편적인 정의, 올바름, 정당함, 천부 인권 등으로 받아들이고 있는 것이다. 이 때문에 후쿠자와는 'right'를 '권리(權利)'라는 번역어로 쓰는 것에 반대하였다. 이익(利)을 부정시하는 이러한 태도는『맹자』「양혜왕」편에 나오는 맹자의 답변에서 알 수 있듯이 유교문화권에 뿌리 깊은 것이었다. 반면 서양에서는 유교문화권과 달리 재산에 대한 권리를 인간의 자유를 보장해 줄 수 있는 핵심적인 권리로 여겨왔다. 영어의 'right'를 오늘날 우리가

투는 자가 있고, 권리權를 잃고 불평을 터뜨리는 자도 있다. 하물며 외국교제의 법[76] 같은 것은 권모술수가 미치지 않는 게 없다고 말해도 된다. 단지 일반적으로 볼 때 선善으로 향해가는 형세가 강할 뿐, 지금의 양상만 보고 곧바로 지선至善이라고 말해서는 결코 안 된다.

지금부터 수백 수천 년이 흘러 세계 인민의 지덕智德이 크게 나아져 태평안락의 극치에 이른다면 지금 서양 각 나라의 모습을 보고 연민을 느끼며 야만이라고 한탄할 수도 있으리라. 이를 바탕으로 생각해 보면 문명에는 한계가 없으므로, 지금의 서양 각 나라에 만족해서는 안된다.

따라서 서양 각 나라의 문명은 만족하기에는 부족하다. 그렇다면 이를 버리고 채택하지 않을 것인가? 이를 채택하지 않으면 어떤 지위地位에 있어야

---

쓰고 있는 권리(權利)로 번역한 사람은 니시 아마메이다. '권리'라는 번역어 역시 수많은 일본 지식인들의 노력과 논쟁 끝에 탄생한 것임을 알 수 있다.

76 '국제법(International Law)'을 가리킨다. 당시 '국제법'의 번역어로는 '만국공법(萬國公法)'이 많이 쓰이고 있었지만, 후쿠자와는 이와 별도로 '외국교제의 법'이라는 번역어를 사용했다. 1858년 개항 이후 '만국공법'이라는 이름으로 출간된 국제법 책들은 당시 최고의 베스트셀러였고, 이로 인해 '만국공법'이란 용어도 널리 퍼져 있었다. 미국 외교관이던 휘튼의 국제법이 1865년에 『만국공법』이란 제목으로 출간되어 있었고, 니시 아마메와 쓰다 마미치가 네덜란드 라이덴대학에서 유학할 때 노트한 비세링(Simon Vissering, 1818~1888) 교수의 강의록도 1868년 『만국공법』이란 제목으로 출간되어 있었다. 그 외에도 국제법에 관한 책은 많이 나와 있었다. 그렇다면 이런 상황임에도 굳이 후쿠자와가 '외국교제의 법'이라는 번역어를 새로 만든 것은 무엇 때문일까? 이는 '만국공법'이라는 번역어의 '공법'에 '정당하고 정의로운 법'이라는 의미가 내포되어 있기 때문이었다. 후쿠자와는 당시 막부에서 조약문 등 외교문서를 번역하는 직책을 맡고 있었기에 서양5개국과의 조약체결 과정을 직접 지켜볼 수 있었다. 또한 세 차례의 유럽, 미국 방문을 통해 국제관계의 권력 정치적(Power Politic) 성격을 누구보다 정확하게 꿰뚫어 보고 있었다. 이는 "외국교제의 법 같은 것에는 권모술수가 영향을 미치지 않는 게 없다"는 문장에도 잘 드러나 있다. 이런 이유로 후쿠자와는 '만국공법'이라는 번역어가 당시의 국제정치적 현실과 맞지 않다고 생각한 게 아니었을까? 후쿠자와가 만든 '외국교제의 법'이라는 번역어에는 이러한 의미가 전혀 담겨 있지 않다. 이처럼 '만국공법'이라는 번역어와 후쿠자와 유키치가 만든 '외국교제의 법'이라는 번역어에는 당시의 국제관계를 바라보는 전혀 다른 시각이 담겨 있다.(성희엽, 앞의 책, 504~505쪽 참조)

만족할 것인가? 반개도 만족할 만한 지위가 아닌데 하물며 야만의 지위를 가지고서야. 이 두 지위를 버린다면 다시 별도로 돌아갈 곳을 찾지 않으면 안 된다. 지금부터 수백 수천 년 지난 뒤를 기약하며 태평안락의 극치를 기다린다고 해도 이는 단지 사람의 상상일 따름. 더욱이 문명은 죽은 것死物이 아니며, 움직이며 나아가는 것이다. 움직이며 나아가는 것은 반드시 순서와 단계階級를 거치지 않으면 안 된다. 즉 야만은 반개로 나아가고, 반개는 문명으로 나아가며, 그 문명도 지금 분명 진보進步[77]하고 있다.

유럽이라고 하더라도 그 문명의 유래를 알아보면 틀림없이 이러한 순서와 단계를 거쳐 지금의 양상에 이르렀기에, 지금의 유럽문명은 곧 지금 세계의 사람들의 지혜人智로 간신히 이룰 수 있었던 최고의 지위라고 말할 수 있을 뿐. 그렇다면 지금 세계의 각 나라에서, 가령 그 모습이 야만이든 아니면 반개이든 적어도 자기나라 國문명의 진보를 꾀하는 자라면 유럽문명을 목적으로 삼아 논의의 본위를 정하고 이 본위를 바탕으로 사물의 이해득실을 이야기하지 않으면 안 된다. 이 책 전체에 걸쳐 논하고 있는 이해득실은 모두 다 유럽문명을 목적으로 정하여 이 문명을 위해서 이해가 있고 이 문명을 위해서 득실이 있다고 말하는 것이니 학자들은 그 큰 취지를 그르치지 말지어다.

---

[77] 문명이 야만, 반개화를 거쳐 문명이라는 단계로 나아가고 있는 과정을 필연적인 진보 과정이라고 단정하는 것을 보면 그가 당시 서구의 진보사관으로부터 많은 영향을 받고 있음을 알 수 있다.

## ▌문명의 두 형태─문명의 사물과 문명의 정신

어떤 사람이 말하길, 세계 각 나라가 서로 나뉘어져 각각 독립적인 체재(體)를 형성하면 또한 이에 따라 인심과 풍속이 다르고 국체와 정치도 같지 않다. 그런데 지금 자기 나라의 문명을 꾀하면서 이해득실을 모조리 다 유럽을 목적으로 삼는다고 함은 터무니없는 일 아니겠느냐, 저들의 문명을 가려내고 이곳의 인심과 풍속을 잘 살펴, 그 국체에 따르고 그 정치를 지키며, 이곳에 맞는 것을 골라 받아들일 만한 것은 받아들이고 버려야 할 것은 버려야 비로소 조화의 묘를 얻을 수 있을 거라고 한다.[78]

여기에 답하여 말하자면, 외국문명을 받아들여 반개의 나라에 시행할 때에는 당연히 취사선택(取捨)의 묘가 없으면 안 된다. 그렇지만 문명에는 밖으로 드러나는 사물과 안에 있는 정신이라는 두 가지 형태의 구별이 있다. 바깥의 문명은 얻기 쉽고, 안에 있는 문명은 구하기 어렵다. 나라의 문명을 꾀함에는 그중 어려운 것을 먼저 하고 쉬운 것을 뒤로 하며, 어려운 것을 얻는 정도에 따라 그 깊고 얕음을 잘 재고, 이어 여기에 쉬운 것을 실행하여 그 깊고 얕은 수준에 정확하게 맞추지 않으면 안 된다. 혹시 만약 이 순서를 그르쳐 아직 그 어려운 것을 얻지 못했는데 쉬운 것을 먼저 시행하려다 보면 단지 그 쓰임새를 이루지 못할 뿐만 아니라 오히려 해가 되는 경우도 많다.

---

**78** 당시 대부분의 사람들이 주장하던 화혼양재론(和魂洋才論)을 가리킨다. 청의 중체서용론(中体西用論), 조선의 동도서기론(東道西器論)도 같은 내용이다. 즉 서양의 물질문명은 받아들이되 제도와 정신문명은 거부하겠다는 논리이다. 후쿠자와는 이에 반대하며 서양의 정신문명부터 받아들여야 문명을 이룰 수 있다고 주장했다. 서양문명의 이해와 수용 방식에서 대전환을 이룬 주장이었다.

## | 문명의 사물

대개 겉으로 드러나는 문명의 사물이란 의복, 음식, 기계, 주거에서 정령政
令,[79] 법률 등에 이르기까지 모두 눈과 귀로 보고 들을 수 있는 것을 말한다.
지금 만약 이 외형의 사물만을 문명이라고 한다면, 당연히 나라의 인심과 풍
속에 따라 취사선택하지 않으면 안 된다. 서양에서 국경을 맞대고 있는 지역
에서는 바로 옆집 이웃比隣이더라도 그 모습趣이 항상 같지가 않은데, 하물며
동서로 아주 멀리 떨어져 있는 아시아 각 나라에서 일체 서양풍으로 따라할
수야 있겠느냐. 설사 따라한다고 해도 이를 문명이라고 말할 수는 없다.

예를 들어 요즘 우리나라에서 유행하고 있는 서양류의 의식주를 문명의
징후라고 할 수 있겠는가. 단발[80]한 남자를 만나면 문명인이라고 말해야 하
는가. 고기[81]를 먹는 사람을 보면 그를 개화인이라고 불러야 하는가. 결코
그렇지 않다. 때로 일본의 대도시都府에 석조 건축물과 철교를 모방하여 짓
고, 때로 지나 사람이 갑자기 병제를 개혁한다면서 서양풍으로 따라하고, 거
함을 만들고 대포를 구입하며, 국내의 형편始末은 생각하지 않고 함부로 재
원을 써버리는 것과 같은 행태[82]는 내가 늘 달가워하지 않는 일이다.

---

79  내각에서 제정하는 시행령을 말한다. '시행령'은 헌법과 법률의 규정을 실제로 집행하
    는 데 필요한 세부사항을 규정하기 위해 만드는 법령이다. 여기에는 법률을 집행하기 위
    한 집행명령과 법률에서 위임된 사항을 제정하는 위임명령이 있다.
80  단발령은 1871년 태정관 포고 제399호, '산발탈도령(散髪脱刀令)'에 의해 실시되었다.
81  일본에서는 불교가 전래된 이래 불교교리의 영향으로 에도시대까지 육식이 금지되어
    있었다. 675년 덴무 천황이 '살생과 육식을 금지하는 칙서'를 발표하여 소, 말, 개, 원숭
    이, 닭의 살생과 육식을 임격히 세한하였다. 1854년 서양5개국과 국교를 체결한 뒤 서
    양인이 일본에 거주하면서 육식이 전해졌고, 육식금지령은 1871년 12월이 되어서야 해
    제되었다. 1,200년 만의 일이다. 천황도 이듬해부터 직접 서양식 만찬을 열어 육식을 장
    려하였다. 규나베, 스키야키, 돈가스, 카레라이스, 고로케 등이 이때 처음 등장한다.(박
    상현, 『일본의 맛, 규슈를 먹다』, 따비, 2013; 오카다 데쓰, 정순분 역, 『돈가스의 탄생』,
    뿌리와이파리, 2006)
82  리홍장의 양무개혁운동을 말한다. 리홍장은 당시 이른바 동치중흥을 맡고 있던 책임자

이러한 사물들은 사람의 힘人力으로 만들 수도 있고 돈을 들여서 살 수도 있다. 유형의 사물[83] 중에 가장 눈에 잘 띄는 것으로서 쉬운 일 중에서도 가장 쉬운 일인데, 이를 받아들일 때에 당연히 전후와 완급에 대한 사려 없이 가능하겠느냐. 반드시 자국인의 인심과 풍속에 따르지 않으면 안 되며, 반드시 자국의 빈부강약을 따지지 않으면 안 된다. 그 어떤 사람이 인심과 풍속을 잘 살펴야 한다고 말한 의미는 바로 이것이리라.

## ∣ 문명의 정신[84]

이 부분에 관해서는 나도 물론 이견이 없긴 하지만, 그 어떤 사람은 단지 문명의 외형만을 논하고 문명의 정신은 내팽개친 채 문제 삼지 않는 것 같다. 생각건대 그 정신이란 무엇인가. 인민의 기풍, 바로 이것이다. 이 기풍은 팔 수 있는 것도 살 수 있는 것도 아니며, 또 사람의 힘으로 갑자기 만들 수

---

였다. 태평천국의 난을 진압하면서 자신의 영향력 아래에 있던 군대를 서양식으로 개혁하였고, 1875년에는 서양의 해군을 모델로 삼아 북양해군을 창설하였다. 그러나 이러한 강병정책에도 불구하고 1895년 청일전쟁에서 일본에 패배하고 만다.

83  후쿠자와는『학문의 권장』에서 유형의 학문과 무형의 학문을 구분하고 있다. 유형의 학문은 천문, 지리, 궁리(물리), 화학 등을 가리키며, 무형의 학문은 심학(心學), 신학(神學), 이학(理學, 성리학) 등을 가리킨다. 형이하학, 형이상학을 가리키는 용어로 볼 수도 있다.(후쿠자와 유키치, 남상영 역, 앞의 책, 35쪽) 또한 그는 자서전에서, "서양의 문명주의와 비교할 때 동양에는 두 가지가 없는데, 유형의 것으로는 수리학(數理學), 무형의 것으로는 독립심(獨立心)이다"라고 말하고 있다. 여기서 수리학이란 뉴턴이 완성한 근대의 수학적 물리학 즉 뉴턴의 역학체계를 가리킨다.(후쿠자와 유키치, 허호 역, 앞의 책; 마루야마 마사오, 김석근 역, 앞의 책, 45쪽) 그 밖에도 후쿠자와는 만년에 집필한『후옹백화(福翁百話)』의「물리학(物理學)」이란 글 등에서 서양문명이 발전시켜 온 수리적 물리학의 중요성을 강조하고 있다.(『著作集』11, 333~342쪽)

84  후쿠자와는『학문의 권장』제5편에서도 문명의 정신에 관해 논하고 있는데, 가장 중요한 것으로 인민의 독립정신(氣力)을 들고 있다. 또한 정부 주도의 문명화는 문명의 외형을 갖추게 할 수는 있지만, 결국 인민의 기력을 잃게 하고 문명의 정신을 쇠퇴하도록 만들 것이라고 경고하고 있다.(『著作集』3, 152~156쪽).

있는 것도 아니다. 한 나라 인민 사이에 두루 침윤되어 전국에 걸쳐 그 흔적事跡이 널리 드러나는 것이긴 하지만, 눈으로 직접 그 형태를 볼 수 없기 때문에 그것이 있는 곳을 알기는 매우 어렵다. 참고로 지금 그것이 있는 곳을 보여주겠다. 만약 학자들이 세계의 역사책을 폭넓게 읽고 아시아, 유럽 두 대륙을 비교하여, 그 지리와 산물을 따지지 않고 그 정령과 법률에 얽매이지 않고, 학술의 교졸巧拙을 듣지 않고 종문宗門[85]의 차이異同를 캐묻지 않고 따로 이 두 대륙의 모습趣에 서로 현격한 차이가 생기게 한 것을 찾아보면 틀림없이 일종의 무형의 뭔가物가 있음을 발명發明[86]할 수 있으리라. 다만 그 뭔가物를 형용하기는 참으로 어렵다.

이것을 기르면 성장하여 지구만물을 망라하고, 이것을 억압하면 쪼그라들어 결국에는 그 형체도 그림자도 알아볼 수 없다. 진퇴가 있고 영고榮枯가 있으며 잠깐도 움직이지 않는 경우는 없다. 그 환묘함幻妙이 이렇다고 해도, 오늘날 아시아와 유럽 두 대륙에서 실제로 드러나는 그 흔적을 서로 비교해 보면 공허한 것이 아님을 분명히 알 수 있다. 지금 가령 이름하여 이를 일국 인민의 기풍이라고 말할 수도 있지만, 때時에 관하여 말할 때에는 이를 시세時勢라고 이름하고, 사람에 관해 말할 때에는 인심人心이라고 이름하며, 나라에 관해서는 나라의 풍속國俗 혹은 국론이라고 이름할 수도 있다. 이른바 문명의 정신이란 바로 이것物이다. 저 두 대륙의 모습에 현격한 차이가 생기게 한 것은 바로 이 문명의 정신이다. 따라서 문명의 정신이란 달리 한 나라의 인심과 풍속이라고 말할 수도 있다.

---

85  '종교'를 가리킨다. 오늘날에는 '종파'를 의미하지만 여기에서는 '종교'라는 의미로 쓰였다. 이 외에도 '종지', '종교' 등 여러 단어가 '종교'라는 의미로도 쓰이고 있다.
86  여기서 '발명'은 '확실하게 이해한다'는 의미이다.

이를 바탕으로 생각해보면 그 어떤 사람이 서양문명을 받아들임에 먼저 자국의 인심과 풍속을 살피지 않으면 안 된다고 주장한 것은, 그 자구가 부족하여 분명해 보이지는 않지만, 그 의미를 잘게 쪼개어 풀어보면 곧 문명의 외형만을 받아들여서는 안 되며 반드시 문명의 정신을 먼저 갖춘 뒤 그 외형에 맞는 것을 받아들이지 않으면 안 된다는 의견을 말한 것이다. 지금 내가 유럽의 문명을 목적으로 삼아야 한다고 말하는 것도 이 문명의 정신을 갖추기 위해서는 저들에게서 이를 구해야 한다는 취지이므로 확실히 이 견해와 부합한다. 다만 그 어떤 사람은 문명을 구할 때 그 외형形을 앞에 두어서 갑자기 장애에 부딪히면 피할 길을 찾지 못하는 반면, 나는 그 정신을 앞에 두어 미리 장애를 제거한 뒤 외형의 문명을 받아들이기 쉽게 하려는 데 서로 차이가 있을 뿐. 그 어떤 사람은 문명을 싫어하는 자가 아니며 단지 이를 좋아함이 나처럼 절실하지 않아서 아직 그 논의를 끝까지 펼치지 못했을 따름.

## | 유럽문명을 구하는 순서—인심 개혁 → 정령 → 유형의 사물

앞의 논의에서 문명의 외형은 받아들이기는 쉽지만 그 정신을 구하기는 어려운 사정을 얘기했다. 지금 이 의미를 한 번 더 밝혀 보자. 의복, 음식, 기계, 주거에서부터 정령과 법률政法 등에 이르기까지는 모두 눈과 귀로 보고 들을 수 있는 것이다. 그리고 정령과 법률은 의식주衣食住居 등에 견주어 보면 그 내용이 조금 달라서, 눈과 귀로 보고 들을 수는 있지만 손으로 잡거나 돈으로 사고 팔 수 있는 실물實物이 아니기 때문에 이것을 받아들이는 방법 또한 조금 어려워 의식주 등과 비교할 건 아니다. 따라서 지금 서양의 철교와 석조 건물을 따라하기는 쉽지만 정법政法을 개혁하기는 아주 어렵다. 이

것이 바로 우리 일본에도 이미 철교와 석조건물은 세워져 있지만 정법의 개혁을 단행하기는 아직 어렵고, 국민[87]의 의회會議[88]도 갑자기 실시할 수는 없는 까닭이다. 한 걸음 더 나아가 전국 인민의 기풍을 일변一變하는 것과 같은 일은 지극히 어려우며 하루아침 하루저녁의 우연으로 공을 세울 수 있는 일이 아니다. 정부의 명령 하나로 억지로 시킬 수 없고 특정 종교의 가르침 하나로 설득할 수도 없는데, 하물며 기껏 의식주 등의 사물物을 개혁하여 바깥으로부터 이를 도입할 수 있을리야. 단 하나의 방법은 인간의 본성天然[89]에 따라 해害를 없애고 장애를 멀리하며, 인민 전체가 스스로 지덕을 계발하도록 하여 스스로 자신의 의견을 고상한 영역으로 나아가도록 하는 데 있을 뿐. 이와 같이 천하의 인심을 일변하는 실마리가 열리면 정령과 법률의 개혁도 차츰 이루어지고 장애도 사라질 것이다. 인심이 면목을 완전히 바꾸고 정법도 완전히 바뀐다면, 문명의 기초, 비로소 이곳에 서고, 저 의식주 같은 유형의 사물 등은 자연스러운 형세에 따라 부르지 않아도 오고 구하지 않아도

---

**87** 후쿠자와 유키치는 '국민'과 '백성'을 엄격히 구분하여 사용하고 있다. 즉 그는 에도시대의 '백성'과 메이지유신 이후의 '국민'을 명확하게 구별하고 있다. 에도시대의 백성은 사족과 달리 공적 권한이라고는 전혀 없었고, 공적인 일에는 일체 참여할 수도 없었다. 반면 국민은 근대국가의 구성원이란 자의식을 가지고 공적인 권리와 의무를 실현하기 위해 공적인 일에 주체적으로 참여한다.

**88** 메이지유신 직후 국회개설청원운동이 시작되었다. 정부 안의 대외강경파들은 1873년 자신들이 일으킨 정한론 정변(메이지6년의 정변)이 실패로 돌아가자 낙향하여 각 지역에서 자유민권운동을 시작했다. 이타가키 다이스케, 고토 쇼지로 등 도사 출신 인물이 중심이 된 이 운동은 이들이 1874년 유신정부 좌원에 '민선의원설립건의서'를 제출하면서 본격적으로 시작되었다. 근대 일본의 자유민권운동과 국회개설운동 을 대외강경파들이 주도했었다는 사실은 매우 역설적이다. 이처럼 일본의 자유민권운동은 대의민주주의의 실현, 국민의 기본권 보장 같은 근대적 가치의 실현보다는 유신정부의 주도권을 둘러싼 권력투쟁에서 비롯된 것이었다. 따라서 이 시기의 자유민권운동은 근본적인 한계를 가지고 있었다. 1881년 정부가 '국회개설에 관한 조칙'을 발표하자 급격히 사그라지고 만 것도 이런 배경 때문이다.(성희엽, 앞의 책, 524~529쪽 참고)

**89** 원문에는 '인생(人生)의 천연(天然)'으로 되어 있다.

얻을 수 있을 것이다.

따라서 말하노니, 유럽의 문명을 구함에는 어려운 것을 먼저 하고 쉬운 것을 뒤에 하며, 먼저 인심을 개혁하고 이어 정령으로 넓혀가며, 마지막에 유형의 사물에 이르러야 한다.[90] 이 순서에 따르면 일을 행하기는 어렵지만, 실제로는 장애 없이 이를 수 있는 길이 있다. 이 순서를 거꾸로 하면, 일은 쉬운 듯해 보여도 그 길이 갑자기 막혀 마치 장벽 앞에 서 있는 것처럼 한걸음寸步도 나아갈 수가 없어서, 그 장벽 앞에서 주저앉든지 아니면 한 마디尺 나아갔다가 심한 경우에는 거꾸로 한 자尺나 뒤로 물러서게 될 것이다.[91]

이상은 단지 문명을 구하는 순서를 논한 것이지, 내가 유형의 문명이 전혀 필요없다고 하는 건 결코 아니다. 유형이든 무형이든, 이를 외국에서 구하든 국내에서 만들든 차이는 없다. 단지 그 경우 전후완급에 조심해야 할 따름. 결코 이를 금하는 건 아니다.

---

90 후쿠자와 유키치에 따르면, 서양문명 도입의 첫 번째는 인심의 개혁 즉 정신혁명이며, 두 번째는 정령과 법률의 개혁 즉 제도적인 개혁이고, 유형의 사물 즉 유럽 물질문명의 도입은 마지막이었다. 이런 측면에서 『문명론 개략』은 유신 이후에도 지속되고 있던 인심의 혼란을 하루 빨리 정돈하고, 일본 인민을 봉건적 노예의식에서 벗어나 근대적 주체의식(독립심)을 지닌 근대적 국민으로 고양시킬 수 있는, 정신혁명의 길을 제시하려고 한 책이다. 이는 조선·중국·일본에서 각각 제창되던 동도서기론, 중체서용론, 화혼양재론처럼, 서양으로부터는 단지 물질문명만 받아들이겠다는 임기응변 내지 편의주의적인 발상을 전면적으로 뒤집는 생각이었다.

91 '촌진척퇴(寸進尺退)'를 가리킨다. 일 촌(一寸) 전진했다가 일 척(一尺) 후퇴하는 것을 말한다. 이 표현은 『노자』 제69장에 나온다.

## ▮ 무사無事의 세계와 다사多事의 지역

무릇 사람의 생명 활동(働)[92]에는 제한이 있을 수 없다. 신체의 활동이 있고, 정신의 활동이 있다. 그것이 미치는 범위는 매우 넓고, 그것을 필요로 하는 곳도 지극히 많으며, 본성天性 자체가 문명에 맞기 때문에 적어도 그러한 성품을 해치지 않는다면 바로 할 수 있다. 문명의 요체는 오로지 이처럼 자연스럽게 타고 난 심신의 활동력을 모조리 다 쓰고 남기는 게 없도록 하는 데 달려있을 따름.

예를 들어 초매草昧의 시대[93]에는 모든 사람이 완력을 귀하게 여기고 인간의 교제[94]를 지배하는 것도 오직 완력 한 가지—品뿐이어서 교제의 권력이 한쪽으로 치우치지 않을 수 없었다. 사람의 활동력이 지극히 좁게 쓰였다고 말할 수 있다. 문화文化[95]가 조금씩 나아져 세상 사람의 정신이 차츰 계발되면서 지력智力 쪽도 스스로 힘權을 가지고 완력을 상대하게 되고, 지력과 완력이 서로 제어하고 서로 균형을 이루어 권위의 편중을 어느 정도 막을 수 있게 되었다. 사람의 활동력을 쓰는 범위가 조금이나마 넓혀졌다고 말할 수 있다.

---

92  '동(働)'이라는 한자는 우리나라에는 없는 글자로서 '활동', '활동력', '행동', '작용', '능력', '기능' '효과', '노동' 등 여러 가지 형태로 번역할 수 있다. 이 책에서는 문맥에 따라 '작용' '활동', '기능' 등으로 번역하였다.

93  '초매'는 거칠고 어둡다는 뜻이다. 따라서 '초매의 시대'란 아직 사람의 지혜가 발달하지 않아 문명이 시작되지 않은 미개한 시대를 가리킨다. '초매의 시대', '상무의 풍속'과 같은 용어는 후쿠자와 유키치가 이 책을 쓰면서 만든 용어다.

94  '사회'를 가리킨다. '사람과 사람의 교제'와 같은 의미이다.

95  영어 'culture'의 번역어이다. '문화'라는 단어가 유행한 것은 다이쇼시대 이후이다. 하지만 여기서 알 수 있듯이 후쿠자와는 『서양사정』 「초편」(1866)에서 처음으로 '문명개화'라는 용어를 쓴 뒤부터 '문명개화'라는 용어를 계속 사용하고 있었다. 한편 영어의 'culture'는 독일어 'Kultur'에서 온 것이다. 영국 등에서 산업문명의 성공으로 물질문명이 고도로 발달한 것에 대응하여, 독일은 다른 나라보다 정신문명 수준이 훨씬 더 높다는 것을 강조하기 위한 의도에서 사용되었다. 자세한 내용은 코젤렉 외, 안삼환 역, 『코젤렉의 개념사 사전』 1—문명과 문화, 푸른 역사, 2010 참고.

그렇지만 이 완력과 지력을 씀에, 옛날에는 쓸 만한 곳이 아주 적어 완력은 전적으로 전투에만 쓰이고 다른 곳은 생각할 겨를이 없었다. 의식주에 관한 물품物을 구하는 일 같은 건 기껏해야 전투에 쓰고 남은 힘을 쓸 뿐. 이른바 상무尚武의 풍속[96]이 이것이다. 지력 또한 차츰 힘權을 얻었다고는 하지만 당시 야만의 인심을 바로잡는 데에 바빴기에 그 활동력을 평화롭고 안락한 일에는 쓰지 못하고 오로지 백성을 다스리고 사람을 억누르는[97] 방편으로만 사용하였으며, 완력과 서로 의존해 있어서 아직 독립적인 지위를 갖추지는 못했다.

참고로 지금 세계 각 나라를 보면 야만의 백성民은 물론 반개의 나라國에서도 지덕이 있는 자는 반드시 다양하게 정부에 관계하면서 그 힘에 의존하여 사람을 다스리는 일을 할 따름. 간혹 드물게 자기 자신을 위해 일을 꾀하는 자가 있어도 단순히 고학古學[98]을 익히든지 아니면 시가詩歌와 문장의 기예를 탐닉하는 정도에 불과하다. 사람의 활동력을 쓰는 게 아직 넓지 않다고 말할 수 있다.

사람의 일이 차츰 번다해지고 심신의 수요가 점점 증가하면, 세간에 발명도 나오고 공부도 일어나며, 공업과 상업의 일도 바빠지고 학문의 길도 다양해져 다시는 옛날의 단일함에 안주할 수 없다. 전투, 정치, 고학, 시가 등도 기껏해야 사람의 일 중 한 항목일 뿐이어서, 홀로 권력權力을 차지할 수는 없다. 수많은 사업이 나란히 발생하여 함께 성장하고 경쟁하며, 종국에는 서로

---

96 '상무의 풍속'은 무(武)를 숭상하는 풍속을 말한다.
97 원문에는 '치민제인(治民制人)'으로 되어 있다.
98 '고학'은 보통 에도시대 중국 유학의 혁신을 주장한 이토 진사이, 오규 소라이 등의 일본 유학 안에서의 고학파를 가리킨다. 하지만 여기서는 고학파의 고학이 아니라, 일반적으로 오래된 학문을 가리킨다.(성희엽, 앞의 책, 203~229쪽 참고)

동등하게 균형을 이루는 형국이 되어 번갈아 서로 밀어주고 번갈아 서로 끌어주면서 사람의 품행을 고상한 영역으로 나아가게 하지 않을 수 없다. 여기에 이르러서야 비로소 지력이 전권을 쥐며 이를 통해 문명의 진보를 볼 수 있게 된다.

대개 인류의 활동이 점점 단일單─해지면 그 마음은 점점 획일적專으로 되지 않을 수 없다. 그 마음이 점점 획일적으로 되면 그 권력은 점점 치우치지 않을 수 없다. 생각건대 옛 시대에는 할 일事業이 적어서 사람이 활동력을 발휘할 만한 곳이 없었고 이 때문에 그 힘力도 한쪽으로 치우쳤지만, 세월이 흐름에 따라 마치 무사無事의 세계를 다사多事의 지역으로 바꾸고 심신이 운동運動할 수 있는 새로운 땅을 개척한 것과 같다. 지금의 서양 각 나라 같은 경우는 정말로 이런 다사의 세계라고 말할 수 있다.

따라서 문명을 나아가게 하는 요체는, 애써 한 사람의 일을 바쁘게 하고 수요를 다양하게 만들며, 사물의 경중·대소를 묻지 않고 이를 더욱더 많이 채택하여 정신의 활동을 활발하게 하는 데 달려있다. 적어도 사람의 천성을 방해하는 것이 없다면, 그 일은 나날이 바빠지고 그 수요는 다달이 번다해지지 않을 수 없다. 동서고금의 실제 경험을 보면 알 수 있다. 이는 곧 사람의 삶人生이 자연스럽게 문명에 맞기 때문이지 우연은 분명 아니다. 이를 조물주造物主의 깊은 뜻이라고 말할 수도 있다.


| 자유의 기풍은 다사쟁론 가운데 있다

이러한 논의를 미루어 생각해보면 또 하나의 사실을 발명할 수 있다. 그 사실이란 곧 지나와 일본문명의 차이異同에 관한 것이다. 완전한 독재정부

혹은 신정정부神政府[99]라고 불리는 것은 군주가 존엄한 까닭을 오로지 하늘天
與에 돌리고, 지존至尊의 지위位와 지강至强의 힘力을 하나로 합쳐[100] 인간의
교제를 지배하고 인심의 내부에까지 깊게 범하여 방향을 정하기 때문에, 이
러한 정치 아래 사는 사람은 사상의 흐름이 반드시 한쪽으로 치우치고 마음
에 여지가 남아 있지 않아 그 심사心事가 늘 단일單一하지 않을 수 없다(심사
가 다양하지 않다). 따라서 세상에 큰 난리事變가 일어나 이 교제의 구조를 조금
이나마 깨뜨리는 일이 생긴다면 사정의 옳고 그름을 떠나 결과적으로 사람
들의 마음人心에 틀림없이 자유의 바람을 낳을 것이다.

주周나라 말기 지나에서는 제후들이 저마다 할거割據하는 형세를 이루고
인민은 모두 다 주 왕실의 존재를 알지 못한 지 수백 년째, 이때를 맞아 천하
는 크게 혼란하였지만, 독재뿐이던 원소가 권력을 크게 잃어 인민의 마음에
조금이나마 여지가 생기고 자유의 사고가 자연스럽게 싹 텄다. 또한 지나문
명 삼천여 년 동안에 이설과 논쟁으로 시끄럽고 흑백처럼 완전히 상반되는
견해까지 세상에 용인될 수 있었던 경우는 주나라 말기가 특히 그랬다고 한
다(노장老莊,[101] 양묵楊墨,[102] 그 밖에 제자백가의 학설[103]이 매우 많았다). 이른바 공

---

99  종교가 국가권력을 장악하고, 종교 교리에 입각하여 국가를 운영하는 정치제도이다. 따
라서 정치와 종교가 분리되지 않고 통합되어 있는 체제이다. 영어로는 'theocracy'라고
말한다. 기조의 『유럽문명의 역사』 제3강에 'monarchy', 'aristocracy', 'democracy'
와 함께 유럽문명의 요소 중 하나로 소개되어 있다.
100  여기서의 '지위'는 천자의 정신적, 종교적 권위를, '힘'은 군사력을 바탕에 둔 현실 정치
권력을 가리킨다. 이렇게 구분한 뒤 후쿠자와 유키치는 역사적으로 중국에서는 황제가
두 종류의 권력을 함께 가지고 있었던 반면 일본에서는 천황과 막부로 두 종류의 권력이
나누어져 있었다고 본다. 일본과 중국의 국가권력 형태와 정치, 경제, 사회, 문화적인 차
이를 설명하는데 매우 중요한 개념으로 쓰이고 있다. 천황과 막부로 나눠진 이 국가권력
형태를 '이중권력구조'라고도 부른다.
101  '노자'와 '장자'를 가리킨다.
102  '양주(楊朱, 기원전 370 추정~기원전 319 추정)'와 '묵적(墨翟, 기원전 470~390)'을
가리킨다. 묵적은 전국시대의 사상가로 처음에는 유학을 공부했지만 유학의 '차별애'에

맹孔孟(공자와 맹자)의 이단[104]이 바로 이것이다. 이 이단도 공맹 측에서 보면 이단이지만, 이단 측에서 논한다면 공맹 역시 이단임을 피할 수 없다. 오늘날에 이르러서는 남아 있는 책도 부족하여 이를 증명하는 게 쉽지는 않겠지만, 그 당시의 인심에 활발하고 자유로운 기풍이 있었음은 미루어 짐작할 수 있다.

더욱이 진시황秦始皇이 천하를 하나로 합친 一統 뒤 책을 불태워버린 것

---

만족하지 못하여 독자적인 학설을 개척하였다. 그의 학설의 핵심은 '겸애(兼愛)'와 '비공(非攻)'으로 요약할 수 있다. '겸애'는 유가의 '차별애'와 달리 모든 사람을 평등하게 사랑해야 한다는 주장이다. 묵자는 이를 '천하의 이익은 평등에서 생기고, 천하의 손해는 차별에서 나온다'고 표현했다. '비공'은 '비전론(非戰論)'이라고 할 수 있는 주장으로, 사람이 사람을 살해하는 것은 사형을 받아 마땅한데, 왜 백만 명을 살해한 장군은 훈장을 받는가라는 의문에서 출발하였다. 묵자의 이러한 학설은 세력 확장에 혈안이 된 전국시대의 제후들에게는 이상주의적인 사상으로 인식되어 외면받았다. 묵가의 사상은 오히려 당시의 기술자 집단에 의해 받아들여져, 강력한 규율을 토대로 유가와 겨룰 정도로 큰 세력을 형성하였다. 하지만 진시황의 분서갱유(焚書坑儒) 이후 묵자의 학설은 갑자기 사라지고 만다. 그 뒤 오랜 세월을 지나 청 말에 이르러 손이양(孫詒讓, 1848~1908)이 묵자를 재평가하면서 다시 알려지게 되었다. 그의 저서로는 『묵자』가 있다. 양주 역시 전국시대의 사상가다. 철저한 이기적 쾌락주의 사상인 '위아설(為我從欲, 自愛說)'을 주장했다. 인간의 욕망을 긍정하면서, 인간의 자기만족을 자연에 따르는 것으로 보았다. 유가, 묵가를 비판하였고, 이로 인해 맹자 등으로부터 이단이라고 공격받았다. 풍우란, 박성규 역, 『중국철학사』 상, 까치, 1999, 129~175・217~232쪽. 같은 시대 서양에서 등장한 에피쿠로스의 쾌락주의와 많이 닮았다. 안타깝게도 양주의 저서는 전해 내려오는 것이 없으며, 『열자』 「양주」편, 『장자』, 『맹자』 등에 그의 언행이 단편적으로 기록되어 있을 뿐이다. 양주와 묵자의 학설은 당시 유교 못지않은 세력을 가지고 있었다고 전해진다.

103 춘추전국시대는 중국 역사상 사상이 가장 자유롭게 발전한 시기다. '백화제방, 백가쟁명의 시대'라고 불릴 정도로 다양한 학설(제가백가)이 탄생했다. 맹자 등 이 시대의 유학자들은 이러한 학설들과 논쟁하면서 유학을 이론적으로 체계화시켰다. 『논어』와 달리 『맹자』에 노장과 양묵 등 다른 사상가들에 대한 비판이 많이 나오는 것은 이 때문이다.

104 '이단'이란 유학자가 유교 이외의 제가백가들의 학설을 가리켜 일컫는 말이다. 불교에서 불교 이외의 학설을 '외도(外道)'라고 하는 일컫는 것과 같다. 『논어』 「위정」편 제16장에 처음 나온다. 『맹자』에서는 본문에는 나오지 않지만, 「진심(盡心)」편-하 제26장의 주자 주석에 양자, 묵자를 이단이라고 비판하는 내용이 나온다. 원문은 다음과 같다. "子曰 攻乎異端 斯害也已."

은[105] 단지 공맹의 가르침만을 미워해서가 아니라, 공맹이든 양묵이든 제자백가의 모든 이설논쟁을 금지하려고 했기 때문이었다. 만약 이때 공맹의 가르침만이 세상에 널리 퍼져 있었다면 진시황도 분명 책을 불태우는 사태까지는 저지르지 않았을 것이다. 왜냐하면 후세에도 폭군은 많았고 진시황의 사나움暴에 뒤지지 않는 자도 있었지만, 일찍이 공맹의 가르침이 해롭지 않다는 사실을 알고 있었다. 공맹의 가르침은 폭군의 행동을 막기에는 부족한 것이었다. 그렇다면 진시황이 특히 이때 이설과 논쟁을 미워하고 이를 금했던 건 무엇 때문이겠느냐. 그건 다중의 입衆口이 시끄러워지면서 특히 자신의 전제專制를 해쳤기 때문이다. 전제를 해쳤다고 함은 다름 아니라 이러한 이설과 논쟁 가운데 틀림없이 자유의 원소가 생겼음을 명확히 증거해 주는 것이다.

따라서 오직 한 가지 학설을 고수하면, 그 학설의 성격이 설령 순수하고 선량하다고 해도, 이 때문에 자유의 기풍은 결코 생길 수 없다. 자유의 기풍은 오로지 다사쟁론多事爭論 가운데 존재하는 것[106]임을 알 수 있다. 진시황이 이 다사쟁론의 원천을 한번 막아 버리자 그 뒤 천하는 다시 하나로 합쳐져[107] 영원토록 독재정치 하나로 귀결되었고, 정부를 장악한 가문家은 여러

---

105 기원전 213년 진의 시황제가 중국을 통일한 뒤 자행한 사상탄압정책이다. '분서갱유'라고 부른다. 제자백가의 책을 모두 불태우고 460여 명의 유학자들을 동굴에 가둬 굶겨 죽이는 형벌에 처했다. 단, 의료, 복술(점), 농사 등 실생활과 관련된 책은 여기서 제외되었다.
106 "자유의 기풍은 오로지 '다사쟁론' 가운데 존재한다"는 이 문장은 후쿠자와 유키치의 문명론을 관통하는 핵심 명제 중 하나다. 그에 따르면 '다사쟁론'은 학문과 사상의 영역에서 자유의 기풍을 마련해 주었을 뿐 아니라, 역사적으로 봐도 일본의 권력구조가 천황이나 귀족이나 무가세력 중 어느 한 쪽으로 치우치지 않고 서로 균형을 유지할 수 있도록 해 주었다. 이 문장은 프랑수아 기조의 『유럽문명의 역사』에서 빌려 온 것이다.
107 이설과 논쟁이 금지되면서 자유의 기풍이 사라지고, 다양한 사상과 견해가 획일적으로 변해버렸다는 의미다.

차례 교체되어도 인간교제의 내용은 바뀌는 것 없이 지존의 지위와 지강의 힘을 하나로 합쳐 세간을 지배하고, 그러한 구조에 가장 편리하였기 때문에 공맹의 가르침 하나만을 후세世에 전한 것이다.

## ❙ 지나문명과 일본문명의 차이

어떤 사람의 주장에, 지나는 독재정부라고 해도 오히려 정부의 변혁이 있었고 일본은 만세일계一系萬代의 분위기였기에 그 인민의 마음 또한 저절로 고루해지지 않을 수 없었다[108]는 내용이 있는데, 이는 단지 이름이라는 외형에 얽매여 사실을 살피지 못한 것이다. 사실을 있는 그대로 자세히 살펴보면 결과적으로 반대임을 알 수 있다. 그 까닭은, 우리 일본에서도 옛날에는 신정정부[109]가 한 시대를 지배하였고 인민의 마음도 단순해서 지존의 지위가

---

108 니시 아마메의 주장이다. 후쿠자와 유키치는 이 문장 뒤부터 몇 쪽에 걸쳐 중국과 일본의 문명을 비교하고 있는데, 이 부분은 이 책 집필이 완료되고 난 뒤에 삽입되었다. 그만큼 후쿠자와가 중요하게 생각했음을 알 수 있다. 사실 이 부분은 일본 역사에서 발생했던 권력구조의 변혁과 천황가의 권력을 어떤 관점에서 볼 것인가라는 역사관의 문제와 관련되어 있다. 아라이 하쿠세키(新井白石, 1657~1725) 등 몇몇 학자가 이 문제에 관해 논의한 적은 있지만, 쇼군 가와 천황 가의 존속에 관한 당위성 문제로 번질 수 있는 것이었기 때문에 어느 누구도 이 문제를 정면으로 다루지는 못했다. 니시 아마메는 『메이로쿠잡지』 제32호(1875.3)에 「국민기풍론(國民氣風論)」이라는 논문을 실었는데, 여기서 그는 아시아의 특질로 전제체제를 거론한 뒤, 일본에서도 천황과 쇼군의 오랜 독재체제로 인해 지배자에게 굴종하는 국민성이 형성되었으며, 유신 이후에도 여전히 변하지 않고 있다고 주장했다. 그는 특히 이러한 국민성이 중국보다도 더 심하다고 보았다. 『메이로쿠잡지』 제32호의 발간 일자와 『문명론 개략』 「머리말」에 적혀있는 일자가 같다.(山室信一・中野目撤 校注,『明六雜誌』下, 岩波文庫, 2009, 100~108쪽) 한편 니시 아마메는 서양의 학술적 개념을 한자로 많이 번역하였다. 대표적으로 '예술(藝術)', '이성(理性)', '과학(科学)', '기술(技術)', '철학(哲学)', '주관(主観)', '객관(客観)', '귀납(帰納)', '연역(演繹)', '심리(心理)', '의무(義務)' 등이 있다.

109 고대 일본에서 천황이 직접 권력을 행사하고 있던 시기를 말한다. 고대국가권력이 확립되고 헤이안시대 귀족이 권력을 장악하기 전까지의 시기를 가리킨다.

지강의 힘[110]에 합쳐져 있음을 믿어 의심치 않았기에 그 심사心事가 한쪽으로 치우쳐 있었음은 당연히 지나 사람과 전혀 다르지 않았다. 그런데 중고中古 무가 대代[111]에 이르러 교제의 구조가 차츰 파괴되어 지존至尊이 반드시 지강至强하지 않고 지강 또한 반드시 지존하지 않는 형세로 변했고, 민심이 느끼기에도 지존의 사고방식考과 지강至强의 사고방식이 저절로 분리되어 마치 마음속에 두 개의 물건物을 받아들여 그 운동運動을 허용한 듯했다.

이미 두 개의 물건을 받아들여 그 운동을 허용했을 때에는 그 사이에 또 한 조각의 도리道理가 섞이지 않을 수 없다. 따라서 신정神政 존숭의 사고방식과 무력 압제의 사고방식, 그리고 거기에 끼인 도리라는 사고방식이 섞이게 되었는데, 이 삼자는 각각 강약은 있었지만 그중 어느 하나가 권력을 독차지할 수는 없었다. 권력을 독차지할 수 없다면 그 사이에 자연스럽게 자유의 기풍이 생기지 않을 수 없다.[112] 이를 저 지나 사람이 순전히 독재

---

110 기조의 『유럽문명의 역사』의 헨리가 쓴 각주에, "the throne as the center of all author ity and the source of all dignity"라는 문장이 있다.(F. P. G. Guizot, C. S. Henry trans., *General History of Civilization in Europe, Nineth American*(2nd English edition, with occational notes) NewYork : D. Appleton and Company 1870, pp.35~37)

111 일본사에서 '중고(中古)시대'는 귀족들이 국가권력을 실질적으로 지배했던 헤이안(平安)시대를 어떻게 구분할 지를 두고 생겨났다. 학자에 따라 다르지만 중고(中古)시대를 별도로 설정하는 학자들은 일본사의 시대구분을 상대(上代)·중고(中古)·중세(中世)·근세(近世)·근현대(近現代)로 나눈다. 이 구분에 따르면 헤이안시대는 독자적인 특징을 가지는 중고시대로 구분된다. 반면 고대·중세·근세·근현대로 나누는 일반적인 시대 구분에 따르면 헤이안시대는 독자적인 시대가 아니라 중세시대에 포함된다. 따라서 중고 무가시대란 헤이안시대 말기 전국의 무사들이 마나모토 가와 다이라 가 두 무사가문에 귀속됨에 따라, 무가의 권력은 점점 강화되고, 귀족의 권력은 급속히 약화되어가던 시기를 가리킨다.

112 '자유의 기풍'에 관해 설명하고 있는 이 문단 역시 기조의 책에서 아이디어를 빌린 것이다. 후쿠자와는 여기에서 고대 천황제 국가 이후의 일본의 역사에서 권력의 핵심을 이루었던 세 가지 형태를 고찰하면서, 이 세 가지 중 어느 하나도 혼자 권력을 독점할 수 있을 만큼 강력하지 않았기 때문에 권력의 균형이 형성되었고, 이에 따라 자연스럽게 자유의 기풍이 생겨났다고 본다. 여기서 신정을 존중하는 사고방식, 무력으로 압제하는 사고방

군주 한 사람만을 우러르며 지존 지강의 사고방식을 하나로 합쳐 외곬의 신앙심信心으로 혹닉惑溺하는 것에 견주어 보면 같은 날 논할 일이 아니다. 이 사실 한 가지만 보면 지나 사람은 사상이 빈약하고, 일본 사람은 사상이 풍부하다. 지나 사람은 무사無事하고 일본 사람은 다사多事롭다. 심사가 번다하고 사상이 풍부한 사람은 혹닉의 마음도 저절로 담박淡泊하지 않을 수 없다.

독재적인 신정정부에서 일식 때 천자가 자리를 옮기고[113] 천문을 보고 길흉을 점치는 등의 일을 하면 인민 또한 저절로 그런 바람에 나부껴 더욱더 군주를 신성시하고 더욱더 어리석음에 빠지게 된다. 지금 지나 같은 나라에는 정말로 이런 풍조가 형성되어 있지만 우리 일본은 곧 그렇지 않다. 인민이 원래부터 어리석고 혹닉이 심하지 않았던 것은 아니지만, 그 혹닉은 말하자면 자기 가신自家의 혹닉으로서 신정정부가 남긴 해余害를 입은 건 별로 없었다고 말할 수 있다. 예를 들면 무가시대에 일식이 있어나 천자가 자리를

---

식, 도리를 존중하는 방식은 각각 천황제 고대국가, 전제적 막부권력, 합리적 막부권력 형태를 가리킨다. 기조는 유럽에서 황제, 귀족, 교회 그리고 신흥자본가 세력이 권력을 분점했기 때문에 유럽인에게 자유의 기풍이 생길 수 있었다고 보고 있다. 기조 책의 관련 원문은 다음과 같다. "While in other civilization the exclusive domination, or at least the excessive predominance of a single principle, of a single form, led to tyranny, in modern Europe the diversity of the elements of social order, the incapability of any one to exclude the rest, gave birth to the liberty which now prevails (…중략…)" 위의 책, 39~40쪽.

113 『춘추좌씨전』 소공(昭公) 17년 6월 초하루에 일식이 있었고, 그 전(傳)에 본문 관련 내용이 기록되어 있다. 고대 중국에서는 천명을 받아 천자가 되고, 하늘의 뜻에 따라 통치한다고 생각하였기 때문에, 홍수, 한파, 일식 등 천재지변이나 이상 기후 현상이 일어나면 이를 천자에 대한 하늘의 경고로 받아들였다. 천자가 자리를 옮기거나 제를 올리는 등의 행위는 자신의 부덕에 대한 반성의 표시이자 하늘의 노여움을 풀어주기 위한 것이었다. 점성술, 점복 등이 큰 영향력을 가졌던 것도 하늘의 뜻을 파악하기 위한 방법이었기 때문이다. 일본에서도 일식은 불길한 징조로 받아들여져 두려워했다. 일식이 일어났을 때 궁중에서 돗자리 등으로 천황이 기거하는 궁전 건물을 덮었다는 기록이 남아 있다.

옮겼던 적도 있었으리라, 때로는 천문을 조사하고 때로는 하늘과 땅에 제사 지낸 적도 있으리라. 하지만 이 지존의 천자에게 지강의 권력이 없다면 인민은 자연스럽게 그를 도외시하며 마음에 두지 않는다.[114] 또 지강의 쇼군은 그 위력이 정말로 지극히 강하여 세상을 위력으로 쉽게 복종威服시킬 수 있어도 인민의 눈으로 볼 때에는 지존의 천위天威를 우러러 보는 것처럼 되지는 않기에 자연스럽게 그를 사람으로 여길 수밖에 없다.[115] 이처럼 지존의 사고방식과 지강의 사고방식이 서로 균형을 이루어 그 사이에 여지가 남아 있고 적으나마 사상의 운동이 허용되어 도리가 활동할 만한 단서가 열려 있었던 사실은 우리 일본의 요행이었다고 말하지 않을 수 없다.

지금의 시세時勢에 이르러 무가의 복고도 당연히 바람직한 일은 아니지만, 가령 막부정치 700년 동안에 왕실이 쇼군가의 무력을 얻게 했든지 아니면 쇼군가가 왕실의 지위를 얻게 하여 지존과 지강이 서로 하나로 합쳐서 인민의 몸과 마음을 동시에 범하는 일이 벌어졌었다면, 지금의 일본은 도저히 있을 수 없다. 아니면 오늘에 이르러 저 황학자皇學者[116]부류의 주장처럼 제정

---

114 후쿠자와의 주장과 달리, 민간 차원에서 전래되어 온 많은 민속은 천황가의 행사와 깊게 관련되어 있었다. 천자에게 지강의 권력이 없다고 해서 민간에 대한 영향력까지 없었다고 할 수는 없다.

115 쇼군의 세속적인 권력이 아무리 강력하다고 해도 백성들은 쇼군을 천황처럼 정신적인 권위가 있는 대상으로 여기지는 않는다는 의미이다.

116 황학자란 국학자 중에서, 천황이 현실의 정치권력을 장악하여 직접 정치를 펼치려고 했던 사람들을 말한다. 메이지유신 직후 히라타 아쓰타네의 양자인 히라타 가네타네와 오쿠니 다카마쓰, 야노 하루미치, 다마마쓰 이사무 같은 인물이 주도했다. 이런 흐름에 대해 후쿠자와 유키치는, 황학자들이 주장하는 제정일치 체제가 실제로 도입되면, "장래의 일본은 없을 것"이라고 비판하고 있다. 이 당시만 해도 이런 비판이 가능했지만 시간이 흐를수록 정부의 언론과 사상 탄압으로 인해 어려워졌다. 원래 국학은 중국의 영향을 받기 이전, 고대 일본의 역사나 문학을 재해석하여 일본 고유의 순수한 정신과 문화적 정체성을 찾으려고 했던 일종의 문화운동이었다. 하지만 이러한 흐름은 메이지유신 이후 천황 친정을 꿈꾸던 황학자들에 의해 황국사관으로 변질되었고, 일본의 대외 침략전쟁을 정당화하고 국민을 전쟁에 동원하는데 쓰였다. 본문을 보면 알 수 있듯이 후쿠자와

일치로 나아가려는 속셈趣意으로 세간을 지배하게 된다면 장래의 일본도 또한 없을 것이다. 지금 그렇지 않은 건 우리 일본 인민의 행복이라고 말해야 한다. 따라서 말하건대, 지나는 독재적 신정정부를 만세萬世에 전한 것이고 일본은 신정정부의 원소元素에 맞서 무력을 썼던 것이다. 지나의 원소는 하나이고, 일본의 원소는 둘이다. 이 한 가지 사항을 두고 문명의 전후를 논한다면, 지나는 한번 바뀌지 않으면 일본에 따라올 수 없다. 서양의 문명을 받아들임에 일본은 지나보다도 쉽다고 말할 수 있다.


## | 국체와 서양문명

앞에서 어떤 사람의 주장에, 각자 자신의 국체를 지키면서 서양문명을 취사선택해야 한다는 내용이 있었다. 국체를 논함이 이 장의 취지는 아니지만, 다른 문명을 받아들이는 이야기를 할 때 맨 먼저 사람들의 마음에 거리낌故障을 느끼게 하는 것이 바로 국체론인데, 심한 경우에는 국체와 문명은 병립할 수 없는 것처럼 되어서 이 단계에 이르면 세상의 논객들도 입을 닫고 두 번 다시는 말하지 않는 경우가 많다.[117] 이런 상황은 마치 미처 창끝을 주고

가 이 책을 집필할 당시 황학자 무리들은 이미 천황을 중심으로 하는 제정일치 체제를 획책하고 있었다. 오히려 이에 대한 후쿠자와의 인식이 안이하게조차 느껴진다. 이들은 그 뒤 대일본제국헌법의 제정과정에서 천황친정체제의 헌법적 근거를 마련하기 위해 끈질기게 노력하였다.(성희엽, 앞의 책, 95~106쪽 참조: 방광석, 「군수입헌체제의 확립과정-'입헌왕국'을 향하여」, 『근대 일본의 국가체제 확립과정』, 혜안, 2008 참조)

117 이 당시 이미 국체론이 본격적으로 대두되고 있었음을 알 수 있다. 유신정부 초기에는 히라타파 국학자들이 정부의 정책에 큰 영향력을 행사했다. 고대국가 시기의 전례에 따라 신기정책을 총괄하는 기구인 신기관도 부활하였다. 신기관은 비현실적인 구상과 정책으로 인해 곧 폐지되었지만, 그럼에도 불구하고 국체론이나 국가신도화 경향은 점점 강화되었다.

받지도 않고 서로 물러서는 것과 같다. 아무리 해도 화전和戰[118]의 진행을 볼 수가 없다. 하물며 사리事理를 자세히 논하다 보면 굳이 전투를 하지 않고 평화로 갈 수 있는 길이 분명히 있음에 있어서랴. 어찌 이를 마다하고 논하지 않을 이치가 있겠느냐. 이것이 내가 여기에서 긴 문장을 마다하지 않고, 어떤 사람의 주장에 답변 삼아 변론하는 까닭이다.

## ┃ 국체國体

첫째 국체라 함은 무엇을 가리키느냐. 세간의 논의는 잠시 접어두고 우선 내가 아는 대로 이를 설명해 보겠다. 체体는 합체合体라는 뜻이고, 또 체재体裁라는 뜻이다. 사물物을 모으고 이를 온전하게 하여 다른 사물과 구별할 수 있는 형체形를 말한다. 따라서 국체란 한 종족一種族의 인민이 서로 모여 고락憂樂을 함께하고, 다른 나라 사람에 대하여 자타의 구별을 짓고, 서로 상대방을 바라봄이 다른 나라 사람을 바라보는 것보다 따뜻하며, 서로 상대방에게 힘을 쏟음이 다른 나라 사람들을 위해 하는 것보다 열심이고, 한 정부 아래 살면서 스스로 지배하고 다른 정부로부터 제어받음을 달가워하지 않고, 화복을 함께 감내하며 스스로 독립함을 말한다. 서양말의 '내셔널리티'라고

---

118 학자에 따라 '화전'을 '평화와 전쟁'으로 번역하거나, 단순히 '평화'로 번역하는 등 견해가 대립된다. 예를 들어 토자와 유키오(戶澤行夫)는 '평화와 전쟁'으로 번역하지만, 이토 마사오(伊藤正雄)는 '평화와 전쟁'으로 번역해선 안 된다고 주장한다. 전투를 하거나 논쟁을 깊이 해봐야 서로의 실력을 알고 이를 바탕으로 화해의 길도 생기는데, 국체에 관한 논의는 이런 과정도 없이 아예 회피해 버리기 때문에 평화도 전쟁도 이루지지 않는다는 의미이다.(『著作集』4, 39쪽; 福澤諭吉, 伊藤正雄 譯, 『文明論之概略』, 慶應義塾大學出版會, 2010, 395쪽; 福澤諭吉, 先崎彰容 全譯, 『文明論之概略』, 角川文庫, 2017, 43쪽)

이름하는 것이 이것이다.[119]

무릇 세계에서 나라를 세우면 당연히 그 체재體가 있다. 지나에는 지나의 국체가 있고 인도에는 인도의 국체가 있다. 서양의 각 나라들은 어느 나라든지 일종의 국체를 갖추고 스스로 이를 보호하지 않음이 없다. 이처럼 국체의 정을 일으키는 까닭을 찾아보면 인종의 동일함에서 유래하기도 하고 종교宗敎의 동일함에서 유래하기도 하고, 혹은 언어에서 유래하고 혹은 지리에서 유래하여 그 내용이 일률적이지는 않지만, 가장 유력한 원인으로 이름할 만한 것은 한 종족一種의 인민이 세태의 연혁을 함께 거치면서 회고의 정[120]을 같이하는 것, 바로 이것이다.

---

119 이 문장은 존 스튜어트 밀의 『대의정부론』 제16장 「대의정부와 민족문제」에 나오는 'nationality'의 정의를 참고한 것이다. 밀은 민족을 구성하는 감정의 원인에는 여러 가지가 있지만, 정치적 경험과 전통의 공유 즉 같은 역사를 물려받았고 과거에 대해 같은 기억을 가지고 있다는 점, 다시 말해 과거의 동일한 사건을 둘러싸고 집단적 자긍심과 수치, 즐거움과 회한을 함께 한다는 것이 가장 중요한 요소라고 본다.(존 스튜어트 밀, 서병훈 역, 『대의정부론』, 아카넷, 2012, 285~294쪽) 이 부분의 영어 원문은 다음과 같다. "A portion of mankind may be said to constitute a Nationalty, if they are united among themselves by common sympathies, which do not exist between them and any others-which make them co-operate with each other more willingly than with other people, desire to be under the same government, and desire that it should be government by themselves or a portion of themselves exclusively."

120 '회고의 정'을 민족국가를 구성하는 주요 원인으로 보는 이러한 견해와 달리 에른스트 르낭(1823~1892)은 '근대국가에서 국민이란 사회, 정치적 의식을 공유하는 것'이라고 주장한다. 이와 관련하여, 한국계 입양 프랑스인으로 프랑스 정부에서 문화부 장관을 지낸 플뢰르 펠르랭(Fleur Pellerin)이 『조선일보』와 가진 인터뷰를 참고할 만하다. 그녀는, "자신은 한국계 입양아가 아니라 뼈 속까지 프랑스인"이며, 자신을 길러준 부모가 진짜 부모이기 때문에 낳아준 부모를 찾아볼 생각은 전혀 없다고 살아 말했다. 그리고 자신이 한국인이 아니라 프랑스인이라고 말하는 이유에 대해, "우리나라(프랑스)는 정치·사회적 합의가 국민의식의 바탕이 되는 곳이며, 자신이 태어난 곳은 한국이지만, 17세기 철학을 바탕으로 하는 나라에서 교육을 받았고, 평생 살았기 때문에 그 인식이 깊숙한 곳에 박혀 있는 거라고 대답했다.(「프랑스 첫 동양계 장관 지낸 입양아 출신 플뢰르 펠르랭」, 『조선일보』, 2017.6.17)(http://news.chosun.com/site/data/html_dir/2017/06/16/2017061601560.html)

때로는 이러한 제 조건에 얽매이지 않고, 국체를 온전하게 하는 경우도 없지 않다. 스위스는 국체가 견고하지만, 그 나라의 모든 주는 각각 인종이 다르고 언어가 다르며 종교도 다른 것과 같다. 그렇다고 해도 이러한 제 조건이 서로 같다면 그 인민에게 다소의 친화감이 없을 수 없다. 게르만 나라들日耳蔓 諸國121 같은 경우는 각각 독립된 체재体를 이루고 있었지만 언어와 학문을 같이하고 회고의 정을 함께 했기 때문에 게르만 민족은 오늘날에 이르기까지 스스로 게르만 전 주州의 국체를 보호하여 다른 나라와 서로 구별되는 것이다.

국체는 그 나라에서 시종일관 반드시 일률적일 수는 없으며 많은 변화를 겪는다. 때로는 합쳐지고 때로는 나눠지며, 때로는 펼쳐지고 때로는 쪼그려들며, 때로는 완전히 끊어져 흔적도 없이 사라지는 경우도 있다. 그리고 그 끊김과 끊어지지 않음을 언어나 종교 등과 같은 조건들의 존망으로 판단할 수는 없다. 언어와 종교가 존속해도 그 인민이 정치적 권한権을 잃고 다른 나라 사람의 통제制御를 받을 때에는 이를 가리켜 곧 국체가 단절되었다고 말한다.

예컨대 영국과 스코틀랜드蘇格蘭가 서로 합쳐 하나의 정부를 함께 구성한 경우122는 국체가 합쳐진 것으로 양측 모두 잃은 건 없다. 네덜란드荷蘭와 벨

---

121 독일제국으로 통일되기 전 각 제후국들로 구성된 연방을 가리킨다. 독일은 10세기에서 19세기 초까지 신성로마제국에 속해 있었다. 1808년 나폴레옹의 침략을 받아 해체되었다가, 나폴레옹 추방 뒤 개최된 빈 열국회의(1814~1815)에서 옛 제국의 38개 영방국가를 모아 다시 독일연방을 세웠다. 당시는 오스트리아 황제가 의장직을 맡았다. 1870년 보불전쟁에서 승리한 뒤 프로이센의 주도로 오스트리아를 제외한 통일 제국을 수립하였다. 제국수립 선포식은 1871년 1월 18일 점령지 파리에서 거행되었다. 역대 프랑스 황제들이 기거하던 베르사이유 궁전 안 거울의 방이었다.

122 스코틀랜드와 잉글랜드는 고대 이후 각각 독립 왕국으로 서로 항쟁을 되풀이했지만, 1603년 잉글랜드의 엘리자베스 여왕이 사망하자, 가장 가까운 친척인 스코틀랜드의 제

기에白耳義로 나뉘어져 두 개의 정부를 세운 경우[123]는 국체가 나누어지긴 했지만 역시 다른 나라 사람에게 빼앗긴 건 아니다. 지나에서는 송宋 말에 국체를 잃고 원元에 빼앗겼다. 이것을 중화 멸망의 시초로 본다. 뒤에 다시 원을 무너뜨리고 옛날로 되돌려 대명大明의 통일시대가 된 건 중화의 면목을 살린 일이라고 말할 수 있다. 그런데 명明 말에 와서 다시 만청滿淸[124]에게 정권을 빼앗겨, 결국 중화의 국체는 단절되고 만청의 국체가 펼쳐졌다. 오늘날에 이르기까지 중화의 인민은 옛날에 의존하여 언어와 풍속을 함께 하며 간혹 그 가운데에 인물이 있으면 정부의 고관 대열에 들어가기도 해 겉으로는 청과 명이 합체한 듯한 분위기로 보이지만, 실제로는 남방의 중화가 국체를 잃고 북방의 만청에게 이를 빼앗긴 것이다. 또 인도 사람이 영국에 의해 다스려지고, 아메리카의 토착민이 백인에게 쫓겨난 것과 같은 경우는 국체를 잃어버림이 매우 심한 경우다. 결국 국체의 존망은 그 나라 사람이 정권을 잃었느냐 아니냐에 달려 있다.

---

임스 6세가 잉글랜드 왕위에 올랐고(제임스 1세), 100여년이 지난 뒤 1707년 서로 병합하였다.

123 벨기에는 국경이 강대국들로 둘러싸여 있었던 탓에 매우 복잡한 역사를 겪었던 나라이다. 프랑스혁명 뒤 일시적으로 프랑스령이 되었지만 빈회의 결정에 따라 오스트리아에서 분리되어 네덜란드 왕국으로 편입되었다. 그러나 민족, 종교, 언어, 풍속 등의 차이로 인하여 1830년 다시 네덜란드 왕국에서 분리, 독립하였고, 이 때문에 국력이 약해진 네덜란드는 동남아에서의 영향력을 서서히 잃었다. 『미구회람실기』에 네덜란드와 벨기에의 국민, 기질, 두 나라의 역사적 관계, 근대적 발전 모습 등이 자세히 소개되어 있다. 구메 구니타케, 박삼헌 역, 앞의 책, 『특명전권대사 미구회람실기』 3, 216~304쪽.

124 만주족이 세운 청나라라는 의미다.

## ❙ 정통政統

둘째, 나라에는 '폴리티칼 레지티메이션'[125]이라고 말하는 것이 있다. '폴리티칼'은 정치政라는 뜻이다. '레지티메이션'은 정통正統 혹은 본줄기本筋란 뜻이다. 지금 임시로 이를 정통政統이라고 번역하겠다. 즉 그 나라에서 행해지고 있고 인민이 널리 인정하는 정치의 본줄기를 말한다. 세계 각국의 국가형태國柄와 시대에 따라 정통政統은 일률적일 수가 없다. 군주제立君를 정통이라고 하는 경우도 있고, 봉건할거를 정통으로 삼는 경우도 있으며, 혹은 민서회의民庶會議[126]를 옳다고 하고, 혹은 사원寺院[127]을 정치의 본줄기로 삼

---

125 여기서 '정치적 정당성'을 의미하는 '정통(政統)'과 이단에 대비되는 '정통(正統, orthodoxy)'의 구별에 주의해야 한다. 기조는 『유럽문명의 역사』에서 '정통(政統)'을 'Political Legitimacy'로 쓰고 있지만, 후쿠자와는 'Political Legitimation'으로 쓰고 있다. 일반적으로는 'Legitimacy'고 쓴다. 마루야마 마사오는 이러한 구분에 관해, 후쿠자와처럼 '정치적 정당성'을 '정통(政統)'으로 쓰면 이를 '윤리적 정당성'과 구별하기 편리한 점이 있다고 본다. (마루야마 마사오, 김석근 역, 앞의 책, 164~168쪽; 프랑수아 기조, 임승휘 역, 앞의 책, 100~108쪽 참고) 반면 마쓰자와 히로아키는 이에 관해 단순하게, 후쿠자와가 당시 두 번역어의 차이를 구별할 수 없었기 때문일 거라고 추측하고 있다.(松澤弘陽, 『文明論之槪略』, 岩波文庫, 2001, 315쪽 각주 42)

126 '민서회의'는 의회제 민주주의 또는 의회정치를 가리킨다. 기조의 『유럽문명의 역사』 제3강 앞부분에 나오는 'democracy'를 번역한 것이다. 기조는 로마가 붕괴된 뒤 근대 유럽의 사회정치적 기원으로 4가지 정치체제를(신권정치, 귀족정, 군주정, 민주주의) 손꼽고 있다. 그중 하나가 '민주주의'이다. '의회'라는 용어는 정한론 정변이 끝난 뒤 국회개설운동이 확산되는 1879년경부터 널리 쓰이게 되며, 이 책이 출간된 1875년 전후만 해도 아직 낯설었다. 한편 자유민권운동 지도자들은 1874년 1월 좌원에 '민선의원설립건의서'를 제출하고 이어 전국에서 헌법제정 및 의회설립운동을 펼쳤다. 유신정부는 자유민권운동에 적극적으로 대응하여, 1875년 4월 14일 점진적으로 입헌제도를 만들겠다는 '점차입헌정체의 조칙'을 발표하였고, 1881년에는 1890년까지 국회를 개원한다는 조칙을 발표(1881년 정변)하였다. 이로써 자유민권운동은 영향력을 상실하였다. 이들은 그 뒤 제국헌법 체제 아래 정당을 설립하여 유신정부를 비판하고 견제하였다. (성희엽, 앞의 책, 524~529・615~624쪽 참조) 다만 민주주의란 용어는 이때도 아직 정착되지 않았었다. '민주'라는 용어를 서양의 'democracy'에 해당하는 번역어로 처음 쓴 곳은 윌리엄 마틴의 『만국공법』(1863)이다. 마틴은 'a democratic republic'을 '民主之国'으로 번역하였다. 일본에서는 호리 타쓰노스케(堀達之助, 1823~1894)가 편찬한 영일대역사전인 『영화대역수진사서(英和対訳袖珍辞書)』(1862)에 'democracy'의 번역어가 나온다. 하지만 호리 타쓰노스케는 이 책에서 'democracy'와 'republic'

는 경우도 있다. 애당초 이 정통政統이라는 사고考가 생긴 까닭을 찾아보면, 이런 다양한 주장들이 처음 권력權을 잡을 때에야 분명 절반 정도는 완력을 쓰지 않을 수 없었다고 해도 이미 권력을 얻으면 곧 다시 완력을 휘두를 필요가 없고, 단지 필요없을 뿐만 아니라 그 권력을 얻게 된 까닭을 완력 탓으로 돌리는 건 그 권력자有權者의 금구禁句로서 깊이 기피된다. 어떤 정부에게도 이에 관하여 그 권위의 원천을 물어보면 틀림없이 답하길, 내가 권력을 가지게 된 것은 도리理를 위해서이고, 내가 권력을 지키고 있는 것이야 이미 세월이 오래 되었기 때문이라고 말하며, 시간이 경과함에 따라 차츰 완력을 버리고 도리道理에 의존하지 않는 자가 없다. 완력을 싫어하고 도리를 좋아함은 인류의 천성이므로 세간의 사람들도 정부의 조치가 도리에 맞는 것을 보며 기뻐하고, 세월이 지남에 따라 더욱더 이를 본줄기로 삼아 옛날을 잊고 지금을 그리며, 그 시대의 사물에 관해 불평을 호소하는 일도 사라지게 된다. 이것이 바로 정통政統이란 것이다. 따라서 정통의 변혁은 전쟁에 의해 이뤄지는 경우가 많다. 지나에서 진시황이 주周 말기의 봉건제를 무너뜨려 군현郡縣을 설치하고, 유럽에서 로마가 쇠미해짐에 따라 북쪽 야만족이 유린한 뒤 마침내 봉건의 형세를 이룬 것도 이런 사례이다.

그렇긴 하지만 인문人文이 점점 나아져 학자의 논의에 권위가 서고 거기에다가 또 그 나라의 사정과 때마침 맞으면, 꼭 병력의 동원없이도 무사한 가운데 변혁하는 경우가 있다. 예를 들어 오늘날 영국의 정치를 1700년대 초와 비교해보면 그 제도에 하늘과 땅만큼 현격한 차이[128]가 있어 거의 다른

---

을 구별하지 않고 둘 다 '공화정치(共和政治)'로 번역했다. 이처럼 호리 타쓰노스케의 번역어와 당시 큰 영향을 끼친 『만국공법』의 번역어로 인해 일본에서는 오랫동안 'democracy'의 번역어로 '민주'와 '공화'가 구분되지 않고 섞여서 쓰였다.

127 중세 가톨릭교회를 말한다.

나라의 정치같지만, 같은 나라에서 정권政權과 관련한 일로 내란으로까지 커진 경우[129]는 1600년대 중반부터 말기까지뿐이며, 1688년 윌리엄 3세가 왕위에 오른 뒤로는 이런 일이 사라져 자기 나라邦 안에서 병기干戈를 움직인 적이 없었다. 따라서 영국의 정통은 이 160~170년 사이에 크게 변혁되었지만 그 동안 적어도 병력을 쓴 경우는 없었고, 부지불식간에 제도가 바뀌어도 앞의 인민은 앞의 정치를 본줄기로 생각하고 뒤의 인민은 뒤의 정치를 본줄기로 생각할 따름. 또한 때로는 불문不文의 시대에도 병력을 동원하지 않고 정통을 바꾸는 경우가 있다. 아주 먼 옛날 프랑스에서는 '카롤링거'[130] 왕조의 제후들이 신하로서 프랑스 왕을 섬기면서도 실제로는 자신들이 국권國權을 쥐었던 경우가 그렇다. 일본에서 후지와라씨가 집권했을 때의 왕실이나 호조씨가 집권했을 때의 겐지源氏(미나모토 쇼군가)도 같은 사례이다.[131]

---

128 원문에는 '운양현격(雲壤懸隔)'으로 되어 있다. 구름과 땅만큼 큰 차이가 있다는 의미이다.

129 잉글랜드의 청교도혁명을 가리킨다. 잉글랜드는 왕권신수설을 신봉하던 찰스 1세에 반대한 의회파 세력이 봉기를 일으켜 1642년에서 1645까지 내란에 빠졌다. 1645년 크롬웰(1599~1658)을 중심으로 한 의회파 세력이 승리하고 내란은 종식되었지만, 1648년 찰스 1세가 다시 군사를 일으켜 또 다시 내란이 시작되었다. 1649년 1월 30일 찰스 1세를 처형한 뒤 1649년 5월 영국 역사상 최초이자 최후의 공화국인 잉글랜드 공화국을 수립하였다. 이를 청교도혁명이라고 부른다. 1660년 제임스 2세에 의해 왕정이 다시 부활되었지만 1688년 제임스 2세가 폐위되고 네덜란드에서 오렌지 공 윌리엄을 맞아들였다. 제임스 2세는 프랑스로 망명하였다. 이를 명예혁명이라고 부른다. 윌리엄이 윌리엄 3세로 즉위하면서 의회가 요구한 권리선언을 받아들였는데, 이 권리선언이 바로 '권리장전'이다. 이를 바탕으로 영국에서는 인민의 생명과 재산권을 보호하고, 언론의 자유를 보장하는 등 입헌정치의 기초가 확립되었다.

130 카롤링거 왕조(714~1124)는 프랑크 족이 세운 왕조이다. 피핀이 678년 프랑크 왕국의 재상이 되어 실권을 장악한 이후 현재의 유럽 중부 지역을 지배하였다. 751년 같은 이름의 손자 피핀이 실권이 없는 국왕의 왕위를 뺏고 프랑크 왕에 즉위함으로써 메로빙거 가에 이어 두 번째 프랑크 왕조를 세웠다. 손자 피핀의 아들이 유명한 칼 대제 즉 샤를마뉴 대제로 카롤링거 왕조의 황금기를 열었다. 그러나 칼 대제 사후 프랑크는 동프랑크, 서프랑크, 중프랑크 등 세 왕조로 분열되어 각각 오늘날의 독일, 프랑스, 이태리 지역을 지배하였다.

정통의 변혁은 국체의 존망과 관련이 없다. 정치의 풍조風가 어떤 모습으로 변화하고 또 몇 차례나 변화를 겪어도 자국의 인민이 정치를 베푸는 동안에는 국체가 손상되지 않는다. 아주 옛날 합중정치였던 네덜란드[132]는 오늘날 군주정을 받들며, 근래에 프랑스 같은 경우는 백 년 사이에 정치제도를 10여 차례나 바꾸었지만 그 국체는 의연하게 옛날과 다름이 없다. 앞에서 말했듯이, 국체를 지키는 궁극적인 목적은 다른 나라 사람에게 정권을 뺏기지 않는 한 가지에 달려있다. 아메리카합중국에서 대통령은 반드시 자기 나라에서 태어난 사람을 뽑는 사례도 자기 나라 사람으로 자기 나라의 정치를 하려고 하는 인정人情에 바탕을 둔 게 아니겠느냐.


| 혈통

셋째 혈통이란 서양어로 라인Line이라고 말한다. 군주國君 부자父子가 서로 이어받아 혈통이 끊어지지 않는 것이다. 세계 각 나라의 흐름은 군주의 혈통을 남자로 제한하는 경우도 있고 때로는 남녀를 구별하지 않는 경우도 있다. 상속법에서는 반드시 부자父子에 한정하지 않으며, 아들이 없으면 형

---

131 후지와라 가는 헤이안시대 이후 일본에서 가장 강력한 권력을 가졌던 가문이다. 헤이안 시대에는 왕실의 외척으로 섭정과 관백 등 주요 관직을 대대로 차지하며 국가권력을 실제로 행사하였다. 에도시대에도 귀족 사회의 핵심 가문으로 권력을 누렸다. 호조 가문은 가마쿠라 막부의 창건에 세운 공으로 인해 중앙권력의 핵심 가문으로 등장하였다. 가마쿠라 막부의 힘이 약해지자 그 틈을 타 막부의 실권을 장악하고 권력을 행사하였다.

132 네덜란드는 스페인의 지배 아래 있었는데, 1572년 홀란드(Holland) 지역이 스페인에 대항하여 전쟁을 일으킨 뒤 1581년 독립을 쟁취하였다. 이것이 홀란드 공화국이다. 홀란드라는 이름은 이처럼 네덜란드를 구성하는 7개 주 중에서 가장 강력했던 홀란드 주의 이름에서 유래한 것이다. 그러나 나폴레옹시대에 들어선 뒤 국력이 약해졌고, 1810년 결국 프랑스에 병합되었다가 빈 회의에서 네덜란드 왕국으로 다시 독립하여 오늘날까지 이어지고 있다.

제를 세우고, 형제가 없으면 더 멀리까지 넓혀 친척 중에 가장 가까운 사람을 뽑는 분위기이다. 서양 나라들 중 군주정을 받드는 곳에서는 무엇보다도 이를 중요시해 역사를 보면 혈통 상속 분쟁으로 인해 군사를 일으킨 사례가 드물지 않다.[133] 때로는 또 갑 나라의 군주가 자식 없이 죽었는데 우연히 을 나라 군주가 가장 가까운 친척에 해당할 때에는 갑과 을 나라의 군주 지위를 겸하여 한 군주가 두 나라의 군주로 되는 경우도 있었다.[134] 이런 풍습은 오직 유럽에서만 있을 뿐으로서 지나에서도 일본에서도 그런 사례는 볼 수가 없다. 다만 두 나라에서 한 군주를 받드는 경우에도 그 나라의 국체나 정통에는 아무런 영향을 미치지 않는다.

## ┃ 국체 · 정통 · 혈통의 상호관계

이처럼 국체와 정통과 혈통은 하나하나 별개로서 혈통을 바꾸지 않고도 정통을 바꾸는 경우가 있다. 영국 정치의 과정이나 프랑스 카롤링거 왕조의 사례가 그러하다. 또 정통은 바뀌어도 국체는 바뀌지 않는 경우도 있다. 만국萬國에 그런 사례는 아주 많다. 또 혈통은 바꾸지 않으면서 국체를 바꾸는 경우도 있다. 영국인, 네덜란드인이 동양의 한 지방地方을 뺏은 뒤, 옛날 추장은 그대로 둔 채 영국, 네덜란드의 정권을 세워 토착민土人을 지배하고 또

---

133 유럽에서는 다른 나라 왕실과의 잦은 혼인정책으로 인해 다른 나라의 군주가 왕권을 물려받는 경우가 많이 있었다. 왕위를 둘러싼 상속전쟁도 많이 벌어졌다. 대표적인 경우로는 영국과 프랑스 간의 백년전쟁(1339~1452), 스페인 왕위계승 전쟁(1701~1713), 오스트리아 왕위계승 전쟁(1740~1748) 등이 있다.

134 이를 'personal union'이라고 말한다. 스코틀랜드 제임스 6세가 잉글랜드 왕위를 물려받아 제임스 1세로 즉위한 경우나, 1714년 영국의 앤 여왕이 후계자 없이 사망하자 독일 하노버 공작 조지가 조지 1세(제임스 1세의 증손)로 즉위한 경우가 여기에 해당한다.

그 추장도 속박하는 경우 같은 게 그러하다.

일본에서는 개벽[135] 이래 국체가 바뀐 적이 없다.[136] 군주國君의 혈통 또한 연면하여 끊긴 적이 없다. 다만 정통은 여러 차례 크게 변혁되었다. 처음에는 군주 스스로 정치를 하였고 이어서 외척 중 재상輔相인 자가 정권을 독차지하였으며, 그 뒤 권병權柄이 쇼군가로 옮아갔다가 또 바뀌어 배신陪臣[137]의 손에 떨어졌고 다시 바뀌어 쇼군가에 돌아갔으며, 차츰 봉건의 형세를 이루다가 게이오慶應[138] 말년에 이르게 되었다.[139] 정권이 한번 왕실을 떠난 뒤

---

135 일본 고대에 진무 천황의 즉위를 가리킨다. 일본의 역사서인『고사기』,『일본서기』등에 진무 천황의 즉위에 관한 이야기가 나와 있다. 반대 학설도 있지만 이에 근거하여 진무 천황의 즉위 시기는 기원전 660년으로 추정되고 있다. 일본은 현재도 기원전 660년 2월 11일을 기원 원년 즉 건국기념일로 삼고 있다. 건국기념일의 정식 명칭은 '건국기념의 날'이며, 사토 내각(1964~1972, 세 차례 수상 역임)에서 '건국기념일의 날짜를 정하는 정령'을 제정하여 공포하였다. 이 '건국기념의 날'은 1872년 제정된 기원절을 다시 부활시킨 것이다. 1872년 제정된 '기원절'은 1948년 폐지되었다. 패전 직후의 사회 분위기에 힘입어 객관적인 역사적 근거도 부족하고, 진무 천황의 동정(神武東征, 진무 천황의 동쪽 정벌) 이야기는 만주사변, 대동아전쟁 당시 충군·애국 교육에 이용되었다는 비판이 거셌기 때문이었다. 하지만 그 뒤로도 건국기념일을 제정하려는 시도가 계속되어 10번이나 법안이 제출되었지만 모두 폐기되었다. 결국 1966년 6월 25일 '건국기념일'을 정하는 개정 법령이 제정되면서 다시 부활되었다. 당시 사토 내각은 총리실 산하에 건국기념일 심의회를 설치하고, 약 반년 정도 심의를 거쳐, 위원 9명 중 7명의 찬성으로, 1966년 12월 8일, '건국기념일'을 '2월 11일'로 정하는 안을 제정하였고 그 일 주일 뒤 이를 공포하였다.

136 이 논리에 따르면 일본은 제2차 세계대전에서 연합군에 패배하여 항복문서에 조인한 날(1945.9.2)로부터 샌프란시스코 강화조약(1950.9.8 조인)이 발효하는 1952년 4월 28일까지 역사상 처음으로 국체를 잃었던 기간이 된다.

137 주군과 직접 주종관계를 맺고 있는 사람을 보통 '가신'이라고 부른다. 반면 '배신'은, 주군과 그의 가신과 다시 가신관계에 있는 사람과의 관계를 말한다. 쇼군의 입장에서 보면 다이묘는 가신에 해당하고 다이묘의 가신인 가로나 번사들은 배신이 된다. 가신은 주군에게 간언을 할 수 있지만 배신은 간언은 물론이고 주군의 정치적, 사적 행동에 관해 일체의 의견을 말할 수 없다.

138 1865년 4월 7일에서 1868년 9월 8일까지 기간에 해당된다.

139 이 단락은 천황이 국가권력을 장악하고 있었던 고대국가 시기부터 귀족들이 정치 실권을 장악했던 헤이안시기, 그리고 무사들이 권력을 장악하고 있었던 가마쿠라 막부, 무로마치 막부, 도쿠가와 막부를 실제 권력을 행사했던 주체를 중심으로 설명하고 있는 것이다. 아라이 하쿠세키는 일본 역사에서 정치 변혁으로 인해 정권이 아홉 번 바뀌었다고

부터 천자天子는 단지 허위虛位만 안고 있었을 따름. 라이 산요賴山陽는『일본
외사日本外史』[140]에서 호조씨를 평하길 만승萬乘[141]의 존귀한 분 보기를 마치
하찮은 돼지孤豚[142] 보듯 했다[143]고 한다. 정말로 이 말 그대로였다. 정통의
변혁이 이와 같았는데도 여전히 국체를 잃지 않음은 무엇 때문이겠느냐. 언
어풍속을 함께 하는 일본 사람으로서 일본의 정치를 행하고, 외국 사람에게
추호만큼의 정권도 허락한 적이 없었기 때문일 따름.

---

말하고 있다.(아라이 하쿠세키, 박경희 역,『독사여론(讀史余論)』, 세창출판사, 2015)

**140** 라이 산요(1780~1832)의『일본외사』(1827)는 모두22권으로 구성되어 있으며, 막부
말기 존왕양이 지사들에게 많은 영향을 미쳤다. '외사'란 정부기관이 아니라 민간에서
저술된 역사서라는 의미이다. 1863년 이토 히로부미가 밀항하여 영국으로 갈 때 영일사
전 외에 가져 간 유일한 책이 라이산요의『일본정기(日本政紀)』였다. 헤이안시대 말기
미나모토 가와 다이라 가 두 가문의 경쟁에서부터 가마쿠라 막부의 설립을 거쳐 도쿠가
와 막부시대에 이르기까지 무가의 역사를 한문체 형식으로 기술하고 있다. 다만 군담소
설 등에서도 인용하는 등 역사적 사실에 맞지 않는 부분도 많아 역사책으로 보기는 어렵
다. 라이 산요는 1827년 이 책을 당시의 로주 마쓰다리라 사다노부에게 헌정하였고, 그
2년 뒤 출간되었다.『일본정기』는 植手通有 校注,『日本思想大系』49－日本政紀, 岩波
書店, 1977 참고.(賴山陽, 賴成一・賴惟勤 譯注,『日本外史』上・中・下, 岩波文庫,
1977~1981; 賴山陽, 賴惟勤 解說,『日本の名著』28－賴山陽, 中央公論社, 1972)

**141** 일만 대의 병마용 수레라는 뜻으로 만승을 보유하고 있는 사람은 '천자', 천승을 보유하
고 있는 사람은 '제후'를 가리킨다.(『맹자』「양혜왕」편－상 ; 성백효,『맹자집주』, 전통
문화연구회, 2006, 26~27쪽 참조)

**142**『장자』「잡편」, 사마천의『사기』「노자 한비열전」에 '고돈(孤豚)'에 관한 내용이 나온
다. 다만『장자』「잡편」에는 '고돈'이 아니라 '고독(孤犢)'으로 나온다. '독'은 송아지를
가리킨다. 따라서 '고돈'이든 '고독'이든 재물로 쓰기에는 작거나 하찮은 짐승을 뜻한다.
『사기』「노자 한비열전」의 원문은 다음과 같다. "千金 重利 卿相 尊位也 子獨不見郊祭
之犧牛乎 養食之數歲 衣以文繡 以入大廟 當是之時 雖欲為孤豚 豈可得乎." 초나라의
어느 제후가 장자에게 재물과 관직을 제시하면 초빙하려고 하였는데, 이를 거절하면서
장자가 한 말이다. 해석하면 다음과 같다. "천금은 큰 이익이고 재상은 존귀한 자리이지
만, 그대는 제사를 지낼 때 제물로 바쳐지는 소를 보지 못하였소. 그 소는 몇 년 동안 길
러진 뒤 화려한 무늬로 수놓은 옷에 입혀져 제사장소로 끌려가는데, 그때를 당하여 하
찮은 돼지(孤豚)가 되겠다고 한들 무슨 소용이 있겠소." 한편 이토 마사오는 '고돈'을
'돼지 12마리'로 해석하고 있다. 천자는 원래 만승의 수레를 가질 정도로 존귀한 존재인
데 돼지 12마리밖에 없는 하찮은 사람으로 취급했다는 의미로 생각된다. 일본의 다른
번역본에서는 '새끼 돼지', '외로운 돼지', '한 마리의 돼지' 등으로 해석하고 있다.

**143** 인용문은『일본외사』22권 중 제5권에 나온다.(賴山陽, 賴成一・賴惟勤 譯注, 앞의 책)

그런데 지금 나에게 큰 의문을 품게 하는 것이 하나 있다. 그것이 무엇이냐. 세간의 일반적인 통론에서는 오로지 혈통 한 측면에만 주의하여 국체와 혈통을 혼동하고, 이로 인하여 하나는 중요시하고 다른 하나는 가볍게 여기는 폐가 없지 않다는 사실이다. 물론 우리나라의 황통이 국체와 함께 연면하여 오늘에 이른 것은 외국에는 이와 비슷한 사례가 없을 정도로 드물기에 어쩌면 이를 일종의 국체라고 말할 수도 있다. 그렇지만 사리를 따져 논하자면 황통의 연면함이란 국체를 잃지 않음의 징후라고 말해야 한다. 이를 사람의 몸에 비유한다면 국체는 마치 신체와 같고 황통은 마치 눈과 같다.[144] 눈빛을 보면 그 신체가 죽지 않았음을 알 수 있지만, 자신의 건강을 지키면서 눈에만 주의를 기울이고 몸 전체의 활력生力을 돌보지 않는 건 이치에 맞지 않다. 몸 전체의 활력이 쇠약해지면 그 눈 또한 저절로 빛을 잃지 않을 수 없다. 간혹 심한 경우에는 몸 전체가 완전히 죽어 활력의 흔적이 없는데도 단지 눈을 뜨고 있는 것만 보고 살아있는 몸生体으로 오인할 우려도 없지 않다. 영국 사람이 동양의 각 나라를 다스릴 때 몸은 죽이고 눈만 살려둔 사례가 적지 않았다.

역사의 기록에 의하면 혈통의 연면함을 지키는 것은 어려운 일이 아니다. 호조北条시대 이후 남북조의 사정[145]을 보면 알 수 있다. 그 시대에는 혈통의

---

144 후쿠자와는 이 문장에서 황통을 국체 그 자체로 보는 국학과 후기미토학의 논리를 완전히 뒤집어 놓고 있다.

145 1333년 고다이고 천황(大覺寺 계통)이 가마쿠라 막부를 토벌하기 위하여 반란을 일으켰다. 이어 약 2년 동안 고대 율령제 시기의 국가기구를 부활하여, 천황이 직접 권력을 행사하였다. 이를 겐무신정이라고 한다. 당시 아시카가 다카우지는 가마쿠라 막부의 실권자인 호조 다카토키의 총애를 받고 있었지만, 고다이고 천황 편에 서서 반란에 가담하였고 그 공으로 가마쿠라 막부 타도의 1등 공신이 되었다. 하지만 천황이 자신을 정이대장군에 임명해주지 않자 이번에는 고다이고 천황에 대항하여 다시 반란을 일으켰다. 이에 고다이고 천황은 교토 남쪽의 요시노로 피난을 갔고, 다카우지는 고묘 천황(持明院

순역順逆이 일어나 이를 두고 싸우기도[146] 했지만, 일이 이미 마무리된 오늘날에 이르러서는 그 순역을 다시 묻지 않는다. 순역은 단지 한때의 논란일 따름. 후세에 와서 이를 논하면 다 같은 천자의 혈통인 까닭에 그 혈통이 끊어지지 않았음을 보고 여기에 만족한다. 따라서 혈통의 순역은 그 시대에 최고 중요한 문제였지만, 시대를 논외로 두고 지금의 마음으로 과거를 미루어 봄에 단지 혈통의 연면함에만 착안하여 이를 연면하게 해준 방법을 빼고 논하지 않는다면 충忠도 불충不忠도, 의義도 불의不義도 있을 수 없다. 마사시게와 다카우지[147]도 구별하기 어렵다. 그렇지만 그 시대의 상황에 관해 잘 생

---

계통)을 옹립하여 새로운 왕조(북조)를 세운 뒤 자신은 정이대장군이 되어 무로마치 막부를 열었다. 이로써 요시노와 교토에 두 명의 천황이 공존하는 사태가 벌어지게 되었다. 이 사태는 약 60년 동안 지속되는데 이를 남북조시대라고 부른다. 한편 아시카가 다카우지의 반란에 대항하여 고다이고 천황을 끝까지 지켰던 무사로는 구스노키 마사시게, 닛타 요시사다, 기타바타케 지카후사 등이 있다. 후세의 역사가들은 이들을 일본 역사상 대표적인 충신으로, 아시카가 다카우지는 대표적인 역적으로 묘사한다. 도쿄 일본 황궁 근처에 말을 타고 전투를 지휘하고 있는 모습의 구스노키 마사시게 동상이 있다. 그는 말 그대로 불멸의 충신이 되어 오늘날에도 천황을 가까이에서 지키고 있다.(성희엽, 앞의 책, 71~76·391쪽 참조)

146 천황의 혈통이 정통(正統)인지 아닌지를 두고 다투는 것을 의미한다. 이를 '남북조 정윤(正閏) 논쟁'이라고 부른다. 여기서 '윤'은 '정통이 아님', '원래의 것 외에 다른 어떤 것'을 의미한다. 이 문제는 미토 번에서 출간한 『대일본사』에서 남조를 정통으로 인정하면서 부각되기 시작했다. 그 이전까지는 공가 세력들을 중심으로 북조를 정통으로 인정하고 있었다. 『대일본사』 등으로부터 많은 영향을 받은 존왕양이 지사들이 메이지유신 뒤 정권을 장악한 뒤 이 문제가 다시 떠오른다. 이들은 남조를 정통으로 기술할 것을 원했기 때문이다. 이로 인해 이 문제는 학계뿐만 아니라 내각과 제국의회에서까지 논쟁이 벌어지면서 정치적인 문제로 비화하였다. 결국 남북조시대의 천황으로 인정된 6명의 북조 천황을 천황계보에서 삭제하고, 2명의 남조 천황을 천황계보에 올리는 것으로 정리되었다. 또한 이 시대의 명칭은 '남북조시대'로 정해졌다. 현재의 천황은 북조 계통이다.

147 구스노키 마사시게(楠木正成, ?~1336), 아시카가 다카우지(足利尊氏, 1305~1358)를 가리킨다. 혈통의 연면함만 따지다보면 역사상 가장 대표적인 충신과 가장 대표적인 역적도 구분하기 어려워진다는 의미이다. 후쿠자와 유키치는 이처럼 혈통 문제보다 정통을 지키는 일이 훨씬 더 중요하다고 보았다. 그러나 실제 일본이 국가적 위기에 처했을 때에는 정통보다 혈통의 보존을 훨씬 더 중요하게 생각했다. 제2차 세계대전이 끝날 무렵 히로시마에 첫 번째 원자폭탄이 투하되고 난 뒤 쇼와 천황과 일본 군부의 지휘부는 항복의 조건으로 천황의 지위 보장 문제에 빠져 결정을 미루다가 나가사키에 두 번째 원

각해보면, 구스노키楠 씨는 단순히 혈통을 다툰 게 아니라 실제로는 정통政統을 다투어 천하의 정권을 천자에게 돌려주려고 하였으며, 힘든 일을 먼저하고 쉬운 일을 나중에 한 것이었다. 이러한 취지를 보더라도 혈통을 지키는 것과 정권을 지키는 것 중 그 어느 쪽이 더 어렵고 쉬운지를 알 수 있다.

고금의 통설을 들어보면, 우리나라我邦가 금구무결金甌無缺[148]하여 만국萬國보다 빼어나다고 일컬으며 의기양양해하는 것 같다. 그처럼 만국보다 빼어나다고 함은 단지 황통의 연면함을 자부하는 것이냐. 황통을 연면하게 하는 건 어렵지 않다. 하물며 호조, 아시카가足利처럼 불충한 자들도 황통을 잘 연면하도록 했다. 아니면 정통政統에서 외국보다 빼어난 것이 있느냐. 우리나라의 정통은 옛날부터 몇 차례의 변혁을 거쳐 그 상황이 외국의 각 나라들과 다르지 않기 때문에 내세우기에는 부족하다. 그렇다면 곧 저 금구무결이란 개벽 이래 국체를 온전히 하여 외국 사람에게 정권을 빼앗긴 적이 없었다는 한 가지에 달려있을 뿐이다. 따라서 국체는 나라의 근본本이다. 정통도 혈통도 이에 따라 성쇠를 함께한다고 말하지 않을 수 없다.

중고中古시대 왕실이 정권政權을 잃고 또 혈통에 순역順逆이 있었다고 해도 금구무결의 일본국 안에서 일어난 일이었다는 것이야말로 오늘날에도 의기양양해 할 만한 일이며, 가령 옛날에 러시아 사람이나 영국 사람이 요리토모가 한 일을 대신 했다면 설사 황통이 연면했다고 하더라도 일본 사람의 입장

---

자폭탄이 투하되고 난 뒤에야 미국의 무조건 항복조건을 받아들였다. 이 때문에 일본 안에서도, 나가사키에 투하된 두 번째 원자폭탄은 피할 수 있는 것이었다고 주장하는 학자들도 있다.

**148** '금구무결'이란 금으로 만든 그릇이 흠 하나 없이 완벽하다는 뜻으로, 일본이 개벽 이후 외국의 지배를 한 번도 받은 적이 없었음을 비유하는 말이다. 막말 존왕양이 지사들이나 황학자들이, 일본은 다른 나라보다 뛰어나다는 의미로 사용했다. 중국 남조(南朝)의 역사서인 『남사(南史)』에 나오는 말이다.

地位에서는 결코 만족스런 표정을 지을 수가 없다. 가마쿠라시대에는 다행히 영국 사람이나 러시아 사람이 없었지만 오늘날에는 실제로 그 사람들이 있고, 일본국 주변으로 몰려오고 있다. 시세時勢의 흐름에 주의를 기울이지 않으면 안 된다.


## | 국체를 지키는 길은 인민의 지력을 높이는 데 있다

이러한 때를 맞아 일본 사람의 의무는 오직 이 국체를 지키는 일 한 가지뿐. 국체를 지킨다 함은 자기 나라의 정권을 잃지 않는 것이다. 정권을 잃지 않기 위해서는 인민의 지력智力[149]을 높이지 않으면 안 된다. 그 항목은 매우 많지만, 지력을 계발發生하는 길에서 첫 번째로 급한 일은 고습古習(낡은 관습)에의 혹닉을 깨끗이 쓸어버리고[150] 서양에 널리 퍼져있는 문명의 정신을 받아들이는 데 있다. 음양오행[151]에의 혹닉을 털어버리지 않으면 궁리窮理의 도道[152]에 들어갈 수 없다. 인간사도 또한 마찬가지다. 낡은 풍습에 속박된 혹닉을 없애버리지 않으면 인간의 교제는 지켜질 수가 없다. 이 혹

---

**149** 밀의 『대의 정치론』 제2장 「국민의 지덕(the virtue and intelligence) 향상」을 참조한 것이다.

**150** 이 문장에서 혹닉을 없애다는 의미의 한자로 '소(掃)', '불(拂)', '제(除)' 등의 한자를 쓰고 있다. 각각 '일소(一掃)', '불식(拂拭)', '제거(除去)'의 한자로 많이 쓰이고 있다. '일소'는 빗자루로 쓸어버리는 것을, '불식'은 먼지를 털어내고 닦는 것을, '제거'는 없애버리는 것을 가리킨다.

**151** 후쿠자와 유키치는 음양오행설을 구습에의 혹닉을 대표하는 것으로 보고, 중국 유학의 문제점에 관해 끊임없이 비판했다. 이와 관련해서 버클은 맹신에 대한 비판정신을, 기조는 자유로운 탐구정신을 중요시했다.

**152** '궁리의 도'는 사물의 도리, 진리를 탐구하는 학문을 말한다. 후쿠자와가 이 책을 집필할 당시 '궁리'는 근대 자연과학 일반 혹은 물리학을 의미했다. 여기에서는 자연과학 일반을 가리킨다.

닉에서 완전히 벗어나 마음과 지식心智이 활발한 경지로 나아가고 나라 전체의 지력으로 국권을 유지하며 국체의 바탕이 비로소 안정되었다면 또 무슨 걱정거리가 있으랴.

황통의 연면함을 지속하는 것 같은 일은 쉽고도 쉬운 일일 뿐이다. 조심스럽게 말하노니, 천하의 사족[153]들아, 충의 말고는 마음 쓸 일이 없느냐. 충의도 아무쪼록 불가한 것은 아니나 충을 행하려거든 큰 충을 행할지어다. 황통의 연면을 보호하려거든, 그 연면에 빛을 더하여 보호할지어다. 국체가 견고하지 않으면 혈통에 빛이 날 수 없느니라. 앞에서 예를 들어 얘기했듯이, 몸 전체에 활력이 없으면, 눈도 광채를 잃는다. 이 눈을 귀중하다고 생각한다면 신체의 건강에 주의하지 않으면 안 된다. 안약點眼水을 한 병 다 쓴다고 해도 눈의 광채까지 지킬 수는 없다.

이런 사정을 생각하면 서양문명은 우리의 국체를 굳게 하고 더불어 우리 황통에 빛을 더할 수 있는 유일무이한 것인데, 이를 받아들임에 어찌 주저함이 있어서랴. 단연코 서양의 문명을 받아들여야 할 것이다.

앞에서 고습에의 혹닉을 깨끗이 쓸어버려야 한다고 말했다. 혹닉이라는 문자는 사용하는 범위가 매우 넓고 세상 사물에는 다양한 혹닉이 있지만, 지금은 정부 차원에서 논하여, 정부의 실위實威와 허위虛威를 서로 구별해야 하는 까닭을 보여 주겠다. 무릇 사물의 편・불편함은 그것이 무엇을 위한 것

---

153 유신정부는 1869년 6월 이후 몇 차례에 걸쳐 공경과 제후는 화족, 세습사무라이는 사족, 다른 하급 사무라이는 평민으로 편성하였다. 1870년 9월 농민, 수공업자, 상인 등 백성은 모두 평민으로 편성하고 성(姓)을 사용할 수 있도록 허용하였다. 이로써 에도시대의 세분화된 신분제도는 화족, 사족, 평민, 천민 등 4개의 족적으로 재편성되었다. 1871년에는 에타, 히닌으로 불리던 천민을 평민에 편입하는 신분해방령을 발표하였다. 유신정부는 이러한 신분제도 개편을 토대로 그 뒤 학제와 징병제, 조세제도 등 근대적인 개혁정책을 강력하게 추진했다.(성희엽, 앞의 책, 462~471쪽 참조)

인지 그 목적을 미리 정해두지 않으면 결정하기 어렵다. 집은 비와 이슬을 피해주기 때문에 편리하고 의복은 바람과 추위를 막아주기 때문에 편리하다. 인간만사 모든 일에는 하려는 목적이 있다. 그렇다고 해도 습용習用이 오래되다 보면 때로 그 사물의 실질적인 공용功用은 잊고 단지 그 물건만을 중요시하여, 그것을 꾸미고, 장식하고, 사랑하고, 아끼고, 심지어는 다른 불편함을 묻지 않고 무작정 이것을 보호하려는 경우까지 있다. 이것이 바로 혹닉으로, 세상에 허식이란 것이 생기는 까닭이다.

예컨대 전국시대에 무사들이 모두 쌍검雙刀을 찼던 것은 법률에 의지할 수 없어서 사람들이 스스로 자신의 몸을 보호하기 위해서였는데, 습용이 오래되자 태평 세상이 되어도 여전히 대도帶刀를 없애지 않았고, 단지 이를 없애지 않았을 뿐만 아니라 더욱더 이 물건을 중요시하여 재산을 들여 검을 꾸미고, 무릇 사족이라고 이름하는 사람은 노인이든 어린아이든 묻지 않고 모두 검을 차지 않는 경우가 없었다. 그런데 거기에 실질적인 공용이 있었는지를 살펴보면, 검의 표면은 금과 은으로 새기고 칼집 안에는 가늘고 무딘 검을 넣어두는 경우도 있었다. 뿐만 아니라 검술도 모르면서 검을 휴대하는 자가 열에 여덟아홉 명이었다.[154] 필경 백해무익한 일임에도 이를 없애려고 하면 인정에 반하는 건 무엇 때문이냐.[155] 세상사람 모두 쌍검의 실용성은 잊

---

154 1962년 개봉된 고바야시 마사키 감독의 영화 〈하라키리(할복)〉나 이 영화를 2011년 리메이크하여 개봉한 미이케 다카시 감독의 〈일명(一命)〉을 보면, 한 사무라이가 강제로 할복할 상황에 처하여 칼을 빼자 검이 아니라 죽도가 나오는 것을 볼 수 있다. 이 사무라이는 생도들을 가르치는 선생이지만, 너무 가난하여 가족을 부양하기 힘들어지자 가족 몰래 칼을 팔고 대신 죽도를 차고 다니고 있었다. 에도시대에는 검술을 전혀 모르면서 칼을 차고 다니거나, 지위를 과시하기 위하여 칼을 금은으로 장식하고 다닌 상급 사무라이가 많았다고 한다.
155 메이지유신 뒤 정부가 폐도령을 실시하려하자 사족들의 반대가 극심했다. 후쿠자와 유키치는 여기서 사족들이 폐도령에 극렬하게 반대하는 것을 혹닉 때문이라고 비판하고

고 오직 그 물건만 중요시하는 습관에 빠져 있었을 뿐. 그 습관이 바로 혹닉이다. 지금 태평한 사족을 향해서 그 검을 차는 까닭을 힐문詰問하면 틀림없이 조상 대대로의 관습舊慣이라거나 사족의 기장紀章이라고 핑계遁辭 댈 뿐 다른 명쾌한 답변이 나올 리 없다. 그 누가 대도의 실용성을 들어 이 힐문에 제대로 대답할 수 있겠느냐. 이것을 관습이라고 말하고 또 기장이라고 말할 때에는 이미 그 물건은 없어도 되는 것이다. 혹시 만약 없앨 수 없는 실용성이 있다면 그 취지를 바꾸어 실질적인 공용만 남겨둬도 된다. 어떤 구실을 꾸며도 대도를 사족의 천품이라고 말할 이치는 없다.

정부 또한 이와 마찬가지다. 세계 만국萬國의 어느 지방에서든지 애초에 정부를 세우고 한 나라의 체재를 마련하는 까닭은 그 나라의 정권을 온전하게 하여 국체를 지키기 위해서이다. 또 정권을 유지하기 위해서는 당연히 그 권위가 없으면 안 된다. 이것을 정부의 실위實威라고 말한다. 정부의 쓰임用은 단지 이 실위를 주장하는 일 하나에 있을 뿐이다.

그리고 개벽 직후 초매草昧의 세상에서는 모든 인민이 사물의 이치에 어둡고 겉으로만 외복畏服한 것이기에 이들을 다스리는 법 또한 자연스럽게 그러한 흐름에 따라서 때로는 도리에 벗어난 위광威光을 사용하지 않을 수 없었다. 이를 정부의 허위虛威라고 말한다. 물론 그 시대의 민심을 바로잡기 위해 어쩔 수 없었던 권도權道[156]로서 인민을 위해 꾀해졌고, 동족을 서로

---

있다. 유신정부는 1870년 서민의 칼 휴대를 금지하였고, 1872년에는 사족이 상두글 하지 않고 칼을 차지 않아도 될 자유를 보장하는 '산발탈도령(散髮脫刀令)'을 발표하였다. 이어 1876년 3월 28일에는 '大禮服竝ニ軍人警察官吏等制服著用ノ外帶刀禁止'라는 이름의 태정관 포고령(太政官布告)을 발표하여 군인, 경찰, 관리 등이 예복을 입을 때 등을 제외하고는 칼의 휴대를 전면적으로 금지하였다.

156 '권도'는 '상도(常道, 經)'와 대비되는 개념이다. '상도'는 어떤 상황이 닥쳐도 변함없이 지켜야 하는 도로써 유학에서 일반적으로 얘기하는 도를 말한다. 반면 '권도'는 비상상

잡아먹던 금수의 세계를 벗어나 차츰 순종의 걸음마를 배우는 것이었기에 이를 책망할 건 아니지만, 인류의 천성을 보면 권력權力을 가진 자는 자연스럽게 그 권력에 빠져 사심私을 제멋대로 부리는 통폐通弊에서 벗어나지 못한다.

이를 비유하자면 술을 즐기는 자가 술을 마시면 그 술의 취기에 편승하여 다시 술을 찾고 흔히 술이 사람에게 술을 마시게 만드는 것처럼, 저 권력자有權者도 한번 거짓虛으로 위권威權157을 얻으면 그 허위虛威가 통함에 편승하여 또 다시 허위를 부리고 허위가 사람에게 더 마음대로 허위를 부리게 만들며, 습관이 오래되면 마침내 거짓虛으로 정부의 체재를 이루고, 그 체재에 천태만상의 수식을 붙여 수식이 점점 더 번다해지면 더욱더 세상 사람들의

황이 닥쳤을 때 그에 맞춰 일시적인 방편으로 대응하는 도를 가리킨다. 맹자는 순우곤(淳于髡)의 물음에 답하면서 권도를 설명하고 있다. 순우곤이 남녀가 서로 가까이 하면 안 되는 예법에도 불구하고 물에 빠진 형수를 손으로 잡아 구해도 되느냐고 묻자, 맹자는 물에 빠진 형수를 손으로 잡아 구하는 것은 '권도'이며, 물에 빠진 천하를 구하는 것은 '도'라고 대답한다. 『맹자』「이루」편-상 제17장에 있다. 원문은 다음과 같다. "淳于髡曰 男女授受不親 禮與 孟子曰禮也 曰嫂溺則援之以手乎 曰嫂溺不援 是 豺狼也 男女授受不親 禮也 嫂溺 援之以手者 權也 曰今天下溺矣 夫子之不援 何也 曰天下溺 援之以道 嫂溺 援之以手 子欲手援天下乎."(성백효, 『맹자집주』, 앞의 책, 309쪽) 이와 관련하여 맹자는 양자와 묵자를 비판하면서, 한 가지에 집착하여 백 가지를 잃어버리면 안 되며, 양 극단이 아니라 그 중간을 잡고 상황에 따라 시의 적절하게 대응하는 권도의 중요성을 강조하고 있다. 『맹자』「진심」편-상에 나온다. 원문은 다음과 같다. "孟子 曰 楊子 取爲我 拔一毛而利天下 不爲也 黑子 兼愛 摩頂放踵 利天下 爲之 子莫 執中 執中 爲近之 執中無權 猶執一也 所惡執一者 爲其賊道也 擧一而廢百也."(위의 책, 554~556쪽) 한편에도시대의 고학자 이토 진사이도 『논의고의』에서 탕무의 방벌을 권도에 비유하여 설명하고 있다.(이토 진사이, 장원철 역, 『논어고의』상, 소명출판, 2013, 418~421쪽) 후쿠자와는 본문에서 초매의 시대에는 '도(상도)'는 아니지만 민심을 유지하기 위해 어쩔 수 없이 정부의 허위라는 '권도'를 사용할 수밖에 없었던 현실을 비유하여 설명하고 있다. 물론 당연히 '권도'라고 해서 쉽게 실행할 수 있는 것은 아니다. 공자는 이 '권도'의 어려움에 관해 「자한」편에서도 설명하고 있다. 공자는 같이 배워도 도리를 같이 깨닫기는 어려우며, 같이 깨달아도 함께 입신하기는 어렵고, 함께 입신해도 권도를 행하기는 더더욱 어렵다고 말하고 있다.(성백효, 『논어집주』, 앞의 책, 264~265쪽)
157 다른 사람을 두려워하게 만들어 복종시키는 힘을 말한다.

이목을 현혹시키고, 돌아보면 있어야 할 실용은 잃어버리고, 그저 수식으로 꾸며진 외형만을 보고 이를 일종의 금과옥조로 생각하며, 이를 아끼고 보호하기 위해 다른 이해와 득실은 버리고 묻지 않는 지경에까지 이르면 때로는 군주와 인민의 관계를 다른 부류의 관계인 것처럼 여겨 억지로 그 구별을 만들어 내어 위계, 복식, 문서, 언어 등 모든 것에서 상하의 격식定式을 세우는 것이다. 이른바 주당周唐의 『예의禮儀』[158]라는 게 바로 이것이다. 때로는 근거도 없는 불가사의를 외치며 그 군주는 하늘로부터 직접 천명을 받았다고 말하고, 그 선조는 영산靈山에 올라 천신과 언어言語를 나누었다고 말하고, 꿈을 말하고 신탁을 외치면서도 태연해하며 조금도 이상하게 여기지 않는다. 이른바 신정정부神政府라는 게 바로 이것이다. 이들은 모두 정부가 지켜야 할 실위의 취지를 잊고 지킬 수 없는 허위에 혹닉된 망탄忘誕[159]이라고 말해야 할 것이다. 허와 실이 서로 갈라지는 곳이 바로 여기에 있다.

---

158 '주당의 『예의』'란 주나라와 당나라의 『예의』를 가리키는 말이다. 『예의』란 관제 및 의례의 격식에 관한 책을 말한다. 중국에서는 고대부터 이런 '예의'가 매우 세부적이고 복잡하게 정해져 있었다. 이는, 『중용』 제27장에 '예의가 3백 가지요, '위의(威儀)'가 삼천 가지'라는 문장을 미뤄 봐도 알 수 있다. 예의의 개수가 3백 가지이고 그 세부적인 행동규범은 3천 가지라는 의미이다. 이 문장의 원문은 다음과 같다. "大哉 聖人之道 洋洋乎 發育萬物 峻極于天 優優大哉 禮儀三百 威儀三千 待其人而後行 故 苟不至德 至道不凝焉."(성백효, 『대학·중용집주』, 앞의 책) 이 문장을 해석하면 다음과 같다. "크도다 성인의 도여 양양하여 만물을 발육시키고, 하늘 끝까지 솟아 크게 돋보이는구나. 예의는 삼백 가지이고 위의는 삼천 가지이니. 그 성인이 오기를 기다린 후에야 행해질 수 있도다. 따라서 말하노니, 진실로 지극한 덕이 아니라면 지극한 도에 이를 수 없다." 이 문장을 자세히 읽어 보면, 『논어』와 달리 『중용』은 도덕철학을 넘어 관념적이고 종교적인 색채가 강함을 알 수 있다. 한편 유학에서 '예'를 제정한 사람은 주공이고, 주공이 제정한 '예'를 기록한 책이 『주례』와 『의례』이다. 『주례』는 주나라의 관제에 관한 '예의'이다. 본문에서 이야기하고 있는 '주당의 예의'란 이 『주례』와 당나라 현종 때 제정된 『대당육전(大唐六典)』을 합쳐 일컫는 말이다. 본문에서 알 수 있듯이, 후쿠자와는 여기서 '주당의 예의' 역시 야만시대의 특징이며, 허위에 지나지 않는다고 비판하고 있다. 이는 그가 끊임없이 시도했던, 혹닉에 대한 일종의 이데올로기 비판이라고 말할 수 있다.
159 근거 없는 말로 남을 현혹하는 것, 또는 그 이야기를 가리킨다.

## | 문명은 국체를 지키는 수단이다

이 망탄도 상고上古시대 같은 망탄의 세상에서는 또 일시적인 술책術이 되지만 사람의 지혜가 차츰 열리게 되면 이러한 술책을 다시는 쓸 수가 없다. 지금 같은 문명 세상에서 의관이 미려하다거나 관아官衙가 어리어리하다는 것만으로 어찌 사람의 눈을 현혹시킬 수 있겠느냐. 헛되이 식자층의 비웃음만 살 뿐이다. 가령 문명에 눈을 뜬 식자識者는 아니더라도 문명의 사물을 견문한 자는 그 이목이 저절로 고상하게 나아지기 때문에 이들에게는 결코 망탄을 강요할 수 없다. 이러한 인민을 다스리는 방법法은 오로지 도리에 바탕한 약속을 정하여, 정법政法의 실위로써 이를 지키게 하는 방법術 하나뿐이다. 지금 세상에서는 7년의 큰 가뭄大旱160 끝에 제단을 쌓고 비를 기원한다고 해도 비가 오지 않을 것임은 모두 다 알고 있다. 군주가 몸소 오곡의 풍년을 기원한다고 해도 과학化學의 법칙定則은 움직이지 않는다. 인류의 기도로는 한 톨의 좁쌀도 늘릴 수 없다는 이치는 학교 다니는 어린 아이들도 분명하게 안다. 옛날에는 바다에 검을 던져 파도를 물리친 적161이 있었지만 지금의 파도에는 조수 간만의 시각이 정해져 있다. 과거에는 보랏빛 구름162이

---

160 중국 고대 은나라 탕왕의 치세에 7년 동안 가뭄이 지속되자, 탕왕이 하늘에 기도를 올려 큰 비를 내리게 했다는 고사를 말한다. 이 일화는 하(夏) 나라 우왕 치세 때 5년(혹은 10년) 동안이나 계속된 큰 비와 함께 많이 거론된다. 『관자』의 「산권수(山權數)」편, 『순자』의 「부국(富國)」편 등에 기록되어 있다.

161 1333년 고다이고 천황이 가마쿠라 막부를 토벌하기 위해 거병했을 때의 고사에서 나온 것이다. 닛타 마사요시가 이나무라가사키(稲村ヶ崎)에서 바다에 막혀 가마쿠라로 진격할 수 없게 되었는데, 이때 용왕에게 기도를 올리고 칼을 바다에 던지자, 바닷물이 열리고 바닥이 드러나 건너 갈 수 있었다고 한다. 『태평기』제10권, 『일본외사』제6권 등에 나온다.

162 동양에서는 전통적으로 보랏빛을 상서로운 색으로 보았다. 따라서 보랏빛 구름은 상서로운 구름으로, 덕이 높은 군자가 있는 곳임을 뜻한다. 복식에서도 보랏빛 색은 가장 높은 신분에 해당하는 사람이 착용하는 색이었다.

길게 펼쳐져 있음을 보고 영웅의 소재를 알았지만 지금은 구름 속에서 인물을 구할 수 없다. 이는 고금의 사물에 다른 이치가 있기 때문이 아니라 고금의 사람의 지혜 수준品位이 달라졌음을 증거해 준다. 인민의 품행이 차차 고상하게 나아지고 나라 전체의 지력이 늘어서 정치가 실질적인實 권위를 얻게 됨은 나라를 위해 축하해야 할 일이지 않겠느냐.

그런데도 지금 실實을 버리고 허虛로 나아가고, 외형을 꾸미기 위해 거꾸로 사람들을 점점 더 어리석음疑愚으로 이끄는 건 아주 심한 혹닉이다. 허위를 주장하려거든 아래 백성下民을 어리석게 만들어서 개벽한 처음으로 돌려놓은 것이 상책이리라. 인민을 어리석게 돌려놓으면 정치의 힘은 점점 쇠약해질 것이다. 정치의 힘이 쇠약해지면 그 나라는 나라가 아니다. 그 나라가 나라가 아니면 나라의 실체體는 있을 수 없다. 이와 같은 일은 곧 국체를 보호하려다가 거꾸로 스스로 국체를 해치는 일이다. 앞뒤사정이 서로 맞지 않다고 할 수 있다.

예를 들어 영국에서도, 그 옛날 선왕先王의 유지를 이어서 전제적 군주제의 고풍古風을 기필코 지키려고 했더라면 그 왕통이 이미 벌써 절멸되었을 것임은 당연히 두말할 필요가 없다. 지금 그것이 그렇게 되지 않은 까닭은 무엇이겠느냐. 왕실이 허위를 줄이고 민권을 고양하며, 전국의 정치에 실질實을 중요시하는 세력을 늘려 그 국력과 더불어 왕위도 견고하게 하였기 때문일 따름. 왕실 보호의 상책[163]이라고 말할 수 있다. 국체는 분명 문명에 의해 손상되는 것이 아니다. 실제實로는 문명의 도움으로 가치를 늘리는 것이다.

---

[163] 왕실에 관한 후쿠자와의 논의는 뒤에 「제실론(帝室論)」에서 구체적으로 전개된다. 이 논문은 베젯(Baghet)의 『영국헌정론』에서 아이디어를 얻어 쓴 것이다. 월터 배젓, 이태숙 · 김종원 역, 『영국 헌정』, 지식을만드는지식, 2012. 참고.

세상의 어떤 인민이더라도 고습에 혹닉하는 자는 반드시 그 일事의 유래
가 오래되고 긴 것을 자랑하고 그 연면함이 더 오래될수록 이를 귀하게 여기
는 것 또한 점점 더 심해져 그 모습이 마치 호사가가 옛 물건古物을 두고 기
뻐하는 것과 같다. 인도 역사에 전해 내려오는 이야기가 있다.[164] 이 나라의
초대 국왕은 프라자마 라쟈Prathama the Rajah[165]라고 하는데, 성덕聖德의 군
주다. 이 군주가 즉위하였을 때 그의 나이는 200만 세, 재위를 630만 년 한
뒤 왕위를 왕자에게 넘겨주었으며 10만 년을 더 살다가 세상을 떠났다고 전
한다. 또 이 나라에는 『마누』[166]라고 부르는 전적典籍이 있다고 한다.

인도 구전에 이 전적은 조화의 신인 브라마의 아들 '마누'로부터 받은 것이기에 이
런 이름이 붙여졌다고 한다. 서양력으로 서기 1794년에 영국인 존스(Sir William
Jones)[167] 씨가 이 책을 영문으로 번역하였다. 책 내용은 신도전제(神道專制)의 학
설을 정교하게 기술한 것인데, '수덕(修德)(덕을 닦음)'에 관한 항목은 매우 엄정하

---

**164** 이 부분은 버클이 『영국문명사』 제2장에서 유럽문명에 고유한 이해(understanding)
와 유럽 이외의 문명을 지배하는 상상(imagination)을 비교, 설명하는 내용에서 가져온
것이다.(Henry Thomas Buckle, 앞의 책, pp.97~98)

**165** 인도 신화의 창조신인 첫 번째 왕(梵天)을 가리킨다. 산스크리트어로 프라자마는 첫 번
째를, 라쟈는 왕을 의미한다. 프라자마는 한자로는 '波羅舍摩'라고 쓴다.

**166** 인도의 『마누법전』을 말한다. 『마누법전』은 기원전 1250~1000년에 걸쳐 만들어진 인
도 고대의 법전이다. 한글로도 번역되어 있다. 전체 12장에 2,684조로 구성되어 있으며
산스크리트로 쓰여 있다.(이재숙·이광수 역, 『마누법전』, 한길사, 1999)

**167** 영국의 문헌학자 윌리엄 존스 경(1746~1794)을 말한다. 『마누법전』을 영어로 처음
번역하였다. 살아있는 동안 그리스어, 페르시아어, 아랍어 등 13개 나라의 언어를 자유롭
게 구사했고 그 밖에, 28개 나라의 언어를 어느 정도 구사했다고 한다. 1783년 인도 캘커
타 최고법원 판사로 부임한 뒤 인도 고전에 매력을 느껴 이듬해 아시아회(Asiatic
Society)를 만들어 연구를 시작했다. 인도 고대 음악, 고대 동식물을 처음 연구했으며,
『마누법전』 외에도 산스크리트어로 쓰진 많은 인도 고전을 영어로 번역했다. 또한
*The Sanskrit Language*(1786)을 저술하여 산스크리트어가 그리스어, 라틴어와 매우 유
사하며, 같은 뿌리를 가지고 있음도 밝혀내었다.

고 논의 수준 또한 높으며 그 내용 중에는 예수의 가르침과 부합하는 것도 매우 많이 있다. 그 부합함은 가르침의 내용뿐만 아니라 문장까지 비슷할 정도이다. 예를 들어 『마누』의 문장에서 말하길, 남에게 상처 입은 듯이 대하여 불평을 호소하게 만들지 말라. 실제로 남을 해치지 말 것이며 또한 마음으로도 남을 해치지 말라. 남을 모욕하지 말라. 남에게 모욕당해도 참을지어다. 화를 당해도 화로써 화를 갚지 말라 등등. 또 예수교의 「시편(psalmist)」과 『마누』의 문장(文)과 자구(字)들에도 서로 비슷한 것이 있다. 「시편」 문장에서 말하길, 어리석은 사람은 스스로 자신의 마음에 고하길 신(God)은 없다고 말한다고 한다. 『마누』 문장에서는 말하길, 악인은 스스로 자신의 마음에 고하길 누구도 자신을 볼 수 없다고 말하지만 신은 이를 보고 뚜렷이 분별하시며 게다가 마음 속 생각도 알고 계신다고 말한다. 두 책의 부합함이 이러하다. 이상 브랜드 씨의 『백과사전(韻府)』[168]에서 초역.

이 전적이 인간 세계에 주어진 것은 지금으로부터 대략 20억 년 전의 일이라고 한다. 아주 오랜 책이라고 말할 수 있다. 인도 사람들이 이 귀한 전적을 지키고 이 오랜 국풍國風을 유지한 채 높은 베개를 베고 편안히 잠자던 그 사이에 정권은 이미 서양인에게 뺏겼고, 신령한 대국은 영국의 부엌이 되었으며, 프라자마 라쟈의 자손은 영국 사람의 노예가 되었다. 더욱이 그렇게 600만 년이라고 말하고 20억 년이라고 큰소리치며 천지와 더불어 오래되었다는 자부심은 당연히 황당무계한 만언慢語[169]으로서 그 전적의 유래도 실제로는 3천 년보다 더 오래 되지는 않았는데 잠시 기만해져 그렇게 이야기한 것이다. 여기에서 인도의 600만 년에 대해 아프리카에서는 700만 년 된 것이 있다고 말하

---

168 Brande. W. T · G. W. Cox, *A Dictionary of Science, Literature, and Art* 3, London : Longmans Green Co., 1865~1867.
169 '교만에 찬 말'이라는 의미이다.

고 그 20억 년에 대해서는 우리는 30억 년이라고 말하는 자가 나타난다면 인도 사람도 입을 닫지 않을 수 없다. 결국 어리석은 아이들의 말장난일 뿐.

또 한마디 말로 그 자부심을 꺾어 버릴 수도 있다. 말하자면, 천지의 구조는 영원 광대한 것인데 어찌 구구하게 전적의 계통과 그 장단을 다투겠느냐. 조물주造化의 일순一瞬[170]에 홀연히 억만 년이 지나가 버리고 저 20억 년의 세월은 그저 이 순간의 아주 작은 한 조각一小刻일 뿐인데 이 작은 한 조각의 시각을 무익한 논의에 허비하면서 오히려 문명의 대계를 잊어버리는 것은 경중을 구별할 줄 모르는 일이라고. 이 한마디를 듣는다면 인도 사람도 다시는 입을 뗄 수 없을 것이다. 따라서 세상 사물은 단지 오래됨만으로는 가치를 만들 수 없다.

앞에서 말했듯이, 우리나라의 황통은 국체와 더불어 연면하여 외국에는 비교할 곳이 없다. 이를 우리나라에만 유일한 군국君國 병립[171]의 국체라고 말할 수 있다. 그렇지만 설령 이 병립을 유일한 국체라고 해도, 이를 묵수墨守[172]하며 물러섬은 이를 활용하여 나아감만 못하다. 이를 활용하면 장소에 따라 큰 공능을 이룰 수 있다.

그러므로 이 군국병립이 귀한 까닭은 예로부터 우리나라에 고유했기 때문에 귀한 게 아니라 이를 유지하면서 우리 정권을 지키고 우리 문명을 나아

---

170 '일순'이란 눈을 한 번 깜박거리는데 걸리는 시간 즉, '아주 짧은 시간'을 의미한다.
171 '군'은 '쇼군'을, '국'은 '번'을 의미한다. 따라서 군국병립체제란 쇼군의 중앙권력과 다이묘의 지방권력이 서로 병존하면서 일본 전체를 지배했던 막번체제를 가리킨다. 여기서 후쿠자와는 폐번치현으로 군국병립체제가 해체되고, 대신 천황제 중앙정부가 수립된 상황에서, 구체제를 묵수하려고 할 것이 아니라 실질적인 공용만 남기고 개혁함으로써 문명과 병립하도록 해나가야 함을 역설하고 있다.
172 중국 춘추전국시대의 사상가인 묵자(墨子)가 자기 성을 끝까지 굳게 지켰다는 고사에서 나온 말이다. 자신의 생각이나 입장을 굳게 지킴을 가리킨다.

가게 했기 때문에 귀한 것이다. 사물物이 귀한 게 아니라 그 기능働이 귀한 것이다.[173] 마치 가옥의 외형을 귀하게 여기지 않고 비와 이슬을 막아주는 공용을 귀하게 여기는 것과 같다. 만약 선조로부터 전래된 집 짓는 방식이라고 하여 그 집의 외형만 귀하게 여긴다면 종이로 집을 지어도 되지 않겠느냐. 그러므로 군국병립의 국체가 만약 문명에 맞지 않다면 그것이 맞지 않은 까닭은 틀림없이 관습이 오래되는 사이에 생긴 허식과 혹닉에서 비롯된 것이므로, 단지 그 허식과 혹닉은 덜어내고 실질적인 공용은 남겨서 정치의 모습을 차차 개혁해 나아간다면 국체와 정통 그리고 혈통 이 삼자는 서로 어긋나지 않고 지금의 문명과 함께 병립할 수 있을 것이다.

예를 들어 지금의 러시아에서 오늘 자신의 정치를 개혁하여 내일부터 영국의 자유로운 방식을 따르려고 한다면 실제로 이룰 수 없을 뿐만 아니라 당장 나라에 큰 해가 미칠 것이다. 그런 해가 미치는 까닭이 무엇이겠느냐. 러시아와 영국 두 나라의 문명은 진보의 수준이 다르고 그 인민의 지우智愚에도 차이가 있어서 지금의 러시아에는 지금의 정치가 정말로 그 문명에 맞는 것이기 때문일 따름. 그렇긴 하지만 러시아가 영원토록 낡은 허식을 묵수하고 문명의 득실을 헤아리지 못한 채 기어이 고유의 정치를 떠받들게 함은 결코 바라는 일이 아니며, 단지 자신의 문명 수준을 잘 살펴서 문명으로 한 걸음 나아가면 정치 또한 한 걸음 나아가 문명과 정치가 발걸음을 서로 맞추며 나란히 나아가길 바랄 뿐. 이 일에 관해서는 다음 장의 끝부분에서도 논하였다. 이를 참고하기 바란다(이 책에서 서양이라고 말하든 유럽이라고 말하든 그

---

173 이 유명한 문장은 『학문의 권장』 「초편」에도 나온다. 원래는 영국의 챔버스 형제가 간행한 교과서에 있는 문장이다. *Chambers's Educational Course, The Moral Class Book*, London · Edinburgh : William and Robert Chambers, 1871, pp.39~40.

의미는 같다. 지리를 나타낼 때는 유럽과 아메리카로 구별하였지만, 문명을 논할 때에는 아메리카의 문명도 그 원천은 유럽에서 옮아간 것이기에, 유럽문명이란 유럽풍의 문명이라는 의미일 뿐이다. 서양이라고 말하는 것도 이와 같다).

# 제3장

# 문명의 본지本旨를 논함

## ┃ 문명의 정의

앞 장의 논의를 이어가려면 지금 이 장은 서양문명의 유래를 논해야 할 자리이지만, 이를 논하기 전에 먼저 문명이 어떤 것物인지를 모르면 안 된다. 그것物을 형용하기는 참으로 어렵다. 단지 형용하기 어려울 뿐 아니라, 심한 경우에는 세론에 문명이 옳니 그르니 하는 다툼이 생길 수도 있다. 생각건대 이런 논쟁이 일어나는 까닭을 찾아보면, 본래 문명이라는 자의字義는 좁게 풀이할 수도 있고 또 넓게도 풀이할 수 있다. 좁은 자의에 따르면 사람의 힘으로 쓸데없이 인간의 수요需用를 늘리고 의식주의 겉치레虛飾를 많이 한다는 뜻으로 풀이할 수 있다. 또 넓은 자의에 따르면 의식주의 안락뿐만 아니라 지혜를 갈고 덕을 닦아서 인간이 고상한 지위로 올라간다는 뜻으로 풀이할 수 있다. 학자들이 만약 이처럼 좁고도 넓은 자의에 눈을 둔다면 두 번 다시 수다스런 논쟁을 벌이지 않아도 될 것이다.

무릇 문명이란 상대적인 말로서 그것이 이르려는 곳에 한계가 없다. 그저 야만상태를 벗어나 차츰 나아지는 것을 말할 뿐이다. 원래 인류는 서로 사귐을 본성으로 삼는다. 혼자 고립되어 있을 때에는 재능과 지혜才智가 발생할 까닭이 없다. 가족은 서로 모여도 인간의 교제를 다 이루기에는 아직 부족하다. 세간이 서로 교류하고 인민이 서로 만나며, 그 교제가 차츰 넓어지고 법이 차츰 가지런해짐에 따라 인정은 점점 부드러워지고 지식은 점점 열린다. 문명[174]이란 영어로 '시빌라이제이션civilization'이라고 말한다. 바로 라틴어의 '키비타스civitas'에서 온 것으로 나라國라는 뜻이다. 따라서 문명이란 인간교제가 차츰 개선되어 가는 상황을 형용하는 말로서, 야만 무법의 고립獨立과 반대로 한 나라로서의 체재를 이루고 있음을 뜻한다.[175]

문명이란 것物이야 지극히 크고 중요하며 인간만사 모두 이 문명을 목적으로 삼지 않는 게 없다. 제도든 학문文學이든, 상업商賣이든 공업이든, 전쟁이든 정법政法이든, 이를 개괄하여 서로 비교할 때에는 무엇을 목적으로 삼아 이해득실을 논할 것인가. 오직 문명이 앞으로 잘 나아가도록 하는 것을 가리켜 이利라고 하고 득得이라고 하고, 문명을 뒷걸음치게 하는 것을 가리켜 해害라고 말하고 실失이라고 말할 따름.

문명은 마치 큰 극장과 같고, 제도, 학문, 상업 등은 배우와 같다. 이 배우들은 각자 숙련된 기예를 다해 한 막段의 연기를 펼치는데, 극의 취지에 맞춰 진정眞情을 잘 그려내어 관객을 감동시키는 자를 이름하여 명배우라고 한다. 진퇴의 때를 그르치고 언어에는 가락이 없으며, 웃음은 꾸민 듯하고 울음에는 감정이 없어 연극의 전체적인 구성이 이 때문에 정취를 잃도록 하는 자를 이름하여 삼류 배우라고 말한다. 때로는 그 우는 것과 웃는 것이 생생하고 뛰어나도 때와 장소를 그르쳐 울어야 할 때에 웃고 웃어야 할 때에 우

---

174 라틴어로 '키비타스'는 물질문명과 정신문명을 모두 포괄하는 개념이다. 이 '키비타스'가 독일에서는 정신문명을 강조하는 '문화(Kultur)'라는 개념으로, 프랑스에서는 정신문명과 물질문명을 모두 포괄하는 '문명(civilization)'이라는 개념으로 발전하였다. 후쿠자와 유키치는 이 중 프랑스식의 '문명' 개념을 받아들였다.
175 이 문단은 기조의 『유럽문명의 역사』 제1강을 참고한 것이다.(프랑수아 기조, 임승휘 역, 앞의 책)

는 자도 마찬가지로 삼류 배우라고 말할 수 있다.

문명은 마치 바다와 같고 제도, 학문 등은 강과 같다.[176] 바다로 강물을 많이 흘려보내는 강을 큰 강大河이라고 이름하고, 바다로 강물을 적게 흘려보내는 강을 이름하여 작은 강小河이라고 말한다. 문명은 또 마치 창고와 같다. 인간의 의식, 생업渡世 자본, 생생한 기력, 모두 다 이 창고 안에는 없는 게 없다. 인간의 사물事物 중에 때로는 싫어할 만한 것이 있어도, 조금이나마 이 문명을 돕는 공功이 있다면 이를 잊고 따지지 않는다. 예를 든다면 전쟁이나 내란 같은 것 아니겠느냐. 또한 심지어는 독재나 폭정 같은 것도 세상의 문명을 진보하도록 하는 데 도움이 되어 그 공능이 세상에 눈에 띄게 드러나는 때가 되면 절반은 지난날의 추악함을 잊고 이를 비난하지 않는다. 그러한 사정은 마치 돈으로 물건을 살 때에는 가격이 지나치게 비쌌어도, 그 물건을 쓰면서 편리함을 많이 누리게 되면 절반은 지난날의 손해를 잊어버리는 것과 같다. 이것이 바로 세간의 인지상정이다.


## 불문不文의 사회상황

이제 몇 단계의 상황問題을 설정하여 문명이 있는 곳을 자세히 알아보자.[177]

첫째 여기 한 무리一群의 인민人民이 있다. 그 외형은 안락하고 쾌활하며, 조세는 가볍고 노역은 적으며, 재판은 공정하지 않음이 없고 징악懲惡의 도

---

176 위의 책, 33~34쪽.
177 여기서 예로든 4가지의 사회 상태는 프랑수아 기조의 『유럽문명의 역사』 제1강의에서 인용한 것이다. 기조는 여기서 문명으로 볼 수 없는 4가지 형태의 사회를 먼저 보여준 뒤, 문명사회의 모습에 관해 본격적으로 설명하고 있다. 4가지 사회 상태는 각각 거기에 조응하는 정치체제를 가지고 있다. 첫째는 작은 귀족정치, 둘째는 신권정치, 셋째는 힘과 우연이 지배하는 제국, 넷째는 원시부족 사회를 가리킨다.(위의 책, 36~38쪽)

리는 행해지지 않음이 없어, 개괄하여 말하자면 인간의 의식주에 관한 상황이 잘 정비되어 있어 따로 하소연할 게 없다. 그렇지만 단지 의식주의 안락만 있을 뿐으로, 특히 지덕이 발생하는 힘을 폐쇄하여 자유自由를 주지 않고, 백성 보기를 소와 양 같이 하여 이들을 돌보고 기름에 그저 추위와 배고픔에만 주의를 기울일 뿐. 그 사정을 보면 단지 위에서만 억압하는 유형이 아니라 주위 사방팔방에서 압착하는 것과 같은데, 옛날 마쓰마에松前178가 에조 사람을 이렇게 취급했다. 이를 문명개화라고 말할 수 있겠느냐. 이런 인민 사이에서 지덕이 진보하는 모습을 볼 수 있을 리야 없다.

둘째 여기 또 다른 한 무리의 인민이 있다. 그 외형의 안락함이 첫 번째 인민에게는 미치지 못하지만 또 참을 수 없는 건 아니다. 안락함이 적은 대신 지덕의 길이 완전히 막혀 있지는 않다. 인민 중에 때로는 고상한 학설을 내놓는 사람이 있고, 종교宗旨나 도덕론 또한 진보하지 않는 건 아니다. 하지만 자유의 대의는 털끝만큼도 행해지지 않고, 만사事事物物가 다 자유를 막으려는 데에만 주목할 뿐. 인민 중에 간혹 지덕을 갖춘 자가 있어도 그가 지덕을 갖춘 것이야 마치 빈민이 구호용 밥과 옷을 얻는 것과 같아서 스스로 갖춘 것이 아니라 남에게 의존하여 갖추었을 따름. 인민 중에 간혹 도리道를 구하는 자가 있어도 그가 도리를 구하는 것이야 자신을 위해 구하는 것이 불가능하여 남을 위해 구하는 것이다. 아시아 여러 나라의 인민이 신정정부 때

178 마쓰마에는 일본 에도시대 홋카이도(北海道) 남부에 있던 지역으로, 지금의 홋카이도 마쓰마에군 마쓰마에초(町)에 해당한다. 번주는 마쓰마에 가문이다. 영지 내에 후쿠야마 성이 있었기 때문에 후쿠야마번(福山藩)으로도 불렸다. 메이지유신 뒤 다테 성으로 옮겨, 다테번(館藩)으로 불렸다. 마쓰마에의 영주는 도자마 다이묘로, 이 지역에 쌀이 생산되지 않아 에도막부 초기에는 석고를 정하지 못하였다. 그 뒤 에조와의 무역 등 상업 활동을 통해 생긴 이익을 쌀 생산량으로 환산하여 1만 석으로 정해졌으며, 막부 말기에 상업 활동이 왕성해지면서 다시 3만 석으로 승격되었다.

문에 속박을 당하여 활발한 기상을 모조리 다 잃어버리고 작은 벌레가 꼼지락거리듯이[179] 극단적인 무지와 비굴에 빠져 버린 게 바로 이것이다. 이것을 문명개화라고 말할 수 있겠느냐. 이런 인민 사이에서 문명이 진보한 흔적을 볼 수 있을리야 없다.

셋째 여기 또 다른 한 무리의 인민이 있다. 그 모습은 자유자재自由自在하지만 털끝만큼도 사물의 순서가 없고 털끝만큼도 동권同權의 취지를 볼 수 없다. 대大는 소小를 제어하고, 강强은 약弱을 억누르고, 세상一世을 지배하는 것은 오로지 폭력일 뿐. 예컨대 과거 유럽의 형세가 이러했다. 이를 문명개화라고 말할 수 있겠느냐. 비록 문명의 씨앗이 그 안에 품어져 있다고 해도 정말로 이러한 모습을 이름하여 문명이라고 말할 수는 없다.

네 번째 여기 또 다른 한 무리의 인민이 있다. 사람들이 자신의 신체를 자유롭게 하여 이를 막는 자가 없고, 사람들이 자신의 힘을 다 드러내어 대소 강약의 차이가 없다. 가기 원하면 가고, 멈추기 원하면 멈추며, 저마다 권의權義[180]를 달리하는 게 없다. 그렇지만 이 인민은 아직 인간교제의 맛을 모르고, 저마다 그 힘을 한 사람을 위해 쓸 뿐 전체의 공리公利에는 눈을 두지 않으며, 나라一國가 어떤 것物인지 모르고 교제가 어떤 일事인지 변별하지 못하

---

179 원문에는 '준이(蠢爾)'로 되어 있다. 벌레 같은 것이 꼼지락거리는 것을 말한다. 여기서는 무지하고 하찮은 사람들의 행동을 비유하는 말로 쓰고 있다.

180 '권의'는 'right'의 번역어 중 하나다. 'right'는 '개인의 권리'이며, 집합개념으로서 인민의 권리라는 의미는 갖고 있지 않다. 즉 인민의 권리 또는 시민의 권리가 아닌 'individual'의 권리다. 개인과 시민의 권리가 구분되지 않았던 메이지 초기에는 이러한 혼란으로 인해 개인의 권리인 '인권'과 시민의 권리인 '참정권'이 구분되지 않은 채 쓰였다. 참정권은 당시 자유민권운동의 주요한 이슈였다. 다만 후쿠자와 유키치는 두 단어를 정확히 구분하여 사용하였다.(마루야마 마사오 · 가토 슈이치, 임성모 역, 앞의 책, 88~91쪽: 리디아 류, 차태근 역, 『충돌하는 제국』, 글항아리, 2016)『충돌하는 제국』의 부록에는 아편전쟁 이후 주요 한자의 영어 번역이 실려 있다. 여기에는 '권리'가 'right and privilege'로 번역되어 있다.

며, 대대손손 태어나고 또 죽고, 죽고 또 태어나며, 그들이 태어났을 때의 모습은 죽을 때의 모습과 다르지 않고 몇 세대를 거친다고 해도 그 땅위에서 인간의 생생한 흔적을 찾아볼 수가 없다. 예를 들어 방금 야만의 인종이라고 외친 게, 바로 이것이다. 자유동권의 기풍이 없지는 않지만, 이를 문명개화라고 말할 수 있을 리야 없다.


## | 문명은 지덕의 진보다

위의 사례를 보면 네 가지 중 어느 하나도 문명이라고 일컬을 만한 것이 없다. 그렇다면 무엇을 가리켜 문명이라고 이름할 수 있겠느냐. 말하자면 문명이란 사람의 몸을 안락하게 하고 마음을 고상하게 함을 말한다. 입고 먹는 것衣食을 여유롭게 하고 인품을 귀하게 함[181]을 말한다. 혹시 신체의 안락함만으로 문명이라고 말할 수 있겠는가. 인생의 목적은 입고 먹는 것뿐만이 아니다. 만약 입고 먹는 것만을 목적으로 삼는다면 인간은 그저 개미와 같고 또 꿀벌[182]과 같을 뿐. 이를 하늘의 약속[183]이라고 말할 수는 없다. 아니면 마음을 고상하게 하는 것만으로 문명이라고 말할 수 있겠느냐. 천하 사람이 모두 허름한 동네(누항陋巷)에서 물을 마시며 살던 안회顔回[184]와 같이 되어서

---

181 이 문장은 문명에 관한 후쿠자와의 정의라고 볼 수 있다. 후쿠자와는 문명을 이루기 위해서는 사람의 생존에 필요한 사회적 조건과 개인의 도덕수준, 즉 물질문명과 정신문명이 동시에 진보해야 한다고 보고 있다.

182 프랑수아 기조, 임승휘 역, 「제1강」, 앞의 책 참고. 『학문의 권장』 제9편에서는 '개미의 문하생'이라고 표현하고 있다. 『著作集』 3, 98쪽.

183 프랑수아 기조의 『유럽문명의 역사』에는 'destiny'로 되어 있다.

184 안회(기원전 521~기원전 481)는 공자가 가장 아낀 제자로, 『논어』 「선진」편에 나오는 공문(孔門) 십철(十哲) 중 한 명이다. 특히 덕행에 뛰어난 인물로 알려져 있다. 공자의 위패를 모시는 사당에서는 증자, 자사, 맹자와 함께 5성인 중 한 명으로 받들여진다. 『논

야. 이를 천명이라고 말할 수는 없다.

따라서 사람의 몸과 마음 양쪽 다 그것을 얻지 못하면 문명이라는 이름을 붙일 수 없다. 더군다나 사람의 안락에는 한계가 있을 수 없고, 또 인심人心의 품격品位에는 끝極度이 있을 수 없다. 안락함이나 고상함이란 정말로 그것이 진보하고 있을 때의 모습을 가리켜 이름하는 것이므로 문명이란 사람의 안락과 품격의 진보를 말한다. 또 이 같은 사람의 안락과 품격을 얻게 해 주는 건 사람의 지덕이므로, 문명이란 결국 사람의 지덕의 진보라고 말할 수 있다.[185]

앞에서 이미 얘기했듯이, 문명은 지극히 크고 중요하여 인간만사를 다 포괄하고, 그것이 이르려는 곳에는 한계가 없어서 지금도 정말로 진보하고 있는 상황이다. 세상 사람에는 중 가끔 이 뜻을 알지 못해 심각한 오류에 빠지는 경우가 있다. 그 사람은 주장하길, 문명이란 인간의 지덕智德이 겉으로 드러나는 것인데 지금 서양 여러 나라의 사람들을 보면 부덕한 소행이 참으로 많으며, 때로는 사기와 거짓으로 상업을 일삼고 때로는 남을 윽박질러 이익을 탐내는데 이들을 덕德있는 인민이라고는 할 수 없다. 또 지극히 빛文나고 지극히 밝다明고 일컬어지는 영국의 관할 아래에 있는 아일랜드[186] 인민은

─────────

어』에는 안회에 관한 일화가 매우 많이 나온다. 공자가 자신을 낮추고 안회를 높였던 경우도 많다. 안회가 죽자 공자는, 내가 안회를 위해 통곡하지 않으면 누구를 위해 통곡한단 말인가 라며 슬퍼했다. 『논어』에는 다른 경전과 달리 공자의 이러한 인간적인 모습이 많이 나온다.(성백효, 『논어집주』, 앞의 책, 「안연」편 참조)

185 후쿠자와는 문명의 진보에 지덕의 역할이 매우 중요하다고 본다. 이 책의 세4장에서 제7장에 걸쳐 지와 덕에 관해 상세한 논의를 펼치고 있는 것도 이 때문이다. 또한 기조와 버클도 문명을 인간의 지덕의 진보라고 보았다. 버클의 『영국문명사』 제1권과 기조의 『유럽문명의 역사』 제1강 참조.(Henry Thomas Buckle, 앞의 책, p.128)

186 아일랜드는 12세기 이래 영국의 지배를 받았다. 아일랜드 민족은 켈트족으로 잉글랜드의 앵글로 색슨족과는 종교, 산업 등에서 차이가 많아 갈등이 끊이지 않았다. 잉글랜드는 신교를 믿고, 상공업이 번성했던 반면 아일랜드는 구교를 믿는 농업중심 사회였다.

생계의 도리에 어두워서 죽을 때까지 작은 벌레처럼 꼼지락거리면서 감자만 갉아 먹고 있을 뿐[187]인데 이들을 지자智者라고는 말할 수 없으니, 이를 바탕으로 생각해보면 문명이란 반드시 지덕과 함께 행해지는 건 아니라고 한다.

그렇지만 이 사람은 지금의 세계문명을 보고 이를 극치極度로 생각할 뿐, 거꾸로 그것이 진보하고 있는 상황임을 알지 못한다. 오늘날의 문명은 아직 그 절반에도 이르지 못했는데 어찌 별안간 청명순미淸明純美한 때를 바라겠느냐. 이렇게 무지하고 부덕한 사람은 곧 이 문명세상世[188]의 질병이다.

지금의 세계를 향해 문명의 극치極度를 재촉하는 건 예를 들어 세상에서 십전건강十全健康[189]한 사람을 찾는 것과 같다. 세계에 창생蒼生이 많다고 말해도 몸에 단 한 점의 아픈 곳도 없이 태어나서 죽을 때까지 사소한 병에도 걸리지 않는 자가 있겠느냐. 결코 있을 수 없다. 병리학적으로 논하자면, 세상사람 중 가령 지금 건강한 것처럼 보이는 경우도, 이를 대환건강帶患健康이라고 말하지 않을 수 없다. 나라國도 또한 사람과 마찬가지다. 가령 문명이라고 일컬어도 반드시 허다한 결점이 없을 수 없다.

---

감자 생산량이 많고, 인구과잉으로 노동력은 싼 반면 민도는 낮았다. 후쿠자와는 버클의 책에서 아일랜드에 관한 부분을 참고하였다. 감자는 16세기 말에서 17세기 초에 아일랜드에 전래되었다. 1972년 에이레(Eire) 공화국으로 독립하였다.

187 버클의 『영국문명사』에 나오는 내용이다. 버클은 이 책 2장에서 인간과 사회가 식물로부터 영향을 많이 받는다는 사실을 설명하면서, 아일랜드 감자를 사례로 들고 있다.(Henry Thomas Buckle, 앞의 책, 제2장 참고)

188 한자로는 '세(世)'이다. 이 책에서 '세'는 세상으로, '세계(世界)'는 '세계'로 번역하였다. 후쿠자와가 '세'와 '세계'를 구별하여 사용하고 있기 때문이다.

189 '십전건강'이란 개념은 후쿠자와 유키치의 스승인 오가타 고안이 번역, 편집한 병리학책 『병학통론(病学通論)』(1849)에서 빌려 온 것이다. 오가타 고안은 이 책에서 네덜란드의 병리학 개념을 빌려 사람의 건강 상태를 '십전건강'과 '대환건강'으로 나누었다. '십전건강'은 모든 신체 기관이 전혀 이상이 없이 완벽하게 건강한 상태를 가리키며, '대환건강'은 신체 기관에 어느 정도 이상은 있지만 특별한 문제없이 건강한 상태를 가리킨다. 네덜란드어로는 '완전한 건강'과 '상대적인 건강'이다.

## ❙ 문명은 지극히 크고 무거우며 또한 넓고도 관대하다

어떤 사람은 또 말하길, 문명은 지극히 크고도 무거우며 인간만사 이것으로 향하는 도리를 피해갈 수 없다, 그런데 문명의 본지는 상하동권上下同權에 있지 않느냐, 서양 여러 나라의 문명의 형세를 보면, 개혁의 첫 걸음은 우선 기필코 귀족을 무너뜨리는 데 있고, 영국, 프랑스 그 밖에 다른 나라의 역사를 보면 실제로 그러한 발자취를 증명할 수 있다. 가깝게는 우리 일본에서도 번을 없애고 현을 두었으며, 사족은 이미 권한權을 잃었고 화족[190] 또한 얼굴색이 좋지 않다, 이 또한 문명의 취지이지 않느냐, 이러한 이치를 넓혀서 논하면, 문명의 나라에서는 군주를 받들 수 없는 듯한데 과연 그러하느냐고 한다.

답하여 말하노니, 이는 흔히 말해 외눈으로 천하의 일을 살피는 논리이다. 문명이란 것이야 크고 무거울 뿐만 아니라 또한 넓고도 관대하다. 문명이란 지극히 넓고 지극히 관대하다. 어찌 나라의 군주를 받아들일 자리가 없겠느냐. 나라의 군주도 받아들일 수 있고 귀족도 둘 수 있다. 어찌 이들의 명칭에 얽매여 구구한 의심을 품는단 말이냐. 기조[191] 씨가 『유럽문명의 역사』에서

---

190 메이지유신 직후 유신정부는 신분제도를 개혁하여, 귀족과 다이묘는 화족으로 사무라이는 사족으로 편성하였다.

191 Francois Pierre Guilaume Guizot(1787~1874). 프랑수아 피에르 기욤 기조는 프랑스 님(nimes)의 개신교 부르주아 가문에서 태어났다. 양가의 조부가 모두 목사였다. 부친 앙드레 기조는 1794년 연방주의자로 체포되어 단두대에서 처형당했다. 그 뒤 제네바로 망명하여 18세까지 프로테스탄트의 본고장인 제네바에서 성상했고, 법학을 공부하기 위해 파리로 갔다. 1812년 25세 때 파리대학교 문과대학의 근대사 주임교수가 되었고 1814년 복고왕정 아래에서 관료이자 정치가로서의 길을 걷기 시작했다. 그는 다양한 정치적 활동과 저술을 통해 자유주의자로서의 자리를 굳혔다. 1830년부터 내무장관과 교육장관, 외무장관을 지냈으며, 1841년에는 총리가 되었다. 1848년 2월혁명이 일어나기 전까지 정치인으로 활발하게 활동했다. 자세한 사항은 프랑수아 기조, 임승휘 역, 「옮긴이 해제」, 앞의 책, 511~549쪽 참조.

말한 것이 있다. 군주정은 인민의 신분階級을 묵수하려는 것으로 인도와 같은 나라에서 행해질 수도 있고, 때로는 이와 반대로 인민이 권리權를 같이하고 막연하게 상하의 구분名分이 없는 나라에서도 행해질 수 있으며, 때로는 전제 억압의 세계에서도 행해질 수 있고 때로는 개화되고 자유로운 동네뽀에서도 행해질 수 있으니, 군주는 마치 일종의 진기한 머리와 같고 정치 풍습은 몸체 體와 같으므로 같은 머리를 다른 종류의 몸체에 붙일 수도 있으며, 군주는 또 한 마치 일종의 진기한 과실과 같고 정치 풍속은 나무와 같아서, 같은 과실이 다른 종류의 나무에서도 잘 맺는다고 한다.[192] 이 말대로 정말 그렇다.

## | 모든 정부는 편리함 때문에 세워졌다

세상의 모든 정부는 단지 편리함 때문에 세워진 것이다. 나라의 문명에 편 리하다면 정부의 체재는 군주제든 공화제든 그 이름을 묻지 말고 실질實을 택 해야 한다.[193] 개벽한 때부터 오늘에 이르기까지 전 세계에서 시도되었던 정 부체재로는 절대군주정,[194] 입헌군주정,[195] 귀족정,[196] 의회 민주주의[197] 등

---

**192** 위의 책, 309~311쪽.
**193** 천황을 중심으로 하는 중앙집권적인 근대국가를 수립하려고 했던 메이지유신 이후의 정치적 분위기를 고려할 때, 정치체제의 형식을 묻지 않고 문명에 편리한 체제를 선택해 야 한다는 이 문장은 매우 급진적인 주장이었다고 말할 수 있다.
**194** 원문에는 '입군독재(立君獨裁)'로 되어 있다. 영어로는 'despot' 혹은 'absolute monarchy'이다. 당시 서구 정치체제의 유형에 관한 설명은 후쿠자와 유키치의 『서양 사정』 「초편」, 「외편」 2권에 이미 자세히 소개되어 있었다.
**195** 원문에는 '입군정률(立君定律)'로 되어 있다. 영어로는 'constitutional monarchy'라 고 한다.
**196** 원문에는 '귀족합의(貴族合議)' 되어 있다. 영어로는 'aristocracy'라고 한다.
**197** 원문에는 '민서합의(民庶合議)'로 되어 있다. 영어로는 'democracy'이다. 후쿠자와는 '공화정'은 명확하게 '공화정'이라고 쓰고 있다. 따라서 '공화정'과 '민서합의'를 같은 것으로 혼동해서는 안 된다.

이 있는데, 단지 그 체재만 보고 어느 쪽이 편리하고 어느 쪽이 불편하다고 말할 수는 없다. 그저 어느 한쪽 방향으로 치우치지 않는 것이 긴요하다고 할 따름.

군주제가 반드시 불편하지도 않고, 공화정치가 반드시 좋지도 않다. 1848년, 프랑스의 공화정치[198]는 공평이라는 이름이 붙어 있지만 실제로는 참극이었다. 오스트리아의 프란츠 2세[199] 시대는 독재정부였지만 실제로는

---

[198] 프랑스 2월혁명으로 수립된 공화정을 말한다. 1830년 수립된 루이 필립 정부에서 기조 내각(1840.10.29~1848.2.24)이 개혁정책 대신 보수주의 정책을 채택하여 노동자 계급의 불만이 높아진데다가 외교 실패로 혁명이 일어나 루이 필립은 영국으로 망명하고 대신 제2공화정이 수립되었다. 그러나 공화정 수립 뒤 부르주아 시민계급과 노동자계급 사이의 대립이 격화되어 국내 정세는 다시 혼란에 빠지고 만다. 이 틈을 타 나폴레옹의 조카 루이 나폴레옹이 영국에서 돌아와 대통령에 선출된 뒤 친위 쿠데타를 일으켜, 1852년 11월 다시 제정이 수립되었다. 루이는 나폴레옹 3세가 되어 1870년 보불 전쟁에서 포로로 잡힐 때까지 왕위에 있었다. 프랑스 제2공화정은 이처럼 당파 간의 투쟁 때문에 2월혁명의 성과를 루이 나폴레옹이라는 야심가에게 뺏긴 채 실패로 끝나고 말았다. 칼 마르크스의 『공산당 선언』(1848.3.21) 두 번째 문장에 기조의 이름이 나오는 것은 이러한 정치 상황 때문이었다. 교황, 차르, 매체르니히와 기조, 프랑스 급진파와 독일의 경찰이 공산주의 유령을 사냥하기 위해 신성동맹을 맺었다는 내용이다. Karl Marx · Friedrich Engels, *Werke* 4, Berlin : Dietz-Verlag, 1974, pp.459~493.

[199] Franz II(1768~1835). 오스트리아 제국의 황제로는 프란츠 1세이다. 이탈리아 피렌체에서 태어나 1835년 오스트리아 빈에서 사망했다. 신성 로마 제국의 마지막 황제이자 오스트리아의 황제, 헝가리의 왕, 보헤미아의 왕으로 재위했다. 1792년 왕위를 계승하여 프랑스 대혁명의 문제를 떠맡게 되었다. 이에 다른 유럽 국가들과 동맹을 맺어 반프랑스 정책을 펼쳐 제1차 대프랑스 동맹을 지원했다. 그러나 1797년 캄포 포르미오(campo Formio) 조약으로 롬바르디아와 라인 강 왼쪽 땅을 상실했고, 1799~1801년에 걸쳐서 프랑스에게 크게 패배했다. 나폴레옹이 프랑스 황제로 즉위하자 이에 대항해 오스트리아를 제국으로 높이고 제3차 대프랑스 동맹을 만들어 다시 대항했다. 하지만 1805년 아우스터리츠 전투에서 또 패배하면서 제3차 대프랑스 동맹도 해체되었다. 1806년에는 나폴레옹의 압박으로 신성 로마 제국의 황제 칭호를 포기하고 제국도 해체당했다. 자유주의를 억압하였으며 나폴레옹 전쟁으로 약화된 로마 가톨릭교회를 키우는 데 힘썼다. 반면 도나우 강에 증기선을 띄우고 철도를 건설하는 등 과학기술은 장려하였다. 1814년 나폴레옹이 실각한 뒤에는 국정을 재상 메테르니히에게 맡겼다. 메테르니히는 빈 회의를 주도하면서 유럽의 옛 질서를 회복하는 한편, 국내적으로는 관대한 보수정치를 펼쳤다.

관대했다.[200] 지금의 아메리카 합중정치[201]가 지나 정부보다 좋지 않으냐고 말해도, 멕시코의 공화정[202]은 영국의 입헌군주정에 한참 못 미친다. 따라서 오스트리아, 영국의 정치가 좋다고 해서 이 때문에 지나의 방식風을 추종해서는 안 된다. 아메리카의 합중정치가 좋다고 프랑스와 멕시코의 사례를 따라 해서도 안 된다.

---

200 후쿠자와 유키치의『서양사정』「외편」, 제2권에 같은 내용이 나온다. 프랑스 제2공화정과 오스트리아 프란츠 2세의 보수주의 정치체제를 비교하고 있는 이 부분은 챔버스 판 『경제독본』에서 참고한 것이다 .

201 미국의 연방제 민주주의를 가리킨다. '합중정치'에서 '합중'이란 미합중국 즉 미국식 연방 제도를 가리킨다. 이 당시 일본에는 이미 알렉시 드 토그빌(1805~1859)의『미국의 민주주의』가 출간되어 있었다. 프랑스에서 제1권은 1835년, 제2권은 1840년에 출간되었다. 미국에서는 1859년 제1권이 영어로 발간되었다.

202 멕시코는 스페인의 코르테스가 1521년 아즈텍을 점령하고, 다음해 뉴스페인의 총독으로 취임하면서 300년 동안 스페인의 식민지로 있었다. 스페인의 세력이 약화되자, 1821년 아구스틴 데 이투르비데(Agustín de Iturbide)의 주도로 독립을 이루었지만 아구스틴은 나폴레옹 황제를 흉내내어 스스로 아구스틴 1세로 등극했다. 이때 멕시코의 영토는 지금의 몇 배나 되나 넓은 지역에 걸쳐 있었는데, 미국 동남부 지역인 텍사스, 켈리포니아, 뉴멕시코 일대와 파나마 북쪽의 중앙아메리카에까지 미쳤다. 1824년 산타 안나(Antonio López de Santa Anna) 장군이 쿠데타를 일으켜 아구스틴 1세를 추방한 뒤 멕시코 연방공화국을 수립하였다. 이때 제정된 멕시코의 헌법은 미국 헌법을 모델로 삼았다. 이것이 멕시코 최초의 공화정이다. 하지만 대다수의 주민들은 공화정을 이해하지 못했고 쿠데타가 이어졌다. 이에 산타 안나는 1832년 보수당 후보로 출마하여 대통령에 취임하였고 그 뒤 1854년까지 모두 11차례나 대통령이 되었다. 하지만 헌법을 폐지하는 등 독재정치를 계속하였다. 또 1836년 멕시코 영토이던 텍사스 지역 주민의 분리 독립운동으로 인해 촉발된 미국과의 전쟁(1846~1848)에서도 패배해 거의 절반에 가까운 영토를 미국에 뺏기고 만다. 1856년 산타 안나를 쫓아내고 이그나시오 꼬모포르(Ignacio Comonfort)가 대통령에 취임하여 자유주의 개혁정책을 추진하지만 온건파와 강경파 사이의 분열로 인해 오래 가지 못하였다. 게다가 1860년대에는 프랑스의 나폴레옹 3세와 제정부활을 원하는 왕당파가 합스부르크 황실의 막스밀리안 대공을 황제로 내세워 제2제정(1861~1867)이 성립된다. 이처럼 멕시코는 1823년 공화정을 채택한 뒤부터 후쿠자와가 이 책을 집필하던 1875년까지 형식적으로는 선거를 통하여 대통령을 뽑고 있었지만 스페인의 간섭, 쿠데타와 독재정치, 미국과의 전쟁, 자유주의 개혁세력의 분열, 프랑스의 침략과 간섭, 제2제정 등 불안정한 국내 정치와 외국의 무력간섭으로 인한 혼란이 계속되었다. 대런 애쓰모글루 · 제임스 A. 로빈슨, 최완규 역,『국가는 왜 실패하는가』, 시공사, 2012, 제1장 참고.

정치는 그 실질實을 봐야 하며 그 이름名만 듣고 평가하면 안 된다. 정부 체재는 항상 일률적일 수가 없으므로, 그런 논의를 할 때 학자들은 부디 마음을 너그럽게 가져 한 쪽으로 치우치지 않도록 해야 한다. 이름을 다투다가 실질을 해친 사례가 고금에 적지 않다.


## ┃ 군주정이 반드시 좋은 것은 아니다

지나와 일본 등에서는 군신君臣의 윤리를 사람의 천성이라고 일컬으며, 사람에게 군신의 윤리가 있음이 마치 부부나 부자親子의 윤리가 있음과 같고 군신의 본분分은 사람이 태어나기 전에 이미 정해져 있는 것으로 굳게 믿었는데, 공자 같은 사람도 이 혹닉을 벗어날 수 없어서 평생 생각한 일心事이라고는 주周의 천자를 도와서 정치를 하든지 아니면 궁박한 나머지 제후고 지방관이고 자신을 써주는 사람이 있으면 그를 섬겨[203] 어찌됐건 토지와 인민을 지배하는 군주에게 의탁하여 일을 이루려는 방법밖에는 다른 책략이 없었다. 필시 공자도 아직 인간의 천성을 구究하는 도리를 알지 못하고, 단지 그 시대에 널리 퍼져있던 사물의 현상有樣에 눈眼이 가려지고 그 시대에 살아있는 인민의 기풍에 마음을 뺏겨 부지불식간에 농락당하여 나라를 세우는 데에는 군신 밖에는 수단이 없다고 억단한 채 가르침을 남긴 것일 뿐.

물론 그 가르침 중 군신에 관해 논한 내용은 매우 순정純精하여 그런 상황

---

203 여기서 말하는 제후는 위 나라의 영공(靈公), 제나라의 경공(景公)을 가리킨다. 위나라 영공에 관한 내용은 『논어』 「위령공(衛靈公)」편·「자로」편에 나오며, 제나라 경공에 관한 내용은 「안연」편·「계씨」편에 나온다. 또한 지방관은 공산불요(公山弗擾)와 필힐(佛肸)을 가리킨다. 『논어』 「양화」편에 이와 관련된 내용이 나온다. 『사기』 「공자세가」편에도 공자가 이들을 만난 과정과 그때 나눈 대화가 실려 있다.

안에 살다 보면 문제가 없을 뿐만 아니라 어떻게든 인간사의 아름다움을 다하려는 것이라고도 할 수 있지만, 본래 군신은 사람이 태어난 뒤에 생기는 것이므로 이를 사람의 본성性이라고 말할 수는 없다. 사람의 본성대로 갖춰져 있는 것은 본本이고, 태어난 뒤에 생긴 것은 말末이다. 사물의 말末에 관한 논의에 순정한 것이 있다는 이유로 그 본本을 옮길 수는 없다.[204]

예를 들어 옛날 사람들은 천문학을 알지 못하여 그저 하늘이 움직인다고 생각思하며 지정천동地靜天動이라는 생각考을 바탕으로 무리하게 4계절의 순환에 관한 달력算[205]을 정하였는데, 그것이 주장하는 내용에 약간一通 조리가 있는 듯 보여도 지구의 본성을 몰랐던 까닭에 결국은 크게 그르쳐 별자리 분야分野의 망설[206]을 꾸며내고, 일식과 월식의 이치도 이해할 수 없어서 실제로는 터무니없는 일이 아주 많았다. 원래 고대 사람들이 지정천동이라고 말한 건 단지 해와 달과 별日月星辰들의 움직임을 목격하며 그 목격한 현상에 따라 억단한 것일 뿐인데, 그 일事의 실체實를 따진다면 이 현상은 본래 지구가 다른 천체와 서로 짝을 이루어 움직이기 때문에 생긴 현상이므로 지동地動은 본本의 성질性이고 현상은 말末의 징표驗다. 말末의 징표를 오인하여 본의 성질에 없는 것을 꾸며내어선 안 된다. 천동설에 조리가 있다고 해서 그 조리를 주장하여 지동설을 배척하면 안 된다. 그 조리는 결코 진정한 조리가

---

**204** '본말론'에 관해서는 이 책 29쪽 각주 6 참조. '본말론'에의 비유를 살리기 위해 그냥 '본'과 '말'을 따로 번역하지 않고 그대로 두었다. '본말론'으로 비유하는 부분은 뒤에도 나온다.

**205** 중국에서 만든 태음력으로 1년을 24기(氣), 72후(侯)로 나누었다고 한다.

**206** 고대 중국에서는 천체를 중국을 중심으로 28개 구역의 별자리(星宿)로 나누어 그 위치를 표시하였다. 그리고 이 별자리에 여러 주(州)를 할당하여, 그 별자리의 변화로 각 주의 길흉을 점쳤다. 이처럼 하늘을 28개 구역으로 나누고 각 주를 여기에 배당한 것을 '분야(分野)'라고 불렀다. '분야'라는 한자는 여기서 유래한다.

아니다. 결국은 사물의 이치를 연구하지 않고, 단지 사물과 사물의 관계만 보고 억지로 만든 주장일 뿐이다.

만약 이 주장을 진정한 조리라고 한다면, 달리는 배 안에서 해안이 달리는 것과 같은 현상을 보고는 해안은 움직이고 배는 가만히 멈춰 있다고 말하지 않을 수 없다. 큰 오해가 아니겠느냐. 따라서 천문을 이야기할 때에는 먼저 지구가 어떤 것物이고 그 운행이 어떠한지를 살핀 뒤 이 지구와 다른 천체의 관계를 밝히고 4계절의 순환 이치도 설명해야 한다. 따라서 말하노니, 사물物이 있고 난 뒤에 도리倫가 있지, 도리가 있고 난 뒤에 사물이 생긴 것은 아니다. 억단으로 먼저 사물의 도리를 주장하고 그 도리로써 사물의 이치物理를 해치지 말라.[207]

군신君臣의 논의 또한 마찬가지다. 임금과 신하 사이間柄는 사람과 사람의 관계關係이다. 지금 이 관계에 관하여 조리로 볼 만한 게 있다고 해도 이 조리는 세상에 군신이라는 게 있고 난 뒤에 우연히 생긴 것이므로 이 조리를 보고서 군신을 사람의 본성性이라고 말할 수는 없다. 만약 이것을 사람의 본성이라고 한다면 세계 만국에 사람이 있으면 반드시 군신이 없으면 안 되는 게 이치겠지만 현실은 결코 그렇지 않다. 무릇 인간 세상에서 부자와 부부가 없는 경우나 장유와 붕우가 없는 경우는 없다. 이 네 가지는 사람이 하늘로부터 부여받아 주어진 관계로서 이를 사람의 본성이라고 말할 수는 있지만, 군신 한 가지에 이르러서는 지구상의 어떤 나라에는 그런 관계가 없는 곳도 있는데 최근에 민주주의民庶會議 정부를 세운 국가들이 곧 그러하다. 이 나라들에는 군신은 없지만 정부와 인민 사이에는 각자 그들의 의무가 있어서 때

---

207 丸山正男, 松澤弘陽 編, 『福澤諭吉の哲學－他六篇』, 岩波書店, 2015, 53~56쪽.

로는 그 통치 방식이 매우 아름다운 경우도 있다.

하늘에는 두 해日가 없고 땅에는 두 임금이 없다[208]라고 맹자가 말했지만, 지금 눈앞의 현실에는 왕이 없는 나라도 있고 심지어 그 국민國民의 형편이 도우陶虞[209] 3대 시절보다 훨씬 나은 경우도 있음은 어찌된 일이냐. 만일 공자와 맹자를 오늘 다시 살아나게 한다면 과연 무슨 낯으로 이 나라들의 인민을 보겠는가. 성현의 조루粗漏[210]함이라고 말할 수 있다.

따라서 군주정을 주장하는 경우에는, 먼저 사람의 본성人性이 어떤 것인지를 살핀 뒤에 군신의 의리義를 설명하고, 그 의리란 것이 과연 사람의 본성에 배태되어 있는 것인지 아니면 사람이 태어난 뒤에 우연한 사정에 의해 군신 관계가 생기고 이 관계에 관한 약속을 군신의 의리라고 이름한 것인지 사실에 바탕하여 그 전후 사정을 상세히 밝히지 않으면 안 된다. 허심평기虛心平氣로 천리天理가 있는 곳을 깊이 찾아보면 틀림없이 이 약속이 우연히 만들어지게 된 까닭을 발명할 수 있을 것이다. 이미 그것이 우연임을 안다면 또 이어서 그 약속의 편·불편함을 논하지 않을 수 없다. 사물의 편·불편함에 관한 논의를 허용함은 곧 이를 고치修治거나 개혁할 수 있다는 증거다.

---

208 『맹자』「만장」―상편에서 인용한 것이다. 『맹자』 원문은 "天無二日 民無二王"으로 되어 있다. 원래는 공자의 말인데, 맹자가 이를 다시 인용하여 비유한 것이다. 공자의 말은 『예기』「방기(坊記)」편에 나와 있다. 원문은 다음과 같다. "天無二日, 土無二王, 家無二主, 尊無二上". 한편 일본에서도 고대에 쇼토쿠 태자가 제정한 18조 헌법에 이와 비슷한 내용이 나온다. '18조 헌법'의 제12조는 다음과 같다. "國司國造, 勿斂百姓, 國非二君, 民無両主, 率土兆民以王為主, 所任官司, 皆是王臣, 何敢與公賦斂百姓". 위 세 문장은 표현은 조금씩 다르지만 모두 같은 의미를 나타내고 있다. 『맹자』 원문은 성백효, 『맹자집주』, 앞의 책, 381∼382쪽 참조.

209 '도우'에서 '도'는 요(堯)임금의 별칭이다 '당(唐, 탕)'이라고도 부른다. '우'는 순(舜)임금의 별칭이다. 삼대는 하, 은, 주 세 왕조시대를 의미한다. 유교에서는 이 시대의 제도와 문물을 이상적인 사회로 생각하여 이를 모범으로 삼아 본받으려고 했다.

210 거칠고 서툰 상태를 가리키는 말이다.

고치고 변혁할 수 있는 것은 천리가 아니다. 따라서 자식은 부모일 수 없으며 아내는 지아비일 수 없고 부자와 부부의 관계는 변혁하기 어렵지만, 군주는 바뀌어 신하가 될 수도 있다. 탕무湯武의 방벌이 바로 이것이다. 때로는 군신이 자리를 함께하며 어깨를 겨룰 수도 있다. 우리나라의 폐번치현이 바로 이것이다.

이런 사실을 바탕으로 생각해보면 군주정치도 바꿀 수 없는 건 아니다. 다만 이를 바꿀지 아닐지에 관한 요결要訣은 그것이 문명에 편리한지 불편한지를 헤아리는 데에 달려 있을 따름[211](어느 서양학자의 주장[212]에, 군신관계는 지나와 일본에 한정되지 않으며 서양에도 마스터master, 서번트servant라는 호칭이 있으므로 이것도 곧 군신의 의리라고 말하는 자가 있지만 서양의 군신과 지나 일본의 군신은 그 뜻이 같지 않다. 그들의 마스터와 서번트에 맞는 문자가 없는 까닭에 잠정적으로 군신이라고 번역한 것이므로 이 문자에 얽매여서는 안 된다. 나는 예로부터 일본과 지나和漢의 인심이 받아들이는 군신을 군신이라고 말하는 것이다. 예컨대 옛날 우리나라에서는 주군主人을

---

211 이는 당시로서는 매우 혁신적인 주장이다. 또 다른 한편에서 보면 1875년만 해도 천황과 천황제에 대한 의견을 자유롭게 표명할 수 있었음을 알 수 있다. 천황을 구심점으로 내세워 메이지유신을 성공시키고, 폐번치현도 사실상 천황을 내세워 단행되었지만, 이때까지만 해도 메이지유신을 주도한 사무라이들의 권력은 강했다. 하지만 시간이 흐를수록 유신주체세력과 천황의 권력관계는 역전되어 갔다.

212 니시 아마네를 가리킨다. 그의 책 『백학연환』에, '봉건은 일본이나 중국이나 서양이나 모두 같다'고 하면서, 'master'와 'servant'가 각각 주인(主人)과 게라이(家來)에 해당한다는 내용이 나온다. 하지만 후쿠자와 유키치는 이에 대하여 서양의 'master'와 'servant'의 관계는 일본의 '주인'과 '게라이' 관계와 다르며, 서양의 봉건제(feudal system)와 일본의 봉건(封建)도 다르다고 주장하였다. 『백학연환』이라는 용어는 영어의 '백과사전(Encyclopedia)'을 번역한 것이다. 1871년 자신의 사숙인 육영사(育英舍)에서 같은 제목으로 강의한 내용을 가리키기도 한다. 수학, 정치학 등 다양한 학문 분야의 개요를 연속하여 소개한 것이다. 오늘날의 일반교양에 해당하는 내용이라고 볼 수 있다. (大久保利謙 編, 『西周全集』4, 宗高書房, 1981) 본문에 후쿠자와가 작은 글씨로 써 놓은 내용은, 서양의 봉건제도가 쌍무적인 계약 관계에 바탕하고 있음에 반해, 일본의 봉건제도는 신분적인 지배-복종 관계에 바탕하고 있음을 설명하여 둘의 차이를 강조하고 있다. 김성근, 「西周, 『百學連環』」, 『개념과 소통』 10, 한림대 한림과학원, 2012.

살해한 자는 책형磔刑,[213] 게라이家來는 수타手打형[214]으로 처형해도 원망하지 않았다고 한다. 이런 주군과 이런 게라이가 곧 군신이다. 봉건시대 다이묘와 번사의 관계 등은 명백한 군신 관계라고 말할 수 있다).

## ▎합중정치가 항상 편리한 것은 아니다

위의 논의에 따르면, 군주정치는 변혁해도 된다. 그렇다면 곧 군주정치를 변혁하여 합중정치를 실시하고 이 정치를 지선이 머무는 곳이라고 할 수 있 겠느냐. 말하노니, 결코 그렇지 않다. 아메리카의 북방에 한 종족一族의 인민 이 있었다. 지금으로부터 250년 전, 그 종족種族[215]의 선조들(필그림 파더스 Pilgrim Fathers를 말한다. 모두 101명[216]으로 영국을 떠난 건 1620년이다)은 영국의 학정으로 고통받자 군신의 의리를 너무나 혐오하여 스스로 본국을 버리고

---

213 '하리즈케(磔)' 혹은 '탓케(磔刑)'라고 부른다. 에도시대 이후 주인을 살해하는 등의 중 범죄를 저지른 자에게 내리던 형벌로 서양의 십자가형과 비슷하다. 형틀의 모양은 다양 하며 형틀에 매단 뒤, 창으로 복부에서 어깨까지 관통하는 등의 상해를 약 30차례나 입 힌다는 점에서 십자가형보다 훨씬 더 잔혹한 형벌이라고 볼 수 있다. 형을 집행하기 전 에는 에도 시내를 한 바퀴 돌게 하여 수치심을 주었으며, 형 집행 뒤에도 이틀 동안 시신 을 그대로 방치했다. 시신은 히닌(非人)이 처리하였다.
214 '수타형'은 다이묘 등이 자신의 통솔 아래에 있는 가신이나 농민을 직접 처형하는 것을 가리킨다. '데우치(手討)'와는 다르다. '데우치'는 보통 '기리스테고멘(切り捨て御免)' 으로 알려져 있는데, 에도시대에는 '기리스테고멘'이라는 말이 없었고, 사료(史料)에는 보통 '데우치', '우치스테(打捨て)'로 나온다.
215 인종적 특징이 같고, 같은 문화와 언어를 가지는 집단을 가리킨다. 작은 집단은 부족, 큰 집단은 민족을 들 수 있다. '종족'은 가끔 '계급', '계층(class)'의 의미로도 쓰인다.
216 원문에는 101명으로 되어 있지만 정확하게는 102명이다. 이들은 1620년 영국을 떠나 메이플라워 호로 항해한 끝에, 1620년 12월 22일 지금의 뉴잉글랜드 지역에 도착했다. 실제 북미대륙에 처음 도착한 개신교인은 프랑스의 위그노들이다. 이들은 프랑스에서 일어난 위그노 전쟁(1562~1598) 당시 종교적 박해를 피해 사우스캐롤라이나, 플로리 다 연안에 마을을 건설했다. 하지만 이들은 플로리다에 이미 진출해 있던 스페인 군대의 공격을 받아 몰살되고 말았다. 류대영, 『미국종교사』, 청년사, 2007, 58~59쪽.

떠나 북아메리카 지방에 와서 천신만고를 겪으면서 조금씩 자립의 실마리를 열었다. 그 지역이 바로 매사추세츠주의 플리머스Plymouth[217]인데, 지금도 옛 유적이 그대로 남아 있다.

그 뒤 뜻 있는 사람들이 발걸음을 이어 계속 찾아왔고, 본국에서 이주해 오는 사람이 너무 많아지자 장소를 찾아 살 곳을 정하여 뉴잉글랜드 지방을 개척하였고, 인구가 점점 늘어나고 국부國財도 차차 증가하여 1775년에 이르면 벌써 13개 주의 지역을 차지하였으며, 마침내 본국 정부에 등을 돌리고 8년의 고전苦戰[218] 끝에 거우 승리를 거두어 비로소 일대 독립국의 기초를 열었다.[219] 지금의 북아메리카합중국이 바로 이것이다.

애당초 이 나라가 영국으로부터 독립할 수 있었던 까닭은 그 인민이 감히

---

217 미국 매사추세츠주 플리머스는 영국의 남서부에 있는 항구도시 플리머스와 이름이 같다. 영국의 플리머스는 당시 영국 해군의 근거지이자 무역기지로 유명한 도시였다. 메이플라워 호가 필그림 파더스를 태우고 떠난 곳이며, 세계적인 탐험가들이 출발했던 탐험기지이기도 했다. 1831년 12월 27일 찰스 다윈이 탄 비글호도 이곳에서 출발했다.

218 미국 독립전쟁(1775~1783)을 가리킨다. '미국혁명전쟁(American Revolutionary War)'이라고도 불린다. 그레이트 브리튼 왕국의 북아메리카 식민지 중에서 동부 해안 지역에 있던 13개 주가 영국의 조세정책 등 식민지 정책에 반발하여 일으켰다. 13개 주는 대륙회의를 결성하여 전쟁을 지휘했다. 대륙회의는 대륙군을 창설하고, 영국군 복무 경험이 있던 조지 위싱턴을 대륙군 총사령관에 임명하여, 각 주로부터 군사와 물자지원을 받았다. 제2차 대륙회의는 사실상 연방의회의 역할을 담당하였으며, 벤저민 프랭클린, 존 애덤스, 로저 셔먼, 로버트 리빙스턴, 토머스 제퍼슨 등 다섯 사람의 주도로 1776년 7월 4일 '독립선언문'을 채택했다. 1778년 이후 전쟁은 국제전으로 확산되었다. 새러토가 전투에서 대륙군이 승리한 것을 계기로 벤저민 프랭클린이 프랑스와 동맹을 체결(1778.2.6)히면서 프랑스가 참전하였고, 스페인 정부는 전쟁 초기부터 혁명군을 지원하다가 1779년 6월 공식적으로 참전하였다. 이어 네덜란드 공화국도 잠전하였다. 반면 독일은 영국군 편에 참전하였다. 영국은 결국 1783년 '파리조약'(1783.9.3)에서 미국의 독립을 공식적으로 인정했다.

219 후쿠자와 유키치는 이미 『서양사정』「초편」(1866) 제2권 '아메리카합중국의 역사(史記)'에서, 1492년 콜럼버스의 신대륙 발견부터 1853년 제14대 미국 대통령(프랭클린 피어스, Franklin Pierce, 1853~1857)의 취임까지의 역사를 소개하고 있다.(福澤諭吉, Marion Saucier・西川俊作 編, 『西洋事情』, 慶應義塾大學出版會, 2009, 64~78쪽)

사익私을 꾸리려고 하지 않고 감히 일시적인 야심을 드러내지 않으며, 지극히 공정하고 평등한 천리天理에 바탕을 두고, 인류의 권의權義를 보호하고 하늘로부터 받은 행복[220]을 온전히 하려고 했기 때문일 따름. 그러한 취지는 당시 「독립의 격문」[221]을 읽어보면 알 수 있다. 하물며 처음 그때, 101명의 선조先人들이 1620년 12월 22일 눈보라 속에 상륙하여 해안가 바위 위에 발걸음을 멈추었을 그때에 어찌 한 조각의 사심私心이라도 있었으랴. 이른바 본래무일물本來無一物[222]이란 마음으로 하느님神을 공경하고 이웃을 사랑하는 것밖에 전혀 다른 생각이 없었다. 지금 이 사람들의 마음가짐心事을 미루어 헤아려 보면, 폭군과 오리汚吏를 미워함은 당연히 두말할 것 없고 어쩌면 온 세상에서 정부라는 것은 다 폐지하여 그 흔적조차 없애버리겠다고 할 정도의 소지素志[223]였을 것이리라. 250년 전에 벌써 이러한 정신이 있었다. 뒤이은 1770년대의 독립전쟁도 이러한 정신을 이어서 실현하려고 했던 게 아니겠느냐. 전쟁이 끝난 뒤 정치체제政體를 만든 것도 이 정신에 바탕을 둔 게 아니겠느냐. 그 뒤 국내에서 행해진 상공업, 정령과 법률 등 모든 인간교제

---

220 원문은 '천여(天與)의 복조(福祚)'이다. 미국 「독립선언문」에 나오는 '행복추구권'을 가리킨다. 관련 영어 원문은 다음과 같다. "We hold these truths to be self-evident, that all men are created equal, that they are endowed by their Creator with certain unalienable Rights, that among these are Life, Liberty and the pursuit of Happiness."

221 미국 「독립선언문」을 가리킨다. 『서양사정』 「초편」 제2권 「'아메리카합중국'의 역사(史記)」 안에 전문이 소개되어 있다. 「독립선언문」은 조지 워싱턴 등 미국의 선언을 이끈 5명의 지도자가 기초한 뒤, 토마스 제퍼슨(Thomas Jeffrson)이 완성하였다. 후쿠자와 유키치가 『학문의 권장』 제1편 첫머리에 쓴, "하늘은 사람 위에 사람을 두지 않고, 사람 아래 사람을 두지 않는다고 한다"는 문장은 여기에서 착안한 것이다.(위의 책, 68~72쪽; 후쿠자와 유키치, 남상영 역, 앞의 책)

222 이 말은 불교 선종의 핵심 사상 중 하나로서, 자신을 비롯한 세상만물(萬法)은 모두 가상의 존재로 실체가 없음을 의미한다. 여기에서는 그 어떤 것에도 집착함이 없이 일체의 욕심에서 자유로운 상태를 말한다.

223 평소에 늘 품고 있던 뜻이라는 의미이다.

의 도리도 다 이 정신을 목표로 삼아 나아갔던 것이리라.

그렇다면 곧 합중국의 정치는 독립적인 인민이 자신의 기력을 드러내어 자신들이 생각한 그대로 정한 것이므로 그들의 풍속은 순정무잡純情無雜하며 참으로 인류가 머물러야 할 곳에 머물고 안락국토安樂國土의 진경眞境을 베껴 낸 것 같이 되었어야 할 터인데, 오늘날의 현실을 보면 결코 그렇지가 않다. 합중국의 정치合衆政治는 인민이 무리衆를 이뤄 난폭함暴을 행할 수 있으며, 그 폭력暴行의 심각성寬嚴은 군주독재의 폭력과 다르지 않다.[224] 단지 한 사람의 뜻意에서 나오는 것인지 다중衆人의 손에 의해 형성되는 것인지 그것이 다를 뿐.

또 합중국의 풍속은 간소함簡易을 귀하게 여긴다고 전한다. 간소함은 당연히 미담이지만, 세상 사람들이 간소함을 좋아하면 간소함으로 꾸며裝 세상에 아첨하는 자가 생기고, 간소함으로 속여假 다른 사람을 겁주는 자도 생긴다. 저 시골 사람들이 눌박訥朴[225]함으로 다른 사람을 속이는 것과 같다. 또 합중국에서는 뇌물을 금지하는 법이 매우 촘촘하다고 하지만 이를 금지하는 규정이 점점 촘촘해질수록 그 성행 또한 점점 더 심해진다. 그러한 사정은 옛날에 일본에서 도박[226]을 가장 엄하게 금지했을 때 그것이 가장 왕성하게 유행했던

---

224 후쿠자와는 다수 인민의 폭력과 다수의 전제 문제에 관해 매우 심각하게 고민한 것으로 보인다. 이는 그가 밀, 토크빌의 원서에 써 놓은 자필 메모에서도 알 수 있다. 밀의 『대의 정치론(Consideration on Representative Government)』 7장에는 "collective despotism＝a single despot＝an aristocracy의 문제"라는 메모가, 또 밀의 『자유론』 제1 장에 "the tyranny of the majority의 문제"라는 메모가 남아 있다. 또 토크빌의 『미국의 민주주의』에도 여러 장의 쪽지가 붙여져 있는 등 다수의 폭정 내지 전제와 관련하여 고심한 흔적들이 남아 있다. 후쿠자와는 서양 원전을 읽으면서 주요 부분에 후센(付箋, 메모지)을 붙여 두었다. '후센'은 오늘날의 '점착 메모지'와 같이 주요 부분을 표시하기 위해 붙이는 작은 크기의 색종이다.

225 어눌하고 순박하다는 의미이다. 현대 일본어로는 朴訥(보쿠토쓰)이라고 쓴다.

226 일본 역사에서 도박에 관해 가장 오래된 기록은 덴무(天武) 천황이 대안전(大安殿)에

것과 같다. 다만 이런 세세한 사건들까지 일일이 거론하자면 끝이 없으므로 지금은 이를 잠시 제쳐 두겠다.

그런데 세론에서 합중정치를 공평하다고 하는 까닭은 그 나라 국민 전체 一般의 마음으로 정치政를 하여 인구가 100만 명인 나라國[227]에서는 100만 명의 마음을 하나로 합쳐 일을 의정議定하기 때문에 그렇게 말하는 것 아니겠느냐. 하지만 실제로는 큰 문제가 있다. 그중 하나를 여기에 들어 보겠다. 합중정치에서 의원을 뽑을 때에는 투표를 해 다수를 얻는 쪽으로 결정하는 법이 있다. 다수라면 한 표가 많아도 다수인 까닭에 만일 나라 안에서 인기가 두 그룹으로 나뉘어 100만의 인구 가운데 한 그룹이 51만 명, 또 다른 그룹이 49만 표를 던지면 선거에서 당선된 인물은 틀림없이 한 쪽으로 치우

---

서 박희(博戲)를 개최하여 이긴 자에게 옷을 하사했다는 내용이다. 685년의 일이다. 가마쿠라시대에는 외국에서 유입된 놀이나 노름이 행해졌고 중류 이상의 계급에서는 차모임(茶會), 노래모임(連歌會) 등으로 모여 도박을 즐겼다고 한다. 도쿠가와시대에는 일본 고유의 여러 가지 도박이 유행했다. 특히 쇼토쿠(正德, 1711~1715) 시기는 일본 역사상 도박이 가장 성행했던 때로 알려져 있다. 다양한 복권(富籤)이 이때 처음 발행되었다. 도박에 대해서는 고대시대부터 강하게 처벌하였다. 지통 천황(持統) 3년(689)의 기록을 보면, '쌍륙이라는 도박을 금지한다는 규정(禁斷雙六令)'이 있고, 문무 천황(文武) 원년(697)의 기록에는 '도박을 한 자는 손가락을 절단하고 도박장을 제공해 준 사람도 같은 형벌에 처한다는 규정(禁博戱手之徒 其居停主人與同罪)'이 만들어졌다. 또한 『엔키시키모쿠(延喜式目)』(국가 법률의 세부 시행규칙을 규정해 놓은 법령집으로 967년부터 시행되었다)에도 도박을 금한다는 규정이 있다. 특히 에도시대에 들어와서는 도박에 대한 처벌이 강화되어 징역이나 태형, 몰수형 등 일반적인 형벌 외에 영지 몰수와 관직까지 박탈하였으며, 재범은 손가락을 절단하고, 3범 이상은 주택을 몰수한 뒤 먼 섬으로 유배를 보냈다. 에도시대 초기에는 상습 도박자를 참수형으로 처벌하기도 했다. 메이지정부 초기에는 도박범죄자의 얼굴에 먹물로 문신을 하는 경우도 있었다. 한편 카드놀이는 덴쇼 연간(天正, 1573~1592)에 네덜란드 사람을 통해 나가사키에 전해졌다. 막부에서 수입산 카드놀이를 금지하자 모조품이 등장하였는데, 그중 하나가 75매짜리 '운순가루타(うんすんがるた)'이다. 이 카드에는 북, 구슬, 술잔, 칼, 꽃, 신, 서양인, 무사, 말 탄 사람 등이 그려져 있었다. 우리나라에 잘 알려져 있는 '화투(花鬪)'는 '하나가루타(花がるた)'로 불리던 것으로 일본식으로 변형된 카드놀이 중의 하나였다.(宮武外骨, 『賭博史』, 牛狂堂, 1924)

227 아메리카합중국을 구성하고 있는 개별 주(州, state)를 가리킨다.

처 49만 명의 사람은 처음부터 국의國議에 참여할 수 없게 되어 버린다. 또 이 선거에서 당선된 의원 수가 100명인데, 의회에 출석하여 아주 중요한 국사를 의정할 때 위 사례와 같이 투표하여 51명과 49명으로 갈리면 이 역시 51명의 다수대로 결정하지 않을 수 없다. 따라서 이 결의는 전국의 인민 가운데 다수를 따르는 게 아니라 다수 중의 다수로 결정되어 그 차이가 극히 적어지며, 그 비율은 대략 국민 전체의 1/4의 마음으로 다른 3/4을 제어하게 된다. 이것을 공평하다고 말할 수는 없다(밀 씨의 『대의정치론』 중에서).[228] 이 밖에 대의정치에 관해서는 많은 논의가 얽혀 있다. 쉽게 그 득실을 가릴 수가 없다. 또 군주정치에서는 정부가 위력으로 인민을 괴롭히는 폐단이 있다. 합중정치에서는 인민이 자신의 주장說으로 정부를 성가시게 할 우려가 있다.

따라서 정부가 간혹 그 성가심을 참지 못하면 바로 병력에 의존하여 끝내 큰 화禍를 부르는 경우도 있다. 합중정치에 한정하여 병란이 적었다고는 말할 수 없다. 가깝게는 1861년, 노예매매에 관한 논란으로 합중국이 남북으로 당파를 나눠 100만 시민이 순식간에 흉기를 들고 일어나 고대 이래 미증유의 큰 전쟁이 터졌는데, 형제가 서로 잡아 죽이고 동료가 서로 해쳐 4년의 내란 동안 재화를 버리고 사람을 잃은 건 거의 수를 헤아릴 수 없다.

애초에 이 전쟁이 일어난 원인은 국내 상류 계층의 신사士君子들이 노예매

---

228 『대의정치론』은 밀의 주요 저서 중 하나로 1861년 출간되었다. 1800년대 중반 영국에서는 노동자계급의 선거권이 큰 사회문제였다. 밀은 자유주의 입장에서 노동자계급의 참정권을 인정하는 대신, 무지한 다수가 지배할 경우의 위험성을 어떻게 방지할 지에 관해 연구했다. 밀은 이를 위해 비례대표제, 선거자격의 제한, 복수투표제 등을 주장했다. 이 책은 메이지 초기에 일본에서 널리 읽혔는데, 나가미네 히데키(永峰秀樹)가 1875년 이 책의 제4장(전체 18장)을 『대의정체론』이란 제목으로 먼저 번역하여 간행했다. 본문에서 인용한 내용은 이 책 제7장에 나온다.

매라는 낡은 악습을 싫어하여 천리와 인도人道를 외친 게 큰 사건으로 번진 것인데, 인간세상人間界의 일대 미담이라고도 일컬을 만하지만, 그러한 사태가 한번 터지면 지엽적인 문제가 또 다른 지엽적인 문제를 낳고, 이치理와 이익利이 서로 섞이고, 도리道와 욕심慾이 서로 얽혀, 나중에는 본래의 취지가 어디에 있는지도 알 수 없게 되어, 그 결과 일어나는 일을 보면 결국 자유로운 나라의 인민이 서로 권위를 탐하고 그들의 사익私을 드러낸 것에 지나지 않는다. 그 모습은 마치 천상의 낙원에서 귀신들이 떼 지어 싸우는 것과 같다. 만약 지하의 선조들이 이를 알게 된다면 지금 이 귀신 떼들이 싸우는 것을 보고 뭐라고 말하겠느냐. 전사한 무리들도 황천으로야 가긴 가겠지만 조상을 볼 면목은 없을 것이다.[229]

또 영국 학사學士[230] 밀 씨가 쓴 경제책[231]에서 말하길, 어떤 사람의 주장을 보면 인류의 목적은 오로지 나아가 얻는 데 있고 발로 내딛고 손으로 밀며 서로 발꿈치를 맞대어 앞을 경쟁爭해야 하는데,[232] 이것이야말로 생산의 진보를 위해서는 가장 바람직한 모습이라고 하면서 '한결같은 이익은 바로

---

229 여기에 드러나 있듯이 미국의 남북전쟁에 대한 후쿠자와의 평가는 매우 비판적이다. 이 당시 유신정부의 핵심 지도부나 후쿠자와 같은 일본의 지도층 인물들은 보불 전쟁 당시 일어난 파리 코뮌이나 미국이 남북전쟁 같은 내란을 국가적인 대혼란으로 받아들였다. 반면 이미 오래 전에 내란을 겪은 뒤 비교적 안정적인 정치발전을 이루고 있던 영국의 입헌군주제나 1870년 통일을 이룬 뒤 급속한 경제발전을 이루면서 유럽 정치의 중심국가로 떠오르고 있던 독일의 입헌제도에 대해서는 긍정적인 시각을 가지고 있었다. 메이지헌법이 영국과 독일의 장점을 결합하여 제정된 데에는 당시 국가지도층의 이런 인식이 밑바탕에 깔려 있었다.
230 '학사'는 오늘날의 '학자'를 의미한다. 후쿠자와가 자주 사용하고 있는 넓은 의미의 학자(學者)와는 다르다.
231 존 스튜어트 밀의 『경제학원리(Principles of Political Economy)』를 가리킨다. 이 책은 1848년에 출간되었다.(존 스튜어트 밀, 박동천 역, 『정치경제학 원리』 1~4, 나남출판, 2010) 본문에 인용한 내용은 이 책 4권 제6장 「정지상태」의 제1절에 나온다. 이 책의 후쿠자와 수택본은 지금 남아 있지 않다.
232 서로 치열하게 경쟁함을 가리킨다.

경쟁하는 것'이라는 말을 인류의 최상의 약속約束으로 생각하는 사람도 없지 않지만, 내 소견으로는 이것이 결코 달갑지 않으며, 지금 세계에서는 아메리카합중국이 이러한 행태를 있는 그대로 잘 보여주고 있다. 코카스 인종[233] (백인종)의 남자들이 서로 힘을 모아서 부정하고 불공평한 속박에서 벗어나 별도의 세상을 하나 열었는데, 인구가 늘지 않는 것도 아니고 재화가 넉넉하지 않은 것도 아니며, 토지는 또 넓어서 농사를 짓고도 남고, 자주와 자유의 권리權는 널리 퍼져있고, 국민은 또 가난이 어떤 것인지를 모르는, 이처럼 지극히 선하고 아름다운 편의를 누리고 있으면서도 그곳의 일반적인 풍속으로 인해 드러나는 결과成跡를 보면 또 괴이하다고 할 수 있는데, 전국의 남자男兒는 평생 말고삐를 당기며 금화를 좇고[234] 전국의 부인은 평생 부지런히 돈을 좇는 남자를 생식할 뿐인데 이를 인간교제의 지선至善이라고 말할 수 있느냐. 나는 이를 믿을 수 없다고 말한다. 이상과 같은 밀 씨의 주장을 봐도 또한 합중국의 풍속 중 한 단면을 충분히 엿볼 수 있을 것이다.


## ┃ 정치체재는 문명의 한 부분에 불과하다

지금까지의 논의를 토대로 생각해보면 군주정치가 반드시 좋지도 않고 합중정치가 반드시 편하지도 않다. 정치의 이름을 어떻게 지어도 결국 인간교제의 한 항목에 지나지 않으므로 겨우 그 한 항목의 체재를 보고 문명의 본지를 판단할 수는 없다. 그 체재가 정말 불편하다면 이를 바꿀 수도 있

---

233 흑해 근처에 있는 코카스 지방의 백인이 백인종의 전형적인 외모를 가지고 있다고 해서 붙여진 이름이다. 백인종을 가리킨다.
234 밀의 책 원문에는 'dollar-hunters'로 되어 있다.

고, 만약 실제로 지장이 없다면 바꾸지 않아도 된다. 인간의 목적은 오직 문명에 이르는 일 한 가지에 달려 있을 따름. 여기에 이르려고 함에는 다양한 방편이 없을 수 없다. 때로는 이를 시험하고 때로는 이를 바꾸며 수백 수천 번의 시험을 거쳐 그 즈음에 약간의 진보를 이룰 수 있는 것이기에 사람의 사상은 한쪽으로 치우쳐서는 안 된다. 느긋하게 여유를 가지는 것이 필요하다. 무릇 세상의 사물은 시도하지 않으면 나아감도 없다. 설령 시도하여 잘 나아갔다고 해도 그 극치에 이른 것이 있다는 말은 아직 듣지 못했다. 어쩌면 개벽한 처음부터 오늘에 이르기까지 이를 시험하는 세상 속에 있다고 말할 수도 있다.

각 나라의 정치도 지금은 정말로 그러한 시험 중이므로 갑작스럽게 그 좋고 나쁨을 정할 수 없음은 당연히 두말할 필요가 없다. 단지 문명에 이로운 것이 많으면 좋은 정부라고 이름하고, 문명에 이로운 것이 적든지 아니면 해치는 것을 이름하여 나쁜 정부라고 말할 따름. 따라서 정치의 좋고 나쁨을 평할 때에는 그 국민이 도달하여 누리는 문명의 수준을 측량하여 결정하면 된다. 이 세상에 아직 지극히 빛나고文 지극히 밝은明 나라가 없다면 지극히 선善하고 지극히 아름다운美 정치도 아직 있을 수 없다. 만약 문명이 극치에 이른다면 어떠한 정부도 완전히 무용지물[235]로 되고 말 것이다. 만

---

235 원문에는 '무용의 장물(無用の長物)'로 되어 있다. 여기서 '장물'은 길기만 하여 쓸모없는 물건을 가리킨다. 후쿠자와의 수택본 허버트 스펜서의 『제1원리』에는, 정체론(政体論)보다도 인민의 영역(領分)이 더 중요하다는 부분에, "문명이 진전함에 따라 군신의 의를 외칠 필요가 없다"는 메모가, 또 허버트 스펜서의 『사회학연구』에는, "문명화된 인간은 도덕률을 따르기 때문에 정부는 필요가 없다"는 내용 옆에, "처음에는 주인, 그 다음은 부교, 이어 정부, 이어 정부의 법 이어 도덕이 따를 것이다"는 메모가 있다. 후쿠자와의 『각서(覺書)』에도 비슷한 내용이 있다.(Herbert Spencer, *First Principles*(福澤手澤本), New York : D. Appleton, 1875, p.6; Herbert Spencer, *The Study of Sciology*(福澤手澤本), New York : D. Appleton, 1874, p.196; 福澤諭吉, 『覺書』, 『福澤諭吉全集』

약 그렇게 될 때에는 어찌 그 체재를 고를 필요가 있으며 어찌 그러한 이름을 다툴 필요가 있겠느냐. 지금 세상의 문명이 진보하는 도중에 있다면, 정치 또한 진보하는 도중에 있음이 분명하다. 각 나라는 그저 서로 몇 걸음 앞뒤에 있을 뿐.[236]

영국과 멕시코를 비교하여 영국의 문명이 뛰어나다면 그 정치 또한 뛰어날 것이리라. 합중국의 풍속이 좋지 않아도 지나의 문명과 견주어 이보다 나은 곳이 있다면 합중국의 정치는 지나보다 나은 것이리라. 따라서 군주정도 공화정도 좋다고 말한다면 함께 좋은 것이고, 좋지 않다고 말한다면 함께 좋지 않은 것이다. 더욱이 정치 하나만이 문명의 원천인 것은 아니다. 문명에 따라 정치도 진퇴하고, 학문과 상업 등의 여러 요소와 함께 문명 중의 한 국면을 움직여 나가는 것이라는 사실은 앞에서 이미 논하였다.

따라서 문명은 예를 들면 사슴과 같고 정치 등은 궁수와 같다. 궁수는 당연히 혼자가 아니며 그 궁술 또한 사람마다 유파가 다를 것이다. 그들이 목표하는 것은 오직 사슴을 쏘아 잡는 데에 있을 뿐. 사슴만 손에 넣을 수 있다면 서서 사슴을 쏘든 앉아서 사슴을 쏘든, 아니면 때에 따라 맨손으로 사슴을 붙잡아도 문제되는 것은 없다. 외곬로 한 유파의 궁술에 얽매여서 적중시켜야 할 화살을 쏘지 않고 잡아야 할 사슴을 놓치는 것은 수렵에 서툰 자라고 말해야 할 것이다.

---

7, 669~670쪽)

**236** 후쿠자와가 서양문명과 다른 나라의 문명이 서로 몇 걸음 정도의 차이 밖에 나지 않는다는 말에 주의할 필요가 있다. 여기에는 비록 당시에는 서양문명과 일본문명 사이에 큰 격차가 있지만, 문명이란 진보하는 도중에 있으므로, 긴 시간을 염두에 둘 경우에는 두 문명 사이에 큰 격차가 나지 않는다는 자신감이 드러나 있다.

# 제2권

# 제4장

# 한 나라 인민의 지덕智德을 논함

## ▌개인의 지덕과 나라의 지덕

앞 장에서 문명은 사람의 지智[1]와 덕의 진보라고 말했다. 그렇다면 마침 여기에 지덕을 갖춘 사람이 있다고 하자, 이 사람을 문명인이라고 이름할 수 있겠느냐. 그렇다, 이 사람을 이름하여 문명인이라고 말할 수 있다. 그렇지만 이 사람이 살고 있는 나라를 가리켜 문명국이라고 이름할 수 있는지 아닌지는 아직 알 수 없다. 문명은 한 사람의 일신에 관해 논하는 게 아니라 나라 전체의 양상에 관해 살펴봐야 하는 것이다.

지금 서양 여러 나라를 문명이라고 말하고 아시아 여러 나라는 반개화半開라고 말하지만, 두세 사람의 인물을 들어 논한다면 서양에도 완루하고 지극히 어리석은 백성民이 있고 아시아에도 지덕을 갖춘 준영俊英의 사족[2]이 있

---

1   후쿠자와는 '지'를 지혜, 지식, 지능, 정보 등을 모두 포괄하는 폭넓은 의미로 사용하고 있다. 이 용어들의 구분은 마루야마 마사오의 다음 책 참고.(마루야마 마사오, 김석근 역, 『『문명론의 개략』을 읽는다』, 문학동네, 2007, 443쪽)

2   원문에는 '준영의 사(士)'로 되어 있다. '준영'은 매우 빼어난 사람을 가리킨다. 또한 후쿠자와 유키치는 '인(人)'과 '민(民)'을, '지덕을 갖춘 사족(士)=인(人)'과 '어리석은 백성(民)'으로 명확하게 구분하고 있다. 에도시대에는 막부의 엄격한 병농분리 정책에 따라 사족은 학문과 공적인 영역을 배타적으로 담당하였고, 백성은 오로지 농업과 수공업 등 생산 활동에 전념하였다.

다. 나아가 서양을 문명이라고 하고 아시아를 불문不文(문명이 아님)이라고 하는 것은, 서양에서는 이처럼 지극히 어리석은 백성이 그 어리석음을 드러낼 수 없고 아시아에서는 이 준영의 사족이 그 지덕을 마음껏 드러낼 수 없기 때문이다. 그들이 이를 마음껏 드러낼 수 없음은 무엇 때문이겠느냐. 한 사람의 지혜와 어리석음 때문이 아니라 나라 전체에 퍼져 있는 기풍에 압도制당했기 때문일 따름. 따라서 문명이 있는 곳을 찾으려고 할 때에는 먼저 그 나라를 압도하는 기풍이 무엇인지 살펴보지 않으면 안 된다. 더욱이 그 기풍은 말하자면 한 나라의 인민이 지니고 있는 지덕의 현상으로서, 때로는 나아가고 때로는 물러서며, 때로는 늘고 때로는 줄며, 진퇴와 증감이 한 순간도 멈추지 않아 마치 나라 전체를 움직이는 원천과 같은 까닭에 이 기풍이 존재하는 곳을 한번 찾기만 한다면 천하의 사물 중 명료하지 않은 건 하나도 없고 그 이해득실을 살피고 논하는 건 자루 안에 든 물건을 찾는 것보다 쉬울 것이다.

위와 같이 이 기풍이란 것은 한 사람의 기풍이 아니라 나라 전체의 기풍이므로, 지금 한 분야에서 이를 살펴보려고 해도 눈으로 볼 수 없고 귀로 들을 수 없으며, 어쩌다 가끔 이것을 보고 들은 적이 있다고 말해도 그렇게 보고 들은 것에 늘 저어齟齬함이 있어서 일의 진면목을 판단하기가 쉽지 않다. 예를 들어 한 구니國[3]의 산과 호수山澤를 잴 때에는, 그 구니 안에 있는 모든

---

3  여기서의 '국(國)'은 '구니'를 의미한다. 일본의 행정 제도는 고대 율령체제가 성립될 때부터 8도 66개 구니(쓰시마, 이키를 포함하면 68개 구니)로 구성되어 있었다. 이 제도는 율령체제가 무너질 때 함께 무너졌지만 그 명칭, 경계 등은 메이지 초기까지 큰 변화 없이 계속 이어졌다. 그 전까지는 이 구니를 기준으로 행정조직의 등급과 규모, 조세 부과액 등이 정해졌다. 세부적인 기준은 927년 완성된 율령의 시행세칙 편찬서인 『연희식』에 정리되어 있다. 율령국의 장관인 '고쿠시(国司)'의 격과 인원도 이 등급에 따라 정해졌다. 각 구니는 크게 대국, 상국, 중국, 소국 등 4개 등급으로 나뉘어 졌는데 '대국'

산과 호수의 면적을 측량하여 전체 면적을 먼저 계산하고 난 뒤에야 이곳을 산이 많은 고장山國 혹은 호수가 많은 고장澤國이라고 부를 수 있으며, 드물게 큰 산과 광활한 연못이 몇 개 있다고 해서 성급하게 억단臆斷하여 이 지역을 산이 많은 고장, 호수가 많은 고장이라고 부를 수 없는 것과 마찬가지다. 따라서 나라 전체 인민의 기풍을 알고 그들의 지덕의 취지趣를 찾기 위해서는 그들의 활동働이 서로 모여서 세간 전체에 실제 결과實跡로 드러나는 것을 보고 이를 살피지 않으면 안 된다. 어쩌면 이 지덕은 사람人의 지덕이 아니라, 나라의 지덕이라고도 이름해야 하는 것이다. 생각건대 한 나라의 지덕이란 나라 안에 일반적으로 분포되어 있는 지덕의 전체 양을 가리켜 이름붙인 것일 따름. 그 양이 많은지 적은지를 미리 안다면 그 진퇴증감을 살펴 그 운동 방향을 밝히는 것 또한 어렵지 않다.

본래 지덕의 운동은 마치 큰 바람大風과 같고 또 강의 흐름과 같다. 큰 바람은 북에서 남으로 불고, 강물은 서에서 동으로 흐르며, 그 완급과 방향은 높은 곳에서 바라보면 이를 명확히 알 수 있지만, 물러나 집 안에 들어가면 바람이 없는 듯하고 제방의 가장자리를 보면 강물이 흐르지 않는 듯 보인다. 만약 그 흐름을 강하게 막는 게 있으면 완전히 그 방향을 바꾸어 거꾸로 흐르기도 한다. 그렇긴 하지만 강물이 거꾸로 흐름은 이를 막는 게 있어서 그런 것이므로 부분적인 역류를 보고 강이 흐르는 방향을 억단하면 곤란하다. 반드시 높고 멀리高遠 내다보지 않으면 안 된다.

예를 들어 경제론에서, 부富有의 기초는 정직과 근면 그리고 검약 세 가지

---

의 '가미(守)'는 종오위(從五位) 상(上), '상국'의 '가미'는 '종오위 하', '중국'의 '가미'와 '대국'의 '스케(介)'는 '종육위 하'의 품계에 해당되었다. '중국'과 '하국'에는 '스케'를 두지 않았다. 한편 이 책에서 구니 전체를 가리킬 때에는 '전국(全國)'으로, 일본이라는 나라를 가리킬 때에는 '일본국(日本國)'으로 쓰고 있다.

항목에 있다고 말한다. 지금 서양 상인과 일본 상인을 비교하여 그들의 상업 형태를 보면 일본 상인이 꼭 부정직한 것은 아니고 또한 꼭 나태한 것도 아니며, 거기에다가 검소質素・검약하는 풍습에서는 서양 사람도 까마득하게 따라올 수 없는 면이 있다. 그런데도 한 나라 상업의 실적으로 인해事跡 생기는 빈부에 관해 살펴보면 일본이 서양 나라들을 따라가기에는 까마득하게 멀다.

또 지나는 아주 먼 예로부터 예의의 나라[4]로 불렸고 이 말은 일종의 자부심 같은 것이지만, 사물事에 실질実이 없다면 이름名 또한 있을 수 없다. 예로부터 지나에서는 예의의 사군자士君子가 실제로 있었고 칭송받을 만한 업적事業도 적지 않았다. 오늘날에 이르러서도 그런 인물이 없는 건 아니지만, 나라 전체의 모습을 보면 사람을 죽이거나 물건을 훔치는 자가 아주 많고 형법이 극도로 엄혹嚴刻해도 죄인의 숫자는 늘 줄지 않는다. 그 인정과 풍속이 비굴하고 천열함은 참으로 아시아 나라의 골법骨法을 드러내 주는 것이라고 말할 수 있다. 따라서 지나는 예의의 나라가 아니라, 예의 있는 사람이 살고 있는 나라라고 말해야 한다.


## ▍사람 마음人心의 변화무쌍함

사람 마음의 작용働은 수만 갈래이며, 아침과 저녁이 다르고 밤과 낮이 같지 않다. 오늘의 군자가 내일은 소인배로 될 수 있고, 올해의 적이 내년에는 친구로 될 수도 있다. 그 기변機變[5]이 많아질수록 점점 더 기이해진다. 환영

---

4   고대 중국의 한(漢)나라를 가리킨다. 사회질서가 잡혀 있고 사회를 유지하기 위한 규칙과 의례가 확립되어 있는 나라라는 의미다. 『한서(漢書)』에 나온다. 예의가 있는 중국과 다른 나라의 차이를 강조하기 위해 쓰였다.
5   때에 맞춰 변함을 가리킨다.

같고, 악마 같으며, 불가사의하여 측량할 수도 없다. 다른 사람의 심정을 헤아릴 수 없음은 당연히 두 번 다시 말할 것도 없고 부부나 부모자식 사이이더라도 상대방의 심기가 바뀌는 것을 가늠할 수 없다. 단지 부부나 부모자식 사이뿐만이 아니라 자신의 마음 변화도 제대로 제어하기가 쉽지 않다. 흔히 말하듯 지금의 나는 과거의 내가 아니라는 말[6]이 바로 이것이다. 그런 정황은 마치 맑을지 비가 올지 가늠할 수 없는 것과도 같다.

옛날에 기노시타 도키치木下藤吉가 주인의 금화 여섯 냥을 훔쳐 달아난 뒤[7] 이 여섯 냥의 금화를 무가 봉공奉公 자금으로 활용하여 처음에는 오다 노부나가織田信長[8]를 섬기고, 차차 입신함에 따라 니와丹羽, 시바타柴田[9]의 명망을

---

6 후쿠자와 유키치가 자주 사용하는 문장이다. 중국 송나라의 왕연(王淵)이 쓴 시(「元日書懷」)에, "세월이 흘러 섣달그믐 또 정월 초하루가 되니, 마음 속 생각에 지금의 나는 옛날의 내가 아니로다(年光除日又元日 心事今吾非故吾)"라는 구절이 있다.

7 기노시타 도키치는 도요토미 히데요시의 어릴 적 이름이다. 이 이야기는 『태합기』에 나온다. 한편 『태합기』는 천민에서 태합의 자리에까지 오른 도요토미 히데요시의 일대기를 다룬 전기 소설을 총칭하는 이름이다. 1625년 병학자이자 의사이던 오제 호안(小瀬甫庵, 1564~1640)이 출간한 『태합기』(다이코기, 전체 22권)가 최초의 판본이며, 메이지시대까지 다양한 판본이 나왔다. 오제 호안은 노부나가에 관한 전기(『노부나가기』)도 썼다. 『일본외사』 제15권에도 도요토미 히데요시의 일화가 소개되어 있다.

8 오다 노부나가(1534~1582). 전국시대에서 아즈치 모모야마시대에 걸쳐 활동했던 전국 다이묘이며 현재 일본에서 가장 사랑받는 무사 중 한 명이다. 오와리 국(현재의 나고야시 일대)에서 오다 노부히데의 장남으로 태어났다. 원래는 오와리 슈고 다이(代) 가문인 오다씨 계통의 방계 집안이었지만, 이마가와 가 등 주변의 다이묘와 오랜 기간 동안 대립하면서 본가를 능가하는 힘을 길러 마침내 오와리를 통일하였다. 오케자하마 전투에서 이마가와 요시모토를 대패시키고 혼인에 의한 동맹정책을 펼치면서 영토를 확장하였다. 1568년 무로마치 막부 제15대 쇼군인 아시카가 요시아키를 내세워 교토로 상락하였고, 이어 천황의 권위를 등에 업고 천하를 호령하였다. 그 뒤 요시아키도 추방하여 사실상 무로마치 막부를 멸망시켰다. 일본 본토의 기나이(畿內) 지방을 중심으로 강력한 중앙집권권력을 확립하여 천하인(天下人)으로 불렸으며, 이로써 전국시대의 혼란을 끝낼 수 있는 길을 마련하였다.

9 오다 노부나가의 중신들로 니와 나가히데(丹羽長秀, 1535~1585), 시바타 가쓰이에(柴田勝家, 1522~1583)를 말한다. '하시바'라는 성은 이 두 사람의 성에서 각각 '우(羽)'와 '시(柴)' 자를 따서 만든 것이다.

우러러보며, 하시바 히데요시羽柴秀吉로 성명을 바꾸어 오다 씨의 대장隊長10이 되었고, 그 뒤 무궁한 시세 변화를 맞아 때로는 실패하고 때로는 성공하고, 기회에 도전하고 변화에 적응하며, 마침내 일본 전체를 차지押領하고, 도요토미 태합이라는 이름으로 나라 전체의 정권을 한 손에 거머쥐어 오늘날에 이르기까지도 그 성대한 공적을 칭송하지 않는 사람이 없다. 그렇지만 도키치가 처음에 여섯 냥의 금화를 훔쳐 달아날 때에 어찌 일본 전체를 차지하겠다는 소지素志를 품고 있었겠는가. 이미 노부나가를 섬기게 된 뒤에도 기껏해야 니와, 시바타의 명망이 부러워 스스로 이름을 바꾸지 않았더냐. 그 뜻이 작았음을 미뤄 알 수 있다. 따라서 주인의 금화를 훔치고도 붙잡히지 않았음은 도적의 신분身으로서는 기대 밖의 일이었다. 이어 노부나가를 섬기며 대장隊長이 되었음은 도키치의 신분으로서는 기대 밖의 일이었다. 또 수년 동안의 성공과 실패를 거쳐 마침내 일본 전체를 차지하게 되었음도 하시바 히데요시의 신분으로서는 기대 밖의 일이었다. 지금 이 사람이 태합의 지위에 있으면서 돌이켜 이전에 금화 여섯 냥을 훔칠 때의 모습을 회상한다면, 일생의 업적 그 어느 하나도 우연히 이루어지지 않은 것이 없고, 참으로 꿈속에서 또 꿈을 꾸는 듯한11 심정心地일 것이다.

　후세의 학자 가운데 도요토미 태합을 평하는 것은 모두 다 그가 도요토미 태합일 때의 언행을 가지고 그의 평생의 인물됨을 증명하려고 하기 때문에 큰 오해를 낳는다. 도키치라고 부르든 하시바라고 부르든 도요토미 태합이

---

10　오늘날처럼 별 4개를 의미하는 대장이 아니라 중대 소대와 같이 부대를 구성하는 기본 단위인 '대(隊)'의 우두머리를 의미한다.

11　도요토미 히데요시가 남긴 지세(辭世), 즉 유언으로 남긴 시(詩)에 비유한 것이다. 번역문과 원문은 다음과 같다. "이슬로 일어나 이슬로 사라지는 나의 육신인가, 나니와의 일은 꿈속의 꿈이로구나(露と起き露と消えぬるわが身かな なにわのことは夢のまた夢)."

라고 부르든 모두 다 같은 사람의 생애 가운데 어느 한 단계로, 도키치일 때에는 도키치의 마음이 있고, 하시바일 때는 하시바의 마음이 있으며, 태합이되고 난 뒤에는 자연스럽게 또 태합의 마음이 있어 그 마음의 작용은 처음중간 마지막 세 단계가 다 한결같을 수 없다.[12] 좀 더 상세히 이를 논하자면,평생 동안 마음의 작용은 천 단계 만 단계로도 구별되며 천태만상의 변화를볼 수 있다. 고금의 학자들이 이러한 이치를 알지 못해, 인물을 평할 때에는흔한 말투로 누구는 어려서부터 큰 뜻이 있었다고 하고 누구는 세 살 때에이런 기이한 말을 뱉었다고 하고 누구는 다섯 살 때에 이런 기행奇行이 있었다고 하면서 심할 때에는 생전의 상서로운 조짐을 기록하고 또는 꿈을 들어다른 사람의 언행록의 일부로 삼는 경우까지 생기게 되었다. 미혹함이 아주심하다고 말할 수 있다.

　　세상에서 정사(正史)라고 일컬어지는 책[13]에, 도요토미 태합의 어머니는 태양

---

12　기조의 『유럽문명의 역사』에서도, 크롬웰을 예로 들어 이와 비슷한 설명을 하고 있다.
　　"Men are formed morally in the same way as they are physically. They change
　　every day. Their existence is constantly undergoing some modification. The
　　Cromwell of 1650 was not the Cromwell of 1640." It is true, there is always a
　　large stock of individuality, the same man holds on; but how many ideas, how
　　many sentiments, how many inclinations have changed in him! What a number
　　of things he has lost and acquired! Thus, at whatever moment of his life we may
　　look at a man, he is never such as we see him when his course is finished."(F.
　　P. G. Guizot, C. S. Henry trans., *General History of Civilization in Europe, Nineth*
　　*American*(2nd English edition, with occational notes) NewYork : D. Appleton
　　and Company 1870, p.140)
13　여기에서의 '정사'는 관학 가문인 하야시가에서 막부의 역사편찬 사업에 따라 편찬한
　　역사서인 『본조통감(本朝通鑑)』과 『국사실록(國史實錄)』을 가리킨다. 하야시가는 도
　　쿠가와 이에야스의 총애를 받아 에도시대 초에 막부의 유학 가문으로 인가 받았다. 『본
　　조통감』은 중국의 『자치통감』을 모델로 제3대 쇼군 이에미쓰의 지시에 따라 시작한 편
　　년체 역사서이다. 그 뒤 하야시 가호우가 1670년 완성하였다. 총 310권으로 구성되어
　　있으며 일본의 신대에서 1610년까지의 역사를 다루고 있다.

을 품에 안는 꿈[14]을 꾸고 임신하였으며, 고다이고왕(帝)은 남쪽에 있는 나무의 꿈[15]에 감응하여 구스노키 씨를 얻었다고 말하고, 또 한(漢) 고조(高祖)는 용의 상서로움을 얻고 태어나 얼굴이 용을 닮았다고 말한다.[16] 이런 종류의 허탄망설(虛誕妄說)[17]은 일본과 중국의 역사책 가운데 헤아릴 수 없을 정도로 많다. 세간의 학자들, 이런 망설을 외치며 단지 남을 속일 뿐만 아니라 자신도 여기에 혹닉되어 스스로 믿고 있는 듯하다. 참으로 딱한 일이라고 할 수 있다. 분명 옛날을 추종하는 고질병 때문에 헛되이 옛 사람을 존숭하고 그 인물이 죽은 지 한참 지난 뒤에 그 업적을 보고는 이를 기이하게 여겨 지금 사람들의 이목을 놀라게 하지 않으면 안 되는 것처럼 생각하였기 때문에 견강부회하는 이야기를 꾸며내었을 따름. 이를 점술사 부류의 망언이라고 말해도 된다.

---

14 『일본외사』 제15권 「태합기」, 「도요토미 히데요시」편에도 나온다.
15 고다이고 천황이 가마쿠라 막부의 싯켄 호조 다카토키에게 쫓겨 가사기산(笠置山)으로 피난하였을 때, 교토 황궁의 자신전(紫宸殿) 남쪽에 있는 큰 나무 옆에서 남쪽을 향해 자리를 설치하는 꿈을 꾼 뒤, 구스노키 마사시게(楠木正成)를 찾아냈다는 전설을 말한다. 남쪽을 향해 앉는다는 것은 천자를 의미하고, 구스노키의 성, 구스노키(楠木)의 남(楠) 자가 나무 목(木) 변에 남녘 남(南) 자로 이루어져 있으므로, 구스노키가 자신을 천자로 만들어준다고 해석한 것이다. 『태평기』 제3권, 305쪽에 나온다. 『태평기』는 전체 40권으로 이루어진 군담소설로 가마쿠라 막부 말기와 남북조시대 약 50년간을 주 무대로 삼고 있다. 1371년 완성 되었다.(武田友宏 編, 『太平記』, 角川ソフィア文庫, 2012) 고다이고 천황과 구스노기 마사시게가 주인공이다. 고다이고 천황의 즉위부터 가마쿠라 막부의 멸망, 겐무 신정(建武新政), 남북조의 성립, 무로마치 막부 제2대 쇼군 아시카가 요시아키라(足利義詮)의 사망 및 호소카와 요리유키(細川頼之)의 간레이(管領) 취임 등을 다루고 있다. 다만 책의 후반부에 가면 고다이고 천황은 대마왕으로, 마사시게는 악귀가 되어 다시 등장하는 등 소설로서의 성격이 명확히 드러난다. 이마가와 가 판본(今川家本), 고활자 판본(古活字本), 세이겐인 판본(西源院本) 등 여러 종류의 판본이 남아 있다. 가마쿠라(鎌倉) 막부 말기 호조 다카토키(北條高時)의 실정, 겐무중흥(建武中興) 등 일본 남북조(南北朝)시대 50여 년 동안의 전란을 배경으로 하고 있다. (吉川英治, 『私本太平記』 1~8, 講談社, 2012)
16 사마천의 『사기』 「고조 본기」에 나온다.
17 허무맹랑한 이야기를 가리킨다.

원래 사람이란 자신이 타고난 것天賦과 교육에 의해 자연스럽게 지조가 높은 자도 있고 천한 자도 있어서, 그것이 높은 사람은 높은 일에 뜻을 두고 그것이 천한 자는 천한 일에 뜻을 두어 그 지조에 대체적인 방향이 있음은 물론 두 번 다시 거론할 게 없지만, 지금 여기에서 논한 내용은 큰 뜻大志을 품은 자라고 해서 반드시 큰일大業을 이루는 건 아니고, 큰일을 이룬 자라고 해서 항상 어릴 적부터 생애의 성공을 기약하고 있었던 것도 아니며, 가령 대체적인 지조志操의 방향은 정해두었더라도 그 계획心匠과 실제 사업事業은 때에 따라 바뀌고 때에 따라 나아가며 진퇴와 변화에 끝이 없고 우연한 형세에 올라타 마침내 큰 사업大事業도 이루게 되는 사정을 적은 것이다.[18] 학자들은 이러한 취지를 오해하지 말라.

## ｜ 통계학이라는 방법

앞의 논의를 바탕으로 생각해보면, 사람마음人心의 변화를 살피는 일은 인력人力으로 할 수 있는 일이 아니며 그 작용은 모두 우연히 일어나 도대체 규칙이라고는 조금도 없다고 말해도 되겠느냐. 답하여 말하노니, 결코 그렇지 않다. 문명을 논하는 학자들에게는 이러한 변화를 자연스럽게 관찰할 수 있는 방법이 하나 있다. 이 방법에 따라 이를 구해보면, 인심人心의 작용에는 단지 일정한 규칙이 있을 뿐만 아니라 그 정칙은 실제 물건의 방원方円[19]을

---

18  이 부분은 기조의 『유럽문명의 역사』 제6강을 참조한 것이다. 기조는 역사학자 대부분이 이러한 오류에 빠진다고 설명하고 있다.(프랑수아 기조, 임승휘 역, 앞의 책, 233~225쪽)

19  '방'은 사각형 모양, '원'은 둥근 모양을 가리킨다. 사각형이나 둥근 사물의 모양은 누구나 쉽게 구분하는 것처럼, 명확하게 알 수 있다는 의미이다.

보는 것처럼 정확하고 판형으로 찍어낸 문자를 읽는 것과 같아 이를 오해하려고 해도 도저히 오해할 수가 없다. 생각건대 그 방법이 무엇이냐. 천하의 인심을 한 덩어리로 간주하여 오랜 시간에 걸쳐 폭넓게 비교하고 그 결과 드러나는 것을 증거로 삼는 방법[20]이 바로 이것이다.

예를 들어 맑거나 비가 오는晴雨 것 같은 경우도 아침의 맑음으로 저녁의 비를 점칠 수는 없는데, 하물며 수십 일 동안 며칠 개고 며칠 비 올지에 관해 일정한 규칙을 세우려고 함은 사람의 지혜가 미칠 수 있는 일이 아니다. 그렇지만 1년 동안 맑은 날과 비 온 날을 평균하여 계산해 보면 맑은 날이 비 오는 날보다 더 많음을 알 수 있다. 이것을 또 한 지역에서 측정하기보다 널리 한 주州 혹은 한 구니國로 넓히면 맑고 비 온 날의 수가 더욱더 정밀해진다. 또 이 실험을 더 넓혀 멀리 세계 전체에까지 미치게 하고 이전 수십 년과 향후 수십 년 동안의 맑고 비 온 날을 헤아려 이를 비교해 보면 전과 후가 틀림없이 한결같아서 며칠 정도의 차이도 없을 것이다. 만약 이것을 100년으로 늘리

---

20 '통계' 혹은 '통계학'을 말한다. 메이지 초기에는 '통계학' 외에도 '회계학', '국정학(國政学)', '국무학(國務学)', '정표학(政表学)' 등 다양하게 불렸다. 후쿠자와 유키치가 교열하고 오카모토 세쓰조(岡本節藏)가 번역한『만국정표(萬國政表)』(1860)에는 '정표'라고 번역되어 있다. 이 책은 1854년 네덜란드에서 간행된 통계학 책으로, 세계 각국의 국세에 관한 통계표가 실려 있다. 후쿠자와 유키치는 통계학을 사회법칙을 객관적으로 인식할 수 있는 방법으로 생각했다. 원래 후쿠자와가 번역을 시작했지만 1860년 견미사절단으로 미국으로 가는 바람에 오카모토에게 맡겼다. 따라서 이 책이 후쿠자와의 첫 번째 출판물이라고 말할 수도 있다.(『福澤諭吉事典』, 慶應義塾大學出版會, 2010, 86~87쪽) 오카모토 세쓰조는 히로시마 야마가타군에서 태어나 오사카에 있는 오가타 고안의 데키주쿠에서 난학과 병학을 배웠고, 후쿠자와 유키치가 게이오기주쿠를 설립했을 때에는 1기생으로 입학했다. 그가 완성한『만국정표』는 일본 최초의 세계통계서적으로 매우 귀중한 책이다. 오카모토는 메이지유신 뒤 막부군의 반란에 가담하여 에노모토 다케아키와 함께 삿포로로 탈주하여 혁명군에 저항했다. 거기서 체포되어 형을 살았고, 석방된 뒤에는 교육자로 활동하였다. 근대 일본의 통계학 도입 과정 및 통계 관련 기관의 설립 등에 관해서는 방광석, 「근대 일본의 '통계' 수용과 통계기관의 추이」,『역사와 담론』80, 호서사학회, 2016, 123~148쪽 참조.

고 1,000년으로 늘린다면 정말로 일분 일시 정도의 차이도 없을 것이다.

인심의 작용 또한 이러하다. 지금 한 개인, 한 가정을 두고 그 사람의 행동働을 관찰하면 도무지 규칙의 존재를 알 수 없다고 말할 수 있지만, 널리 한 나라를 두고 이를 구해보면 그 규칙의 정확함은 맑고 비 오는 날의 수를 평균할 때 그 비율이 정밀해지는 것과 다르지 않다. 어느 나라 어느 시대에는 그 나라의 지덕이 이쪽 방향으로 향하고, 때로는 이런 원인으로 인해 이 정도 나아가고 때로는 저런 장애에 가로막혀 저 정도 수준으로 물러서는 등 마치 유형의 사물物이 진퇴하는 방향을 보는 것과 같다.

영국사람 버클 씨는 『영국문명사』[21]에서 말하길, 한 나라의 인심을 한 덩어리로 삼아 이를 살펴보면 그 작용에 일정한 규칙定則이 있다는 사실에 깜짝 놀랄 만한데, 범죄는 인심의 작용이고, 한 사람의 일신身[22]에 관해서 이를 살펴보면 당연히 그 작용에 규칙이 있을 수 없다고 말할 수 있겠지만, 그 나라의 사정에 큰 이변이 없는 한 죄인의 숫자는 매년 다르지 않다. 예를 들어

---

21  헨리 토마스 버클의 『영국문명사』를 가리킨다. 제1권은 1857년 제2권은 1861년 영국에서 각각 출간되었다. 후쿠자와 유키치는 1872에서 1873년에 걸쳐 D. Appleton and Company가 뉴욕에서 간행한 미국 판본을 참고했다. 이 수택본은 현재 게이오대학에 보존되어 있다. 서지사항은 다음과 같다. Henry Thomas Buckle, *History of Civilization in England*(2nd London edition) 1·2, Newyork : D. Appleton and Company 1872~1873. 이 책에서는 미국 판본이 아니라 영국 판본으로 출처를 표시했다. 영국 판본은 3권으로 구성되어 있다. 당시 이 책은 일본 지식인 사회에 널리 알려져 있었다. 유신정부는 번역국에서 오시마 사다마스(大島貞益, 1845~1914)에게 의뢰하여 이 책을 번역하였고, 인쇄국에서 1875년 『영국개화사』라는 제목으로 간행하였다. 이 번역본이 발간되기 전 『메이로쿠잡지』 제7호(1874 5)에 이 책의 초록이 발표되었다.(山室信一·中野目撤 校注, 『明六雜誌』 上, 岩波書店, 2008, 250~255쪽) 이는 미쓰쿠리 린쇼가 『영국문명사』 제5장 중 부분을 번역한 것이었다. 뿐만 아니라 같은 시기에 『민간잡지』에도 이 책의 초록이 발표되었다. 따라서 버클의 『영국문명사』는 정식으로 간행되기 전에 이미 그 존재가 널리 알려져 있었다. 한편 미쓰쿠리 린쇼는 몽테스키외의 『법의 정신』도 초록하여 『메이로쿠잡지』 제4·5호에 발표했다.

22  이 당시 '개인'이라는 단어가 아직 쓰이고 있지 않았기 때문에 혼동을 피하기 위해 '일신'으로 번역하였다.

사람을 살해하는 자 같은 경우는 대부분 순간적인 분노를 이기지 못해 저지르므로 어떤 한 사람이 미리 이것을 계획하여 내년 어느 달 어느 날에 어떤 사람을 죽이겠다고 스스로 깊이 생각한 사람이 있겠느냐, 그런데도 프랑스 전국에서 사람을 죽인 죄인을 세어 보면 매년 그 수가 비슷할 뿐만 아니라 살해에 사용된 도구의 종류까지도 매년 다르지 않으며,[23] 더욱이 이보다 더 불가사의한 건 자살하는 자다. 생각건대 자살이라는 일이야말로 다른 사람 으로부터 명령을 받을 수도 없고 권할 수도 없으며, 속여서 이를 실행하게 할 수도 없고 겁을 줘서 이를 강제할 수도 없으며 정말 자기 마음이 결정하는 대로 생기는 현상이기 때문에 그 수에 규칙이 있으리라고는 생각할 수 없다. 그런데도 1846년부터 1850년까지 매년 런던에서 자살하는 사람의 수는 많게는 266명 적게는 213명으로, 평균하면 매년 240명 정도로 숫자가 일정하다고 한다. 이상은 버클 씨의 주장이다.[24]

또 지금 가까운 예를 하나 더 제시해 보겠다. 물건을 판매하는 상인은 이를 손님에게 강제로 사도록 할 수가 없다. 그것을 살지 말지는 완전히 사는 사람의 권한權이다. 그래서 팔 물건을 들여놓는 사람은 대개 세간의 경기를 잘 살펴 늘 물건이 남아 쌓이지 않도록 한다. 쌀, 보리, 옷감 등은 부패의 염려가 없어 간혹 너무 많이 들여놓았더라도 당장 손해를 입지 않겠지만, 더운 여름철에 어육魚肉이나 찐과자蒸菓子[25] 등을 들여놓는 사람은 아침에 들여놓

---

23 Henry Thomas Buckle, 앞의 책, pp.22~26.
24 버클은 자신의 책에서 런던에서의 자살자 수가 1846년 266명, 1847년 256명, 1848년 247명, 1849년 213명, 1850년 229명이라고 설명하고 있다.(위의 책, 27~29쪽) 일본 어 번역본(ヘンリー・トマス・バクル, 西村二郎 譯, 『世界文明史』 1~6, 而立社, 大正 12~13(1923~24); 일본 국립 국회도서관 디지털 라이브러리(http://dl.ndl.go.jp/in fo:ndljp/pid/977007) 참조)에는 '범죄의 획일적 반복성', '자살과 자연의 법칙'이라 는 소제목이 붙어 있다.

고 저녁까지 팔리지 않으면 전부 다 바로 손해를 입을 수가 있다. 그런데도 더운 여름날에 일부러 도쿄의 과자가게에 가서 찐과자를 찾아보면 하루 종일 이것을 파는데, 하루가 끝나는 해질녘에 이르면 있는 대로 모두 다 팔려 밤에 물건이 남아 부패했다는 말을 들을 수 없다. 그처럼 딱 떨어지는 상황은 정말로 파는 사람과 사는 사람이 미리 약속이라도 한 듯하고, 해질녘에 남아 있는 과자를 있는 대로 전부 다 사는 사람은 마치 자신의 편·불편함은 제쳐 두고 오직 과자가게에서 들여놓은 물건이 남지 않을까 걱정하여 사는 듯하다. 이 어찌 신기하지 않겠느냐. 지금 과자가게의 상황이 이렇긴 하지만, 일이 끝난 뒤 시내의 집집마다 찾아다니며 한 해에 찐과자를 몇 번 먹고 어느 가게에서 몇 상자를 사느냐고 물어보면 여기에 대답할 수 있는 사람은 아무도 없을 것이다. 따라서 찐과자를 먹는 사람의 마음 작용은 한 사람에 관해서는 볼 수 없지만 시중의 인심을 한 덩어리로 여기고 이를 살펴보면 그처럼 찐과자를 먹는 마음 작용에는 틀림없이 일정한 규칙이 있어서 그 진퇴와 방향을 명확히 볼 수 있다.

따라서 천하의 형세는 한 사건 한 물건을 두고 억단할 일이 아니다. 반드시 넓게 사물의 작용을 보고 일반적으로 드러나는 실제 결과를 살핀 뒤 이것과 저것을 비교하지 않으면 진정한 실상을 밝히기에는 부족하다. 이처럼 널리 실제에 관해 전색詮索(깊이 파고 듦)하는 방법을 서양 언어로는 스타티스틱스Statistics[26]라고 부른다. 이 방법은 인간의 사업事業을 살피고 그 이해득실을 밝히는 데 빼놓을 수 없는 것인데, 근래 서양 학자들은 오로지 이 방법으로 사물을 탐색하여 많은 소득을 올리고 있다고 한다. 대개 토지와 인민의

---

25 반죽한 뒤 증기로 쪄 만드는 과자 종류를 가리킨다. 만두나 양갱 등 종류가 매우 많다.
26 '통계학'을 말한다.

많고 적음, 물가와 임금의 높고 낮음, 혼인하는 사람, 태어나는 사람, 병에 걸린 사람, 사망한 사람 등을 하나하나 그 수를 기록하고 도표로 작성하여 이것과 저것을 서로 비교해보면, 세간의 사정을 파악할 방법이 없는 경우에도 한눈에 요연瞭然해지는 경우가 있다.[27]

예를 들어 영국에서 해마다 혼인하는 사람의 수는 곡물 값에 따라 곡물 값이 오르면 혼인은 적어지고 가격이 내리면 혼인은 많아져 지금까지 그 비율이 틀린 적이 없었다고 이야기 한다.[28] 일본에서는 아직 스타티스틱스 도표를 만드는 자가 없어서 이를 알 수 없지만, 혼인하는 사람의 수는 틀림없이 쌀과 보리 값을 따를 것이다. 남녀가 한 방에 사는 것은 사람의 대륜大倫[29]이라고 하여 세상사람 모두 다 그 예禮를 중하게 여기며 경솔히 행하는 경우가 없다. 당사자는 서로 상대방에 대한 호불호가 있고, 신분이나 빈부의 사정도 있고, 부모의 명命에도 따르지 않을 수 없고, 중매쟁이의 말도 기다리지 않을 수 없고, 그 밖에도 숱한 사정에 의해 이런저런 형편이 딱 맞아떨어져 혼담이 성사되는 것은 정말 우연이라고 하지 않을 수 없다. 실제로는 그렇게 의도하지 않았는데 그렇게 되는 것과 같다. 세상에서 혼인을 기이한 인연奇緣이라고 말하고 또 이즈모出雲 지역에 있는 대사결연신설大社結緣神說[30]도 모두 혼인이 우연에 의해 맺어짐을 증거해주는 것이다.

그런데 지금 그 실상을 알아보면 이는 결코 우연이 아니며, 당사자들의 뜻에 따라 이뤄지는 것도 아니고 부모의 명을 좇아 정리되는 것도 아니며,

---

27 일목요연(一目瞭然)하게 알 수 있다는 의미이다.
28 Henry Thomas Buckle, 앞의 책, pp.31~32.
29 『맹자』「만장」편-상 제2장에 나온다. 원문은 다음과 같다. "男女居室 人之大倫也".
30 일본에서는 매년 10월에 나라 전체의 신(약 800만 명이라고 말한다)이 이즈모에 모여, 남녀의 혼인을 맺어주는 의논을 한다는 전설이 있다. 이를 '대사결연신설'이라고 한다.

중매쟁이가 달변이라고 해도, 혼인을 맺어주는 신령이라고 해도 세간 일반의 혼인을 어떻게 할 도리는 없다. 당사자의 마음도, 부모의 명命도, 중매쟁이의 달변도, 대사大社의 신력도, 개괄하여 이들을 제어하고 자유자재로 이들을 다스리며 때로는 세상의 혼담을 성사시키고 때로는 파기시키는 것은, 세간에서 유일하게 힘이 있는 쌀의 시세일 따름相場.

## ▎근인近因과 원인遠因

이러한 취지에 따라서 사물을 전색해 보면 그 작용의 원인原因[31]을 찾는 데 매우 편리하다. 원래 사물의 작용에는 반드시 그 원인이 없을 리 없다. 그리고 원인은 근인近因과(직접적인 원인, 표면적인 원인)과 원인遠因(간접적인 원인, 근원적인 원인) 두 가지 형태로 구별되는데, 근인은 찾기 쉽지만 원인遠因은 판별하기가 쉽지 않다. 근인의 수는 많지만 원인遠因의 수는 적다. 근인은 혼잡하여 걸핏하면 사람의 이목을 현혹하지만, 원인遠因은 한번 찾아내기만 하면 확실하여 변하는 일이 없다. 따라서 원인遠因을 찾는 요결은 근인에서부터 차례로 거슬러 올라가 원인遠因에 이르는 데 있다. 그렇게 점점 멀리 거슬러 올라갈수록 원인遠因의 수는 차츰 감소하고 한 요인으로서 여러 형태의 작용

---

31  '원인(cause)'에는 먼 원인인 '원인(遠因)'과 가까운 원인인 '근인(近因)'이 있다. 영어로 원인은 'remote cause', 근인은 'proximate cause'이다. 후쿠자와 유키치는 버클의 『영국문명사』를 참고하여 '원인'과 '근인'이라는 개념을 만들었다. 버클의 『영국문명사』 제2권 제7장의 제목은 「18세기 중엽 이후 프랑스혁명의 근인」이다.(Henry Thomas Buckle, 앞의 책, p.323) 또 제3권 제5장에서는 18세기의 스코틀랜드의 지성을 검토하는데, 여기서 아담 스미스의 『국부론』 중 임금율에 관해 평가하면서 아담 스미스가 임금율의 원인(遠因)은 파악하지 못했지만, 근인은 확실하게 이해하고 있었다고 평가하고 있다.(위의 책, pp.304~330) 이 책에서는 '원인(cause)'을 원인으로, '원인(remote cause)'을 원인(遠因)으로 표기하였다.

을 설명할 수 있게 된다. 가령 지금 물에 비등沸騰 작용을 일으키는 건 장작의 불이고, 사람에게 호흡 작용을 생기게 하는 건 공기다. 따라서 공기는 호흡의 원인原因이고 장작은 비등의 원인原因인데, 단지 이 원인原因을 찾아냈다는 것만으로는 아직 전색을 다 했다고 말할 수가 없다. 원래 이 장작이 불타는 까닭은 장작이라는 물질 안에 있는 탄소와 공기 중의 산소가 결합結合하여 열을 내뿜기 때문이고, 인간이 호흡하는 까닭은 공기 중의 산소를 빨아들인 폐에서 혈액 안에 있는 과잉탄소와 친화親和하여 이를 다시 내뱉기 때문이므로, 장작과 공기는 단지 근인이고, 그 원인遠因은 곧 산소라고 하는 물질인 것이다. 따라서 물이 끓는 현상과 인간의 호흡은 그 작용의 내용도 다르고 또 근인도 다르다고 할 수 있지만, 한 걸음 더 나아가 그 원인遠因인 산소 덕분에 비로소 비등의 작용과 호흡의 작용이 동일한 원인原因으로 귀결되어 논의가 완벽하게 정돈되는 것이다.

앞에서 이야기한 세상의 혼인 같은 것도, 그 근인을 말하자면 당사자의 마음, 부모의 명命, 중매쟁이의 달변, 그 밖의 여러 가지 사정에 의해 이루어진다고 말할 수 있지만 이 근인으로 아직 사정을 자세히 밝히기에는 충분하지 않을 뿐만 아니라 오히려 혼란을 일으켜 사람들의 눈과 귀를 현혹하는 측면도 있기에 이 근인은 버리고 나아가 원인遠因이 있는 곳을 탐색하여 찾는데, 식료품食物 가격이라는 것을 얻고서야 비로소 혼인의 많고 적음을 제어하는 진짜 원인原因을 만나고 확고부동한 규칙을 확인하게 된다.

또 다른 사례를 하나 들어 보겠다. 여기에 어떤 술꾼이 있는데, 말에서 떨어지면서 허리를 다쳐 결국 반신불수에 빠지게 되었다. 이 사람을 어떤 방법으로 치료해야 하겠느냐. 이 병의 원인은 낙마라고 하면서 허리에 고약을 붙이고 오로지 타박상 치료 방법을 베풀면 되겠느냐. 만약 그런 사람이라면 용의庸醫[32]라고 말하지 않을 수 없다. 분명 낙마는 그저 이 병의 근인일 뿐. 실제로는 다년간의 음주로 인해 섭생이 좋지 않았기 때문에 척추가 이미 쇠약해져, 언젠가 기어이 이 증세가 터지려고 할 즈음에 때마침 낙마로 인해 전신에 큰 충격이 주어졌고 이 때문에 갑자기 반신불수를 일으켰을 따름. 따라서 이 병을 치료하는 방법은 먼저 술을 끊고 병의 원인遠因인 척추의 쇠약을 회복하는 데에 있을 따름. 의학에 조금이라도 뜻을 둔 사람은 이러한 병의 원인病原을 판별하고 그에 맞춰 치료하는 것도 쉽겠지만 세상의 문명을 논하는 학자들은 그렇지 않으니, 여기나 저기나 모두 용의 부류일 뿐. 가까이에서 눈과 귀로 보고 들은 것에 혹닉되어 사물의 원인遠因은 찾지 않고, 여기에 속고 저기에 가려져 헛되이 불평小言이나 내뱉고 멋대로 큰일을 할 거라고 하면서 한 치 앞도 안 보이는 깜깜하고 어두운 밤에 허공을 향해 몽둥이를 휘두르는 것과 같다. 그 사람 본인을 생각하면 가엾다고 할 것이고, 세상을 생각하면 두렵다고 해야 할 것이다. 삼가지 않으면 안 된다.

## ┃ 세상의 영웅호걸과 시세時勢

앞에서 논의했듯이, 세상의 문명은 널리 국민 전체에 널리 분포되어 있는 지덕의 현상이기 때문에 그 나라의 치란흥망 또한 마찬가지로 일반의 지덕과 관세 있으며 두세 사람이 어떻게 할 수 있는 게 아니다. 나라 전체의 형세는 나아가려 한다고 나아갈 수 있는 것이 아니며, 멈추려 한다고 멈출 수 있는 것이 아니다. 아래에서는 역사에서 두세 개 사례를 골라 그 까닭을 설명

---

32  평범한 의사를 말한다.

하겠다. 원래 이론 안에 역사책의 문장史文을 인용하면 그 문장이 길어져 더러는 독자들이 싫어하게 될 염려가 없지 않지만, 역사에 근거하여 일을 설명함은 어린아이에게 쓴 약을 줄 때에 설탕을 타서 입을 달달하게 해 주는 것과 같다. 생각건대 처음 학문을 하는 사람의 정신으로는 무형의 이론을 이해하기가 결코 쉽지 않다. 따라서 사론史論으로 바꾸어서 그 이치를 보여주면 자연스레 이해가 빨리되는 편리함이 있기 때문일 따름.

　가만히 일본과 지나和漢[33]의 역사를 훑어보면, 예로부터 영웅호걸의 사군자 중에 때를 만난 자는 지극히 드물다. 스스로도 이를 탄식하며 소리 내어 불평하고 후세의 학자 또한 이를 추도하여 눈물을 떨어뜨리지 않는 자가 없다. 공자도 때를 만나지 못했다고 말하고[34] 맹자 또한 마찬가지다.[35] 미치자네道眞[36]는 쓰쿠시로 유배되고, 마사시게는 미나토가와湊川[37]에서 죽고, 이러

---

33　'화한'은 '일본과 중국'으로 번역하는 게 맞겠지만, 이 당시 일본에서는 일반적으로 '중국'이라고 쓰지 않고, 중국을 약간 낮추어 보는 용어인 '지나'로 쓰고 있었다. 따라서 이러한 역사적인 그 어감을 살리기 위해 여기서도 '지나'로 옮겼다. 후쿠자와도 '중국'을 지칭할 때에는 모두 '지나'로 쓰고 있다.

34　『공자가어』「재액(在厄)」편에 다음과 같은 구절이 나온다. 공자의 말을 인용한 것이다. "夫遇不遇者, 時也. 賢不肖者, 才也. 君子博學深謀, 而不遇時者. 衆矣. 何獨丘哉!"『사기』「유림전」등에도 같은 내용이 나온다.

35　『맹자』「양혜왕」편-하에 "내가 노나라 제후를 만나지 못한 것은 하늘의 뜻"이라는 구절이 나온다.

36　스가와라노 미치자네(管原道眞, 845~903)는 헤이안시대의 귀족, 학자, 정치가로 우대신(右大臣)까지 지냈다. 충신으로서도 이름이 높다. 우다 천황에 의해 중용되었고, 다이고 천황 때 우대신이 되었지만, 좌대신 후지와라 도키히라(藤原時平)에 의해 모함을 받아 다자이후의 한직으로 물러나 있다가 그곳에서 죽었다. 그가 죽은 뒤 천재지변이 자주 일어나자 조정에서 덴만덴신(天滿天神)으로 제사지내면서 숭배의 대상이 되었다. 지금은 학문의 신으로 숭배받고 있으며 일본 규슈 후쿠오카 다자이후시에 있는 덴만궁(天滿宮)은 그를 학문의 신으로 모시고 있는 신사이다. 그는 고대 아스카시대부터 헤이안시대 전기까지 국가사업으로 편찬해 온 편년체 역사서인 『6국사』를 새로 분류하여 항목별로 모은 뒤 다시 연대순으로 배열한 『유취국사(類聚國史)』를 편찬했다. 모두 200권으로 구성되어 있으며 이후 다양한 편찬사업의 모델이 되었다. 또한 귀족관리들의 정무처리와 고전 연구의 지침서로 큰 역할을 했다. 오스미 가즈오, 임경택 역, 『사전, 시대

한 사례는 일일이 거론할 겨를도 없다. 옛날이나 지금이나 가끔 세상에서 큰 공功業을 이루는 사람이 있으면 이를 천재일우라고 일컫는다. 생각건대 때를 만나는 것의 어려움을 평하는 말이리라. 그렇다면 저처럼 이른바 때를 만났다고 함은 무엇을 가리켜 하는 말이냐. 주周의 제후가 용케 공맹孔孟을 등용하여 국정을 맡겼다면 틀림없이 천하를 태평하게 다스릴 수 있었을 터인데 이들을 쓰지 않았음은 당시 제후의 죄라고 말해야 하는 것이냐. 미치자네의 귀양살이, 마사시게의 전사는 후지와라씨와 고다이고 천황의 죄라고 말해야 하는 것이냐. 그렇다면 곧 때를 만나지 못했다고 함은 두세 사람의 마음이 만나지 못했음을 말하는 것이므로, 그렇게 때가 되었다고 함은 단지 두세 사람의 마음으로 만들 수 있었다는 말이냐. 만약 주 제후의 마음이 우연히 공자와 맹자를 기쁘게 하고 고다이고 천황이 구스노키 씨楠氏의 책략에 따랐다면 과연 각각 그 일을 이루어 지금의 학자들이 상상하듯 천재일우의 대업을 완수할 수 있었겠느냐. 이른바 때란 두세 사람의 마음과는 다르지 않겠느냐. 때를 만나지 못했다 함은 영웅호걸의 마음과 군주人君의 마음이 저어함을 뜻

___

37 '마사시게'는 '구스노키 마사시게'를 말한다. '미나토가와'는 현재 고베 지역에 있는 강이다. 구스노키 마사시게가 이 강 인근에서 벌어진 전투에서 패배한 뒤, 아우 마사스에 등 그의 일족 16명, 부하 60여 명이 함께 자결했다. 자결 장소는 현재의 고베시 주오구에 있으며, 구스노키 마사시게와 그의 일족을 봉안한 미나토가와신사가 세워져 있다. 한편 미나토가와 전투 당시 마사시게는 출진을 앞두고 아들인 구스노키 마사유키를 본진인 가와치국(현재의 오사카)으로 보냈다. 이를 '사쿠라이의 작별(桜井の別れ)'이라고 부르는데, 이길 수 없는 전투인 줄 뻔히 알면서도 천황에게 충의를 다하기 위해 자신의 아들을 보냈다는 이야기로 각색되어, 2차 세계대전 당시 황국사관의 보급에 널리 이용되었다. 또한 태평양전쟁 말기인 1945년 3월 21일에 일어난 규슈해협 항공전 당시 로켓특공대인 오카 특별공격대는 미군 기동부대에 공격하러 나섰다가 모두 전멸했는데 당시 부대의 지휘관이던 해군소좌 노나카 고로(野中五郎)는 카노야 기지를 출발하기 전에, "이곳은 미나토가와다"라고 외친 뒤 출격했다는 일화도 있다. 이처럼 구스노키 마사시게는 천황에게 충의를 다한 충신을 상징하는 이름이다.

하는 것이란 말이냐.

나의 소견은 이와 전혀 다르다. 공맹이 등용될 수 없었음은 주周 제후의 죄가 아니며, 제후로 하여금 이들을 등용하지 못하게 한 것이 있었다. 구스노키 씨의 전사는 고다이고 천황의 불명不明이 아니며, 구스노키 씨를 사지에 빠트리게 한 건 따로 있었다. 생각건대 이들을 그렇게 만든 것, 그것이 무엇이겠느냐. 바로 시세時勢다. 바로 당시 사람들의 기풍이다. 바로 그 시대의 인민에게 분포되어 있는 지덕의 상황이다. 바라건대 참고삼아 이를 논해보자.

천하의 형세는 마치 증기선의 항해와 같고, 천하의 일을 맡은 자는 마치 항해사와 같다. 1,000톤의 배에 500마력의 증기기관을 장착하고 한 시간에 5리里[38]를 달리면 열흘에 1,200리의 바다를 건널 수 있다. 이것을 이 증기선의 속력이라고 한다. 어떤 항해사가 머리를 아무리 굴린들 이 500마력을 늘려 550마력으로 만들 수는 없다. 1,200리의 항해를 서둘러 9일 만에 끝내는 기술이 있을 리는 없다. 항해사의 직무는 단지 그 기관의 힘을 가로막지 않고 운전능력을 잘 발휘하도록 하는 데 있을 따름. 만약 두 번의 항해에서 처음에는 15일이 걸렸는데 그 다음에는 10일 만에 도착했다면, 이것은 두 번째 항해사가 탁월했기 때문이 아니라 첫 번째 항해사가 서둘러서 증기의 힘을 가로막았다는 증거이다. 사람의 서투름에는 한계가 없기 때문에 이 증기로 15일을 쓸 수도 있고, 20일도 쓸 수 있으며 극단적인 경우에는 전혀 작동하지 않게도 할 수 있지만, 사람의 탁월함으로 기관機關에 원래本然 없는 힘을 만들어낼 이치는 만부당하다.

---

38 일본의 리(里)는 우리나라의 리보다 훨씬 큰 단위다. 1905년 만들어진 대한제국 도량형법에 따르면, 1리는 420m이지만, 일본의 도량형법(1909)에 따르면 1리는 열 배에 가까운 3.927m였다. 중국에서는 리가 역사적으로 323m(당)에서 576m(진) 범위 안에서 사용되었으며, 지금은 500m이다.

세상의 치란흥망도 또한 이와 마찬가지다. 그처럼 대세가 움직일 때는 두 세 명의 인물이 국정을 쥐고 천하의 인심을 움직여 보려고 한들 결코 움직여지지 않는다. 하물며 그 인심을 등진 채 홀로 자신의 뜻에 따라오도록 만들겠다고 하는 것에서야. 그 어려움은 배를 타고 육지를 달리려는 것과 다르지 않다. 예로부터 영웅호걸이 세상에서 일을 이루었다고 말함은 그 사람의 능력技術으로 인민의 지덕을 나아가게 한 게 아니라, 단지 그 지덕이 진보할 때에 이를 가로막지 않았기 때문일 따름.

참고삼아 보라, 천하의 상인, 여름에는 얼음을 팔고 겨울에는 석탄[39]을 팔지 않느냐. 그저 세간의 인심에 따를 뿐. 지금 겨울을 맞아 얼음가게를 열고 여름밤에 석탄연료를 파는 자가 있다면 누구든지 이 사람을 어리석은 사람이라고 말하지 않겠느냐. 그런데도 저 영웅호걸의 사족士들만은 그렇지가 않아서, 눈보라가 몰아치는 엄동설한에 얼음을 팔려다가 사는 자가 없으면 곧바로 사지 않는 그 자들에게 허물罪을 돌리며 오로지 불평만 늘어놓는 건[40] 어찌된 일이냐. 참으로 생각이 너무 모자란 자들이다. 영웅호걸들아, 얼음이 팔리지 않는 게 걱정되면 그것을 모아 둔 채 여름이 오기를 기다리고, 그렇게 여름을 기다리는 동안 부지런히 얼음의 효능功能을 설명하여 세상 사람에게 얼음이란 것이 있음을 알게 하느니만 못하다. 정말로 그 물건에 실제 효능이 있다면, 때時節가 되면 사는 자도 생길 것이다. 또 만약 실제 효능이 없어 필릴 전망이 도저히 없다면 단연코 그 장사를 그만두어야 할 것이다.

---

39 원문에는 '타돈(炭団)'으로 되어 있다. 석탄가루를 동그랗게 뭉쳐 만든 연료를 가리킨다.
40 메이지유신 뒤 다양한 사정으로 인해 사무라이 신분을 버리고 상업에 뛰어든 사람들이 많았다. 이들은 대부분 실패하고 다시 사족 신분으로 되돌아갔다. 후쿠자와 유키치는 이들이 상업에 종사하면서도 상인으로서의 마음가짐이 전혀 없음을 비판하고 있다.(성희엽, 『조용한 혁명-메이지유신과 일본의 건국』, 소명출판, 2016, 421~426쪽 참조)

## ▎ 공맹의 도道도 시세에 맞지는 않았다

주周 말기에 이르자 천하의 사람들은 모두 왕실의 예의에 속박됨을 달가 워하지 않고, 그 속박이 점점 느슨해짐에 따라 제후는 천자를 등지고, 대부 는 제후를 제어하고, 때로는 배신陪臣으로 국명國命을 잡는 자도 나왔으며,[41] 천하의 정권이 사분오열되어 바로 이 봉건 귀족들이 권력을 놓고 싸우는 시 절이 되었는데, 더 이상 요순陶虞이 사양하던 풍조[42]를 흠모하는 자는 없었 고, 천하는 단지 귀족이 있는 줄만 알고 인민이 있음을 알지 못했다. 따라서 귀족이 약소한 자를 도와 강대한 자를 제어하면 곧 천하의 인심과 맞아떨어 져 세상의 권병權柄을 쥘 수 있었다. 제齊 환공과 진晉 문공[43]의 패업이 바로

---

**41** 『논어』「계씨」편에 "배신이 국명을 잡으면, 3대 만에 잃지 않는 경우가 드물다"는 구절 이 있다. 신분질서가 무너져, 천자의 신하의 신하 즉, 제후의 신하인 배신이 천자를 내쫓 고 국가권력을 장악하면 대부분 3대를 못 가서 무너진다는 내용이다.

**42** 『맹자』「만장」편-상에, "당우(唐虞)는 선양하였고 하후(夏侯)와 은, 주는 계승하였으 니 그 의가 똑같다"는 구절이 있다. 당우는 요, 순 임금을 의미한다. 요임금이 순임금에 게 천자 자리를 물려주고, 순임금은 하나라를 연 우에게 천자 자리를 물려줌으로써, 아 들에게 천자 자리를 세습하지 않고 현자를 뽑아 천자 자리를 물려주었다. 이를 '선양설 화'라고 한다. 유교에서는 이를 이상적인 정치의 형태로 여겨 예로부터 본받으려고 했 다. 폭군을 방벌해도 된다는 방벌설과 함께 정권교체의 정당성을 설명하는 논리였기 때 문이다. 한편 이러한 해석과 달리 이중톈은『국가』에서 요순시대에는 부족연맹체가 돌 아가면서 권력을 행사했기 때문에 선양이 제도화되어 있었다고 주장한다. 그에 따르면 이러한 선양이 세습으로 바뀌는 것은 하시대에 들어서면서부터였고, 이때부터 중국의 문명시대가 시작된다. 또 하·상·주시대는 정확히 말하면 통일국가도 영토국가도 아 니었으며 심지어 완전히 형성된 국가조차 아니었고, 독립적인 주권국가는 전국시대에 가서야 처음 출현한다. 그리고 지역에 따라 인민을 나누고, 권력을 이용해 사무를 처리 하는 것은 진한시대 이후 군현제를 실시하면서 실현되었다. 하·상·주시대는 부락연 맹에서 부락국가연맹을 거쳐 반독립국가연맹으로 발전해 가던 시기였다. (이중톈, 김택 규 역, 『국가』, 글항아리, 2014, 148~160쪽)

**43** 원문에는 '제환진문의 패업(齊桓晉文)'으로 되어 있다. 제나라 환공과 진나라 문공의 패업을 줄인 말이다. 주나라 말기, 춘추시대는 주 왕실이 쇠퇴하여 제후를 통제할 수 없 었다. 대신 유력한 제후가 주 왕실을 대신하여 그 역할을 맡았는데 그를 '패자'라고 불렀 다. 제나라의 환공과 진나라의 문공은 오늘날까지 가장 이름이 많이 알려진 '패자'다. 『논어』「헌문」편, 『맹자』「양혜왕」편에 두 사람에 관한 이야기가 나온다.

이것이다. 이때를 맞아 공자는 홀로 요순의 통치방식治風을 주장하고 무형의 덕의德義로 천하를 바꾼다化[44]는 주장을 외쳤지만 애당초 실현될 수가 없었다. 당시 공자의 행적事業을 보면, 저 관중의 무리[45]가 시세時勢에 순응하는 능숙함에 크게 미치지 못했다. 맹자에 이르자 그 일은 더욱더 어려워졌다. 그때는 많은 봉건 귀족들이 차츰 하나로 합치는 형세로 변해 약弱을 돕고 강強을 제어하는 패업은 다시 일어나지 않았으며, 강強은 약弱을 없애고 대大는 소小를 합치는 시절이 되어 소진과 장의의 무리[46]들이 사방에서 정말로 분주하였으며, 때로는 그 일을 돕고 때로는 이를 깨뜨리며 합종연횡의 전쟁에 정신없이 바쁜 세상이었으므로 귀족이라고 해도 스스로 자신의 몸조차 안전하게 지킬 수 없었다. 인민을 생각할 겨를이 어찌 있었겠으며 5묘畝[47]의 집[48]

---

44  덕으로 '교화(敎化)'하여 세상을 바꾼다는 의미이다.

45  '관중'은 제나라의 정치가로 본명은 '관이오(管夷吾, 기원전 725~기원전 645)'이며, '관중'은 그의 자를 붙여 부르는 이름이다. 제나라 환공을 춘추오패의 첫 번째 패자로 만드는데 큰 역할을 했다. 우리에게는 포숙아(鮑叔牙)와의 우정을 뜻하는 '관포지교'의 주인공으로 잘 알려져 있다. 그러나 이 두 사람의 우정을 보면 실제로 '관중'은 장사를 할 때나, 벼슬을 할 때나 전쟁터에 나갔을 때나 어느 경우든지 자신에게 유리한 처세술을 찾았고, 포숙아는 원칙을 지키며 '관중'의 행동을 포용해주었다. 따라서 '관중'은 뛰어난 처세술을 가진 사람인 반면, 포숙아는 원칙을 지키며 사는 사람으로 볼 수 있다. 본문처럼 후쿠자와 유키치가 '관중'에 대해 "관중의 무리"라는 식으로 비하하고 있는 것도, 공자가 당시의 시대 상황에 적응하지 못하고 오로지 덕과 의리의 교화를 주장했던 모습을 '관중'의 현란한 처세술에 빗대어 설명하기 위해서이다.

46  중국의 전국시대에 제나라와 진나라가 중원의 패권을 놓고 다투고 있을 때, 연·제·초·한·위·조 등 여섯 나라가 연합하여 강대국인 진나라에 대항해야 한다는 주장이 소진의 '합종설(合從說)'이고, 반대로 진나라의 입장에서 이 여섯 나라가 서로 동맹을 맺지 못하도록 하기 위해서는 이 나라들과 각각 화친해야 한다는 주장이 장의의 '연횡설(連橫說)'이다. 이 둘을 합쳐 '합종연횡설'이라고 부른다. 본문에서 "소진과 장의의 무리"라고 말하고 있는 이유는, 소진과 장의의 방책은 도리 대신 군사력을 위주로 강대국이 약소국을 정복하려는 대외정책이었기 때문이다. 후쿠자와는 "관중의 무리"와 "소진과 장의의 무리"는 처세술이 뛰어난 현실주의 정치인으로, 공자와 맹자는 덕에 의한 교화 즉 덕치를 주장하는 이상주의적인 학자로 계속 비교하고 있다.

47  주나라시대에는 사방이 6척인 토지를 보(步)라고 하고, 100보를 1묘(무)라고 했다. 묘의 크기는 시대에 따라 다르다. 1묘는 지금의 6.6667공묘(公畝)라고 한다. 공묘는 100

을 돌아볼 겨를이 어찌 있었겠으랴. 나라 전체의 힘을 오직 공격하고 방어하는 일에만 쓰고 임금君長도 자기 한 몸의 안전을 꾀할 뿐. 설사 밝고 어진 임금明主仁君이 있어도 맹자의 말을 듣고 인정仁政을 베풀면 정사政와 함께 몸까지 위태롭게 될 위험이 있었으니, 곧 등藤이 제齊와 초楚 사이에 끼여 있을 때 맹자에게 아무런 묘책銘策[49]이 없었음도 그에 대한 하나의 증거가 된다.[50] 그렇다고 내가 감히 관중, 소진과 장의의 편을 들어 공맹을 배척하려는 건 아니다. 다만 이 두 대가가 시세를 알지 못한 채, 그들의 학문을 당시의 정치에 펼치려고 하다가 오히려 세간의 조롱이나 받고[51] 후세에 보탬이 되지 않았음을 슬퍼할 따름.

공자와 맹자는 일세의 대학자이고 예로부터 매우 드문 사상가이다. 만약 이들이 탁견을 품게 하여, 당시 유행하던 정치의 범위를 벗어나 마치 별세계 같은 것을 하나 열고 인류의 본분을 설파하며 만대에 걸쳐 거리낌이 없는 가르침을 정하게 했다면 그 공덕은 분명 넓고 컸을 터이지만, 평생 이 범주 안에 농락되어 한 걸음도 벗어나지 못하고, 그들이 설파한 것도 이 때문에 저절로 체재를 잃고, 순수한 이론[52]도 아니면서 반 이상은 정담政談과 섞여, 이

---

평방미터이다. 『맹자』 「양혜왕」편 — 상에 나온다. (성백효, 『맹자집주』, 전통문화연구회, 2006, 36쪽)

48  유학자들이 가장 이상적인 토지제도로 간주했던 주나라시대의 토지제도인 정전법에서 1명의 성인 남자가 보유했던 토지의 크기를 말한다. 5묘의 토지를 전 세대에 배분해 줌으로써 인민의 생활을 안정시켜 왕도정치를 구현한다는 유교의 이상이 담겨 있다. (위의 책, 35~37·64~65쪽 참고)

49  명책은 한자로 '명책(名策)'이 옳다. 다만 후쿠자와는 '명안(名案)'도 '명안(銘案)'으로 쓰는 경우가 가끔 있다.

50  작은 나라였던 등나라가 인접해 있는 대국인 제나라와 초나라 사이에서 어느 쪽을 섬기는 것이 좋을 지를 물었는데, 맹자는 나라의 이상적인 존재방식만 설명할 뿐 어떤 현실적인 묘책도 제시하지 못한다. 『맹자』 「양혜왕」편 — 하 제13~15장에 나오는 일화다. (위의 책, 104~109쪽)

51  『논어』 「미자(微子)」편 제5장~제7장 참고.

른바 Philosophy(철학)[53]의 품격品價을 떨어뜨렸을 것이다.[54] 그 길에 종사하는 무리들은, 가령 만 권의 책을 읽어도 정부 편에 서서 일하는 것이 아니라면 달리 쓰임이 없는 것처럼 물러나서 몰래 불평만 늘어놓을 뿐. 이를 어찌 비열하다고 말하지 않을 수 있겠느냐. 만약 이런 류의 학문이 세상에 널리 퍼진다면 천하의 사람은 모조리 다 정부 편에 서서 위세威를 떨치는 사람이 되려고 하고, 정부 아래 있으면서 위세를 받으려는 자는 없어질 것이다. 사람 사이에 지우智愚, 상하上下의 구별을 만들고, 자기 스스로는 지인智人의 위치에 있으면서 우민愚民을 다스리려고 하는 데에 급급했기 때문에, 세상의 정치에 관여하려는 마음 또한 급했다. 결국 힘들여 번민한 끝에 초상집 개라는 조롱[55]이나 받게 되었다. 나는 성인을 위해 이를 부끄러워하는 것이다.

---

52 여기서 '이론'은 '이학(理學, 철학)에 관한 논의(論)'를 의미한다. 그냥 '이론' 혹은 '학설'을 가리키기도 한다.

53 원문에는 가타카나로 영어 발음이 적혀 있다. 일본에서 'philosophy'를 '철학'으로 번역한 사람은 니시 아마메이다. 그는 막부 말기에서 메이지시대에 걸쳐 살았던 일본의 계몽사상가, 교육자, 정치인이다. 에도시대 마지막 쇼군 도쿠가와 요시노부의 정치 고문을 지냈다. 1862년 막부에서 견구사절단을 파견할 때 쓰다 마미치, 에노모토 다케아키 등과 함께 네덜란드로 유학을 가 비세링 교수에게 법학과 칸트 철학, 경제학, 국제법 등을 배웠다. 유학을 마친 뒤 비세링 교수의 국제법 강의록을 정리하여 일본 최초의 국제법 책인 『만국공법』을 펴냈다. 또한 네덜란드에서 프리메이슨에 가입하였는데, 당시 입회에 서명한 문서가 네덜란드 라이덴대학에 보존되어 있다고 전한다. 후쿠자와는 메이로쿠샤 동인 활동을 같이했다. 메이지 헌법이 실시된 뒤 귀족원 의원을 지냈다.

54 후쿠자와는 여기서 공자와 맹자가, '별도로 하나의 국가를 만들어 자신들의 탁견을 실제로 정치에 시행한다면'이라는 가정 아래 그럴 경우 발생할 수 있는 심각한 문제점, 즉 '유교적 정교일치'를 비판하고 있다. 마루야마 마사오 또한 『문명론의 개략을 읽는다』에서 '유교적 정교일치'의 문제점을 비판하고 있다. 그에 따르면 '유교적 정교일치'는 첫째, 군수정 이외 다른 정치형태를 전혀 모르며, 둘째, 학문과 교육이 정치에 종속되고, 학문 및 도덕과 정치가 분화되지 않는 문제점이 있다.(마루야마 마사오, 김석근 역, 앞의 책, 297~299쪽)

55 '집을 잃어버린 개' 또는 '초상집 개(喪家之狗)' 두 가지 해석이 있다. 어찌됐건 사료를 얻어먹지 못해 빼짝 야위어 버렸다는 의미이다. 『사기』 「공자세가(孔子世家)」편, 『공자가어』 「인서(困誓)」편 등에 나온다. 제자들과 떨어져 혼자 서 있던 공자의 모습을 본 어떤 사람이 제자에게 와서, 공자가 마치 초상집 개처럼 피로에 지쳐 힘이 없고 초라한

또 그런 류의 학문의 도道를 정치에 펼치려는 한 가지 일에도 커다란 문제가 있다. 원래 공맹의 근본 주장은 수심윤상修心倫常[56]의 도이다. 분명 무형의 인의도덕仁義道德을 논하는 것으로서 이를 마음의 학문이라고도 말할 수 있다. 도덕도 순정무잡純情無雜하다면 이를 가볍게 여겨선 안된다. 하지만 한 사람一身에게 사적인 공능功能이 아무리 크다고 해도, 덕은 한 사람의 내면內에 있으며 유형의 외물外物과 접하여 작용하는 것이 아니다. 따라서 무위혼돈無爲渾沌[57]하고 인간사가 적은 세상에서는 인민을 바로잡기維持에 편리하겠지만, 인문人文이 열림에 따라 차츰 그 힘을 잃지 않을 수 없다.

그런데도 지금 내면에 있는 무형의 것을 외부에 드러나는 유형의 정사政에 베풀고, 옛 도로서 지금 세상의 인간사를 처리하고, 정실情實[58]로서 아래 백성

---

모습으로 서 있더라고 전했는데, 이 말을 제자로부터 전해들은 공자가 정말 그러했다고 대답했다는 일화에서 생긴 말이다.

**56** 자신의 마음을 수양하고 올바르게 행동하려는 사람이 지켜야 할 윤리라는 뜻이다.

**57** '혼돈'은 『장자』에 나오는 신의 이름이다. 남해(南海)의 신을 '숙(熟)'이라 하고 북해(北海)의 신을 '홀(忽)'이라 하고 중앙(中)의 신을 '혼돈(混沌)'이라 하였다. 어느 날 '숙'과 '홀'이 '혼돈'의 집에 놀러 왔다. '혼돈'은 기뻐하며 이들을 성대히 대접했다. '숙'과 '홀'은 그 고마움을 표시하려고 했다. 원래 '혼돈'은 눈도 코도 입도 없었기 때문에, 이것이 얼마나 불편하겠는가라고 생각하여 사람처럼 눈, 코, 입 등 아홉 개의 구멍을 뚫어 주었다. 그러자 '혼돈'은 바로 죽고 말았다. 눈도 코도 입도 아무 것도 없는 것이야말로 바로 '혼돈'이었기 때문이다. 사람은 듣고, 보고, 말하는 등 여러 가지 활동을 하고 있지만 '혼돈'에게는 이를 모두 끊고 '혼돈', 즉 '무위혼돈'의 상태에 있는 것이 가장 바람직하다는 교훈을 말하고 있다.

**58** 여기서의 정실은 오늘날 정치를 사적인 이익 추구에 이용하는 것을 가리킬 때 사용하는 부정적인 의미가 아니라, 인정(人情)을 가리키는 말이다. 다만 후쿠자와는 부모-자식 사이 또는 가정 안의 일에 적용해야 하는 인정은 타인과 타인이 만나는 사회의 운영에 적용되는 원리, 즉 법률이나 규칙과 전혀 다르다고 보았다. 인정은 사적인 영역이고, 법률과 규칙은 공적인 영역으로 각자 다른 원리가 적용되어야 하기 때문이다. 이런 측면에서 유학의 근본적 오류는, 가정의 일을 처리할 때 적용하는 정실의 원리를 세상사에 똑같이 적용한 데 있다고 볼 수 있다. 이 책에서는 정실과 비슷한 의미로 정(情), 정애(情愛), 정합(情合) 등 다양한 용어가 사용되고 있다.(후쿠자와 유키치, 남상영 역, 『학문의 권장』, 소화, 2003, 제11장 참조)

下民을 다스리려고 하는 건 매우 심각한 혹닉이라고 말할 수 있다. 그렇게 때와 장소를 알지 못함은 마치 배를 타고 육지 위를 달리려 하고 한여름 철에 가죽옷을 찾는 것과 같다. 현실에서는 도저히 시행할 수 없는 방책策이다. 이는 수천 년의 오랜 시간이 지난 오늘날에 이르기까지 공맹의 도를 정사에 베풀어 천하를 용케 다스린 자가 없었다는 증거로 명확하게 알 수 없다.

따라서 말하는데, 공맹이 등용될 수 없었음은 제후의 죄가 아니라 그 시대의 형세에 가로막혔기 때문이다. 후세의 정사에 그 도가 행해지지 않았음은 도를 잃은 게 아니라 이를 펼침에 때와 장소가 맞지 않았기 때문이다. 주周시대는 공맹과 맞는 시대가 아니었고, 공맹은 이 시대에 살면서 실제로 일을 이룰 수 있는 인물이 아니었다. 그 도道도 후세의 정치에 펼칠 수 있는 도는 아니며, 이론가의 주장philosophy과 정치가의 일political matter[59]에는 큰 차이가 있다. 후학들아, 공맹의 도에 바탕을 두고 정치의 법도를 구하지 말라. 이 일에 관해서는 이 책에서 다시 별도로 논할 것이다.


## │ 일본 역사상의 영웅과 시세

구스노키 씨의 죽음도 시세가 그렇게 만든 것이다. 일본에서는 정권이 왕실을 떠난 지 이미 오래되었다. 호겐保元,[60] 헤이지平治[61] 이전부터 병마의 권

---

59  후쿠자와는 여기서 유학자들이 주장하는 덕치는 '도(道)' 또는 '철학'의 영역으로, 정치적인 일은 이에 대비되는 현실 정치의 영역으로 서로 분명하게 구별해야 한다고 강조하고 있다. 일본 유학자 중에 이러한 구별을 가장 먼저 제시한 사람은 오규 소라이다. 그는 도덕과 정치는 서로 다른 영역이기 때문에 별개의 원리가 적용되어야 한다고 주장했다. (성희엽, 앞의 책, 214~229쪽; 마루야마 마사오, 김석근 역, 앞의 책, 303쪽 참조)
60  '호겐의 난(保元の乱)'을 가리킨다. 헤이안시대 후기에 황위 승계를 두고 천황 가와 셋칸 가가 분열되면서 조정이 고시라카와 천황파와 스토쿠 상황파로 나뉘어 교토에서 무

한<sup>氏馬權</sup>(군사지휘권)은 완전히 겐페이<sup>源平</sup> 두 가문<sup>氏62</sup>에게 돌아갔고, 천하의 무사 모두 그들에게 예속되지 않은 자는 없었다.

미나모토 요리토모<sup>源賴朝63</sup>가 조상<sup>父祖</sup>의 유업을 이어 관동에서 일어서고

---

력충돌에까지 이르게 된 정변이다. '호겐'은 원호(元號)이며, 호겐 원년(1156)에 일어났다. 천황 가문이 권력다툼으로 서로 분열되자 최고의 귀족 가문으로서 셋칸 지위를 독점해 오던 후지와라 가도 천황 지지파, 상황 지지파로 갈라지게 되었다. 이에 천황 가는 천황 가대로, 후지와라 가는 후지와라 가대로 당시 무력을 보유하고 있던 무사들에게 지원을 요청하지 않을 수 없었고, 이를 계기로 미나모토(源) 가의 요시토모와, 다이라(平) 가의 키요모리를 중심으로 한 양대 무사 세력이 중앙정치 무대로 진출하였다. 결국 무사를 동원한 전투 끝에 천황파의 승리로 끝이 났고, 이로 인해 상황은 사누키(讚岐国)로 유배갔으며, 상황 측에 가담했던 미나모토 타메요시(源為義, 요시토모의 부)와 다이라노 타다마사(기요모리의 숙부) 등 주요 인물들은 처형당했다.

61 '헤이지의 난(平治の乱)'을 가리킨다. 헤이지 원년(1159)에 일어났다. '호겐의 난'이후 고시라카와 천황이 자신이 황위를 니조 천황에게 물려주고 상황이 됨으로써 귀족, 무가 등이 또 다시 고시라카와 상황 지지 세력과 니조 천황 지지 세력으로 분리되어 대립한 끝에 일어난 정변이다. 1159년 12월 상황파가 선제공격함으로서 발발하였고 결국 천황파의 승리로 끝났다. 고시라카와 상황은 유배되었다. 천황 가와 후지와라 가의 분열로 일어난 두 차례의 정변으로 인해 조정은 권위를 급격히 상실하게 된다. 대신 이 정변에서 힘을 키운 무사들에게로 차츰 권력이 이동하게 된다. 무가로서 현실 권력을 먼저 장악한 사람은 천황파의 다이라노 기요모리(平清盛)였다. 실질적으로 그는 막부의 원형이라고 할 수 있는 무가정권을 세웠고 이로써 일본은 천황과 귀족의 시대를 거쳐 무가의 시대로 넘어가게 된다.

62 겐지(源氏, 미나모토 가문)과 헤이지(平氏, 다이라 가문) 두 가문을 말한다. 스포츠나 오락, 게임 등을 할 때 자주 사용하는 '겐페이 먹자'는 말은 이 두 가문이 백년 이상 걸쳐 대립, 항쟁했던 역사적 사실에서 만들어진 말이다. 두 가문의 치열했던 투쟁에서 최종적으로 겐지, 즉 미나모토 가문이 승리하여 일본 최초의 '막부' 정권을 가마쿠라에 세웠다. 이것이 바로 가마쿠라 막부다.

63 미나모토노 요리토모(源賴朝, 1147.5~1199.2). 가마쿠라 막부를 개창한 초대 정이대장군이다. 헤이안시대 말기 미나모토 가문과 다이라 가문의 100년에 걸친 겐페이 전쟁에서 마지막 승리자가 되어, 일본 최초의 무사정권인 가마쿠라 막부를 열었다. 헤이안시대 말기의 유력한 무사 가문이었던 가와치 겐지의 미나모토노 요시토모의 3남으로 태어났다. 한 때 헤이지와의 전투에서 패배하여 부친과 함께 이즈로 유배된 적도 있었지만극적으로 다시 살아났고, 미나모토노 요시나카 등 겐지들과 함께 거병해 간토(관동)의 헤이지 세력을 평정한 뒤 가마쿠라를 본거지로 삼아 막부를 개창하였다. 그 뒤 전국에 슈고와 지토를 직접 파견하여 막부로 권력을 집중시킨 뒤 겐큐 3년(1192) 정이대장군에 취임했다. 이때 세워진 '막부' 정권은 그 뒤 왕정복고가 단행되는 게이오 3년(1868)까지 676년 동안 지속되었다. 에도시대까지 쇼군들은 자신이 미나모토 요리토모의 후예임을 강조하기 위해 성을 모두 미나모토로 썼다.

일본 전체에서 이에 대항할 자가 한 사람도 없었던 것은, 천하 사람들 모두 관동의 병력에 외복畏服하며 겐지가 있음을 알아도 왕실이 있음을 알지 못했기 때문일 따름. 호조北条 씨가 이어서 정권을 잡았지만 가마쿠라의 오랜 뿌리舊物를 바꾸지는 못했다. 이들 또한 겐지의 후광에 의존하였던 것이다. 호조 씨가 망하고 아시카가 씨가 일어나도 마찬가지로 겐지의 문벌을 업고 일을 이루었다. 호조, 아시카가 즈음에 각 방면에서 무사들이 병사를 일으켜서 근왕을 명분名으로 내걸었지만, 실제實로는 겉으로만 관동에 맞서는 척하며 공명을 꾀한 것이었다. 만약 이 근왕의 무리들이 마침내 그 뜻을 이룰 수 있었더라도 틀림없이 또 제2의 호조가 되고 제2의 아시카가가 되었을 것이다. 천자를 위해 꾀한다고 해도 앞문에서 호랑이를 쫓아내고 뒷문에서 이리를 만난 것과 같을 뿐. 오다 노부나가, 도요토미 히데요시, 도쿠가와 이에야스의 행적事蹟을 보면 이를 알 수 있다. 가마쿠라 이후 천하에 일을 일으킨 자 중 말로는 한 사람도 근왕을 외치지 않은 자가 없었고, 일이 끝난 뒤에는 실제로 한 사람도 근왕을 행하는 자가 없었다. 근왕은 단지 일을 꾸밀 동안의 구실일 뿐 일이 끝난 뒤의 현실事實은 아니었다.

역사에 이르길, 고다이고 천황이 호조 씨를 무너뜨린 뒤 가장 먼저 아시카가 다카우지足利尊氏[64]의 공적을 포상하여 모든 장수 위에 두고, 닛타 요시

---

64 아시카가 다카우지(1305~1358)는 가마쿠라 막부 말기, 남북조시대의 무장이자 무로마지 막부의 초대 쇼군이다. 아시카가 사다우지의 차남으로 태어났으며, 싯켓 호조 사다토키의 총애로 그의 편휘를 받아 다카우지(高氏)라는 이름을 얻었다. 고다이고 전황이 가마쿠라 막부에 대항하여 반란을 일으키자 처음에는 막부 편에 섰지만 곧 고다이고 천황 편으로 돌아서서 가마쿠라 막부 타도의 1등 공신이 되었다. 이에 고다이고 천황으로부터 편휘를 받아 다카우지(尊氏)라는 이름을 얻었다. 그러나 고다이고 천황이 천황친정(겐무신정)을 실시하면서 자신을 정이대장군에 임명해주지 않고 무사들도 홀대하자 이번에는 고다이고 천황에 대해 반란을 일으켰다. 그 뒤 요시노로 피난 간 고다이고 천황의 남조와 별개로 고묘 천황을 옹립해 북조를 세운 뒤 자신이 정이대장군에 취임하여

사다新田義貞[65]를 그 다음에 두고, 구스노키 마사시게 아래에 있는 근왕의 공
신들은 돌아보지 않았고 버렸기 때문에 결국 다카우지가 야심을 드러내어
다시 왕실이 쇠미해져 버렸다면서, 오늘에 이르기까지도 세상의 학자, 역사
책을 읽다가 이 대목에 이르면 이를 갈고 주먹을 불끈 쥐며 다카우지의 흉악
함에 분개하고 천황의 불명不明에 한숨 쉬지 않는 자가 없다. 생각건대 이는
시세를 알지 못하는 자들의 논리論이다.[66] 이때 천하의 권병權柄은 무가의 손
에 있었고, 무가의 근본은 관동에 있었다. 호조를 무너뜨린 자도 관동 무사
고, 천황을 다시 자리 에 오르도록 해 준 자도 관동 무사다. 아시카가 씨는
관동의 명가로서 원래 명망이 높았다. 당시 관서의 제 종족諸族이 근왕의 뜻
을 외쳤다고 해도 아시카가가 방향을 바꾸지 않았다면 어떻게 복위復位라는
업적業을 이룰 수 있었겠느냐. 일을 이룬 뒤 아시카가를 수훈首功으로 삼았던

---

무로마치 막부를 열었다. 이로써 남조와 북조에 각각 천황이 존재하는 사태가 벌어졌다.
이를 남북조시대라고 부른다.

65  닛타 요시사다(1301~1338)는 가마쿠라시대 말기의 고케닌이자 남북조시대의 무장이
다. 고즈케에 자리잡은 가와치 겐지 요시쿠니 파 닛타씨 종가의 8대 당주였다. 1333년
고다이고 천황의 부름을 받아 이쿠시나 신사에서 일족을 거느리고 거병하여, 여러 전투
에서 승리함으로써 가마쿠라 막부 타도에 큰 공을 세웠다. 1335년 시나노구니에서 호
조 가문 세력이 다카토키의 아들 도키유키를 옹립하여 겐무신정에 대항하여 반란을 일
으키자 다카우지는 천황의 칙서도 받지 않은 채 가마쿠라로 가 새로운 무가정권(무로마
치막부)을 세웠다. 이에 고다이고 천황이 닛타에게 다카우지를 토벌할 것을 명령하였지
만 결국 패배하였고, 그 뒤 규슈, 오사카, 에치젠 등에서 아시카가 군과 여러 차례 전투
를 벌였지만 끝내 대세를 되돌리지 못했다. 1338년 후지시마 성으로 향하던 중 우연히
벌어진 전투에서 전사하였다. 메이지유신이 성공한 뒤 1882년 8월 7일 정1위에 추증되
었다.

66  겐무중흥과 무로마치 막부의 탄생에 이르기까지의 역사를 설명하고 있는 이 부분에 후
쿠자와의 역사관이 잘 나타나 있다. 기타바타케 지카후사의『신황정통기』, 아라이 하쿠
세키의『독사여론』, 라이산요의『일본외사』등 일본의 대표적인 역사책들은 이 시기의
역사에 관해 아시카가 다카우지를 역적으로 보고, 구스노키 마사시게를 충신으로 본다.
후쿠자와는 이런 역사책들은 시세를 알지 못하는 사람들의 이야기라고 비판하고 있다.
이는 왕조 중심 사관과 영웅주의 사관에 대한 비판이라고 말할 수 있다.

것도, 천황의 뜻에 따라 아시카가의 한마지로汗馬之勞[67]에 상을 준 게 아니라 시세에 좇아 아시카가의 명망에 보답한 것이었다. 이 한 가지 일만 보아도 당시의 형세를 미루어 헤아릴 수 있다. 다카우지는 처음부터 근왕에 마음을 두었던 게 아니고 그 권위도 근왕 때문에 얻은 게 아니라 아시카가가에 속해 있던 고유의 권위였다. 그가 왕을 위해 힘을 바쳤던[68] 건 잠깐 동안 호조를 무너뜨리는 데 사적私的인 편리함이 있어서 그랬던 것이므로, 이미 호조가 무너졌다면 근왕의 술책을 쓰지 않아도 자기 가문의 권위가 줄어들 일은 없었다. 이것이 바로 그가 끊임없이 배반하면서도 또다시 가마쿠라에 의지하여 자립할 수 있었던 까닭이다.

마사시게 같은 경우는 말하자면 그렇지 않았다. 가와치河內의 작고 천한 일개 부족一小寒族에서 궐기하여 근왕의 이름으로 겨우 몇백 명의 사졸士卒을 모은 뒤 천신만고 끝에 기적 같은 공을 세웠지만, 다만 애석하게도 명망이 부족하여 관동의 명가와 어깨를 나란히 하기에는 모자랐고, 아시카가 무리의 눈으로 볼 때에도 이들은 자신들에게 예속되어 있는 것과 마찬가지였을 따름. 천황이 원래부터 마사시게의 공을 알지 못한 것은 아니었다고 한들 인심을 거슬러 마사시게를 수훈의 반열에 둘 수는 없었다. 따라서 아시카가는 왕실을 부리는 자였고, 구스노키는 왕실로부터 부림을 받는 자였다. 이 또한 한 시대一世의 형세로서 어떻게도 할 수가 없었다. 더욱이 마사시게는 처음부터 근왕이라는 두 글자 때문에 힘權을 얻은 자이므로, 천하에 근왕의 기풍이 왕성盛하면 마사시게도 함께 성하고 그렇지 않으면 마사시게도 함께 궁

---

**67** '한마지로'는 '한마의 노고', 즉 전쟁터에서 말이 땀을 흘릴 정도로 고생을 많이 했다는 것을 가리키는 말이다. 『한비자(韓非子)』「오두(五蠹)」편에 나온다.
**68** "왕에게 힘을 바쳤다"는 문장은 '근왕(勤王)'을 풀어쓴 것이다.

해지는 게 이치였다. 그런데 이제 근왕을 앞장서서 외쳤던 마사시게가 다카우지의 무리들에게 예속된 듯이 여겨져도 이를 참고 천황 또한 이를 어떻게도 할 수가 없었던 것은 당시 천하에 근왕의 기풍이 부족했었음을 미뤄 알 수 있다. 그러면 그 기풍이 부족했던 까닭은 무엇이겠느냐. 고다이고 천황의 불명不明 한 가지 때문은 아니다.

　호겐·헤이지 이후, 역대 천황을 보면, 불명과 부덕이 너무 커 일일이 열거할 겨를도 없다. 후세의 역사가들이 아무리 아첨諂諛(첨유)의 붓을 놀린다 해도 더더욱 그 죄를 덮을 수는 없다. 부자父子가 서로 싸우고戰 형제가 서로 치며伐, 그들이 무신에게 의존하였던 건 오로지 자기 집안의 혈육骨肉을 잡아 죽이기 위해서였기 때문일 따름. 호조시대에 와서는 배신陪臣이 천자의 폐위를 관장할 뿐만 아니라, 왕실의 여러 가문族이 그들의 골육을 배신 앞에서 서로 헐뜯고 왕위位를 다투는 지경에까지 이르렀다. 자기 가문의 상속을 다투는 데 겨를이 없었다면, 천하의 일은 당연히 돌볼 겨를도 없이 외면한 채 내버려두었을 것임을 알 수 있다. 천자는 천하의 일을 주관하는 주인이 아니라 무가의 위력에 속박된 노예였을 따름(후시미왕帝[69]이 은밀하게 호조 사다토키北條貞時[70]에게 칙勅을 내려, 가메야마왕帝[71]의 후계로 세우는 일의 불리함을 얘기하

---

[69] '후시미(伏見) 천황(1265~1317)'은 가마쿠라시대 후기의 천황이다. 제92대 천황으로 1287년에서 1298년까지 재위하였다. 원문에는 '제(帝)'로 되어 있다. 후쿠자와 유키치는 여기서 고다이고 천황을 제외한 세 명의 천황, 즉 가메야마 천황, 후시미 천황, 고후시미 천황에 대해서는 천황이라는 존호를 쓰지 않고 그냥 '제'로 쓰고 있다. 고다이고 천황은 '천황'으로 쓰면서 유독 이 세 명의 천황에 대해서는 '제'라고 쓴 까닭은 무엇일까? 정확히 알 수는 없지만, 본문을 보면 후쿠자와는 이 세 명의 천황에 대해 '천하의 일에 관여하는 주인이 아니라, 무가의 위력에 속박되어 있던 노예였을 뿐이다'라고 기술할 정도로 비판적인 시각을 가지고 있다. 아마 이런 시각으로 인해 '천황' 대신 '제'로 쓴 것으로 보인다. 참고로 유신혁명이 성공한 뒤 남북조 정윤논쟁이 일어났을 때 공가 세력들은 북조를 지지하였고, 유신 지사들은 남조를 지지하였다. 이 때문에 한 동안 북조의 역대 천황을 '천황'이라고 부르지 않고 그냥 '왕(帝)'이라고 사용한 적이 있었다.

고, 왕의 황자를 내세워 고후시미왕<sup>帝72</sup>으로 삼았었는데, 후시미의 사촌 동생인 고우다<sup>73</sup> 상황<sup>上皇</sup>이 사다토키에게 하소연하여 고후시미를 폐하고 고우다 왕<sup>帝</sup>의 황자를 세웠던 적이 있었다).

고다이고 천황이 명군은 아니더라도 그 이전의 여러 왕에 비하면 그의 언행에는 볼 만한 것이 많이 있다. 어찌 혼자서 왕실쇠퇴의 죄를 뒤집어쓸 이유가 있겠느냐. 정권이 왕실을 떠남은 다른 누구에게 이를 빼앗긴 게 아니라, 쌓인 세월<sup>積年</sup>의 형세로 인해 왕실 스스로 그 권병<sup>權柄</sup>을 버리고 다른 사람이 이를 가져가도록 한 것이다.[74]

이것이 바로 천하의 인심이, 무가가 있음은 알아도 왕실이 있음을 모르

---

70 '호조 사다토키(1271~1311)'는 가마쿠라시대 말기 호조 가문의 무장으로 제9대 싯켄(執權, 1284~1301)을 지냈다. 제8대 싯켄 사다무네의 적남이다. 호조 씨는 이즈 출신의 호족으로 가마쿠라 막부에서 싯켄 직을 세습하던 가문이다. 가마쿠라 막부의 실질적인 지배자로 군림하였다. 한편 전국시대에 간토 지역을 거점으로 할거한 호조 씨와 구별하여 싯켄 호조 씨 혹은 가마쿠라 호조 씨라고 부른다.

71 가메야마(龜山) 천황(1249~1305). 가마쿠라 중기의, 제90대 천황이다. 1259년에서 1274년까지 재위하였다.

72 고후시미(後伏見) 천황(1288~1336). 제93대 천황으로 1298년에서 1301년까지 재위하였다.

73 고우다(後宇多) 상황(1267~1324). 제91대 천황이다. 1274년부터 1287년까지 재위하였다.

74 후쿠자와는 여기서 당시의 몇몇 천황에 대해 노골적으로 비판적인 태도를 보이고 있다. 이로 인해 이와나미문고에서 발행한 1931년 판 『문명론 개략』은 1936년 11월 10일 2쇄를 찍을 때 이 부분은 삭제된 채 백지 상태로 발간되었다. 앞 쪽의 "단지 고다이고 천황의 불민함 때문은 아니었다"에서부터 여기까지의 단락과 뒤에 나오는 "가령 천황을 성명하게 만들고", "고다이고 천황의 불민함 때문이 아니고" 두 문장이 삭제되었다. 쇼와 파시즘이 극성을 부리던 시기 후쿠자와의 『문명론 개략』은 자유주의적 지식인이나 마르크스주의적 지식인의 소극적인 저항 수단으로도 이용되었다. 대표적인 경우가 마르크스주의자인 하니 고로(羽仁五郎, 1901~1983)이다. 그는 이와나미문고에서 대교육가 문고를 시리즈로 발간할 때, 아라이 하쿠세키와 후쿠자와 유키치를 묶은 『白石・諭吉』의 집필을 맡았는데, 두 사람의 문장을 인용하여 쇼와 파시즘의 발흥을 비판했다. (羽仁五郎, 『新井白石・福沢諭吉─断片日本に於ける教育の世界的進歩に対する先駆者の寄与』, 岩波書店, 1937)

고, 관동이 있음은 알아도 교토京師가 있음을 몰랐던 까닭이다. 가령 천황을 성명聖名[75]하게 만든다고 해도, 열 명의 마사시게를 얻어 대장군에 임명한다고 해도, 이 누적된 쇠약함積弱을 이어받아 무슨 일을 할 수 있었겠느냐, 인력으로 할 수 있는 일이 아니다. 이를 바탕으로 생각해 보면, 아시카가가 이룬 업적도 우연이 아니며, 구스노키 씨의 전사 또한 우연이 아니고, 모두 다 그럴 만한 까닭이 있어서 그런 것이다. 따라서 말하는데, 마사시게의 죽음은 고다이고 천황의 불명不明 때문이 아니라 시세時勢 때문이다. 마사시게는 다카우지와 싸우다 죽은 게 아니라 시세에 맞서다가 진 것이다.

## | 다른 나라들의 사례 ─ 영웅호걸과 시세가 맞아떨어졌다

앞에서 논했듯이, 영웅호걸이 때를 만나지 못했다는 말은 단지 그 시대에 퍼져있던 일반적인 기풍과 맞지 않아 심사心事가 어긋났음을 말한다. 따라서 그렇게 천재일우의 때를 만나 일을 이루었다고 함도 또한 단지 시세와 맞아 인민이 기력을 드러내도록 했음을 말할 따름. 1700년대에 아메리카합중국이 독립한 것도 그것을 주도했던 지사 48명[76]의 창업이 아니며, 워싱턴 한 사람의 전공戰功도 아니다. 48명의 지사들은 단지 13개 주의 인민에게 분포되어 있는 독립의 기력을 있는 그대로 드러내게 했고, 워싱턴은 그 기력을 전쟁터에서 썼을 뿐. 따라서 합중국의 독립은 천재일우의 기적 같은 공奇功이 아니며, 설사 당시 전투에서 져 일시적으로 일을 그르쳤다고 해도 또 다른 480명의 지사가 있고 또 다른 10명의 워싱턴이 있어서 합중국 인민은

---

75  '현명하고 지혜롭다'는 의미로 '불명(不明)'과 대비하여 사용하고 있다.
76  미국 독립선언서에 서명한 사람의 숫자이다.

기필코 독립하지 않으면 안 되는 상황이었다. 가깝게는 4년 전 프랑스와 프러시아의 전투[77]에서 프랑스의 패주는 제국國帝황제였던 나폴레옹 3세의 실책 때문이고 프러시아의 승리는 비스마르크 수상의 공적 때문이라고 말하는 자가 있지만 결코 그렇지 않다. 나폴레옹과 비스마르크 사이에 지우智愚의 차이가 있었던 건 아니다. 그 승패가 갈렸던 까닭은 당시의 형세勢로서, 프러시아의 인민은 하나로 화합하여 강했고, 프랑스의 인민은 파당으로 갈려 약했기 때문일 따름. 비스마르크는 이러한 형세에 순응하며 프러시아 사람이 용기를 발휘하도록 하였고, 나폴레옹은 프랑스 사람이 지향하는 것에 역행하며 그 인심을 거슬렀기 때문일 따름.

더 분명하게 이를 밝혀 보겠다. 지금 워싱턴을 지나支那의 황제로 삼고 웰링턴Arthur Wellesley[78]을 그의 장군으로 삼아 지나 군세軍勢를 이끌고 영국 병대兵隊와 싸운다면 그 승패가 어떻게 되겠느냐. 설사 지나에 철함과 대포가 매우 많이 있다고 해도 영국의 화승통과 범선 때문에 격파될 것이다.[79]

---

77  1870년 7월부터 약 6개월 동안 일어난 보불 전쟁을 가리킨다. 이 전쟁에서 프로이센은 비스마르크 재상의 정치력과 몰트케 참모총장의 군사 지휘 아래 큰 승리를 거두었고, 마침내 독일제국을 수립했다.

78  아서 웰즐리 웰링턴 초대 공작(Duke of 1st Wellington, 1769~1852)을 가리킨다. 영국 귀족 중 가장 높은 격을 가진 가문이다. 아일랜드의 더블린에서 모닝턴 남작 가문의 3남으로 태어나 영국 육군에 입대한 뒤, 뛰어난 전공으로 영국군 총사령관을 거쳐 총리까지 지낸 영국의 군인이자 정치가이다. 프랑스 제국으로부터 독립을 쟁취하려는 포르투갈, 스페인과 연합군을 형성하여 나폴레옹 군대를 상대로 한 전쟁(스페인 독립전쟁 혹은 반도전쟁)에서 승리했다. 이후 전쟁에서 승리할 때마다 새로운 작위를 받았다. 1809년 대영제국의 자작 작위를 받았고, 이어 백작, 후작 작위를 받았으며, 1814년 공작 작위를 받았다. 1815년 나폴레옹이 엘바 섬에서 탈출한 뒤 발발한 워털루 선생에서 승리한 뒤에는 총리가 되었다. 후쿠자와가 이 부분에서 쓰고 있는 화법은 마치 에도시대 유학자였던 야마가 소코가 자신의 제자들에게, "공자가 총사령관이 되고 맹자가 부사령관이 되어 일본에 침략해 온다면, 공맹을 스승으로 모시는 우리 유학자들은 어떻게 해야 하는가"라는 질문했던 일화를 연상시킨다. 야마가 소코는 이 질문에 제대로 대답하지 못하고 우물 쭈물거리는 제자들에게 당연히 맞서 싸워야 한다고 말했다.

79  영국의 무기가 중국보다 열등하더라도 영국 인민의 기력이 중국 인민의 기력보다 강하

이를 바탕으로 생각해 보면, 전쟁의 승패는 장수 때문도 아니고 또한 병기器械[80] 때문도 아니며, 오로지 전체 인민의 기력에 달려 있을 뿐. 만약 수만 명의 용사勇士를 전투에 동원하고도 패주하는 일이 생긴다면 이는 사졸士卒의 문제가 아니라 장수가 졸렬하여 병졸兵卒의 진퇴를 가로막고 그들 본연의 용기를 발휘하지 못하도록 한 죄 때문이다.

## ▎ 일본의 사례 —다세多勢에는 무세無勢다

천하의 급무는 먼저 중론의 잘못을 바로잡는 데 있다

또 다른 예를 하나 들어 말해보겠다. 요즘 일본 정부에서는 업무事務에 내세울 만한 것이 없음을 장관의 무능不才 탓으로 돌리고 오로지 인재를 구해야 한다고 하면서 이 사람을 등용하고 저 사람을 발탁하여 시도해 보지만, 실제로 업무가 바뀌는 것은 없다. 나아가 인물이 부족하다고 해서 곧바로 외국인을 고용하여 때로는 교사로 삼고 때로는 고문에 임명하여 일을 꾀해 보지만[81] 정부 업무에서 여전히 내세울 만한 것은 없다. 그 업무에 내세울 만한 것이 없다는 측면에서 보면, 정부 관리의 능력이 실제 부족한 듯하고 교육과

---

기 때문에 영국이 중국을 이긴다는 의미다. 정신적인 요소가 물질적인 요소보다 더 중요함을 강조하기 위한 비유다.

80  '器'는 그릇을, '械'는 단순한 기능을 가진 도구를, '機'는 복잡하고 기계적 특성을 가지고 있는 도구를 가리킨다. 따라서 '기계(器械)'는 연장, 그릇과 같이 사람이 사용하는 도구이며, '기계(機械)'는 동력을 가지고 있고, 다른 물건을 만들기 위한 기구이다. 또한 옛날에는 통상 병기를 의미하는 말로 '기계(機械)'를 썼지만, 후쿠자와는 여기서 '기계(器械)'로 쓰고 있다.

81  메이지 초기 유신정부는 각 분야별로 서구의 많은 외국인을 고용하여 문명개화를 추진해갔다. 따라서 1878년 이전까지는 고용 외국인이 일본문명의 발전에 큰 기여를 했다고 말할 수 있다. 당시 일본에 고용된 외국인 현황은 다음 책에 잘 나와 있다. 梅渓昇, 『お雇い外国人—明治日本の脇役たち』, 講談社, 2007.

고문을 위해 고용한 외국인도 모조리 다 어리석은 사람인 듯하다. 하지만 요즘 정부에 있는 관리는 우리나라의 인재들이며 또 그 외국인이라고 어리석은 사람을 뽑아서 고용한 것은 아니다. 그렇다면 곧 정부의 업무에 내세울 게 없도록 하는 다른 원인이 있을 수밖에 없다. 그 원인이란 무엇이겠느냐.

실제로 정치政[82]를 하다보면 어떻게도 할 수 없는 사정이 반드시 생기는데, 이것이 바로 그 원인이다. 이 사정이란 표현하기가 몹시 어려운데, 흔한 말로 이른바 다세多勢에는 무세無勢여서 일을 이룰 수 없음을 말한다. 정부가 실책을 범하는 이유는 늘 이 다세에는 무세라는 것에 시달리기 때문일 따름. 정부의 장관이 그것이 실책임을 모르는 게 아니다. 알면서도 이를 범하는 까닭은 무엇이겠느냐. 장관은 무세이고 중론[83]은 다세이니 이를 어떻게도 할 수가 없다. 이 중론이 유래하는 곳을 찾으려 해도, 진짜 그것이 처음 시작되는 출처를 밝힐 수가 없다. 마치 하늘에서 내려오는 것 같다고 말하지만 그 힘은 정부의 업무를 충분히 제어하고도 남는다. 따라서 정부의 업무에 내세울 만한 게 없는 건, 두셋 관리의 죄가 아니라 이 중론의 죄다. 세상 사람들아 잘못 알고 관리의 조치를 야단치지 마라. 옛날 사람들은 먼저 임금 마음君心의 잘못을 바로 잡는 것이 긴요한 일이라고 여겼지만, 나의 생각은 이와 다르다. 천하의 급무는 먼저 중론의 잘못을 바로 잡는 데에 달려있다.[84]

---

82  원문에는 후리가나로 'まつりごと'가 표기되어 있다. '政'을 훈독한 것이다. 그런데 이 'まつりごと'에는 '정치(政)'라는 의미 외에도 '제사지내다(祭, 祀)'는 의미가 담겨 있다. 고대 제정일치 사회에서는 신에게 제사지내는 것이 곧 정치의 중요한 역할 중 하나였다. 따라서 이 단어에는 제사장의 역할과 왕의 역할이 일치하던 고대 제정일치시대의 관념이 그대로 남아 있다.
83  버클의 『영국문명사』에서는 'public opinion'으로 되어 있다.
84  당시 존 스튜어트 밀 등 유럽의 자유주의 사상가들은 중론, 즉 여론에 의한 대중의 독재를 민주주의의 부작용, 폐해로 보고 크게 우려하고 있었다.

대개 관리라는 자는 원래 국사를 가까이에서 접하기에 그들의 우국충정憂國心 또한 자연스레 절실해져서 중론의 잘못을 염려하고 백방으로 고심하면서 이 잘못을 바로잡을 방책을 찾아야 할 터인데도, 간혹 그렇지 않고 그 관리 또한 중론자衆論者 중 한 명이 되거나 아니면 그 논리論에 혹닉되어 이를 즐기는 자도 있으리라. 이런 무리들은 이른바 다른 사람을 염려해야 할 지위에 있으면서 다른 사람이 염려하는 일을 저지르는 자라고 말할 수 있다. 정부의 조치에 종종 스스로 짓고 스스로 허물어 버리는 식의 실책이 있는 것도 이런 무리들이 저지르기 때문이다. 이 역시 나라를 위해 어떻게도 할 수 없는 사정이므로, 우국憂國의 학자는 모름지기 오직 문명을 주장하며 민관官私 구별 없이 똑같이 이들을 혹닉에서 건져내어, 이로써 중론의 방향을 바꾸도록 노력해야 할 뿐. 중론이 향하는 곳은 천하무적인데, 어떻게 정부의 구구함을 염려하는 데에 만족하고 어떻게 관리의 자질구레함을 야단치는 데에 만족한단 말이냐. 정부는 본래 중론을 좇아 방향을 바꾸는 것이다. 따라서 말하노니, 지금의 학자는 정부를 야단치지 말고 중론의 잘못을 걱정해야만 한다.

## | 각자의 직분

어떤 사람이 말하길, 이 장의 취지에 따르면 천하 사물은 모조리 다 천하의 인심에 맡겨져 있어 옆에서는 이를 어떻게 할 수도 없고, 세상의 형세는 마치 더위와 추위가 오가는 듯하고 초목이 폈다 시드는 듯하여 사람의 힘은 털끝만큼도 보탤 수 없다는 말이냐. 정부도 인간에게 쓸모없고 학자도 무용의 장물長物,[85] 상인도 직인도 그저 자연天然에 맡겨져 있어 각자 힘써야 할 직분[86]이 없는 것과 같은데, 이를 문명이 진보한 모습이라고 할 수 있느냐고 한다. 답하여 말하노니, 결코 그렇지 않다. 앞에서 이미 논했듯이 문명은 인간의 약속이며 이것을 이루는 것은 인간의 본래 목적이다. 그들이 이를 이루어야 할 때를 맞아 각자 자신의 직분이 없을 리 없다. 정부는 사물의 순서를 맡아서 현재의 조치를 시행하고, 학자는 전후를 잘 살펴 미래를 꾀하며, 상공인은 사私적인 업業을 꾸려 자연스럽게 나라의 부를 이루게 하는 등 각자 직분을 나눠 문명의 한 국면에 힘쓰는 것이다.

물론 정부라고 해도 앞뒤를 잘 살피지 않으면 안 되고 학자에게도 현재의 일이 없어선 안 되며, 또한 정부의 관리라고 해도 학자 가운데에서 배출되므로 서로의 직분이 같아야 할 것처럼 보여도 먼저 공官과 사私로 영역쪽을 나누고, 그 본업을 정하여 경계分界를 분명히 하자면 현재와 미래로 구분하지 않을 수 없다. 지금 나라에 일이 생기면 그 일의 선봉에서 곧바로 그 가부를 결정하는 건 정부의 역할이지만, 평생 세상의 형세를 잘 살피고 미래를 준비하며 때로는 그 일을 오게 하고 때로는 이를 미연에 막는 건 학자의 직분이다.

세상의 학자 중에는 간혹 이런 이치를 알지 못해 느긋하게 일을 즐기며 자신의 본분을 잊고서 세간世間에 분주하며, 심지어는 관리에게 부림을 당해 눈앞의 이해를 처리하려다가 그 일은 이루지도 못하고 오히려 학자의 품위를 떨어뜨리는 자가 있다.[87] 미혹함이 아주 심하다. 생각건대 정부의 활동働

---

85  지나치게 길어 소용이 없는 물건을 말한다. '무용지물'과 같다.

86  직업상의 본분, 역할을 가리킨다. 후쿠자와는 『서양사정』에서 영어의 'duty'를 '직분'으로 번역하였다. 『서양사정』「外篇」제1권에 「사람의 권리와 그 의무」라는 장이 있다. 여기에 권리는 통의(通義)로, 의무는 직분(職分)으로 되어 있다.

87  후쿠자와는 학자의 품위를 떨어뜨리는 이러한 폐해를 우려하여, 『학문의 권장』제4편에 「학자의 직분을 논한다」는 글을 발표했다. 이로 인해 『메이쿠로잡지』제2호에서 '학자의 직분론'을 둘러싼 논쟁이 일어났다. 가토 히로유키, 모리 아리노리, 쓰다 마미치, 니시

은 마치 외과 시술과 같고, 학자의 논리는 마치 양생법과 같다. 그 공용功用에 지속과 완급의 차이는 있겠지만, 사람의 몸에 둘 다 없으면 안 된다. 지금 정부와 학자의 공용을 논함에 하나는 현재고 다른 하나는 미래라고 말할 수 있지만, 둘 다 그 공용이 커 나라를 위해서는 모두 없으면 안 된다. 다만 정말 중요한 사항은, 서로의 활동을 가로막지 않고 오히려 서로 도우며 서로 자극하고 서로 격려하여 문명의 진보에 한 올의 지장도 생기지 않도록 함에 있을 따름.

---

아마메가 이와 관련된 글을 발표했다. 후쿠자와는 그 밖에도 『학자안심론(學者安心論)』(1876), 『학문의 독립』(1883)과 같은 책도 저술했다. 서양에서는 독일의 철학자 요한 G. 피히테(1762~1814)가 학자의 본질과 사명에 관해 남긴 책이 있다.(요한 G. 피히테, 서정혁 역, 『학자의 사명에 관한 몇 차례의 강의』, 책세상, 2014; 요한 G. 피히테, 서정혁 역, 『학자의 본질에 관한 열 차례의 강의』, 책세상, 2017)

제5장

# 앞 논의의 계속

**┃ 중론衆論은 지력의 양에 따라 정해진다**

어느 한 나라 문명의 상태는 그 나라 국민 전체一般의 지덕을 보면 알 수 있다. 앞 장에서 말했듯이 중론이란 바로 한 나라 중인衆人의 의견議論으로서 그 시대의 인민 사이에 일반적으로 분포되어 있는 지덕의 상태를 드러내는 것이므로, 이 중론을 통해 인심이 있는 곳을 엿볼 수 있다. 또 이 중론에 관해서는 요즘 두 가지 쟁점辯論이 있다. 그중 첫 번째의 취지는, 중론은 반드시 사람의 수가 아니라 지력의 분량에 의해 강약이 생긴다는 것이다. 두 번째의 취지는, 사람들에게 지력이 있다고 해도 이를 습관으로 결합시키지 않으면 중론의 체재를 이룰 수 없다는 것이다. 그 까닭은 다음과 같다.

첫째, 한 사람의 의견은 두 사람의 의견을 이길 수 없다. 세 사람의 동일한 주장은 두 사람의 주장을 제압할 수 있다. 이처럼 사람의 수가 많아질수록 그 의견의 힘 또한 더욱 강해진다. 이른바 적음은 많음에 맞설 수 없다는 말이다.[88] 그렇지만 이 의견의 많고 적음, 강하고 약함衆寡强弱은 오로지 재능과 지혜才智가 대등한 인물들 사이에서만 통할 뿐이다. 천하 사람을 한 덩

---

88 '중과부적(衆寡不敵)'을 말한다.

어리로 삼아 살펴보면, 그 의견의 힘은 사람 수의 많고 적음多寡이 아니라 지덕의 양이 많고 적음에 따라 강약이 생긴다. 사람의 지덕은 마치 근육이나 뼈의 힘과 같아서 한 사람이 세 사람과 맞먹는 경우도 있고, 때로는 열 사람과 맞먹는 경우도 있다. 따라서 지금 중인을 모아 한 덩어리로 보고 그 강약을 헤아릴 때에는 단순히 사람 수의 많고 적음으로는 알 수가 없다. 그 한 덩어리 안에 분포되어 있는 힘의 양을 재지 않으면 안 된다.

예를 들어 백 명의 인원이 1,000관[89] 나가는 물건을 들어 올리면 한 사람의 힘은 각자 10관쯤 되지만, 사람들의 역량力量이 꼭 동등할 수는 없다. 시험삼아 이 100명을 똑같이 나누어 50명씩 2개 조로 만든 뒤 이 두 조가 각각 물건을 들어 올리게 하면, 한 조의 오십 명은 70관쯤 들어 올리고, 다른 조의 50명은 30관쯤 들어 올릴 수도 있으리라. 나아가 이들을 4등분하고 8등분하여 시험해 보면 틀림없이 더욱더 불균형을 낳아, 그중 최고 강한 자와 최고 약한 자를 견주면 한 명이 가뿐히 열 명의 힘과 맞먹는 경우도 볼 수 있으리라. 따라서 그 백 명 안에서 특히 힘 센屈強 자 20명을 뽑아 한 조를 만들고 다른 80명을 또 한 조로 만들어 이를 시험해 보면, 20명의 조는 60관쯤 들어 올리고 80명의 조는 겨우 40관쯤 들어 올릴 수도 있다. 지금 이 상황을 계산해計算 보면, 사람 수로는 2대 8의 비율이지만 힘의 양으로는 6대 4의 비율이다. 따라서 역량은 사람 수에 의해 정해지지 않으며, 그때 들어 올리는 물건의 경중과 그 사람 수의 비율을 보고 알 수 있다.

지덕의 힘을 저울의 눈금으로는 잴 수 없지만 그 취지는 정말 근육이나 뼈의 힘과 다를 리가 없다. 그 강약의 차이는 근력의 차이보다 훨씬 더 심해,

---

**89** 1관은 3.75kg이다.

때로는 한 사람이 백 명과 맞먹고 때로는 천 명과 맞먹을 수도 있으리라. 만약 사람의 지덕을 주정酒精이라고 한다면, 눈이 휘둥그레질 만큼 신기한 결과가 나올 것이다. 이 부류의 인물은 열 명을 증류하여 지덕의 양을 한 되升 얻었는데, 저 부류의 인물은 백 명을 증류해서 겨우 3홉合만 얻는 경우도 있으리라. 한 나라의 의견은 사람의 체질體質에서 나오지出 않고 그 정기精氣에서 발산發되는 것이기에, 저렇게 중론이라고 외치는 것도 분명 주장하는 자論者가 많기 때문만으로 힘을 얻은 게 아니라 그것을 주장하는 자의 동료들 사이에 분포되어 있는 지덕의 양이 많기 때문에 그 양으로서 사람 수의 부족을 메우고 마침내 중론衆論[90]이라는 이름을 얻은 것이다.

유럽 각 나라에서도 인민의 지덕을 평균平均하면 나라 전체에서 문자를 모르는 우민愚民이 절반을 넘을 것이다. 그렇게 국론이라고 외치고 중설衆說이라고 일컫는 것은 모두 중인中人[91] 이상 지자智者들의 주장論說으로서, 다른 우민愚民은 그저 그 주장에 뇌동하고 그 범위 안에 농락당하여 감히 자신의 어리석음을 드러낼 수가 없을 뿐. 또 그 중인 이상 안에서도 지우智愚의 차이

---

**90** '중론'은 다수가 지지하는 여론을 말한다. 후쿠자와 유키치는 '중론'과 '중설'을 구별하여 사용하고 있다. '중설'은 아직 일부 사람들이 일방적으로 주장하는 단계에 머물고 있는 것이고, '중론'은 그 주장이 사람들 사이에 광범위하게 받아들여진 상태를 말한다.
**91** 여기서 말하는 '중인'은 뒤에 나오는 '중등 이상의 인민' 혹은 '중산층(middle class)'과 같은 의미로, 사회적 지위가 중간 등급 이상인 사람을 말한다. 후쿠자와 유키치는 당시 일본의 국가, 사회의 개혁과제와 관련하여 특히 이 '미들 클래스'에 큰 비중을 두고 있었다. 그가 게이오 기주쿠의 학생들과 학자들에게 독립의 정신을 가지고, 사립(私立)하여 다양한 방면에서 실업을 일으키고, 미들 클래스의 중심이 되어 일본의 독립과 문명개화라는 과제에 나서야 한다고 호소한 것은 이 때문이었다. 이러한 생각은『학문의 권장』제5편에도 나온다. 후쿠자와는 증기기관을 개량한 제임스 와트, 증기기관차를 처음 만든 조지 스티븐슨, 감옥개혁운동을 한 존 하워드, 노예제 폐지운동을 한 토마스 클락슨, 경제의 일반법칙을 발견한 아담 스미스 등의 대가들은 모두 '미들 클래스'에 속해 있으면서 세상을 이끌어간 사람들로서, 이들의 업적은 정부의 정책이나, 소민(小民)의 육체노동이 아니라 지식에 의해서 달성되었다고 보았다.(후쿠자와 유키치, 남상영 역,「제5편」, 앞의 책, 2003 참고)

에는 단계마다 한계가 없어서, 이것은 저것을 이기고, 저것은 이것을 물리치며, 처음 서로 접하자마자 지는 경우도 있고, 오랫동안 서로 팽팽히 맞서 승패를 결정하지 못하는 경우도 있다. 천 번을 갈고 백 번을 단련하여 겨우 한때의 이설異說을 누르고 얻은 것을 국론 혹은 중설衆說이라고 이름할 뿐. 이것이 바로 신문, 연설회92가 성행하고 다중의 입衆口이 떠들썩한 까닭이다.

인민은 분명 나라의 지덕에 의해 편달되기 때문에, 지덕이 방향을 바꾸면 인민 또한 방향을 바꾸고, 지덕이 파당으로 나뉘면 인민 또한 파당으로 나뉘고, 진퇴와 이합집산 모두 다 지덕을 따르지 않음이 없다(세간에 서화 등을 즐기는 자는 중인 이상으로서 글을 알고 풍운風韻이 있는 인물이다. 그들이 이를 즐기는 까닭은 옛 물건의 역사와 내력歷代을 상상하고 서화운필의 교졸巧拙을 비교하면서 기뻐하기 때문인데, 오늘날에 와서는 옛것과 서화를 귀하게 여기는 풍속이 세간에 두루 유행하여, 낫 놓고 기역자도 모르는 우민愚民이라도 약간의 돈이 있으면 꼭 서화를 구해 족자로 만든 뒤 도코노마床の間93에 걸고 진귀하고 오랜 물건을 쌓아둔 채 만족하는 낯빛을 짓는 사람이 많다. 우습기도 하도 괴이하다고도 할 만한 일이지만, 이 우민도 분명 중인 이상의 풍운에 부화뇌동하여 부지불식간에 이런 일을 하는 것이다. 그 밖에 유행하는 의상이나 염색의 문양 등도 모두 타인의 창의에 부화뇌동하여 기뻐하는 것이다).

---

92  후쿠자와는 연설의 한자를 '演說'이 아니라 '演舌'로 썼다.(이 책 41쪽 참고) 이 시기에 국회개설청원운동 등 자유민권운동이 활발하게 전개되면서 전국적으로 연설회가 성행하고 각종 신문이 발간되었다.
93  '도코노마'는 일본 가정집의 벽면에 족자를 걸고 그 아래에는 꽃꽂이, 도자기 등으로 장식할 수 있도록 만들어져 있는 공간을 말한다.

## | 유신은 인민의 지력 향상에서 시작되었다

가깝게 우리 일본의 일事을 가지고 그에 관한 증거를 하나 보여 주겠다. 몇 년 전 정부를 일신日新하였고 이어 폐번치현 거사가 있었다. 화족, 사족이 이 때문에 권력도 이록利祿(이익과 봉록)도 모두 잃어버렸지만 감히 불평을 터트릴 수 없는 건 무엇 때문이겠느냐. 사람들이 말하길, "왕제일신王制一新은 왕실의 위광 덕분에, 폐번치현은 집정執政⁹⁴의 영단 덕분에 이뤄진 것"이라고 한다. 이는 시세時勢를 모르는 자의 억단이다. 왕실이 만약 진짜 위광을 가지고 있었다면 그 복고가 어찌 꼭 게이오 말년까지 기다렸겠는가. 도쿠가와가를 더 일찍 무너뜨릴 수 있었으리라. 어쩌면 아시카가 말기에 정권을 돌려받았을 수도 있었으리라. 복고의 기회가 반드시 게이오 말년에 한정되지 않는다. 그럼에도 이때에 이르러서야 비로소 그 대업業을 이루고 마침내 폐번이라는 큰일大事까지 단행한 건 무엇 때문이었겠느냐. 왕실의 위광도 아니고 집정의 영단에 의한 것도 아니며, 그 원인이 따로 없을 리 없다.

우리나라 인민은 오랜 세월 전제의 폭정에 시달렸고, 문벌이 권력의 원천이 되어 재능과 지혜才智가 있는 사람이더라도 문벌에 기대어 그 재능을 쓰지 않으면 일을 할 수가 없었다. 한때는 그러한 형세에 압도되어 나라 전체에서 지력이 활동하는 곳을 볼 수 없고 사사건건 모든 게 정체되어 흐르지

---

94 '집정'은 실제로 국정을 책임지고 있는 사람을 뜻한다. 고대국가 시기에는 '섭정', '관백'을, 막부의 경우는 '로주(老中)', 메이지시대의 '내각총리대신'이 여기에 해당된다. 메이지유신 이후 내각제도가 정식으로 실시되기 전까지는 '태정대신'이 국정의 책임자였으므로 여기서는 당시 '태정대신'이던 산조 사네토미를 가리킨다. 폐번치현 거사는 1871년 7월 14일 14시, 유신정부가 도쿄에 있는 56개 번의 지번사를 황궁으로 소집하여 폐번치현 조칙을 발표함으로써 전격적으로 단행되었다. 이날 조칙을 읽었던 사람이 바로 산조 사네토미였다. 이 시기 실제로 정부를 이끌어 간 인물은 기도 다카요시, 오쿠보 도시미치, 이토 히로부미 같은 사무라들 출신의 정부 지도자들이었지만, 대외적으로 신정부를 대표한 사람은 태정대신 산조 사네토미였다.

못하는 상태에 있는 듯했지만, 사람의 지혜가 발생하는 힘은 멈추려고 해도 멈출 수 없어 이렇듯 정체되고 흐르지 않는 동안에도 용케 걸음을 내디뎠고, 도쿠가와 씨 말기에 이르자 세상 사람들 사이에 점점 문벌을 싫어하는 마음이 생겨났다. 그런 인물은 때로는 유학자나 의사 속에 숨고 때로는 작가 속에 숨으며 때로는 번사 가운데에도 있고 때로는 승려나 신관 가운데에도 있었는데, 어느 누구든 모두 다 문자를 알면서도 뜻을 이룰 수 없었던 자들이었다. 그 징후는 덴메이天明 · 분카文化[95] 시기 무렵부터 세상에 나온 저서나 시집 또는 패사소설稗史小說[96] 속에 종종 다른 일에 빗대어 불평을 하소연하는 자가 있음을 보면 알 수 있다. 물론 그 글 안에서 문벌전제의 정치政가 옳지 않다고 드러내놓고 논의를 하고 있는 건 아니며, 예컨대 국학자 부류는 왕실의 쇠약을 슬퍼하고, 한학자 부류는 귀족과 집정의 사치를 풍자하고, 또한 부류의 만담꾼戲作者은 만어漫語와 방언放言으로 세간을 우롱하는 등 그 문장이나 구성에서 건질 만한 조리條理는 없지만 그 시대에 만연한 행태를 달가워하지 않는 속내는 글의 행간言外에 저절로 나타나는 것이어서 실은 자신도 그러는 줄 모르고 불평을 하소연하는 것이었다.

그러한 모습은 마치 오랜 지병으로 인해 몸을 괴로워하면서도 스스로 용태는 명확하게 설명 못 하고 단지 그 고통을 하소연하는 자와 같다(대체로 도쿠가와 씨 초기 정권이 번성할 때에는 세상의 저술가들도 그 위세에 압도되어 털끝만큼도 시세를 비난하지 않았고 오히려 막정幕政에 영합하는 자도 있었다. 아라이 하쿠세키[97]의 저서나 나

---

95 '덴메이'는 1780~1789년, '분카'는 1804~1817년 사이의 연호이다. 따라서, '덴메이 · 분카'라고 붙여 쓰면 1780~1817년 사이의 기간을 말한다. 두 연호 모두 고카쿠(光格) 천황 때인데, 메이지 천황 전까지는 한 천황이 여러 연호를 사용했다.

96 '패사소설'은 중국에서 민간에 전승되어 내려오던 설화나 이야기 등을 패관이라고 불리던 관리가 수집하여 기록한 것이다. 넓은 의미로는 소설에 포함된다.

97 '아라이 하쿠세키'는 에도시대 중기의 유학자, 난학자, 정치가이다. 1712년 대표작인

카이 지쿠잔中井竹山[98]의 『일사逸史』 등을 보면 잘 알 수 있다. 그 뒤 분세이文政[99] 무렵에

이르러 저술된 라이 산요의 『일본외사』는 왕정의 쇠퇴에 한결같이 분노하여 책 속 글의 기운

語氣이 마치 도쿠가와 씨를 향해 죄를 추궁하는 듯했다. 지금 그 까닭을 찾아보면, 하쿠세키와

지쿠잔이 꼭 막부의 노예인 것도 아니고 산요가 반드시 천자의 충신인 것도 아니며, 모두 시세

가 그렇게 만든 것이다. 하쿠세키와 지쿠잔은 한때의 형세에 짓눌려 붓을 휘두를 수 없었고,

산요는 그러한 속박에서 어느 정도 벗어나 당시 만연한 전제정치에 분노하며 『일본외사』를

빌려 그 노기를 흘렸을 뿐. 그 밖에 국학和學, 소설, 광시狂詩, 광문狂文 등은 특히 덴메이·분

카 이후 최고로 성행했다. 모토오리 노라나가,[100] 히라타 아쓰타네,[101] 바킨,[102] 쇼쿠 산

---

『독사여론』을 저술하였다. 이 책은 제6대 쇼군 도쿠가와 이에노부에게 강의한 내용을
모은 것으로 공가의 쇠퇴와 무가의 부흥이라는 관점에서 서술하고 있다. 도쿠가와가의
에도막부 지배체제를 유교 이념으로 정당화하려는 의도가 담겨 있는 책이다. 최근 한글
로도 번역되었다. 이 밖에 또 다른 주요 저서로는 『채람이언』이 있다. 이 책은 1708년
천주교 포교를 위해 규슈 서남해안에 잠입했다가 체포된 조반니 시도티를 직접 신문한
내용을 토대로 쓴 것이다. 이 책에는 전 세계 5대양 82개국의 지리와 정치, 경제, 문화
등이 종합적으로 기록되어 있으며, 일본 사람의 세계인식을 심화시키는 데 크게 기여하
였다. 『채람이언』이 출간된 지 약 100년 뒤인 1802년에는 야마무라 사이스케가 당시
최신의 네덜란드 서지를 참고하고, 『채람이언』의 오류를 수정하고 내용을 보충하여 『정
정증역채람이언』을 펴냈다. 『정정증역채람이언』은 이전의 지리서처럼 세계 각 나라에
관한 지식을 단순하게 소개하는 것에 머물지 않고, 일본을 러시아, 투르크, 신성로마제
국 등 서양의 제국들과 함께 '제국'으로 분류하였다. 이런 특징으로 인해 이 책은 일본
사람이 자기 나라를 '제국'으로 인식하는 하나의 계기가 되었다. 일본 사람에게 자신이
제국이라는 자의식 생긴 것은 이때부터이다.(성희엽, 앞의 책, 158~162쪽; 아라이 하
쿠세키, 박경희 역, 『독사여론』, 세창출판사, 2015 참조)

98 '나가이 지쿠잔(1730~1804)'은 에도 중기 오사카 출신의 주자학자다. 한학 사숙인 가
이도쿠도(懷德堂) 설립자(나가이 슈안)의 큰 아들로 태어났으며, 본인도 4대 학주가 되
어 가이도쿠도의 발전에 헌신했다. 『일사』는 도쿠가와가의 역사와 도쿠가와 이에야스
의 업적을 기록한 책으로 정사(正史)에 빠진 부분을 보완한 도쿠가와 이에야스의 전기
라고 말할 수 있다. 전체 13권이며, 1799년 막부에 헌상되었다. 나아이 지쿠산은 주자
학의 입장에서 오규 소라이를 비판했으며, 그의 제자로는 야마카다 반토가 있다.

99 '분세이'는 1818년~1830년에 해당하는 연호다.

100 '모토오리 노라나가'는 국학자, 고문헌학자, 의사이다. 가다노 아즈마마로, 가모노 마부
치, 히라타 아쓰타네 등과 함께 일본의 4대 국학자로 손꼽는다. 1771년 복고사상의 총
론에 해당하는 『나오비노미타마(直毘靈)』를 출판했고, 1793년 64세의 나이로 산문집
『다마가쓰마(玉勝間)』를 쓰기 시작하여 죽기 전까지 14권을 남겼다. 여기에는 가모노

진,[103] 히라가 겐나이<sup>平賀源内</sup>[104] 등과 같은 인물들은 모두 뜻을 품은 사군자였지만, 그 재력

才力을 펼칠 수 있는 지위가 없어서 헛되이 문사<sup>文事</sup>에 몸을 맡기고 그 일에 기대어 때로는

존왕설을 외치고 때로는 충신의사의 모습을 기록하고 때로는 광언<sup>狂言</sup>을 내뱉으며 한 시대一

世를 비웃고 힘겹게 스스로의 불만을 달랬던 것이다).

그런데 이 국학자 부류도 꼭 왕실의 충복<sup>忠僕</sup>은 아니었으며 한학자 부류

---

마부치를 만났을 때의 이야기, 자신의 학문, 사상, 신념이 서술되어 있다. 1797년 69세 때 34년 동안 집필한 『고사기전(古事記伝)』을 완성했다. 이처럼 그는 평생을 국학연구에 힘써 일본 국학의 체계를 완성한 인물이다. 자세한 내용은 성희엽, 앞의 책, 86~95쪽 참조.

101 '히라타 아쓰타네'는 노리나가가 세상을 떠난 뒤 사후(死後) 제자로 입문한 특이한 경력의 국학자다. 처음에는 노리나가의 국학을 계승하여 유교, 불교와 습합되어 있던 신도를 비판하였지만, 얼마 지나지 않아 노리나가의 엄격한 실증주의적 문헌연구 방식에서 벗어나 신비주의적인 입장에 서서 극단적인 주장도 서슴지 않았다. 이 때문에 그의 연구는 학문이라기보다는 종교에 가까운 것이 많다. 실제 히라타파라고 하는 복고신도파를 독자적으로 형성하였다. 히라타파는 전국에 걸쳐 형성되어 있는 자신의 조직을 통해 막말 정치적 변혁에도 적극적으로 참여하였다. 이런 배경으로 인해 히라타파 인물들은 유신정부 초기 설립된 신기관을 장악하여 신도 관련 국가조직의 형성과 신도 관련 정책에 큰 영향을 미쳤다. 자세한 내용은 위의 책, 95~101쪽 참조.

102 '교쿠테이 바킨(曲亭馬琴, 1767~1848)'을 말한다. 요미혼(読本) 작가로, 원래 이름은 '다키자와 오키쿠니(滝沢興邦)'이다. '다키자와 바킨'이라고도 불린다. 대표적인 작품으로는 『춘설궁장월(椿説弓張月)』, 『남총리견팔견전(南総里見八犬伝)』 등이 있으며, 원고료 수입만으로 생계를 꾸려간 일본 최초의 전업 작가라고 불린다. 『남총리견팔견전(난소사토미핫켄덴)』은 모두 9집 106책으로 구성되어 있는 장편 기전소설이다. 에도시대 요미혼을 대표하는 작품으로 큰 인기를 누렸다. 1814~1842년까지 약 28년 동안 집필하였다. 중국 소설 『수호전』에 착안하여 인·의·예·지·충·신·효·제라는 덕목을 가지고 곳곳에서 태어난 8명의 젊은 무사(八犬士)를 중심으로 아와(安房) 사토미가의 흥망을 그린 이야기이다. 완결이 거의 다 되었을 즈음 양 눈이 다 실명하여 구술을 통해 겨우 끝냈다고 한다.

103 '오타 난포(大田南畝, 1749~1823)'를 말한다. '난포'는 호이고 '쇼쿠산진(蜀山人, 촉산인)'은 별호다. 덴메이기를 대표하는 문인이자 관료였다. 특히 광가(狂歌, 교카)가 뛰어나 가라코로모 킷슈(唐衣橘洲), 아케라 간코(朱楽菅江) 등과 함께 광가 3대가로 불린다.

104 '히라가 겐나이(1728~1780)'는 에도시대의 대표적인 과학자(본초학), 발명가이며 작가로도 활동한 인물이다. 천재 또는 기인이라도 불리는 난학자이기도 하다. 유화, 광산 개발 등 서구의 다양한 문물을 일본에 소개했으며, 정전기발생기(에레기텔)를 발명하였다. 또한 작가로서도 유명하여 다양한 종류의 작품을 창작하였다. 게사쿠(戯作, 희작)의 시조로 불린다.

또한 꼭 진심으로 세상을 걱정하는 사군자는 아니었다. 그 증거로는, 세상의 은둔군자隱君子라는 자, 평소에는 불평을 늘어놓다가도 일단 관직에 발탁되기만 하면 홀연히 그 절개節를 바꾸어 불평하는 기별沙汰[105]을 들을 수가 없고, 오늘의 존왕파도 오두미五斗米[106] 정도의 여유로움에라도 마주치면 내일은 좌막파佐幕家[107]가 되고, 어제의 시골 유학자도 오늘 관직에 등용한다는 명령서만 받들면 득의만면한 안색을 드러내는 자가 많았다.[108] 고금의 실제 사례에서 이를 볼 수 있다. 그렇다면 이 화한和漢(국학과 한학)의 학자 부류들이 도쿠가와 말기에 이르러 존왕과 우국憂世[109]의 뜻을 붓끝에 드러내며 암암리에 논의의 발단을 연 것도 대부분은 그 사람의 본마음本色이 아니라 잠시 존왕과 우국을 명분으로 삼아 자신의 불평을 흘린 것이리라.

그렇지만 지금 그러한 마음가짐心術이 진실한지 아닌지 또 그러한 논의가 사적인 것인지 공적인 것인지는 잠시 제쳐두고 애당초 이 불평이 생긴 까닭

---

105 여기서는 '소식'이라는 의미이다.

106 중국의 역사서 『진서(晉書)』 제94권 「도잠전(陶潛傳)」에 나오는 이야기이다. 도잠은 도연명(陶淵明, 365~428)을 말하며, 오두미는 당시 진나라 현령의 봉록을 가리켰다. 동진시대 도연명은 41세가 되던 해(405) 팽택현(彭澤縣)의 현령(縣令)에 취임하였는데, 얼마 지나지 않아 군(郡)에서 독우(督郵)가 감찰을 나오게 되었다. 그런데 독우가 부하를 시켜 지나치게 사소한 것에까지 예를 갖추기를 요구하는 데 모욕감을 느껴, "나는 오두미(五斗米) 때문에 허리를 꺾어 향리의 소인아치에게 아부할 수 없다(吾不能爲五斗米折腰, 拳拳事鄕里小人邪)"고 말한 뒤 현령을 그만두고 고향으로 돌아갔다고 한다. 이 일화로 인해 오두미는 그 뒤 아주 적은 봉록을 가리키는 의미로 쓰이게 되었다고 한다.

107 '좌막파'는 막부를 지지하는 세력을 말한다. 반대로 막부를 타도하려고 하는 세력은 '도막파(倒幕派)' 혹은 '토막파(討幕派)'라고 부른다.

108 스펜서의 『사회학연구』 후쿠자와 수택본에 이 문장과 관련된 메모가 다음과 같이 남아 있다. "가난뱅이가 부자에게 불평을 늘어놓아도 자신이 부자가 되고나면 오히려 더 심하지 않느냐. 지금의 민권가가 정권을 잡으면 어떨 것인가."(Herbert Spencer, *The Study of Sciology*(福澤手澤本), New York : D. Appleton, 1874, p.247)

109 원문에는 우세(憂世)로 되어 있다. 막부 말기까지 국(國)은 번을 의미했으므로, 번을 넘어 전체 일본의 정세를 걱정한다는 의미이다.

을 찾아보면 세상의 전제와 문벌에 가로막혀 자신의 재능才力을 펼칠 수 없는 현실로 인해 마음속에 울분이 빚어진 것인데, 인정人情이 전제 아래 사는 것을 달가워하지 않는다는 증거는 붓끝에 드러나는 글의 어기語氣를 보면 명명백백하다. 단지 폭정이 한창인 시대에는 이 인정을 겉으로 드러낼 수 없었을 따름.

## ▎정부의 폭정과 인민의 지력

그들이 이것을 겉으로 드러낼지 아닐지는 폭정의 힘과 인민의 지력, 그것들의 강약 여부에 달려 있다. 정부의 폭력과 인민의 지력이란 서로 정반대인데, 이것이 세력을 얻으면 저것은 힘權을 잃고, 저것이 때를 얻으면 이것은 불평을 가져 그 조화는 마치 천칭이 평형을 이루는 것과 같다. 도쿠가와씨 정권이 시종일관 번성하면서 천칭은 늘 편중되어 있었는데, 말년에 이르러 인민의 지력이 조금이나마 발걸음을 내딛자 비로소 그 한쪽 끝에 겨우 조그만 분동分銅(저울추)을 하나 올려놓을 수 있었다. 저 덴메이·분카 무렵부터 세상에 나왔던 저서들이 바로 이 분동이라고 말할 수 있는 것이다. 그렇지만 이 분동은 너무 가벼워서 평형을 이루기에는 당연히 역부족이었다. 하물며 그 평형을 깨뜨리기까지야. 만약 그 뒤에 개항이라는 사건이 없었다면 어느 때에 이 평형을 무너뜨리고 지력 편이 권세權勢를 얻을 수 있었겠느냐. 식자識者들이 쉽게 알 수 있는 게 아니다. 다행히 가에이嘉永 연간에 페리가 도래하는 사건이 일어났다. 이를 개혁의 호기회好機會라고 부른다.

페리가 도래한 뒤 도쿠가와 정부로서는 서양 여러 나라와 조약을 맺게 되었는데, 세상 사람들은 정부의 대응을 보고 비로소 그것의 어리석고도 약함을 알게 되었고, 또다른 한편으로는 외국 사람을 접하며 그들의 말을 듣고, 때로는 서양 책을 읽고 때로는 번역서를 보며 점점 그 범위가 확대되어, 귀신 같은 정부라고 하더라도 사람의 힘으로 무너뜨릴 수 있음을 깨닫기에 이르렀다. 그러한 사정을 형용하자면 귀머거리와 장님聾盲의 귀와 눈이 별안간 열려 비로소 소리와 색깔을 듣고 볼 수 있음을 알게 된 것과 같다. 그리고 사건의 발단을 비로소 연 것은 양이론攘夷論[110]이다. 애당초 이 논의가 불거진 원천을 찾자면, 결코 사람들의 사적인 감정私情이 아니라 자타의 구별을 밝혀서 스스로 이 나라를 지키려는 붉은 마음赤心에서 시작되지 않은 게 없다. 개벽 이래 처음으로 외국인과 접하여 칠흑같이 고요하고 깊은 밤에서 난리법석인 대낮으로 나온 것이기에, 그들이 보는 사물은 모조리 다 기괴하여 마음意에 드는 것이 없었다. 그 마음은 곧 사私적인 마음이 아니라, 머릿속에 일본국과 외국의 경계를 어렴풋이 상상하면서 한 몸을 바쳐 본국本國을 맡겠다는 마음이었기에 공公적인 것이었다고 말하지 않을 수 없다. 물론 별안간 명암이 바뀐 때를 맞아, 정신이 현혹되어 조리 있고 치밀한 논리를 갖춘 자는 없었고 그 거동 또한 난폭하고 어리석지 않을 수 없었다. 개괄하여 말하자면 그들의 보국심報國心[111]은 거칠고도 미숙하였지만 그 목적은 나라를 위한 것

---

110 '양이론'은 서양 사람을 오랑캐로 간주하여, 일본 땅에서 무조건 쫓아내야 한다는 주장을 말한다. 양이론은 고메이 천황이 1858년 서양5개국과 체결한 통상조약의 추인을 거부한 것이 알려지면서 전국적으로 확산되었다. 양이론자들은 자신의 행동이 천황의 뜻에 따르는 것이라는 신념을 가지고 테러, 방화, 암살 등 폭력행동을 서슴지 않았다. 반대로 일본의 문호 개방은 거스를 수 없는 세계적인 추세이므로, 문호개방과 서양와의 교류를 통하여 일본의 낙후된 문명을 발전시켜야 한다는 주장이 개화론이다.

111 '애국심'을 말한다. 토크빌은 『미국의 민주주의』에서 '애국심'을 'instinctive patrio-tism(본능적 애국심)'과 'reflectiing patriotism(성찰적 애국심)'으로 나누고 있다. 후쿠자와 수택본의 이 부분에 메모지가 붙어 있다. (알렉시스 드 토크빌, 임효선·박지동 역, 『미국의 민주주의』 1, 한길사, 1997, 316~319쪽; 알렉시스 드 토크빌, 이용재 역, 『아메리카의 민주주의』 1, 아카넷, 2018, 397~402쪽) 전자는 관습, 조상에 대한 존경

이기에 공公적이었고, 그 논리는 오로지 외국 오랑캐를 물리치겠다는 것 한 가지였기에 단일하였다.

공公적인 마음으로 단일한 논리를 외치면 기필코 기력이 강성해지지 않을 수 없다. 이것이 바로 양이론이 초기에 힘權을 얻었던 까닭이다. 세간의 사람들 또한 한때 여기에 농락당해 외국교제의 이로움을 보지 못하고 먼저 이를 미워하는 마음이 형성되어 천하의 악은 모조리 외국과의 교제 탓으로 돌려, 만약 국내에서 재난이 생기면 이것도 외국인의 소행이라고 말하고 저것도 외국인의 계략이라고 일컬어, 전국에 걸쳐 외국과의 교제를 달가워하는 자가 사라지게 되었다. 설사 개인적으로 이를 달가워하는 자가 있어도 세상의 일반적인 풍조에 뇌동하지 않을 수 없었다.

그런데 막부는 홀로 이 교제의 충격을 떠맡아 외국인과 접함에 어느 정도 조리條理에 바탕을 두지 않을 수 없었다. 막부의 관리有司라고 해서 반드시 외교外交를 반긴 건 아니었고 단지 외국인의 위력과 억지理屈에 답할 수가 없어서 도리道理를 주장한 자가 많았다고는 할 수 있지만, 양이파의 눈으로 볼 때 이 도리는 인순고식因循姑息[112]일 뿐. 막부는 마치 양이파와 외국인의 중간에 끼어 진퇴양난[113]의 상황에 빠진 듯했고, 끝내 그 평형을 회복하지 못

---

심, 과거에 대한 기억과 같은 애착심, 향토애에서 비롯되며 일종의 종교와 같다. 후자는 지성에서 우러나는 것으로 법제의 도움을 받아 발전하고 권리의 행사와 더불어 성장하며 궁극적으로는 개인의 이해관계와 결합하는 것이다. 전자를 왕정시대의 본능적인 애국심, 후자를 공화정시대의 성찰적인 애국심이라고도 말한다. 나아가 토크빌은 미국처럼 신생국가에서는 조국에 대한 본능이 없음에도 불구하고 미국사람들이 공적인 일을 자신의 일처럼 관심을 가지는 것은 사회의 운영에 적극적으로 참가하기 때문이라고 보았다. 이를 토크빌은 미국인의 공공정신이라고 말한다.

112 낡은 관습이나 폐단에서 벗어나지 못하고 당면한 사태만을 해결하고 지나치려는 것을 가리킨다.

113 원문에는 '진퇴유곡(進退幽谷)'으로 되어 있다. 두 가지 사이에 끼어서 꼼짝달싹할 수 없게 된 지경을 가리킨다. 이 말은 『시경』의 「대아」의 「상유」편에 나온다.

하고 점점 더 약한 모습을 보이고, 양이파는 점점 더 기세를 얻어 거리낌 없이 양이복고, 존왕토막討幕을 외치며, 오로지 막부를 쓰러뜨리고 외국 오랑캐를 쫓아내려는 일 하나에만 힘을 쏟았다. 그 즈음에는 사람을 암살하고 집을 불태우는 등 사군자가 달가워하지 않는 거동도 적지 않았지만, 결국 막부를 무너뜨린다는 목표 하나로 중론이 귀결되고 나라 전체의 지력이 모조리 다 이 목표로 향하게 되어서 게이오 말년에 이르러 마침내 혁명의 대업을 이룬 것이다. 이 진행과정成行에 따른다면 혁명과 복고 뒤에는 곧바로 양이 거사로 나아갔어야 할 터이지만 거꾸로 그런 일은 전혀 없었고, 또 원수로 여기던 막부를 무너뜨리면 바로 멈추어야 했음에도 불구하고 더불어 다이묘와 사족까지도 배척한 것은 무엇 때문이겠느냐.

생각건대 우연이 아니다. 양이론은 단지 혁명의 효시로서 말하자면 일의 근인近因일 따름. 지력 일반은 처음부터 가고자 하는 곳이 달랐는데, 그 목적은 복고도 아니고 양이도 아니었으며, 복고양이라는 주장을 선봉으로 이용하여 예로부터의 문벌전제를 정벌한 것이었다. 따라서 이 일을 벌인 것은 왕실이 아니며, 그것이 원수로 삼았던 것도 막부가 아니고, 지력智力과 전제의 전쟁[114]으로서, 이 전투를 꾀했던 원인은 국내의 일반적인 지력이었다. 이를 일의 원인遠因이라고 한다.

이 원인遠因이란 것이 개항 이후 서양문명의 학설說을 끌어들여 지원병으로 삼고 그 세력이 차츰 강성해졌지만 지전智戰[115]의 병단을 여는 데에는 선봉이 없으면 안 되었는데, 이 때문인지 근인과 합쳐서 그 전쟁터로 향했고,

---

114 후쿠자와 유키치는 이 책에서 메이지유신의 성격을 단순하게 정치권력의 교체가 아니라, 오랜 동안 일본사회를 지배해왔던 '문벌전제와 인민의 지력의 전쟁'이었다고 보고 있다. '문명'이라는 관점에서 일본 역사를 성찰하려는 그의 시각이 잘 나타나 있다.
115 '지력의 전쟁'을 가리킨다.

혁명의 일대 거사[116]를 다 마치고 개선한 것이었다. 선봉에 섰던 논리[117]도 한때는 용기를 발휘했지만 개선한 뒤에는 차츰 그 짜임새結構가 거칠어서 오랫동안 지속될 수 없음을 깨달아 차차 완력을 버리고 지력 편黨으로 들어감으로써 지금의 형세를 이루게 되었다. 앞으로 이 지력이 점점 힘을 얻어 저 보국심이 거친 자들을 치밀하게 만들고 미숙한 자들을 성숙하게 하며 이로써 우리 국체를 보호할 수 있다면 무량無量한 행복이라고 말할 수 있다. 따라서 말하노니, 왕정복고는 왕실의 위력에 의한 것이 아니며 왕실은 때맞춰 국내의 지력에 이름을 빌려준 자이다. 폐번치현은 집정執政의 영단이 아니며 집정은 때맞춰 국내의 지력으로부터 부림받아 때맞춰 그 작용働을 실제로 행한 자이다.

## │ 일의 성패는 사람 수가 아니라 지력의 양에 달려 있다

이처럼 나라 전체의 지력으로서 중론을 형성하여 그 중론의 결론에 따라 정부를 바꾸고 마침내 봉건 제도까지도 없앤 것이지만, 이 중론에 관여한 사람을 세어보면 그 수는 아주 적다. 일본의 전체 인구를 3천만 명으로 보면, 농공상인의 수는 2천 5백만 명보다 많으며 사족士族은 기껏해야 2백만 명이 안 된다. 그 밖에 유학자, 의사, 신관, 승려, 낭인浪人 부류까지 모아서 가령 이들을 사족이라고 간주한다면 대략 5백만 명을 화·사족당党[118]으로 정할

---

116 후쿠자와 유키치는 메이지유신을 가리키는 말로 혁명이라는 용어를 자주 사용하고 있다. 원문에는 '혁명의 일거(革命の一擧)'라고 되어 있다. 이처럼 메이지기 초반만 해도 '혁명'이라는 말이 많이 사용되었다.
117 '양이론'을 가리킨다.
118 일본에서 '당(党)'은 시대에 따라 다양한 형태를 가지고 있었다. '당'의 변천 과정을 간략히 살펴보면 다음과 같다. 처음에는 함께 어떤 일을 같이 하는 집단, 동료라는 의미로

수 있고 2천 5백만 명을 평민당党이라고 할 수 있는데, 옛날부터 평민은 나라 일에 관여하지 않는 풍조였으므로 이번 일에 관해서도 당연히 알지 못했고, 따라서 이 중론의 출처는 분명 사족당 5백만 명 안에 있다.

또 이 5백만 명 안에서도 개혁을 반긴 자는 아주 적었다. 가장 심하게 이를 반기지 않은 것은 화족이고, 다음은 대신과 가로家老이며, 그 다음으로는 봉록이 많은 사무라이였다. 이 무리들은 모두 개혁으로 인해 손해를 입는 자들이므로 이를 결코 반길 리가 없었다. 자신에게 재능과 덕이 없어도 집에 억만금의 재물을 쌓아 놓고 관직에 있으면서는 고위직을 차지하고 민간에 있으면서는 부자라는 명망을 누리던 인물이 나라를 위해 의義를 외치다가 재물을 잃고 자신身을 희생하는 경우는 예로부터 지극히 드물기에, 이번의 개혁에서도 이런 인물은 사족 안이든 평민 안이든 지극히 적었을 터이다.

이 개혁을 반긴 자는 단지 번중藩中에서 문벌이 없는 자이거나, 아니면 문벌이 있어도 평소 뜻을 이루지 못하여 불만을 품은 자이거나, 아니면 지위도 봉록도 없이 민간에서 잡거하던 가난한 서생들인데, 어느 쪽이든 모두 큰일

쓰였다. 예를 들어 9세기 말에 동국(東國)을 황폐화시킨 기마도적단을 '당'으로(馬之党, 슈바노당) 불렀다. 중세시대에는 무사 집단을 '당'이라고 불렀다. 헤이안 후기부터 가마쿠라시대에는 총령(惣領)을 중심으로 형성된 동족 무사단이 대표적이다. 무사시(武蔵)에 있던 무사시 7당을 비롯하여 시모쓰케의 키(紀)당, 세이(淸)당, 기이의 유아사(湯浅)당 수다(隅田)당, 히젠의 마쓰라(松浦)당을 들 수 있다. 1113년에 작성된 미나모토 모로토키(源師時)의 일기 『조슈키(長秋記)』에 처음 나온다고 한다. 당 중에 규모가 큰 당은 여러 군 내지 인근 구니에까지 연합세력을 형성하기도 했지만 대부분 힘이 약하여 통일행동을 이루지는 못했고 각 가문이 지역별로 나누어 행동하는 수준에 그쳤다. 이러한 형태의 '당'은 가마쿠라 후기에서 남북조시대에 걸쳐 연합체로서의 성격을 잃고, 혈연적 관계에서 차츰 지역적, 정치적 결합으로 변화해 간다. 규모도 작아지고 결합력도 약해진 '당'을 '슈(衆)'라고 불렀다. 전국시대의 유명한 '슈'로는 미노산진(美濃三人)슈, 야마가산보(山家三方)슈 등이 있었다.(小学館, 『日本大百科全書』; 平凡社 『世界大百科事典』(第2版). 이 두 백과사전은 주식회사 아사히 신문과 주식회사 voyage group에서 운영하는 온라인 백과 사전 사이트인 고토방크(https://kotobank.jp)에서 이용할 수 있다.

을 당하여 얻으면 얻지 잃을 거라고는 없는 신분의 사람들이었다.[119] 결론적으로 말해 개혁의 난(亂)을 반긴 자는 지력은 있어도 돈은 없는 사람들이었다. 고금의 역사를 보면 이를 알 수 있다.

그렇다면 이번의 개혁을 꾀했던 자는 사족당 5백만 명 안에서 기껏해야 십 분의 일도 되지 않으며, 부녀자와 아이들을 제외하면 그 사람 수는 얼마 되지도 않을 것이다. 어디에서부터 불거져 나왔는지도 모르게 문득 신기한 주장이 터져 나오더니 언제랄 것도 없이 세간에 유포되었는데, 그 주장에 응했던 사람들은 분명 지력이 왕성한 인물로서 주위 사람들은 이 때문에 설득되고 이 때문에 겁먹어 아무 생각 없이 뇌동하는 자도 있고 어쩔 수 없이 따르는 자도 있어서 차츰 사람 수가 늘었고, 마침내 이 주장이 받아들여져 나라의 중론이 되어 천하의 형세를 압도하고 귀신 같은 정부도 뒤집어엎은 것이다. 그 뒤 폐번치현 거사도 화·사족 전체에게는 매우 불리하여 이를 반기지 않는 자가 열에 일고여덟, 이를 주장하는 사람은 기껏해야 두셋밖에 되지 않았는데, 그 일고여덟 명은 이른바 고풍가로 이 부류 안에 분포된 지력이 아주 빈약하여 두세 사람의 개혁가 부류가 가지고 있는 지력의 분량에 한참 미치지 못했다. 고풍가와 개혁가의 사람 수를 비교해 보면 7이나 8 대 2나 3의 비율이지만, 지력의 양은 이 비율을 뒤집은 것과 같았다. 개혁가는 단지 이 지력의 양으로 사람 수의 부족을 메꾸어 7, 8할의 중인(衆人)이 그들이 원하는 것을 드러내지 못하도록 했을 따름.

---

119 이 문장은 마르크스가 『공산당 선언』(1848)의, "프롤레타리아가 잃은 것이라곤 쇠사슬 밖에 없다"는 선언과 비슷하다. 공산당 선언의 관련 구절은, "프롤레타리아가 잃은 것이라곤 쇠사슬뿐이며 얻을 것은 전 세계다. 전 세계의 프롤레타리아여, 단결하라!"고 되어 있다. 독일어 원문은 다음과 같다. "Die Proletarier haben nichts in ihr zu verlieren als ihre Ketten. Sie haben eine Welt zu gewinnen. Proletarier aller Länder, vereinigt euch!"

지금의 형국으로는 진짜 고풍가라고 일컬을 만한 자도 거의 없고 옛 사족 안에는 그들의 녹봉과 지위를 지킬 수 있는 논리를 내세우는 자도 없으며, 국학과 한학을 하는 고학자 부류도 반 이상은 이미 그들의 주장을 바꾸었고, 때로는 견강부회한 논리[120]을 지어내어 남몰래 자신의 본래 주장인 것처럼 포장하고 겉모습을 꾸미면서 개혁가당에 혼동을 일으키려고 시도하는 자도 있다. 비유하자면 이는 화목을 명분으로 삼아 항복을 꾀하는 것과 같다. 본래 그 명분이 화목이든 항복이든, 혼동이 오랫동안 지속되면 결국 실제 방향이 같아지면서 함께 문명의 길로 나아갈 수 있기 때문에 개혁가당은 차츰 늘어나겠지만, 그들이 애당초 일을 꾀하고 이를 이룬 것은 사람 수가 많았기 때문이 아니라 오직 지력으로서 중인衆人을 눌렀기 때문이다. 오늘이라도 고풍가당에 지력이 있는 인물이 나타나 차츰 당원黨與을 늘리며 왕성하게 고풍을 외친다면 필시 그 당의 세력이 커져 개혁가도 길을 비켜가는 경우가 생길 수 있겠지만, 다행히 고풍가에는 지력을 갖춘 사람이 적고, 어쩌다 가끔 인물이 생겨도 금세 그 당을 배반하여 자기 집단自家을 위해서는 쓰이지 못하게 된다.

---

120 마루야마 마사오는 『『문명론의 개략』을 읽는다』에서, 오쿠니 다카마사(大國隆正)의 『신진공법론(新眞公法論)』(1867)을 견강부회의 한 사례로 들고 있다. 다카마사는 막부 말기에 큰 영향력을 가졌던 히라타파 국학자 중 한 명이다. 히라타는 '일본은 만국의 어버이나라'라고 주장했던 인물이다. 위의 책에서 그는 양이론과 일본이 국제공법 사회로 편입되는 현실을 이론적으로 조화시키기 위해 기존의 양이를 '소(小)양'이, 국제법(만국공법)을 인정하는 것을 '대(大)양이'라고 정의하였다. 그러면서도 참된 만국공법은 일본의 옛 도, 즉 '고도(古道)'라고 주장하는 등, 히라타 국학의 극단적인 민족주의에서 벗어나지는 못했다.(성희엽, 앞의 책, 84~106쪽; 마루야마 마사오, 김석근 역, 앞의 책, 344~345쪽 참조) 참고로 오쿠니 다카마사의 『신진공법론』은 다음의 책에 소개되어 있다. 田原嗣郎・関晃・佐伯有清・芳賀昇, 『平田篤胤・伴信友・大国隆正』(日本思想大系 50), 岩波書店, 1973, 497~511쪽.

**| 어리석은 자의 비난과 칭찬을 일의 기준으로 삼아선 안 된다**

일의 성패는 사람 수가 아니라 지력의 양에 따른다고 함은 앞부분의 확증을 통해 분명히 알 수 있다. 따라서 인간교제의 사물事物은 모조리 다 이 지력을 목표로 삼아 대응處置하지 않을 수 없다. 어리석은 자 열 명의 뜻에 맞추려다가 지자智者 한 명의 비난을 부르면 안 되며, 어리석은 사람[121] 백 명의 칭찬을 사기 위해 지자 열 명이 불평을 품게 하면 안 된다. 어리석은 자의 비난은 부끄러운 일이 아니고 어리석은 자의 칭찬도 기뻐할 일이 아니니, 어리석은 자의 비난과 칭찬을 일을 처리하는 승묵繩墨(기준)[122]으로 삼아선 안 된다.

예를 들어 『주례周禮』에 적혀 있는 향음鄕飮[123]의 뜻에 따라 후세의 정부가 가끔 술과 안주를 인민에게 나눠주는 사례가 있는데, 그 인민이 기뻐하는 모습을 보고 지방地方의 인심人心을 점쳐서는 안 된다. 적어도 문명으로 향해 가는 인간세계에 살면서 남이 베풀어주는 음식을 먹고 마시면서 기뻐하는 자들은 굶주린 자이거나 아니면 우민愚民이다. 이런 우민이 기뻐하는 것을

---

121 '어리석은 사람'은 '우인(愚人)', '어리석은 자'는 '우자(愚者)'를 번역한 것이다. 한편 '우민(愚民)'은 '어리석은 백성'을 의미하지만 여기서는 그냥 '우민'으로 번역했다.

122 '대장(솜씨 좋은 목수, 목수 집단 안의 우두머리 목수)은 졸렬한 목수를 위해 먹줄과 먹통(繩墨, 기준 혹은 원칙)을 고치거나 폐기하지 않는다'는 의미이다. 『맹자』「진심」편 -상에 나온다. 원문은 다음과 같다 "大匠 不爲拙工 改廢繩墨".(성백효, 앞의 책, 573～574쪽)

123 『주례(周禮)』는 유교경전 중의 하나로 고대 중국의 주(周)나라시대의 관직 제도(官制)와 그에 따른 직무, 인원수, 각종 의례를 기록하고 있는 책이다. 주나라를 건설한 주공이 지은 책으로 모두 12권으로 구성되어 있다. 주나라의 관직을 크게 6개의 관(六官)으로 나누고, 그 아래에 360개의 관청을 두었다. 또한 그 관청의 인원과 관직에 따른 직무를 상세하게 기록하고 있다. 세계에서 가장 오래된 국가 조직에 관한 책이라고 말할 수 있다. 『의례(儀禮)』, 『예기(禮記)』와 함께 '삼례'라고 부른다. '향음'은 주나라의 관습으로 각 지방의 학생 중에 우수한 자를 뽑아 군주에게 추천할 때 각 지방의 장관인 향대부가 열어주던 송별회를 말한다. 다만 이 향음의 예는 『주례』에는 없으며, 『의례』, 『예기』에만 기록되어 있다.(박례경 역, 『의례(儀禮)역주』 2, 2013, 세창, 2013)

보고 덩달아 기뻐하는 자는 그 우민과 똑같이 어리석은 자일 따름.

또 옛날 역사책에 나라의 군주國君가 미행微行[124]하여 민간民間을 둘러보다가 동요를 듣고서 이에 감동했다[125]는 이야기가 있다. 그 얼마나 우원한 일이냐. 이는 아주 오랜 옛날 일로 증명하기는 쉽지 않지만, 오늘날에도 꼭 이와 비슷한 자가 있다. 그런 자들은 바로 독재정부에 고용되어 있는 간첩이다. 정부가 폭정을 행하면서 민간에 불복하는 자가 있을 것을 우려하여, 소인小人을 보내 세간의 사정을 염탐하게 하여 그 말을 듣고 정사를 처리하려고 하는 것이다. 이런 소인을 이름하여 간첩이라고 말한다. 도대체 이 간첩이란 자가 누구를 접촉하고 어떤 말을 들을 수 있겠느냐. 당당한 사군자는 남에게 감출 게 없다. 혹 숨어서 난亂을 꾀하는 자가 있다면 그 인물은 틀림없이 간첩보다 지력이 뛰어난 사람일 터인데, 누가 이 소인이 은밀한 일을 염탐하도록 허용하겠느냐. 따라서 간첩이라는 자는 그저 돈 때문에 부림을 받아 세간을 배회하며 우민을 접하여 우설愚說을 듣고 자신의 억단을 섞어 이를 주인에게 알릴 뿐. 실제로는 털끝만큼도 도움이 되는 게 없으며, 주인

---

124 여기서의 '미행'은 신분이 높은 사람이 변장을 하고 몰래 다니는 것을 가리킨다. '미복잠행(微服潛行)'의 줄임말이다. 일반적으로 '누구의 뒤를 쫓다'는 의미의 미행은 한자로 '미행(尾行)'으로 쓴다.

125 요임금이 자신이 천하를 다스린 지 50년이 되었는데 천하가 잘 다스려지고 있는지 백성들이 자신을 떠받들고 있는지 알 수 없어 평복으로 위장하여 다니다가, 아이들이 임금의 치세를 찬양하는 노래를 듣고 기뻐했다는 고사를 말한다. 그런데 이 고사의 핵심은 그 뒷부분에 있다. 요임금이 누가 이 노래를 가르쳐주었는지 아이들에게 물어보았더니, 어떤 대부를 알려 주길래, 다시 그를 찾아가 물어보았더니, 그건 "옛날부터 내려오는 시(『시경』)입니다"라고 대답했다. 이에 요임금은 궁궐로 돌아와 순을 부른 뒤 그에게 천자 자리를 물려주었다고 전한다. 이 고사의 제목은 '물러날 줄 아는 지혜'이다. 아이들이 부른 동요의 원문은 다음과 같다. "立我蒸民, 莫匪爾極, 不識不知, 順帝之則." 앞부분은 『시경』 「주송(周頌)」편의 「사문(思文)」에, 뒷부분은 「대아」편의 「황의(皇矣)」에 나오는 구절이다. 후쿠자와가 잘 쓰는 '부지불식간'이라는 구절도 이 동요에 있는 것이다. 요임금의 이 고사는 『열자(列子)』 「중니(仲尼)」편, 『십팔사략(史略)』 등에 나온다.(열어구, 정유선 역, 『열자(列子)』, 동아일보사, 2016, 160~161쪽)

이 돈을 들여 괜히 지자智者의 조롱이나 사게 하는 자라고 말할 수 있다.

프랑스의 나폴레옹 3세는 여러 해 동안 간첩을 부렸음[126]에도 프러시아와 전쟁을 치를 때에는 국민[127]의 실정을 파악도 못하지 않았느냐, 이 때문에 한 번 패한 끝에 생포되지 않았느냐. 이를 거울로 삼아 비춰보지 않으면 안 된다. 정부에서 만약 세간의 실정이 알고 싶다면 출판을 자유롭게 하여 지자의 의견을 듣는 것보다 나은 게 없다. 저서와 신문에 제한을 둬 지자의 언로를 막고 간첩을 부려 세정世情의 동정을 탐색함은 마치 생명체를 밀봉하여 공기의 흐름을 끊고는 옆에서 그 생사 여부를 들여다보는 것과 같다. 이 얼마나 비열한 짓이냐. 그것이 죽기를 바란다면 때려죽이든지, 불태워 죽이면 된다. 인민의 지력이 나라에 해가 된다면 천하에 독서를 금해도 되고, 천하의 서생을 동굴에 가두어도[128] 된다. 진시황의 선례를 본받을 수도 있다. 나폴레옹의

---

126 나폴레옹 3세는 특히 간첩을 많이 운용하였던 것으로 유명하다. 한편 보불전쟁에서 프랑스의 패배, 파리 시민들의 국민방위군 결성, 1871년 파리 시민의 코뮌 봉기 등 일련의 과정에 관한 상세한 분석으로는 칼 마르크스의 프랑스혁명사 3부작 중 엥겔스의 「초판 서문」과 마르크스의 「프랑스 내전」을 참고할 만하다. 이 책들은 한글로도 번역되어 있다.(칼 마르크스, 임지현 외역, 『프랑스혁명사 3부작』, 소나무, 2017)

127 여기서 후쿠자와는 '인민'이나 '백성' 대신 '국민'이라는 용어를 쓰고 있다. 단순히 하나의 국가적 공동체에 소속되어 있어 공동의 정치적 제도 아래에 놓여 있다는 객관적 사실만으로는 근대적 국가의 국민이라고 말할 수 없다. 또한 언어, 종교, 풍속, 습관 등 문화적인 전통을 공통적으로 가지고 있다는 것(문화국민)만으로도 근대국가의 국민이 되기에는 충분하지 않다. 국민이란 스스로 국민이 되고자 하는 의사를 가진 사람들의 집합체다. 즉 근대적 국민국가에는 반드시 스스로 국민이 되고자 하는 사람들의 정치적 국민국민의식이 필요하다. 이러한 국민의식을 배경으로 19세기 말 독일, 이태리 등은 국민통일과 국가독립을 이루었다. 본문에서 후쿠자와가 예로 들고 있는 프랑스는 이미 프랑스대혁명기에 국민국가를 수립했다. 프러시아는 그보다 뒤에 비스마르크의 주도로 통일을 이루었다. 따라서 근대국민국가의 구성원으로서 정치적 국민의식을 명백하게 가지고 있었던 프랑스, 독일과 봉건 신분사회에서 근대국가로의 이행기에 있던 메이지 초기의 일본은 서로 구별하지 않으면 안 된다.(마루야마 마사오, 김석근 역, 『일본정치사상사연구』, 1998, 465~468쪽; 에르네스트 르낭, 신행선 역, 『민족이란 무엇인가』, 책세상, 2002 참조)

128 중국 진나라의 분서갱유를 가리킨다. 진시황이 기원전 212년 함양에서 460여 명의 유생을

영명英明함도 이런 비열함에서 벗어나지 못하고, 정치가의 천한 술책心術을 감내했다.[129]


## | 사람이 모이면 의견도 바뀐다

둘째,[130] 사람의 의견은 모이면 그 취지가 바뀌는 경우가 있다. 겁이 많은 성격을 가진 자라도 서로 세 명만 모이면 칠흑 같은 밤에 산길을 다녀도 무섭지 않다. 생각건대 그 용기는 각각의 사람에게서 나오는 게 아니라 세 사람 사이에서 생기는 용기이다. 또 어떤 때는 10만 용사가 바람소리나 학의 울음소리를 듣고 도망가는 경우가 있다. 생각건대 그 겁은 각각의 사람에게서 나오는 게 아니라 10만 명 사이에서 생겨나는 겁이다. 사람의 지력에 관한 논의는 마치 화학 법칙을 따르는 물품物品과도 같다. 소다曹達[131]와 염산

---

동굴 속에 가둬 죽였다.

129  후쿠자와는 여기서 '주례의 향음', '군주의 미행', '독재정부의 간첩운용' 등 세 가지 사례를 들어, 어리석은 사람들의 뜻을 따르다가 지혜로운 사람의 비난을 초래하게 된 역사적인 사례를 설명하고 있다. 다른 한편으로 보면 이 부분은 당시 유신정부를 향한 비판일 수도 있다. 에도 막부가 정교한 스파이 시스템을 운용하면서 전국의 다이묘를 감시했던 것은 잘 알려진 사실이다. 유신혁명이 성공한 뒤에도 신정부는 전국적인 소요, 반란, 자유민권운동 등을 감시하기 위해 스파이를 많이 운용했다. 또한 이 책이 출판되기 직전인 1875년 6월 '신문지조목'을 '신문지조례'로 개정하면서 언론에 대한 처벌규정을 신설하였고, '참방률'을 제정하여 저작 등을 이용하여 다른 사람을 비난하는 자를 처벌할 수 있도록 하였다. 이 두 법령을 근거로 메이지정부는 반정부적인 언론과 언론인에 대하 규제와 탄압을 본격화했다.

130  존 스튜어트 밀의 『정치경제학원리』 4에는 문명인의 특별한 경향으로 힘동능력(the power of cocoperation)의 증진을 들고 있다. 이 책 제2장의 제목은 「사회의 진보가 자연의 힘에 대한 지배력의 증진, 안전의 증진, 그리고 협동역량의 증진으로 이어지는 경향」이다.(존 스튜어트 밀, 박동천 역, 『정치경제학 원리』 4 - 사회철학에 대한 응용을 포함하여, 나남출판, 2010) 이 책의 원제는 *Principles of Political Economy*로 1848년 출간되었다.

131  '소다'는 NaOH, 즉 '수산화나트륨'을 말한다. 소다와 염산과 합쳐지면 소금과 물이 생

은 각각 따로 떼 놓으면 둘 다 극렬한[132] 물질物로서 때로는 금속류도 용해하는 힘이 있지만, 이들을 합치면 보통의 식용 소금이 되어 주방의 일용품으로 쓰인다. 석탄과 염화암모늄(요사硇砂)은 둘 다 극렬한 물품劇烈品이 아니지만 이 둘이 결합[133]하여 암모니아액(요사정硇砂精)이 되면, 그 기운氣으로 사람을 졸도시킬 수도 있다.[134]

근래 우리 일본에 널리 퍼져 있는 여러 가지 회사라는 것을 보면, 회사가 커질수록 그 부실함 또한 점점 더 심해지는 듯하다. 백 사람의 회사가 열 사람의 회사보다 못하고, 열 사람의 회사는 세 사람의 조합보다 못하며, 세 사람의 조합보다 한 사람이 밑천元手을 대 혼자 사업을 하면 가장 많은 이익을 낼 수 있다. 요즘 들어 결사結社를 맺어 사업을 꾀하는 자는 대개 다 원래 세

---

성된다. 후쿠자와는 오가타 고안의 데키주쿠에서 화학 등 서양 과학과 의학을 배웠다. 후쿠자와의 자서전에는 후쿠자와가 그의 동료들과 함께 화학 실험을 하면서 겪었던 일화가 자세히 소개되어 있다.(후쿠자와 유키치, 허호 역, 『후쿠자와 유키치 자서전』, 이산, 2006, 107~108쪽)

132 화학적인 반응성이 매우 높은 상태를 가리키는 말이다.

133 염화암모늄을 얻는 방법은 고대부터 알려져 있었다. 하지만 암모니아는 8세기 무렵 중세 이슬람 연금술사들에 이르러서야 비로소 중요하게 다루어졌다. 암모니아에 대한 실험 기록을 처음으로 남긴 사람은 페르시아에서 태어나 이라크에서 활동한 화학자 아부 무사 자비르 이븐 하이얀(Abu Musa Jabir ibn Hayyan, 721~815)이다. 기체 상태의 암모니아는 1774년 신학자, 화학자, 정치가였던 영국의 조지프 프리스틀리(Joseph Priestley, 1733~1804)가 처음으로 분리했다. 그는 이것을 '알칼리성 공기'라고 불렀다. 프리스틀리는 산소 등 여러 기체의 발견자로 유명하다. 암모니아의 상업적인 생산은 1880년대부터 석탄 건류 과정의 부산물로 얻어낼 수 있게 됨에 따라 가능해졌다.

134 암모니아 기체는 몸 안에 흡수되어 신경독성을 일으키는 물질이다. 따라서 많은 양이 인체 안으로 흡입될 경우에는 매우 위험하다. 우리 몸에는 암모늄이 일반적으로 50μmol/L 이하로 존재하고 있는데, 만약 그 양이 늘어나 기준치 이상이 되면 암모니아 혈증이라고 부르는 증상이 나타난다. 혈액 중의 암모늄 농도가 100μmol/L 이상 되면 의식장애가 생기고, 200μmol/L 이상 되면 경련과 혼수상태에 빠지게 된다. 기준치 이상으로 암모늄이 늘어나면 몸 안에서 에너지를 만드는 공장 역할을 하는 미토콘드리아의 구연산회로(TCA cycle)의 반응에 영향을 미쳐 케토글루타르산(α-ketoglutarate)을 빼어버리는데 이로 인해 신경세포의 신호 전달에 중요한 역할을 하는 물질인 ATP를 생성할 수 없게 되기 때문이다.

간의 재주꾼才子으로서, 저 고풍스럽고 완고한 자頑物들이 조상대대로 전해

내려오는 법도遺法를 지키며 손톱에 불을 붙이는 것[135]에 견주어 보면 그 지

력의 차이는 애당초 함께 논할 게 아니다. 그런데도 이 재주꾼들이 서로 모

여서 일을 도모하다 보면 별안간 성품性이 바뀌어 배꼽을 잡는 실책을 저질

러 세간의 웃음거리가 될 뿐만 아니라, 그 회사 안의 재주꾼들도 스스로 그

까닭을 알지 못해 무색憮然[136]해지는 경우가 있다.

또 지금 정부의 관리는 모두 나라 안의 인물들로, 일본국 안의 지력은 대

부분 정부에 모여 있다고 말해도 된다. 그런데도 이 인물들이 정부에 모여서

일을 할 때에는 그 조치가 항상 지혜롭지는 않은데, 이는 흔한 말로 지혜로

운 자 다수衆智者가 변성결합[137]한 것으로서 앞에서 말했듯이 강력한 소다와

염산이 합쳐져 식용 소금으로 되는 이치와 다르지 않다. 대체로 말해 일본

사람은 나카마仲間[138]를 만들어 일을 하면 그 사람들 각자의 타고난 지력에

비해 어울리지 않는 졸작을 만든다.[139]

---

**135** 양초를 살 수 없을 정도로 가난해서 손톱에 불을 붙일 정도로 극도로 인색한 상태를 가
리킨다. 여기서는 회사와 같은 단체를 결성하여 장사를 하는 재주꾼과 근검절약을 중요
시하며 전통적인 방식으로 장사하는 고풍가를 비교, 설명하고 있다.

**136** '무연(憮然)'이란 예상치 못한 일로 낙심하여 멍한 상태를 가리키는 말이다. '무색', '아
연실색(啞然失色)'과 같은 말이다..

**137** '변성결합'이란 앞 단락에서 설명한 소다와 염산, 석탄과 염화암모늄의 결합과 같이 전
혀 성질이 다른 물질로 바뀌는 화학 결합을 가리킨다. 지혜로운 사람들이 모여 각자 가
지고 있던 지력에 비해 어울리지 않은 졸작을 만드는 경우를 변성결합에 비유하여 설명
하고 있다.

**138** 일반적으로는 취미가 같거나 같은 일을 하는 동료나 동료들의 모임, 조합 등을 가리킨
다. 하지만 역사적으로는 에도시대 상인, 수공업자가 자신들의 이익을 지키기 위해 결성
한 동업조합을 가리킨다. 그중 번이나 막부의 인가를 받은 것을 '가부시키 나카마(株仲
間)'라고 불렀다. '나카마'의 회원 수는 보통 한정되어 있었기 때문에 가입하기 위해서
는 '가부시키(株)'를 사야 했기 때문이다. 가부시키는 양도가 가능했으며, 나카마는 규
약, 임원을 정하여 회합을 하고, 막부에 금품을 상납하거나 인적인 봉사를 하는 대신 영
업의 보호나 독점적인 특권을 받았다. 공동으로 생산이나 가격 규제를 행하기도 했다.
오늘날의 동업자단체와 거의 같다. 이 책에서는 그냥 '나카마'로 번역했다.

서양 각국의 인민이 반드시 지자智者인 건 아니다. 그런데도 그들이 나카마를 맺어 일을 행하면서 세간에 드러내는 실제 흔적을 살펴보면 지자의 행동에는 닮은 점이 많다. 국내의 사무는 모조리 다 나카마의 합의申合에 의하지 않는 것이 없다. 정부에도 나카마의 합의로 결정하는 의사원議事院140이라는 것이 있다. 상업에도 나카마 조합으로 컴퍼니Company141라는 것이 있다. 학자에게도 나카마가 있고, 절寺에도 나카마가 있다. 벽지의 촌락까지도 백성小民이 각자 나카마를 만들어 공적·사적 업무를 서로 의논相談하는 분위기다. 그러다가 나카마가 나눠지면 그 나카마마다 각각 고유한 의견이 없을 수 없다. 예를 들어 몇 명의 친구끼리 또는 두세 집의 이웃끼리 나카마를 결성하면 곧바로 그 나카마에 고유한 주장이 생긴다. 합쳐져 한 마을村을 이루면 한 마을의 주장이 생기고, 한 주州가 되고 한 군郡이 되면 또 한 주, 한 군의 주장이 생긴다. 이런 주장, 저런 주장이 서로 합쳐져 취지가 조금 바뀌고,

---

139 보통 일본사람들은 개인의 힘은 약하지만 단결력이 뛰어나 여러 사람이 모여 일을 하게 되면 더 큰 힘을 발휘하게 된다고 알려져 있다. 하지만 후쿠자와 유키치의 이 문장을 보면 일본 사람의 본성이 원래 그렇다고는 말할 수 없음을 알 수 있다. 서양 사람들과 비교한 일본 사람의 특성을 비교하고 있는 후쿠자와의 이러한 비판을 토대로 생각해 보면, 국민 혹은 민족의 특성은 선천적으로 타고나는 것이 아니라 교육과 제도 등 그 나라의 역사와 문화 속에서 사회적으로 형성되는 것임을 알 수 있다.

140 정부기구 내 합의제 의결기구는 왕정복고 직후부터 있었다. 사카모토 료마 등 도사의 공의정체파는 유신 전부터 상원, 하원 같은 의회를 설치해야 한다고 주장했다. 신정부를 수립할 당시 설치했던 기구로는 '의사소(議事所)'가 있었다. 총재, 의정과 공경 출신 참여로 구성되는 '상(上) 의사소'와 번사 출신 참여와 조정 신하 중에 추천된 징사(徵士)와 각 번에서 추천한 공사(貢士)로 구성되는 '하(下) 의사소'로 구성되었다. '의사소'는 얼마 지나지 않아 1868년 윤6월 정체서 포고로 정부조직을 개편할 때 '의정관'으로 바뀌었다. 그 뒤 다시 '공의소', '집의원'으로의 개편이 있었고, 1871년에는 태정관 안에 '정원(正院)', '좌원(左院)', '우원(右院)'이 설치되었다. '정원', '좌원', '우원'은 1875년 원로원이 설립될 때 여기로 흡수되었다.

141 일본의 유명한 서점 체인 '마루젠(丸善)'을 가지고 있는 '마루젠 그룹'은 후쿠자와의 회사 이론을 실행에 옮겨 설립된 최초의 회사였다. 메이지 2년(1869) 창립되었다. 창립 당시의 상호는 '마루야(丸屋) 상사'였다.

또 합쳐지고 병합되어 마침내 한 나라의 중론衆論이 정해지는 것으로서 그 모습은 마치 약간의 병사가 모여 소대를 이루고 합쳐서 중대를 이루며 또 아울러 대대를 이루는 것과 같다. 대대의 힘은 적에 맞서 충분히 싸울 수 있지만 그 병사 한 명 한 명을 두고 보면 반드시 용사만 있는 건 아니다. 따라서 대대大隊의 힘은 병사 각자各個의 힘이 아니라 그 대隊를 결성함으로 인해 별도로 생긴 힘이라고 말할 수 있다.

지금 한 나라의 중론도 그것이 정해진 뒤 다시 보면 매우 고상하면서도 힘이 있는데 그것이 그런 까닭은 고상하면서도 힘이 있는 인물이 제창한 것 때문만으로 인해 그 의견이 강성해진 건 아니며, 이 의견에 뇌동雷同하는 나카마 조합의 적절한 역할 덕분에 나카마 전체에 자연스럽게 그 의견에 용기가 생기도록 해준 것이다. 개괄하여 말하자면, 서양 각국에서 행해지는 중론은 그 나라 사람 각자의 재능과 지혜才智보다도 훨씬 고상하며, 그 사람들은 그 인물됨에 어울리지 않는 주장을 외치고 어울리지 않는 일을 실행하는 자라고 말할 수 있다.


| 습관의 힘

이처럼 서양 사람은 지혜에 어울리지 않는 뛰어난 주장銘說142을 외치고 어울리시 않는 솜씨巧를 부리는 자다. 동양 사람143은 지혜에 어울리지 않는 어리석은 주장을 내뱉고 어울리지 않는 졸렬함을 만드는 자다. 지금 그들이

---

142 오늘날에는 한자로 '명(銘)'이 아니라, '명(名)'으로 쓴다. '명(銘)'은 '새기다', '명심하다'는 의미를 가지고 있다.
143 여기서 '일본사람'이 아니라 '동양사람'으로 지칭하고 있음에 주목할 필요가 있다.

그러한 까닭의 원인을 살펴보면 오직 습관이라는 두 글자에 달려 있을 따름.
습관이 오래되면 제2의 본성天然이 되어 부지불식간에 일을 만드는 것이다.
서양 각국의 중의衆議에 관한 법도 수십 수백 년 전 옛날부터 대대로 내려온
습관이 그런 습속俗을 이룬 것이기에 오늘날에 이르러서는 알지 못하는 사
이에 자연스럽게 체재를 갖춘 것이리라. 하지만 아시아 나라들에서는 말하
자면 그렇지 않으며, 인도의 카스트Caste[144]와 같이 사람의 격식을 정하고
편중의 형세를 이루어, 그 이해를 달리하고 그 득실을 따로 하여 서로에게
저절로 박정하게 되었을 뿐만 아니라, 포악한 정부 분위기여서 특히 도당徒
黨을 금하는 법[145]을 세워 집의集議[146]를 가로막고, 인민 또한 오로지 무사하

---

[144] 산스크리트어로 '바르나(Varna)'라고 하는데, 유형, 계급, 색깔 등의 의미를 가지고 있
다. 인도의 카스트 제도는 '브라만(사제)', '크샤트리아(군인, 경찰)', '바이샤(상인, 수
공업자)', '수드라(농민, 노동자)' 등 4등급으로 나뉘어져 있는데, 법적으로는 인도가
영국으로부터 독립한 해인 1947년 없어졌다. 네 종류의 신분 외에 별도로 '불가촉천민'
이라고 하는 신분이 있는데, '달리트(Dalit)'라고 부른다. '달리트'는 모든 카스트 아래
있는 최하층의 신분이지만, 2011년 인구조사에 따르면 인도 전체 인구의16.6%를 차지
할 만큼 많다. 이들은 다른 계층들로부터 말로 표현할 수 없는 경멸을 받고 격리된 생활
을 하고 있다. 보통 가죽을 가공하는 일이나, 시체를 처리하는 일, 그 밖에 오물 청소 등
더러운 일에 종사한다. 법적으로는 신분 차별 등이 금지되어 있지만 오늘날에도 인도 남
부 타밀나두주 같은 지역에서는 '달리트'에 대한 차별과 잔혹행위가 여전히 남아 있다.
1989년 '잔혹행위 금지법(Prevention of Atrocities Act)'이 제정되어 이들에 대한 테
러 강간 등 잔혹행위를 처벌하고 있지만, 아직도 끊이지 않고 있다. 오늘날에는 '달리트'
라는 말 대신 '지정 카스트(Scheduled Castes)', '지정 부족(Scheduled Tribes)'라
고 부른다. 독일의 사회학자 막스 베버가 사용한 '천민자본주의(Pariakapitalismus)'라
는 개념은 '달리트'라고 부르기 이전에 천민들을 일컫던 용어인 '파리아'에서 따온 것이
다.
[145] 도쿠가와 막부는 성립되자마자, 백성들이 도당(결사체)을 만드는 것을 일체 금지하였
다. 1770년에는 고찰(高札, 徒黨札)을 세워 이를 금지하였고 어길 시에는 엄하게 처벌
하였다. 이 같은 도당 금지 정책으로 인하여 메이지 초기 자유민권운동을 주도하던 인물
들은 이런 부정적인 이미지로부터 벗어나기 위해 '애국'과 '공당'이라는 이름을 붙여
'애국공당(愛國公黨)'을 만들기도 했다. 개인이나 특정 계층을 위한 것이 아니라 '나라
전체의 공적인 일을 추진'하는 결사체라임을 강조하기 위해서였다. 유신정부의 지도자
들은 이때뿐만 아니라 메이지헌법이 제정된 뒤에도 정당은 사적인 이익을 추구하는 집
단이라는 인식을 가지고 있었다. 이런 인식 때문에 이들은 정당 활동에 매우 소극적이었

기를 바라는 마음에 도당과 집의의 차이[147]를 변론할 기력도 없고, 오로지 정부를 믿으면서 국사에는 관여하지 않고, 백만 사람이 백만 개의 마음을 품은 채 저마다 자기 집 안에 틀어박혀 지내고, 문밖은 마치 외국과 같아서 마음 쓸 일은 전혀 없고 우물 청소에 관한 의논도 꺼내기 어려운데 하물며 도로 공사道普請에 관해서야. 길가에 죽어 있는 사람[148]을 보면 도망쳐 버리고, 개똥과 마주치면 피하여 지나가고, 속된 말로 이른바 말려드는 걸 피하기에 바쁜데 어떻게 중의衆議를 꾀할 겨를이 있으랴. 오랜 습관이 그런 풍속을 이루어 끝내 지금의 형국에 빠진 것이다.[149] 이를 비유하자면 세상에 은행이란 것이 없어서 모든 인민이 모두 자신의 여유 재산을 집 안에 쌓아두는 바람에 일반적인 유통이 멈추어 나라 안에서 큰 사업을 꾀할 수 없는 것과 마찬가지다. 나라 안의 집집마다 살펴보면 재원財本이 없는 게 아닌데 그냥 집집마다 정체되어 있는 바람에 나라 전체를 위한 용도에 쓰이지 못하고 있을 뿐.

인민의 의견 또한 이와 같다. 집집마다 물어보고 사람마다 들어보면 각자 소견이 없지 않지만, 그 소견은 천 갈래 만 갈래로 나뉘어 있고 이를 결합할

---

다. 대신 이들과의 권력투쟁에서 밀려나 정부를 떠난 사람들이 자유민권운동을 하거나 정당을 설립하여 유신정부에 반대하는 활동을 펼쳤다. 사쓰마, 조슈 출신으로서 정당을 처음 결성한 사람은 이토 히로부미이다. 1900년 입헌정우회를 결성하였다.

146 '집의'는 여론형성, 의견수렴 등의 의미이다.

147 후쿠자와는 유럽을 처음 방문했을 때, 자유당과 보수당이 격렬하게 논쟁하는 것을 보고 이해를 할 수 없었다. 이와 관련하여, 당시 자신도 정당과 도당을 구분하지 못하고 있었음을 『자서전』에서 토로하고 있다.

148 원문에는 '행폐(行斃)'라고 되어 있다.

149 공적인 사안에 관해 중의, 즉 퍼블릭 오피니언을 이끌어내는 문화가 미약했던 현실을 잘 설명해주고 있다. 하지만 근대 의회제 국가에서 중의의 형성은 매우 중요하다. 언론과 출판, 집회와 결사의 자유, 정당의 설립과 활동의 자유 등은 물론이고 지방자치제도, 양원제를 두고 있는 것도 모두 궁극적으로는 중의를 올바르게 형성하기 위한 제도이다. 후쿠자와는 세 차례의 서양경험과, 존 스튜어트 밀이나 토크빌 등의 책을 통해 중의, 중론 형성의 중요성을 누구보다 깊게 이해하고 있었다. 토크빌의 책은 미국에서 이러한 민주주의 제도가 어떻게 운영되고 있는지를 상세하게 설명하고 있다.

수단이 없어서 나라 전체를 위해 쓰이지 못하고 있는 것이다.

세상의 학자 중에는, 인민의 집의는 반길 만하지만 무지한 인민은 안타깝게도 전제정치 아래 두지 않을 수 없으므로 의회議事를 시작하기에는 아직 때를 더 기다려야 한다고 주장[150]하는 자가 있다. 생각건대 그때란 인민에게 지혜가 생기는 때이겠지만, 사람의 지혜가 한여름의 풀이나 나무처럼 하루밤 사이에 다 크는 것도 아니고 설령 또 크는 경우가 있다고 해도 습관에 의해 쓰이지 않으면 공功을 이루기 어렵다. 습관의 힘은 매우 강력強盛한 것으로서 잘 기르면 그 능력働에 한계가 있을 수 없다. 심지어는 사유재산을 지키겠다는 인심[151]도 충분히 제압할 수 있다.[152] 그에 관한 사례를 하나 들어보겠다.

지금 우리나라에서 정부 세입의 대략 5분의 1은 화족과 사족의 가록家祿에 쓰이며[153] 그 전곡錢穀의 출처로는 농업과 상업 외에는 없다.[154] 지금 이

---

150 메이로쿠샤(明六社)에서 활동하던 가토 히로유키(加藤弘之)가 『일신진사지(日新眞事誌)』에 민선의회의 조기 설립에 대해 비판적인 의견을 발표하였고, 니시 아마메(西周)도 『메이로쿠잡지』 제3, 4호에 이를 비판하는 글을 실었다. 이들은 일본 국민의 교육수준이나 준비에 필요한 기간 등을 고려할 때 민선의회의 설립은 아직 시기상조라고 주장했다.

151 원문에는 '사유보호(私有保護)의 인심(人心)'으로 되어 있다. '사유보호'는 '사유재산을 보호한다'는 의미이다. 후쿠자와는 『서양사정』에서 이미 개인의 사유재산 보호에 관해 이야기하고 있다.(福澤諭吉, Marion Saucier · 西川俊作 編, 『西洋事情』, 慶應義塾大學出版會, 2009, 216~222쪽)

152 후쿠자와는 여기서 사유재산이 인간다운 생활의 핵심적인 권리임에도 불구하고, 백성이든 사족이든 자신의 재산을 잃을 수 있는 상황이 와도, 적극적으로 대처하지 않고 태연하게 남의 일인 듯 방관하고 있는 태도의 문제점을 지적하고 있다. 즉 오랜 전제에 의해 형성된 이러한 습관을 바꾸지 않으면 개인의 영욕, 지방의 이해, 정부의 전제 나아가 외국의 교제에 이르기까지 무슨 일을 하든 무익하다고 보고 있다. 습관, 습속(mœurs)의 중요성에 대해서는 토크빌, 몽테스키외 등이 이전부터 주장했었다.

153 메이지 초기 화사족의 가록에 지출된 총액은 전체 재정지출의 3분의 1까지 차지했다. 이 때문에 정부 재정에 큰 부담이 되었다.(위의 책, 468쪽)

154 정부 세입의 대부분은 농민들의 공조, 즉 '연공미'였다. 메이지 중기 이후 산업화가 진행

록祿을 없애면 농민과 상인의 납부액所出은 5분의 1이 줄어 5효俵의 연공年貢
은 4효로 될 것이다. 소민小民이 어리석다고는 해도 4와 5를 구별할 지력이
없다고는 말할 수 없다. 농민百姓의 몸이 되어 한 편에서 생각해보면 복잡한
문제가 아니며, 단지 자신이 수확한 쌀을 나누어 아무 인연이 없는 사람을
부양하는 것이므로 주든지 말든지 두 가지 의견이 있을 뿐. 또 사족의 몸이
되어 보면, 가록은 선조 대대로 내려온 가산家産이고 선조의 공로가 있어서
받아온 것이므로 당연히 일용직 임금과는 다른데, 지금 우리들의 병역兵役이
없어졌다고 해서[155] 어찌 선조의 상전賞典[156]을 끊고 가산을 뺏는 이치가 있
단 말이냐, 사족士族이 필요 없어졌다고 해서 그 가家에 속한 록祿을 뺏을 것
이라면 부유한 상인과 호농 중에 무위도식하는 자의 가산도 뺏지 않으면 안
되는데 왜 유독 우리들의 재산만 잘라서 아무런 인연도 없는 농민과 상인을
살찌우려고 하느냐고 생각할 수도 있다.

　이런 주장을 펼친다면 또한 일리가 없지 않은데, 사족 안에서도 이런 논
의가 있다고는 듣지 못했다. 백성이나 사족이나 실제 자신의 사유재산私有을
얻거나 잃을 수 있는 경계界에 있으면서도 태연하게 다른 나라 이야기를 듣
는 듯하고 하늘天然의 화복을 기다리는 듯하며, 그저 묵좌하면서 사태의 추
이만 바라보고 있을 뿐. 참으로 괴이하지 않느냐. 만약 서양 나라들에서 이

---

　　되면서 비로소 정부 세원이 다양해졌다.(위의 책, 468~471쪽 참조)

155　1873년 1월 신분과 상관없이 국민개병 원칙에 따라 병역의무를 지는 징병제가 시행되
　　었다. 이로써 전투력유지와 전쟁에 동원되는 대가로 사무라이에게 가록을 지급하던 명
　　분이 사라져 버렸다.

156　'상전록'을 가리킨다. 전쟁과 같은 큰일이 일어났을 때 세운 공을 기리기 위해 포상으로
　　지급한 토지를 말한다. '상전록'은 상속되었다. '가록'은 신분의 지위 고하에 따라 지급
　　되던 토지나 기타 수익물로 역시 상속되었다. '상전록'과 '가록'을 합쳐 '질록'이라고 불
　　렀다.

와 비슷한 사건이 일어난다면 그 세론世論이 어떻겠느냐. 다중의 의견衆口이 들끓고 한꺼번에 설전이 벌어져 큰 소동이 일어날 것이다. 물론 내가 여기서 가록을 주거나 뺏는 것의 득실을 논하려는 건 아니지만, 다만 일본 사람이 논의를 하지 않는 습관에 억눌려 안주해서는 안 될 평온穩便함에 안주하고 떼야 할 입을 떼지 않으며 터트려야 할 논의를 터트리지 않음에 놀랄 따름. 이익利을 다툼은 옛사람의 금구禁句이지만, 이익利을 다툼은 곧 이치理를 다투는 것이다.[157] 지금 우리 일본은 외국인과 이익利을 다투고 이치理를 겨뤄야 할 때에 있다. 안에서 담박澹泊한 자는 바깥에 대해서도 똑같이 담박하지 않을 수 없고, 안에서 우둔한 자는 바깥에서 활발할 수 없다. 사민士民의 우둔, 담박함은 정부의 전제專制에는 편리하겠지만, 이 사민에게 외국 교제를 맡기기는 아주 불안하다.[158] 일국一國의 인민으로서 지방의 이해利害를 논하는 기상[159]이 없고 일인一人의 사람으로서 독일개獨一個[160]의 영욕을 무겁게

---

**157** 후쿠자와의 이 문장은 유학의 관점에서 매우 획기적인 내용이라고 말할 수 있다. 유학에서는 기본적으로 군자가 '이(利)'를 추구하는 행위를 부정적으로 본다. 『맹자』의 첫 번째 장구인 「양혜왕」편 첫머리에 이에 관한 일화가 소개되어 있다. 양혜왕이 맹자에게 내 나라를 이롭게 할 방책이 있느냐고 묻자, 맹자는 왕은 왜 하필 이(利)를 말하십니까? 오로지 인의(仁義)가 있을 뿐이라고 대답하였다. 양혜왕은 위(魏)의 제후였는데 대양(大梁)에 도읍을 정한 뒤 스스로를 혜왕이라고 참칭하였다. 『사기』 「위세가」편에 양혜왕이 맹자를 초빙한 내용이 기록되어 있다. 원문은 다음과 같다. "王曰 叟 不遠千里而來 亦將有以利吾國乎 孟子對曰 王 何必曰利 亦有仁義而已矣."(성백효, 앞의 책, 25~29쪽)

**158** 후쿠자와는 「정축공론(丁丑公論)」에서 서남전쟁을 일으켰던 사이고 다카모리를 변호하였는데, 이때 꺼낸 논리가, '일본국민의 저항 정신'이었다. 그는 일본국민에게 이러한 저항정신이 없으면 외국인이 와서 일본을 지배할 때에도 얌전하게 복종할 것이기 때문에, 무기력하고 저항정신이 없는 국민으로는 외국에 대항하여 일본의 독립을 보전할 수 없다고 주장했다. 또한 같은 맥락에서, 「아세가만의 설」에서는, 유신정부에 협력한 가쓰 가이슈를 맹비난하고, 막부의 군함을 탈취하여 홋카이도로 가 유신혁명군에 저항했던 에노모토 다케아키를 적극적으로 옹호하였다.(「丁丑公論, 瘠我慢の説」, 『福沢諭吉著作集』 9) 에노모토 다케아키에 관해서는 손일, 『에노모토 다케아키와 메이지유신』, 푸른길, 2017; 가쓰 가이슈에 관해서는 성희엽, 앞의 책, 382~387쪽 참조

**159** 이 문장을 제대로 이해하기 위해서는 토크빌을 참조해야 한다. 토크빌은 『미국의 민주주

받아들일 용기勇力가 없다면 무슨 일을 의논해도 무익할 따름. 생각건대 그러한 기상도 없고 또 용기도 없음은 타고난天然 결점[161]이 아니라 습관에 의해 잃어버린 것이므로, 이를 회복하는 방법 또한 습관에 의하지 않으면 이룰 수 없다.[162] 습관을 바꾸는 것, 아주 중요하다고 말할 수 있다.

---

의』제5장 「타운제도와 자치기구」에서, 미국의 민주주의를 받쳐주고 있는 건 미국 전역에 촘촘하게 뿌리 내려 있는 '타운(town)', '카운티(county)', '주(state)' 같은 자치기구들이며, 이 자치기구들은 '타운 정신'의 지지를 받아 생생하게 살아있다고 말한다. 그에 따르면, 뉴잉글랜드의 타운은 온 인류의 관심을 강력하게 끌 만한 두 가지의 장점, 즉 '자주성과 권위'를 무제한적으로 가지고 있는 강력한 공동체이다. 반면, 유럽의 지방에는 이러한 공공성이 없다. 또한 자신이 지방분권제도가 가장 완벽하게 수립된 두 나라(미국과 영국)를 방문하여 그 나라들에서 서로 다른 입장을 지닌 사람들을 은밀하게 만나 국가의 나쁜 점을 주장하는 상반된 의견 즉, 영국에서는 공공연하게 귀족제를 공격하고 미국에서는 합중국의 민주주의 제도를 파괴해야 한다는 말은 들었지만, 두 나라에서 지방의 자립을 좋지 않다고 말하는 사람은 만나지 못했다면서, '자유를 모르는 나라들만이 지방제도를 비방한다'고 말하고 있다. 후쿠자와가 이 단락에서, '지방의 이해를 논의하는 기상'과 '한 명의 사람으로서 개인의 영욕을 무겁게 받아들일 용기' 두 가지를 강조하는 것은 토크빌의 이러한 주장으로부터 많은 영향을 받은 것으로 보인다. 결론적으로 후쿠자와는 일본 사람이 이 두 가지를 새로운 습관으로 가져야 하며, 이를 위해서는 전국적으로 각 '지방'에서, 주체적인 근대적 '개인'을 육성해야 한다고 말하고 있는 것이다. 후쿠자와가 지방자치의 실현을 위해 직접 노력하면서, 지방자치에 기반을 둔 민선의원의 설립을 주장한 것도 이러한 문제의식과 일맥상통한다.(알렉시스 드 토크빌, 임효선·박지동 역, 『미국의 민주주의』 I, 한길사, 2016, 119~159쪽; 알렉시스 드 토크빌, 이용재 역, 앞의 책, 144~165쪽)

160 영어의 'individual'을 번역한 것이다. 근대적 주체의식을 가진 독립적이고 자유로운 개인을 말한다. 개성(individuality)은 밀의 『자유론』과 기조의 『유럽문명의 역사』 제2강의 핵심적인 주제 중 하나이다.

161 원문에는 '흠전(欠典)'으로 되어 있다.

162 존 스튜어트 밀의 『자유론』 제3장 「습관의 압제(the despotism of custom)」 참조.

# 제3권

제6장 지(智)와 덕(德)의 변별

제6장

# 지<sup>智</sup>와 덕<sup>德</sup>의 변별

## | 지와 덕의 분류

앞 장까지의 논의에서는 지와 덕 두 글자를 숙어<sup>熟語</sup>로 쓰면서 문명의 진

보가 세상 사람의 일반적인 지덕의 발생과 관련되어 있는 사정을 설명했는

데, 이 한 장에서는 이제 지와 덕을 구별하여 그 취지가 어떻게 다른 지를 보

여주겠다.

덕<sup>德</sup>이란 덕의<sup>德義</sup>라고 말하는 것으로서 서양 말로는 모럴moral[1]이라고

---

1  오늘날 윤리학에서는 '덕(virtue)'과 '도덕(moral, morality)'을 엄격히 구분하고 있다.
서양에서는 전통적으로는 '용기', '정의', '절제', '지혜' 등을, 동양에서는 유교의 영향
으로 '인(仁)', '의(義)', '예(禮)', '지(智)' 등을 주요 덕목으로 손꼽아 왔다. 이 책에서
후쿠자와는 'moral'을 '덕' 혹은 '도덕(덕의)'로 번역하고 있는데, 두 번역어의 실제 의
미를 보면 오늘날의 '도덕(moral)'이 아니라 '덕(virtue)'으로만 쓰고 있다. 이는 당시
일본에서는 아직 '덕'과 '도덕'에 관한 구분이 없었기 때문이다. 1881년 출간된 일본의
서양철학 용어사전인 『철학자휘』에 와서야 덕과 도덕이 겨우 구분되기 시작한다. 여기
에서 'vitrue'의 번역어로는 '덕(德)'이, 'morality'의 번역어로는 '도의(道義)'가 사용
되었다. 다만 이때 'virtue'의 번역어로서 사용된 '덕'도 그 당시에는 널리 통용되지 못
했다. 1886년 니시무라 시게키(西村茂樹, 1828~1902)가 도쿄제국대학에서 「일본도
덕론」이라는 제목의 연설을 한 뒤부터, 오히려 '국민도덕'이라는 말이 널리 통용되었다.
1887년 4월 같은 제목의 책이 간행되었다. 따라서 '도덕'이 번역어로서 언제 누구에 의
해 사용되었는지는 정확하지 않다. 다른 한편에서는 번역어인 '윤리'가 '도덕'과 같은
의미로 사용되었다. 1890년 '교육칙어'가 발표된 뒤에는 '덕' 대신 '덕행(德行)', '덕교
(德敎)', '덕육(德育)' 같은 합성어가 널리 사용되었다. 다만 이때 '덕육', '덕교'의 세부
항목으로 채택된 것은 서양의 덕목이 아니라 종래의 유학적 덕목이었다. 이를 종합하면
메이지 초기까지만 해도 일본에서는 'virtue'와 'moral' 혹은 'morality'의 번역어가 정

말한다. 모럴이란 마음의 행위규범行儀(행의)이라고 말하는 것이다. 한 사람의 마음속이 떳떳하여[2] 옥루屋漏에서도 부끄럽지 않은 상태[3]이다. 지智란 지혜라고 말하는 것으로서 서양 말로는 인텔렉트intellect라고 말한다. 사물을 생각하고 사물을 풀고 사물을 이해合點하는 활동㗢이다. 또한 이 덕의에도 지혜에도 각각 두 가지 형태의 구별이 있는데,[4] 첫째로 정실貞実,[5] 결백, 겸손,

---

확히 구분되지 않고 혼동된 채로 쓰였다. 메이지헌법, 교육칙어 등이 반포되는 메이지 후기가 되어 '도덕'이란 용어가 통용되었지만, 이는 국민국가 건설을 위한 실천적인 지침에 '도덕'이란 개념이 동원된 것에 불과했다. 따라서 'virtue'의 번역어로서의 '덕'은 이때에도 통용되지 않았다. 오히려 유학의 영향으로 오랜 동안 사용되어 온 유학의 덕목이 '덕'으로 널리 사용되었을 뿐이다. 이런 사정으로 인해 'virtue'의 번역어로서 '덕' 개념에 대한 관심은 현대에 들어와서야 일어났다. 이 책에서는 '덕', '덕의' 이외에도 '덕'과 관련하여 '덕행', '덕교', '덕육' 등의 단어가 나온다. 각각의 단어 뒤에 붙어 있는 한자의 의미를 살려두기 위해 그냥 그대로 두었다.(김경희·이혜경, 『덕의 귀환-동서양 덕의 역사』 동양편, 서울대 출판부, 2017, 37~45쪽) 이 책과 아래의 책은, 서양에서의 덕의 어원과 덕의 철학의 전개과정, 서양철학 개념의 일본으로의 번역 과정 등을 소개하고 있으며, 후쿠자와의 번역어에 관해서도 설명하고 있다.(박귀순·송유레, 『덕의 귀환-동서양 덕의 역사』 서양편, 서울대 출판부, 2017) 한편 'mental progress'를 '덕(moral)'과 '지(intellectual)'로 구분한 것은 토마스 버클의 영향 때문이다.

2   『대학』 「경(經)」 8조목에 관한 주자의 주석에 이 내용이 나온다. 원문은 다음과 같다. "心者身之所主也, 誠實也, 意煮心之所發也, 實其心之所發, 欲其必自慊而無自欺也." (성백효, 『대학·중용집주』, 전통문화연구회, 2007, 33~34쪽) 마음속이 떳떳하다는 표현은 도덕적 의식이 본능적인 감각처럼 완전하게 내발적으로 되어 있는 상태(松澤弘陽 譯, 『文明論之槪略』, 岩波文庫, 2001, 329쪽 주석 119-5 참고)를 말한다.

3   『시경』 「대아」편의 「억(抑)」이란 시에 나온다. '억'은 장엄함이라는 의미다. '옥루'는 북서쪽의 햇볕이 잘 들지 않는 구석진 방을 가리킨다. 따라서 '불괴옥루'란 아무도 모르는 구석진 방에 홀로 있어도 부끄러운 일을 하지 않고 도덕적으로 떳떳함을 가리킨다. 원문은 다음과 같다. "相在爾室 尙不愧于屋漏 無曰不顯 莫于云覯 神之格思 不可度思 矧可射思." 한글로 번역하면 다음과 같다. "방에 있는 그대 모습을 보니 / 구석방에 있더라도 부끄러운 일을 않네 / 어두운 곳이라서 날 보는 이 없다 말라 / 신께서 이르심은 예측할 수 없음이니 / 하물며 그것을 싫어할 수 있을 건가.(이기동, 『시경강설』, 성균관대 출판부, 2015, 638쪽) 이 구절은 또 『중용』 제33장에도 나온다. 원문은 다음과 같다. "詩云 相在爾室 尙不愧于屋漏 故君子 不動而敬 不言而信."(성백효, 앞의 책, 155쪽)

4   후쿠자와는 여기서 덕과 지혜를 각각 2개씩으로 세분하여 '사덕(私德)', '공덕(公德)', '사지(私智)', '공지(公智)' 등 네 가지로 구분한 뒤 논의를 전개하고 있다. 이러한 구분법은 후쿠자와만의 독특한 구분법으로, 일본뿐만 아니라 20세기 전후 근대 중국의 개혁가, 사상가들에게도 많은 영향을 미쳤다. 특히 량치차오(양계초)는 후쿠자와 유키치의

율의律儀[6] 등과 같이 사람 마음의 내면에 속하는 것을 사덕私德이라고 말하고, 둘째로 염치, 공평, 중도正中, 용맹勇强 등과 같이 외부세계外物와 접하여 인간의 교제상에서 나타나는 것을 공덕公德이라고 이름한다.[7] 또 셋째로 사물의 이치를 탐구하여 이에 부응하는 활동을 사지私智[8]라고 이름하며, 넷째로 인간사人事의 경중 대소를 분별하여 경과 소를 뒤로 하고 중과 대를 먼저 하며 그 시기時節와 장소를 살피는 활동을 공지公智라고 말한다. 따라서 사지는 다른 말로 공부工夫[9]의 소지小智라고 말할 수 있다. 공지는 다른 말로 총명의 대지大智라고 말할 수 있다.[10]

그리고 이 네 가지 중에서 가장 중요한 것은 네 번째 항목의 대지大智이다. 생각건대 총명·예지[11]의 활동이 없으면 사덕·사지를 널리 넓혀擴[12] 공

영향을 많이 받았다. 그의 대표적인 저서인『신민론』,『음빙실자유서』를 보면 후쿠자와와의 논의들을 많이 참조하고 있음을 알 수 있다.(량치차오, 이혜경 역,『신민론』, 서울대출판문화원, 2014, 85~106·499~504쪽, 제5절 공덕·제18절 사덕; 량치차오, 강중기·양일모 외역,『음빙실자유서』, 푸른역사, 2017, 37~39·43~45쪽, '근인과 원인에 관하여'·'문명과 야만의 세 등급' 등 참고)

5  '정실'이란 정조가 있고, 성실함을 말한다.
6  규칙을 잘 준수하고 원칙을 지키는 것을 가리킨다. 긍정적인 의미가 있는 반면 부정적인 의미로도 쓰인다.
7  밀도『자유론』제4장에서「개인적 덕목과 사회적 덕목」으로 구분하고 있다.(존 스튜어트 밀, 서병훈 역,『자유론』, 책세상, 2017, 145쪽)
8  오늘날에는 일반적으로 '지(智)'는 '지혜'를, '지(知)'는 '지식'을 의미하지만, 이 책에서 '지(智)'는 '지혜'와 '지식' 두 가지를 다 의미한다. 번역은 혼동을 피하기 위해 '지혜' 하나로 통일하였으며, 경우에 따라 '지'라고 번역한 곳도 있다.
9  이 장에서 '공부'는 오늘날 일반적으로 통용되듯, 학교 교과를 '학습하다'는 의미보다는 '사물의 이치를 연구하다'는 뜻으로 많이 쓰인다. 문맥에 따라 '연구' 혹은 '공부'로 번역하였다.
10  후쿠자와는 이 책 제1장에서 '논의의 본위를 정하기 위해서는 경중대소, 선악시비를 구분하는 것이 중요하다'고 말하고 있다. 이해득실은 주관적인 이해와 관련되어 있기에 판단하기 쉬운 반면 경중대소, 선악시비는 객관적인 판단이 필요하기 때문이다. 후쿠자와는 총명과 예지를 통해 이런 객관적인 판단을 할 수 있어야만 사덕, 사지를 확충하여 공덕, 공지를 이룰 수 있다고 본다.
11  성인의 자질을 나타내는 말로써『주역』「계사전」상,『중용』제31장,『대학장구』「서

덕·공지를 이룰 수 없다. 때로는 공公과 사私가 얽혀 서로 해치는 경우도 있을 수 있다. 옛날부터 이 4개 조목을 들어서 명확하게 논의한 것은 없지만, 학자들의 논의이든 속간俗間[13]의 상식적인 이야기이든 그 의미를 잘 음미해 보면 결국 이러한 구별이 있음을 알 수 있을 것이다.

『맹자』에, "측은, 수오, 사양, 시비는 사람 마음의 사단四端(네 가지 단서)[14]인데 이를 널리 넓히면擴[15] 불길이 비로소 타오르고 샘이 비로소 솟는 듯 하며, 이를 잘 채우면充 사해四海를 지킬 수 있고 이를 채우지 못하면 부모를 섬

---

(序)」 등에 나온다. '총'은 청각이, '명'은 시각이, '예'는 생각이, '지'는 지식이 탁월함을 의미한다.(성백효, 앞의 책, 15쪽·150쪽.

12 여기서 '확'은 『맹자』에 나오는 '확충(擴充)'의 '확'으로, 이 책에서 많이 쓰이고 있는 개념이다. 맹자는 사람 마음속에 있는 네 가지 단서, 즉 사단을 '확충(널리 넓히고 깊이 채움)해야' 인·의·예·지가 발현될 수 있다고 본다. 후쿠자와는 이러한 맹자의 '확충' 개념을 활용하여 사덕과 사지에서 공덕과 공지로 나아가는 이치를 설명하고 있다. 다만 후쿠자와는 여기서 '확충'이라고 하지 않고 '확(널리 넓히다)'과 '충(깊이 채우다)'을 구분하여 각각 한 자씩 따로 사용하고 있다. 오늘날 우리가 일반적으로 사용하고 있는 한자 단어는 이처럼 한 자 한 자 고유의 의미를 가지고 있기 때문에 각각을 잘 구분하여 이해할 필요가 있다. 한편 다산 정약용은 사단의 '확충'을 통한 사덕(四德, 인·의·예·지)의 실현을 '단시설(端始説)'로 설명한다. '단시'란 맹자가 말한 '사단'의 '단'을 선한 마음의 첫 출발점, 즉 '시작(始)'으로 풀이한다는 의미이다. 즉 다산은 맹자가 강조한 측은지심(惻隱之心)을 타인을 향해 드러나는 처음 상태의 마음으로 간주하였고, 이 측은지심의 마음을 외면으로 확충할 수 있을 때 비로소 타인을 온전히 사랑하는 인(仁)의 덕목을 실현할 수 있다고 보았다. 즉 측은지심이라는 '사단'은 시작이요, 인이라는 '사덕'은 가장 마지막이라는 뜻이다. 측은지심, 수오지심(羞惡之心), 사양지심(辭讓之心), 시비지심(是非之心) 등을 원인이라고 본다면 인·의·예·지 등은 결국 결과가 된다고 이해한 것이다. 이러한 해석은 주자학이 세상 만물에는 '본연의 성'과 '기질의 성'이 갖춰져 있다고 보는 것과는 근본적으로 다르다.(「공손추」 상, 성균관대 동아시아 학술원 존경각, 2006; 한국경학자료시스템(http://koco.skku.edu/content/bunmain.jsp/Home)

13 '속간'은 '세간'이라는 용어와 구별할 필요가 있다. '속간'은 지혜가 있는 학자의 세계와 대비되는 개념으로, 지혜가 없는 사람들의 세상을 의미한다. 반면, '세간'은 그 내부 구성원 사이에 구별이 없는 상태를 가리킨다.

14 『맹자』「공손추(公孫丑)」 -상에 나온다. '측은지심', '수오지심', '사양지심', '시비지심'을 사단이라고 부르며, 각각 인·의·예·지의 단서를 이룬다.(성백효, 『맹자집주』, 전통문화연구회, 2006, 151쪽)

15 『맹자』 원문에는 '확하고 충하면(擴而充)'으로 되어 있다.

기기에도 부족할 것"[16]이라는 말이 있다. 생각건대 사덕私德을 널리 넓혀擴 공덕公德에 이른다는 뜻이리라. 또 "지혜가 있다고 해도 형세勢에 올라탐만 못하고, 곡괭이가 있다고 해도 때를 기다림만 못하다"[17]는 말도 있다. 생각 건대 시세의 완급을 살피고 사지私智를 널리 넓혀 공지公智를 이룬다는 의미 이리라.

또 속간의 이야기에 아무개는 세간에 내놓아도 나무랄 데가 없는 인물이 고 공적公的인 면에서는 최고이지만, 자신의 행실行狀에서는 언어도단[18]이라 고 말하는 경우도 있다. 프랑스의 재상 리셸리에Richelieu[19] 같은 경우가 이 렇다. 생각건대 공지·공덕에는 결점이 없지만 사덕이 모자라는 경우를 말 한다. 또 아무개는 바둑, 장기, 주판은 물론 무슨 일에서든 공부는 잘하는데,

---

16 『맹자』 원문에 이어서 나오는 내용이다. 원문은 다음과 같다. "凡有四端於我者, 知皆擴 而充之矣, 若火之始然, 泉之始達. 苟能充之, 足以保四海, 苟不充之, 不足以事父母."(위 의 책, 153쪽)

17 『맹자』 「공손추」 – 상에 나온다. 원문은 다음과 같다. "齊人有言曰, 雖有智慧 不如乘勢, 雖有鎡基, 不如待時, 今時則易然也." "夏后殷周之盛, 地末有過千里者也. 而齊有其地 矣. 雞鳴狗吠相聞, 而達乎四境. 而齊有其民矣. 地不改辟矣, 民不改聚矣, 行仁政而王, 莫之能禦也!" '비록 지혜가 있어도 형세를 타는 것만 못하며, 비록 호미가 있어도 때를 기다림만 못하다'는 내용이다. '자기(鎡基)'는 호미를 가리킨다.(위의 책, 117쪽)

18 원문에는 '언어동단(言語同斷)'으로 되어 있다. '언어도단(言語道斷)'과 같은 말이다. 말문이 끊어졌다는 의미로 어이가 없어서 말하려고 해도 말이 나오지 않음을 이른다.

19 리셸리에(1595~1642). 본명은 아르망 장 뒤 플레시(Armand Jean du Plessis)이며 추기경 겸 리셸리에 공작이다. 1624년부터 루이 13세의 재상을 역임했다. 중앙집권체 제의 확립과 왕권강화를 위해 노력하였으며, 행정조직을 정비하고 삼부회를 정지시켜 다음 왕인 루이 14세가 절대왕성을 펼칠 수 있는 기반을 닦았다. 종교적인 측면에서는 왕권에 반대하는 프로테스탄트 세력을 탄압해 이들의 중요 거점이었던 라 로셸을 공격 하였지만, 대외적으로는 세력균형을 유지하기 위해 30년 전쟁에서 가톨릭 세력인 오스 트리아 합스부르크가, 스페인 합스부르크 가에 대항하여 프로테스탄트 편에 참전하였 다. 또 문화정책에도 힘을 기울여 1635년 아카데미 프랑세즈를 창립하였다. 후쿠자와 는 『서양사정』 제2편 3장 「프랑스 역사」에서 리셸리에에 관해, 개인적인 측면에서는 오 만무례하며 잔인하고 권모술수를 많이 부려 볼 만한 것이 없지만 국가적인 측면에서는 큰 공을 세웠다고 평가한다.

이른바 바둑의 수 계산이나 산술에서는 어찌됐건 분별력이 없는 인물이라고 말하는 경우도 있다. 생각건대 사지는 있어도 공지가 없음을 평하는 것이다. 위와 같이 지덕을 네 가지 형태로 구별하는 것은, 학자도 속간도 함께 인정하는 것이기에 이를 일반적인普通 구별이라고 말하지 않을 수 없다. 먼저 이렇게 구별한 뒤 이어서 그 활동을 논하면 다음과 같다.

## ▎총명과 예지가 지덕을 지배한다

앞에서 말했듯이 총명과 예지의 활동이 없으면 사지를 널리 넓혀 공지를 이룰 수 없다. 예를 들어 바둑, 가루타carta,[20] 시나다마[21] 등과 같은 기예도 사람의 공부이고, 궁리와 기계窮理器械의 기술 또한 사람의 공부로서, 똑같이 정신이 수고하는 일이지만, 그 사항의 경중대소를 살펴 무겁고 큰 쪽에 종사함으로써 세간을 이롭게 한다면 그 지혜의 활동 범위가 약간 더 넓다고 말할 수 있다. 아니면 또 스스로 그 일에 손을 대지는 않아도 사물의 이해득실을 고찰하는 것은 아담 스미스가 경제의 법칙을 논한 것처럼 자연스럽게 천하의 인심을 도출하여 부富有의 일반적인 원천을 깊게 이해하도록 해주는 것이라면 지혜의 활동이 최고에 이른 경우라고 말할 수 있다. 어느 것이든 소지小智에서 나아가 대지大智에 이르기 위해서는 총명과 예지의 개입見이 없으면 안 된다. 또 사군자가 즐겨 쓰는 말 가운데 "천하를 쇄소灑掃[22]한다고 해도,

---

20 포르투칼어로 서양의 카드놀이다. 화투는 이 가루타의 변형 형태 '하나(花) 가루타'가 우리나라에 전해진 것이다.
21 구슬을 공중에 던져서 받는 곡예를 말한다.
22 '쇄소'는 물을 뿌려 깨끗이 쓸어냄을 가리킨다. '쇄소'의 '쇄'는 물을 뿌린다는 뜻이고, '소'는 비로 쓴다는 뜻이다.(범엽, 이미영 역, 『후한서』, 팩컴북스, 2013)

앞뜰을 둘러볼 여유는 없다"[23] 같은 말처럼, 치국평천하治國平天下[24]의 술책術을 추구하여 큰 소득所得을 얻었어도 자기 집안은 다스릴 수 없는[25] 자도 있다. 거꾸로 일심일향一心一向으로 율의律儀를 지키지만 집밖의 일은 모르고, 심지어는 몸을 바쳐도 세상에 이로움이 없는 자도 있다.[26] 모두 다 총명의 활동이 부족하여 사물의 관계를 그르치고 대소경중을 분별할 수 없어서 수덕修德의 조화를 잃어버린 경우이다.

이를 토대로 생각해보면 총명과 예지의 활동은 마치 지와 덕을 지배하는 것과 같기 때문에 덕의에 관해 논할 때에는 이를 대덕大德이라고 말해도 되겠지만, 여기서는 천하의 일반적인 인심에 따라 써온 자의字義의 용래에 바탕하여 이를 덕이라고 이름할 수 없는 까닭이 있다. 생각건대 예로부터 우리나라의 인심에서는 덕의德義라고 일컫는 문자를 오로지 일인一人[27]의 사덕에만 이름하였는데, 그러한 생각考의 뿌리를 살펴보면, 옛 책에 온양공겸溫良

---

23 『후한서(後漢書)』「진번열전(陳番列傳)」에 있는 진번의 말이다. 세상을 깨끗하게 청소하고 악을 제거하는 것과 같은 큰일을 앞두고는, 자기 집 정원 청소처럼 자기 주변을 둘러싸고 있는 사소한 일에는 아무런 가치를 두지 않는다는 말이다. 후쿠자와는 『학문의 권장』 제9편에서도 이 고사를 인용하고 있다.

24 '치국평천하'는 『대학』의 핵심 주제이다.(성백효, 『대학·중용집주』, 앞의 책, 52~69쪽 참조)

25 '치국평천하'는 이루었어도 '수신제가'가 안 되는 사람을 가리킨다.

26 이 문장은 후쿠자와가 『학문의 권장』 제7편에서 구스노키 마사시게를 야유했다가 유학자, 국학자들로부터 격렬한 비판을 받았던 '남공권조론(楠公權助論)'과 관련이 있다. 후쿠자와는 이 글에서 충신의사가 만 명의 적을 토벌하고 전사한 것이나, 곤스케가 주인의 돈을 잃고 목숨을 끊은 것이나 '문명의 대의'라는 관점에서 보면 아무런 상관이 없는 죽음이기 때문에, 그들의 죽음을 순교라고 말할 수는 없으며 그들은 죽음은 세상에 아무런 도움이 되지 못했다고 적었다.여기서 '남공'은 구스노키를 '권조'는 곤스케라는 이름의 하인을 가리킨다.(『著作集』 3, 178~182쪽; 이충호, 「福澤諭吉の「楠公權助論」をめぐる論爭―帝國日本における文明開化論者と尊王論者の對立」, 『일본연구』 19, 고려대 일본연구센터, 2013)

27 '개인'을 가리키지만, 이 당시에는 아직 '개인'이라는 단어가 쓰이지 않았기 때문에 여기서는 그냥 '일인'으로 번역했다.

恭謙讓[28]이라고 이르고, 무위無爲로서 다스린다[29]고 이르고, 성인은 꿈을 꾸지 않는다[30]고 이르고, 군자와 성덕을 갖춘 선비는 어리석어 보인다[31]고 이르고, 인자仁者는 산과 같다[32]고 이르는 등 모두 이러한 취지를 본뜻으로 삼아 결국 겉으로 드러난 활동보다도 내면에 있는 것을 덕의라고 이름할 뿐으로서 서양 말로 말하자면 패시브Passive(수동적, 소극적)라고 하는데, 나에게서 나와 활동하는 것이 아니라 사물物에 대하여 수동적受身인 자세가 되어 그저 사심을 버린다放解는 한 가지만을 요령으로 삼는 것과 같다.[33]

---

**28** '온양공겸양'은 '온순', '어짐', '공손', '검소', '겸양'을 가리킨다. 『논어』의 「학이(學而)」편에서 공자가 사람을 만날 때 갖추고 있었던 5가지의 덕을 말한다. 여기서 '겸(謙)'은 '검(儉)'을 잘못 쓴 것이다. '겸'은 겸손하다는 뜻이고 '검'은 검소하다는 뜻이다.(성백효, 『논어집주』, 전통문화연구회, 2007, 42쪽)

**29** 『논어』의 「위령공」편에 있는 말이다. 순임금의 덕이 커서 백성들이 저절로 교화되었음을 강조하는 말이다. 순임금은 단지 몸을 공손히 하고 바르게 남면(南面)하였을 뿐이라고 되어 있다. '남면한다'는 말은 황제가 정사를 볼 때 항상 남쪽을 향해 앉아 있었던 것에서 유래한다. 원문은 다음과 같다. "子曰 無爲而治者 其舜也與 夫何爲哉 恭己正南面而已矣."(위의 책, 437쪽)

**30** 『장자』「대종사(大宗師)」편에 있는 구절이다. '성인(장자에서는 '진인(眞人)'이라고 부른다)'은 마음속에 의혹이 없고, 잡념으로 인해 번민하지 않기 때문에 꿈 같은 것을 꾸지 않는다는 의미이다. 원문은 다음과 같다. "古之眞人 其寢不夢 其覺無憂 其食不甘 其息深深 眞人之息 以踵 衆人之息 以喉." 『회남자』「숙진훈(俶眞訓)」에도 '성인'을 설명하는 부분에 같은 내용이 나온다.

**31** 『사기』의 「노자한비열전(老子韓非列傳)」의 「노자」편에 있는 구절이다. 덕이 높은 군자는 그것을 겉으로 드러내지 않기 때문에, 얼핏 보면 어리석은 것처럼 보인다는 의미이다. 공자가 노자를 찾아가 예(禮)에 관해 물었을 때 노자가 한 대답 중에 나오는 구절이다. 이 구절 뒤에 노자는 공자에게, 교만과 탐욕, 위선적인 표정과 과도한 야심을 버리라고 권한다. 이를 문례(問禮)설화라고 하는데, 『공자세가』, 『예기』, 『여씨춘추』 등에도 기록되어 있다. 다만 후대의 성리학자들은 이 설화를 허구로 보았다. 주희는 『주자어류』에서 노자는 양주의 무리라고 비판했다. 즉 노자가 양주에게 도가사상을 전했고 양주가 다시 장자와 열자에게 이를 전한 것으로 단정한 것이다.(사마천, 신동준 역, 『사기열전』1, 위즈덤하우스, 2015, 43~47쪽 참조)

**32** 『논어』「옹야(擁也)」편에 있는 구절이다. 원문은 다음과 같다. "子曰 知者樂水 仁者樂山 知者動 仁者靜 知者樂 仁者壽." '지자(智者)는 물을 좋아하고 인자는 산을 좋아하니, 지자는 동적이고 인자는 정적이며, 지자는 즐기고 인자는 수를 누린다'는 뜻이다.

**33** 존 스튜어트 밀의 『대의정부론』 제3장 「대의정부가 가장 이상적인 정부형태이다」에 비슷한 내용이 나온다. 밀은 여기에서, 사람들이 오랜 세월 선한 독재자가 존재할 수만 있

경전을 조사해보면 그 주장이 모조리 다 수동적인 덕[34]만 논하지는 않고, 때로는 활발발지活鱍鱍地[35]의 묘처妙處도 있는 듯해 보이지만, 어찌됐건 책의 전체적인 기풍에 관해 인심이 느끼는 것을 보면 그저 비굴함의 감내를 권하는 내용에 지나지 않는다. 그 밖에 신도와 불교의 가르침에서도 덕을 수양하는 측면에서는 대동소이할 뿐. 이 가르침에 길들여진 우리나라의 인민이기에 일반적인 인심에 따를 경우에는 덕이라는 글자의 의미가 매우 협소하여, 이른바 총명, 예지 등의 활동은 이 자의字義 안에 포함되어 있지 않은 것이다.

무릇 문자의 취의趣意를 풀 때에는 학자가 정한 자의에 얽매이지 말고 천하 중인衆人의 마음을 살펴 그 중인이 마음속으로 생각하는 의미를 잡는 것이 가장 확실하다고 한다.[36] 예컨대 뱃놀이船遊山[37]라는 문자와 같다. 글자의

---

다면 전제군주정이 최선의 정부형태라고 이야기 해 왔지만, 그럴 경우 선한 독재자를 제외한 대부분의 사람은 수동적으로 될 수밖에 없어 정체가 계속되고, 결국은 더 강력한 독재자나 주변의 야만족에 의해 침략과 정복을 당하다 끝내 노예 신세로 전락하는 경우가 더 많을 것이라고 비판한다. 이러한 논의는 『자유론』에도 나온다. 『자유론』 제2장에서 밀은, 기독교의 도덕에 관해, '적극적이기보다는 소극적이며', '반동적이고', '긍정적이기보다는 부정적이며', '어떤 일을 하라는 것보다는 어떤 것을 해서는 안 된다는 말이 압도적으로 많으며', '선을 활기차게 추구하기보다는 악을 억제하는데 초점을 맞추고 있으며', 한 마디로 '수동적인 복종의 교리'라고 비판한다.(존 스튜어트 밀, 서병훈 역, 『대의정부론』, 아카넷, 2012, 52~56쪽; 존 스튜어트 밀, 서병훈 역, 『자유론』, 앞의 책, 95~98쪽) 이런 측면에서 기독교 윤리를 가장 근본적으로 비판한 철학자는 프리드리히 니체이다.

34 영어의 'passive virtue'를 번역한 것이다.

35 '활발발지'는 물고기가 뛰어오르는 것처럼 활동적이고 생동감이 넘치는 상태를 표현하는 말이다. 수동적이지 않고 적극적이고 능동적인 상태를 가리킨다. 『중용』 제12장에서 주희가 정자(程子, 성명도)의 설명을 인용한 문장에 나온다. 여기서는 수동적인 덕이 아니라 적극적인 덕을 묘사하는 용어로 사용되고 있다.(성백효, 『대학·중용집주』, 앞의 책, 98쪽)

36 기조의 『유럽문명의 역사』 제1강에 같은 내용이 나온다. 기조는 구체적인 사실로서 문명의 의미를 고찰하고 거기에 포함된 모든 사유를 고찰하는 데에는, '학문적 정의'보다는 '인간의 상식'이 더 유용하다고 본다.(프랑수아 기조, 임승휘 역, 『유럽문명의 역사― 로마제국의 몰락부터 프랑스혁명까지』, 아카넷, 2014, 35~36쪽)

37 뱃놀이의 일본어 한자는 '주유산(舟遊山)'이다. '유산주(遊山舟)'라고도 한다. 그런데

뜻을 한 자 한 자 따져보면 아주 이상한데, 세간에서 일반적으로 생각하는 의미에는 이 문자 안에 있는 산에서 논다라는 뜻을 포함하고 있지 않다. 덕이라는 글자도 또한 마찬가지다. 학자 부류들에 따라 뜻을 따져보면 그 의미가 아주 넓다고 할 수 있지만 세상 사람들<sup>世人</sup>이 풀이하는 뜻은 그렇지 않은데, 속세에서 욕심 없는<sup>無欲</sup> 산사의 노승을 뵈면 덕이 높은 상인<sup>上人</sup><sup>38</sup>이라고 존경하지만, 물리<sup>窮理</sup>, 경제, 철학<sup>理論</sup> 등의 학문에 뛰어난 인물이 있어도 이 사람을 덕행<sup>德行</sup>의 군자라고는 말하지 않고 재자<sup>才子</sup> 아니면 지자<sup>智者</sup>라고 일컬을 게 틀림없다. 간혹 또 고금의 인물 중에 큰 업적을 이룬 자가 있으면 이 사람을 영웅호걸로 칭송하지만 그 사람의 덕의에 관해 일컫는 내용은 단지 사덕 한 가지에 달려 있을 뿐으로서, 공덕이라는 훨씬 더 귀하게 여겨야 할 것은 오히려 덕의의 항목에 넣지 않고 때때로 잊어버리는 것과 같다. 세상 사람들이 풀이하는 덕이라는 글자의 의미가 매우 좁음은 이로써 알 수 있다.

생각건대 그들 스스로 마음에 네 가지 형태의 지덕의 구별이 있음을 모르지는 않겠지만 때에 따라서는 이를 아는 듯하고 또 때에 따라서는 모르는 듯한 것처럼, 결국은 천하의 일반적인 기풍에 제어받아 그것이 중하게 여기는 사덕 한 쪽으로 치우치게 된 것이리라. 따라서 우리도 이러한 천하의 일반적인 인심에 따라 자의를 정하면, 총명과 예지의 활동은 지혜의 항목 안에 올리고, 저 덕의라고 일컫는 것은 그 자의의 영역을 좁혀서 단지 수동적인 사덕에 한정하지 않을 수 없는 것이다. 제6, 7장에서 적고 있는 덕이라는 글자

---

이 단어 세 번째 음절에 '산'이 있기 때문에 자칫 잘못하면 산에서 노는 것으로 오해할 수도 있지만 상식적으로 누구나 뱃놀이란 바다나 강에서 배를 타고 노는 것이라고 알고 있다. 이 때문에 후쿠자와는 문자의 의미를 파악할 때에는 한 글자 한 글자의 의미를 따로 따져서는 안 되면 세간의 일반적인 관념에 비추어 이해해야 한다고 강조하고 있다.
**38** 상인(上人)의 의미에 관해서는 제9장 각주 70 참고.

는 모두 다 이러한 취지에 따라 쓰고 있으므로, 그것을 논의할 즈음에 지혜와 덕의를 비교하면 지<sup>智</sup>의 활동은 무거우면서도 넓고 덕의 활동은 가벼우면서도 좁아 어쩌면 편향偏執되어 있는 듯하지만, 학자들이 만약 여기에 적은 내용의 취지를 충분히 이해한다면 미혹될 일은 없을 것이다.

## | 세상이 나아지면 사덕 하나로는 부족하다

원래 미개한 상황에서 사덕의 가르침을 주장하고 인민 또한 그 바람에 따라 나부낌<sup>39</sup>은 비단 우리나라뿐만이 아니라 어느 나라든지 모두 다 그렇다. 생각건대 국민의 정신이 아직 발달發生하지 않아서 금수 단계를 벗어난 지 머지않은 시대에는 먼저 조야각박한<sup>40</sup> 거동을 제어制馭하고 자신一身의 내면을 부드럽게 하여 인류의 방심放心<sup>41</sup>을 찾도록 함에 바쁘기 때문에, 인간교제의 복잡한 관계에 관해서는 이를 돌아볼 겨를이 없다. 마찬가지로 의식주에 관한 것物도, 개벽한 처음에는 흔히 말해 손으로 바로 입에 집어넣는<sup>42</sup> 단계

---

39 『논어』「안연」편 제19장에서 계강자의 정치에 관한 질문에 공자가 대답한 내용에 나온다. 원문은 다음과 같다. "子欲善而民善矣 君子之德風 小人之德草 草上之風必偃". 번역하면 다음과 같다. "그대가 선하고자 하면 백성들도 선해질 것이니, 군자의 덕은 바람이요, 소인의 덕은 풀이다. 바람이 불면 풀은 반드시 눕는다"는 내용이다.(성백효, 『논어집주』, 앞의 책, 352쪽) 『맹자』「등문공(勝文公)」편—상에도 같은 내용이 나온다.(성백효, 『맹자집주』, 앞의 책, 204쪽)

40 '조야잔각(粗野殘刻)'으로 거칠고 잔인, 각박함을 의미한다.

41 『맹자』「고자」편—상에 나오는 문장이다. '인'과 '의'를 잃어버린 마음 상태를 가리킨다. 원문은 다음과 같다. "孟子曰 仁人心也 義人路也 舍其路而不由 放其心而不知求 哀哉 人有鷄犬放則知求之 有放心而不知求 學問之道 無他 求其放心而已矣." 번역하면 다음과 같다. '인은 사람의 마음이요, 의는 사람의 길이다. 그 길을 버리고 따르지 않으며, 그 마음을 잃고 찾지 않는다. 안타깝다. 사람들이 닭과 개가 도망가면 찾으려고 하지만, 마음은 잃고도 찾으려 하지 않는다. 학문의 길에 다른 것은 없다. 그 방심을 찾는 것뿐이다.'(위의 책, 473~475쪽)

42 인류가 수렵이나 채집으로 생계를 영위하고 있는 단계를 비유한 것이다.

로서 아직 가옥이나 의상에 관한 일은 돌아볼 겨를이 없는 것과 같다. 그런데 문명이 차츰 나아지면 인간사 또한 번잡해지고[43] 사덕이라는 도구器械 하나만으로는 인간세계를 규율支配할 수 있는 이치가 도저히 있을 수 없지만, 예로부터의 습관과 사람人生의 천성적인 나태함으로 인하여 옛날을 그리워하고 현재에 안주하다 보니 한쪽으로 치우쳐 균형을 잃고 만 것이다.

원래 사덕의 항목은 만세萬歲에 전해지도록 변함이 없으며 온 세계에 통용되어도 다를 수 없고 가장 단순하면서도 가장 아름다운 것이기에 후세에 와서도 당연히 개정할 수 없지만, 세상의 연혁沿革에 따라 이를 쓸 장소를 고르고 또 이를 쓰는 법을 공부시키지 않으면 안 된다. 예를 들어 먹거리를 구하는 건 만고万古 이래 같지만 옛날에는 손으로 바로 입에 집어넣는 한 가지 방법뿐이던 게 후세에 이르면 음식에 관해서도 천차만별의 방법과 기술方術이 있는 것과 같다. 또 비유하자면 사덕과 인심의 관계는 이목구비와 신체의 관계와 같다. 그것의 유용함, 무용함은 당연히 논할 필요가 없다. 적어도 사람이라는 이름이 붙어 있다면 반드시 이것이 없을 리 없다. 이목구비의 유무에 관한 논란은 장애인片輪者이 살고 있는 세상에서는 벌어질 수 있는 일이지만, 적어도 장애인 이상의 지위地位에 올라있다면 변론을 다시 늘어놓을 필요가 없다.

생각건대 신·유·불神儒佛[44]이든 예수교든 모두 다 상고上古시대 불문不文 세상일 때 마치 불구片輪와 같은 때에 나온 말씀說이고 그 시대에는 꼭 필요했던 것이었음은 당연히 두말할 필요가 없다. 후세인 오늘날에 와서도 전 세계

---

43 기조는 『유럽문명의 역사』 제2강에서 '문명화'란 '단일성(simplicity)'에서 '다양성(diversity)'으로 나아가는 것이라고 말한다.
44 신도, 유교, 불교를 줄인 말이다.

인구 중 10에 8, 9는 불구일 것이므로 덕의의 가르침도 또한 결코 등한히 하기는 어렵다. 어쩌면 이[45] 때문에 수다스럽게 떠들지 않을 수 없는 형세勢도 있으리라.

유학의 도(道)에서 성(誠)을 귀하게 여기고, 신불의 가르침에서 일향일심(一向一心)[46]을 권하는 일 등은 하류(下類)의 백성(民) 사이에서는 아주 긴요한 일이다. 예를 들어 지력이 아직 발달하지 않은 어린이를 기를 때나 혹은 무지하고 아무런 기술이 없는 우민(愚民)을 접하여 시종일관 덕의 등은 인간이 그렇게까지 귀하게 여겨야 할 것이 아니라고 말해버리면 결과적으로는 오해를 일으켜, 덕은 천하게 여겨야 하고 지혜는 귀하게 여겨야 한다는 마음가짐(心得)과 또 그 지혜를 오해하여 미덕을 버리고 간교한 지혜(奸智)를 찾는 폐단에 빠져 갑자기 인간의 교제를 무너뜨릴 염려가 없지 않기에 덕의(德義)의 일에 관해 이 사람들에게는 수다스럽게 얘기를 늘어놓지 않을 수 없지만, 성심일향(誠心一向)의 사덕(私德)을 인류의 본분으로 삼아 이로써 세상만사를 지배(支配)하려는 것과 같은 일은 그 폐해 또한 극히 두려워할 만한 것이다. 장소와 시기(時節)를 감안(勘弁)하여 그것이 고상한 영역을 향해 가도록 기약하지 않으면 안된다.

그렇다고 해도 문명의 본지는 오랜 기간多年에 걸쳐 움직여 나아감에 달려 있는 것이기에 먼 옛날上世의 무사단일無事單一함에 안주해서는 안 된다. 지금 세상의 사람으로서 먹거리를 손으로 바로 입에 집어넣는 방법을 좋아하지 않고 자신의 몸에 이목구비가 다 갖춰져 있는 게 자랑할 만한 일이 아

---

**45** 앞 문장에 나오는 '덕의의 가르침'을 가리킨다.
**46** '일편단심'과 같은 의미로 오직 한 가지 일에만 전심전력을 다함을 가리킨다.

님을 안다면, 사덕 한 쪽의 수양만으로는 아직 인사人事를 다한 건 아니라는 이치 또한 명백히 알 것이다.

문명의 인사人事는 지극히 번다繁多함을 필요로 하고, 인사가 번다하면 이에 부응하는 마음의 활동 또한 번다해지지 않을 수 없다. 만약 사덕 한 품목一品만으로 세상만사万事에 부응할 수 있다면, 요즘 부인들의 덕행을 보고 이에 만족하는 것도 이치에 맞지 않다고는 말할 수 없다. 지나, 일본에서 풍속이 바른 가문의 부인들 중에는 온량공검의 덕을 갖추고 말은 진실하고도 믿음직스러우며 행동은 독실하고도 공손하고[47] 능숙하게 집안일을 다스리는 재능이 있는 자가 드물지 않지만 이 부인을 세간의 공무에 쓸 수 없음은 무엇 때문이겠느냐. 인간人間의 사무를 처리함에는 사덕만으로는 충분하지 않다는 증거이다. 결론적으로 나의 소견은, 사덕을 인생의 세행細行[48]으로서 고려하지 않는 것은 아니지만, 예로부터 우리나라 사람들이 마음속에 느끼고 있는 것처럼 오직 이 한 쪽으로만 치우쳐 논의의 본위本位를 정하는 건 바람직하지 않다는 것이다. 사덕을 쓸모없다고 하여 버리자는 게 아니라 여기에 힘쓰는 것 외에도 또 아주 중요한 지덕의 활동働이 있다는 사실을 보여주고 싶을 따름.

---

**47** 『논어』 「위령공」편에 있는 구절이다. 원문은 다음과 같다. "子曰, 言忠信 行篤敬 雖蠻貊之邦 行矣. 言不忠信 行不篤敬 雖州里 行乎哉."(성백효, 『논어집주』, 앞의 책, 438쪽)

**48** '세행'은 사소하거나 하찮은 일을 의미하지만, 실제로는 이런 일에도 신중하게 처신하지 않으면 큰 덕을 이룰 수 없다는 의미로 잘 사용된다. 후쿠자와 유키치도 이런 의미로 사용하고 있다.

## ｜ 문명에는 지와 덕이 함께 필요하다

지혜와 덕의는 마치 사람의 마음을 양단하여 각각 그 한쪽씩 지배하는 것과 같기에 어느 하나를 무겁게 다루고 다른 것을 가볍게 다룰 이치는 없다. 둘 다 함께 갖추지 않으면 완전한 인류人類라고 말할 수 없다. 그런데도 예로부터 학자들이 논한 것을 살펴보면, 10에 8, 9는 덕의德義 한쪽만 주장하여 사실을 그르치고, 그중 심한 때에는 지혜가 완전히 쓸모없다고 말하는 경우도 없지 않았다. 세상에서 가장 우려할 만한 폐해인데도 이 폐해를 변론하는 데에는 한 가지 어려움이 있다. 뭔가 하면 지금 세상에서 지혜와 덕의의 구별을 논하고 오랜 폐해를 바로잡기 위해서는 먼저 이 둘의 경계를 명확히 하고 그 공용功用이 무엇인지 보여줘야 하는데, 생각思想이 얕은 사람의 눈으로 보면 때로는 그 논의가 덕德은 가볍게 다루고 지智는 무겁게 다루어 덕의의 영역을 멋대로 침범하는 것이라며 불평하는 경우도 있으리라. 때로는 그 논의를 가볍게 간과하여 덕의는 인간에게 쓸모없다고 오해하는 경우가 생길 수도 있으리라.

무릇 세상의 문명을 위해 지와 덕이 함께 필요함은 마치 사람 몸의 발육에 채소와 곡식, 생선과 육류 둘 다 없어서는 안 되는 것과 같다. 따라서 지금 지덕의 공용功用을 보여주고 지혜를 등한히 해서는 안 됨을 논하는 것은, 영양부족인 채식가에게 육식을 권함과 다르지 않다. 육식을 권함에는 반드시 고기의 공능을 설득하고 채소와 곡물의 폐해를 얘기하여, 채소와 고기를 함께 이용하고 양쪽 다 이전으로 되돌아가서는 안 되는 이치를 명확히 설명해주지 않으면 안 된다. 그런데 이 채식가란 자가 그중 몇 마디만 믿고는 채소와 곡식을 완전히 끊고 생선과 고기만을 먹겠다고 우긴다면 매우 곤혹스러울 것이다. 이를 오해라고 말하지 않을 수 없다. 가만히 생각해보면 고금의 식자들 또한 지와 덕의 변별을 알지 못했던 게 아니라 단지 이런 오해의 폐단이 두려워서 말하지 않았던 게 아니겠느냐. 그렇지만 알면서 이를 말하지 않으면 끝이 날 수 없다. 어떤 일이든지 도리에 맞다면 열에 열 사람이 모조리 다 오해하지는 않는다. 혹시 가끔 열에 두세 사람이 오해하더라도 여전히 말하지 않는 것보다는 낫다. 두세 사람의 오해가 거리끼어 일고여덟 사람의 지혜와 식견智見을 막을 이유는 없다. 결국 세상 사람의 오해가 우려되어 말해야 할 의견을 감추려고 하거나, 아니면 그 의견을 꾸며서 애매한 틈을 타 사람을 꾀려고 하거나 이른바 자리를 보고 설법을 펼치는[49] 술책을 부리려 함은 같은 인류同類의 생생함을 멸시하는 거동이라고 말할 수 있다. 세상 사람들이 어리석다고 해도 흑백은 변별할 수 있다. 동류의 인간에게 지우의 차이가 극심하게 날 리는 없다. 그런데도 나의 마음으로 다른 사람의 어리석음을 살피고 그 오해를 억측하여 일의 진면목을 알리지 않음은 경애敬愛의 도리를 잃은 게 아니겠느냐. 군자가 해서는 안 될 일이다. 적어도 자신이 옳다고 믿는 게 있다면 숨김없이 모두 다 이야기하고 그것의 가부에 대한 판단은 다른 사람에게 맡기면 된다. 이것이 바로 내가 감히 변론을 즐기면서 지덕의 구별差別을 논하는 까닭이다.


## ┃ 덕의는 사람의 마음 안에 있는 것이다

덕의는 한 사람의 마음 안에 있는 것으로서 남에게 보이기 위한 활동動이 아니다. 수신이라고도 말하고 신독愼獨[50]이라고도 말하는데 모두 외물外物[51]

---

**49** 상대에 따라 논리를 바꾸어 이야기하는 것을 말한다.
**50** '신독'이란 혼자 있는 경우에도 마음을 바로 하고, 조심하여 행동함을 가리킨다. 『대학』

과는 관계가 없다. 예를 들어 무욕과 정직은 덕의이지만, 다른 사람의 비방이 두렵고 세간의 악평을 꺼려 무욕 정직하려고 노력한다면 이를 진정한 무욕과 정직이라고는 말할 수 없다. 악평과 비방은 외물外物이다. 외부의 것 때문에 움직이는 것은 덕의라고 일컬을 수 없다. 만약 이것을 덕의라고 한다면, 일시적인 사정으로 세간의 질책을 피할 수 있을 때 탐욕스럽고 부정한 일을 저질러도 덕의라고 하지 않을 도리가 없다. 이런 경우에는 말하자면 거짓 군자와 진짜 군자를 구별할 수 없다. 따라서 덕의란 외물外物의 변화에 일체 얽매이지 않고, 세간의 비방이나 칭찬을 뒤돌아보는 것 없이 위무威武로도 굽힐 수 없고 빈천貧賤으로도 뺏을 수 없으며[52] 확고부동하게 내면에 있는 것을 말한다.

지혜는 이와 다르다. 외물과 접하여 그 이해득실을 생각하고, 이 일을 행하여 불편하다면 저 방법術을 찾아보고, 내게는 편리하다고 생각해도 중인衆人이 이를 불편하다고 말하면 곧바로 이를 개선하고 이미 편리하게 된 것도 새삼 또 편리한 게 있으면 취하지 않을 수 없다. 예를 들어 마차는 가마보다 편리하지만 증기력의 이용방법을 알면 또 증기차를 만들지 않을 수 없다. 이처럼 마차를 공부工夫하고 증기차를 발명하며 그 이해를 살펴 이를 쓰는 건

---

장구 제6장에 나온다. 원문은 다음과 같다. "所謂誠其意者, 毋自欺也. 如惡惡臭, 如好好色. 此之謂自謙 故君子必愼其獨也."(성백효, 『대학·중용집주』, 앞의 책, 44~45쪽)

51  센자키 아기나가와 이도 마시니오의 현대 일본어 번역본에서는 '외물(外物)'을 '타인(他人)'으로 번역하고 있다. 하지만 여기서의 외물은 사람과 사물을 모두 다 포괄하는 객관적 대상으로 넓게 이해해야 한다.

52  『맹자』 「등문공」편-하 제2장에 나오는 문장이다. 대장부라 함은, 부귀가 마음을 방탕하게 만들지 못하며, 가난이 절개를 바꾸지 못하고, 무력으로 지조를 꺾을 수 없는 자를 가리키는 말이다. "居天下之廣居 立天下之正位 行天下之大道 得志與 民由之 不得志 獨行其道 富貴不能淫 貧賤不能移 威武不能屈 此之謂大丈夫."(성백효, 『맹자집주』, 앞의 책, 245쪽)

지혜의 활동이다. 이처럼 외물과 접하여 시의적절한 조치를 수행하는 것이기 때문에 덕의와는 그 취지가 완전히 상반되며, 이를 외부 활동이라고 말하지 않을 수 없다. 덕이 있는有德 군자는 집에 홀로 있으면서 묵좌를 해도 악인惡人이라고 말하지 않지만, 지자智者가 만약 무위無爲하며 외물外物과 접하지 않는다면 이 사람을 어리석은 사람愚人이라고 불러도 된다.

덕의는 한 사람의 몸가짐[53]으로서, 그 공능功能이 미치는 곳은 우선 한 가정 안에 있다. 가장의 품행行狀이 정직하면 집안 사람들도 저절로 정직해지고 부모의 언행이 온순하면 자녀의 마음도 저절로 온순해진다. 때로 친척이나 친구 사이에 서로 선善을 재촉責[54]하여 덕의 문으로 들어갈 수도 있겠지만 결국 충고에 의해 사람을 선善으로 이끌 수 있는 범위는 아주 좁다. 이른바 "집집마다 깨우치게 할 수 없고 사람마다 타이를 수 없다"고[55]함이 바로 이것이다. 하지만 지혜는 그렇지 않다. 사물의 이치物理를 한번 발명하여 사람들에게 알리면 순식간에 한 나라의 인심을 움직이고, 만약 그 발명이 대단한 것이라면 한 사람의 힘으로도 거뜬히 전 세계의 면목을 확 바꿀 수 있다. 제임스 와트James Watt[56]가 증기기관을 연구工夫하자 세계의 공업이 이 덕분

---

53  원문에는 '行い'로 되어 있다.
54  『맹자』「이루(離婁)」편一하에 "선을 재촉(責)함은 친구의 도리다"라고 하는 문장이 있다. 원문은 다음과 같다. "責善朋友之道也 父子責善 賊恩之大者."(위의 책, 362쪽)
55  『논어』「태백(泰伯)」편에 나오는 구절이다. 공자가, "백성을 도리에 따르게 할 수는 있어도, 그 원리를 알게 할 수는 없다[子曰 民可使由之 不可使知之])"는 문장에 관한 정자의 주석에 나온다. "程子曰 聖人設敎 非不欲人家喩而戶曉也 然 不能使之知 但能使之由之爾 若曰聖人不使民知 則是後世朝四暮三之術也 豈聖人之心乎." 성인이 가르침을 베품에 사람마다 집집마다 깨우쳐 주려고 하지 않는 것은 아니라는 문장에 이어지는 내용이다.(성백효, 『논어집주』, 앞의 책, 229쪽)
56  제임스 와트(1736~1819)는 스코틀랜드의 발명가이자 기계공학자이다. 스코틀랜드 그리녹에서 태어났으며, 상공업 중심지인 글래스고에서 공업소를 운영했다. 흔히 와트가 증기 기관을 발명한 것으로 알려져 있지만, 실제로는 이미 존재하는 증기기관에 응축기를 부착하여 효율을 대폭 높인 것이다. 글래스고 대학이 소유하던 뉴커먼 기관을 대폭

에 모습을 바꾸었고, 아담 스미스[57]가 경제의 법칙定則을 발명하자 세계의 상업이 이 덕분에 면목을 바꾸었다. 그들이 이것을 사람들에게 전하는 것이야 말 혹은 글로 다할 수 있다. 한번 그 말을 듣거나 그 글을 읽고 이를 실행하는 사람이 생긴다면 그 사람은 정말로 제임스 와트나 아담 스미스와 다르게 없다. 따라서 어제의 어리석은 자가 오늘은 지혜로운 자가 되고, 세계에 수천만 명의 와트와 스미스가 생길 수도 있다. 전습傳習[58]이 빠르고 그것이 미치는 범위의 광대함은 한 사람이 덕의로서 가족이나 친구에게 충고하는 종류와는 다르다.

어떤 사람이 말하길, 토마스 클락슨Thomas Clarkson[59]이 한결같은 마음

---

개량하여 1769년 1월 5일, '화력기관에서 증기와 연료의 소모를 줄이도록 새롭게 고안한 방법'에 관한 특허를 취득하였다. 증기 기관에 대한 구상과 시도는 아주 오래 전부터 있었다. 문제는 효율성을 높여 얼마만큼 폭넓게 일반화, 상용화시킬 수 있느냐의 문제였고, 이 문제를 해결한 사람이 바로 제임스 와트였다. 따라서 그는 증기 기관 자체의 발명자는 아니며, 기존에 나와 있던 증기 기관의 단점을 대폭 개선하고 효율을 높여 '와트식 증기 기관'을 발명하여 특허를 취득한 사람이다. 와트의 증기 기관은 후대 연구가들에 의해 개량되고 다양한 산업 분야에서 이용되었다. 와트가 살아 있는 동안에는 증기 기관이 광산에서 지하수를 배출시키는 용도로만 이용되었지만, 1825년, 영국을 시작으로 광물을 먼 곳에 운반하는 철도 기관에 도입되었다. 와트의 증기 기관은 '증기 기관'의 시대를 대표하는 것이면서, 동시에 '증기 기관의 시대'를 이루는 것이었다. 한편 후쿠자와는 1868년 출간한 『서양사정(西洋事情)』 외편에 제임스 와트를 소개하였다.(福澤諭吉, Marion Saucier・西川俊作 編, 『西洋事情』, 慶應義塾大學出版會, 2009, 105~109쪽) 와트에 관한 이 전기는 후쿠자와 유키치가 1867년 미국에 갔을 때 구입한 백과사전(*The New American Cyclopedia*, 1866~1867, 전 16권)에서 번역한 것이다.

57 아담 스미스(1723~1790)는 스코틀랜드 출신의 정치경제학자이자 윤리철학자이다. 유명한 『국부론』을 저술하여 자본주의와 자유무역에 대한 이론적 통찰을 제공함으로써, 고전경제학을 대표하는 학자가 되었다. 14살에 글래스고대학에 입학하여 윤리철학을 공부하였고, 1751년 글래스고대학의 논리학 강좌 교수가 되었다. 그의 이름을 유럽에 알린 「도덕감정론(The Theory of Moral Sentiments)」은 1759년에, 『국부론』은 1776년에 발표되었다. 「도덕감정론」에서 스미스는 그 이전의 사상가들이 인간의 '이기적 본성'만으로 사회질서의 성립을 설명하는 것에 반대하면서, '공감(sympathy)'이라는 비이기적 원리로 도덕과 법의 기원을 설명하고 있다. 스미스의 『국부론』은 이러한 사회질서론을 바탕으로 이해해야 한다.

58 기술이나 지식을 다른 사람에게 배워서 익히는 것을 가리킨다.

心으로 세상의 노예매매 악법을 없애고 존 호워드John Howard[60]가 애를 써서 감옥의 악습을 일소한 것은 덕의의 활동이므로 그 공덕이 미치는 곳 또한 광대무량하다고 말하지 않을 수 없다고 한다. 답하여 말한다면, 정말로 그렇다, 이 두 신사±는 사덕을 널리 넓혀 공덕을 이루고 그 공덕을 광대무량하게 하였다. 생각해보면, 두 신사가 일을 펼칠 때에는 천신만고를 두려워하지 않고 공부를 하고 때로는 책을 저술하고 때로는 재산을 날리며 고난을 견디고 위험을 무릅쓰면서 세상의 인심을 움직여 끝내 그 대업을 용케 이룸은 곧

---

**59** 토마스 클락슨(1760~1846)은 영국 케임브리지 대학 출신으로, 노예제 및 노예무역 철폐 운동의 지도자가 된 인물이다. 1780년 케임브리지대학에 입학했으며, 1785년 대학 주최 라틴어 논문대회에서 일등을 하면서 반노예제 및 노예무역 반대운동에 뛰어 들었다. 당시 논문의 주제는 '다른 사람의 의지에 반해 그를 노예를 삼는 것이 합법적인가'였다. 이 주제에 관해 제출한 그의 논문은 "An essay on the slavery and commerce of the human species, particularly the African"이다. 1786년 이 논문은 출판되자마자 큰 반응을 일으켰고, 이로 인해 그는 1787년 아프리카 노예무역 폐지위원회에 12명의 위원 중 한 명으로 참가하게 되었다. 이후 클락슨은 제임스 램지, 그랜빌 샤프 등 이 운동의 지도자들과 함께 영국과 영국의 식민지에서 아프리카 노예무역 및 노예제를 폐지하기 위해 정열적으로 활동했다. 영국의회에서 노예무역 폐지운동을 이끌던 윌리엄 윌버포스와 클락슨 등의 활동에 힘입어 노예무역폐지법은 1807년, 노예해방법은 1830년 영국의회에서 통과되었다. 이는 미국보다 반세기 이상 앞선 것이었다. 후쿠자와는 『학문의 권장』 제15편에서 클락슨을 소개하고 있다.

**60** 존 호워드(1726~1790)는 영국 최초의 감옥개혁 운동가이다. 1773년 베드포드셔(High Sheriff of Bedfordshire) 카운티의 장관에 임명된 후 카운티 안의 감옥에 관심을 가지게 되었다. 이런 관심은 본인 스스로 1755년 발생한 리스본 대지진의 조난자 구조 활동에 참가했다가, 7년 전쟁으로 인해 프랑스 군의 포로가 되어 직접 감옥에 구금되었던 경험에서 나온 것이었다. 네 차례에 걸쳐 영국 전역을 다니면서 감옥의 실태와 죄수들의 수형생활, 구금제도의 문제 등을 직접 조사한 뒤 1777년『감옥실태(*The State of the Prisons*)』라는 책을 발간하였다. 그가 조사활동을 위해 영국 전역을 이동한 거리만 모두 68,000km나 된다. 그는 특히 보석금(jailer's fee)을 내지 못해 수감되는 죄수에 관해 관심이 많아 이 문제를 이슈화시켰으며, 이와 관련하여 하원에서 여러 차례 증언하기도 했다. 그 밖에 전염병으로 인해 사망하는 죄수들이 많았기 때문에 감옥의 위생상태에 관해서도 관심을 가지고 실태를 조사했다. 1789년 *The State of the Prisons in England, and An Account of the Principal Lazarettos of Europe*을 발간했다. 오늘날에도 사법제도와 관련하여 그의 이름을 딴 협회나 단체가 많이 있다. Howard League for Penal Reform, John Howard Society in Canada 등이 대표적이다.

사덕의 공이 아니라 이른바 총명과 예지의 활동이라고 일컬을 만한 것이다. 다만 두 신사의 공적功業이 크다고 할지라도 세상의 인심에 따라 덕德이라는 글자를 풀이하고 덕의德義라는 한 쪽 측면에서 이를 보면 몸을 바쳐 다른 사람을 구하는 것과 다를 게 없다.

지금 여기에 어진 사람仁人이 있어서 어린아이가 우물에 들어가려는 것을 보고 그 아이를 구하려다가 함께 목숨을 잃는 것[61]이나 존 호워드가 수만 명을 구하고 끝내 목숨을 잃는 것이나 그 측은한 마음을 비교해보면 둘 다 깊고 얕음에 차이가 없다. 다만 한 사람은 한 명의 어린이를 위해 그랬고 다른 사람은 수만 명의 사람을 위해 그랬으니, 한 사람은 일시적인 공덕을 베풀고 다른 사람은 만 대에 걸쳐 공덕을 전했다는 차이가 있을 뿐이다. 몸을 바쳤다는 한 대목一段에서는 이 사람과 그 사람의 덕의에 경중이 없다. 그렇게 수만 명의 사람을 구하여 만 대 뒤에까지 공덕을 전한 것은 호워드가 총명과 예지의 활동을 토대로 사덕을 크게 씀으로써 공덕이 미치는 곳을 넓혔기 때문이다. 따라서 이 어진 사람은 사덕은 있지만 공덕과 공지가 부족했던 것이고, 호워드는 공과 사 양쪽에서 이를 가지고 있었던 것이다.

이를 비유하자면 사덕은 지금地金[62]과 같고, 총명의 지혜는 세공과 같다.

---

61 맹자가 '측은지심'을 쉽게 설명하기 위해 사례를 들어 설명하는 부분으로, 『맹자』「공손 축(公孫丑)」편―상에 나온다. 원문은 다음과 같다. "所以謂人皆有不忍人之心者 今人乍 見孺子將入於井 皆有怵惕惻隱之心 非所以內交於孺子之父母也 非所以要譽於鄕黨朋 友也 非惡其聲而然也." 맹자는 여기에서 사람들은 모두 다른 사람을 해치지 못하는 마음(仁心)을 가지고 있다는 사실을 설명해주기 위해, 우물에 들어가려는 어린 아이의 사례로 들고 있다. 만약 이런 상황이 벌어진다면 사람들은 어린아이와의 친분이 있거나 다른 사람들로부터 칭찬이라는 명예를 받기 위해서가 아니라 본래 마음속에 인심(仁心), 즉 측은지심이 있기 때문에 자기도 모르게 아이를 구하려고 하는 데, 바로 이 마음이 사람의 타고날 때부터 가지고 있는 본성이라고 말한다.(성백효, 『맹자집주』, 앞의 책 147~149쪽)

62 세공하지 않은 금덩어리 혹은 화폐 등의 재료로 쓰이는 금속 덩어리를 가리킨다.

지금을 세공하지 않으면 쇠鐵는 단지 무겁고 딱딱할 뿐인 물질物이지만, 이 것을 조금 세공하여 망치로 만들고 솥으로 만들면 곧바로 망치와 솥의 공능 功能이 생긴다. 또 좀 더 연구를 거듭하여[63] 작은 칼을 만들고 톱을 만들면 곧바로 작은 칼과 톱의 공능이 생긴다. 그것을 더욱더 뛰어나게 세공하면 거 대한 것으로는 증기기관이 될 수 있고 정밀한 것으로는 시계의 태엽이 될 수 도 있다. 지금 세간에서 큰 솥과 증기기관을 비교하면 기관의 공능이 더 큰 데 이를 귀하지 여기지 않을 자가 있겠느냐. 그럼 이것을 귀하게 여김은 왜 이냐. 큰 솥과 증기기관의 지금地金이 달라서가 아니라 오직 그 세공을 귀하 게 여기기 때문이다. 따라서 쇠로 만들어진 기계를 두고 그 지금地金을 논한 다면 솥도 증기기관도 망치도 작은 칼도 똑같지만, 이런 여러 가지 품목 안 에서 귀한 물건과 천한 물건의 구별이 생김은 여기에 얼마만큼 세공했느냐 에 달려 있을 뿐.

지덕의 조화釣合 역시 이와 같다. 어린이의 목숨을 구하려고 했던 어진 사 람도 존 호워드도 덕행의 지금地金 측면에서 보면 경중 대소의 차이가 없지 만 호워드는 이 덕행에 세공을 더하여 그 공능을 성대하게 한 것이다. 그리 고 그렇게 세공을 더하게 한 건 바로 지혜의 활동이므로, 호워드의 인물됨을 평하여 단순히 덕행의 군자라고 말할 수만은 없다. 지덕을 겸비한 데다가 그 총명한 지력은 고금에 빼어난 인물이라고 말할 수 있다. 만약 이 사람에게서 지력을 없애 버리면, 평생 동안 집구석에서 꼼지락거리면서 성경책 한 권만 읽으며 생을 마치고 그 덕의로 용케 처자식이나 바뀌게 했든지 아니면 이마 저 못했을 수도 있을 것이다. 그럼 어떻게 이 큰일을 꾀하여 유럽 전 지역의

---

**63** 원문은 '工夫を運らし'로 되어 있다.

악습惡風俗을 없앨 수 있었겠느냐. 따라서 말하노니, 사덕의 공능은 좁고 지혜의 활동은 넓다. 덕의는 지혜의 활동에 따라 그 영역을 넓히고 빛을 비추는 것이다.[64]


## ┃ 덕에는 진보가 없다

덕의에 관한 일은 옛날부터 정해져 변함이 없다. 예수교의 십계[65]라는 것을 예로 들면, 첫째 하나님God 이외에 신이 있다고 생각하지 말라. 둘째 우상 앞에서 무릎을 꿇지 말라. 셋째 하나님의 이름을 헛되게 하지 말라. 넷째 예배 날을 더럽히지 말라. 다섯째 네 부모를 공경하라. 여섯째 사람을 죽이지 말라. 일곱째 부정한[66] 언행과 생각을 피하라. 여덟째 빈천할지라도 훔치지 말라. 아홉째 일부러 속이지 말고 또한 속임을 즐기지 말라. 열째 남의 물건을 탐내지 말라.[67] 이상 10개 항목이다.

공자의 도道인 오륜五倫이란 첫째는 부자유친父子有親으로 부모와 자식이 서로 화목한 것이고, 둘째는 군신유의君臣有義로 주군主那과 가신家來 사이에서는 의리義理合를 지키고 불성실한 거동을 해서는 안 된다는 것이고, 셋째는 부부유별夫婦有別로 남편亭主과 아내細君가 너무 친해 꼴불견에 빠져서는 안

---

64  토마스 버클의 『영국문명사』 제1권 제4장에, 지적 원리는 도덕적 원리보다 영향력이 크며, 그 결과도 오랫동안 영향을 미친다는 내용이 있다.

65  기원전 14세기 전후에 유대민족의 지도자 모세(Mose)가 시나이산에서 여호와로부터 계시 받은 열 가지 계명(Decalogue)을 말한다. 구약성서 「출애굽기」와 「신명기」에 나온다.

66  넷째 계명의 '더럽히지'와 일곱째 계명의 '부정한'은 각각 '穢す', '穢れたる'를 번역한 것이다.

67  우리나라에 번역되어 있는 『성서』의 십계명과 약간 차이가 있지만, 이 책의 원문을 그대로 번역했다.

된다는 것이며, 넷째는 장유유서長幼有序로 젊은 사람은 무슨 일이든지 삼가하며 어르신長老을 공경해야 한다는 것이고, 다섯째 붕우유신朋友有信이란 친구 사이에서 거짓과 속임수를 행해서는 안 된다는 것이다.

이 십계와 오륜은 성인이 정한 가르침의 대강령大綱領으로서, 수천 년 전 오랜 옛날부터 바꿀 수는 없었다. 수천 년 전 옛날부터 오늘에 이르기까지 덕이 높은 사군자가 배출되었지만 그저 이 대강령에 관한 주해를 달 뿐 한 항목도 따로 첨가한 것은 없다. 송나라 유학이 번성했다고 해도 오륜을 바꿔 육륜으로 만들 수는 없었다. 덕의의 항목수가 적다고 해서 이를 변혁할 수는 없었음을 명확하게 증거해 준다. 옛 성인은 이 항목들을 모두 다 몸소 행하였을 뿐만 아니라 사람들에게도 가르쳤던 것이기에 후세의 인물이 아무리 애쓰고 고심한다고 한들 그들보다 결코 뛰어날 수 있을 리가 없다. 이를 비유하자면 성인께서 눈雪을 희다고 말씀하시고 석탄을 검다고 말씀하신 것과 같다. 후세 사람이 이를 어떻게 할 수 있겠느냐. 덕의의 도에 관해서는 마치 옛사람古人에게 전매 권한을 빼앗겨 후세 사람은 그저 중매인 같은 일이나 하는 것 외에는 다른 수단이 없다. 이것이 바로 예수와 공자 이후에 성인이 없는 까닭이다. 따라서 덕의에 관한 일은 후세에 이르러 진보할 수가 없다. 개벽한 처음 때의 덕德이나 오늘날의 덕德이나 그 성질性質에는 차이가 있을 수 없다.

지혜는 말하자면 그렇지 않다. 옛사람이 하나를 알았다면 요즘 사람은 백을 알고, 옛사람이 두려워했던 것도 요즘 사람은 업신여기며, 옛사람이 괴이하게 여겼던 것도 요즘 사람은 웃어버리고, 지혜의 항목이 날로 증가하여 그 발명의 수가 많음은 예로부터 일일이 거론할 겨를이 없으며 앞으로의 진보 또한 가늠할 수 없다. 가령 옛 성현을 오늘 살아나게 하여 지금의 경제와 상업에 관한 학설을 듣게 하거나, 아니면 지금의 증기선에 태워서 대양의 파도를 건너게 하고 전신으로 만 리 밖의 신문新聞[68]을 순식간에 듣게 하는 일 등을 겪는다면 이에 낙담落膽[69]할 것임은 당연히 두 말할 필요가 없다. 어쩌면 이 사람을 놀라게 하는 데에는 굳이 증기나 전신까지도 필요 없고, 종이를 만들어 글자 쓰는 방법을 가르치거나 아니면 판목 조각[70] 기술을 보여주는 것만으로도 충분히 탄복敬服시킬 수 있을 것이다. 왜냐하면 증기, 전신, 제지, 인쇄의 기술은 모두 후세 사람의 지혜로 획득한 것으로서 이 발명 공부를 하는 동안 성인의 말씀을 듣고 덕의의 도를 실제로 베푼 것은 없으며, 옛 성인은 꿈에서라도 이를 알 수 없었을 것이기 때문이다. 따라서 지혜를 두고 논한다면 고대의 성현은 지금의 세 살짜리 어린애童子와 똑같다.


## ｜ 덕은 검증할 수 없다

또한 덕의에 관한 것은 형체를 갖추어 가르칠 수가 없다.[71] 이를 배워서 얻을 수 있을지 없을지는 배우는 사람의 마음공부에 존재한다.[72] 예를 들어 경전에 적혀 있는 극기복례克己復禮[73]라는 네 글자를 보여주고 그 글자의 뜻

---

68 여기서의 '신문'은 '신문지'를 가리키는 것이 아니라, '새로운 소식'을 말한다. 메이지 초기에는 이런 뜻으로 많이 쓰였다고 한다.(福澤諭吉, 伊藤正雄 譯, 『文明論之槪略』, 慶應義塾大學出版會, 2010, 430쪽)
69 너무 놀라서 간이 떨어질 것 같다는 의미이다. '담'은 쓸개를 가리킨다.
70 인쇄하기 위해 글자나 그림을 새긴 두꺼운 나무판을 가리킨다.
71 덕의는 유형의 방법으로 가르칠 수가 없다는 의미이다. 즉 무형의 방법 밖에 없다. 반면 지혜는 유형의 방법으로 가르칠 수가 있다. 참고로 『주역』 「계사전」에 다음과 같은 문장이 나온다. "是故形而上者謂之道 形而下者謂之器."
72 원문은 '在て存せり'이다. 다음 페이지의 '달려 있을 따름'은 '存するのみ'를 번역한 것이다.
73 '극기복례'는 『논어』 「안연」편에 나오는 문장이다. 자기를 이기고 '예'로 돌아오는 것이 '인'의 실천이며, 하루라도 자기를 극복하여 '예'로 돌아오면 천하가 '인'으로 돌아갈 것

을 알게 해 줘도 당연히 아직 도를 전했다고는 말할 수 없다. 따라서 이 네 자의 의미를 더욱더 상세하게 밝혀, 극기란 일신一身의 사욕을 제어하는 것이고 복례란 자신의 본심本心으로 되돌아가 자기의 분수分限를 아는 것이라고 이를 친절하게 반복하여 설명해야 한다. 교사의 역할働은 단지 여기까지이며 달리 도를 전할 방법은 없다. 이 이상은 오직 사람들의 공부에 의해,때로는 옛 선인의 글을 읽고 때로는 지금 사람의 언행을 보고 들으며 그 덕행을 본받을 수 있을 따름. 이른바 이심전심以心傳心[74]이라는 것으로서, 때로는 이를 덕의의 풍화風化[75]라고 말한다.

풍화란 본래 무형의 일이기에 그것이 이 사람을 바꾸었는지 아닌지에 관해 시험할 수 있는 방법이 없다. 혹시 실제로는 사욕을 마음껏 부리면서도 자신은 사욕을 억제하고 있다고 생각하거나, 아니면 분수에 넘치는 짓을 하면서도 자신은 분수를 안다고 생각하는 자도 있을 수 있겠지만, 그렇게 생각하든 않든 그에 관해서는 가르치는 사람이 관여할 수 있는 게 아니다. 오직 이를 배우는 사람의 마음공부에 달려 있을 따름.

---

이라는 뜻이다. 원문은 다음과 같다. "顔淵問仁 子曰 克己復禮爲仁 一日克己復禮 天下 歸仁焉 爲仁由己而由人乎哉." 공자는 또한 극기복례의 구체적인 실천방법으로서, '예' 가 아닌 것은 보지도, 듣지도, 말하지도, 행동하지도 말라고 말했다. 원문은 다음과 같 다. "顔淵曰 請問其目 子曰 非禮勿視 非禮勿聽 非禮勿言 非禮勿動 顔淵曰 回雖不敏 請 事斯語矣."(성백효, 『맹자집주』, 앞의 책, 328~329쪽)

74 '이심전심'은 글이나 말이 아니라 마음에서 마음으로 불법을 전하는 것을 말한다. 중국 당나라시대 승려였던 가봉종밀(圭峯宗密)이 선가의 게송이나 문구를 정리, 편찬한 책 『선원제전집도서(禪源諸詮集都序)』에 처음 나온다. 원문은 다음과 같다. "以心傳心 不 立文字 顯宗破執 故有斯言 非離文字說解脫也." 그 외에도 송나라 도언(道彦)이 석가 이후 고승들의 법어를 기록한 『전등록(傳燈錄)』에도, 석가가 제자인 가섭(迦葉)에게 '以心傳心'의 방법으로 불법을 전했다는 이야기가 나온다. 원문은 다음과 같다. "世尊在 靈上會上 拈華示衆 是時衆皆寂然 惟迦葉尊者破顔微笑 世尊云 吾有正法眼 藏涅槃妙心 實相無相 微妙法門 不立文字 敎外別傳 付囑磨訶迦葉."

75 덕이 높은 사람으로부터 영향을 받는 것을 말한다. 혹은 정치나 종교에 의해 교화되는 것을 말한다.

따라서 극기복례의 가르침을 듣고 마음으로 크게 깨닫는<sup>發明</sup> 자도 있고, 때로는 크게 오해하는 자도 있으며, 때로는 이를 멸시하는 자도 있고, 때로는 이를 완전히 이해했어도<sup>了解</sup> 오히려 겉모습을 꾸며 남을 속이는 자도 있다. 그 모습이 천태만상이어서 진짜와 가짜를 구별하기는 아주 어렵다. 가령 이 가르침을 멸시하는 자라도 겉모습을 꾸며 사람을 속이거나 또는 이를 오해한 채 믿고 있어서 진정한 극기복례가 아닌데도 옳다고 믿어 의심치 않는 경우에는 옆에서 어떻게 할 수가 없다. 이러한 상황이 되면 승묵<sup>繩墨</sup>을 가지고 증명할 수가 없기 때문에, 때로는 이들에게 호소하여 하늘을 두려워하라고 말하거나 아니면 스스로 마음에 물어보라고 말하는 것 밖에는 방법이 있을 수 없다. 하늘을 두려워하거나 마음에 묻는 것은 그 사람 자신의 내면의 일로서, 진짜로 하늘을 두려워하는지 거짓으로 하늘을 두려워하는지도 바깥사람의 눈으로는 이를 빨리 간파할 수가 없다. 이것이 바로 세상에 거짓 군자<sup>僞君子</sup>라는 자들이 생겨나는 까닭이다.

거짓 군자 가운데 아주 심한 경우는 단지 덕의의 일에 관해 전해 듣고 그 의미를 풀이하는 것뿐만 아니라 스스로 덕의에 관한 학설을 주장하고 때로는 경전의 주해를 짓고 때로는 하늘의 도나 종교에 관해 논하는데, 그 논의가 매우 순정무잡하여 그 책만 구해 이를 읽어보면 후세에 또 한 명의 성인이 출현한 듯하지만, 물러나 그 사람의 사생활<sup>私</sup>을 살펴보면 언행이 서로 어긋남<sup>齟齬</sup>에 참으로 놀랄 만하고 어리석은 의도<sup>心匠</sup>에 참으로 웃음이 나온다. 한퇴지<sup>韓退之</sup>[76]가 불골<sup>佛骨</sup>[77]의 표표<sup>表</sup>[78]를 바쳐 천자에게 간함은 어찌됐거나

---

76  '한퇴지'는 당나라 중기의 시인이자 문장가였던 한유(韓愈, 768~824)를 말한다. '퇴지'는 한유의 자(字)이다. 진한대의 고문을 부흥하기 위해 노력하였다. 그의 사상은 송나라시대 유학의 선구가 되었다.

77  '불골'은 석가모니의 유골을 말한다.

충신답지만, 핍박받아 조주潮州에 가 있을 때 시 등을 지어 분노에 찬 충의를 흘리면서도 그 뒤 먼 곳에 가서는 수도의 권문세가權門에게 편지를 보내 추잡스럽게도 다시 출사出仕를 탄원함은[79] 그야말로 거짓 군자의 장본張本이리라. 이런 부류를 헤아려 보면, 예나 지금이나 지나에도 일본에도 서양에도 한퇴지의 수하手下가 없을 리 없다. 교언영색巧言令色,[80] 돈을 탐하는 자는 『논어』를 강론하는 사람 안에도 있다. 무지한 자를 속이고 약자를 겁주며 명예와 이익 둘 다 함께 가지려는 자는 예수의 바른 가르침正敎을 받드는 서양사람 안에도 있다. 이런 무리의 소인배들은 무형의 덕의를 시험할 수 있는 승묵이 없음을 이용하여 덕의의 문을 출입하며 일시적으로 밀매하는 자라고 말할 수 있다. 결국 덕의의 활동으로는 사람을 제어할 수 없다는 명백한 증거明證이다.

　　『서경(書經)』에는 금문(今文)과 고문(古文)이라는 구별이 있다.[81] 진의 황제가

---

78　한유는 819년 당 황제 헌종에게 '불골을 논하는 표'를 바쳤다. 이 표에서 한유는 황제가 부처의 사리를 제사지내는 것에 관해, 부처의 사리를 물에 버리거나 불에 태워버리라고 간언하였는데, 이로 인해 헌종의 분노를 사 좌천되었다.(임사영, 『황제들의 당제국사』, 푸른역사, 2016)

79　좌천된 한유는 조주(현재의 광동성)에서 「조주 칙사가 사죄하는 상표(上表)」를 올려 사죄하였다. 한퇴지는 당송 팔대가 중 한 명으로 불후의 문학작품을 많이 남겼다. 그가 불우한 신세를 한탄하여, 정치권력에 접근하여 자리를 얻으려고 한 사실을 두고 이렇게 혹평한 것은 아마도 후쿠자와에게 당시의 세태를 비판하려는 속내가 있었기 때문으로 보인다.

80　'교언영색'이란 번지르르한 말과 아첨하는 얼굴빛을 갖추어 남의 환심을 사려는 것을 말한다. 이런 사람 중에는 인자가 드물다고 말한다. 『논어』의 「학이(學而)」편 제3장에 있다. 원문은 다음과 같다. "子曰, 巧言令色 鮮矣仁."(성백효, 『논어집주』, 앞의 책, 32~33쪽)

81　『서경』에 관한 후쿠자와 유키치의 이 설명은 사실과 약간 다르다. 따라서 여기에 바로 잡아 둘 필요가 있다. 『서경』을 포함한 몇 개의 유교경전에는 '금문'과 '고문'이라는 서로 다른 전적으로 인해 고대 한나라시대부터 큰 논쟁이 있었다. 이를 금고문 논쟁(今古文論爭)이라고 말한다. 진시황의 분서갱유로 인해 유학경전이 거의 다 소실되어버리는 바람에 이런 논쟁이 일어나게 되었다. '금문'은 한나라시대의 예서체로 쓴 경전을 말한

천하의 책을 불살랐을 때『서경』도 함께 없어졌는데, 한이 일어난 뒤 문제(文帝) 때

다. 전한시대에 유학을 다시 부흥하려는 분위기가 조성되자 복생(伏生)이란 유학자가 자신이 암송하고 있던『서경』과 또 오래 전 자신이 벽 속에 숨겨둔 책을 90세가 되어 다시 찾아내 그중 소멸되지 않은『서경』29편을 찾아 복구한 것을 문제(文帝, 재위 기원전 180~기원전 157) 때 조착이 '금문'으로 옮겨 편찬한 것이다. 이 '금문'도 책에 쓰인 문자와 당시 통용되던 문자가 이미 서로 달라 문제가 되었다. 이를 당시 통용되던 문체로 쓰였다고 하여『금문상서』라고 부르며 학관의 정식 교과서로 채택되었다. 한편 전한 말기에 공자의 옛 집을 수리하기 위해 벽을 허물 때 그 안에서 과두문자(蝌蚪文字)로 쓰인『서경』,『예기』,『논어』,『효경』등의 고대 전적들이 발견되었는데 이를 '고문 경전'이라고 한다. 이때 발견된『고문상서』는『금문상서』보다 16편이 더 많은 45편이었다. 그런데 당시에는 과두문자를 해독할 수 있는 사람이 없었고, 그 뒤 공자의 11세 손인 공안국(孔安國)이『금문상서』와 대조해 가며 해석해 주석을 붙였다. 공안국은 그 밖에『고문상서』와 함께 발견된『예기』,『논어』,『효경』등에 대해서도 주해를 붙였고, 이로 인해 이른바 고문학(古文學)이 시작되었다. 그런데 이『고문상서』도 그 뒤 위진 남북조시대에 화재로 인해 소실 바람에 다른 경전들과 함께 다시 사라지고 만다. 이런 상황에서 동진 시기에 매색(梅賾)이란 사람이 공안국이 전수했다는『고문상서』를 찾았다면서 들고 나왔는데 이것이 58편의『공전고문상서』이다. 그 뒤 여러 학자들이 이 책에 주석을 달고, 당 태종 때『오경정의』를 편찬할 때『공전고문상서』를 정본으로 삼으면서 진본으로서의 권위를 가지게 되었다. 한편 금고문 논쟁은 전한 말기의 대표적인 유학자인 유흠(劉歆, 기원전 46~기원전 23)이『고문상서』를 진본으로 인정해 학관(學官)에『고문상서』를 전문으로 하는 박사(博士)를 설치하려고 시도하면서 시작되었다. 당시 주류였던 금문학파의 학관 박사들이 이를 저지하려고 하면서 유흠과 큰 논쟁을 벌였기 때문이다. 이 논쟁은 그 뒤 청대까지 이어졌다. 한편 오늘날까지 전해지고 있는 58편의『공전고문상서』혹은『공안국전상서』는『매씨상서』라고도 불린다. 이『매씨상서』에는『금문상서』와『고문상서』가 다 수록되어 있다.『금문상서』는 원래 29편이었으나 매색이 편을 나누어 33편으로 편집했고,『고문상서』는 16편이었으나 9편을 더하여 25편으로 구성되었다.『매씨상서』는 그 당시 유행하던 정통론의 영향을 받아 정(正)과 사(邪)를 구분하는 명분론적 경향이 강했다. 따라서 동진과 비슷한 정치적 환경에 처해 있던 남송 시절에 높은 평가를 받아 진본으로 인정되었다. 그러나『매씨상서』58편 중 25편의『고문상서』는 뒤에 위작으로 밝혀졌다. 이를 최초로 밝힌 사람은 청 초기의 고증학자인 염약거(1636~1704)이다. 그는『상서고문소증(尙書古文疏證)』이라는 책에서, 동진의 매색이 조정에 진상한 상서 58편 중『고문상서』25편은 마융(馬融), 정현(鄭玄) 등이 주석을 단『공벽고문상서(孔壁古文尙書)』와 편수(編數)나 편명(編名)과 일치하지 않으며 그 내용도 위작으로 볼 근거가 많다고 주장했다. 다산 정약용도『매씨서평(梅氏書評)』이란 책에서『공전고문상서』중 25편의『고문상서』가 위작임을 밝혔다. 고문과 금문은 공자에 대한 평가, 경전에 대한 평가 등에서 큰 차이가 있다. 자세한 내용은 풍우란, 정인재 역,『중국철학사』하, 형설출판사, 1989, 107~109쪽; 신정근,『철학사의 전환』, 글항아리, 2012, 54~71쪽; 이기동,『서경강설』, 성균관대 출판부, 2017, 15~26쪽; 정약용, 이지형 역,『역주 매씨서평』, 문학과지성사, 2012 참조.

에 제남(濟南)의 노학자 복승(伏勝)[82]이 『서경』 29편을 능숙하게 암기하여[83] 전한 것을 금문이라고 부르고, 그 뒤 공자의 고택을 허물 때 벽 속에서 나온 고서를 고문이라고 부른다. 따라서 지금의 『서경』 58편에는 금문 29편과 고문 29편이 함께 섞여 있다.[84] 그런데 금문과 고문의 문장을 비교해 보면 그 체재가 전혀 다르다. 금문은 난삽하고 고문은 평이하며, 그 문장의 뜻(文意)과 어조(語勢)도 명확하게 두 형태로 구별되어 누구의 눈으로 봐도 진나라 화재 이전에 유행하던 같은 책의 내용이라고는 생각할 수가 없다. 그중 하나는 틀림없이 위작임을 피할 수 없다. 특히 벽속에 있던 고문이 유행한 것은 진시대인데, 그 이전 한대에 『서경』 중 한 편으로 여러 유학자가 인용하였던 『진서(秦誓)』[85]라는 책이 진시대에 '가짜진서(僞秦誓)'로 밝혀져 이를 없앤 적이 있었다. 어찌됐건 『서경』의 유래는 불분명하다고 말하지 않을 수 없다. 그럼에도 후세에 이르러 사람들의 신앙이 점점 더 굳어지자 이를 하나로 묶어 성인의 책으로 삼았는데, 채침(蔡沈)[86]도 『서경집전』 서문에서 성인의 마음이 책에 나타나 있다고 말했다. 괴이하다고 할 만하지 않느냐. 생각건대 채침의 의도는 금문과 고문

---

82  '복생(伏生)'이라고도 부른다.

83  복생이 스스로 암송한 것을 구술했다는 설도 있다. 고문학자 위굉에 따르면, "복생이 늙어 말도 제대로 못하고 의미도 알아들을 수가 없어서 그의 딸이 의미를 설명해주었다. 그런데 복생의 제(齊) 지역 방언과 조착이 영천(潁川) 방언이 달라서 조조가 이해하지 못한 게 열 개 중 두세 개나 되었고 이 때문에 조착은 자신의 추측으로 문맥을 바로잡을 수밖에 없었다"고 한다. 그리고 이로 인해 『금문상서』가 유독 난해하게 되었다고 말한다. 어찌됐건 복생은 벽 속에 숨겨둔 책을 찾아내 이를 토대로 복구한 『서경』으로 제남 지역에서 제자들을 길렀다고 한다.(이기동, 앞의 책, 17쪽)

84  지금의 『서경』 58편은 금문 33편과 고문25편으로 구성되어 있다. 『금문상서』는 원래 29편이었지만 매색이 이를 33편으로 편찬하여 모두 58편이 되었다.

85  『서경』 「주서(周書)」에는 「태서(泰誓)」편과 「진서(秦誓)」편 둘 다 있지만 위작으로 판명된 것은 「진서」가 아니라 「태서」이다. 후쿠자와가 잘못 쓴 것이다.

86  채침(1176~1230)은 남송(南宋)시대의 학자로 주희(朱熹)의 제자다. 원래 주희가 서전(書傳, 『서경』에 관한 해설)을 저술하려고 했지만 시간이 나지 않아 채침에게 맡겼다고 한다. 이에 채침이 저술한 책이 『서경집전(書經集傳)』(총 60권)이다. 그는 평생 관직에 나서지 않고 구봉(九峰)에 은거하며 살았다. 이 때문에 그를 구봉선생이라고도 부른다.

등의 구별을 논하지 않아도 책 속에 쓰여 있는 내용이 성인의 뜻과 부합하기[87] 때문에 이 책을 성인의 책으로 간주하려는 것이겠지만, 고문이나 금문 중 하나는 성인의 뜻을 받아들여 후세에 위작한 문장이기에 이를 가짜 경전(僞聖書)이라고 말하지 않을 수 없다. 따라서 세상에는 거짓 군자가 많음은 물론이고, 때로는 가짜 성인이 생겨나 가짜 경전도 만들 수 있음을 알 수 있다.

## ▌지혜는 검증할 수 있다

지혜는 곧 그렇지 않다. 세상에는 지혜의 양이 충분히 많이 있기 때문에, 가르치지 않아도 이를 서로 익히고 자연스럽게 사람을 바꾸어 지혜의 영역으로 들어가게 하는 건 또한 저 덕의의 풍화와 다르지 않지만, 지혜의 힘은 꼭 풍화에 의해서만 그 활동을 넓히는 것이 아니다. 지혜는 이를 배움에 형체形가 있고 그 흔적도 분명하게 볼 수 있다. 가감승제加減乘除 방법術을 배우면 곧바로 가감승제를 할 수 있다. 물을 끓여 증기로 만들 수 있는 이치를 듣고 기관을 만들어 이 증기력을 쓰는 법을 전습傳習하면 곧바로 증기기관을 완성할 수 있다. 일단 이것을 완성하면 그 공용은 제임스 와트가 만들었던 기관과 다르지 않다. 이를 유형의 지식智敎[88]이라고 말한다.

그 가르침에 형체가 있다면 마찬가지로 이를 시험함에도 유형의 규칙과 승묵이 있다. 따라서 지혜의 방법과 기술法術을 사람들에게 가르쳤지만 실제

---

87  위작으로 밝혀진 『고문상서』가 오늘날까지 『서경』에서 삭제되지 않고 함께 실려 있는 까닭에 관해서는 신정근, 앞의 책, 65~67쪽 참조.

88  원문은 '유형의 지교'로 되어 있다. 지교는 지식을 가리킨다. 따라서 유형의 지식은 구체적인 지식을 말한다. 가르침과 시험에 형식이 있다는 말은 가르침도, 시험방법도 '구체적으로' 할 수 있다는 의미이다.

현장에서 이를 시행함에 여전히 꺼림칙하게 느끼는 사항이 있으면 실제 현장에서 이를 시험할 수도 있다. 이를 시험한 뒤 아직 실제 현장에서 실행할 수 없는 자가 있다면 다시 실제 현장에서 실행하는 방법을 가르치면 된다. 어느 것이든지 모두 다 형체를 가지고 가르칠 수 없는 것은 없다.

예를 들어 여기에 수학 교사가 있다고 치자. 12를 똑같이 나누어 6을 구하는 방법을 학생들에게 가르친 뒤, 이 방법을 실제로 이해했는지 아닌지는 12개의 구슬을 주고 이것을 나누는 시험을 해 보면 금방 확인할 수 있다. 학생이 만약 잘못하여 이 구슬을 두 묶음으로 나누었는데 8과 4가 되었다면, 아직 방법을 이해하지 못한 것이다. 혹시 그럴 경우에는 다시 설명한 뒤 이를 시험하고, 이때 12개의 구슬을 똑같이 나누어 6과 6을 얻으면 이 단계의 전습은 끝나며, 그 학생이 배운 뛰어난 방법은 교사와 다를 게 없어서 마치 천지 사이에 두 명의 교사가 생긴 것과 같다. 그 전습의 신속함과 시험의 명백함은 바로 앞에서 눈 귀로 보고 들을 수 있다. 항해 기술을 시험할 때에는 배를 몰아 바다를 건너게 하면 될 것이고, 상업의 기술을 시험할 때에는 물건을 매매하게 해서 그 손익을 계산해보면 될 것이며, 의술의 수준巧拙은 환자의 치료 여부를 보면 알 수 있고, 경제학의 수준은 가계의 빈부로 확인할 수 있다. 이처럼 하나하나 증거를 보고 그 기술을 얻었는지 아닌지 확인하는 것을 지술유형知術有形의 시험방법이라고 말한다. 따라서 지혜의 일에 관해서는 겉모습을 꾸며서 세간을 속일 수 있는 방법이 없다. 부덕한 자가 겉모습을 꾸며서 유덕有德한 자처럼 보이게 할 수는 있지만, 우자愚者가 꾸며서 지자智者를 흉내 낼 수는 없다. 이것이 바로 세상에 거짓 군자는 많아도 거짓 지자는 적은 까닭이다.

가끔 저 경제가가 천하의 경제를 논하면서도 일가一家의 세대를 보전하는 방법을 모르고 항해사가 이론議論은 뛰어나지만 배를 몰 수 없는 것과 같은 경우는 세간에 그 사례가 적지 않다. 이들이 흔히 말해 거짓 지자偽智者와 같은 자들인데, 세상만사에 이론議論과 실제가 서로 달라야 할 이치는 분명 없다. 다만 덕의에 관해서는 이처럼 이론議論과 실제의 차이를 명확하게 밝힐 수 있는 승묵이 없을 따름. 지혜의 영역에서는 가령 이런 거짓 지자가 생겨도 더욱이 그 진위를 따질 수 있는 수단이 있다. 따라서 항해사가 배를 몰 수 없고 경제학자가 세대를 유지하는 데 서투르다면, 그 사람은 틀림없이 아직 제대로 기술을 익히지 못했거나 아니면 그가 배우고 익힌 기술을 가로막는 원인이 따로 있어서 그런 것이다(예를 들어 경제가가 사치를 좋아하거나, 항해사의 신체가 허약하여 그의 기술은 탁월해도 이를 실제 현장에서 시행할 수 없는 경우를 말한다).

그리고 거기에 덧붙여, 그러한 기술이든 또는 이것을 가로막는 원인이든 이것들은 모두 유형의 일이기에 그 상황有樣을 따져보면 진짜로 그러한 기술을 가진 자인지 그렇지 않은 자인지 밝히는 것도 어렵지 않다. 그 진위를 이미 밝혔을 때에는 또 곁에서 의논하며 이 사람을 가르치는 법도 있을 것이고, 아니면 스스로 공부하거나 다른 사람에게 배우는 길도 있을 것이다. 결국 지혜의 세계에는 거짓 지자를 받아들일 만한 자리가 남아있지 않다. 따라서 말하건대, 덕의는 형체形를 가지고 사람을 가르칠 수 없고 형체를 가지고 진위眞偽를 따질 수도 없으며 오직 무형의 방식際[89]으로만 사람을 바꿀他 수 있을 따름. 지혜는 형체를 가지고 사람을 가르칠 수 있고 형체를 가지고 진위를 밝힐 수 있으며, 또한 무형의 방식際으로도 사람을 바꿀 수 있다.

---

89 원문에는 '무형(無形)'의 '제(際)'로 되어 있다. 『著作集』에서는 이를 '추상적 지식'으로 해석하고 있다. 하지만 '무형의 제'는 구체적 지식과 대비되는 '추상적 지식'을 의미하는 것이 아니라, 객관적으로는 알 수 없는 내면의 동기에 의해서 도덕적인 변화가 일어나는 것을 가리키는 말이다.

## ┃ 덕에 관한 두 사례

덕의는 한 사람의 마음공부에 따라 진퇴하는 것이다. 예컨대 여기 두 소년이 있었다고 하자. 함께 시골에서 태어나 천품이 부지런하고 곧은 점에서 두 사람 사이에는 털끝만큼의 차이도 없었는데, 상업 때문이든 아니면 학문 때문이든 도시로 나가 처음에는 스스로 친구를 골라서 사귀고 스승도 골라서 배우면서 도시의 인정이 경박함을 보고 남몰래 탄식한 적도 있었지만, 반년이 넘고 일 년이 지나는 사이에 그중 한 사람은 원래의 시골 혼魂이 바뀌어 도시의 부화浮華90를 배우고 끝내는 방탕무뢰放蕩無賴에 빠져 인생을 그르치고 다른 한 사람은 그렇지 않고 더욱더 몸을 닦아 품행에 늘 변함이 없고 이전의 시골 본마음本心을 잃지 않아 두 사람의 덕행에 갑자기 하늘과 땅만큼이나 차이가 나게 되었다. 그런 경우는 오늘날 도쿄에서 공부하는 생도들을 보면 알 수 있다. 만약 이 두 소년을 고향에 있도록 했다면 두 사람 다 부지런하고 곧은 인물로서 세월이 흐름에 따라 분명 덕을 갖춘 어른이 되었을 터인데, 중년이 되자 한 사람은 덕에서 부덕으로 가 버렸고 한 사람은 훌륭하게 자기 자신을 온전하게 한 것이다. 지금 그 까닭을 찾아보면 두 사람의 천품이 서로 달랐던 것은 아니고 또 그들이 사귀었던 사람도 같고 배운 것도 같았기에 교육의 좋고 나쁨 때문이었다고도 말할 수 없다. 그런데도 그 덕행에 이와 같이 현격한 차이가 생긴 건 무엇 때문이겠느냐. 한 사람의 덕의는 갑자기 바뀌어 퇴보하고 다른 한 사람은 그대로 이를 지키며 잃지 않았으므로, 외물外物의 활동에 강약이 있었던 것이 아니라 마음공부에 동動과 부동不動의 차이가 있어서 한 사람은 물러나고 다른 한 사람은 나아갔음을 증거해 준다.

---

90  겉만 화려하고 실속이 없음을 가리킨다.

또 소년 때부터 유야방탕遊冶放蕩을 일삼고 물건을 훔치고 사람을 해치며, 악업惡業에 손대지 않은 곳이 없어 친척과 친구와의 교제도 끊기고 거의 세간에 몸 하나 둘 곳이 없는 처지에 이른 사람일지라도, 한순간 활연히 마음 씨心術를 바꾸어 지난날의 잘못을 뉘우치고 앞날의 화복을 깊게 생각하며 근신하고 공부하면서 여생을 마치는 경우가 있다. 그 사람의 일생의 마음가짐 心事을 보면 명확하게 앞뒤 두 단계로 나뉘어져 한 생生이면서도 참으로 두 생生을 살아서 마치 복숭아나무 줄기에 매화 싹을 접붙여 큰 나무가 된 뒤 매화만 보면 그 뿌리가 복숭아나무라는 사실을 판별할 수 없는 것과 같다. 참고로 세간에서 그러한 실례를 찾아보면 옛날의 노름꾼이 지금은 염불수행자가 되고 유명한 악당이 견실한 상인으로 변한 경우가 드물지 않다. 이 사람들은 모두 남의 지시에 따라 마음가짐을 바꾼 것이 아니며 오직 자신의 마음공부에 따라 개심한 것이다.

옛날에 구마가이 나오자네熊谷直實91가 다이라노 아쓰모리平敦盛92를 토벌

---

91 구마가이 나오자네(1141~1208). 가마쿠라시대 초기 무사시구니의 사무라이다. 미나모토 요리토모를 섬겼으며 다이라노 아쓰모리를 토벌한 뒤 인생의 무상함을 느껴 출가하였다고 한다. 『헤이케모노가타리(平家物語)』의 주요 등장인물 중 한 사람이다. 하지만 구마가이가 실제로 출가한 동기는 이와 다르다. 그가 불가에 입문한 것은 겐큐 3년(1192)에 친족 중 한 명과 영지 분쟁이 생겼는데, 요리토모가 이 분쟁에 관해 내린 판결에 불만을 품었기 때문이라고 한다. 『헤이케모노가타리』에 나오는 이야기이다.

92 다이라노 아쓰모리(1169~1184)는 다이라노 기요모리의 동생 다이라노 쓰네모리의 아들이다. 구마가이 나오자네와의 전투에 16세의 어린 나이로 출전했다. 하지만 패색이 짙어져 도주하는데 구마가이가, "적에게 등을 보이며 도망가는 것은 사무라이가 아니다"라고 소리치자 말을 돌려 구마가이에게 다시 가서 붙잡혔다. 구마가이가 아쓰모리의 복을 치려고 투구를 벗기자 자신의 아들과 같은 나이의 아직 어린 사무라이였다. 이에 구마가이는 목을 치지 못하고 주저하였다. 이름을 묻자 아쓰모리는, 내 머리를 빨리 벤 뒤 알아보기 바란다고 하면서 당신 같은 사무라이라면 죽어도 괜찮다고 대답했다. 결국 구마가이는 아쓰모리의 목을 베었지만 이 사건으로 삶의 회의를 느껴 출가했다. 그 뒤 구마가이는 쓰네모리에게 서신을 보내고 쓰네모리도 답신을 하였다. 구마가이와 아쓰모리의 이야기는 가부키나 노(能) 등에 자주 등장한다. 일본에서 매우 인기 있는 소재다.

한 뒤 부처에 귀의하고, 어느 사냥꾼이 새끼를 밴 원숭이를 맞춘 뒤 평생 사냥을 그만두었다는 이야기도 이런 종류일 것이다. 구마가이도 부처에 귀의하고 나면 곧 염불수행자이지 옛날의 거친 무사가 아니며, 사냥꾼도 철포를 내던지고 쟁기를 집으면 곧 순한 백성이지 살생을 일삼던 그 사람이 아니다. 거친 무사에서 염불수행자로 바뀌고 살생을 일삼던 자에서 백성으로 옮아가는 데에 다른 사람의 전습은 필요 없으며, 일심一心의 공부로 순식간에 행할 수 있다. 덕과 부덕 사이에는 터럭 한 올도 낄 틈이 없다.

  하지만 지혜에 이르면 그 취지가 크게 달라진다. 사람의 생生은 무지하고 배우지 않으면 나아갈 수 없다. 갓 태어난 아기를 사람이 없는 산속에 버려두면, 다행히 죽지는 않아도 그 지혜는 거의 금수와 다르지 않을 것이다. 어쩌면 꾀꼬리가 둥지를 트는 것과 같은 정교한 기술은, 가르침敎이 없다면 인간의 한 세대一代에 걸친 공부로도 가질 수 없을 것이다. 인간의 지혜는 오로지 가르침에 달려 있을 따름. 지혜를 가르치면 그 나아감에는 또 한계가 있을 수 없다. 이미 나아갔다면 또 물러서는 일이 있을 수 없다. 두 소년의 천품이 서로 같았다면 이를 배우고 또 함께 나아갔을 것이다. 어쩌면 두 사람의 진보에 빠르고 느림이 있었던 것은 그 천품이 서로 다르다든지 그 교육방법이 같지 않다든지 아니면 두 사람의 근태勤怠가 같지 않아서 그랬을 것이다. 어떤 사정이 있다고 해도, 일심의 공부로 갑자기 지혜를 여는 방법은 있을 수 없다. 어제의 노름꾼이 오늘 염불수행자가 될 수는 있지만, 사람의 지혜와 어리석음智愚은 외물과의 접촉 없이 하루 사이에 바뀔 수 없다. 또 작년에는 부지런하고 곧던 사람生이 올해 방탕아遊冶郎로 바뀌어 부지런하고 곧은 흔적은 찾아볼 수 없어도, 사람이 이미 얻은 지혜와 식견智見은 건망증에 걸리지 않는 한 잃지 않는다.

맹자는 호연지기浩然之氣[93]라고 말하고, 송유宋儒의 학설에서는 '한 순간에 활연히 통한다'고 말하며,[94] 선가禪家에서는 오도悟道[95]라고 말하는 것이 있는데, 이들은 모두 무형의 마음으로 무형의 것事을 공부할 뿐 외형으로 드러나는 실제 흔적實跡은 볼 수가 없다. 반면 지혜의 영역에서는 한 순간에 활연해져 이를 깨닫고 그 공용功用이 성대해지는 것, 저 호연지기 같은 건 있을 수 없다. 제임스 와트가 증기기관을 발명하고 아담 스미스가 경제론을 맨 처음 제시한 것[96]은 묵거독좌默居獨坐[97]하여 한 순간에 활연히 도를 깨친 게 아니며, 오랜 기간 동안 유형의 이학理學[98]을 연구한 끝에 그 공적이 점차 현실에서 이뤄진 것이다. 달마대사達磨大師가 90년 동안 면벽수행을 한다고 해

---

93 호연지기는『맹자』「공손축」편―상 제2장에 나온다. 원문은 다음과 같다. "敢問夫子 惡 乎長 曰我知言 我善養吾浩然之氣. 敢問何謂浩然之氣 曰難言也 其爲氣也 至大至剛 以 直養而無害 則塞于天地之間." 맹자가 자신과 고자(告子)의 부동심(不動心)을 비교하면서 한 말이다. 자신은 말을 알며, 호연지기를 잘 기른다는 의미이다.(성백효,『맹자집 주』, 앞의 책, 127~133쪽 참조)

94 '활연관통(豁然貫通)'은『대학』의「전문」제5장「격물보전(格物補傳)」에 나온다. 이 보전은 주희가『대학』「전문」제5장에 소실된 부분이 있다고 생각하여 자신이 별도로 134자를 보완하여 써 놓은 것이다. '활연관통'과 관련된 부분은 다음과 같다. "是以大學 始教 必使學者 卽凡天下之物 莫不因其已知之理而益窮之 以求至乎其極 至於用力之久 而一旦豁然貫通焉 則衆物之表裏精粗 無不到 而吾心之全體大用 無不明矣 此謂物格 此 謂知之至也."(성백효,『대학·중용집주』, 앞의 책, 44쪽)

95 한순간에 불법을 깨치는 것을 말한다. '돈오(頓悟)'라고도 말한다. 불법을 깨치는 데는 오랜 수양을 통해 점진적으로 얻는 방법과 한 순간에 얻는 방법 두 가지가 있으며, 옛날부터 그 방법을 두고 많은 학설이 대립했다.

96 당시 유럽의 지식인에게 아담 스미스의『국부론』은 '경제의 법칙'을 발견했다는 의미에서 획기적인 사건으로 받아들여졌다. 즉 '사회관계'에도 법칙이 있다는 발견은 뉴턴의 만유인력 법칙이나 제임스 와트의 증기기관 발명 같은 과학적 발견 이상의 사건으로 받아들여졌다. 수학, 천문학이 고대문명에서 이미 시작된 반면 경제학과 사회학, 심리학 같은 사회과학은 아담 스미스 이후 시작된 신생 학문임을 생각하면 아담 스미스의 경제 법칙이 얼마나 큰 발명이었는지 짐작할 수 있다.

97 '묵거독좌'는 침묵을 지키면서 홀로 가만히 앉아 묵상하는 것을 의미한다.

98 '유형의 이학'은 자연과학을 가리킨다. '이학'은 철학을 가리키는 경우가 많지만 유형의 이학은 '형이하학' 즉 '과학'을 가리킨다.

도<sup>99</sup> 증기와 전신을 발명할 수는 없다.

지금의 고학자古學子 부류들에게 일본과 중국의 경서를 만 권이나 읽게 하고 무형의 은위恩威로 하민下民을 다스릴 묘책을 공부시킨다고 해도 요즘 세계에 퍼져있는 치국경제治國經濟의 문에 갑자기 도달할 수는 없다. 따라서 말하노니, 지혜는 배워야 나아갈 수 있고 배우지 않으면 나아갈 수 없다. 한번 배워서 얻으면 또한 물러서는 일이 없다. 반면 덕의는 가르치기 어렵고 배우기 어려우며, 때로는 일심의 마음공부에 의해 갑자기 진퇴하는 경우도 있다.


## 덕만능주의에 빠지면 안 된다

세상의 어느 덕행가<sup>100</sup>가 말하길, 덕의는 모든 일百事의 큰 줄기大本이며 인간의 사업事業은 덕德에 의하지 않으면 성공할 수 있는 게 없고 일신의 덕德을 닦으면 성공 못 할 게 없으니, 덕의는 가르치지 않을 수 없고 배우지 않

---

99 달마대사가 9년 동안 동굴에서 면벽수행 한 것에 비유하였다. 달마대사는 중국 선종의 개조로 일컬어지는 인도 승려다. '달마'는 산스크리트어로 '법(法)'을 의미한다. 제자 담림(曇林)이 전하는 것에 따르면 달마대사는 남인도 타미르족 팟라봐 왕조 국왕의 세 번째 왕자로 태어나 중국에서 활약하였으며, 5세기 후반에서 6세기 전반에 걸쳐 생존했다고 한다. 도선(道宣)은 남북조 송나라시대(늦어도 479년 제나라가 수립되기 이전)에 중국으로 왔다고 한다. 『경덕전등록(景德伝灯録)』에 의하면 석가모니로부터 불법을 전수받은 제28대에 해당한다고 한다. 중국에서는 낙양 교외에 있는 숭산 소림사에서 면벽수행을 하였으며, 확인된 제자로는 담림(曇林), 혜가(慧可)가 있다. 그의 언행과 행적을 기록한 책으로는 담림의 『이입사행론(二入四行論)』이 있다. 이 책에 의하면 달마대사는 520년 9월 21일 바다를 건너 광주에 도착했다. 당시는 남북조시대로 달마대사는 처음에 양나라의 무제를 만나 문답을 나누었다. 달마대사에 관한 가장 오래된 기록은 북위의 양현지가 편찬한 『낙양가람기(洛陽伽藍記)』(547)이다. 『낙양가람기』는 한글로도 번역되어 있다.(양현지, 서윤희 역, 『낙양가람기』, 눌와, 2001) 하지만 달마에 관한 이러한 이야기는 역사적 사실이 아니라 선종이 융성해지면서 후대에 꾸며진 전설이라는 주장이 많다.
100 도덕 만능주의자, 혹은 도덕 원리주의자를 가리킨다.

을 수 없으며, 인간만사 내버려두어도 문제없으니 먼저 덕의를 닦고 난 뒤에 일을 꾀해야 하며, 세상에 덕교德教가 없으면 마치 깜깜한 밤에 등불을 잃은 것과 같아서 사물의 방향을 찾기 어렵고, 서양문명도 덕교가 이룬 것이고, 아시아가 반개半開이고 아프리카가 야만인 것도 그 원인은 오직 덕의를 닦음이 깊고 얕음에 따라 그런 것이니, 덕교는 마치 추위와 더위 같고 문명은 마치 온도계와 같아서 이쪽에 증감이 생기면 곧바로 저쪽도 반응하여 덕을 1도 늘리면 문명도 1도 나아가는 것이라면서, 사람의 부덕을 슬퍼하고 사람의 불선不善을 걱정하며, 때론 예수의 가르침을 받아들여야 한다고 말하고 때로는 신도가 쇠한 것을 되살려야 한다고 말하고, 때로는 불법佛法을 유지 확산시켜야 한다고 말하며, 유학자에게도 학설이 있고 국학자에게도 논리가 있어 이설쟁론으로 떠들썩하게 재잘대며, 그 슬퍼하고 우려하고 탄식하는 모습이 마치 물과 불이 금방 집을 덮치려고 하는 듯하다. 이 어찌 큰 낭패가 아니겠느냐. 하지만 나의 눈에는 자연스레 달리 보이는 측면이 또 있다.

　무릇 사물의 극단적인 상황을 들고 나오면 이 때문에 논의가 머무를 곳을 정할 수가 없다. 지금 불선不善 부덕不德이라는 극단적인 상황을 본위本位로 해놓고 단지 그중 어느 한 쪽만 구제하려고 한다면, 본래 초미의 급한 일이라고 해도 이 한 쪽의 부족함을 채우는 것만으로는 아직 사람의 일人事을 온전히 다 했다고 말할 수 없다. 마치 손으로 바로 입에 집어넣는 먹거리를 얻는 것만으로는 인가의 살 길活計를 찾았다고 말할 수 없는 것과 같다. 만약 사물의 극단적인 상황을 두고 논의를 정해야 하는 것이라면 덕행의 가르침教 또한 무력하다고 말하지 않을 수 없다.

　가령 지금 덕교만을 문명의 큰 줄기大本로 삼아 전 세계의 인민으로 하여금 모조리 다 예수의 성경을 읽게 하고 그것을 읽는 것 밖에는 아무 일도 못하게 하면 어떻게 되겠는가. 선가禪家의 불립문자不立文字[101] 가르침을 널리 퍼뜨려 천하의 인민이 문자를 잊어버리면 어떻게 되겠느냐. 『고사기』[102]와 오경五經[103]을 암송하고 충의수신의 도를 배우기만 하면 호구지책糊口之策[104] 을 알지 못하는 사람일지라도 이 사람을 문명인이라고 부를 수 있겠느냐. 오 관官[105]의 정욕을 멀리하고 간난의 고통을 참기만 하면 인간세계가 어떤 것 인지 모르는 사람일지라도 이 사람을 개화된 사람이라고 부를 수 있겠느냐. 길가에 석상이 있고 세 마리의 원숭이가 조각되어 있는데, 하나는 눈을 가리 고, 하나는 귀를 가리고, 하나는 입을 가리고 있다. 생각건대 보지 말고, 듣 지 말고, 말하지 말라는 뜻을 가진 우화寓意로서 인내의 덕의를 표현한 게 아 니겠느냐. 이러한 취지에 따른다면, 사람의 눈, 귀, 입은 부덕의 매개체로서 하늘이 사람을 만들 때 부덕의 도구를 이들에게 부여해 준 것과 같다. 눈, 귀, 입이 해롭다고 한다면 손발 또한 악한 일의 방편이리라. 따라서 장님과 귀머거리와 벙어리는 아직 온전히 선한 사람善人이 아니니, 거기에 덧붙여 사지의 기능働까지도 빼앗아 버리는 것이야말로 상책이리라. 아니면 그러한 불구의 생명체生物를 만들기보다는 차라리 세상에서 인류를 없애 버리는 것 이 상책 중의 상책일 수도 있다. 이것을 조물주造化의 약속이라고 말할 수 있

---

101 불법은 문자로 전할 수 없음을 의미한다. 불법은 문자나 언어가 아니라 마음에서 마음으 로 전해진다고 본다. 이심전심과 같은 말이다.
102 『고사기』는 현존하는 일본의 역사서 중 가장 오래된 책이다. 겐메이(元明) 천황(제43 대 천황, 661~721)의 명으로 오노 야스마로가 편찬하였으며, 서기 712년에 완성되었 다. 원본은 전해지지 않으며, 여러 종류의 필사본이 전해 내려오고 있다. 일본 신대(神 代)의 천지창조 신화에서부터 스이코(推古) 천황(제33대 천황, 554~628)에 이르기 까지의 여러 사건, 신화, 전설 등이 기록되어 있다.
103 '오경'은 『역경(易)』·『서경(書)』·『시경(詩)』·『예기(禮)』·『춘추(春秋)』 등 다섯 개의 경전을 가리킨다.
104 '호구지책'은 입에 겨우 풀칠할 수 있을 정도로 가난한 상태를 말한다.
105 '오관'은 오감을 일으키는 감각기관. 시각, 청각, 후각, 미각, 감촉을 말한다.

겠느냐. 나는 좀 의심치 않을 수 없다.

그래도 예수의 성경을 외우고 불립문자의 가르침에 귀의하며, 충의와 수신의 도를 받들고 오관과 육체의 정욕을 멀리하는 자는 덕의의 가르침을 믿어 의심치 않는 사람이다. 이 가르침을 믿어 의심치 않는 사람은 설령 무지하다고 해도 악인이라고 책망할 이유는 없다. 무지를 책망함은 지혜의 일이며 덕의가 관여할 게 아니다. 따라서 극단적으로 논한다면, 덕교에서는 사덕私德이 결여된 자를 대개 악인으로 삼고 오직 세상에서 이 악인의 수를 줄이는 것 하나에만 가르침의 목적이 있는 듯하다. 그렇지만 인심의 활동을 좀더 넓게 고찰하여 그 사적事跡에 드러나는 것을 자세히 살펴보면 이처럼 악인을 줄이는 일 하나만으로는 문명이라고 말할 수 없는 이유가 있다.

지금 시골 주민土民과 도시의 시민을 견주어 사덕의 양을 재어 보면 어느쪽이 더 많은지 명확히 가리기는 어렵겠지만, 세간의 일반론에 따르면 우선시골의 풍속을 더 질박한 것으로서 좋아하리라. 설사 이를 좋아하지 않더라도 시골의 덕풍德風을 박하다고 하고 도시의 덕풍을 후하다고 할 자는 없을 것이다. 상고시대와 근세를 견주어 보고 아이와 어른을 견주어 보아도 역시마찬가지다. 그런데도 문명 여부를 논한다면, 도시는 문명화되었으며 근세는 문명화되고 진보하였다고 말하지 않을 자는 없다.

그렇다면 곧 문명은 단지 악인의 수가 많고 적음에 따라 그 진퇴를 점칠수 없다. 문명의 큰 줄기가 사덕 한쪽에 달려 있는 게 아님을 명백하게 증명할 수 있음에도 불구하고, 저 덕행의 식자들은 처음부터 논의의 극단에 머물러 사상思想에 여지를 남겨 두지 않고 한쪽으로 치우쳐, 문명의 광대함을 모르고, 문명의 잡박雜駁함을 모르고, 움직임을 모르고, 나아감을 모르고, 인심의 활동이 여러 갈래임을 모르고, 지덕에 공과 사의 구별이 있음을 모르고,

공사公私가 서로 제어함을 모르고, 서로 균형을 잡음을 모르고, 모든 사물을 한 덩어리로 합쳐서 전체 국면의 득실을 판단하는 법을 모르고, 오직 외곬로 一心一向로 이 세상에서 악인의 수를 감소시키려고만 하여 그 폐해가 마침내 세상의 인민을 희호羲昊황제[106] 이전의 백성처럼 만들려고 하고, 도시는 시골처럼 만들려 하며, 성인을 아이처럼 만들려고 하고, 중생을 돌원숭이처럼 만들려고 하는 좁은 의견에 빠진 것이다. 분명 신·유·불 및 예수의 가르침도 그 본지는 물론 그처럼 각박切迫한 것은 아니었겠지만, 어찌됐건 세간의 일반적인 기풍 속에서 그 가르침을 전하고 또 이를 받아들일 때 인심이 느끼는 결과를 보면 끝끝내 이 좁은 견해로 말미암은 폐해에서 벗어나지 못하고 있다. 그 모습을 형용하여 말하자면, 위장이 몹시 약한 사람酸敗家[107]에게는 어떤 음식물을 줘도 모두 다 소화불량이 되어 자양 효과를 얻기 어려운 것과 같다. 음식의 죄가 아니라 고질병의 영향 때문이다. 학자들은 이 점에 주의하지 않으면 안 된다.

또 저 식자가 세상의 부덕을 깊이 우려하는 까닭을 찾아보면 결국은 세상 사람을 모두 다 악한 사람으로 여겨 이들을 구제하려는 취지 때문일 것이다. 그 노파심은 정말 귀하지만, 세상 사람을 죄업이 많은 범부[108]라고 부르는 건 이른바 자리를 보고 설교하겠다는 방편일 뿐 실제로는 꼭 그렇지 않다. 인류가 일생 동안 부지런히 악행만 일삼는 건 아니다. 예나 지금이나 세상의

---

106 원문에는 '희호(犧昊)'로 되어 있지만 '희호(羲昊)'가 올바르다. 희호황제는 고대 중국의 삼황오제 전설에 나오는, 삼황 중 한 명인 복희와 오제 중 한 명인 소호(少昊)를 함께 가리키는 말이다. 전설에서 복희는 인류에게 닥친 대홍수시기에 표주박 속에 들어가 있었던 덕분에 다시 살아났다고 전한다. 이 때문에 복희라고 부른다. '희호황제 이전 시대의 백성'이란 순박하고 욕심이 없는 태고시대의 사람을 가리키는 관용구이다.
107 '산패(酸敗)'는 음식물이 소화가 되지 않고 위 속에 정체되어 속이 쓰린 상태를 가리킨다.
108 불교에서 번뇌에 얽매여 생사를 초월하지 못하고 있는 중생을 가리키는 말이다.

어떤 선인이더라도 반드시 악행이 없음을 보증할 수는 없으며, 어떤 악인이더라도 반드시 선행이 없다고 기대할 수도 없다. 사람의 평생 동안의 행실行狀을 평균해 보면 선악이 서로 섞여 있지만 선 쪽이 더 많을 것이리라. 선행이 더 많아진다면야 세상의 문명도 차츰 나아지게 되리라. 그리고 그 선행은 모두 다 가르침의 힘에 의해 생기는 것이 아니다. 사람을 홀려 악에 빠뜨리려다가 그 음모가 기필코 백발백중 성공하지 못하게 되면 곧바로 이 음모를 거꾸로 뒤집어 선에 쓰는 것도 또한 반드시 사람을 인도하여 선으로 옮아가게 하지는 않음을 증거해 준다. 대개 사람 마음속의 선과 악은 사람마다의 공부에 달려 있는 것으로서 옆에서 자유자재로 주거나 뺏을 수 있는 게 아니다. 가르침教이 널리 퍼지지 않았던 고대의 백성 중에도 선한 사람이 있었고 지력이 발생하지 않은 어린 아이들 중에도 정직한 자가 많이 있음을 보면 사람의 본성은 평균적으로 선하다고 말하지 않을 수 없다.

덕교德教의 큰 취지는 그러한 선善의 발생을 가로막지 않는 데 달려 있을 뿐. 가족이나 친구 사이에 선을 권한다고 함은 그 사람의 천성에 없는 것을 옆에서 주는 게 아니라 그 선한 마음을 가로막고 있는 것을 제거하는 방법을 가르쳐 본인의 공부를 통해 자신의 선으로 돌아가게 하려는 것일 뿐. 따라서 덕의는 다른 사람人力의 가르침만으로 만들 수 있는 게 아니며 이는 배우는 사람의 공부에 의해 발생하는 것이다.

게다가 이른바 그러한 덕행이란 이 장의 첫머리에 적었듯이 단지 수동적인 사덕私德[109]으로, 결국에는 일신의 사욕을 멀리하고, 재산을 아끼지 않고 이름을 탐하지 않으며, 훔치지 않고 속이지 않으며, 마음精心을 결백하게 하

---

[109] 원문에는 '수신(受信)의 사덕'으로 되어 있으며, 후쿠자와 유키치의 초고에는, 'passive virtue'로 되어 있다.

고 성誠을 위해서는 목숨도 버리는 것을 가리켜 말하는 것으로서, 이를테면 인고忍難의 마음이다. 인고의 마음, 당연히 나쁘지 않다. 이를 저 탐린사도貪吝詐盜,[110] 대악무도大惡無道의 부덕不德과 견주어보면 같은 날 논할 게 아니지만, 사람의 품행에서 이 인고의 선한 마음과 부덕의 악한 마음 사이에는 또한 천태만상의 활동이 있게 마련이다. 앞 단락에서는 지덕의 항목을 네 가지 형태로 나누었지만 그 세부 항목을 일일이 든다면 거의 끝이 없을 것이다. 선악을 만약 혹서와 혹한 양 극단이라고 한다면, 그 사이에는 봄도 있고 가을도 있고 초여름도 있고 초겨울도 있어서 차고 더운 정도에 끝이 없는 것과 같다.

만약 인류가 자신의 천성을 온전하게 할 수 있다면 혹한의 악한 마음은 당연히 벌써 거기서 벗어나 아득히 먼 상류에 있어야 마땅하지 않겠느냐. 사람에게 훔치고 속일盜詐 마음이 없다는 것만으로 어떻게 이를 미덕이라고 부를 수 있겠느냐. 훔치지 말 것, 속이지 말 것 등과 같은 항목은 인류의 품행에서 손꼽아 둘 만한 것이 아니다. 만약 그가 탐린사도, 대악무도를 저지른다면 사람이면서도 사람이 아닌 자이다. 그 마음을 안에 숨기면 세간의 경멸을 받고, 그 소행所業을 밖으로 드러낼 때에는 인간교제의 법으로 이를 벌할 수 있다. 어느 쪽이든지 인과응보의 사정이 분명하여 징악의 도구는 밖에 갖춰져 있고 권선의 기회機는 안에 있다고 말할 수 있다. 그런데도 지금 사덕 한 쪽만을 부지런히 가르쳐 만물의 영靈[111]인 인류로 하여금 겨우 이 인간이면서 인간이 아닌人非人 부덕不德에서 벗어나게 하려고 노력하고 여기에서 벗어남을 인생 최고의 약속으로 삼아, 이런 가르침만을 실행하며 한 시대一世

---

110 탐내고 인색하며 속이고 훔침을 가리킨다.
111 『서경』「태서(泰誓)」편-상에 '유인만물지영(唯人萬物之靈)'이라는 구절이 있다.(이기동, 앞의 책)

를 농락하려다가 거꾸로 인생의 천품인 지력을 쪼그라들게 하는 것은, 분명 사람을 멸시하고 사람을 압제하여 타고난 본성天然을 가로막는 거동이라고 말하지 않을 수 없다.

마음이 한번 압제를 받으면 이를 다시 펼치기는 결코 쉽지 않다. 저 일향종一向宗112 무리들은 스스로를 범부라고 일컬으며 남의 힘他力에 의존113하여 극락왕생을 찾고, 일심일향一心一向으로 아미타불을 깊이 생각念하면서 여섯 자의 명호名號114를 소리 내어 외는 것 외에는 더 이상 공부하는 게 없다. 유학자漢儒者가 공맹의 도에 심취하여 경전을 반복하여 읽는 것 외에는 공부하지 않고, 국학자和學者가 신도를 믿으며 고서를 파고드는詮索 것 외에는 공부하지 않고, 양학자 부류들이 예수의 가르침에 기뻐서 일신日新의 학문을 잊고 바이블 한 권을 읽는 외에는 공부하지 않는 것과 같은 일도 모두 일향종 유형이다. 물론 이런 부류의 사람들에게도 그들이 신앙하는 것을 믿고 일신의 내면을 닦아 스스로 인간교제의 풍속風을 아름답게 하는 공능은 세상의 비익裨益 중 한 항목이기에 이를 필요없다고 책망할 이유는 결코 없다. 예

---

112 '일향종'은 '정토진종(淨土眞宗)'의 속칭이다. 오로지 한마음으로 '나무아미타불'만을 외우는 것 때문에 붙여진 이름이다.
113 이를 '타력신앙'이라고 말한다. 인간이 종교의 궁극적 이상에 이르는 방법을 크게 나누면 스스로의 힘으로 이루는 것과 다른 무엇의 힘으로 하는 것 두 가지가 있다. 스스로의 힘으로 이루는 것을 자력신앙이라고 부르고, 다른 어떤 힘으로 이루는 것을 타력신앙이라고 부른다. 아시아의 종교적인 전통에서는 자력신앙이 강했다. 힌두교, 유교, 소승불교, 불교의 선종은 대표적인 자력신앙이다. 반면 서양의 종교적 전통에서는 타력신앙이 강했다. 유대교, 기독교, 이슬람교, 조로아스터교가 대표적인 타력신앙이다. 특히 기독교는 철저한 타력신앙으로, 인간은 절대로 신이 될 수 없으며, 오로지 전지전능한 신에 의지할 때에만 신을 통해 구원을 받을 수 있다고 본다. 따라서 초기 기독교 신앙이 정착해가는 과정에서, 인간도 신의 비밀스러운 지혜에 접근하면 신이 될 수도 있다고 보았던 영지주의(그노시스파)를 이단으로 규정하여 철저하게 응징하였다. 본문의 일향종이나 정토종처럼 염불수행을 통해 성불할 수 있다고 보는 종파는 타력적 경향이 강한 경우라고 볼 수 있다.
114 '나무아미타불'을 가리킨다.

를 들어 문명의 사업을 지와 덕으로 구성된 짐荷이라고 하고 사람마다 이 짐 보따리를 맡아야 한다면, 가르침을 믿고 일신의 덕을 닦음은 곧 그 짐 일부를 지는 것으로서 한 쪽의 의무責에서는 벗어나겠지만, 단지 그가 믿고 싶은 것을 믿는 것만으로 행동働해야 할 것을 행동하지 않은 죄를 피하긴 어렵다. 그 사정은 마치 뇌는 있지만 신경이 없는 것과 같고, 머리는 온전하지만 팔을 잃은 것과 같다. 인류의 본분을 다하고 자신의 천성을 온전하게 하는 것은 분명 아니다.

## ▎ 서양의 종교는 문명과 함께 발전했다

이처럼 사덕은 타인의 힘으로 쉽게 만들 수 있는 게 아니다. 설사 이를 용케 만든다고 해도 지혜에 힘입지 않으면 쓰임을 이룰 수가 없다. 덕은 지혜智를 따르고, 지혜는 덕을 따르며, 무지無智의 덕의는 무덕無德과 같은 것이다. 아래에서 그 증거를 보여주겠다. 지금의 학자들, 예수의 종교를 편리하다고 하고 신·유·불을 우원하다고 함은 무엇 때문이겠느냐. 그 가르침에 옳고 그름의 구별이 있는가. 그것의 옳고 그름은 내가 감히 알지 못하고, 이를 판별함이 이 책의 취지도 아니므로 잠시 제쳐두고, 그 민심이 느끼는 공능에 관하여 논한다면 예수의 가르침 또한 항상 꼭 유력한 것은 아니다.

유럽의 선교사敎化師[115]가 동양의 여러 섬과 그 밖의 야만 지방에 와서 원주민土人을 개종시킨 사례는 예로부터 적지 않다. 그런데 오늘에 이르기까지 원주민은 변함없는 옛날 그대로의 원주민이고 그 문명의 양상은 당연히 유

---

115 '교화사(敎化師)'는 선교사를 가리킨다. 학문과 기술을 가르칠 경우에는 교사(敎師)로 쓰고 있다.

럽과 비교할 수 없다. 부부의 구별도 모르는 벌거숭이 원주민이 교회寺에 가득 모여 일처다부一母多父 사이에서 태어난 자식에게 예수교의 세례를 베풀어도 이것은 그냥 형식적인 개종改宗 의식일 뿐.

간혹 그 지방에 문명의 단서端를 열고 진보로 나아간 경우도 드물게 있긴 하지만 그 문명은 반드시 교사教師가 전습한 학문과 기술文學技藝이 함께 나아간 경우이며, 그냥 종교 하나만에 의지하여 생긴 결과는 아니다. 종교는 표면적인 의식이라고 할 수 있을 따름.[116] 다른 한편에서 보면, 신·유·불의 가르침으로 길러진 일본 인민에게도 단지 문명이라는 이름을 붙일 수 없을 뿐 그 마음씨에 이르면 이들을 모두 다 악한 사람이라고는 할 수 없고 정직한 사람도 또한 매우 많다. 이런 취지에서 보면 신·유·불의 도는 반드시 무력하고 예수의 가르침만 홀로 유력한 건 아니다. 그렇다면 무엇 때문에 예수의 가르침은 문명에 편리하다고 하고 신·유·불의 도는 우원하다고 하느냐. 학자들의 생각은 앞뒤가 맞지 않는 듯하다.

지금 그런 논의가 생겨나게 된 근원을 찾고 그 의견의 뿌리를 파헤쳐 낱낱이 분석해 보면, 예수의 가르침은 문명국에 퍼져 문명과 함께 병립할 수 있고 신·유·불의 가르침은 문명이 없는 나라에 퍼져 있어 문명과 함께 병립할 수 없기 때문에 이것을 우원하다고 하고 저것을 편리하다고 말하는 것이리라. 그런데도 그것이 널리 퍼지거나 또는 퍼지지 않는 까닭은, 가르침 그 자체에 힘의 강약이 있는 게 아니라 그 가르침 자체를 장식하여 광명을 늘릴 수 있는 지혜의 활동에 교졸의 차이가 있기 때문이다. 서양에서 예수교

---

116 버클의 『영국문명사』 제1권 제5장 「사회의 진보에 미치는 종교의 영향」에서 제1절 선교사를 언급한 부분을 참고.(Henry Thomas Buckle, *History of Civilization in England* 1, London : Longmans, Green and Co., 1872, pp.184~185)

를 받드는 사람은 대개 문명의 흐름風에 목욕한 자들로서, 특히 그 교사와 같은 경우는 단지 성경만 읽은 게 아니라 반드시 학교 교육敎을 받아 학문과 기술을 터득한 인물이기에, 지난해에는 선교사가 되어 먼 나라를 여행하던 자가 올해에는 자기 나라에 있으면서 법률 분야에서 일할 수 있고, 오늘은 교회寺에서 설교를 해도 내일은 학교 교사가 될 수도 있으며, 법과 속法俗을 겸비하여 종교 교리法敎와 함께 학문과 기술을 가르쳐 사람을 지혜의 영역으로 인도하는 까닭에 문명과 병립하며 서로 어긋나지 않기 때문일 따름.

따라서 사람들이 이 가르침을 경멸하지 않음은 단지 그 가르침의 십계十誡만 믿는 게 아니라 교사의 언행이 스스로 우원하지 않고 오늘날의 문명에 적합하기 때문에 이에 귀의하는 것이다. 지금 만약 예수의 교사가 우리나라 산사의 스님들처럼 무학에 아무런 기술도 없다면 설령 그 품행이 올곧아서 성인과 같다고 해도 또 신약과 구약을 외워 아침저녁으로 이를 소리 내어 암송한다고 해도 문명의 사군자로서 이 가르침을 믿을 사람이 누가 있겠느냐. 드물게 이를 믿는 자가 있다면 그 자는 바로 시골 농부와 그의 늙은 아내野嫗이거나, 염주를 어루만지며 아미타불을 외는 무리일 뿐. 이 무리의 눈으로 보면 예수도 공자도 석가도 대신궁大神宮[117]도 구별할 수 없다. 합장하고 절을

---

117 일본 황실의 조상신을 제사지내는 '이세신궁(伊勢神宮)'을 말한다. 미에현 이세시에 있다. 그냥 '신궁' 혹은 '대신궁'이라고도 부른다. '이세신궁'에는 태양신인 아마테라스 오미카미(天照大御神)를 모시는 황대신궁(皇大神宮)과 의식주를 상징하는 신인 도요우케노 오미카미(豊受大御神)를 모시는 도요우케 대신궁(豊受大神宮) 등 두 개의 정궁(正宮)이 있다. 황대신궁을 내궁, 도요우케 대신궁을 외궁이라 부른다. 아마테라스는 천황 가의 조상신이기 때문에 '이세신궁'은 일본 천황 가와 조정에서 가장 중시했던 신사며 천황만이 공물을 바칠 수 있었지만, '이세신궁' 온시(御師, 신사 소속 기도사)들의 활동에 힘입어 아마테라스가 일반 민중들 사이에서도 일본의 수호신으로 광범위하게 숭배되는 무로마치시대에 이르자 일본 사람이라면 누구나 일생에 한 번쯤 참배해야 한다는 관념이 전국적으로 형성되었다. 에도시대에 이르면 이세신궁 순례객이 많게는 100만 명에 달한 해도 있었다. 22사(社) 중 하나이며 신격(신사의 격) 혹은 신계(신사의 위

하는 건 여우도 살쾡이도 모두 신불이다. 의미도 모르면서 독경을 듣고 눈물을 흘리는 그 우민愚民에게 무엇을 가르치고 무슨 공을 이루겠느냐. 결코 문명의 공을 이룰 수는 없다. 이 무식하고 암흑 같은 우민 속으로 들어가 억지로 예수의 거룩한 가르침聖教을 가르치려고 하여 이들을 타이르고 설득하며, 심지어는 돈을 주고 이들을 끌어들여 차츰 여기에 귀의하는 자가 생기게 되어도 실제로는 단지 불법佛法 안에 예수라고 부르는 이름의 한 분파를 세운 것과 같을 따름.[118] 이러한 것이 곧 식자의 소지素志일리는 결코 없다. 식자는 분명 박학다재한 예수의 교사를 받아들여 종교宗教와 함께 그들의 학문과 기술을 배우고 그럼으로써 우리의 문명을 달성하겠다는 견해일 것이다.

하지만 학문文学과 기술은 지혜에 관한 일이다. 지혜에 관한 일을 가르치는 것은 꼭 예수의 교사에 한정되지 않는다. 지혜가 있는 자에게 배우면 될 뿐. 그렇다면 곧 저 예수교를 편리하다고 말하고 신·유·불을 우원하다고 말함은 식자의 잘못된 생각了簡違 아니냐. 물론 나는 예수의 교사를 미워하지 않으며, 지혜라도 있는 자라면 예수의 교사든 일반적인 교사든 좋고 싫은 차별을 하지 않는다. 단지 박학다재하고 품행이 바른 사람을 좋아할 따름. 만

---

계)가 없는 신사이다. 메이지시대부터 제2차 세계대전 종전까지 실시된 신사제도에 따르면 모든 신사의 최상위에 있는 신사였기 때문에 사격의 대상에서 제외되었던 것이다. 재위 중 천황으로서 처음 참배한 천황은 메이지 천황이다. 종전 뒤에는 종교 법인으로 바뀌어 신사본청의 본종이 되었다. 사토 에이사쿠 총리가 1967년 참배한 이래 현직 내각 총리대신과 농림수산대신이 연초(통상 1월 4일)에 참배하는 것이 관례로 되어 있다. 이세신궁에는 또 '식년천궁'이라는 행사가 있다. 20년마다 내외 신궁, 정궁의 정전을 비롯한 65개 건물을 이전하는 행사. 685년 덴무(天武) 천황이 규정하여 지토 천황 4년 (690)에 첫 번째 천궁행사가 열렸다. 그 뒤 전국시대에 120여 년 동안 중단 또는 연기된 것을 빼고는 지금까지 1300여 년 동안 계속 이어져 내려오고 있다. 2013년 제62회 식년행사가 열렸다.

118 이 문장은 에도 슈사쿠의 소설 『침묵』의 주제를 연상케 한다.(엔도 슈사쿠, 공문혜 역, 『침묵』, 홍성사, 2001) 『침묵』은 영화로도 여러 편이 나와 있다.

약 천하에 예수의 교사를 빼고는 올바른 인물이 없다면 당연히 이 교사만 따르며 무엇이든지 배우고 익혀야 하겠지만, 예수의 종교宗門[119]에서만 꼭 바른 사람을 전매하는 것은 아니며, 넓은 세계에는 자연히 박학하고 정직한 사군자도 있을 것이다. 이를 선택함은 사람들의 감정鑑定에 맡겨져 있을 뿐. 어찌 오로지 예수교라는 명목名目에 구애받을 이유가 있으랴.

무엇이든지 가르침 그 자체에 편·불편이 있을 리는 없다. 오직 이를 떠받드는 인민의 지우智愚에 따라 가치가 변하는 것이다. 예수의 가르침도 석가의 가르침도 우인愚人의 손에 건네지면 우인의 쓰임을 이룰 뿐. 지금의 신·유·불의 가르침도 지금의 신직, 승려, 유학자 무리의 손에 있으면서 지금의 인민을 가르친다면 그야말로 우원할 것이고, 만약 이 무리의 사람들에게 (기대하기는 어렵겠지만) 큰 배움이 있도록 하여 학문과 기술로 그들의 가르침을 장식하고 문명인의 귀를 빌려 이들을 설득할 수 있다면, 그 가르침의 가치가 분명 백배는 늘어 때로는 다른 사람이 이를 부러워하게 될 것이다. 이를 비유하자면 가르침은 마치 칼과 같고, 가르침이 널리 퍼진 나라의 인민은 마치 공방의 장인工匠과 같다. 예리한 칼이 있다고 해도 서툰 장인의 수중에 있으면 그 쓰임을 이룰 수 없다. 덕행도 불문不文한 인민과 만나면 문명의 쓰임을 이룰 수 없다. 저 덕행의 식자는 공방 장인의 교졸을 잘못 봐 칼날의 이둔利鈍 (예리함과 무딤)으로 받아들인 것이라고 말할 수 있다. 따라서 말하노니, 사덕은 지혜에 의해 광명이 생긴다. 지혜는 사덕을 이끌어 그 공용을 확실하게 이루게 한다. 지와 덕 둘 다 함께 갖추지 않으면 세상의 문명은 기약할 수 없다.

---

119 이 책에서 '종문'은 종파가 아니라 종교를 가리킨다. 'religion'의 번역어이다. '종지(宗旨)'도 마찬가지로 '종교'를 가리키는 말이다. 이 외에도 '법교', '종교' 등 다양한 번역어가 있었다. 메이지 초기에는 번역어가 하나로 정착되지 않아 생긴 현상이다.

## ┃ 우리나라가 지금 구해야 할 두 가지 항목 –지혜와 덕의

종교를 새로 받아들이는 일의 득실을 논하는 것이 이 장의 취지는 아니지만 논의가 여기까지 진행되었기에 내친 김에 좀 더 얘기하지 않을 수 없다. 무릇 뭔가物를 구한다고 함은 나에게 없거나 아니면 부족한 사물을 얻으려는 것이다. 여기에 구해야 할 항목이 두 개 있는데, 그중 전후완급을 따져 어느 하나를 정하기 위해서는 우선 나의 소유 상황을 고려하여 그중 전혀 없는 것이든지 아니면 둘 중 더 부족한 것을 살펴 구하지 않을 수 없다. 생각건대 하나만 구하고 다른 하나는 필요 없다고 하는 게 아니라, 둘 다 필요하지만 그것을 구함에 전후완급의 차이가 있을 뿐이다. 문명은 한 나라 인민의 지덕을 밖으로 드러내는 현상現象임은 앞에서 이미 논했다. 그리고 일본문명이 서양 각 나라들의 문명에 미치지 못함도 사람들은 널리 인정한다. 그렇다면 곧 일본이 여태 문명에 이르지 못함은 인민의 지덕에 부족함이 있어서 그런 것이므로 이 문명에 이르기 위해서는 지혜智惠와 덕의德義를 구하지 않으면 안 된다. 이것이 곧 지금 우리나라我邦가 구해야 할 두 개의 항목이다.

따라서 문명의 학자는 널리 일본 전체를 내다보면서 이 두 항목의 분량을 헤아려 어느 쪽이 많고 어느 쪽이 적은지 살피지 않으면 그 전후완급을 명확하게 판별할 수 없다. 아무리 어리석은 사람不明者이더라도 일본 전체 인민을 평하여 덕의는 부족하지만 지혜는 남는다고 말하지는 않을 것이다. 그 증거로 들 수 있는 사항은 매우 많고도 명백하며 셀 겨를도 없고 또한 셀 필요도 없을 정도이지만, 확실히 해 두기 위해 한두 가지 사례를 들어 보겠다.

애당초 일본에서 행해진 덕교는 신·유·불이고 서양에서 행해진 것은 예수교이다. 예수와 신·유·불은 설파하는 내용이 같지는 않지만, 선을 선이라고 하고 악을 악이라고 하는 근본 취지에서는 서로 크게 다를 게 없다.

예컨대 일본에서 흰 눈은 서양에서도 희고, 서양에서 검은 숯은 일본에서도 검은 것과 같다. 더욱이 덕교에 관해서는 동서양의 학자들이 자기 학파의 가르침을 자주 주장하며 때로는 그러한 책을 쓰고 때로는 다른 학설을 논박하여 논쟁이 그치지 않는다. 이 논쟁의 형태를 봐도 또한 동서의 가르침에는 심한 우열이 없음을 알 수 있다.

대개 무엇이든지 역량이 서로 엇비슷하지 않으면 다툼爭論120은 일어나지 않는다. 소와 고양이가 싸우는鬪 것을 보지 못했고, 씨름꾼과 어린아이가 겨루었다爭는 말을 듣지 못했다. 투쟁鬪爭이 일어나는 것은 항상 그 힘이 백중伯仲121 사이에 있는 경우이다. 저 예수교는 서양인이 지혜로 꾸미며 유지해온 종교이기에 그 정교하고 세밀함은 신·유·불이 도저히 따라갈 수 없지만, 서양 선교사가 일본에 와서 그 가르침을 되풀이하여 주장하며 신·유·불을 배척하여 자신의 지위를 얻으려고 하고, 신·유·불의 학자는 이에 미치지 못하면서도 주장을 세워 대적하려고 하면서 어찌됐건 싸움과 논쟁의 체재를 이룬 건 무엇 때문이겠느냐. 서양의 가르침敎이 반드시 소와 씨름꾼 같지 않고 일본의 가르침이 반드시 고양이와 어린아이 같지 않으며, 동서양의 가르침이 정말로 백중 사이에 있음을 명증한다고 말할 수 있다. 그중 어느 것이 백伯이고 어느 것이 중仲인지는 나의 소관이 아니지만, 우리 일본 사람도 상응하는 가르침을 받들고 그 덕교로 목욕한 사람이기에 사덕私德의 두텁고 얇음을 논한다면 서양인에 견주어 백伯일 순 없어도 중仲은 틀림없이 된다. 혹은 가르침에

---

120 '쟁(爭)'은 말로, '투(鬪)'는 몸으로, '전(戰)'은 무기를 가지고 서로 싸우는 것을 가리킨다.
121 '백'은 '첫 번째', '중'은 '두 번째'를 가리킨다. '백중'은 둘 중 어느 것이 낫고 모자람이 없이 비슷한 상태임을 의미한다. 형제자매 중 셋째, 넷째(막내)는 숙(叔), 계(季)라고 부른다. 따라서 순서대로 나열하면 '백중숙계'이다.

관한 논의와는 상관없이 사실에 관해서만 따진다면 백(伯)인 자가 오히려 불문不
文한 일본 사람 안에 더 많을 수도 있으리라. 따라서 덕의 분량은 설령 우리나
라에 부족할 수는 있어도 초미의 급선무가 아님은 분명하다.

　지혜는 이와 전혀 다르다. 일본 사람의 지혜와 서양인의 지혜를 비교해
보면, 학문, 기술, 상업, 공업, 가장 큰 일에서 가장 작은 일에 이르기까지,
하나부터 헤아려 백에 이르고 또 천에 이르기까지도 그들보다 나은 게 하나
도 없다. 그들과 대적할 자가 없고 그들과 대적하려고 꾀하는 자도 없다. 천
하에서 지극히 어리석은 사람을 빼고는 우리의 학문과 기술, 상공업이 서양
각국과 병립할 수 있다고 생각하는 사람은 없을 것이다. 다이하치구루마大八
車122를 증기선에 견주고 일본도刀를 소총에 견줄 자가 어디 있겠느냐. 우리
가 음양오행설을 욀 때 그들은 60원소元素를123 발견發明했다. 우리가 천문
으로 길흉을 점치고 있을 때 그들은 이미 혜성의 역曆을 만들어 태양과 태음
의 실체實質를 음미했다. 우리는 움직이지 않는 평지에 살고 있다고 짐작하
고 있을 때 그들은 지구가 둥글고 움직인다는 것을 알고 있었다. 우리가 우
리나라我邦를 지존의 신주神洲라고 생각하고 있을 때 그들은 이미 전 세계를
바쁘게 뛰어다니면서 토지를 개척하고 나라를 세우며 정령과 상법124을 정
돈하는 등 오히려 우리보다 뛰어난 점이 많다. 이러한 여러 사항에 관해 지
금 일본의 형국으로서는 서양을 향해 자랑할 만한 게 전혀 없다. 일본 사람
이 자랑스러워하는 것은 그저 천연자원 아니면 산수의 풍경뿐, 사람이 만든

---

122 큰 짐수레를 가리킨다.
123 후쿠자와 유키치가 이 책을 집필할 당시에는 63개의 원소만 발견되어 있었다. 현재는
　　모두 115개의 원소가 알려져 있다. 주기율표의 92번 원소인 우라늄까지는 자연계에 존
　　재하는 것이지만 그 이후의 원소는 실험실에서 인공적으로 만들어졌다.
124 여기서의 상법은 상업에 관한 법령이 아니라, 상매(商賣)의 방법, 제도를 가리킨다. 일
　　본에서 상법이 제정된 것은 1890년이다.

물건 중 여태까지 이런 것이 있었음을 듣지 못했다. 우리에게 다툴 의사가 없으면 그들 또한 다투지 않는다. 외국인은 흔히 자기 나라의 일에 관해 자부하지만, 아직 증기차의 편리함을 이야기하면서 다이하치구루마의 불편함을 반박했다고는 듣지 못했다. 분명 그들과 우리 사이의 지혜의 차이가 소와 고양이의 경우와 같아서 서로 쟁단을 열 수 없는 것이다. 이를 바탕으로 생각해 보면 지금 우리나라가 가장 시급하게 구해야 할 것은 지혜가 아니고 무엇이겠느냐. 학자들은 염두에 두지 않으면 안 된다.

또 다른 사례를 들어 보겠다. 시골에 인물이 있는데, 옛날 어떤 번의 사족이었다고 말한다. 폐번廢藩[125] 전에 가록 2, 3백 석을 받고, 군주를 섬김에는 충, 부모를 모심에는 효, 부부 사이에는 구별이 있고 어른과 아이 사이에는 질서가 있으며, 빌린 돈은 반드시 갚고, 사귈 때는 성실하며, 터럭 한 올만큼도 의롭지 못한 일은 범한 적이 없었다. 하물며 사기와 도둑질에 있어서야. 때로는 위력을 행사하여 농민과 상인을 억압한 적이 있었지만 원래 신분상 당연한 일이기에 마음에 부끄러울 건 없었다. 집은 극도로 검약, 신체는 매우 강건, 활과 말의 기예, 창검술 등은 통달하지 않은 게 없었다. 단지 문자를 알지 못할 뿐.[126] 지금 이 사람을 위해 뭔가 꾀한다면 무엇을 해야 하느냐. 덕德을 줄 것인가, 아니면 지智를 줄 것인가.

시험 삼아 이 사람을 덕으로 인도하여 갑자기 예수의 십계를 보여준다면, 제4계까지의 계명은 태어나서 처음 보는 것이기에 어쩌면 이를 들을 수 있

---

125 '폐번치현'을 가리킨다.
126 전란이 끊이지 않았던 전국시대는 물론이고, 평화가 정착한 에도시대 초기까지만 해도 글을 모르는 사무라이가 많이 있었다. 1700년대 중반 이후 번에서 운영하는 번교가 세워지고, 민간에서 다양한 교육기관이 설립되면서 에도 사회에 지식이 본격적으로 보급되기 시작했다.(성희엽, 『조용한 혁명─메이지유신과 일본의 건국』, 소명출판, 2016, 667~674쪽 참조)

겠지만, 제5계 아래에 이르면 틀림없이 말하길 나도 부모를 공경하며 사람을 죽일 뜻은 없고, 어떻게 음란한 짓을 하고 훔치는 일을 하겠는가라고 하면서 하나하나 항변하고 쉽게 승복하지 않을 것이다. 물론 예수의 가르침은 이 십계 백문白文[127]만으로는 끝나지 않고 틀림없이 의미심장한 것으로서, 부모를 공경함에도 자연히 공경의 법도法가 있고 사람을 죽이지 말라는 것에도 자연히 죽이지 말라는 것의 취지가 있으며 간음하지 말라는 것에도 뜻이 있고 훔치지 말라는 것에도 뜻이 있으리라. 그러므로 이것을 정중히 설명하고 반복하여 그 취지를 충분히 잘 알도록 하면 끝내 이 사람의 마음을 감동시킬 수도 있겠지만, 어찌됐건 덕행에 관한 한 이 사족은 평소平生의 행실에 적어도 기본적인 마음가짐은 갖춰진 자라고 말하지 않을 수 없다.

그런데 다른 한 편으로 그 사람의 지혜에 관한 소양所得을 시험해보면 온몸이 마치 텅 빈 것과 같다. 다섯 가지 색은 겨우 구별해도 자연의 일곱 색깔 이치는 당연히 모르고, 추울 때와 더울 때의 문안 인사[128]는 적어 보내도 온도계가 오르고 내리는 이치는 모르며, 식사 때는 틀리지 않아도 시계 쓰는 법[129]을 이해할 수는 없고, 태어난 구니生国 외에 일본이 있음을 모르고, 일본 밖에 외국이 있음을 모르는데 어떻게 안의 형세를 알겠으며 어떻게 바깥의 교제를 알겠느냐, 고풍古風을 그리워하고 옛 법도古法를 지키지만 일가一家가 마치 하나의 작은 우주乾坤와 같아서 그 안목이 미치는 곳은 기껏해야 집안일에 그칠 뿐이고, 문밖을 나서면 겨우 한 걸음도 못 가 세상만물이 모조

---

127 주석이 전혀 없이 본문만 있는 한문 문장을 '백문'이라고 부른다. 여기서는 주석이나 해설 등이 없는 '십계명' 원문을 가리킨다.
128 일본에서는 예로부터 매우 추울 때인 '설날'(1.1)과 매우 더울 때인 '오봉'(8.15)에 연하장이나 엽서에 문안인사를 써 보내는 풍속이 있다.
129 당시 시계는 매우 귀한 물건이었다. 후쿠자와는 1873년 『개력변(改曆弁)』이란 책을 간행했는데 여기에서 시계에 관해 설명하고 있다.

리 다 암흑인 것과 같다. 폐번의 일대 거사로 이 작은 우주를 뒤집어엎은 뒤 오늘에 이르러서는 그저 앞길에 날이 저물고 있을 뿐. 이 인물을 개괄하여 평한다면 어리석으면서 곧다는[130] 말 밖에는 달리 형용할 길이 없다.

이와 같이 우직한 인민은 단지 옛날 번의 사족에만 그치지 않으며 세간에는 그런 부류가 매우 많다. 사람들이 널리 알고 있는 내용으로, 학자도 정부도 함께 걱정하고 있는 것이다. 그런데도 저 덕행의 식자들은 여전히 이 우민에게 설명하여 예수교를 전하고 그들의 덕의가 나아지도록 하는 일에는 바빠하면서 그들의 지혜 유무는 버려둔 채 문제 삼지 않을 것이냐. 식자의 눈에는 오직 어리석고 곧지 않은 자만 보일 수도 있겠지만, 세간에는 어리석으면서 곧은 자도 또한 아주 많다. 식자들아 이들에게는 어떤 조치를 베풀려고 하느냐. 그들의 곧음은 더욱더 곧아지고 그들의 어리석음은 더욱더 어리석어지기를 바라느냐. 뭔가物를 구함에 전후완급의 분별이 없다고 말할 수 있다. 서양학자 부류西洋家流의 사람들은 늘 일본과 중국和漢의 고학古學을 우원하다며 욕을 퍼붓지 않느냐. 그들이 이를 욕함은 무엇 때문이겠느냐. 실제로 지혜의 활동이 없음을 탓하는 것이리라. 남을 탓하면서 스스로도 그 전철을 따라하고 스스로 쌓고 스스로 무너뜨리니 미혹함이 매우 심하다.

## ❘ 종교는 문명이 진보함에 따라 취지를 바꾼다

종교는 문명의 진보 수준度에 따라 그 취지趣를 바꾸는 것이다. 서양에서도 예수의 종지宗旨가 처음 등장한 것은 로마시대다.[131] 로마의 문물이 번성

---

130 '우직(愚直)함'을 가리킨다.
131 버클의 『영국문명사』 제1권 제5장 「사회의 진보에 미치는 종교의 영향」 중 제1절에서

했다고는 하지만 오늘날의 문명에서 보면 대체로 무지·야만의 세상이었다고 말하지 않을 수 없다. 따라서 예수의 종교宗敎도 그 시대에는 오로지 허탄망설을 주장하여 당시 사람들의 지혜 수준人智과 꼭 맞았으며, 세상으로부터 비난 받는 것도 없고 세상을 놀라게 하는 것도 없이 수백 년 동안 세상과 함께 흘러가면서 차츰 사람들의 신앙을 얻고, 그럴 즈음 자연스럽게 일종의 권력을 갖게 되자 거꾸로 사람들의 심사心思를 압제하여 그 형국이 마치 포악한 정부가 전제정치로 백성衆庶을 괴롭히는 것과 같았는데, 사람들의 지혜가 발생하는 힘은 큰 강의 물결과 같아서, 이를 막으려다가 오히려 더 거세져 종지宗旨의 권력은 한 순간에 그 명성聲價을 잃고 말았다. 즉 서기 1500년대에 시작된 종문宗門의 개혁[132]이 바로 이것이다.

이 개혁은 로마 천주교를 배척하며 프로테스탄트라는 신교파를 일으켰고, 그 뒤 두 교파가 당파黨를 달리하면서 서로 흘립屹立[133]하고 있긴 하지만 오늘날의 형세로는 신교 쪽이 점점 더 힘權을 얻는 듯하다. 애당초 이 두 교파는 원래 뿌리가 같은 예수교에서 나온 것으로서 신앙의 목적도 서로 다를 게 없지만, 신교가 번성한 까닭은 오직 종교 의식을 간소하게 바꾸고 낡은 관습에 찌든 허탄망설을 줄여 근세의 인정에 올바로 부응하여 그때의 지식 진보 양상에 맞았기 때문이다. 개괄하여 말하자면 구교는 농후하면서도 우치愚癡에 가깝고 신교는 담박하면서도 활발한 차이가 있었다. 세정世情, 인문人文, 고금古今에서의 차이를 드러낸 것이라고 말할 수 있다.

이러한 설명에 따르면 유럽 각국에서 문명이 앞선 나라는 반드시 신교를

---

초기 기독교의 역사를 언급한 부분을 참고하였다.(Henry Thomas Buckle, 앞의 책, p.189)

132 '종교개혁'을 가리킨다.

133 산, 바위, 나무 등이 깎아지른 듯 우뚝 솟아 있는 모양을 가리킨다.

따르고 뒤처진 나라는 구교를 받들어야 마땅함에도 이 또한 결코 그렇지는 않다. 예컨대 지금 스코틀랜드蘇格蘭와 스웨덴瑞典의 인민은 망탄에 혹닉하는 자가 많아서 프랑스 사람의 영민하고 활발함에 한참 못 미친다. 따라서 스코틀랜드와 스웨덴은 문명이 아니지만 프랑스는 문명이라고 말할 수밖에 없다. 그런데 프랑스는 옛 천주교를 받들고 스코틀랜드와 스웨덴은 신교인 프로테스탄트에 귀의했다. 이러한 취지를 바탕으로 생각해보면, 프랑스에서는 천주교도 그 교풍을 바꾸어 자연스럽게 프랑스인의 기상과 맞게 되었든지 아니면 프랑스인이 종교를 도외시하여 마음에 두지 않기 때문일 것이다. 신교 역시 스코틀랜드와 스웨덴 두 나라에서는 그 성격이 바뀌어 자연스럽게 인민의 치우癡愚와 맞았던 것이리라.[134] 결국 종교는 문명의 수준에 따라 형태形를 바꿈[135]을 명확히 증거해주는 사례라고 말할 수 있다.

일본에서도 옛날 산복山伏교[136] 또는 천태天台,[137] 진언종眞言宗[138] 같은 경우

---

134 버클의 『영국문명사』 제1권 제5장 「사회의 진보에 미치는 종교의 영향」 중 제1절에서 스코틀랜드와 스웨덴을 언급한 부분을 참고하였다.(위의 책, pp.191~193)

135 이 단락의 첫 부분에서 종교는 문명의 수준에 따라 그 취지를 바꾼다고 말하고, 여기에서는 또 형태를 바꾼다고 말하고 있다. 이를 종합하면 종교는 결국 문명의 수준에 따라 취지와 형태를 모두 다 바꾸는 것이다.

136 원문에는 '산복의 종지(宗旨)'로 되어 있다. '산복교'는 '슈겐도', 즉 '수험도(受驗道)'를 가리킨다. 일종의 산악불교라고 말할 수 있다. 오랜 옛날부터 형성된 산악신앙과 불교가 결합하여 만들어진 특유한 종교로서, 산에 틀어박혀 엄격한 수행을 함으로써 깨달음을 얻으려고 한다. 불교의 종파로는 '수험종(修驗宗)'이라고도 부르며, '수험도'를 익히는 자를 '수험자'라고 한다. '산복'은 불교수행을 위해 산속에 기거하는 '승려'를 말한다.

137 '천태종(天台宗, Lotus School)'은 『법화경(法華經)』을 '소의경전(所依經典)'으로 하는 불교 종파이다. 중국, 한국, 일본 세 나라 모두 주요 종파로 자리잡고 있다. 중국에서 '천태학'은 북제(北齊, 550~577)의 혜문(慧文)과 혜사(慧思)에 의해 연구되었으며, 종파로는 천태지자대사(天台智者大師) 지의(智顗, 538~597)에 의해 수나라시대인 594년 개창되었다. 중국 불교의 대표적인 종파 중 하나이다. 우리나라에서는 삼국시대인 6세기부터 연구되었으며, 종파로서는 고려시대 숙종 2년(1097) 대각국사 의천(義天, 1055~1101)에 의해 개창되었다. 일본에서는 전교 대사(傳敎大師) 사이초(最澄,

는 오로지 불가사의를 외쳐 때로는 물과 불이 인연을 맺는다[139]고 하고 때로는 가지기도의 묘법을 닦는다고 하면서 사람을 고혹蠱惑하였고 옛 인민은 이런 망탄을 신앙하였는데, 중고中古시대에 일향종이 일어나 불가사의를 이야기하는 것이 적어지고 그 교풍도 대부분 간이하고 담박함을 위주로 하는 중고시대 사람의 문화에 맞아 마침내 모든 종파를 압도하고 권력을 독차지하였다. 세상의 문명이 진보하면 종교도 반드시 간소함을 좇게 되고 어느 정도 도리에 바탕을 두지 않을 수 없다는 증거다. 가령 오늘날 홍법대사弘法大師[140]를 환생시켜 옛날 사람을 고혹시켰던 불가사의를 다시 외치게 해도, 지금 메이지 연간의 사람 중에 이를 믿을 자는 아주 드물 것이다.

따라서 오늘날의 인민은 바로 오늘날의 종지宗旨에 맞으며, 종지도 인민에게 만족하고 인민도 종지에 만족하여 서로 불평이 있을 수 없다. 만약 일

---

767~822)가 805년 개창하였다. '소의경전'이란 각 종파에서 핵심으로 삼는 경전을 가리킨다. 화엄종의 『화엄경』, 천태종의 『법화삼부경』, 정토종의 『정토삼부경』, 조계종의 『금강경』 등이 '소의경전'이다. 그리고 종파의 근본이 되는 핵심 교리와 취지를 '종지(宗旨)'라고 말한다. '안심입명', '광도중생', '보국안민' 등이 있다.

138 일본 '진언종'은 구카이(空海, 774~835)가 개창하였다. 밀교를 불교의 최고 진리라고 천명하며 즉신성불(卽身成佛) 사상을 강조한다. 실천적인 측면에서는 밀교의 수행방법을 중요시한다. 특히 일본 '진언종'은 국가의 안정을 수호하고, 재앙을 없애고 복을 쌓는 것을 중요시한다.

139 음양오행설에 따르면 물과 불은 상극 관계이다. 따라서 수성과 화성을 가진 남녀가 서로 연을 맺어 부부가 되기에는 좋지 않은 인연이다. 이 문장에서 물과 불이 서로 연을 맺는다고 함은 이런 상극인 인연을 불가사의한 주문을 통해 좋은 인연으로 바꿔준다는 의미를 가지고 있다.

140 '구카이'를 가리킨다. 어려서부터 『논어』와 『효경』 등을 배워 한문에 조예가 깊었으며, 22세(798)에 출가하여 일본 나라 지역의 대안사에서 삼론종을 배웠다. 31세(804)에 사이초와 함께 당나라에 건너가 혜과를 스승으로 진언밀교를 배웠다. 혜과는 구카이의 재능을 높이 사 밀종의 태장계와 금강계를 전수하고, 편조금강(遍照金剛)이라는 밀호도 주었다. 806년에 귀국한 후 그는 일본 진언종(眞言宗, 신곤슈)을 창립하였다. 산스크리트어와 한시에도 능했고 학식이 높았다. 835년 입적하였으며, 921년 다이고 천황으로부터 홍법대사라는 시호를 받았다. 구카이가 집필한 『십왕심론(十住心論)』은 일본 최초의 사상사 서적이라고 말할 수 있다.

본의 문명이 지금보다 더욱더 나아져 지금의 일향종도 허탄하다고 싫어하게
되면 틀림없이 또 다른 일향종이 생길 수도 있을 것이다. 아니면 서양에 유
행하고 있는 종지를 그대로 채택할 수도 있을 것이다. 결국 종지란 것은 도
외시하고 둬야 할 뿐. 학자가 힘力을 쏟아도 정부가 권력權을 써도 어떻게 할
수 있는 것이 아니다. 그저 자연의 흐름에 맡겨야 할 따름. 따라서 책을 써서
종지의 시비곡직을 논하고 법을 마련하여 종지의 가르침[141]을 지배하려는
자는 천하의 지우至愚라고 말할 수 있다.[142]

덕이 있는 선인善人이 늘 선을 베푸는 것은 아니며 덕이 없는 악인이 늘 악
을 저지르는 것도 아니다.[143] 지난날 서양 여러 나라에서 종지 때문에 전쟁을
일으키고 사람을 살해한 사례는 역사를 보면 알 수 있다. 그중 가장 끔찍한
사건은 펄시큐션persecution(박해)으로서, 자신이 믿는 종지와 다른 자를 쫓
아가 살육하는 일이다. 이런 사례는 예로부터 프랑스 및 스페인에서 가장 많
았다. 유명한 바르톨로뮤의 살육[144]에서는 8일 동안 죄 없는 인민 5,000명

---

141 원문에는 '종지의 교(敎)'라고 되어 있다.
142 버클의 『영국문명사』 제1권 제5장 「사회의 진보에 미치는 종교의 영향」 각주 368에 이
    어지는 부분에서 인용하였다.(Henry Thomas Buckle, 앞의 책, p.193)
143 버클의 『영국문명사』 제1권 제4장에 나온다.(위의 책, p.132~133)
144 1572년 8월 24일부터, 바르톨로뮤 성인(예수의 12사도 중 한 명이다)의 기념 주간 동
    안, 가톨릭 신자들이 파리에서만 프로테스탄트 신자(위그노 파) 5,000여 명을 학살한
    사건이다. 성 바르톨로뮤 축일 학살(Massacre de la Saint-Barthélemy)이라고도 한
    다. 당시 프랑스 국왕의 어머니였던 카트린 드 메디시스가 자신의 딸이자 국왕 샤를 9세
    의 동생인 마그리트(마고)와 개신교 신자인 나바르 왕국(스페인)의 앙리(엔리케 3세)
    가 손을 잡자, 결혼식 축제 중에 개신교 지도자 콜리니를 포함한 수많은 위그노파를 학
    살했다. 이때 프랑스 전역에서 2만 명의 위그노파가 살해되었다. 이 사건은 그 뒤 가톨
    릭과 위그노파의 종교전쟁으로 확산되었고, 1598년 낭트 칙령으로 화해를 맺는다. 로
    마 가톨릭교회는 이 사건에 가톨릭교회가 개입되었음을 계속 부인하다가, 1997년 8월
    23일 교황 요한 바오로 2세가 가톨릭 청소년 축제 강론에서 처음으로 인정했다. 그는
    "오직 용서만이 결실 있는 대화에 이르게 할 수 있다"며 관용을 촉구했다. 『서양사정』
    2편 제3장 「프랑스 역사」에 소개되어 있다. 아메리카 대륙으로 이주한 최초의 개신교도
    는 이때 박해를 피해 떠난 위그노들이었다.

을 살해했다고 한다(이 사건은 후쿠자와 유키치의『서양사정』제2편,「프랑스의 역사」에 소개되어 있다). 그 참혹함은 말로 다 표현할 수 없을 지경이지만, 살육을 자행한 당사자들을 살펴보면 본래 일심일향一心一向으로 종지를 믿고 믿음 한 가지 측면에서는 하늘을 올려봐도 내려 봐도 거리낄 게 없으며 이른바 옥루에서도 부끄럽지 않은 선인들이다.[145] 이런 선인들이 이토록 엄청난 악행惡事을 저질렀던 것은 무엇 때문이냐. 사덕이 부족한 게 아니라 총명의 지혜가 모자랐던 것이다.

어리석은 사람이 권력을 쥐고 이로 인해 신념까지 생기게 되면 어떤 큰 악행이라도 저지르지 못할 게 없다. 세상을 위해 가장 두려워해야 할 요괴妖怪라고 말할 수 있다. 그 후 각 나라의 문물이 점점 번성하게 되어 오늘날에는 더 이상 '펄시큐션' 같은 일이 생겼다는 말을 들을 수 없다. 이는 고금古今의 종지에 차이가 있어서가 아니라 문명에 전후가 있어서 그런 것이다. 똑같은 예수의 종지인데 옛날에는 이 종지 때문에 사람을 죽이고 지금은 이 종지로 사람을 구제함은 무엇 때문이냐. 사람의 지우智愚에서 그 원인을 찾는 것밖에는 방법이 없다. 따라서 지혜는 덕의의 밝은 빛光明을 늘릴 뿐만 아니라 덕의를 보호하고 악을 피하도록 해주는 것이다.[146]

---

**145** 선한 사람들이 엄청난 악행을 저지른 대표적인 사례로는 제2차 세계대전 당시 독일에 의해 자행된 유대인 대학살을 들 수 있다. 한나 아렌트는 유대인 대학살이 악인이 아니라 평범한 사람들에 의해 자행된 사실을 '악의 평범성'이라는 개념으로 설명했다. 그녀는 유대인 대학살의 실제 집행자였던 아이히만이 부에노스아이레스에서 체포된 뒤 진행된 재판을 참관하였고 그 과정에서, 그 끔찍한 범죄를 저지른 아이히만이 '괴물'이 아니라 우리 주변에서도 흔히 볼 수 있는 '평범한 사람'이었다면서, 이러한 아이히만의 행동을 세 가지의 무능함—말하기, 생각, 그리고 타인의 입장에서 생각하기—으로 구분하여, 이로부터 '악의 평범성'이 생겨나는 과정을 분석했다.(한나 아렌트, 김선욱 역,『예루살렘의 아이히만』, 한길사, 2006)

**146** 버클의『영국문명사』제1권 제4장에 있다.(Henry Thomas Buckle, 앞의 책, pp.132~136) 버클은 여기에서 인간의 지식이 진보함에 따라 종교적 박해가 감소되었다고 보고

가깝게는 우리 일본에서도 미토의 번중藩中에서 정당正党·간당奸党이라는 사건이 있었다.[147] 지금 여기에서 그 유래까지 논할 필요는 없지만, 결국 충의忠義 두 글자에 관한 논쟁으로 인해 도당徒黨이 나누어졌으므로 그 사정은 종지에 관한 논쟁과 다를 게 없다. 정正이라 말하고 간奸이라고 말하지만 그 글자는 의미가 없다. 스스로를 일컬어 정正이라고 말하고 남을 평하여 간奸이라고 이름하였을 뿐. 두 당 모두 충의에 관한 일을 행하였고, 그들 한 사람 한 사람의 언행을 살펴보면 뱃속의 항아리[148]와 같이 단심赤心[149]을 품은 자가 많았다. 그들이 거짓군자가 아니라는 증거는, 이들이 일을 그르쳤을 때에도 늘 침착하고 죽음을 맞아서도 낭패하는 일이 없었음을 보아 알 수 있다. 그래도 근세에 논쟁 때문에 무고한 인민을 죽인 게 많았던 사건으로는 미토 번중을 최고로 손꼽는다.[150] 이 역시 선인이 악을 저지른 사례 중 하나다.

도쿠가와 이에야스는 난세의 끝을 이어받아 즐풍욕우櫛風浴雨[151]와 간난艱難을 꺼리지 않았으며, 마침내 300년의 태평시대를 열어 천하를 태산과 같이 안정시킴으로써 오늘날에 이르기까지 그 공적功業의 찬란함을 칭송하지 않는 자가 없다. 실제로 아시카가시대 말기 나라 안海內이 소란스러울 때 오

---

있다.

147 막부 말기에, 지금의 이바라키현인 미토(水戸) 안에서는 근왕(勤王)사상을 신봉하던 급진파 사무라이들(正党)과 반대파(奸党)가 서로 나뉘어 치열한 정치투쟁을 벌였다. 이 투쟁은 막부 말기의 동란기에서 메이지유신 직후까지 계속 이어져, 숱한 인재가 희생되었다. '덴구당의 난'에서는 352명의 사무라이가 처형당했다. 미토는 막부 말기에 큰 영향력을 가졌던 번이었음에도 불구하고 이처럼 격렬한 투쟁과 인재손실 때문에 번 전체가 영향력을 잃고 만다.

148 원문은 '복중옹(腹中甕)'으로 되어있다. 배 안에 큰 항아리가 있다는 말로 도량이 넓음을 가리킨다.

149 '적심'은 붉은 마음이라는 의미로 우리말의 '일편단심'에서 '단심'과 같다. '단심' 역시 붉은 마음이라는 뜻이다.

150 성희엽, 앞의 책, 101~102쪽.

151 '즐풍욕우'란 거센 비바람을 맞으며 고난 속을 헤맨다는 의미이다.

다와 도요토미의 공적도 미처 그 토대를 다지지는 못했다. 이때 이에야스가 없었다면 어느 때에서야 태평을 기약할 수 있었겠느냐. 이에야스는 참으로 삼백 년 동안 이어진 태평의 부모라고 말해야 할 것이다.

그런데 이 사람의 일신의 덕의를 살펴보면 사람들에게 부끄러운 일이 적지 않았다. 그중에서도 다이코太閤[152]의 유탁遺託[153]을 거슬러 애당초부터 오사카를 보호하려는 마음은 없었고, 특히 부탁받은 히데요리를 보좌하기는커녕 오히려 유치암약遊治暗弱[154]한 성격을 조장하고, 이시다 미쓰나리石田三成[155]는 제거해야 함에도 제거하지 않고 뒷날 오사카를 무너뜨릴 미끼로 이용하기 위해 살려준 일 같은 것은 간계의 극치라고 말할 수 있다. 이 한 가지 일만 보면 도쿠가와 이에야스 자신身에게는 한 점의 덕의도 없는 듯하다. 그럼에도 이러한 부덕으로 300년의 태평을 열어 백성衆庶을 도탄에서 구한 것은 기이한 이야기지 않느냐. 그 밖에 요리토모도 노부나가도 일신의 행실을 논하자면 잔인각박, 위사반복僞詐反覆[156] 등 악한 면이 많았지만, 모두 다 그때의 전쟁干戈을 그치게 하여 인민의 살육을 줄인 건 무엇이란 말이냐. 악인이라고 항상 선을 베풀지 않는 것은 아니다. 이런 부류의 영웅은 분명 때로

---

152 관백(關白)에서 물러난 사람을 부를 때의 호칭이지만, 보통 도요토미 히데요시를 가리키는 말로 많이 쓰인다.

153 '유탁'은 유언으로 남긴 부탁을 뜻한다. 1598년 8월 9일 도요토미 히데요시는 도쿠가와 이에야스, 마에다 토시이에, 다테 마사무네, 우키타 히데이에, 모리 데루모토 등 5명을 불러 자신이 죽은 뒤, 아들 도요토미 히데요리(秀賴)의 관백 승계문제와 전국 관리 방안에 관해 유언을 남겼다.

154 놀기 좋아하고 어리석고 겁이 많은 성격을 가리킨나.

155 이시다 미쓰나리(1560~1600). 전국시대 말기 아즈치 모모야마시대의 다이묘, 무장이다. 도요토미의 최측근이었던 다섯 부교 중 한 명이다. 본문의 내용은 1598년 도쿠가와 이에야스가 가토 키요마사(加藤淸正)의 습격을 받았던 이시다 미쓰나리를 자기 집에 숨겨준 일을 가리킨다. 이때 도쿠가와 이에야스는 이미 훗날 미쓰나리가 모반할 것을 내다보고 숨겨주었다고 한다. 『일본외사』 제21권에도 나온다.

156 거짓, 속임, 배반, 전복을 가리킨다.

는 사덕에 결함이 있긴 하지만 총명과 예지의 활동을 통해 선을 크게 이룬 인물이라고 말할 수 있다. 금간 곳 한 군데를 보고 벽 전체의 가치를 평할 수는 없다.


## | 지덕론 요약

지금까지 논한 것을 줄여서 얘기하자면, 덕의는 한 사람의 품행으로서 그 공능이 미치는 범위가 좁지만 지혜는 사람에게 빨리 전달되고 미치는 범위도 넓으며, 덕의에 관한 일은 개벽한 처음부터 벌써 정해져 진보할 수 없지만 지혜의 활동은 날로 나아가며 한계가 있을 수 없다. 덕의는 유형의 방법으로 사람을 가르칠 수 없고 이것을 얻을지 아닐지는 각자의 공부에 달려있지만 지혜는 이에 반해 사람의 지혜를 가려낼 수 있는 시험 방법이 있으며, 덕의는 갑자기 진퇴하는 경우가 있지만 지혜는 한번 얻으면 잃는 경우가 없고, 지덕은 서로 의존하며 그 공능을 드러내는 것이고, 선인도 악을 저지르는 경우가 있고 악인도 선을 베푸는 경우가 있음을 설명해 보인 것이다.

원래 덕의를 사람들에게 전수하는 데에는 유형의 방법이 없고 충고가 미치는 범위도 겨우 친족과 친구 사이뿐이라고 할 수 있지만, 그 풍화가 미치는 영역은 매우 넓다. 만 리 밖에서 출판된 저서를 보고 크게 깨치는發明 경우가 있고, 옛사람古人의 언행을 듣고 스스로 공부에 몰두한 끝에 자신의 마음가짐을 바꾸는 경우도 있다. 백이伯夷157의 풍문을 듣고 일어선다고 함이

---

157 백이와 숙제는 중국 고대 은나라 고죽국(孤竹國)의 아들이었다. 부친은 동생인 숙제에게 자리를 물려주려고 했지만, 군주가 죽자 숙제는 형 백이에게 자리를 양보하려고 했다. 그러자 백이는 부친의 명령이라며 다른 나라로 망명했고, 숙제도 뒤따라 망명해 버렸다. 그 뒤 둘은 서백에게 찾아갔지만 서백은 이미 죽고 없었다. 서백의 아들 무왕이 부

이런 것이다. 적어도 사람으로서 세상을 해롭게 할 뜻이 없다면 일신의 덕의를 닦지 않아서야 되겠느냐. 이름 때문이 아니고 이익 때문이 아니라, 이것은 참으로 인류인 자로서 스스로 떠맡아야 하는 덕의의 책무責이다. 자신의 악한 생각을 막는 데에는 용사가 적을 맞아 싸우듯이 하고 폭군이 백성民을 다스리고 이들을 괴롭히듯이 하며, 선善을 보고 이를 택함에는 수전노가 돈을 탐해 배고픔을 까먹듯이 하며, 먼저 일신을 닦고 또 일가一家를 잘 교화하고도 여전히 남는 힘이 있으면 곧 널리 다른 사람에게로 넓혀 이들을 설득하고 이들을 타일러 중생이 덕의 문으로 들어가게 하여 한걸음이라도 덕의의 영역을 더 넓히는 일에 힘써야 할 것이다.

이 또한 인간의 일대 과업으로서, 문명을 돕는 공능은 원래 광대하기 때문에 세상에 선교사教化師[158]류類가 생겨서 세상에 덕의의 일을 권함은 참으로 바람직한 일이긴 하지만, 오직 덕의 한 쪽一方만으로 온 세상을 농락하려

---

친의 위패를 수레에 실은 채 은의 폭군 주(紂)를 치려고 하자 두 사람은 무왕의 말고삐를 잡고, 장례를 치르지도 않은 채 전쟁을 일으키는 것은 효라고 할 수 없으며, 신하된 자로써 군주를 시해하려고 하는 것은 인(仁)이라고 할 수 없다고 간언했다. 이에 무왕이 이들을 죽이려고 했지만, 무왕을 섬기던 강태공(주공)의 도움으로 죽음을 면하였다. 그 뒤 무왕이 은나라를 멸망시키자 이들은 주나라의 녹봉을 받을 수 없다며, 수양산으로 들어가 고사리를 캐 먹으며 살았다. 어느 날 왕미자라는 사람이 수양산으로 찾아와, 그대들은 주나라의 녹봉을 받을 수 없다더니, 주나라 산에서 주나라의 고사리를 먹는 일은 어찌된 것인가라고 탓하자, 두 사람은 고사리마저 끊고 굶어 죽었다고 전한다. 사마천의 『사기』 열전에 나오는 고사로, 두 임금을 섬기지 않고 충절을 지킨 인물을 가리킬 때 사용된다.(사마천, 신동준 역, 앞의 책, 19~28쪽) 공자는 『논어』에서 이들을 높이 평가했다. 공자는 두 사람이, "과거의 원한을 생각하지 않았으니, 세상을 원망하는 일이 드물고", "인(仁)을 구해 얻었는데, 또 무엇을 원망하겠는가"라고 말했다. 원문은 다음과 같다. "子曰 伯夷叔齊 不念舊惡 怨是用希.(『논어』「공야장」편 제22장) 冉有曰 夫子爲衛君乎 子貢曰諾 吾將問之 入曰 伯夷叔齊 何人也 曰古之賢人也 曰怨乎 曰求仁而得仁 又何怨 出曰 夫子不爲也."(『논어』「술이」편 제14장)

158 여기서의 '교화사'에는 기독교의 선교사 외에도, 메이지 초기 국민교화를 목적으로 정부에서 임명했던 신관과 불교 승려 출신의 교도직(教導職)도 포함되어 있는 것으로 봐야 한다. 이들은 1868년에 임명되어 1884년까지 활동했다.

하고, 심한 경우에는 덕교 가운데 한 파를 주장하여 다른 교파를 밀쳐내고, 한 파만으로 세상의 덕교를 차지하고 거기에다 또 지혜의 영역도 범하여 마치 인간의 과업이 덕교 한 가지에 그치고 덕교는 또 그 안의 한 일파에 한정된 것과 같아서 사람의 사상을 속박하여 자유를 갖지 못하게 하고 오히려 인간을 무위無爲와 무지無智에 빠뜨려 진짜實 문명을 해치는 것과 같은 일은 내가 가장 싫어하는 일이다.

수동적인 사덕으로 세상의 문명을 돕고 세상 사람이 그 덕택德澤을 입는 일이 생긴다면 이는 우연히 이루어진 미담美事이라고 말할 수 있을 뿐. 예컨대 내 땅에 집을 지었는데 우연히 이웃집의 담장이 된 것과 같다. 이웃사람을 위해서는 아주 편리하게 되었지만 애당초 집을 지은 건 자신을 위해서였지 이웃사람을 위한 것이 아니었기에 우연한 편리함이라고 말할 수 있을 뿐. 사덕을 닦음도 원래 일신을 위해서 하는 것이지 남을 위해 하는 건 아니다. 만약 남을 위해 덕을 닦는 자가 있다면 이는 곧 거짓군자로서 덕행가가 싫어하는 것이다. 따라서 덕의의 본분은 일신一身을 닦음에 있다. 그가 이를 닦아서 문명에 이로운 일이 있다면 그건 우연한 미담일 뿐. 우연한 일을 바탕으로 일세一世를 지배하려 함은 커다란 잘못이라고 말할 수 있다.

원래 사람으로서 이 세상에 태어나 겨우 일신의 생계始末를 꾸리는 것을 가지고는 아직 사람된 자로서의 직분을 다 끝냈다고 말하기에는 부족하다.[159] 시험 삼아 묻겠다, 덕행의 군자들아, 나날이 먹고 입는 물건物이 어디에서 왔느냐. 하나님上帝[160]의 은택이 아무리 넓고 크다고 한들 옷은 산에서

---

**159** 이 문장은 『학문의 권장』 제9편, 제10편에도 나온다. (후쿠자와 유키치, 남상영 역, 『학문의 권장』, 소화, 2003, 128~129·138~139쪽)

**160** 일반적으로 '하느님'이라고 말하며 우주를 창조하고 주재하는 절대자를 가리킨다. 기독교(개신교)에서는 '하느님'을 특히 '하나님', 즉 이 세상의 창조주이신 여호와 '하나님'을

생기지 않고 음식은 하늘에서 떨어지지 않는다. 하물며 세상의 문명이 차츰 나아지면 그 편리함은 단지 의복과 음식뿐만이 아니라 증기와 전신의 이로움도 있고, 정령과 상업의 편리함에서야. 이 모두 다 지혜의 선물이 아닌 것은 없다. 인간은 모두 똑같다同様[161]라는 취지에 따른다면 앉아서 남의 선물을 받아도 되는 이치理가 있을 리 없다. 만약 덕행의 군자가 조롱박匏瓜처럼 먹는 것 없이 용케 매달려 있다면, 당장 그만둬야 한다.[162] 적어도 밥을 먹고 옷을 입고, 증기 전신의 이로움利을 이로움으로서, 정령과 상업의 편함便을 편함으로 쓰고 있다면 그 책무 또한 떠맡지 않으면 안 된다. 거기에다가 육체의 편리함便利은 충분히 넉넉하고 일신의 사덕도 전혀 부끄러울 게 없다고 해도 여전히 이러한 상태에 멈춰 안주하고 있을 이치는 없다. 그것이 넉넉하다고 말하고 부끄러울 게 없다고 말함은 기껏해야 오늘날의 문명 안에서 만족하는 것일 뿐, 아직 문명의 극極에 이르지 않았음은 분명하다.

사람의 정신이 발달함에는 한계가 있을 수 없으며, 조물주造化의 장치仕掛에는 법칙定則이 없을 리 없다. 무한한 정신으로 유한한 이치[163]를 궁리하여 끝내는 유형, 무형의 구별 없이 천지 사이의 사물을 모조리 다 사람의 정신 안에 포괄包羅하여 빠뜨리는 게 없도록 해야 할 것이다. 이 단계에 이르면 어

---

가리킨다. 가톨릭에서는 '하느님'이라고 말한다. 기독교도를 비꼬는 말투의 문장이다.
161 이 책을 집필할 당시에는 아직 '평등'이라는 말이 정착되지 않았다.
162 『논어』「양화(陽貨)」편 제7장에 나오는 내용이다. 덕행의 군자가 문명을 떠나 아무런 일도 하지 않고 있는 상태를 조롱박에 비유한 것이다.(성백효, 『논어집주』, 전통문화연구회, 2007, 490~491쪽; 『著作集』 4, 183쪽) 한편 『장자』「소요유」에는, 혜자(惠子)가 조롱박이 너무 크게 자라는 바람에 쓸모가 없어서 다 부숴버렸다는 고사가 있다. 이토 마사오는 조롱박이 쓸모없는 물건을 가리킨다고 한다.(福澤諭吉, 伊藤正雄 譯, 앞의 책, 437쪽)
163 원문에는 '유정(有定)의 리(理)'로 되어 있다. 후쿠자와 유키치의 '궁리'에 관한 한글 논문으로는 김성근의 논문이 있다.(김성근, 「후쿠자와 유키치(福澤諭吉)의 궁리(窮理) 인식과 과학제국주의」, 『동서철학연구』 76, 한국동서철학회, 2015)

찌 또 구구하게 지덕을 가리고 그 경계를 다툴 필요가 있으리오. 아마 사람
과 하늘이 병립하는 모습일 것이다. 천하 후세에 기필코 그 날이 올 것이다.

# 제4권

# 제7장

# 지<sup>智</sup>와 덕<sup>德</sup>이 행해질 만한 시대와 장소를 논함

## ▎시대와 장소의 중요성

사물의 득실, 편·불편을 논함에는 시대<sup>時代1</sup>와 장소<sup>2</sup>를 생각하지 않을 수 없다. 뭍<sup>陸</sup>에서 편리한 수레도 바다에서는 불편하다. 옛날에 편리했던 것도 오늘날에는 이미 불편하다. 또 이와 거꾸로 오늘날의 세상에서 지극히 편하고 지극히 이로운 일도 상고시대<sup>上世</sup>에는 시행할 수 없는 것이 많다. 시대와 장소를 생각하지 않는다면 어떤 물건이든 편리하지 않을 것도 없고 어떤 일이든 불편하지 않을 것도 없다. 따라서 사물의 득실과 편·불편을 논함은 그 사물이 쓰여야 할 시기<sup>時節</sup>와 장소를 살피는 것과 다르지 않다. 시대와 장소까지 들어맞다면 사물의 득실은 정말로 따질 필요가 없다.

중고시대의 발명품인 긴 창은 중고시대의 전투에서는 편리했겠지만 이를

---

1 이 장에는 시간과 관련하여 여러 가지 단어가 나온다. 의미에 따라 시절(時節)은 '시기'로, 시(時)는 '때'로, 기(機)는 '기미' 혹은 '기회(機會)'로 번역하였다. '기미'는 우리말로 '낌새' 내지 '조짐'이라고 할 수 있지만 여기서는 원문의 어감을 살리기 위해 '기미'로 번역했다.
2 여기에서의 '장소'는 지리적인 장소는 물론이고 나아가 '영역' 내지 '상황'이라는 의미도 포함하여 포괄적으로 쓰이고 있다. 또 '장소'를 나타내는 말로 '처(處)'가 자주 나오는데 이는 '장소', 혹은 '곳'으로 번역하였다.

메이지 연간에 쓸 수는 없다. 도쿄의 인력거[3]는 도쿄시내에서는 편리하지만 이를 런던이나 파리에서 쓸 수는 없다. 전쟁은 나쁜 일이지만 적을 마주하면 싸우지 않을 수 없다. 사람을 죽임은 무도無道한 일이지만 전투에서는 죽이지 않을 수 없다. 전제군주立君專制의 폭정은 천하게 여겨야 할 일이지만 표토르Pyotr 대제[4]의 업적所業을 보고는 심하게 비난할 수 없다. 충신의사의 품행은 가상한 일이지만 군주가 없는 합중국[5]을 야만국이라고 일컬을 수는 없다. 그것도 한때 한 장소一時一處이고, 이것도 한때 한 장소이다. 세상 일에서 모든 것을 하나로 꿰뚫을 수 있는[6] 도리道는 도저히 있을 수 없다. 단지 때와

---

3  메이지 초기인 1870년 지쿠젠 후쿠오카 출신의 번사 이즈미 요스케(和泉要助, 1829~1900)가 다른 두 사람(스즈키 도쿠지로(鈴木德次郎), 다카야마 코스케(高山幸助))과 함께 개발했다. 이후 전국적으로 널리 보급되어 메이지시대의 주요한 교통수단으로 이용되었다. 이때 유럽에는 이미 철도가 대중화되어 있었다. 이즈미 요스케는 원래 도쿄 니혼바시에서 요리 가게를 운영했던 사람이다.

4  표토르(1672~1725) 1세를 가리킨다. 영어로는 피터 대제 혹은 피터 1세라고 부른다. 차르 체제 아래에 있던 낙후된 러시아에 서양문명을 도입하고 대(對) 북방 전쟁에서 스웨덴에 승리한 뒤 러시아 제국을 수립하여 첫 번째 황제가 되었다. 행정개혁, 해군창설 등을 단행하였고, 귀족에게도 국가에 봉사할 의무를 지웠으며, 그리스 정교회도 국가의 관리 아래 둠으로써 러시아 제국 안에 있는 모든 세력을 황제 아래로 일원화시켰다. 또한 역대 차르가 추진했던 서구화 정책을 강력하게 추진하여 서구 문물을 과감하게 도입하였으며, 외국인을 고용하여 국가체제를 효율화시켰다. 1697년 3월부터 1698년 8월까지 약 250명의 사절단을 암스테르담, 런던, 프로이센, 빈 등 유럽 선진 도시에 파견하여 유럽의 선진 과학기술과 군사제도를 배우게 하였는데, 본인도 직접 표토르 미하일로프라는 가명을 사용하면서 참가해, 네덜란드에서 선박 제조기술을 직접 익혔다. 러시아에서 가장 서구화된 도시인 페테르부르크는 그가 건설한 도시이다. 이처럼 표토르 1세는 러시아에 중앙집권적인 국가체제를 새로 수립하고 서구 문물을 받아들여 근대화하는 기틀을 마련하였으며, 러시아를 동방의 변방국가에서 탈피하여 유럽의 한 구성원으로 만든 인물이다.(《대국굴기》-러시아 편, 네덜란드 편(중국CCTV, 2007); 폴 케네디, 이일주 외역, 『강대국의 흥망』, 한국경제신문사, 1990 참조)

5  미국을 가리킨다.

6  '일이관지(一以貫之)'를 가리킨다. 하나의 이치로 모든 사물을 꿰뚫는다는 의미이다. 공자의 『논어』「위령공」편 제2장과 「이인(里仁)」편 제15장에 나온다. 「위령공」편에서 공자는 자공에게, "너는 내가 많이 배우고 그것을 기억하는 사람이라고 여기느냐?"고 물은 뒤 다시, "그게 아니라 나는 하나의 이치로 모든 사물을 꿰뚫는다"고 말하고 있다." 「위령공」편 제2장의 원문은 다음과 같다. "子曰 賜也 女以予爲多學而識之者與 對曰 然 非與

장소에 따라 나아갈 수 있을 따름.

때를 살피고 곳을 눈여겨보는[7] 일은 지극히 어렵다. 예로부터 역사에서 사람의 실책이라고 일컫는 건 모두 다 이러한 때와 곳을 그르친 것이다. 그토록 훌륭한 일, 성대한 업적이라고 일컫는 건 이 두 가지와 용케 맞았기 때문이다. 생각건대 이를 살피고 눈여겨볼 때의 어려움이 무엇이겠느냐. 곳에는 비슷한 게 많고, 때에는 전후완급의 기미機가 있을 터. 예를 들어 친자와 양자는 서로 비슷하기 때문에 양자를 다스림에 친자를 대하는 법도로서 해 크게 그르치는 경우가 있다.[8] 혹은 말과 사슴이 서로 닮았다는 이유로 말을 기르는 방법을 쓰다가 사슴을 잃는 경우도 있다. 혹은 궁宮[9]과 절寺을 착각하고 혹은 등롱提灯과 종釣鐘을 착각하며,[10] 혹은 기마병을 늪지대에 쓰고 무거운 대

---

曰 非也 子 一以貫之"(성백효, 『논어집주』, 전통문화연구회, 2007, 436쪽) 「이인」편 제15장의 원문은 다음과 같다. "子曰 參乎 吾道 一以貫之 曾子曰 唯."(위의 책, 117쪽)

7　'시찰(視察)'을 번역한 것이다. '시(視)'는 눈여겨본다는 의미이다.

8　원문에는 양자에게는 '어(御, 다스리다, 부리다)'를, 친자에게는 '우(遇, 접대하다, 대우하다)'라는 한자를 사용하고 있다. 당시 친자와 양자의 지위는 엄격하게 구분되어 있었음을 알 수 있다.

9　신사는 그 신사에서 제신으로 모시는 신의 격에 따라 여러 등급으로 나눠진다. 메이지유신 뒤 유신정부는 전국에 흩어져 있는 신사를 국가신도 체제로 재편하였다. 이때 각 대사(大社)를 중심으로 지역별로 서열화하면서 통합하였고, 각 신사는 소속 대사에 따라 종파를 형성하였다. 이로 인해 원래는 시마네(島根)현의 이즈모 대사(出雲大社)에만 쓰이던 대사라는 명칭을 사용하는 신사가 늘어났다. 주요 대사로는 나라(奈良)현의 카스가 대사(春日大社), 나가노(長野)현의 스와 대사(諏訪大社) 등이 있다. 한편 일본 황실(皇室)의 선조나 황족(皇族)과 인연이 깊은 신을 둔 신사를 신궁이라고 한다. 여기에는 천황가의 조상신인 아마테라스 오미카미를 모신 미에(三重)현의 이세신궁, 메이지(明治) 천황을 모신 도쿄의 메이지신궁(明治神宮) 등이 있다. 천황의 형제인 친왕(親王)과 같이 천황가의 남자를 모신 신사는 궁(宮)이라고 부르며, 역사상 중요한 인물을 모신 신사도 궁이라고 부른다. 도쿠가와 이에야스를 모신 도쇼구(東照宮)나 스가와라노 미치자네(菅原道真. 학문의 신)을 모신 덴만구(天満宮) 등이 있다.

10　'조종(釣鐘, 쓰리가네)'은 절의 종루에 매달려 있는 종을 가리킨다. '범종'과 같은 말이다. '등롱'과 '범종'과 같은 종은 크기나 무게가 서로 비교할 수 없을 정도로 차이가 나지만, 모양이 비슷해서 착각한다는 의미이다.

포를 산길로 끌고 가는 경우도 있다. 혹은 도쿄와 런던을 오인하여 런던에서 인력거를 쓰려고 하는 등 이런 종류의 실책은 일일이 셀 겨를이 없다.

또 때에 관해 논하자면, 중고시대의 전쟁과 지금의 전쟁이 서로 비슷하다고 해서 중고시대에 편리했던 긴 창을 요즘 세상의 전투에서 쓸 수는 없다. 흔히 때時가 되었다고 일컫는 경우는 대부분 진짜 시기時機를 놓친 경우이다. 식사 때는 밥을 먹을 때이고, 밥을 짓는 때는 그 이전이지 않으면 안 된다. 밥을 짓지 않았는데도 공복감을 느끼면 바로 때가 되었다고 말하겠지만, 그때는 이미 지은 밥을 먹어야 할 때이지 밥을 지어야 할 때가 아니다. 또 잠을 탐하여 오전에 일어난 뒤 그 일어난 때를 아침이라고 생각해도 진짜 아침은 해 뜰 때에 달려 있으므로 그때는 잠자는 동안 이미 지나가버린 것과 같다. 그러므로 장소는 잘 고르지 않으면 안 된다. 시기時節는 기회機를 놓치면 안 된다.


## | 야만의 시대에는 덕밖에 없었다

앞장에서는 지혜와 덕의를 구별하여 보여주고 그 공용의 차이점에 관해 논했다. 이제는 또 그것이 행해질 만한 시기와 장소에 관해 변론한 뒤 이 장을 마치겠다.

개벽 뒤, 야만을 벗어난 게 머지않은 시대에는 인민의 지력이 아직 발생하지 않아서 그 상태가 마치 어린아이와 같고, 내면에 있는 것이라고는 오직 공포와 희열의 마음뿐. 지진, 천둥, 바람과 비, 물과 불, 모조리 다 두렵지 않은 것이 없었다. 산을 두려워하고 바다를 두려워하며, 가뭄을 두려워하고 기근을 두려워하며, 그 시대 사람의 지혜로 제어할 수 없는 것은 모조리 하늘의 재앙天災이라고 일컬으며 그저 공포에 떨 따름. 간혹 하늘의 재앙을 예상했

는데 오지 않거나 왔다가도 빨리 사라져 버리면 곧바로 이를 하늘의 축복天
幸이라고 일컬으며 그저 기뻐할 따름. 예컨대 가뭄 끝에 비가 내리고 기근
끝에 풍년이 든 것과 같다. 그리고 이렇게 천재와 천행이 오가는 것이야 인
민으로서는 그런 까닭을 전혀 그려낼 수 없어서 그런 것이었기에 하나같이
이를 우연의 탓으로 돌릴 뿐 인위人爲의 궁리를 짜내려는 자는 전혀 없었
다.[11] 궁리를 하지 않으면서 화복禍福을 만나게 되면 인정상 그 원인을 인류
를 넘어선 무엇에게로 돌리지 않을 수 없다. 곧 귀신에 대한 감感을 낳는 까
닭으로, 그 화禍의 원인을 이름하여 악의 신이라고 말하고 복의 원인을 이름
하여 선의 신이라고 말한다. 무릇 천지 사이에 있는 하나하나의 사물에는 모
두 이것을 주재하는 귀신이 없으면 안 된다. 일본의 경우를 말하자면 팔백만
신八百萬神(야오요로즈노 가미)[12] 같은 게 이것이다. 선한 신을 향해서는 복을
내려 주길 바라고 악한 신을 향해서는 재화災禍를 피하게 해 주길 바라지만,
그 바람이 이루어질지 아닐지는 나의 공부에 달려있지 않고 귀신의 힘에 달

---

11  여기서 '인위'는 '천재'나 '천행'과 반대되는 말이다. 즉 사람이 스스로의 힘으로 할 수
    있는 일, 즉 '사람이 할 일'이란 뜻이다. 우리나라에서 '공부'는 학업에 힘쓴다는 의미로
    쓰이지만 일본에서는 특히 불교 선종에서 좌선 등 수행을 열심히 한다는 의미와 보다 나
    은 수단이나 방법을 찾으려고 노력한다는 의미가 있다. 중국에서는 주자학이나 양명학
    등에서 널리 사용되었다. 시간과 품을 들여서 완전한 인격에 이르기 위한 실천, 수행, 학
    업, 노력 등 모든 것을 공부라고 하였다. 주희가 임종 시 제자들에게 남긴 말도 "힘들게
    공부해라"였다고 한다.
12  '야오요로즈노 가미'는 일본의 신도에 존재하는 수많은 신을 총칭하여 표현하는 용어이
    지만, 실제로 팔백만 신이 있다는 의미는 아니다. 문헌상으로는 『고사기』에 나온다. 이
    밖에 같은 형태의 용어로 팔십 신들(やそもろかみたち), 팔십만 신들(もろがみなど)이
    라는 용어가 『일본서기』, 『만엽집(万葉集)』 등에 나온다. 따라서 '팔백만', '팔십만',
    '팔십'은 실제 숫자가 아니라 무수히 많음을 표현하는 것으로서, '8'이라는 숫자 자체가
    다수라는 의미를 가지고 있다고 봐야 한다. 일본 최고의 국학자인 모토오리 노리나가 역
    시 『고사기전』에서, '팔백만'은 그 수가 지극히 많음을 의미한다고 설명하고 있다. 일본
    신도에서 말하는 신의 수는 그리스나 인도와 같이 다신교를 가진 나라에서는 일반적인
    현상이다.

려 있다. 그 힘을 이름하여 신력神力이라고 말하고, 신력의 도움을 바라는 것을 이름하여 기도라고 말한다. 즉 그 시대에 행해지던 기도란 이러했다.

이 인민들이 공포에 떨거나 희열을 느낀 것은 단지 천재와 천행뿐만이 아니라 사람의 일人事에서도 또한 마찬가지였다. 도리에 어두운 세상이었으므로 크고 강한 자가 완력으로 작고 약한 자를 괴롭혀도 이치理로는 이를 물리칠 방법이 없어서 그저 공포에 떨 뿐. 그 모습은 거의 하늘의 재앙과 다르지 않았다. 따라서 작고 약한 자는 어느 한쪽의 크고 강한 자에게 의존하여 다른 강폭强暴을 막는 것 외에는 방법이 없었다. 이처럼 작고 약한 자가 의존하는 자를 추장이라고 말한다. 추장은 완력과 함께 어느 정도의 지덕을 지니고 있으면서 다른 강폭을 제어하여 작고 약한 자를 보호했는데, 이들을 보호하는 것이 점점 더 두터워지면 사람들의 신망을 얻는 것 또한 점점 단단해져 마침내 일종의 특권을 쥐게 되고, 때로는 이를 자손에게 물려주는 경우도 생겼다. 전세계 어느 나라에서든지 초매草昧의 처음에는 그렇지 않은 나라가 없었다. 우리나라我邦의 왕조시대王代에는 천자가 국권을 쥐고, 중고시대中古에는 관동에서 미나모토 씨가 위력을 독차지한 것도 그러한 사례 중 하나다.

| 야만의 태평

이 추장이란 자 이미 권위를 얻었다고 해도, 무지한 인민, 변화가 무상[13]하여 이를 유지하기는 매우 어려웠다. 이들과 논함에 고상한 도리로써 할 수가 없고 이들을 달램에 영원한 이익으로써 할 수도 없었다. 그 방향을 하나

---

13 원문에는 '반복무상(反覆無常)'으로 되어 있다.

로 정하여 한 종족의 체재를 함께 지키기 위해서는 오직 날 때부터 가지고 있는 공포와 희열의 마음心에 의존하여 눈앞에 길흉화복禍福災幸을 보여주는 방법 한 가지가 있을 뿐. 이를 군장君長의 은혜와 위엄恩威이라고 말한다. 이 때문인지 비로소 예악禮樂이라는 것을 만들어, 예禮로는 윗사람을 공경하길 주로 하여 저절로 군위君威가 귀함을 알게 하고 악樂으로는 말이 없는 가운데 우민을 부드럽게 하여 저절로 군덕君德을 그리워하는 정情을 생기게 해, 예악 으로는 백성民의 마음을 빼앗고, 정벌로는 백성의 완력을 제어하며,[14] 무리 衆庶를 이끌어 부지불식간에 그 지위處를 얻게 하고,[15] 선한 자를 기려 그 희 열감을 만족시키고 악한 자를 벌하여 그 공포심을 퇴축退縮시키며, 은위가 함께 행해져 인민들도 자연스럽게 고통이 없는 듯 해보였다.

하지만 그렇게 이를 기리고 벌함은 모두 군장 마음대로 결정하는 것이기 에 인민은 그저 이 포벌褒罰에 우연히 마주쳐 공포에 떨거나 희열을 느낄 뿐. 포벌이 유래하는 까닭의 도리는 알 수 없었다. 그러한 사정은 마치 하늘의 길흉화복을 입는 것과 같고, 정말로 그러한 이유를 모르는 채 그러한 것으로 서 한 사건 한 물건一事一物도 우연히 생기지 않는 게 없었다. 따라서 한 나라 國의 군주는 우연한 화복禍福이 비롯되는 근원源이었기에, 이를 우러러봄으 로써 인민에게는 인류를 초월하는 존재라는 관념이 자연스레 형성되지 않을 수 없었다. 지나에서 군주를 존숭하여 하늘의 아들天子이라고 일컫는 것도 생각해보면 이러한 사정에 따라 생긴 명칭이리라. 예를 들어 옛 역사에 이따 금 백성의 전조田租를 면제하는 사례가 있었다.[16] 정부에서 아무리 검약을

---

14 『논어』「계씨」편 제2장에, 천하에 도(道)가 있으면 예악과 정벌이 천자로부터 나오고, 천하에 도가 없으면 예악과 정벌이 제후로부터 나온다는 구절이 있다.(성백효, 앞의 책, 471쪽)
15 대중의 지지를 획득한다는 의미이다.

해도 군주國君 이하 관리의 의식주 조달과 다소의 공적인 경비는 없을 수가 없다. 그럼에도 몇 년 동안 연공을 거두지 않고도 여전히 이 모든 경비의 조달에 지장이 없었다고 함은 그 전해의 조세가 가혹하여 그때 여분의 재화가 남아 있었다는 증거다. 이런 가혹한 세금을 내면서도 인민은 그렇게 내는 까닭을 알 수 없었다. 지금 별안간 몇 년 동안의 세금을 면제해줘도 인민은 그렇게 세금이 면제된 까닭을 알 수 없다. 가혹할 때에는 이를 하늘의 재앙으로 생각하며 공포에 떨고, 너그러울 때에는 이를 하늘의 축복으로 생각하며 희열을 느낄 뿐. 그 재앙도 그 행운도 모두 천자로부터 내려오는 것이므로, 천자는 마치 번개와 피뢰침이라는 두 가지 형태의 힘을 가지고 있는 것과 같다. 벼락이 치는 것도 천자의 명命이고 이 벼락을 피하게 해 주는 것도 천자의 명이다. 인민에게는 이를 향해 그저 기도하는 방법 하나만 있을 따름. 그들이 천자를 존숭함이 마치 귀신 대하듯 했다는 말 또한 터무니 없는 것은 아니다.

오늘날의 인심으로 이러한 사정들을 생각해보면 지극히 터무니가 없는 듯하지만, 시세가 그렇게 만든 것, 이를 결코 나무랄 이치는 없다. 이 시대의 인민과는 함께 지혜를 이야기할 수 없고, 함께 규칙을 정하기도 어려우며, 함께 약속을 지키기도 어렵다. 예를 들어 요순의 세상에 지금 서양 여러 나라의 법률을 시행하려고 해도 그 법률의 취지를 용케 이해하고 이에 따를 자는

---

16 '전조'는 토지세를 말한다. 『일본외사』 제11권 닌토쿠(仁德) 천황(313~399, 제16대 천황) 4년의 조(條)에 보면, 닌토쿠 천황이 백성이 빈곤함을 알고 3년 동안 세금을 면제해주었는데, 3년 뒤 민가의 굴뚝에서 밥 짓는 연기가 피어오르는 것을 보고, "짐은 이미 배가 부르다"고 말한 일화가 있다. 이는 아주 널리 알려져 있는 일화. 한편 후쿠자와 유키치가 남긴 「각서」에는 닌토쿠 천황을 신랄하게 비판하는 내용이 남아 있다. 여기서 그는, "닌토쿠 천황에게 무슨 공이 있겠는가? 이는 아첨을 부끄러워할 줄 모르는 신하들이 입에서 입으로 전한 것뿐이다"라고 적고 있다.(「覺書」, 『福澤諭吉全集』 7)

없을 것이다. 그들이 이에 따르지 않음은 인민이 바르지 않아서가 아니라 그 법률의 취지를 이해할 만한 지혜가 없기 때문이다. 이 인민을 풀어줘서 각자 자신이 가고 싶은 곳으로 향하게 한다면 어떤 나쁜 짓을 저지르고 세상에 어떤 재해를 빚어낼지도 가늠할 수 없다. 오직 추장인 자, 홀로 그 시세를 용케 알고 은혜로 이들을 기쁘게 하며 위압으로 이들을 으르고, 한 종족의 인민 보기를 마치 한 집안一家의 자식처럼 여기고, 이들을 보호하고 유지하며, 크게는 생살여탈의 형벌에서부터 작게는 일상적인 가계의 세세한 일에 이르기까지 군주君上가 끼어들어 모르는 게 없었다. 그 모습을 보면 천하는 정말로 한 집안과 같고 또 한 교실敎場과 같으며, 군주는 그 집의 부모와 같고 또 교사와 같고 그 위덕威德을 헤아릴 수 없음은 귀신과 같아서 한 사람의 작용으로서 부모, 교사, 귀신이라는 세 가지 직분을 겸비했던 것이다.

이런 상황에서 군주國君가 용케 사욕을 억제하고 자신을 비워 덕의를 닦으면, 가령 지혜는 적을지라도 어진 군주, 밝은 천자라는 영예가 있었다. 이를 야만의 태평이라고 이름한다. 그 시대에서는 물론 어쩔 수 없는 일로서 이를 미담이라고 말할 수도 있다. 도우陶虞[17] 3대의 치세가 곧 이러했다.


| 야만의 폭정

만약 그렇지 않고 군주가 사욕을 드러내어 덕을 베풀지 않고 오로지 위력만 쓸 때에는 곧 폭군이라는 이름을 얻는다. 이른바 야만의 폭정이라는 것으로서 인민은 그 생명조차도 안심할 수 없다. 결국 야만의 세상에서는 인간의

---

17 요순시대를 가리키는 말이다. 요임금의 성이 도당씨(陶唐氏)이고, 순임금의 성이 유우씨(有虞氏)이기 때문에 합쳐서 '도우시대'라고도 일컫는다.

교제에 오직 은위 두 가지 항목이 있을 뿐. 즉 은덕이 아니면 폭위이고, 인혜
仁惠가 아니면 약탈이다. 이 둘 사이에서 지혜의 활동은 볼 수 없다.

옛 책古書에 "길道이 둘 있으니, 인仁과 불인不仁이다"라고[18] 함은 이를 일
컫는다. 이런 풍조는 오직 정치 분야에만 퍼진 게 아니라 사람의 사적인 품
행에서도 다 양쪽 극단에 머물러 그 경계가 명확히 나뉘어져 있었다.[19] 일본
과 중국에서 저술된 고서를 보면, 경서[20]에서도 역사서史類에서도 도道를 이
야기하고 사람의 품행을 평할 때에는 모조리 다 덕의를 목적으로 삼아 인과
불인仁不仁, 효와 불효孝不孝, 충과 불충忠不忠, 의와 불의義不義가 참으로 각박
切迫하게 짝을 이루어, 백이伯夷가 아닌 자는 도척盜拓[21]이 되고, 충신이 아닌

---

18  『맹자』「이루(離婁)」편―상 제2장에 나온다. 후쿠자와는 이 비유를 통해 사회관계와
    인간관계를 극단적으로 보는 사고방식의 문제점을 지적하고 있다. 원문은 다음과 같다.
    "孔子曰 道二 仁與不仁而已矣."(성백효, 『맹자집주』, 전통문화연구회, 2006, 284쪽)
    『맹자』 원문에는 이 구절에 이어, "『시경』에서 은감(은나라의 거울이라는 말로서 은나
    라의 교훈을 의미한다)이 멀리 있지 않고 하(夏) 세대에 있다고 경계한 것은 바로 이를
    두고 한 말"이라는 문장이 나온다. 이는 곧 요순 삼대가 천하를 얻은 것은 '인'이 있었기
    때문이고, 천하를 잃은 것은 '불인(不仁)'하였기 때문이라는 의미다. 그 원문은 다음과
    같다. "詩云殷鑑不遠 在夏后之世 此之謂也. 孟子曰 三代之得天下也以仁 其失天下也以
    不仁."(위의 책, 285~287쪽) 한편 이기동은 『시경강설』에서 이 구절을, "은나라의 거
    울이 멀리 있지 아니하니, 하나라 망할 때를 거울삼았어야지"라고 번역하고 있다.(이기
    동, 『시경강설』, 성균관대 출판부, 2015, 635쪽)
19  기조의 『유럽문명의 역사』 「제5강」에 비슷한 내용이 나온다.
20  중국에서는 고대 이후 책을 분류할 때 '경(經)', '사(史)', '자(子)', '집(集)'으로 나누었
    다. 청대의 『사고전서』 등 국가적인 차원의 자료 편찬사업에서도 이러한 분류 기준을
    적용하였다.
21  '도척'은 중국 고대의 전설적인 도적으로 항상 9천 명의 부하를 이끌고 다니면서 곳곳에
    서 온갖 나쁜 짓을 저지르고 다녔다고 전한다. 『장자』 「도척」편에 따르면, 어느 날 공자
    가 도척을 찾아가 "삼덕(三德)을 다 갖췄으니 마음을 돌려 천하를 장악하라"고 권유하
    였는데, 도척은 오히려 공자에게, "글 좀 읽었다고 위선(僞善)으로 사람들을 현혹하면
    서 일신의 평안만 추구하는 그대야 말로 도구(盜丘)이지(공자의 이름이 구(丘)다) 내가
    왜 도척이냐?"라고 일갈했다고 전한다. 한편 『맹자』 「진심」편―상 제25장에서 맹자는,
    닭이 울면 일어나 부지런히 선을 행하는 사람은 순임금과 같은 부류의 사람이고, 닭이
    울면 일어나 부지런히 이익을 추구하는 사람은 도척과 같은 부류의 사람이다. 순임금과
    도척의 차이는 다른 데 있는 것이 아니며 이익(利)을 추구하는지 선(善)을 추구하는지

자는 역적賊이 됨으로써 그 사이에 지혜의 활동을 허용하지 않는다. 가끔 지혜가 큰일을 이루어도 이를 세행말사細行末事라고 일컬으며 돌아보는 자가 없었다. 결국 야만의 불문不文시대에 인간의 교제를 지배한 건 그저 한 조각의 덕의일 뿐으로 그 밖에는 쓸 만한 것이 없었다는 명증明證이다.

인문人文이 점점 개화하고 지력이 차례로 진보함에 따라 사람의 마음에 의문22이 일어나, 천지 사이의 사물과 우연히 마주쳐도 이를 가볍게 간과하지 않고, 사물의 작용을 보면 그 작용의 원인을 찾으려고 하고, 설령 때로는 진짜 원인을 찾지 못하더라도 한번 의문하는 마음이 생기고 나면 그 작용의 이해利害를 가려서 이利는 좇고 해害는 피해가는 머리를 짜낼 수 있었다. 바람과 비의 해를 피하기 위해 가옥을 튼튼히 하고, 강과 바다의 범람을 막기 위해 제방을 쌓고, 물을 건너기 위해 배를 만들고, 불을 끄기 위해 물을 쓰고, 의약품을 만들어 병을 고치고, 수리水理를 다스려서 가뭄에 대비하는 등, 어느 정도 사람의 힘에 의지하여 안심할 수 있는 지위를 만들게 되었다.

---

에 달려 있다고 말했다. 원문은 다음과 같다. "孟子曰 鷄鳴而起 孶孶爲善者 舜之徒也. 鷄鳴而起 孶孶爲利者 蹠之徒也."(성백효, 『맹자집주』, 앞의 책, 553~554쪽) 『노자 도덕경』 제79장, 『사기열전』 1 「백이열전」에는 백이, 숙제와 도척을 직접 비교하여 백이, 숙제처럼 인(仁)을 쌓고 행실이 바른 사람은 굶어 죽고, 도척과 같이 포악하고 무도한 자가 천수를 누리는 것은 어찌된 일인가라며 근본적인 의문을 제기하고 있다.

22 후쿠자와 유키치의 『학문의 권장』 제15편(1876.7) 「사물을 의심해 본 뒤 취사선택을 판단하는 일」에도 비슷한 논의가 있다. '믿음의 세계에 거짓이 많고, 의심의 세계에 진리가 많다'는 격언이 나오는 장이다. 여기서 후쿠자와 유키치는, 서양문명은 의문에서 출발하지 않은 것이 없다고 주장한다. 이어 갈릴레이 갈릴레오, 아이작 뉴턴, 제임스 와트 같은 과학자들도 사물에 의문을 가졌기에 진리를 발견할 수 있었으며, 토마스 클락슨, 마틴 루디, 존 스투이트 밀 같은 사회개혁가들도 사람의 일(人事)에 의문을 가졌기에 진보를 이룰 수 있었다고 평가한다.(후쿠자와 유키치, 남상영 역, 『학문의 권장』, 소화, 2003, 185~189쪽) 『학문의 권장』, 「사물을 의심해 본 뒤 취사선택을 판단하는 일」은 시기적으로 볼 때, 『문명론의 개략』의 이 부분을 보완하는 글이라고도 볼 수 있다. 또한 버클의 『영국문명사』에도 이와 비슷한 내용이 있다.(Henry Thomas Buckle, *History of Civilization in England* 1, London : Longmans, Green and Co., 1872, pp.242~243 참조)

이미 사람의 힘으로 스스로 지위를 얻는 방법術을 알게 되면 하늘의 재앙
天災에 공포감을 느끼던 바보 같은 마음은 차례로 흩어져 사라지고 어제까지
의존하던 귀신에 대해서도 반쯤은 신앙심을 잃지 않을 수 없다. 따라서 지혜
로 한 발 나아가면 한 단계 더 높은 용기를 낳고 그 지혜가 더욱더 나아가면
용기勇気의 발생 또한 한계가 없어진다.

참고로 오늘날 서양문명의 취지를 보면, 무릇 신체 이외의 만물, 사람의
오관으로 느끼는 것이라면 우선 그 물질物의 성질을 구하고 그 기능働을 밝
히며, 이어서 또 그 기능의 원인을 탐색하여 적은 이익一利이더라도 취할 만
한 건 취하고 적은 해一害이더라도 없애야 할 건 없애 지금 세상의 인력이
미칠 수 있는 것은 다하지 않음이 없다. 물과 불을 제어하여 증기를 만들면
태평양의 파도를 건널 수 있고, 알프스산맥의 높음도 이를 부수면 차가 달
릴 수 있다.[23] 낙뢰를 피하는 방법을 발명한 뒤[24]에는 천둥번개도 힘을 발

---

23 스위스 최초의 열차는 1847년 9월에 개통된 취리히-바덴 간 기차이다. 총 길이는 25㎞이
다. 또한 알프스 지역에 최초로 개통된 열차는 1848년에 공사가 시작되어 1854년 개통된
총 길이 41㎞의 젬머링 선(Semmering Railway)이다. 알프스 횡단열차는 1872년 공사
를 시작하여 1882년 완공되었다. 알프스 횡단열차의 공사가 시작된 지 얼마 지나지 않았
을 때 일본 정부의 공식 사절단인 이와쿠라 사절단이 스위스를 방문(1873.6.19~
1873.7.15)하였다. 당시 산악철도 일부 구간의 낙성식이 있어 이와쿠라 사절단 일행도
이 행사에 참석하였다. 이와쿠라 사절단의 공식보고서인『미구회람실기』에 이와 관련하
여 스위스 철도의 현황과 그림 등이 기록되어 있다. 이에 따르면 1872년까지 스위스에
건설된 철도노선의 길이는 총 1,466km이다. 이 중 60km는 외국자본으로 나머지
1,460km는 국내자본에 의해 건설되었으며, 총 4억 6,500만 프랑을 투자해 매년 4천만
프랑의 이익을 올리고 있었다고 한다.(구메 구니타케, 박삼헌 역,『특명전권대사 미구회
람실기』5, 소명출판, 2011, 82~83・115~118쪽) 한편 세계 최초의 기차 운행은 조지
스티븐슨(Stephenson, 1781~1848)이 발명한 기차로 1825년 영국 북부 지방의 스톡
턴-달링턴 구간을 달렸다. 상업적인 영업을 최초로 시작한 노선 역시 영국의 맨체스터-
리버풀 구간으로 1830년에 개통되었다. 석탄운반용 증기기관차는 1814년 스티븐슨이
시험운행에 성공했다.
24 피뢰침은 1752년 벤저민 프랭클린(B. Franklin, 1706~1790)이 발명하였다. 미국 독
립선언에 참가한 벤저민 프랭클린과 같은 인물이다.

휘할 수 없고, 화학의 연구가 차츰 실효를 거둠에 따라 기근도 사람을 죽일 수 없다. 전기의 힘, 무서워할 만하지만 이를 부리면 파발꾼 대신 쓸 수가 있다. 광선의 성질, 미묘하다고 할 수 있는데, 그림자를 붙잡아 물체의 진짜 모습을 그려낼 수 있다.[25] 풍파의 피해가 닥치려고 하면 항구를 만들어 배를 보호하고, 전염병이 덮치려고 하면 이를 쫓아내 인간에게 다가오지 못하게 한다.

개괄하여 말하자면, 사람의 지혜가 자연天然의 힘을 범해 차츰 그 경계 안으로 침입하여 조물주造化의 비결을 폭로하고 그 활동을 속박하여 마음대로 하지 못하게 하며,[26] 지혜와 용기가 가는 곳에는 천지에 적이 없고 사람이 하늘을 부리는 것과 같다. 이미 자연의 힘을 속박하고 부리는데 어찌 이에 공포를 느끼고 또 이를 숭배하겠는가. 산에 제사 지낼 자가 누가 있겠느냐. 강에 절할 자가 누가 있겠느냐. 산과 못, 강과 바다, 바람과 비, 해와 달 같은 종류는 문명인의 노예라고 불러야 할 따름.

이미 자연天然의 힘을 속박하여 나의 범위 안에 농락하였다. 그런즉 어찌 유독 인위人爲의 힘에 공포를 느끼면서 이에 농락당할 리 있겠느냐.[27] 인민의 지력이 차츰 발생하면 또한 사람의 일人事에 관해서도 그 활동과 활동의 원인을 탐색하며 경솔히 지나치는 경우가 없다. 성현의 말씀도 그대로 믿기

---

25  사진기를 가리킨다.
26  원문에는 '자유(自由)롭지 못하게 하며'로 되어 있다. 당시 한자어로 '자유'라는 말은 방종에 가까운 의미였다. 즉 주로 부정적인 의미로 사용되었다. 따라서 영어의 'freedom' 번역어인 '자유'가 지금의 '자유'라는 의미로 정착되기까지는 많은 시간이 걸렸다. 자세한 내용은 다음 책 참조. 야나부 아키라, 김옥희 역, 『번역어의 성립』, 마음산책, 2011, 175~189쪽.
27  지력이 발생하여 자연의 힘을 통제할 정도가 되면 추장과 같은 사람의 힘도 두려워하지 않게 된다는 의미이다.

엔 부족하고, 경전의 가르침에도 의문을 가질 만한 곳이 있다. 요순의 치세도 부러워하기엔 부족하고 충신 의사義士의 행동도 본받을 만한 것은 아니다. 옛 사람은 옛날에 있으면서 옛날의 일을 했던 자이고, 나는 지금에 있으면서 지금의 일을 하는 사람이다. 어찌 옛날에서 배워 지금 시행할 리 있겠느냐고 말하면서, 마치 온 몸이 활여해진 듯, 천지 사이의 그 무엇 하나로도 자기 마음我心의 자유가 가로막히는 일은 없어지게 될 것이다.

이미 정신의 자유[28]를 얻었는데 또 어찌 신체의 속박을 받아들이겠느냐. 완력은 점차 힘權을 잃고 지력이 대신 지위를 차지하며, 이 둘은 서로 한 패거리가 될 수 없어 인간의 교제에서 우연한 화복을 받는 일도 적어진다.[29] 세간에서 강폭強暴을 휘두르는 사람이 있으면 도리로써 이에 응하고, 이치 앞에 엎드리지 않으면 다중衆庶이 힘을 합쳐 이를 제어할 수 있다. 이치로 폭력을 제압하는 형세에 이르게 되면 또한 폭위暴威에 바탕을 둔 명분도 무너뜨릴 수 있다. 따라서 정부라고 말하든 인민이라고 말하든 그것은 단지 명목을 달리하여 직업을 나눈 것일 뿐으로 그 지위에 상하의 구별을 허용하지 않는다. 정부가 인민을 잘 보호하며 작고 약한 자를 돕고 강폭한 자를 제어함은 곧 정부가 맡고 있는 당연한 직분으로 이를 과분한 공로라고 일컬을 필요는 없으며, 그저 분업의 취지에 어긋나지 않는 것일 뿐.[30]

---

28 기조는 『유럽문명의 역사』「제12강」에서 "종교개혁은 인간정신의 새롭고 위대한 자유의 확대(a new and great increace of liberty)"라고 말하고 있다. 여기서 '자유의 확대'란 곧 탐구의 자유(the freedom of inquiry)와 인간정신의 자유(the liberty of human mind)를 가리킨다.

29 인간의 지력이 발달함에 따라 완력과 지력이 분리되고, 군주도 자의적으로 권력을 행사하지 못함에 따라 군주의 상과 벌을 우연한 재앙과 복으로 여기는 일이 적어지게 된다는 의미이다.

30 후쿠자와는 『학문의 권장』제2편에서도 정부와 인민은 서로 대등하다는 사실을 강조하고 있다.

때로는 나라의 군주國君인 자가 스스로 덕의를 닦고 예악과 정벌로써 은위를 베풀어도, 인민은 우선 그 군주가 어떤 인물인지를 살피고 그 은위가 어떤 것인지를 자세히 알아본 뒤, 받아서는 안 될 사적인 은혜는 받지 않고 두려워해서는 안 될 폭위는 두려워하지 않으며, 터럭 한 올이라도 빌리지도 않고 빌려주지도 않고, 오로지 도리를 목적으로 삼아 머물 곳에 머물도록 노력한다. 지력이 발생한 자는 자신의 몸을 스스로 능숙하게 지배하여 마치 자기 몸 안에서 은위가 행해지고 있는 것과 같기 때문에 남의 은위에 의존할 필요가 없다. 예를 들어 선을 베풀면 마음속에 유쾌함이라는 포상이 생기고, 선을 베풀어야 한다는 이치를 알고 있기 때문에 스스로 선을 베푼다. 남에게 아첨하지 않고 옛 사람을 그리워하지 않는다. 악을 저지르면 마음에 부끄러움이라는 벌이 생기고 악을 저지르면 안 된다는 이치를 알고 있기 때문에 악을 저지르지 않는 것이다. 남을 거리끼지 않고 옛사람을 두려워하지도 않는데 어찌 우연히 나타난 사람의 은위를 우러러보며 공포에 떨거나 희열을 느끼겠느냐.

정부와 인민의 관계에 대해 문명인의 생각을 묻는다면 다음과 같이 답할 것이다. 나라의 군주國君라 하더라도 같은 종류의 사람일 뿐, 우연한 출생에 의해 군장君長의 자리에 앉아있는 자이거나 아니면 한때의 전쟁에서 이겨 정부 위에 선 자에 지나지 않으며, 만약 대의사代議士[31]라고 해도 애당초 우리가 선거를 통해 부리는 일국의 신하臣僕일 뿐 어찌 이런 무리들의 명령에 따라 자신一身의 덕의와 품행을 바꿀 자가 있겠는가, 정부는 정부고 나는 나다,

---

31  국민의 의사를 대변하는 (국회)의원이라는 의미이다. 하지만 이 당시 일본에서는 아직 유권자의 직접 선거로 구성되는 국회나 지방의회가 설치되기 전이었다. 다만 서양의 국회 등 국민의 대의기관에 관해서는 여러 종류의 번역서 등을 통해 이미 널리 알려져 있었다.

일신의 사적인 일에 관해서는 털 한 오라기 같은 일이더라도 어찌 정부가 참견하도록 둔단 말인가. 어쩌면 병비, 형전, 징악에 관한 법도 우리에게는 아무런 쓸모가 없는 일이고 이를 위해 세금을 내는 게 우리 책임도 아니지만 악한 사람이 많은 세상에서 그들과 함께 잡거雜居하기 때문에 어쩔 수 없이 일시적으로 내긴 하는데, 그 실상은 그저 이 악인들에게 돈을 던져주는 것일 따름. 하물며 정부가 종교와 학교에 관한 일을 지배하고, 농업·공업·상업에 관한 법을 제시하고, 심지어는 일상적인 가계家計에 관한 일까지 지시하면서 직접 우리들에게 선을 권하고 생生을 꾸려가는 도道를 가르치기 위해서라고 하면서 돈을 걷는 일 따위야 이루 말할 수 없을 정도로 심한 일인데, 무릎을 꿇고 다른 사람에게 부탁하길 우리에게 선善을 권해달라고 청할 자가 어디 있겠느냐, 돈을 걷어 무지한 자에게 부탁하길 나에게 생을 꾸릴 수 있는 도道를 가르쳐 달라고 탄원할 자가 어디 있겠느냐라고.[32]

문명인의 심사를 묘사하여 그 취지를 적으면 대체로 이와 같다. 이런 무리들에게 무형의 덕화德化를 미치게 하고, 사적인 은위로 이들을 이끌려고 함도 역시 무익하지 않겠느냐. 물론 지금 세상의 형국으로는 어느 지방地方[33]이더라도 전국全國의 인민이 모두 다 지혜로운 건 아니겠지만, 개벽을 벗어난 때로부터 차츰 멀어지면서 그 나라國의 문명이 뒷걸음질 치는 게 아니라면 인민의 지혜는 반드시 나아지면서 일반인 사이에서 평균화되기 때문에 설령 때로는 구습에 젖어 높은 분上의 은위를 우러러보는 아랫백성下民의 기력이 몹시

---

32  여기서의 문명인은 고전적 자유주의 관점에서 봐야 한다. 당시 유럽의 자유주의자들은 정부의 개입을 최소화하고 민간의 자유를 최대한 보장해야 한다고 생각했다. 따라서 국방과 범죄로부터 사회를 보호하는 것 이외에 종교나 교육, 사회복지 등에 정부가 개입하는 것에 반대했다. 정부에 의존할수록 개인의 자유도 침해당한다고 보았기 때문이다.
 33  여기서의' 지방'은 한 나라 안의 특정 지역이 아니라 '나라'를 가리키는 의미로 쓰이고 있다.

부족한 듯해 보여도 사물과 접촉하면서 종종 의심을 드러내지 않을 수 없다.

예를 들어 한 나라의 군주가 성명聖明하다고 말해도 실제로는 성명하지 않은 경우가 있고, 백성民 보기를 갓난아이赤子와 같이한다[34]고 말은 해도 실제로는 부모와 갓난아이가 세금의 많고 적음을 두고 다투고, 부모는 갓난아이를 겁주고 갓난아이는 부모를 속이며 차마 그 추태를 볼 수 없는 경우도 있다. 이럴 즈음이면 중인 이하의 우민으로서도 다른 언행이 저어함을 의심하고, 설령 이에 맞서 저항하지는 않더라도 그 조치를 수상하게 여기지 않을 수가 없다. 이미 이를 의심하고 또 이를 수상하게 여기는 마음이 생기면 믿는 마음信心으로 귀의하겠다는 생각念은 홀연히 단절되고 또 이를 다스림에 덕화德化의 묘법도 쓸 수 없다. 그에 관한 명증은 역사를 읽으면 알 수 있다.

일본, 중국에서든 서양에서든 어진 군주仁君가 나와 용케 나라를 다스렸던 건 옛날 고대往古시대다. 일본, 중국에서는 근세에 이르기까지도 이런 임금을 만들려고 했지만 늘 그르쳤고, 서양 각국에서는 1600, 1700년경부터 어진 군주가 차츰 적어지기 시작해 1800년대에 이르면 어진 군주가 없어졌을 뿐만 아니라 지혜로운 군주智君도 없어졌다. 이것은 군주國君의 종족種族에 한정하여 덕이 쇠퇴하였기 때문이 아니라 인민의 전체적인 지덕이 늘어나 군장君長의 인덕仁德을 빛내줄 곳處이 없어졌기 때문이다. 이를 비유하자면 지금은 서양 각국에서 어진 군주가 나와도 달밤에 초롱불을 켜는 것과 같을 따름. 따라서 말하노니, 어진 정치仁政는 야만불문野蠻不文의 세상이 아니

---

34 내 자식을 대할 때와 같은 애정을 백성에게도 베푼다는 뜻으로 『춘추좌전』 2 「양공 25년」편에 나온다. 정나라의 자산(子産)이 정치의 도(道)에 관해 묻자, 연명이 대답한 내용으로, '백성을 자식처럼 여기며, 불인(不仁)한 자를 보면 매가 꿩을 쫓아가는 것처럼 죽일 듯이 대하라'는 내용이다. 유교의 인정(仁政)에 관해 설명한 것이다. 원문은 다음과 같다. "視民如子 見不仁者誅之 如鷹鸇之逐鳥雀也."(좌구명, 신동준 역, 『춘추좌전』 2, 한길사, 2006, 328~329쪽)

라면 쓸 데가 없고, 어진 군주仁君는 야만불문의 백성民을 만나지 못하면 귀하지 않고, 사덕私德은 문명이 나아감에 따라 차츰 권력을 잃는다.


## | 문명의 태평상태

덕의는 문명이 나아감에 따라 차츰 권력을 잃는다고는 하지만 세상에서 덕의의 분량이 줄어드는 건 아니며, 문명이 나아감에 따라 지덕도 함께 양을 늘리고, 사私를 널리 넓혀 공公을 이루고, 세간 일반에 공지公智와 공덕公德이 미치는 범위를 넓혀 차츰 태평으로 나아가며, 태평의 기술은 날로 나아지고 싸울 일은 달로 쇠하여, 그 극한에 다다르면 토지를 다투는 자도 없고 재화를 탐내는 자도 없어질 것이다. 하물며 군장君長의 지위를 다툼과 같은 비열한 짓이야.

군신의 명분名義 등은 이미 벌써 어린아이들의 땅따먹기 놀이에서도 더 이상 이야기하는 자는 없어질 것이다. 전쟁도 그치고 형법도 없어질 것이다. 정부는 세상의 악을 막는 도구가 아니라 사물의 순서를 지키고 시간을 줄여 무익한 수고를 덜기 위해 세울 따름. 세상에서 약속을 어기는 자가 없어진다면 차용증도 단지 잊는 경우를 대비하여 적어둘 뿐, 훗날 소송의 증거로 쓰이지는 않는다. 세상에서 도적이 없어진다면 창과 문은 단지 비와 바람을 막고 개와 고양이가 들어오는 것을 막기 위해 있을 뿐이며 자물쇠를 사용할 것까지는 없다. 길에서 유실물을 줍는 자가 없어진다면[35] 나졸邏卒[36]은 그저 유

---

35  사마천의 『사기세가』 「공자세가」편에 이에 관한 내용이 있다. 공자가 노나라의 정사를 맡은 지 석 달이 지나자 양과 돼지를 파는 사람들이 가격을 속이지 않았고, 남녀가 길을 갈 때는 따로 걸었고, 길에 떨어진 남의 물건을 주워가는 사람이 없어졌다고 한다. 정치가 예에 의해서 이뤄지면 민심이 어떻게 변하는지를 보여주는 사례로, 도덕정치의 이상

실물을 주워서 주인을 찾는 일에 바쁠 따름. 대포 대신에 망원경을 만들고 감옥 대신에 학교를 지어, 병사와 죄인의 모습은 겨우 옛날 그림에나 있든지 아니면 연극을 보지 않으면 상상도 할 수 없게 될 것이다. 또 집안의 예의가 두텁기에 군이 선교사의 설교를 들을 것까지는 없고 나라 전체가 한집一家같고 모든 집이 사원寺院같다. 부모는 교주教主같고 자식은 신도같다. 세계 인민은 마치 예양禮讓의 대기에 안겨 덕의의 바다에서 목욕하는 자와 같다고 말할 수 있다. 이를 문명의 태평이라고 이름한다.

지금으로부터 몇천만 년을 지나야 이런 모습에 다다를 수 있을지야 나는 알지 못한다. 다만 이것이 꿈속의 상상이라고 해도, 만약 사람의 힘으로 용케 이 태평의 극한에 다다를 수 있다면 덕의의 공능 또한 광대무변廣大無邊해질 것이라고 말하지 않을 수 없다. 따라서 사덕은 야만과 초매의 시대에 그 공능이 가장 뛰어나다가 문명이 차츰 나아감에 따라 점점 권력을 잃고 그 모습이 바뀌어 공덕의 형태炎로 되니, 수천만 년 뒤를 미루어 문명의 극한을 몽상해 보면 마침내 그 덕택德澤 또한 일반적으로 볼 수 있을 것이다.[37]

---

적인 상태를 표현하는 것이라고 말할 수 있다.(사마천, 신동준 역, 『완역 사기 세가―역대 제후와 공신들의 연대기』, 위즈덤하우스, 2015, 648쪽)

36 '순사'의 옛 명칭이다. 1871년 유신정부는 폐번치현과 함께 '번병(藩兵)'을 폐지하고 나졸제도를 만들어 도쿄 시내의 치안을 맡게 했다. 따라서 이때만 해도 '번병'들이 총을 메고 시내를 순찰하였지만 분위기가 삭막하다고 하여, 그 뒤 번병의 순찰을 폐지하고 '순라(巡邏)'를 조직하여 운영했다. 1874년 치안유지법을 제정하여 경찰 제도를 만들면서 '순라'는 '순사'로 이름이 바뀌었다. 후쿠자와의 『자서전』에 따르면, 그는 나졸이라는 명칭을 쓰고 있을 때 도쿄부로부터 서양식 폴리스 제도를 조사해 달라는 의뢰를 받아 한 권의 책으로 엮어 제출했는데, 당시 경찰제도 개혁에 이처럼 협력해 준 덕에 현재의 게이오대학 부지를 순조롭게 마련할 수 있었다고 한다. 『자서전』, 242~244쪽.

37 이 문장까지 후쿠자와 유키치는 거의 한 페이지 이상에 걸쳐 문명이 극한 수준에 도달했을 경우의 모습을 묘사하고 있다. 후쿠자와가 상상하는 일종의 유토피아라고 할 수 있다. 그에 따르면 개벽 뒤 야만, 초매의 시기에는 덕의가, 그 뒤에는 지혜가, 극한에 이르면 다시 덕의가 지배한다. 이는 '덕의―지혜―덕의'로 변증법적으로 변화, 발전해 가는 단계론적 역사관이라고 말할 수 있다. 다만 여기서의 극한 단계는 덕의가 지혜를 일방적

## | 덕의가 행해지는 장소에는 한계가 있다

이상은 덕의가 행해지는 시대를 논한 것이다. 이제 여기에서부터는 또 그 장소에 관해 설명하겠다. 야만의 태평은 우리가 바라는 것이 아니다. 수천만 년 뒤를 기다리며 문명의 태평을 기약하는 것도 우원한 이야기談일 따름. 따라서 지금의 문명 상황에서 덕의가 행해질 수 있는 장소와 행해질 수 없는 장소를 구별함은 문명의 학문에서 가장 중요한 요결要訣이다.

한 나라의 인민이 야만을 벗어나 점점 더 멀어질수록 이런 구별 또한 점점 더 명백해질 터인데, 불문不文한 사람은 걸핏하면 이를 모르고 목적을 크게 그르쳐 야만의 태평을 유지하다가 곧장 문명의 태평에 다다르려고 욕심부리는 경우가 많다. 즉 고학자 부류의 사람이 지금 세상에 있으면서 옛날을 그리워함도 그 원인을 생각해보면 이 구별과 순서를 그르친 데에 있다. 그 일의 어려움은 나무 위에서 물고기를 찾는 것과 같고 사다리를 쓰지 않고 지붕 위에 오르려고 하는 것과 같다. 그들이 마음속으로 생각하는 것과 실제로 행하는 것은 항상 저어하기 때문에 그러한 심사를 남에게 분명하게 이야기할 수 없을뿐더러, 스스로 물어도 스스로 답할 수가 없고, 마음속은 어지럽고, 머릿속은 혼란스러우며,[38] 일생 동안 애매함 속에 혹닉하여 갈 곳을 모르고, 때로는 짓고 때로는 허물며, 스스로 논하고 스스로 반박하며, 평생의 사업을 가감승제해 보면 영零과 같아질 따름. 정말 가여운 일이지 않느냐. 이런 무리는 이른바 덕의를 행하는 자가 아니라 덕의로부터 괴롭힘을 당하는 노예라고 말해야 할 뿐. 그런 사정을 이제 아래에서 보여주겠다.

부부와 부모자식이 한 집에서 사는 것을 가족이라고 말한다. 가족 사이의

---

으로 지배하는 유교적 덕치주의 혹은 정교일치 체제와는 다르다.

38 원문에는 '심서착란(心緖錯亂), 사려분운(思慮紛紜)'으로 되어 있다.

사귐交은 정으로 맺어져 물건에 정해진 주인이 없고 주고 뺏음에 규칙이 없으며, 잃어도 아까워할 필요가 없고, 얻어도 기뻐할 필요가 없으며, 무례함을 꾸짖지 않고 서투름을 부끄러워하지 않으며, 아내와 자식의 만족은 남편과 아버지의 기쁨이 되고 남편과 아버지의 괴로움은 아내와 자식의 걱정이 되며, 가끔 자신에게는 박하게 하면서 남에게는 후하게 하고, 남의 만족을 보면 오히려 마음속으로 기쁨을 느낀다. 예를 들어 사랑하는 자식이 병으로 괴로워할 때에 만약 이 병의 고통을 부모의 몸에 나누어 자식의 고통을 덜게 하는 방법이 있다고 말하는 자가 나타난다면 천하에 부모 된 자는 틀림없이 자신의 건강을 버리고 자식을 구할 것이다. 개괄해 말하자면 가족 사이에는 사유私有[39]를 지키려는 마음이 없고 체면을 온전히 하려는 마음도 없으며, 생명을 무겁게 여기는 마음 또한 없다. 따라서 가족의 사귐에서는 규칙이 필요 없고 약속이 필요 없으며, 하물며 지술智術과 책략이야 이를 쓰려고 해도 쓸 만한 장소가 없으며, 지혜에 관한 일은 기껏해야 세대를 꾸려가는 일부분에서만 쓰일 뿐으로서 한 집안一家의 교제交際는 오로지 덕의에 바탕을 두고 풍화의 미美를 다한다.

## | 당파심과 사람의 기풍

골육의 인연이 조금씩 멀어지면 이 취지도 조금씩 달라져, 형제자매는 부부나 부모자식보다 멀고, 삼촌과 조카는 형제보다 멀며, 사촌 형제는 타인의 시작이다. 혈연肉緣이 멀어짐에 따라 그 사귐에 애정情誼을 쏟는 것 또한 차

---

39  여기서의 '사유'는 사유재산보다는 넓은 의미로 쓰고 있다. 즉 재산 가치가 있고 없고를 떠나 개인의 지배 범위에 속하는 것이라면 무형의 것도 포함되는 것으로 봐야 한다.

츰 감소하지 않을 수 없다. 따라서 형제도 성장하여 가정을 따로 꾸리게 되면 사유私有의 구별이 생긴다. 숙부, 조카, 사촌형제에 이르면 아주 심하게 그렇다. 때로는 친구의 사귐에서도 애정을 나누는 경우가 있다. 문경지교刎頸之交[40]라거나 막역지우莫逆之友[41]라고 말하는 경우는 그 교제의 친함이 거의 부모자식이나 형제와 다르지 않지만 지금의 문명 아래에서는 그 범위가 매우 좁다. 수십 명의 친구를 만나서 오랫동안 막역지우를 온전히 다했다는 사례는 예나 지금의 역사에서도 아직 보지 못했다.

또 간혹 세상에 군신 관계인 자가 있어서 그 교제가 거의 가족이나 골육 같고, 함께 간고艱苦를 맛보고 함께 생사를 나누며 충신의 순정함에 이르러서는 군주를 위해 부모자식과 형제를 죽이는 경우도 있다. 고금을 통틀어 세간의 통념으로 보면 이러한 행동의 유래는 전부 그 군주와 그 신하의 교분交情으로 귀결될 뿐 다른 원인을 찾을 수 없다. 그렇지만 이런 세론은 오로지 일방一方의 빛으로만 비춰지고, 군신의 명분에 덮여 아직 사물의 실체에 도달하지 못한 것이다. 만약 다른 빛으로 사실을 밝게 비춰보면 분명 별도의 중요한 원인을 알 수 있을 것이다. 생각건대 그 원인이란 무엇이겠느냐. 사람이 천부적으로 갖추고 있는 당파심[42]과 그 시대에 널리 퍼져 있는 사람의 기풍, 이 두 가지가 바로 그것이다.

군신관계의 첫 단계에서는 사람 수가 적은데 예를 들어 호조 소운北條早

---

40  '문경지교'란 목이 잘려도 후회하지 않을 만큼 친한 사이를 말한다. 사마천의 『사기』 「인상여 · 염파열전(藺相如 · 廉頗列傳)」에 나온다. '인상여'와 '염파'는 중국 전국시대 조나라 사람이다.

41  '막역지우'란 서로의 의견이 달라질 수 없을 정도로 마음이 완전히 통하는 친구를 말한다. 『장자』 「대종사」편에 네 명의 친구 사이, 세 명의 친구 사이에 관한 두 가지 일화가 실려 있다.

42  원문에는 '당여(黨與)의 마음(心)'으로 되어 있다.

雲[43]이 여섯 명의 가신家來들과 함께 검劍을 지팡이 삼아서 동쪽에 도착했을 때와 같은 경우는 그 교분이 정말로 두터워 부모자식이나 형제보다 더 깊었다고도 말할 수 있지만, 이미 한 주州 한 구니國를 차지하고 신하의 수도 이에 따라 증가하고 군주 가문君家의 지위가 차례로 자손에게 이어지게 되면 군신의 교제는 결코 처음과 같이 될 수가 없다. 이때가 되면 군신 모두 자신들의 선조 모습을 구전으로 전하고, 군주는 신하의 힘에 의지하여 그 가문家을 지키려고 하고, 신하는 군주 가문의 계통을 존숭하며 그 가문에 속해, 자연스럽게 일종의 당파가 맺어지고, 큰 일事變이 생기면 힘을 다 바쳐 군주 가문을 지키고 덧붙여 자신의 사사로움私도 지키고, 때로는 기회를 노려 이득을 얻기도 하고 때로는 그 시대의 기풍에 따라 일세에 공명을 빛낼 만한 일도 생기기 때문에 분골쇄신하는 행동働도 하는 것이다.

그때의 군신관계에 반드시 문경지교만 있었던 것은 아니다. 따라서 충의가忠義家의 말에 사직은 중하고 주군은 가볍다[44]라고 하여 제 역할을 제대로 하지 못하는 인물이라고까지 생각되면 비록 한 가문의 유일한 주인主人이더라도 비상한 도리道로써 이에 대처했던 것이다.[45] 이를 교분이 두터운 일이

---

43  호조 소운(1432~1519)은 전국시대의 무장(武將)이다. 『일본외사』 제10권에, 호조 소운이 아라키 효고(荒木兵庫)와 6명의 병사를 데리고 관동으로 갔다는 내용이 나온다. 이세 출신으로 분메(文明, 1469~1486) 연간에 적수공권의 일개 낭사(浪士)로 동지 6명과 함께 스루가(駿河)의 영주 이마가와 씨를 믿고 동국으로 옮긴 뒤 그곳에서 무력을 떨쳤고 주위를 공략하여 스루가, 이즈(伊豆), 사가미(相模) 등을 차례로 손에 넣었다. 전국 각지의 무장들이 군웅할거하는 전국시대는 호조 소운에 의해 시작되었다고 본다.
44  여기서 '사직'은 국가를 가리킨다. 따라서 군주보다 국가를 더 중하게 여긴다는 의미이다. 또한 이는 어느 한 주군보다는 가문이 더 중요하다는 의미이기도 하다. 따라서 비상시에는 가문을 위해서 주군이나 주인도 희생시키는 경우가 종종 있었다. 이는 사무라이 가문뿐만 아니라 상인 가문에서도 마찬가지였다.
45  『맹자』「진심」편-하 제14장에 나온다. 맹자는 백성이 가장 귀중하며, 사직이 그 다음이고 군주는 가볍기 때문에, 제후가 사직을 위태롭게 하면 바꾸어도 된다고 말했다. 사직은 토지신과 곡물신으로 한 나라를 상징한다. 맹자의 민본주의가 잘 나타나 있는 문장

라고 말할 수는 없다. 또 전쟁터에서 전사하거나 성이 함락되었을 때 할복하는 자들도, 대개는 그 당시의 기풍으로 인해 목숨一命을 버리지 않으면 무사의 체면이 서지 않기에 자신의 명예 때문에 그렇게 하든지 아니면 도망을 쳐도 목숨을 건질 가망이 없기 때문에 목숨을 바쳤던 것이다.

『태평기太平記』에 따르면 겐코元弘 3년(1333) 5월 22일 가마쿠라의 호조가가 멸망할 때, 도쇼지東勝寺[46]에서 호조 다카토키와 한 장소에서 자살한 장사壯士가 870여 명, 그 밖에 문엽은고門葉恩顧(일족과 가신)의 무리가 이를 전해 듣고 따라 죽은 사람이 가마쿠라 안에 6,000여 명이나 되었다고 한다.[47] 호조 다카토키가 얼마만큼이나 인자한 군주였기에 이처럼 6,800명의 신하와 사귀고 또 그 사귄 정이 부모자식이나 형제와 같을 수 있었단 말이냐. 결코 있을 수 없는 일이다. 이런 모습을 보면 전사, 할복 등의 수가 많고 적음에 따라 그 군덕君德의 두텁고 얕음을 점쳐서는 안 된다. 폭군 때문에 죽고 인군仁君을 위해 목숨을 바친다고 말해도 사실 군신의 정에 쫓겨 목숨을 바치는 사람은 생각 밖으로 적은 것이다. 그 원인은 별도로 찾지 않

---

이다. 원문은 다음과 같다. "孟子曰 民爲貴 社稷次之 君爲輕 是故得乎丘民而爲天子 得乎天子爲諸侯 得乎諸侯爲大夫 諸侯危社稷則變置."(성백효, 『맹자집주』, 앞의 책) 에도 시대에는 무능한 인물이 주군의 유일한 상속자일 경우에 가신들이 합의하여 교체하는 일이 종종 있었다.

46 '도쇼지'는 가마쿠라시대 호조 야스토키 집권기인 1225년에 세워진 사찰이다. 호조가의 보리사로 추측되고 있다. 1333년 고다이고 천황의 부름을 받아 닛타 요시사다가 가마쿠라에서 군사를 일으켜 공격하자, 이곳에서 농성하던 호조가의 일족이 불을 질러 자살하였고 일부는 집단 자결하였다고 전해진다. 당시 건물들은 소실되었고 그 뒤 재건되었지만 가마쿠라 막부가 멸망하고 난 뒤 전국시대에 폐사되었다. 현재는 후지자와시(藤沢市)에 별도로 '도쇼지'가 건립되어 있다. 1975년 '도쇼지' 발굴사업이 진행되었는데, 역사서에 기록된 대로 1333년 실재했음이 밝혀졌다. 이에 따라 1998년 6월 정부에 의해 국가 사적 '도쇼지유적'으로 지정되었다.

47 『태평기』 10 「다카토키 및 그 일문이 도쇼지에서 자살한 사건」에 나온다.(위의 책, 125~127쪽)

으면 안 된다. 따라서 덕의의 공능은 군신 사이에서도 그것이 행해지는 범위가 매우 좁다.

빈민구제소貧院나 병원 등을 세워 가난한 사람窮民을 구제함은 덕의와 애정情合에 속하는 일이지만, 원래 이런 일이 일어나는 건 궁민과 시주施主 사이에 교분이 있어서가 아니라 한쪽은 부유하고 한쪽은 가난하기 때문에 생기는 일이다. 시주는 부유하고 또 인자하지만 시혜를 받는 사람은 그저 가난할 따름으로 그들의 덕·부덕德不德은 알 수가 없다. 다른 사람人物을 자세히 알아보지도 않고 사귀어야 할 이유는 없다. 따라서 구빈사업을 성대하게 펼침은 인간교제에서 널리 행할 만한 사항이 아니다. 단지 인자가 여유 재산을 흩어버리면서 덕의의 마음을 사私적으로 달래는 것일 뿐이다. 시주의 본래 뜻은 남을 위해서 하는 게 아니라 자신을 위해서 하는 것이므로, 당연히 기릴 만한 미담이지만, 구빈사업이 점점 성대해지고 그 시혜가 점점 오래 지속되면 가난한 백성은 틀림없이 여기에 익숙해져 그 시혜를 덕으로 여기지 않을 뿐만 아니라 이를 정식 소득이라고 생각하여 받는 물건이 이전보다 줄면 오히려 시주를 원망하는 경우도 생긴다. 이와 같은 일은 곧 돈을 들여 원망을 사는 것과 같다. 서양의 여러 나라에서도 구빈사업에 관해서는 식자들의 논의가 매우 많고[48] 아직 그 득실을 가리지 못하고 있지만, 결국 시혜惠與의

---

48  후쿠자와 유키치는 기부를 통해 빈민구제 사업을 하는 것에 관해 부정적인 생각을 가지고 있다. 이는 당시 일본에서 베스트셀러로 인기가 높았던 스마일스의 『자조론』 영향도 많이 있었던 것으로 보인다. 영국에서는 17세기부터 빈민구제에 관한 법(『서양사정』 및 『학문의 권장』에서는 이를 '구궁(救窮)의 법'이라고 부르고 있다.(후쿠자와 유키치, 남상영 역, 앞의 책, 182~183쪽 참조))이 있었는데, 1834년 '신구빈법'이 제정된 이후 빈민층의 증대를 막는 방법, 구제의 원리 등을 둘러싸고 많은 논쟁이 벌어졌다. 메이지 유신 뒤 신정부의 이와쿠라 사절단이 영국을 방문했을 때 이들은 도서관, 병원, 고아원, 구빈원 등 다양한 사회복지시설을 방문하였다. 그 뒤 일본에도 이러한 사회복지시설 들이 설립되기는 했지만 이에 대한 인식은 아직 국가의 의무기보다는 자선적 행위라는

방법은 이를 받아야 할 사람의 상황과 인물됨을 따져서 직접 그 사람을 만나 사적으로 물건을 주는 방법 외에는 다른 수단이 없다. 이것 역시 덕의로는 세간에 널리 영향을 미칠 수 없다는 증거 중 하나다.

이런 사정을 바탕에 두고 생각해보면, 덕의의 힘이 충분히 행해지고 털끝만큼의 방해도 받지 않는 장소는 오직 가족뿐. 집밖으로 나서면 갑자기 힘을 발휘할 수 없는 것과 같다. 그렇지만 어떤 사람의 주장에 가족의 사귐은 천하태평의 모델雛形(추형)이라고 말하기도 하는데, 수천만 년 뒤에는 세계가 한 가족과 같이 되는 시절도 있으련가.[49] 더욱이 세상의 사물은 활동하며 늘 진퇴하므로, 오늘날의 문명에 관하여 그 진퇴 여부를 묻는다면 진보 중에 있다고 말하지 않을 수 없다. 그런즉 설령 갈 길이 멀어도, 천 리 길, 겨우 한 걸음 내디뎠다고 해도 나아가기는 곧 나아가는 것이다. 갈 길이 영원하다고 하여 겁먹고 쪼그라들거나 스스로 선을 그어 나아가지 않을 이치는 없다. 지금 서양 여러 나라의 문명과 일본의 문명을 비교해보면 그저 이 한 걸음 앞뒤에 있을 뿐[50]으로서, 학자의 논의도 그저 이 한걸음의 진퇴를 다툴 따름.

---

관점이 더 강했다.(새뮤얼 스마일즈, 장만기 역, 『자조론/인격론』, 동서문화사, 2007)

**49** 후쿠자와 유키치의 『서양사정』 외편 「가족」편에. "가족 사이의 화목한 정을 넓혀 세상(四海)을 한 가족처럼 만들려는 게 조물주의 깊은 뜻 아니겠느냐"는 내용이 있다.(福澤諭吉, Marion Saucier・西川俊作 編, 『西洋事情』, 慶應義塾大學出版會, 2009, 88~89쪽)

**50** 서양 국가들과 일본의 문명이 한 걸음 밖에 차이가 나지 않는다는 이 주장에서 일본문명의 미래에 대한 후쿠자와 유키치의 자부심과 자신감을 엿볼 수 있다. 이는 일본과 서양문명의 격차가 도저히 따라갈 수 없을 정도라고 보던 이전의 인식과는 정반대의 관점이라고 볼 수 있다.

## ┃ 덕과 규칙

무릇 덕의는 애정情愛이 있는 곳에서 행해지며 규칙 안에서 행해지지는 않는다. 규칙의 공능을 보면 애정에 관한 일을 충분히 이룬다고도 말할 수 있지만 그것이 행해지는 형태形는 꼭 그렇지 않으며, 규칙과 덕의는 정말로 상반되어 양쪽 다 서로를 받아들일 수 없는 듯하다. 또한 규칙 안에는 두 가지 구별이 있는데, 사물의 순서를 정리하기 위한 규칙과 사람의 악을 막기 위한 규칙으로 나뉜다. 갑甲 규칙을 어김은 사람의 실수이고 을乙 규칙을 어김은 사람의 악한 마음이다. 지금 여기에서 논하는 규칙은 사람의 악을 막기 위한 규칙을 가리켜 말하는 것이므로 학자들이 이를 오해해서는 안 된다. 예를 들어 가족 안의 일을 정돈하기 위해서 집 안에 있는 자는 6시에 일어나고 밤 10시에 방에 들어가야 한다는 규칙을 세운다고 해도 가족의 악한 생각을 막기 위함이 아니다. 이 규칙을 어겼다고 해서 죄인이라고 말하지는 않는다. 단지 한 가족의 편리함을 위해 상의하여 정한 규칙으로서, 서면으로 적을 필요도 없고 가족의 마음으로 자발적으로 행하는 것이다. 이 밖에 진실로 화목한 친족이나 친구 사이에 돈을 대차하는 것도 이런 종류이다.

하지만 지금 세간에서 널리 유행하는 증서, 약정서,[51] 또는 정부의 법률, 각 나라의 조약문 등을 보면, 때로는 민법, 형법 등의 구별이 있고 사물의 순서를 정돈하기 위한 규칙도 적지 않지만, 일반적으로 그 필요성을 묻는다면 모조리 다 악을 막기 위한 장치器械라고 말하지 않을 수 없다. 모든 규칙의 취의는 사람들에게 이득과 손해利害를 안팎으로 나란히 제시하여 그 사람들이 사적인 마음私心으로 이를 고르게 하려는 책략이다. 예를 들어 1,000냥

---

51 원문에는 '약조서(約條書)'로 되어 있다. 『학문의 권장』 「제6편」, 「제15편」에서도 볼 수 있다.

의 금金을 훔치면 징역 10년이라고 말하고, 어떤 약속을 10일 지연하면 배상금이 100냥이라고 말하는 것과 같다. 1,000냥의 돈과 10년의 징역, 10일의 약속 위반과 100냥의 배상금을 양쪽에 걸어놓고 사람들의 사적인 마음에 따라 그가 편리하다고 생각하는 쪽으로 가게 하겠다는 의향이므로 덕의의 정신은 털끝만큼도 없고, 그 상황은 마치 굶주린 개나 고양이에게 먹을 것을 내민 뒤 옆에 서서 몽둥이를 휘두르며 먹기만 하면 두들겨 패겠다고 위협하는 것과 마찬가지이다. 그 외형形만 보면 이를 결코 애정이 있는 일이라고는 말할 수 없다.

또 덕의가 행해지는 곳所과 규칙이 행해지는 곳의 경계를 분명히 정하기 위해 아래에 사례를 하나 들겠다. 여기에 갑과 을 두 사람이 돈을 대차한다고 하자. 두 사람은 서로를 아끼고 사랑하여, 이것을 빌려줌도 덕으로 여기지 않고, 빌린 뒤 갚지 않아도 원망하지 않고, 거의 사유私有의 구별이 없음은 애정이 깊기 때문으로 그 교분은 완전히 덕의에 바탕을 둔 것이다. 혹시 변제기한과 이자율을 정하고 잊을 때를 대비하여 종이에 적어서 이 서류를 대주에게 건네주어도 그들의 교분은 아직 덕의의 영역을 벗어나지 않는다.

그렇지만 이 서류에 도장을 찍고 증권에 인지를 붙이거나 아니면 보증인을 세우거나 질물質物을 잡기에 이르면, 이젠 덕의의 영역을 벗어나 쌍방 모두 오직 규칙에 따라 서로 접할 따름. 이 금전대차에서는 차주의 정직・부정직을 신뢰하기 어렵기 때문에 이 사람을 부정직한 자로 인식하여, 돈을 갚지 않으면 보증인에게 청구하고, 그래도 갚지 않으면 정부에 소송을 제기하여 재판을 하든지 아니면 그 질물을 압수하려고 하는 의향趣向으로서 이를테면 이득과 손해를 안팎으로 내걸고 몽둥이를 흔들어 대며 개를 위협하는 것이다. 그러므로 규칙에 의존하여 사물을 정돈하는 곳에는 덕의의 모습形이라곤 털끝만큼도 있을 수 없다. 정부와 인민 사이에서도, 회주와 회원[52] 사이에서도, 판매자와 구매자 사이에서도, 대주와 차주 사이에서도, 혹은 돈을 받고 학예學藝를 가르치는 교사와 학생 사이에서도, 규칙만으로 서로 모이는 건 덕의의 교제라고 할 수가 없다.

예를 들어 정부 기관에 두 사람의 동료가 있는데, 갑甲은 공무公務를 깊이 걱정하여 성실히 일하고 사무실에서 집으로 돌아와서도 밤에 잠을 자지 못할 정도로 고생하는데, 을乙은 그렇지 않아 술을 마시며 방탕을 일삼고 더욱이 공무에는 거의 신경을 쓰지 않는다. 그래도 아침 8시에 출근하여 오후 4시에 퇴근할 때까지 동안 을도 열심히 일해 그 활동이 갑과 조금도 다르지 않고, 말해야 할 일은 말하고 글을 써야 할 일은 써서 공무에 지장이 없으면 그를 비난할 수가 없다. 갑의 성실함誠意도 빛을 낼 수가 없는 것이다.

또 인민이 세금을 납부함에도 정부로부터 재촉 받지 않으면 납부하지 않아도 되고, 이를 납부함에 가짜 돈[53]으로 내도 이를 받으면 받아들인 쪽의 실수濼度이며, 착오로 많이 내도 일단 건너가면 내버린 쪽의 손해이고, 물건을 팔 때 바가지 요금을 불러도 이를 사면 사버린 쪽의 손실이고, 거스름돈을 많이 주어도 이미 이를 건네주었으면 건네준 쪽의 실수이고, 금전을 빌려주고 그 증서를 분실하면 빌려준 쪽의 손실이고, 금찰의 교환金札引替[54]도 그

---

52　회사의 사장과 사원의 관계를 가리킨다.

53　메이지유신 직후는 총체적인 혼란기였기 때문에 위조 화폐가 많이 돌아다녔다. 특히 정부에서 발행한 지폐 중 태정관에서 발행한 태정관찰(太政官札)은 위소가 간단해 위조 지폐가 많았다고 한다.

54　금찰은 유신 직후, 태정관에서 발행한 지폐와 민부성에서 발행한 지폐를 가리킨다. 메이지유신 직후 화폐가치 하락 문제를 해결하기 위해 1873년 금찰교환 공채를 발행하여 연리 6%의 이자를 지급하고 금찰 화폐를 회수하였다. 금찰교환은 이때 발행한 금찰공채를 현금으로 바꾸는 것을 말한다. 신정부는 금찰공채발행으로 정부발행 화폐를 회수하는 데 어느 정도 성공하여 화폐가치를 다시 회복시킬 수 있었다.

기한을 넘기면 증서를 소지한 사람의 손실이고, 물건을 주워 이를 숨겨도 아는 자가 없으면 주운 사람의 덕德이고, 뿐만 아니라 남의 물건을 훔치더라도 탄로 나지 않으면 이를 도적의 이익이라고 말하지 않을 수 없다. 이런 모습을 보고 생각해보면, 지금 세상은 온통 악인이 모여 있는 곳으로 덕의는 흔적조차 찾아 볼 수 없고 오로지 무정한 규칙에만 의존하며 가까스로 사물의 질서를 지키고 악한 생각이 속에 충만해도 규칙에 제약받아 이를 실제행동事跡으로 드러내지는 않고 규칙이 허용하는 최고 한계에 이르면 바로 멈추어 마치 예리한 칼날 위를 걷는 것과 같다. 이 어찌 경악驚愕하지 않을 수 있겠느냐.

## ┃ 규칙의 효능

인심의 천함이 이와 같고 규칙의 무정함이 이와 같다. 얼핏 그 외형을 보면 실로 경악하지 않을 수 없지만, 지금 한 발 더 나아가 이 규칙이 생긴 까닭의 원인과 이로 인해 얻는 공덕을 살펴보면 결코 무정하지 않으며, 이를 지금 세계의 지선至善이라고 말하지 않을 수 없다. 규칙은 악을 막기 위한 것이긴 하지만, 천하의 사람이 모조리 다 악인이라서 이를 만드는 게 아니라, 선과 악이 서로 뒤섞여 판별할 수 없기에 이를 만들어 선한 사람을 보호하려는 것이기 때문이다. 악인의 수가 설령 만 명 가운데 한 명이라고 해도 그가 없음을 반드시 보장할 수 없다면, 만 명에게 시행되는 규칙은 악인을 다스리는 취지에 따르지 않을 수 없다.

예를 들자면 가짜 돈을 검사하는 것과 마찬가지다. 1만 엔 가운데 가령 1엔이라도 가짜 돈이 있을지 모른다는 우려가 있을 때에는 1만 엔의 돈을 모조리 다 바꾸지 않을 수 없다. 따라서 인간의 교제에서 규칙은 날로 번다해지고 그 규칙의 외형은 무정해지는 것 같아도 결코 이를 천하게 여겨야 할 이치는 없다. 더욱더 이를 굳게 하고 더욱더 이를 존중하지 않으면 안 된다. 오늘날의 상황에서 세상의 문명이 나아가도록 하는 도구는 규칙을 빼고는 달리 방편이 없다. 사물의 외형이 싫다고 하여 실제 공능까지 버리는 건 지자智者가 할 일이 아니다. 악인의 악을 막기 위해 규칙을 세웠다고 해도 선인이 선을 이루는 걸 방해하지는 않는다. 규칙이 번잡한 세상 가운데에서도 선한 사람은 마음먹은 대로 선을 행할 수 있다. 오직 천하 후세를 위해 꾀함에 규칙을 더욱더 번다하게 만들어 차츰 소용없어지게 되길 빌 따름. 그 시기는 수천 년 뒤에나 올 것이다. 수천 년의 오랜 세월을 기약하며 지금부터 규칙을 만들지 않을 이치는 없다. 시대의 연혁을 살펴보지 않으면 안 된다.

옛날 야만적이고 불민하던 세상에서는 군민일체 천하일가君民一體 天下一家라고 하여, 법을 세 문장三章[55]으로 줄이고 인자한 군주와 현명한 재상仁君賢相은 정성誠으로 아래 백성을 어루만지며, 충신 의사는 목숨을 바쳐 군주를 모시고, 만민이 높은 분上의 풍화에 의해 상하가 함께 그들이 원하는 바를 얻는 것 같은 일은 규칙에 의존하지 않고 정실情實을 주로 하여 덕으로써 태평을 이루는 것인데, 이를 얼핏 상상해 보면 혹 부럽게 보일 수도 있겠지만

---

55 고대 중국에서 한나라를 연 고조 유방(劉邦)이 법을 간소하게 만들어 선한 정치를 펼쳤다는 고사에서 인용한 것이다. '약법삼장(約法三章)'이라고 말한다. 『사기본기』 「고조본기(高祖本紀)」편에 나온다. 그 내용은 다음과 같다. 첫째, 사람을 죽인 자는 사형에 처한다. 둘째, 사람을 다치게 한 자는 그에 준하는 형에 처한다. 셋째, 남의 물건을 훔친 자는 그 죄의 경중에 따라 처벌한다. 하지만 그 뒤 유방은 '약법삼장'이 너무 간략해 천하를 다스리는데 부족하다고 여기고, 소하를 시켜 진나라의 법률을 참조하여 아홉 편의 법률을 만들었다. 이를 '구장률(九章律)'이라고 부른다. 이로써 한나라 율령제도의 기틀이 마련되었다.(사마천, 신동준 역, 『완역 사기 본기－오제부터 한무제까지 제왕의 역사』, 위즈덤하우스, 2015, 401쪽)

실제로 그 시대에는 규칙을 멸시하여 쓰지 않은 것이 아니라 이를 쓰려고 해도 쓸 만한 곳이 없었던 것이다. 이에 반하여 사람의 지혜가 차츰 발생하면 세상의 사무 또한 차츰 번다해지지 않을 수 없다. 사무가 번다해지면 규칙도 따라서 증가할 것이다. 더욱이 사람의 지혜가 나아짐에 따라 규칙을 깨뜨리는 방법도 또한 자연스럽게 솜씨 있어지기 때문에 이를 막는 방법 또한 촘촘해지지 않을 수 없다.

그 예를 하나 들면, 과거에는 정부가 법을 만들어서 인민을 보호했는데 오늘날에는 인민이 법을 만들어 정부의 전제를 막고 이로써 스스로 보호하기에 이르렀다. 옛날 눈으로 이런 모습을 보면 관리전도冠履顚倒,[56] 상하의 명분이 송두리째 땅에 떨어진 것 같지만, 조금만 그 안목眼力을 밝히고 견해를 넓히면 이 즈음에야 조리도 자연스럽게 흐트러지지 않게 되고 정부도 인민도 서로 체면을 잃을 우려가 없어지는 것이다. 지금의 세계에 살면서 한 나라의 문명을 나아가게 하고 독립을 지키려고 함에는 오로지 이 방법 한 가지가 있을 따름.

시대가 바뀜에 따라 사람의 지혜가 발생함은 마치 어린아이가 성장하여 어른이 되는 것과 같다. 어린아이일 때에는 자연히 어린아이 짓을 일삼는데 그 희로애락의 감정은 자연히 어른과 다르다. 세월이 흘러 부지불식간에 어른이 되면 이전에 좋아했던 죽마竹馬도 이제는 즐겁지 않고 이전에 무서워했던 햐쿠모노가타리百物語[57]도 이제는 무섭지 않은 건 자연의 이치이다. 나

---

56 모자와 신발의 위치가 바뀌었다는 말로, 상하의 위치가 바뀌어 사회질서가 어지러워졌다는 의미다.
57 일종의 '괴담놀이'라고 말할 수 있다. 에도시대 일본에서 유행하던 괴담놀이의 일종으로써, 백가지의 괴담을 다 이야기하고 나면 진짜 귀신이 나타난다고 했다. 어린 아이들이 모여 촛불을 켜놓고 한 명씩 괴담을 이야기할 때마다 하나씩 초를 꺼나가다가 전부 다 꺼지면 진짜 귀신이 나타난다는 놀이도 있었다. 이런 괴담을 모아 책으로 펴낸 것이 '하쿠

아가 옛날 그 어린아이의 심사가 어리석었다고 해도 굳이 이를 야단칠 필요는 없다. 어린아이는 어린아이일 적에 어린아이 짓을 일삼는 자로서, 그것이 이해된다면 당연히 이들에게 많은 것을 요구해서는 안 된다. 다만 어린아이가 모여 사는 집은 가세가 약하여 다른 집과 대등하게 사귈 수 없을 뿐.[58]

지금 이 어린아이가 성장함은 집家을 위해서 축하할 만한 일이지 않느냐. 그런데 그들이 몇 년 전에 여전히 어린아이였다는 이유로 억지로 이들을 어린아이처럼 되게 하여, 죽마로 이들을 즐겁게 하고 햐쿠모노가타리로 이들을 겁주려고 하며 심지어 옛날 어린아이의 언행을 적어 지금의 어른들을 위한 교본手本으로 삼고 이 교본에 따르지 않는 자를 이름하여 불순조폭不順粗暴하다고 외치는 것과 같은 일은 지덕이 행해져야 할 시대와 장소를 그르쳐서 때때로 가세를 약하게 만드는 화를 부를 따름.

가령 또 규칙의 취지를 무정한 것으로 여기고 이를 지키는 사람의 마음도 천하게 여길 만한 것으로 간주한다고 해도, 사람의 일人事에서는 오히려 이로운 점이 많다. 예컨대 물건을 주워서 이를 주인에게 돌려주면 그 물건의 반을 떼어 주운 자에게 나눠주는 규칙이 있다. 지금 여기서 물건을 주워 단지 그 절반의 이익을 얻기 위해 주인에게 돌려주려는 자가 있다면 그 심보는 참으로 천하게 여길 만하다. 그렇지만 이 규칙이 비열하다고 하여 없애 버린

---

모노가타리'이다. 『諸国百物語』(1677), 『御伽百物語』(1706), 『太平百物語』(1732) 등이 있다. 이런 이야기를 괴담문학이라고 일컫는다.

58 후쿠자와는 이 문장에서 한 나라의 인민을 어린아이에, 한 국가를 가정에 비유하여 설명하고 있다. 이런 전제 위에서 그는 정부가 인민을 어린아이 취급하면 인민이 성장하지 못하고 계속 어리석은 상태에 머물게 되어 가세는 기울어지고 외국과 대등한 외교는 할 수 없게 되며, 설령 어린아이가 성장하여 정부에 저항한다고 해도 이는 외국의 압력에 저항하기 위한 예행연습이므로 일본을 위해서는 축하해야 할 일이라고 보고 있다.(마루야마 마사오, 김석근 역, 『『문명론의 개략』을 읽는다』, 문학동네, 2007, 499쪽 참조)

다면 세상에서 잃어버린 물건이 꼭 주인 손으로 되돌아간다고는 기약할 수 없다. 따라서 반으로 나누는 법도 덕의로서 논하면 기뻐할 만한 것은 아니지만, 이를 문명의 좋은 법良法이라고 말하지 않을 수는 없다.

또 상업상 눈앞의 작은 이익小利을 탐하여 파렴치한 짓을 하는 경우도 있다. 이를 상인의 부정이라고 말한다. 예를 들어 일본 사람이 생사生絲와 잠란지蠶卵紙[59]를 제조함에 부정을 저질러 한 때一時의 이익을 탐내다가 결국 국산품의 가치品價를 떨어뜨려 국가적으로 큰 이익大利을 영원히 잃고 그 부정을 저지른 자도 결국에는 함께 손해를 입는 일 같은 것은 체면도 이익도 함께 버리는 경우이다.

이에 반하여 서양 여러 나라의 상인은 거래를 분명하게 하여 사람을 속이는 일이 없고, 가로 세로 한 치方寸[60]의 견본만 보여주고 수만 필反[61]의 직물을 팔아도 견본의 품질과 전혀 다르지 않으며, 이를 사는 사람도 상자를 열어 안을 확인해 보지 않고 안심하며 화물을 인수한다. 이런 모습을 보면 일본 사람은 부정직하고 서양인은 정직한 듯하다. 하지만 그 사정을 자세히 알아보면 서양인은 마음이 성실하고 일본 사람은 마음이 성실하지 않기 때문이 아니다. 서양인은 상업을 널리 넓혀서擴[62] 영원히 큰 이익大利을 얻으려고 하기

---

59　누에나방이 알을 슬게 하는 종이를 가리킨다. 잠란지에 붙어 있는 알에서 새끼누에가 깨면 모아서 다른 종이로 옮긴다. 메이지 초기 생사와 잠란지는 차와 함께 일본의 주요 수출 품목이었다. 당시 일부 상인 가운데 견본과 다른 값싼 상품을 인도하고 폭리를 취하는 자들이 많았다고 한다.

60　'촌'은 '치'라고도 하며 3.3cm이다.

61　'필'은 경척(鯨尺, 고래수염으로 만든 자)으로 피륙 등을 재는 단위다. 길이 2장 6척(약 10m), 폭 9치5푼(약 36cm)을 한 필이라고 일컬었다. 한 필의 옷감으로 어른 옷 한 벌을 만들 수 있다고 한다.

62　후쿠자와는 여기서 서양 상인의 거래방식을 지덕의 논의에서 펼쳤던 논리를 가져 와서 설명하고 있다. 즉 총명과 예지로 사덕, 사지를 널리 넓혀(擴)하여 공지·공덕을 이룬다는 논리를 상업의 방식에도 적용하고 있는 것이다. 여기에서는 일본 사람의 '눈앞(일시

에 거래를 성실하게 하지 않으면 뒷날 지장이 생겨 이윤의 통로가 막힐 수 있다는 두려움 때문에 어쩔 수 없이 부정직함을 작동働하지 않을 뿐이다. 마음속에서 우러나오는 성실이 아니라 철저히 계산된 성심誠이다. 바꾸어 말하면 일본 사람은 욕심이 적고 서양인은 욕심이 크다. 그렇다고 지금 서양인의 성실함을 욕심을 위한 성실함으로 경멸하면서 일본 사람의 노골적인 부정직함을 배울 이유는 없다. 욕심 때문이든 이익 때문이든 성심을 다해 상업의 규칙을 지키지 않으면 안 된다. 이 규칙을 지켜야만 상업도 널리 퍼져 문명의 진보를 도울 수 있다. 지금의 인간세계에서는 가족과 친구를 제외하면 정부도, 회사도, 상업도, 대차貸借도, 세상만사 모조리 다 규칙에 의하지 않는 것이 없다. 규칙의 모습形에 간혹 경멸할 만한 것이 있어도 이를 규칙이 없는 때의 재앙禍에 견주어 보면 그 득실은 같은 해에 논할 게 아닌 것이다.

지금 현재 서양 여러 나라의 모습을 보면, 사람의 지혜는 나날이 나아지고 과감하게 도전하는 용기를 길러 마치 하늘과 땅 사이에 자연의 사물이든 인위의 일이든 사람의 사상을 가로막는 게 없는 듯하고, 자유롭게 사물의 이치를 탐구하고 이에 맞는 법法을 자유롭게 공부하여 자연의 사물에서는 이미 그 성질을 알고 또 그 기능働을 알고 그 본성에 따라 이를 다룰 수 있는 법칙定則을 매우 많이 발명했다.[63] 사람의 일에서도 또한 마찬가지다. 인류의 본성性質과 행동働을 추론하고 탐구하여 차츰 그 법칙을 밝히고 그 본성性과 행동働에 따라 이를 다스릴 수 있는 법을 구하려는 형국에 들어섰다. 그러한 진보를 한두 가지 들어보면, 법률이 촘촘해져 나라에 억울한 죄가 줄어들고,

---

적인)의 작은 이익'과 서양인의 '영원히 큰 이익'을 비교하고 있다.
63  기조의 『유럽문명의 역사』 제14강에 '자유탐구 정신의 보편성(the university of the spirit of free inquiry)'이 모든 분야에 널리 확산되었다는 내용이 있다.

상법이 밝아져 사람들의 편리함이 늘었고, 회사법이 바르게 되어 큰 사업을 꾀하는 자가 많아지고, 조세법이 아주 좋아져 사유재산私有을 잃는 자가 적어졌다. 병법의 우수함은 사람을 죽이는 기술이지만 오히려 이 때문에 인명을 해치는 재앙이 줄었고, 만국공법도 성글어서 피해갈 수 있지만 살육행위를 조금은 완화하는 방편이 되며, 의회民庶會議는 지나치게 강한 정부를 균형 잡을 수 있고, 저서와 신문은 강대한 폭거를 막을 수 있다.[64] 최근에는 또 벨기에白耳義의 수도에 만국평화회의萬國公會[65]라는 것을 설립하여 전 세계의 태평을 꾀하자는 주장이 있다. 이들은 모두 규칙이 점점 더 좋아지고 점점 더 커짐을 의미하며 규칙으로 큰 덕大德을 행하는 것이라고 말할 수 있다.

---

**64** 후쿠자와의 『서양사정』 「외편」 제1권 「각 국의 교제」 장에 이미 상세한 내용이 실려 있었다.(福澤諭吉, Marion Saucier · 西川俊作 編, 『西洋事情』, 慶應義塾大學出版會, 2009, 120~124쪽)

**65** 1874년 유럽 열강이 전쟁에 의한 피해를 줄이기 위해 벨기에 브뤼셀에서 열렸던 '만국평화회의(Brussel Conference)'를 말한다. 미국의 남북전쟁 기간 중에 에이브람 링컨 대통령이 서명하고 제출한 최초의 포괄적인 성문법인 '리버 법안(1863.4.24)'에서 출발했다. 1874년 브뤼셀 만국평화회의, 1899년과 1907년의 만국평화회의(제1 · 2차 헤이그 회담(Hague Conference)) 등을 거쳐 '전쟁 행위에 관한 다국적 조약'이 만들어졌다.

0제8장

# 서양문명의 유래

## | 서양문명의 특징

지금의 서양문명을 적으면서 그 유래를 탐색하는 것은 이 소책자에서 충분히 다룰 수 있는 일이 아니다. 때문에 여기에 프랑스의 학자 기조 씨가 저술한 『문명사』[66] 및 다른 책들을 인용하여 그 대의의 백 분의 일이라도 적는다면 다음과 같다.

서양문명이 타 문명과 다른 점은, 인간교제에 관한 그 학설이 획일적이지 않고 여러 학설이 서로 병립하며 서로 합쳐진和[67] 적이 없다는 한 가지 사실

---

66  기조의 『유럽문명의 역사』를 가리킨다. 기조는 프랑스의 역사학자로 파리 대학의 근대사 교수였으며, 1830년 7월혁명 이후 수립된 루이 필립 왕정(1830~48)에서 교육부 장관과 총리를 지냈다. 후쿠자와는 1870년 미국에서 발간된 이 책의 영어 번역본을 참고하면서 이 장(章)을 썼다. 후쿠자와가 참고한 C. S. Henry의 영역본 서지사항은 다음과 같다. F. P. G. Guizot, C. S. Henry trans., *General History of Civilization in Europe, Nineth American*(2nd English edition, with occational notes) NewYork : D. Appleton and Company 1870. 후쿠자와 유키치가 직접 참고하였던 기조의 『유럽문명의 역사』 수택본은 현재 게이오대학에 보관되어 있다. 최근 한글 번역본이 출간되었다.(프랑수아 기조, 임승휘 역, 『유럽문명의 역사―로마제국의 몰락부터 프랑스혁명까지』, 아카넷, 2014)

67  여기서 '화(和)'는 각자 개성을 잃고 하나로 되어버린다는 의미로 쓰였다. 하지만 우리나라에서는 보통 '화'를 오히려, 하나로 합쳐지지 않고 각자 개성을 유지하면서 서로 조화를 이룬다는 의미로 주로 쓴다. 공자는, 군자는 개성을 잃지 않으면서 서로 조화를 이루며(和而不同), 소인은 개성을 잃어버리고 하나가 되어 조화를 이루지 못한다(同而不和)라고 말한다. 『논어』「자로」편 제23장에 나온다. 원문은 다음과 같다. "子曰 君子 和而不同 小人 同而不和."

에 있다.[68] 예컨대 정치의 힘權을 주장하는 학설이 있고 오로지 종교의 힘權[69]을 중요시하는 논리도 있다. 누구는 군주정[70]이라고 말하고 누구는 신정정부[71]라고 말하고, 누구는 귀족정[72] 누구는 민주주의[73]라고 하면서 각자 그들이 향해 가려는 곳으로 향하고 각자 그들이 주장하고 싶은 것을 주장하며 서로 다투기는 해도 누가 이 상황을 쉽게 통제할 수는 없다. 누구 하나 이기는 자도 없고 누구 하나 지는 자도 없다. 승패를 오랫동안 결정짓지 못한 채 서로 상대하다 보면 가령 불만이 있어도 동시에 함께 존재하지 않을 수 없다. 이미 동시에 존재할 수 있다면, 설령 적대적이더라도 그들의 정실情実[74]을 서로 이해하고 서로가 하려는 것을 허용하지 않을 수 없다. 내가 전승全勝의 형세를 만들지 못해 다른 사람의 행위를 허용하는 경우가 되면 각자 자신의 학설을 펼쳐서 문명의 한 국면을 움직이고働 결국에는 합쳐서 하나로 될 수 있다. 이것이 바로 자주와 자유가 생기게 되는 까닭이다.[75]

---

68  서양 근대문명의 특징을 다양성에서 찾는 이런 논리는 기조와 밀의 저서에서 일관되게 펼쳐지고 있다. 한편 고대서양문명의 단일성(singularity)과 근대 서양문명의 다양성(diversity)을 비교·분석하여, 근대문명의 우월성을 논하고 있는 기조의 『유럽문명의 역사』 수택본에는 여러 장의 후센이 붙어 있다. 후센은 일종의 포스트잇과 같은 색종이다. 이 책 외에도 밀의 『대의정치론』「제7장」, 『자유론』「제3장」에도 유럽문명의 다양성과 진보에 관해 논하고 있는 부분이 있다. 후쿠자와는 이 장을 쓰면서 이 세 책을 많이 참고하였다.
69  이 책에서 '권'은 문맥에 따라 힘, 권력, 권한, 권세 등 다양하게 번역하였다. 다만 후쿠자와가 'right'를, 자연권 혹은 천부인권적인 성격을 강조하기 위해, '통의(通義)', '권의(權義)'로 번역하고, '이(利)' 자를 붙이는 것에 반대했던 사실을 고려하여 '권리(權利)'로는 번역하지 않았다.
70  원문에는 '입군(立君)'으로 되어 있다.
71  원문에는 '신정부(神政府)'로 수택본에는 'Theocratic'으로 되어 있다.
72  원문에는 '귀족집권(貴族執權)'으로, 수택본에는 'Aristocratic'으로 되어 있다.
73  원문에는 '중서위정(衆庶爲政)'으로 되어 있다. 수택본에는 'Democratic'으로 되어 있다. 이 책을 집필할 때에만 해도 '민주주의'라는 번역어가 아직 정착되지 않아서 일본에서는 여러 가지 번역어가 함께 쓰이고 있었다. '중서위정' 외에도 '민서위정', '민서합의', '합중정치(미국식 민주주의)' 등 다양한 번역어가 있었다.
74  오늘날 널리 쓰고 있는 부정적인 의미의 '정실'이 아니라, '인정(人情)'을 의미한다.

## | 서양문명의 시초

지금의 서양문명은 로마가 멸망한 때를 시초로 삼는다.[76] 기원후 300년 대경부터 로마제국의 권세는 차츰 쇠퇴기에 접어들었고, 400년대에 이르러 가장 심해졌으며 야만의 종족種族[77]이 사방팔방에서 침입하자 다시는 제국의 전권全權을 지킬 수 없었다. 이 종족 안에서도 게르만 민족이 가장 유력했다. 프랑크 종족[78]도 바로 이 민족黨이다. 이 야만의 종족들이 제국을 유린하며 로마羅馬의 수백 년 된 문물을 일소하고 인간의 교제에서 행한 것은 단지완력뿐. 무수한 야만인生蕃(생번)[79]들이 떼群를 지어 침략과 약탈을 자행하지

---

75  기조의 『유럽문명의 역사』제2강을 참고한 것이다.(위의 책, 65~68쪽)

76  여기서 서양문명의 시초를 그리스로마문화가 꽃 피던 시기가 아니라, 오히려 로마가 멸망한 때로부터 잡고 있는 점에 주목할 필요가 있다. 기조의 이러한 서양문명사관은 당시로서는 매우 독창적인 시각이었다.

77  'class'를 번역한 것이다. 이 책에서 집단을 나타내는 용어로는 '종족' 외에도 '부족', '민족', '당(黨)' 등이 나온다.

78  '프랑크 족'은 고대 유럽에서 민족의 대이동이 일어날 때, 지금의 프랑스 북부와 벨기에 지역을 지배하던 게르만족의 한 부족이었다. 서로마 제국이 476년 멸망한 뒤인 481년 클로비스 1세가 메로빙거 왕조를 열었고, 496년 가톨릭으로 개종하였다. 이후 메로빙거 왕조가 약해져 유명무실해지자, 유력 귀족가문 출신이었던 피핀이 메로빙거의 마지막 왕을 폐위시키고 새로 카롤링거 왕조를 열었다. 카롤링거라는 이름은 피핀의 아들로 이 왕조에서 가장 걸출한 왕이었던 카롤루스 마그누스에서 유래한다. 그는 피레네산맥을 넘어오던 이슬람 민족을 물리쳤고 군제개혁을 단행하여 중세 유럽의 기사제도와 봉건제도가 형성되는 계기를 마련하였다. 또한 카롤링거 가문은 로마 카톨릭교회와 돈독한 관계를 형성하였다. 교회는 그들의 보호를 받는 대신 피핀의 쿠데타를 승인하고 그가 프랑크 왕국의 정식 계승자임을 추인해주었다. 즉 왕권의 정통성을 교회로부터 부여받은 것이다. 피핀은 이에 대한 보답으로 롬바르드족을 격퇴하여 중부 이탈리아의 일부를 교회에 바쳤다. 이것이 로마 교황령의 시초다. 대신 주교직에 대한 임면권을 가지게 되었다. 이는 훗날 서임권 분생의 불씨가 된다. 카롤링거 왕조는 843년 베르됭 조약에 의해 카를루스 대제의 아들인 루드비히 경건왕의 세 아들에 의해 서프랑크, 중프랑크, 동프랑크로 분할되었고, 870년 메르센 조약에 의해 사실상 분리되었다. 이로써 칼 대제가 만든 대제국은 3개 국가로 분할되어 오늘날 프랑스, 이탈리아, 독일의 기원이 되었다.

79  정복자의 교화정책에 따르지 않는 원주민을 가리키는 말이다. 반대의 경우는 '숙번(熟蕃)'이라고 부른다. 1903년 3월부터 7월까지 오사카에서 개최된 권업박람회 회의장 주변에 학술 인류관이라는 명칭의 전시장이 설치되어, '학술 연구자료'라는 명목 아래 아이누 사람, 대만 생번, 조선 사람, 쟈바 사람, 터키 사람, 아프리카 사람, 류쿠 여성 2명

않는 곳이 없었다.

　나라를 세우는 자가 있으면 병합하는 자도 있다. 700년대 말 프랑크의 추장 샤를마뉴Charlemagne라는 자가 지금의 프랑스, 게르만, 이탈리아(伊多里) 지방을 차지하여 일대 제국의 기초를 세우고 차차 유럽 전 지역을 통일하려는 기세를 이루었지만, 황제가 죽자 나라는 다시 분열되어 되돌릴 수가 없었다. 이때에는 프랑스라고 말하든 게르만이라고 말하든, 그 나라의 이름은 있었지만 아직 나라의 형체(体)를 이루지는 못했다. 사람마다 각자 자신一個[80]의 완력을 드러내고 각자 자신一個의 정욕(情欲)을 마음 내키는 대로 쓸 따름. 후세에 이 시대를 지목하여 야만의 세상 혹은 암흑의 세상[81]이라

---

　등이 전시되었다. 여기서 대만 생번은 중국 한족의 교화정책을 거부한 대만의 고산족을 가리켰다. 불과 100여 년 전, 일본이 급속히 근대화할 때 다른 아시아 민족에 대한 인식이 어떠했는지를 엿볼 수 있다. 이는 서양의 백인 중심 인종주의의 아시아 판이었다고 말할 수 있다.

80　이 당시만 해도 아직 '개인'이라는 말이 번역어로 정착하지 않았다. '일개(一個)' 외에도 여러 가지 번역어가 함께 쓰이고 있었다. 여기서는 '자신'으로 번역했다.

81　중세를 어떻게 볼 것인가라는 문제는 곧 르네상스를 어떻게 볼 것인가라는 문제와 동전의 양면처럼 긴밀하게 관련되어 있다. '르네상스' 현상을 새로운 예술과 문화의 등장이라는 측면에서 처음 제시한 사람은 이태리의 화가, 건축가이자 미술사가였던 조르조 바사리(조르조 바사리, 이근배 역, 고종희 해설, 『르네상스 미술가 평전』 1~5, 한길사, 2018)이다. 하지만 '르네상스'라는 용어를 오늘날과 같은 의미로 처음 쓴 사람은 프랑스의 역사학자 미슐레다. 그는 1855년 『프랑스 역사(Historie de France)』에서 '인간과 세계에 대한 발견'이라는 의미로 '르네상스'를 사용했다. 여기서 미슐레는 문화, 예술 분야의 변화를 넘어 한 시대 전체의 정신적인 변화를 의미하는 용어로 사용했다. 이어 부르크하르트는 1860년 『이탈리아 르네상스의 문화』에서 미슐레의 '르네상스' 개념을 역사적인 개념으로 확장했다 그는 14~16세기 이탈리아의 르네상스가 중세의 신비주의 경건주의 비합리주의 집단주의가 퇴조하고 합리주의 개인주의 세속주의 같은 가치관을 낳음으로써, 중세를 마감하고 근대의 서막을 열었다고 보았다. 이러한 평가에 대해서는 여러 학자들이, 르네상스의 여러 특징은 이미 중세 시대에 형성된 것이므로 르네상스가 중세와 근대를 단절시키는 것은 아니라고 반박했다. 네덜란드의 역사학자 호이징어는 『중세의 가을』(1919)에서 르네상스를 중세의 마지막 단계 정도로 보았고, 미국의 역사학자 해스킨스는 『12세기 르네상스』(1929)에서 중세 후기인 12세기에 이미 근대유럽을 형성한 핵심요소가 형성되었다고 보았다. 야코프 부르크하르트, 이기숙 역, 『이탈리아 르네상스의 문화』, 한길사, 2003; C. H. 해스킨스, 이희만 역, 『12세기 르

고 부른다. 곧 로마 말기부터 기원후 900년대에 이르기까지 무려 700년 동안이다.[82]


## 교회권력의 탄생

이 야만과 암흑의 시대에 있으면서在 예수의 교회寺院[83]는 스스로 체재体를 온전하게 갖추며 존속存續할 수 있었다. 로마가 멸망한 뒤 교회도 함께 무너질 듯이 보였지만 결코 그렇게 되지는 않았다. 교회는 야만 속에 잠거하면서 단지 생존存在했을 뿐만 아니라 거꾸로 이 야만의 백성을 바꾸어 자신의 종교 안에서 농락하려고 노력했다. 그들의 전략 또한 담대했다고 말할 수 있다. 생각건대 무지한 야만족을 인도함에 고상한 이치로는 할 수가 없다. 이에 성대한 의식을 만들고 외형을 허식으로 꾸며 사람들의 눈과 귀를 현혹시키고 애매한 가운데 차츰 그들의 신앙심이 일어나도록 만들었다. 후세로부터 이들을 논하면 망탄으로 인민을 고혹蠱惑[84]했다는 비난을 피하기 어렵겠지만, 이처럼 정부도 없고 법도 없던 세상에서 그나마 하늘의 이치와 사람 도리의 존귀함을 알았던 건 오직 예수의 종교뿐. 만약 이 시대에 이 가르침敎이 없었다면 유럽 전 지역은 한바탕 금수의 세상으로 되었을 것이다. 그러므로 이 시대에는 예수교의 공덕도 적었다고는 말할 수 없다. 그것이 권력을 얻은 것도 또한 우연이 아니다. 대체로 말해 육체를 제어하는 일

네상스』, 혜안, 2017; 요한 하위징아, 이종인 역, 『중세의 가을』, 연암서가, 2012.
82 기조의 『유럽문명의 역사』 제3강을 참고한 것이다. 로마 멸망 이후 야만족의 침략과 약탈이 계속되던 불안정하고 무질서했던 유럽의 상황을 설명하고 있다.(프랑수아 기조, 임승휘 역, 앞의 책, 111~115쪽)
83 여기서의 '교회'는 로마 가톨릭교회를 가리킨다.
84 아름답거나 매력적인 것에 마음을 뺏기는 것을 말한다.

은 세속의 완력에 속하고, 정신을 제어하는 일은 교회의 권한權으로 귀결되어 속권俗權과 교권敎權[85]이 서로 대립하는 것과 같았다. 거기에다가 교회의 사제僧侶가 세속적인 일에 관여하여 도시에 사는 민간인의 공무를 맡는 것은 로마시대 때부터 행해져온 관습習慣[86]이었기에 이때까지도 그 권한을 잃지 않았다. 후세의 의회에 성직자가 출석하는 것도 그 연원은 멀리 고대上世에서부터 존속해 온 것이다(사원은 권력寺院權을 가지고 있었다).[87]

## 민주주의의 원소

처음 로마라는 나라를 세울 때에야 수많은 도시市邑[88]를 연합合衆한 것이었다. 로마의 관할 안에는 곳곳에 도시가 없는 곳이 없었다. 이렇게 많은 도시에는 각각 독자적인 성문법이 있어서 스스로 한 도시, 한 읍의 시책을 펼

---

85 '세속적 권력(Temporal Power)'과 '종교적 권력(Spiritual Power)'을 말한다. '교권'은 '종교적 권력'을 번역한 것이다.

86 일본에서는 사찰이 이러한 역할을 담당하였다. 이를 데라우케(寺請) 제도라고 부른다. 원래는 에도시대 초기에 전국에 걸쳐 기독교인을 색출하려는 목적에서 출발하였는데, 나중에는 마을 단위까지 막부의 인적 통제가 미치는 행정기구로서의 역할을 담당했다.

87 기조의 『유럽문명의 역사』 제2강에서 참고한 것이다. 기독교가 하나의 제도로서 교회를 구축하는 과정 및 유럽문명에 기여한 역할을 설명하는 부분에 나온다.(위의 책, 80~89쪽) 근대 의회제의 전신이라고 할 수 있는 '등족회의(等族會議)'에서 승려는 귀족, 시민과 함께 중요한 구성원을 이루고 있었다. 오늘날에도 영국에서는 켄터베리 대주교, 요크 대주교 외 영국 국교회의 주교 24명이 상원의원을 겸하고 있다.

88 로마를 구성하고 있던 자치도시를 가리킨다. 당시 로마는 도시의 연합체로 구성되어 있었으며 오늘날과 같은 농촌은 존재하지 않았다. 물론 농촌지역에서 경작은 했지만 도시에 거주하면서 정기적으로 농촌을 방문하여 경작을 하거나 노예를 두고 있었다. 따라서 로마시대에는 중세시대와 같은 농촌 마을도 형성되어 있지 않았다. 로마뿐만 아니라 다른 유럽 지역 역시 마찬가지였다. 따라서 로마는 도시를 도로로 연결하여 제국을 건설하고, 도시를 정복하여 식민지로 만들고, 다른 도시와 조약을 체결하고 상업 활동을 전개하였다. 『유럽문명의 역사』 제2강에 로마사회의 특징이 설명되어 있다.(위의 책, 70~79쪽)

치면서 로마황제의 명령에 따르고 이들이 모여서 하나의 제국을 이루고 있었는데, 제국이 멸망한 뒤에도 시민회의의 풍조風는 여전히 존속하며 후세 문명의 한 원소가 되었다(민주주의의[89] 원소).

## ▏군주정의 원소

로마제국이 멸망하였다고는 해도 과거 수백 년 동안 이 나라를 가리켜 제국이라고 부르고 그 군주를 존숭하여 황제帝라고 이름 불렀기 때문에 그 이름은 인민의 가슴肺肝에 깊이 새겨져 쉽게 잊히지 않았다. 한번 황제 폐하의 이름을 잊지 못하면 전제와 독재의 사고도 이 이름과 함께 존속하지 않을 수 없다. 후세의 군주정이라는 학설도 그 뿌리는 생각건대 여기에 있는 것이다(군주정의 원소).[90]

## ▏자유·독립의 기풍

이 시대에 있으면서 천하를 주름잡던 야만의 종족이란, 고서에 실린 것만 보고는 그 기풍과 성질을 자세히 알기가 어렵지만 당시의 사정을 추측하여 살펴보면 호방한 기상에 거칠고 날쌔며慓悍 인정이 없고 무지하고 몽매함이 거의 금수에 가까운 자들이었다. 그렇지만 이제 한 발 더 나아가 그 안을 자세히 파헤쳐 보면, 이 몽매함과 표한함 안에는 사연스레 용감하고 강개한 기

---

89  원문에는 '민서위정(民庶爲政)'으로 되어 있다.
90  『유럽문명의 역사』 제2강에서 참고한 것이다. 기조는 여기에서 제국의 이념, 황제라는 이름, 황제의 존엄성, 황제의 이름에 결부된 신성하며 절대적인 권력개념도 근대 유럽의 유산으로 남았다고 설명하고 있다.(위의 책, 79쪽)

운기運氣이 있고 얽매이지 않고 독립不羈獨立[91]하려는 풍조風가 있었다. 생각건대 이러한 기풍은 인류의 본성에서 나오는 것으로서, 곧 스스로를 인식하길 독 일개獨一個의 남자로 생각하며 스스로 유쾌함을 느끼는 마음이고, 대장부의 뜻이며 심지心志가 솟구쳐 멈추려고 해도 멈출 수 없는 용기이다.

옛날 로마시대에도 자유의 학설이 없지는 않았고 예수교의 당黨에서도 이 학설을 주장하는 사람이 없지는 않았지만, 그들이 외친 자유, 자주는 한 씨족種 한 공동체族의 자유로서 일신一身의 자유를 외친 자가 있었다는 말은 듣지 못했다. 자신一個의 불기독립을 주장하고 자신一個의 의지를 드러내겠다는 기풍은 게르 만 야만족生蕃에서 비롯된 원소임을 알 수 있다. 후세 유럽문명의 둘도 없는 보석으로서 오늘날에 이르기까지 귀중한 자유 · 독립의 기풍은 게르만의 선물이 라고 말하지 않을 수 없다(자유 · 독립의 기풍은 게르만 야만족에게서 배태되었다).[92]

## ▌봉건할거封建割據

야만과 암흑의 시대가 차츰 끝나고 여기저기 돌아다니며 활개를 치던 인 민도 그들의 거주지를 정하자 이 때문인지 봉건할거의 형세勢로 옮아갔다. 이러한 형세는 900년대에 시작하였고 1500~1600년에 이르자 완전히 없

---

91  원문에는 '불기독립'으로 되어 있다. '불기'는 도덕 · 관습 · 다른 사람의 강제 등 어느 것에 속박되지 않음을 가리킨다. 따라서 '불기독립'은 자신 이외의 다른 어떤 것에도 속 박되지 않고 스스로 독립한 상태를 가리킨다. 후쿠자와 유키치의 사상에서 매우 중요한 개념이다.

92  기조의 『유럽문명의 역사』 제2강에서 참고한 것이다. 기조는 여기에서, 야만족이던 게 르만 민족은 개인 대 개인의 인간관계에 의해 맺어진 군사적 후견조직 외에도 개인의 독 립적인 성향과 자유의 기상을 유럽문명에 남겨주었다고 설명하고 있다.(위의 책, 90~ 93쪽)

어졌다. 이 시대를 퓨달 시스템[93]의 세기世紀라고 일컫는다.

봉건시대에는 프랑스라고 말하든 스페인이라고 말하든 각각 그 나라의 이름을 갖고 있었고 각 나라에 군주가 없지 않았지만, 군주는 그저 빈자리虛位를 껴안고 있었을 뿐. 국내의 무인武人들이 곳곳에서 할거하면서 하나의 부락을 이루어, 산에는 성을 쌓고 성 아래에서는 부하들을 모으며, 아랫백성下民을 노예로 여기고 스스로는 귀족이라고 일컬으며, 실제로 독립적인 체재를 갖추어 꺼릴 것 없이 무력으로 서로 공격하고 정벌할 뿐. 암흑의 시대에는 세상의 자유라는 것을 한 사람 한 사람이 누리고 있었지만 봉건 세상에 이르자 그 형태가 크게 달라져, 자유의 권한權은 토지와 인민의 주인인 귀족 한 사람에게 귀속되고, 이를 제어할 일반적인 국법도 없고, 이를 흠잡는 인민의 논의도 없으며, 성 안에 있으면 지존의 군주라고 부르지 않을 수 없어서 그 전제정치專制를 가로막을 수 있는 것은 오로지 적국으로부터의 외환外患 아니면 스스로의 능력 부족뿐. 유럽의 각국이 대개 이런 풍조를 형성하여 나라 안에 있는 사람들은 모두 귀족이 있음은 알아도 국왕이 있음은 알지 못했다. 저 프랑스와 스페인 같은 경우도 아직 프랑스佛國, 스페인西國라고 일컬을 만한 국체를 이루지는 못했다(봉건할거).[94]

## | 종교 권력의 번성

이렇듯 봉건귀족이 홀로獨 권력權을 차지한 것처럼 보여도 이들이 단독獨權으로 유럽 전 대륙全洲의 형세를 지배한 건 결코 아니었다. 종교는 벌써 야만

---

93  'Feudal System', 즉 중세 봉건제도를 말한다.
94  기조의 『유럽문명의 역사』 제4강 「봉건제」를 참고한 것이다.

인의 마음을 농락하여 그들의 신앙을 차지했고, 기원후 1100년에서 1200
년대에 이르러서는 그 강성함이 극에 다다랐다. 생각건대 그들이 권세權를 얻
게 된 까닭을 찾아보면 이 또한 결코 우연이 아니다. 무릇 인류의 생생한 모
습을 보면, 세태의 변천에 따라 때로는 일시적인 영광을 빛낼 수도 있고, 힘力
이 있으면 백만 명의 적을 무찌를 수도 있고, 재주才가 있으면 천하의 부富도
가질 수 있어 재력才力만 있으면 인간만사가 뜻대로 될 것처럼 보이지만, 홀
로 생사유명幽冥95의 이치에 이르면 풀 수 있는 것이 하나도 없다. 저승의 이
치와 마주하게 되면 샤를마뉴의 영무英武라고 해도 진시황의 맹위猛威라고 해
도 추호의 힘도 쓸 수가 없고, 애처롭게悽然 낙담하며 "부귀는 떠도는 구름이
요,96 인생은 아침이슬이로다"라는 탄식97을 내뱉지 않을 수 없다. 사람 마음
人心의 가장 연약한 부분은 정말로 이곳에 있는데, 방어전에 비유하면 대비책
을 세워두지 않은 요새要害와 같고 사람의 신체에 비유하면 예민한 급소와도
같아서, 이러한 일을 한번 겪으면 홀연히 도망치고 쉽고 자신의 미약함을 드
러내지 않는 자가 없다.

종교의 본분은 이런 저승의 이치를 설파하고 조물주의 섭리를 밝히는 것
이라고 칭하면서 기꺼이 사람의 의문에 답하는 것인데, 적어도 생명을 가지
고 있는 사람人類 중 이것에 마음을 빼앗기지 않을 자가 어디 있겠느냐. 뿐
만 아니라 당시는 아직 인문人文이 열리지 않은 조홀경신粗忽輕信98의 세상이
었기에 허탄망설이라고 해도 괴이하게 여기는 자가 전혀 없고, 천하에 바람

95 '유명(幽冥)'은 '저승'을 가리킨다. 반면 '유명(幽明)'은 '저승과 이승'을 가리킨다.
96 『논어』「술이(述而)」편 「제15장」에 의롭지 못한 부와 귀함은 내게, 떠도는 구름과 같다
　는 구절이 있다. 원문은 다음과 같다. "子曰飯疏食飮水曲肱而枕之樂亦在其中矣不義而
　富且貴於我如雲."(성백효, 『논어집주』, 앞의 책, 201~202쪽)
97 『한서(漢書)』「소무전(蘇武傳)」에 "인생은 아침 이슬과 같다"는 구절이 나온다.
98 경솔하고, 쉽게 믿는다는 의미이다.

에 나부끼듯 종교宗旨를 신앙하는 분위기를 만들어 오직 일심일향一心一向으로 종교 교리만 믿게 할 뿐 사적인 논의는 아예 허용되지 않아 그 전제억압의 형태를가 왕후王侯[99]가 폭정으로 백성下民을 괴롭히는 것과 같았다. 당시 사정을 개괄하여 평하면, 인민은 마치 자신의 몸을 둘로 쪼개어 정신과 육체 두 부분으로 나눈 뒤 육체의 운동運動은 왕후의 속권俗權으로부터 제어당하고 정신의 작용働은 로마 종교의 명령에 따르는 것과 같았다. 속권은 신체와 유형의 세계를 지배하는 것이었다. 종교는 정신과 무형의 세계를 지배하는 것이었다.

종교는 이미 정신의 세계를 지배하여 사람의 마음을 빼앗아 왕후의 속권과 대립하였지만 이에 만족하지 못하고 더 나아가 이르길, 정신과 육체 어느 쪽이 더 귀중하느냐, 육체는 말末이고 또 바깥外이며, 정신은 본本이고 또 안內이다, 내가 이미 그 본을 제어하고 안을 지배하는데 어찌 그 바깥과 말을 버릴 이치가 있으랴,[100] 이를 반드시 나의 범위 안에서 농락하지 않을 수 없노라고 하면서 점점 왕후의 지위를 범하여 때로는 그 나라國를 빼앗고 때로는 그 위位를 벗겨, 로마 교황法皇이 마치 천상과 지하[101]에서 홀로 존귀한 듯했다. 게르만의 황제 하인리히Heinrich 4세[102]가 교황 그레고리우스의 역린

---

**99** 왕과 제후를 가리킨다.
**100** 이 문장은『대학』등의 유학경전에 나오는 '본말론'에 빗대어 설명한 것이다.
**101** '천상천하'와 같은 의미이다. 이와 관련하여『전등록』에는, 석가모니가 탄생하자마자, "천상천하유아독존(天上天下唯我獨尊)"이라고 외쳤다고 기록되어 있다.(월운,『전등록』, 1 - 3, 동국역경원, 2008)
**102** 신성로마제국 황제 하인리히 4세(1050~1106)를 말한다. 교황 그레고리우스 7세(1022~1085)와 사제 임명권을 둘러싼 투쟁 즉 서임권 투쟁에서 교황으로부터 파문당했다. 이에 직접 카노사성까지 가서 3일(1077.1.25~1077.1.27) 동안 교황에게 용서를 구했다는 일화가 전해내려 오고 있다. 이를 카노사의 굴욕(독일어 Gang nach Canossa, 이탈리어 l'umiliazione di Canossar)이라고 한다. 이로 인해 독일 지역의 제후들은 하인리히 4세를 대신해 슈바벤 공(公) 루돌프를 황제로 세우고, 교황에게도

逆鱗[103]을 건드려 엄동설한에 맨발로 걸어가 로마의 성문 앞에 서서 3일 밤 낮을 울면서 교황에게 애걸했다는 일화[104]도 이때의 일이다(종교 권력이 크게 번성하다).[105]

## | 자유 도시와 독립 시민

야만의 횡행이 점차 진정되어 할거하는 형세를 이루고 이어 성을 쌓고 집을 짓고 그렇게 사는 데 안주하게 되면, 단지 기근과 한파에서 벗어나는 것으로는 만족할 수 없고, 사람들에게 점점 풍취風韻가 생겨, 입는 건 가볍고 따뜻한 걸 바라고 먹는 건 맛있는 걸 즐기며, 또 온갖 수요가 한꺼번에 일어나 옛날의 조잡함을 달가워하는 자는 없어진다. 이미 그런 수요가 생기면 이에 따

---

승인받았으나, 하인리히 4세는 이 상황을 극복하고 클레멘스 3세를 교황에 옹립하여 왕권을 다시 탈환한다. 상황이 역전되어 이번에는 교황 그레고리우스 7세가 로마에서 쫓겨난다. 그레고리우스 7세는 결국 살레르노에서 객사했다. 1089년 하인리히 4세는 자신의 아들 콘라트 3세를 독일 왕에 임명했지만, 1099년 콘라트 3세가 반란을 일으키자 그를 독일 왕에서 폐위하고, 대신 다른 아들 하인리히 5세를 독일 왕에 임명했다. 그러나 하인리히 5세도 반란을 일으켰고, 결국 1105년 황제 자리에서 쫓겨나 이듬해 사망했다. 카노사의 굴욕은 그 뒤 교황청에서 황제일지라도 교황을 넘을 수는 없다는, 교황권의 우위를 주장하는 선전에 이용하였다. 다른 한편으로 16세기 이후 독일의 프로테스탄트들은 반(反)교황, 반(反)가톨릭주의 입장에서, 19세기 독일 민족주의자들은 이 사건을 독일의 굴욕이라는 민족주의적 입장에서 정치적으로 이용하였다.

103 '역린'은 용의 목 밑에 난 비늘을 가리킨다. 『한비자』「세난(說難)」편에 나온다. 한비자는 군주에게 간언하기 전에는 반드시 군주의 기분을 먼저 살펴보아야 한다고 말하면서, '용이란 동물은 유순하여 잘 길들이면 올라탈 수 있지만, 목 밑에 있는 지름 한 자짜리 역린을 잘못 건드리면 필시 그 사람을 죽인다'고 경고했다. 이 경고는 충심어린 간언을 하더라도 군주의 아킬레스건 즉 아픈 부분은 절대 건드리면 안 됨을 의미한다.

104 이 일화는 역사적 사실이 아니라, 후세에 각색되고 과장된 것으로 봐야 한다. 또 로마 성은 로마에 있는 성이 아니라 카노사 성이 옳다. 이탈리아 북부 레지오 에밀리아 주 카노사에 있다. 로마로부터는 한참 멀리 떨어진 곳으로, 팔마(Parma) 근처에 있다.

105 이 부분은 기조의 『유럽문명의 역사』「제5강」, 「제6강」 중 중세 기독교 교회사를 참고한 것이다.

라 또 이것을 제공하는 자가 나오지 않을 리 없다. 이 때문인지 작게나마 상공업의 길이 처음 열리고 곳곳에서 도시의 형태体를 이루면서 때로는 그 시민 중에 큰 부를 이루는 자도 생겼다. 즉 로마 이후 도시가 부흥한 것이다.

생각건대 이 시민이 서로 모여 집단群을 이룬 것이야 결코 처음 그때부터 힘이 있었기 때문은 아니다. 야만의 무인들은 옛날 모습을 되돌아보며 난폭과 약탈의 유쾌함을 잊을 수가 없었겠지만 시세時勢가 이미 정해졌기에 멀리까지 나가기는 만만치 않았고, 그 근방에 있으면서 마음껏 약탈할 만한 상대로 단지 일종一種의 시민이 있었을 따름. 시민의 눈으로 봉건 귀족과 무인武人을 보면 물건을 살 때는 손님 같아도 물건을 빼앗을 때에는 강도와 같기 때문에, 이들과 상업적으로 교류한다고 해도 그 난폭을 막을 대비책 또한 동시에 세우지 않을 수 없었다. 즉 도시 주위에 성곽을 쌓고, 성안의 주민끼리는 서로 도우며 외적을 막고, 그런 이해를 함께 한다는 취지로 공회를 열 때에는 종을 울려서 주민을 모으고 서로 다른 마음을 갖지 않기로 맹세하면서 신의를 표시하고, 이 회합에서 뭇사람들衆庶 중에서 인물을 몇 명 뽑아 성 안의 지도자頭取로 삼고 공격과 방어에 관한 정사政을 맡기는 풍속風이었다. 이 지도자라는 자는 일단 선거를 통해 권한権을 쥐면 그의 전제専制는 뜻대로 되지 않는 게 없었다. 거의 군주독재立君特裁(입군특재) 체제였으며, 단지 시민의 권한権으로 다른 사람을 새로 선출하여 그를 대신하게 하는 제약定限이 있었다.

이처럼 시민[106]이 집단을 이루어 독립한 도시를 자유도시(프리・시티)[107]

---

[106] 기조의 영어판 『유럽문명의 역사』 제7강에 나오는 'burgess'를 번역한 것이다.
[107] 영어로는 'free city'라고 한다. 이 자유도시들은 10세기부터 지역별로 전개된 봉건영주와의 전쟁을 통해 형성되었다. 자유도시는 근대국가의 주요한 요소를 남겨주었지만, 12세기에 성립된 도시와 17~18세기 도시는 많이 다르다.

라고 이름하는데, 때로는 제왕帝王의 명령을 거부하고 때로는 귀족의 병사와 전투하는 등 분쟁이 그칠 날이 거의 없었다(자유도시는 자유로운 도시라는 의미로서 그 인민은 곧 독립 시민이다). 기원후 1000년경부터 유럽 여러 나라에 자유도시가 많이 세워졌는데, 그중 유명한 것으로는 이탈리아의 밀라노, 롬바르디아, 게르만의 한자 동맹Hanseatic League[108] 등이 있었고, 1200년대 초부터는 뤼벡 및 함부르크 등의 시민이 서로 모여 공회를 결성하였는데 그 세력이 점점 번성해지면서 한 때는 85개 도시가 연합을 형성해 왕후와 귀족도 이들을 제어할 수 없었으며, 나아가 조약을 맺어 자립을 인정받고, 각 도시에 성곽을 쌓고 병비를 갖추고 법률의 제정과 정령의 시행을 허용 받아 마치 독립국과 같은 체제를 이루게 되었다(민정民政의 원소).[109]


## ∣ 십자군 원정과 그 공적

위에서 설명한 것처럼 기원후 300~400년경부터 교회든, 군주든, 귀족이든, 시민民庶이든 누구든지 다 그들의 체재體를 이루어 각자 어느 정도多少의 권력權力을 가지고 마치 인간교제에 필요한 모든 여건이 갖추어져 있는 듯 했지만 아직 이들을 하나로 합쳐 한 나라를 만들고 한 정부를 세울 시점에는 이르지 못하였으며, 인민이 다투는 내용도 각각 부분적인 것에 머물러 아직 전체라는 것을 알지 못했다.

---

108 '한자 동맹'은 13세기에서 16세기에 걸쳐 함부르크, 뤼벡, 브레멘 등 독일의 북부 도시국가와 발트 해 연안 도시들이 결성한 동맹이다. 해상교통의 안전보장, 공동방위, 상권확장 등을 목적으로 결성하였다. 한자(Hanse)는 '무리'나 '친구'를 뜻하는 고트어에서 유래한 중세 독일어로서, '길드'나 '조합'을 가리킨다.
109 자유도시의 성립과 운영구조에 관해서는 기조의 『유럽문명의 역사』 제7강 「자유도시의 발흥」에 자세히 설명되어 있다.

기원후 1096년, 십자군 사건이 일어났다. 이 군대는 유럽 인민이 종교를 위해 힘을 합쳐서 소아시아 땅을 정벌하고 유럽 전체를 자기 편으로 삼아 아시아에 대적했던 것으로서, 인민의 마음에 처음으로 유럽과 아시아, 안과 밖이라는 구별을 상상하게 하여 그 방향을 하나로 만들었고,[110] 나아가 유럽 각 나라에서도 마찬가지로 한 나라 전체의 큰 사건이었기에 전체 인민의 지향을 같아지게 하여 나라 전체의 이해에 관심을 갖도록 만들었다. 따라서 십자군 거병은 유럽의 인민에게는 유럽이 있음을 알게 하고, 각 나라의 인민에게는 자기 나라가 있음을 알게 해 준 것이라고 말할 수 있다. 십자군은 1096년부터 시작되어, 멈추었다 일어났다 하면서 앞뒤 여덟 차례 정벌을 한 뒤 1270년 완전히 끝났다.

십자군 사건은 애당초 종교적 열정에서 일어난 것이지만 이백 년이라는 긴 세월이 지나도 그 공을 거두지 못했다. 사람들은 마음속으로 이를 싫어하지 않을 수 없었다. 각 나라의 군주 자신에게도 종교적 권한權을 다투는 것은 정치권력權을 다투는 일의 중대함에 미치지 못했다. 아시아에 가서 토지를 차지함은 유럽에 있으면서 국경을 개척하는 이익에 미치지 못함을 알았고, 또 군대에 지원하려는 자도 없었다. 인민 또한 차츰 자신들의 의견을 크게 키워, 자기 나라에서 산업勸工[111]을 일으킬 만한 것이 있음을 깨닫고는 원정을 달가워하지 않았고, 정벌의 열정도 애매한 사이에 사라지면서 일은 결국 파국을 맞았고 그 결과成行는 웃음거리처럼 되어 버리고 말았지만, 당

---

110 에드워드 사이드가 주장한 '오리엔탈리즘'을 연상케 하는 문장이다. 사이드는 오리엔탈리즘을, '동양을 지배하고 재구성하며 위압하기 위한 서양의 스타일'이라고 정의하고 있다. 사이드는 유럽인의 우월성을 강조하면서 형성해 온 문학적 헤게모니로서의 동양관은 대략 18세기 이후에 형성된 것으로 보고 있다. (에드워드 사이드, 박홍규 역,『오리엔탈리즘』, 교보문고, 1991 참조)
111 '권공'은 'industry'의 번역어이다.

시 유럽의 거친 사람野人들이 동방문명의 실상을 목격하고 이를 자기 나라
에 옮김으로써 자연스럽게 사물의 진보를 돕고 또 다른 한편으로는 동서東
西를 상대화하여 안팎의 구별을 알게 되고 이로 인해 자연스럽게 국체國体
를 정할 수 있게 된 것은 십자군의 결과라고 일컬을 수 있다(십자군이 거둔 공
적은 크다).[112]


## | 국력國勢의 합일合一

봉건시대에 각 나라의 군주는 단지 빈자리虛位만 껴안고 있을 뿐이긴 해
도 애당초 평온한 마음不心을 가질 수는 없었다. 다른 한편으로는 국내의 인
민에게도 차례로 지식과 견문知見이 열려 오래도록 귀족의 굴레에 얽매였음
을 달가워하지 않게 되었다. 이 때문인지 또 세상에 일종의 변동變動이 생기
면서 귀족을 압제하려는 단초가 열렸다. 그 예를 하나 든다면, 1400년대 말
프랑스 국왕 루이 11세가 귀족을 무너뜨리고 왕실의 권한權을 되찾은 경우
가 그러하다. 후세로부터 이 군주의 업적을 논하자면 그의 속임수와 교활함,
천하게 여길 만한 것처럼 보이지만, 또 전혀 그렇지 않은 면도 있다.

생각건대 시세의 변혁變革, 이것을 살펴보지 않으면 안 된다. 옛날에는 세
간을 다스림에 단지 무력만 있었을 뿐이지만 오늘날에 와서는 그 대신 지력
을 쓰고, 완력 대신에 교활함을 쓰며, 폭위暴威 대신 계략計略을 쓰고, 때로는
타이르고 때로는 꾀며, 능숙하게 책략을 짜내는 취지를 안다면 설령 이런 인
물의 심사는 비열해도 그가 기약하는 것은 어느 정도 원대하면서도 무武를

---

112 기조의 『유럽문명의 역사』 「제8강」 가운데 십자군에 관한 내용을 참고하였다.

가볍게 여기고 문文을 중요하게 여기는 기풍이 있다고 말하지 않을 수 없다.

이 시대에 와서 왕실로 권력權이 모인 것은 프랑스뿐만이 아니며 또한 영국, 게르만, 스페인 같은 나라들도 모두 다 마찬가지였다. 그 군주들이 이를 위해 애썼음은 당연히 두말 할 필요가 없다. 인민 또한 왕실의 권력權에 기대어 그들의 원수였던 귀족을 없애려 하였고, 상하가 서로 의기투합하여 그 중간[113]을 무너뜨리려는 분위기가 만들어져 나라 전체의 정령政令이 점점 한 곳으로 귀결되고 어느 정도 정부의 체재体裁를 이루게 되었다. 또 이 시대에 와서는 화약무기火器의 사용방법이 점차 세상에 퍼지고 궁마弓馬의 도道는 차례로 폐기되어 천하에서 필부匹夫의 용맹을 무서워하는 자가 없어졌다. 또 동시에 문자를 인쇄하는 기술을 발명되면서 마치 인간세계에 생각을 전달達意하는 큰 길街道이 열린 듯했고, 사람의 지혜가 갑자기 발생하면서 사물의 경중을 달라지게 하고, 지력은 지위를 차지하고 완력은 길을 피해 봉건 무인은 나날이 권위가 떨어지고 의지할 곳을 잃어 상하의 중간에서 고립된 것과 같았다. 개략적으로 이 시대의 형세를 평하면, 나라의 권력이 점점 하나의 정부를 중심으로 모이려는 형세로 달려가게 된 것이라고 말할 수 있다(국력國勢의 합일合一).[114]

## | 종교개혁은 문명의 징표

교회는 이미 오래도록 특권을 마음껏 쓰면서 거리낄 것이 없었는데 그 형상은 마치 옛날의 악한 정부가 무너지지 않고 상존해 있는 것과 같고, 내부가 완전히 썩어 무너졌는데도 오로지 옛것을 묵수하면서 변화變通할 줄 모르

---

113 왕실-귀족-인민을 각각 상, 중, 하의 계층으로 표현한 것이다.
114 기조의 『유럽문명의 역사』 「제9강」~「제11강」을 참고하였다.

고, 돌이켜 세상을 보면 사람의 지혜는 나날이 나아져 옛날 조홀경신뿐일 때

가 아니며 글자를 아는 것이 사제僧侶[115] 혼자만의 농단에 속하지도 않게 되

고 속인俗人이더라도 또한 책을 읽는 자가 생겼다. 이미 책을 읽고 이치를 구

하는 방법을 알게 되면 사물에 관하여 의문이 없을 수 없다. 그런데 의문疑

이 한 글자는 정말 교회寺院의 금구禁句였기에 양쪽 다 양립할 수는 없는 형

세였다. 이 때문인지 세상에 종교개혁이라는 대사건이 일어났다.

　1520년, 종교개혁의 주도자로 유명한 루터가 로마 교황을 거역하는 새로

운 학설[116]을 처음 주장하면서 천하의 인심을 움직였는데 그 기세는 도저히

당할 수가 없었다. 하지만 로마 또한 병든 사자처럼 생명력이 쇠약해졌다고

는 해도 사자는 역시 사자였다. 구교는 사자와 같고 신교는 호랑이와 같아서

그 승패는 쉽게 판가름 나지 않았다. 유럽 각국에서 이 때문에 사람을 죽인

것 거의 그 수를 알 수 없다. 결국 프로테스탄트라는 종파를 새로 열고 신교

와 구교 둘 다 그 지위를 잃지 않으면서 루터가 바친 공적도 헛되지는 않았

---

115 이 책에서 '승려'는 '가톨릭 신부'를, '사원'은 '가톨릭교회'를 가리킨다.
116 종교개혁은 마르틴 루터(Martin Luther, 1483~1546)가 1517년 10월 31일 독일 비텐
베르크 대학교 교회 정문에 95개조 반박문을 게시하면서 시작되었다. 당시 서구의 교회
는 교황과 성직자들의 비리, 부패, 종교적 타락, 정치개입과 세속화 등 심각한 문제를 드
러내고 있었고, 이를 개혁하기 위한 운동이 교회 안팎에서 전개되고 있었다. 교회 내부
적으로는 훨씬 이전부터 개혁 교황들에 의한 내부개혁운동이 있었고, 교회 외부에서는
루터가 등장하기 100년 전에 이미 존 위클리프, 얀 후스 등의 교회 개혁운동이 있었다.
루터가 등장한 이후에는 칼뱅, 츠빙글리 등의 개혁가들이 유럽 곳곳에서 교회 개혁운동
을 이어나갔다. 종교개혁운동은 이처럼 오랜 시간에 걸쳐 진행되어 오던 교회 안팎의 개
혁운동이 유럽인의 지적인 성장, 인쇄술의 보급, 민족주의 등장 그리고 루터의 개혁운동
등에 힘입어 급격하게 파급된 것이었다. 루터의 개혁운동은 특히 때마침 급성장하기 시
작한 인쇄술과 독일 민족주의에 힘입어 독일을 넘어 역으로 유럽 전역에 큰 영향을 미쳤
다. 마르틴 루터, 황정욱 역, 『독일민족의 그리스도인 귀족에게 고함 외』, 도서출판 길,
2017; 홀트라이히 츠빙글리, 공성철 역, 『츠빙글리 저작 선집』 1~4, 연세대 출판문화
원, 2014~2018; 뤼시앵 페브르, 김중현 역, 『마르틴 루터─한 인간의 운명』, 이른비,
2016; 제임스 레스턴, 서미석 역, 『루터의 밧모섬─바르트부르크성에서 보낸 침묵과 격
동의 1년』, 이른비, 2016.

지만, 살인의 재앙을 헤아려보면 이 신교의 대가가 쌌다고는 말할 수 없다. 하지만 그 대가가 싼지 비싼지는 잠시 제쳐 두고 이 종지 논쟁宗旨論의 안목 眼目을 살펴보면 결국 양쪽 다 교리敎의 옳고 그름을 주장한 게 아니라 오로 지 인심의 자유[117]를 허락할 것인가 허락하지 않을 것인가를 두고 다툰 것이 었다. 예수의 종교를 시비한 것이 아니라 로마의 정권을 다퉜다[118]는 취지이 다. 따라서 이 논쟁은 인민이 자유의 기풍을 겉으로 나타낸 것으로서, 문명 진보의 징후였다고 말할 수 있다(종교개혁은 문명의 징후).[119]

## ǀ 왕실과 인민의 지력 진보

1400년대 말부터 유럽 각 나라에서는 국력國力이 차츰 한 정부로 모였는 데, 처음 그때에는 모든 인민이 왕실을 사모할 뿐 스스로 정치에 참여할 권 리權가 있는 줄 몰랐다. 국왕 또한 귀족을 무너뜨리기 위해서는 다중衆庶의 힘에 의존하지 않을 수 없었다. 일시적인 편의를 위해 마치 국왕과 인민이 당파黨與를 맺어 서로 그 이로움을 이용하면서 자연스럽게 인민의 지위를 높 이 끌어올렸고, 때로는 정부가 허용하여 특별히 인민에게 권력權力을 부여한

---

117 종교와 양심의 자유를 가리킨다. 다만 이때의 종교적 자유는 개인이 아니라 봉건 영주의 자유를 말한다. 1555년 아우스부르크 종교회의에서 신성로마제국 황제 칼 5세와 프로 테스탄트 제후 사이에, 각 제후가 종교를 자유롭게 선택할 수 있는 권리를 인정하는 협 약이 체결되었다. 또한 개인에게는 종교적 이유로 다른 지역으로 이주할 수 있는 권리가 주어졌다. 이 종교회의를 통해 프로테스탄트는 공식적으로 신앙의 자유를 가질 수 있게 되었다.
118 루시엥 페브르는 루터의 교회개혁 요구에 적극적으로 반응한 것은 로마 교황청이 아니 라 독일민족이었다고 주장한다.(뤼시엥 페브르, 김중현 역, 『마르틴 루터─한 인간의 운명』, 이른비, 2016)
119 기조의 『유럽 문명사』 「제12강」 가운데 종교개혁 부분을 참고한 것이다.

적도 있었다. 이러한 과정成行을 거쳐 1500~1600년 즈음에 이르자 봉건 귀족도 차례로 발자취가 끊어지고, 종교 논쟁도 아직 진정되지는 않았지만 어느 정도는 그 방향을 정하여 나라의 형세는 오로지 인민과 정부 둘로 귀결 된 듯했다. 그렇지만 권력權을 독차지하려고 함은 권력을 가진 자의 일반적 인 습벽通癖으로서 각 나라의 군주 역시 이러한 습벽癖에서 벗어날 수 없었 다. 이 때문인지 인민과 왕실 사이에 쟁단이 터졌는데, 이 사건의 선두를 차 지한 곳은 바로 영국이었다.

이 시대에는 왕실의 권위威權가 성대하지 않은 것은 아니었지만, 인민 역시 상업과 공업에 힘써 가산家産을 모으고 때로는 귀족의 토지를 사들여 지주가 된 경우도 적지 않았다. 이미 재산家財과 토지地面를 갖고 사업에 힘쓰고 국내외 의 상업을 독차지하면서 국용國用의 주인이 되었다면, 또 가만히 앉아서 왕실의 전제를 방관하는 일은 있을 수 없다. 옛날에는 로마를 적으로 삼은 종교개혁[120] 이 있었다. 이번에는 왕실을 적으로 삼아 정치를 개혁하려는 형세勢에 이르렀 는데, 그 내용에서는 교회敎와 세속俗의 구별이 있었지만 자주와 자유의 기풍을 밖으로 흘려보내는 문명의 징후인 점에서는 동일했다. 생각건대 오랜 옛날에 유행했던 '자유도시(프리 · 시티)'의 원소도 이때에 와서 차츰 꽃핀 것이리라.


## | 영국의 명예혁명과 프랑스 대혁명

1625년 찰스 1세[121]가 즉위한 뒤에는 민권에 관한 학설과 함께 종교적 분

---

120 영국 국교회(성공회, Anglicanism)의 탄생을 가리킨다. 1534년 헨리 8세가 왕위지상
   권(Royal Supremacy)을 제정하여 교황과의 관계를 끊고, 국왕을 수장으로 하는 영국
   국교(성공회)를 창설했다. 이 역시 루터의 종교개혁으로부터 영향을 받은 것이었다.
121 찰스(Charles) 1세(1600~1649). 찰스 1세의 즉위 이후 명예혁명까지 영국의 정치적

변동과정을 이해하기 위해서는 제임스 1세 시기까지 거슬러 올라가지 않을 수 없다. 엘리자베스 1세(1533~1603)는 평생 독신으로 살았기 때문에 자식이 없었다. 이에 따라 자신의 후계자로 스코틀랜드의 제임스 6세를 지목하는 유언을 남겼고, 제임스 6세는 스코틀랜드 국왕이면서 잉글랜드의 군주로 즉위한다. 이 사람이 바로 제임스 1세다. 오늘날까지 내려오고 있는 킹 제임스 성경(1604~1611)은 제임스 1세가 주도하여 영어로 번역한 것이다. 문제는 제임스 1세가 왕권신수설의 신봉자였고, 더욱이 엘리자베스 1세의 치세 동안 발전을 거듭한 잉글랜드의 정치적 사정에 대해 어두웠다는 사실이다. 이 때문에 제임스 1세는 의회와 자주 충돌을 일으켰다. 급기야 제임스 1세는 자신에 반대하는 의원 7명을 체포하고 의회를 해산시키는 사태까지 일으켰다. 제임스 1세의 뒤를 이어 왕위에 오른 찰스 1세 역시 왕권신수설을 신봉하였다. 스페인과의 전쟁 등 잦은 전쟁으로 인해 재정 위기를 맞게 되자, 그 역시 세금의 부과를 위해 의회를 소집하지 않을 수 없었다. 그러나 1628년 새로 소집된 의회는 그에게 세금부과에 대해 동의해주는 대신 '권리청원'에 서명할 것을 요구했고 찰스 1세는 이에 동의하지 않을 수 없었다. 이때 찰스 1세가 서명한 '권리청원'은 1215년 '대헌장'에서 국왕과 의회 사이에 합의된 사항들을 바탕으로 군주의 권리를 제한하는 것이었다. 그중 가장 중요한 두 가지 항목은, 왕은 의회의 동의 없이 세금을 징수할 수 없다는 것과 누구든지 재판 없이 체포, 구금, 재산권 박탈 및 기타 손해를 입을 수 없다는 것이었다. 그러나 찰스 1세는 새로운 세금의 징수라는 목표를 달성하자 이 '권리청원'이 무효라고 주장하면서 의회를 해산해버렸다. 그리고 그 뒤 의회의 승인 없이 독재권력을 휘둘렀다. 하지만, 1639년 장로교가 국교인 스코틀랜드에 대해 성공회 식의 예배를 강요한 일 때문에 잉글랜드가 스코틀랜드와 전쟁을 벌이게 되자 전비 조달을 위해 찰스 1세는 의회를 다시 소집하지 않을 수 없었다. 이에 의회는 전비 조달보다도 국민의 불만을 먼저 처리할 것을 주장하였고 분노한 찰스 1세는 의회를 해산하고 독자적으로 전쟁을 개시했다. 이 전쟁에서 잉글랜드는 스코틀랜드에 패배하여 거액의 전쟁배상금을 부담하게 되었고, 이로 인해 내전에 빠진다. 의회파와 청교도를 상대로 벌어진 제1차 내전(1642~1645)은 찰스 1세의 패배로 끝났다. 그런데도 그는 의회파의 입헌군주제 요청을 거절하고 아일랜드의 가톨릭교도들과 내통하여 제2차 영국 내전(1648~1649)을 일으켰지만 또 실패하고 만다. 결국 영국 역사상 국왕으로서는 처음이자 마지막으로 찰스 1세는 재판에서 판결을 받은 뒤 공개적으로 처형당했다. 이로써 잉글랜드는 왕정을 폐지하고 올리버 크롬웰을 지도자로 하는 공화정을 수립했다. 1658년 크롬웰이 병사하고 2년 뒤 찰스 1세의 아들인, 찰스 2세(1630~1685)가 왕위에 올랐다. 그는 아버지가 청교도혁명으로 처형된 뒤 스코틀랜드에서 즉위하였지만, 크롬웰과의 전투에서 패한 뒤 프랑스로 망명해 있다가, 1660년 왕정복고가 이뤄지자 귀국하여 이듬해 즉위하였다. 그는 비국교도를 탄압하고 왕권을 확대하는 정책을 취했다. 그가 사망하자 동생 제임스 2세(1633~1701)가 왕위에 올랐다. 그 역시 청교도혁명 중에 프랑스로 망명했다가, 1660년 왕정이 복고되자 돌아왔다. 제임스 2세는 성공회가 태동한 이후 탄압받던 로마 가톨릭교회의 회복에 힘썼다. 이 때문에 종교개혁의 전통을 중요시 하는 개신교 신도와 국교도가 장악하고 있던 의회와의 대립이 심해졌고, 1688년 명예혁명이 일어났다. 이에 제임스 2세는 프랑스로 망명하였고, 루이 14세의 지원을 받아 아일랜드에 상륙했지만 참패하였다. 그 뒤 제임스 2세는 프랑스에

쟁으로 떠들썩했는데, 때로는 의회를 열고 때로는 이를 닫고, 물론 봉기는 마침내 1649년에 이르러 국왕의 자리를 없애고 일시적으로 공화정체를 수립했지만 영속할 수는 없었고, 그 뒤 여러 국난을 거쳐 1688년 윌리엄 3세[122]가 왕위에 오른 뒤부터 비로소 정부의 방향이 크게 바뀌고 자유와 관용의 취지趣意에 따라 군민동치君民同治 정체[123]를 정함으로써 오늘날에까지 전해질 수 있었다.

프랑스에서는 1600년대 초 루이Louis 13세[124] 때 리셸리에[125] 재상이 힘을

서 망명생활을 하다가 그곳에서 사망했다.

122 윌리엄 3세(1650~1702). 윌리엄 3세는 네덜란드 헤이그에서 오렌지 공 윌리엄 2세와 잉글랜드 왕 찰스 1세의 장녀 메리의 아들로 태어났다. 1672년 그의 외삼촌 찰스 2세가 프랑스의 루이 14세와 도버 밀약을 맺고 네덜란드를 침공(제3차 영란전쟁)하자, 네덜란드 공화국의 통령(재위 1672~1702)에 취임했다. 1677년 찰스 2세의 정략적인 의도에 의해 작은 외삼촌인 제임스 2세의 딸 메리 2세와 결혼하였다. 즉 메리 2세는 부인이자 사촌이었다. 윌리엄 3세와 메리 2세는 프로테스탄트였다. 이런 혼맥과 종교적인 이유로 인해 잉글랜드 의회가 이들에게 군대를 요청함으로써 윌리엄 3세는 군대를 이끌고 잉글랜드로 진입한다. 이것이 '명예혁명'이다. 윌리엄은 메리 2세와 공동으로 통치하는 국왕에 취임하였고 1694년 메리 2세가 사망하자 단독으로 1702년까지 재위하였다. 윌리엄 3세는 아일랜드 국왕(윌리엄 3세), 스코틀랜드 국왕(윌리엄 2세)에도 함께 즉위했다. 그는 취임하자마자 '권리장전'을 승인하였다. 이로써 잉글랜드 의회가 조세와 군대를 관장하는 입헌체제가 확립되었고, 1689년 5월 비국교도를 포함한 프로테스탄트에게도 예배의 자유를 허용하는 관용법이 제정되었다. 또한 그의 치세에는 영국군과 네덜란드군이 연합군을 형성하였다. 이에 따라 영국과 프랑스가 연합하여 네덜란드를 침공하던 전쟁이 바뀌어 이번에는 영국과 네덜란드가 연합하여 프랑스 루이 14세와 전쟁을 벌였다.

123 입헌군주제를 말한다.

124 루이 13세(1601~1643)는 앙리 4세의 아들로 태어나 9세에 즉위했으며, 섭정기간이 지난 1617년부터 친정을 하였다. 그러나 음악이나 사냥 등을 좋아하여 국사를 소홀히 했고, 이에 귀족들의 요청에 따라 삼부회가 소집되었지만 곧바로 해산시켰다. 그 뒤 프랑스 대혁명 직전까지 삼부회는 한 번도 개최되지 않았다. 1624년 재상 리셸리에를 등용하여 국가체제를 정비하였고, 귀족과 프랑스 프로테스탄트(위그노파) 세력을 억압하여 절대주의 왕정의 토대를 마련하였다. 1610년에서 1643년까지 재위하였으며, 30년 전쟁에도 개입하였다. 그의 부인은 스페인 펠리페 3세의 딸 안 도트리슈였다. 두 나라는 같은 가톨릭 국가로서 왕실 간 결혼을 통해 동맹관계를 굳게 유지하는 전통을 가지고 있었다. 도트리슈는 결혼한 지 23년 만에 아들을 낳았다. 이 사람이 바로 루이 14세다.

125 리셸리에(Armand Jean du Plessis, cardinal-duc de Richelieu et de Fronsac, 1585~1642), 루이 13세의 재상으로 절대왕권제의 기초를 마련한 인물이다.

다하여 왕실의 권위를 더욱 빛냈고, 1643년 루이 14세[126]가 왕위를 이었을 때는 나이가 겨우 5세로 아직 국사國事를 알지 못했고 뿐만 아니라 국내외에서 많은 일이 일어났던 때였음에도 국력이 떨어지지는 않았고, 왕이 성장함에 따라 타고난 자질과 영매함으로 선조의 유업을 훌륭히 이어받아 나라 안을 위복시켰을 뿐만 아니라 여러 차례 외국과의 전쟁[127]에서도 승전하지 않은 적이 없었다. 재위 72년 동안 왕위의 혁혁함이 극에 달해 프랑스에서는 특히 시기를 왕실이 가장 번성했던 때로 손꼽는다.

하지만 그의 말년에 이르자 군대는 위력을 점점 떨치지 못하고 정강政綱도 차츰 느슨해져 은연중에 왕실 영락의 싹이 트는 듯했다. 생각건대 루이 14세가 늙었다 함은 단지 그 사람만 늙은 것이 아니라, 유럽 대륙 전체가 때마침 왕권이 노쇠해진 것이라고 말할 수 있다. 루이 15세[128]의 치세는 정부의 추악함이

---

126 루이 14세(1638~1715)는 다섯 살에 왕위에 올라 1715년 9월까지 72년 3개월 18일 동안 재위하였다. 유럽의 군주 중 가장 긴 기간이다. 섭정 기간 동안 로마 가톨릭 추기경이던 마자랭이 국사를 맡아서, 리셸리에가 추진했던 정책을 이어받아 중앙집권정책을 계속 펼쳐나갔다. 리셸리에와 마자랭의 노력으로 프랑스는 강력한 절대군주제를 수립할 수 있었고, 이 덕분에 루이 14세의 통치 기간 동안 프랑스는 영국과 맞먹는 국력 수준으로 발전하였다. 베르사이유 궁전을 중심으로 화려한 궁정문화를 조성하여, 유럽 절대주의 왕정의 전형을 창출하였다. 하지만 왕족과 귀족들의 사치와 끊임없는 대외 전쟁으로 인해 영토가 축소되고, 재정난을 겪는 등 프랑스 인민의 생활은 매우 힘들었다. 당시 프랑스인의 평균수명은 25세 이하였다고 한다. 종교적으로는 프로테스탄트를 박해하였으며, 프로테스탄트에 대한 차별을 금지한 낭트 칙령을 폐지하였다. 이로 인해 프랑스의 프로테스탄트인 위그노 25만 여명이 네덜란드와 영국으로 망명하였다. 이들 대부분은 숙련된 수공업자들이었고, 이로 인해 그 뒤 프랑스의 수공업은 큰 타격을 입었다.
127 영국, 독일, 스페인, 네덜란드와 전쟁을 치렀다.
128 루이 15세(1710~1774)는 루이 14세의 증손자로 다섯 살에 왕위에 올라 1774년까지 59년 동안 프랑스를 통치하였다. 폴란드 왕위계승전쟁(1733~1738), 오스트리아 왕위계승 전쟁(1740~1748), 7년 전쟁(1756~1763) 등 많은 전쟁을 치렀다. 특히 7년 전쟁에서는 인도와 미국 식민지에서 패배하여 영토를 많이 잃었고 해상에서의 세력도 약화되었다. 이로 인한 재정지출과, 귀족들과의 충돌로 국내 정치도 불안정하였다. 루이 14세가 강력한 절대군주로서 자신의 역할을 충실하게 수행했던 반면 루이 15세는 사생활에 더 관심이 많았고, 여성편력도 심해, 계몽사상가로부터 비판을 많이 받았다. 이

더욱더 극에 달해 정치도 없고 법도 없는 극단에 빠졌는데, 이를 이전의 모습과 견주어 보면 프랑스에는 마치 앞뒤로 두 나라國가 있는 듯하다.[129]

그렇지만 다른 한편으로 나라의 문명 여부를 살펴보면, 정치가 완전히 파괴되어 버린 이 즈음에 문물의 융성함은 전 시대에 견줄 수가 없을 정도였다고 말할 수 있다. 1600년대에도 학자의 논의에 자유의 사상[130]이 없지는 않았지만 그 견해는 때때로 협애함에서 벗어나지 못했는데, 1700년대에 이르자 그 면목을 새로 바꾸어 종지宗旨의 가르침敎이든 정치 학설이든, 이론理論[131]이든 궁리窮理[132]든 연구하는 것에 제한이 없어져, 이를 파헤치고 이를 의심하고 이를 따지고 이를 시험하여 심사心思가 활연해져 그것이 지향하는 바를 가로막는 것이 없어진 듯했다.[133]

개괄적으로 이때의 사정을 논하면, 왕실의 정치는 흐르지 않고 정체한 데다 부패했고 인민의 지력은 진보하고 활발해져 생기生氣가 늘었기 때문에 왕실과 인민 사이에 반드시 격동이 생길 수밖에 없는 형세였다고 말할 수 있다. 말하자면 1700년대 말 프랑스의 대소란은 이 격동이 현실事實로 나타난 것이었다. 다만 그러한 사태가 터진 것이야 영국에서는 1600년대 중반이고

---

런 이유들 때문에 프랑스 절대주의 왕권은 루이 15세의 재위 기간 동안 해체되기 시작했다고 본다.

**129** 기조의 『유럽문명의 역사』「제11강」, 「제13강」을 참고하였다.

**130** 16세기에는 몽테뉴(1533~1592)가 있었고, 17세기에는 데카르트(1596~1650) 등의 자유사상가들이 나왔다. 이들은 교회 중심의 중세 사상에서 벗어나, 회의를 바탕으로 하는 새로운 사상 풍토를 확립해 나갔다.

**131** '철학'을 가리킨다.

**132** '자연과학'을 가리킨다.

**133** 18세기 계몽주의(啓蒙主義) 사상의 등장을 말한다. 계몽주의란 프랑스어로 'Siècle des Lumières(빛의 시대)'를 뜻한다. 17세기, 18세기에 유럽에서 정치, 사회, 철학, 과학 이론 등 다양한 분야에서 일어난 진보적 사상운동이다. 형이상학보다는 상식, 경험, 과학을 중요시했고, 권위보다는 개인의 자유를, 특권보다는 평등을 지향하였다.

프랑스에서는 1700년대 말로 앞뒤로 100여 년의 차이가 있긴 하지만, 사태事의 원인과 그 결과가 서로 조응하는 형태는 정말 똑같은 전철을 밟은 것이라고 말할 수 있다.

이상은 서양문명의 큰 줄거리大略이다. 상세한 내용은 세상에 문명사의 번역서[134]가 있으니 관련하여 찾아보기 바란다. 학자들이 부디 그 책 전체에 눈에 두고 반복 숙독하면서 앞뒤를 참고한다면 분명 큰 소득이 있을 것이다.

---

[134] 버클의 『영국문명사』는 『영국개화사』라는 제목으로 이 책보다 5개월 뒤인 1875년 8월 간행되었다. 나가미네 히데키가 번역한 책은 『구라파문명사』라는 제목으로 1874년 9월 간행되었다. 그 밖에 『태서개화사』(荒木・白井 譯), 『서양개화사』(室田充美 譯) 등 서구의 문명사에 관한 책들이 비슷한 시기에 간행되어 있었다.

# 제5권

### 제9장 일본문명의 유래

제9장

# 일본문명의 유래

## ┃ 권력의 편중

앞 장에서 말했듯이, 서양문명은 그 인간교제에 여러 학설이 병립하면서 점점 서로 가까워지고 마침내 합쳐져 하나로 되고 그러는 사이에 자유를 갖게仔 된 것이다. 이를 비유하자면 금, 은, 동, 철 등과 같은 여러 원소를 용해하여 한 덩어리로 만들면 금도 아니고 은도 아니고 또한 동이나 철도 아닌 일종의 혼합물混和物이 생기면서 자연히 그 균형平均을 이루어 서로 형상相을 유지하면서 전체를 보전하는 것과 같다.

돌이켜 우리 일본의 모습을 살펴보면 서양문명과는 많이 다르다. 일본문명도 처음부터 인간교제人間交際에 그러한 원소[1]가 없었을 리는 없다. 군주든 귀족이든, 종교든 인민이든, 모두 예로부터 우리나라에 있으면서 각각 한 종족種族을 이루고 각각 저마다의 주장이 없지 않았지만, 그 주장들은 병립할 수 있고 서로 가까워질 수도 없었으며 하나로 합쳐질 수도 없었다. 이를 비유하자면 금, 은, 동, 철처럼 각각의 품목品은 있지만 이를 용해하여 한 덩어리가 될 수 없는 것과 마찬가지다. 혹시 만약 하나로 합쳐지는 경우가 있

---

1  제8장에서 설명한 서양문명의 여러 원소들을 가리킨다.

어도 실제로는 여러 품목들의 비율이 균형 있게 섞여진 게 아니다. 틀림없이 어느 한 쪽이 무겁거나 아니면 가볍고,[2] 한 쪽이 있으면 다른 쪽을 없애 다른 쪽은 그 본성本色을 드러낼 수 없도록 하는 것이다. 마치 저 금은 화폐를 주조할 때 동銅을 10분의 1 혼합해도 동은 그 본성을 드러낼 수가 없어서 그렇게 주조된 것은 순수한 금은화폐인 것과 마찬가지다. 이를 사물의 편중이라고 이름한다.

무릇 문명의 자유는 다른 자유를 대가로 살 수 있는 것이 아니다.[3] 모든諸 권의權義를 허용하고 모든 이익을 얻게 하며, 모든 의견을 받아들이고 모든 힘을 발휘하게 하며 다른 사람과 나彼我의 균형 가운데 존속할 따름. 아니면 자유는 부자유의 경계에서 태어난다고도 말할 수 있다. 따라서 인간의 교제에서 정부든 인민이든 학자든 관리든, 그 지위가 어떤지를 묻지 말고 그저 권력權力을 가지고 있는 것이라면 가령 지력이든 완력이든 그것을 힘力이라고 이름할 수 있는 것은 반드시 제한하지 않으면 안 된다. 인류가 가지고 있는 모든 권력은 결코 순정純精할 수 없다. 그 안에 반드시 타고난天然 악폐를 배태하고 있어서, 때로는 비겁함 때문에 일事을 그르치고 때로는 과격함 때문에 사물物을 해치는 경우를 천하고금의 실제 경험에서 볼 수 있다. 이를 편중의 재앙禍이라고 이름한다. 권력을 가진 자有權者는 항상 스스로를 경계하지 않으면 안 된다. 우리나라의 문명을 서양문명과 비교해 보면 특히 이같은 권력의 편중에서 그 취지趣가 다름을 알 수 있다.

일본에서 권력편중은 널리 인간교제 안에 침윤되어 있지 않은 곳이 없다.

---

2 원문에는 '편중편경(片重片輕)'으로 되어 있다. 오늘날 편중은 한자로 '편중(偏重)'이라고 쓴다.
3 후쿠자와 유키치의 「각서」에도 같은 내용이 있다.(『福澤諭吉全集』 7, 637~658쪽)

이 책 제2장에서 한 나라 인민의 기풍이라고 말한 것이 있다. 말하자면 이 권력편중도 그러한 기풍 중 하나이다. 지금의 학자들이 권력에 관한 것을 논할 때 오직 정부와 인민만을 상대하며 혹은 정부의 전제에 분노하고 혹은 인민의 발호를 비난하는 자가 많이 있지만, 실상을 보다 상세하게 음미해보면 이 편중은 지극히 큰 교제交際에서부터 지극히 작은 교제에까지 미치고 크고 작음을 묻지 않고 공公과 사私에 얽매이지 않으며 적어도 여기에 교제가 있다면 그 권력은 편중⁴되지 않음이 없다.

그 취지를 형용하여 말하자면, 일본국日本國 안에서 수천 개의 천칭을 재면 그 천칭은 크든 작든 모두 다 한쪽으로 치우쳐 균형을 잃은 것 같거나, 아니면 또 삼각사면체 형태의 결정물을 부수어 천 분의 일, 만 분의 일로 쪼개고 결국 아주 작은 가루가 되어도 그 한 조각은 여전히 삼각사면체의 본성을 잃지 않고, 또 쪼개진 가루를 합쳐서 작은 조각 하나로 만들고 또 합쳐서 큰 덩어리 하나로 만들어도 그 물체는 변함없이 삼각사면체의 형태를 보존하는 것과 같다. 권력편중이 일반적으로 널리 퍼져서 모든 사물에 극히 미세하고 치밀한 데까지 통달해 있는 양상이 이러함에도 불구하고 학자들이 특히 여기에 주의를 기울이지 않음은 어찌된 일이냐. 그저 정부와 인민 사이의 교제交際가 크면서도 공적公的이어서 눈에 뜨이게 사람들의 이목을 끌기에 그들의 논의 또한 이를 목적으로 하는 경우가 많기 때문일 따름.

---

4  후쿠자와는 여기서, 권력의 편중 현상은 정부와 인민의 관계처럼 공적인 관계에서뿐만이 아니라, 사회 구석구석에까지 퍼져있는 일반적인 현상임을 지적하고 있다. 따라서 이러한 권력편중을 없애기 위한 노력 역시 공적인 영역에서뿐만 아니라 사회 전체에 걸쳐 필요하다고 강조한다.

## | 권력편중의 실제 사례

이제 실제로 편중이 있는 곳을 이야기해 보겠다. 여기에 남녀의 교제가 있으면 남녀의 권력편중이 있고, 여기에 부모자식의 교제가 있으면 부모자식의 권력편중이 있으며, 형제의 교제에도 그러하고 장유長幼의 교제에도 그러하며, 집안을 벗어나 세간을 봐도 또한 그렇지 않은 곳이 없다. 스승과 제자, 주인과 하인, 빈부와 귀천, 신참과 고참, 종가와 분가, 어느 곳도 모두 그 사이에 권력편중을 가지고 있다.

더욱이 한 발 더 나아가 인간이 어느 정도 종족種族을 이루고 있는 곳에서 이를 살펴보면 봉건시대에는 큰 번과 작은 번이 있고 절에는 본산과 말사가 있으며, 궁宮에도 본사와 말사가 있어 적어도 인간의 교제가 있으면 반드시 그 권력에 편중이 없는 곳이 없다. 어쩌면 또 정부 안에서 관리의 지위와 계급에 따라 형성된 편중이 가장 심하다. 정부 관리가 평민에 대해 위세를 떠는 꼴을 보면 그야말로 권세權가 있는 듯해 보여도, 이 관리가 정부 안에서 상급자를 대할 때에는 억압을 당하는 꼴이 평민이 관리를 대할 때보다도 훨씬 더 심하다. 예컨대 지방의 하급관리 등이 촌의 촌장名主(나누시)들을 호출하여 일을 협의할 때에는 그 오만함이 혐오스러울 정도지만, 이 하급관리가 장관을 대하는 모습을 보면 또 쓴웃음을 참을 수 없다.[5] 촌장이 하급관리 앞에서 이유 없이 질책당하는 모습은 불쌍하지만 촌으로 돌아와 백성小前(고마에)[6]을 이유 없이 질책하는 모습을 보면 또한 미워할 만하다.

---

5　원문에는 '민소(憫笑)'로 되어 있다. 가소롭게 여겨 쓴웃음을 짓는다는 의미이다.
6　에도시대의 농민(백성)은 그 안에서도 재산의 규모, 공동체 안에서 수리권 등과 같은 권리의 유무, 공적인 역할의 담당 여부 등에 따라 여러 계층으로 나뉘었다. '백성(本百姓)'은 연공을 부담하는 의무를 지는 대신, 촌락 회의에 참석하고, 수리(水利)를 이용할 권리를 가지고 있는 반면, '소전' 혹은 '소민(小民)'은 이런 권리가 없었다.

갑은 을에게 억눌리고, 을은 병에게 부림받고, 강압과 억제의 순환에 끝極이 있을 수 없다.[7] 아주 기이한 광경이라고 할 만하다. 본래 인간의 빈부귀천, 지우智愚강약과 같은 종류는 그 조건condition에 따라 몇 단계이든 제한이 없다. 이러한 단계가 있다고 해서 교제를 가로막을 수는 없지만 이 조건이 다름에 따라 또 그 권의權義, right가 달라지는 경우도 많다. 이를 권력의 편중이라고 이름한다.

지금 세간의 사물을 피상적으로 보면 권력을 가진 자有權者가 오직 정부뿐인 듯하지만, 정부가 어떤 것인지 잘 음미하여 그것이 그러한 까닭을 찾아보면 어느 정도 알찬 논의에 다다를 수 있다. 원래 정부란 국인國人이 모여서 일을 하는 곳이다. 그 곳에 있는 자를 군주라고 이름하고 관리라고 이름할 따름. 그리고 이 군주와 관리는 태어날 때부터 당로當路[8]의 군주나 관리가 아니다. 설령 봉건시대에 지위와 관직을 세습하는 풍조가 있었어도 실세로 일을 집행하는 자는 대부분 우연히 뽑혔던 인물이었다. 이런 인물이 일단 정부의 자리地位에 올랐다고 해서 평소의 심사를 별안간 바꿀 이치는 없다. 그가 어쩌다 정부에 들어와 권한權을 마음 내키는 대로 쓴다면 이는 곧 평소의 본색을 드러낸 것일 따름. 그 증거로는, 봉건시대에도 천민을 천거하여 정부 요로에 쓰는 경우가 없진 않았지만, 그런 인물이 하는 일을 보면 결코 별다

---

7    페리 함대의 지휘관이었던 페리의 책, 『일본원정기(日本遠征記)』에도 비슷한 문장이 나온나. 영어 원문은 나음과 같다. "Every Japanese thus by turns master and slave, now submissvely with his neck beneath the foot of one, and again haughtily with his foot upon the neck of another"(Francis .L Hawks, *Narrative of the Expedition of an American Squadron to the China Seas and Japan*, New York : D Appleton 1857, p.406) 또한 마루야마 마사오는 자신의 논문 「초국가주의의 심리」에서 이러한 현상을, '억압 이양에 의한 정신적 균형의 유지'라는 개념으로 설명하고 있다.(마루야마 마사오, 김석근 역, 『현대정치의 사상과 행동』, 한길사, 1997, 61~62쪽)
8    '요로' 혹은 '요직'에 있다는 의미다. 중요한 지위에 있음을 가리킨다.

른 것은 없었다. 그냥 종전의 방식에 따르면서 일을 약간 솜씨 좋게 한 것밖에 없다. 그 솜씨는 바로 권력전횡(천권擅權)의 솜씨로 백성을 사랑하여 어리석게 만드는 것 아니면 이들을 겁줘서 위축시키는 것이었다. 만약 이 인물을 민간에 있도록 하면 민간에서도 틀림없이 이런 일을 할 것이다. 촌에 있으면 촌에서 할 것이고 도시에 있으면 도시에서 할 것이며, 우리나라 전체에 널리 퍼져 있고 우리나라 국민이라면 일반적으로 도저히 피할 수 없는 전염병流行病이기 때문에 유독 이 사람 혼자만 한정하여 여기서 벗어나는 경우는 있을 수 없다. 단지 정부에 있으면 그 사업이 성대하여 세간의 이목에 잘 뜨이기 때문에 사람들의 입소문口吻[9]에도 오르는 것이다.

따라서 정부는 권력전횡의 유일한 원천이 아니며, 권력전횡자를 끌어 모으는 기구府이다. 권력전횡자에게 자리를 빌려줘서 평소의 본색을 드러내면서 성대하게 일을 벌이도록 해주기에 마침 적당한 장소이다. 만약 그렇지 않고 권력전횡의 원천이 특히 정부에만 있다고 하면, 전국의 인민은 단지 관官에 있을 동안에만 이 전염병에 걸리고 그 전후로는 이 병에 결코 걸리지 않을 것 같느냐, 터무니없다고 말해야 할 것이다.

원래 권한權을 마음 내키는 대로 행사함은 권력을 가진 자의 일반적인 폐단通弊이므로, 이미 정부에 있으면서 권한權을 가지고 있다면 그 권한 때문에 스스로 현혹되어 더욱더 이를 가지고 노는 폐단도 있으리라, 아니면 또 정부 전체一家의 관행成行으로서 권력전횡이 없으면 일이 진행되지 않는 형세勢도 있을 수 있겠지만, 이처럼 평범한 인민이 평소의 교육이나 습관에 아예 없었던 그것을 단지 정부 자리를 맡았다고 해서 별안간 마음 깊이 터득하여 사무

---

9　'구문'은 입과 입술을 가리키며 '소문'을 의미한다.

에 펼칠 리는 결코 있을 수가 없는 것이다.

이상의 논의에 따르면, 권한을 자의적으로 써 그 힘力이 편중됨은 결코 정부뿐만이 아니며 이를 전국 인민의 기풍이라고 말하지 않을 수 없다. 이 기풍은 곧 서양 각 나라와 우리 일본을 구별할 때 뚜렷하게 나타나는 분계分界이기 때문에 지금 여기에서 그 원인을 찾지 않으면 안 되지만 그 일은 아주 어렵다. 서양인의 저서[10]에 아시아 대륙에서 권력 전횡이 행해지는 원인으로 기후가 온난하고 토지가 비옥하여 인구가 너무 많고, 지리는 산과 바다가 험준하고 광활하여 망상과 공포심이 심하기 때문이라는 등의 주장도 있는데, 이 주장을 받아들여 우리 일본의 상황에 그대로 적용하면 의문을 끊을 수 있겠느냐, 아직 알 수 없다. 설령 그것으로써 의문을 끊을 수 있다고 해도 그 원인은 모조리 다 자연天然의 일이기에 인력으로는 이를 어떻게 할 수도 없다. 따라서 나는 단지 그 사정成行을 이야기하며 권력전횡이 행해지는 까닭을 밝히려고 할 따름. 그 까닭이 완전히 밝혀지면 또 이에 어울리는 조치도 마련될 것이다.

---

10 버클의 『영국문명사』를 가리킨다. 버클은 『영국문명사』에서 풍토와 문명의 상관관계를 논하고 있다. 버클은 기후(climate), 토양(soil), 음식(food), 기타 자연의 일반적인 측면(the general aspects of nature) 등 네 가지 물리적인 요소가 개인의 성격과 사회의 조직에 영향을 미친다고 보았다. 뿐만 아니라 이 요소들이 부의 형성과 분배에도 영향을 미친다고 보았다.(Henry Thomas Buckle, *History of Civilization in England* 1, London : Longmans, Green, and Co, 1872. 30~47쪽) 한편 문명과 풍토의 상관성에 관해 처음으로 논한 사람은 프랑스의 몽테스키외이다. 그는 『법의 정신』(1748) 3부 「제17편」에서, 기후와 풍토의 차이에 의해, "유럽에서는 자유의 정신이 발달하여, 법과 통상의 이익 말고는 외국 세력이 이 나라들을 정복하여 복종시키는 일이 매우 어렵지만, 아시아에서는 예종의 정신이 지배하고 있으며, 지금까지 거기서 벗어나지 못하고 있다. 거기서는 예종의 헤로이즘 밖에 찾을 수 없을 것이다"고 말하고 있다. 몽테스키외의 『법의 정신』은 1874년 3월 『메이로쿠잡지』 제4·5에 「인민의 자유와 토지의 기후와의 상호연관에 관한 논의」라는 제목으로 일부가 번역되어 실렸고, 1875년 『萬法精神』(何礼之 譯)이란 제목으로 간행되었다. 한글 번역본은 샤를 루이 스콩다 몽테스키외, 하재홍 역, 『법의 정신』, 동서문화사, 2016, 295~301쪽.

## | 통치자와 피통치자로의 분리

애당초 우리 일본국도 개벽한 처음에는 세계의 다른 나라들처럼 약간의
인민이 무리를 이루고 그 무리 안에서 완력이 최고 강하고 지력이 최고 뛰어
난 자가 있어서 이 무리를 지배하든지 아니면 다른 지방에서 이주해 와서 이
무리를 정복하고 그들의 추장이 된 것이리라. 역사에 따르면 진무 천황이 서
쪽에서부터 군사를 일으켰다고 한다. 한 무리의 인민을 지배하는 것은 한 사
람의 힘으로 쉽게 할 수 있는 일이 아니므로 그 추장 밑에 속해 있으면서 일
을 도운 자가 없었을 리 없다. 그런 인물은 때로는 추장의 친척, 때로는 친구
중에서 뽑고, 함께 힘을 합쳐 자연스럽게 정부의 체재를 이루었던 것이리라.
이미 정부의 체재를 이루면 이 정부에 있는 자는 인민을 다스리는 자이고 인
민은 그 다스림을 받는 자이다. 이 때문인지 비로소 통치자와 피통치자의 구
별이 생겨, 통치자는 위<sup>上</sup>이고 주인<sup>主</sup>이고 또 안<sup>內</sup>이며 피통치자는 아래<sup>下</sup>이
고 손님<sup>客</sup>이며 또 밖<sup>外</sup>이다. 상하, 주객, 내외의 구별, 판연하다고 볼 수 있
다. 생각건대 이 둘은 일본의 인간교제에서 가장 뚜렷한 분계를 이루어, 마
치 우리 문명의 두 원소라고도 말할 수 있는 것이다. 오랜 옛날부터 오늘에
이르기까지 교제의 종족[11]이 적지 않았지만, 결국 최종적으로는 이 두 개의
원소로 귀결되었고, 독립하여 자기 집단<sup>自家</sup>의 본분을 보전한 것은 하나도
없다(통치자와 피통치자로 서로 나눠지다).

---

11 '교제의 종족'이란 '사회계급' 혹은 '사회계층'을 의미한다.

## | 왕실로의 국력편중

사람을 다스리는 일은 본래 쉽지 않다. 따라서 이 통치자 집단黨에 들어가

는 자는 반드시 완력, 지력과 함께 어느 정도의 부富가 없으면 안 된다. 심신

의 힘이 이미 있고, 또 부富有를 갖췄을 때에는, 분명 다른 사람을 제어할 수

있는 권세權를 얻을 수 있다. 따라서 통치자는 반드시 유권자有權者[12]이지 않

으면 안 된다. 왕실은 이 유권자 위에 서서, 그들의 힘力을 모음으로써 나라

안을 다스렸고, 싸워서 이기지 못한 적이 없었으며, 쳐서 항복시키지 못한

적이 없었다. 나아가 피통치자인 인민도, 왕실의 유래가 오래됨에 따라 더욱

더 이에 복종하고, 진구神后[13]시대 이후 해외정벌도 여러 차례 있었으며, 나

---

12 후쿠자와는 '유권자'와 '통치자(왕실)'를 구분하고 있다. '유권자'는 육체적, 정신적 힘
을 가지고 있으면서 덧붙여 재산 등 사회의 각 분야에서 특출한 능력이나 힘이 있는 사
람을 가리키는 반면, '통치자'는 이 유권자들 가운데에서 정치권력까지 쥐게 된 자를 가
리킨다. 여기서의 통치자는 곧 천황 가이다.

13 진구황후의 삼한(三韓) 정벌설을 말한다. 일본 고대 주아이(仲哀) 천황의 황후이자 오
진(応神) 천황의 어머니인 진구황후가 한반도 남부 삼한의 신라에 군대를 보내 항복시
켰다는 신화로『일본서기』에 기록되어 있다. 신라가 항복한 뒤에는 삼한의 다른 두 나라
인 백제, 고구려도 복속시켰기 때문에 이 설은 지금까지도 한반도 남부가 일본의 속국이
었다고 주장의 근거로 되고 있다. 반면, 동시대의『삼국지』,『삼국사기』같은 중국의 사
서에는 이와 관련된 내용이 전혀 없다. 에도시대 최고의 국학자인 모토오리 노리나가도
『어융개언』에서 삼한정벌설을 근거로 도요토미 히데요시의 조선침략을 정당화하였다.
야마가 소코(山鹿素行) 같은 유학자도『무가사기(武家事紀)』등에서 이러한 주장을 되
풀이하였다. 후쿠자와 유키치는 일본이 고대 선진문명을 한반도로부터 전래받았던 사
실을 인정하면서도 본문에서 보듯이 진구황후의 삼한정벌설은 사실로 받아들이고 있는
듯하다. 메이지기 후반 이후에는 황국사관이 지배적 이데올로기로 뿌리 내리면서,『일
본서기』에 대해 이의를 제기하는 것은 거의 불가능해지고 삼한정벌설은 마치 사실인 것
처럼 굳어져 버렸다. 나만 일본 근대 실증주의 사학의 기초를 놓은 학자이면서, 일제 강
점기 이후 우리나라 실증주의 역사학의 중심인물인 이병도 교수의 스승인 쓰다 소키치
(津田左右吉, 1873~1961)는 파시즘이 날뛰던 1930년대에『일본서기』,『고사기』를
비롯한 수많은 고대사 연구 논문에서, 진구황후의 전설은 후세에 덧붙여진 것으로 역사
적 사실과는 거리가 멀며, 쇼토쿠 태자도 실증성이 부족하다고 주장하였다. 이 주장으로
그는 황국사관을 거역하고 황실의 존엄을 모독하였다는 이유로 기소되어 금고 3개월에
집행유예 판결을 받았다. 그의 책도 발매금지 처분(이 때 발매처분 당한 책은 모두 다음
의 4권이다.『古事記及び日本書紀の研究』,『神代史の研究』,『日本上代史研究』,『上代

라 안에서는 위복威福이 행해져 신경 써야 할 걱정거리가 없었음을 미루어
알 수 있다.

그 뒤 인문人文이 점점 열리고, 양잠과 조선술, 직기와 경작 도구, 의학과
유교 불교 서적, 그 밖에 문명에 관한 여러 사항들이 때로는 조선에서 전래되
고[14] 때로는 우리나라에서 발명되어 인간의 생생한 모습이 차차 성대해졌지
만, 이 같은 문명의 여러 사항들을 시행할 권한權은 모조리 다 정부의 한 손
안에 있고 인민은 그저 그 지휘에 따를 따름. 뿐만 아니라 전국의 토지, 인민
의 신체까지도 왕실의 사유가 아닌 것이 없었다. 이러한 모습을 보면 피통치
자는 통치자의 노예에 다름 아니었다. 후세에 와서도 오쿠니御國, 고덴치御田
地, 오햐쿠쇼御百姓 등의 호칭이 남아있다. 이 '오御'라는 글자는 정부를 존경
한다는 말로서, 일본국 안의 땅도 인민의 신체도 모두 정부의 사유물이라는
뜻이다.

닌토쿠 천황[15]이 민가에서 밥 짓는 연기가 일어나는 것을 보고 '짐은 이

---

日本の社會及思想』)당하였으며, 출판사(이와나미서점)도 함께 처벌받았다. 그는 신라
정벌은 사실의 기록 또는 구비전승에서 나온 것이 아니라 후대에 꾸며진 것이라고 분석
하면서, 이러한 전설이 성립된 시기를 6세기 게이타이 천황 때나 긴메이 천황 때라고 주
장하였다. 패전 후에는 황국사관에서 벗어나려고 하는 연구가 광범위하게 진행되었다.
이에 따라 삼한정벌설이나 진구 황후의 실재 여부를 증명할 수 없기 때문에『일본서
기』가 아니라 광개토왕비나 칠지도 등 당대의 다른 사료를 토대로 재검토하려는 논의가
일어났다. 종합적으로 보면 최근의 일본사학계는 삼한정벌 설화는 신뢰하지 않더라도,
4세기 후반 이후 왜의 한반도 진출에 대해서는 역사적 사실로서 입증할 수 있다고 보는
견해가 널리 퍼져있다.(津田左右吉, 『古事記及び日本書紀の研究－建国の事情と万世
一系の思想』, 毎日ワンズ, 2012; 津田左右吉, 『シナ思想と日本』, 岩波新書, 1938; 『古
事記及び日本書紀の新研究』, 洛陽堂, 1919; 『神代史の研究』, 岩波書店, 1924; 『日本
上代史研究』, 岩波書店, 1930; 『上代日本の社会及び思想』, 岩波書店, 1933; 本居宣
長, 山口志義夫 譯, 『馭戎慨言』, 多摩通信土, 2009; 다카시로 코이치, 『후쿠자와 유키
치의 조선정략론 연구－『時事新報』 조선 관련 평론(1882~1890)을 중심으로』, 선인,
2013)

14 후쿠자와는 여기서 일본의 고대문명이 한반도를 거쳐 전래되었음을 명백히 밝히고 있다.
15 닌토쿠(仁德) 천황. 제16대 일본 천황이다. 상고시대 천황(초대 진무 천황에서 25대 무

미 부유하다'[16]라고 말한 것도 분명 인민을 사랑하는愛人 본심에서 나왔으며, 백성이 부유함은 마치 내가 부유한 것과 같다는 취지로서 어찌됐건 허심평기虛心平氣한 인군仁君이라고 일컬을 수 있지만, 천하를 일가一家로 여기고 이를 사유私有[17] 하겠다는 기상氣象[18]은 따져볼 필요가 있다.

이런 형세勢로 인해 천하의 권세權는 모조리 왕실에 귀속되고 그 힘力은 언제나 한쪽 방향으로 치우친 채, 그렇게 왕조시대는 끝이 났다. 생각건대 권력의 편중은 앞에서 말했듯이 지극히 큰 것에서부터 지극히 작은 것에까지 미치고, 인간의 교제를 천만 개로 나누면 천만 단계의 편중이 생기고, 합쳐서 백 개로 만들면 백 단계의 편중이 생기며, 왕실과 인민 두 단계로 나누면 편중 또한 이 사이에서 생겨나 왕실 한쪽으로 치우치는 것이다(국력, 왕실로 치우치다).

---

열(武烈) 천황까지)의 재위 기간과 서력 대조표를 보면 닌토쿠 천황의 재위 기간은 313년에서 399년까지로 되어 있다. 또 제15권 응신 천황은 394년 붕어하고, 닌토쿠 천황은 427년 붕어한 것으로 되어 있다. 이는 『고사기』와 『일본서기』의 기술을 바탕으로 복원한 것으로 신뢰하기 어렵다.

16  『일본서기』 제11권 「닌토쿠 천황」편에 나온다.(전용신, 『일본서기』, 일지사, 2010, 188~189쪽) 본문은 닌토쿠 천황의 선정(善政)을 이야기하는 부분에서 인용한 것이다. 이 일화는 다음과 같이 계속 이어진다. 닌토쿠 천황의 이야기를 들은 황후가, "(3년 동안의 조세와 부역을 면제한 조치로 인해) 담장이 무너져도 고칠 수가 없고, 대궐이 무너져 의복이 젖고 있는데 무엇으로 부유하다고 말하십니까?"라고 묻자, "백성이 부유한 것은 짐이 부유한 것이고, 백성이 가난한 것은 짐이 가난한 것이다. 백성이 부유한데 임금이 가난하다는 것을 듣지 못하였다"고 대답한다. 이어 신하들이, 궁전이 썩고 곳간이 비어 있으니, 지금 세금을 걷어서 궁전을 수리하지 않으면 큰 벌을 받을까 두렵다고 말하면서 세금을 부과할 것을 요청하지만, 닌토쿠 천황은 이를 허락하지 않고 3년이 더 지난 뒤에야 과역을 부과하여 궁궐을 지었다고 기록되어 있다.

17  여기서 후쿠자와는 닌토쿠 천황이 천하를 자신의 사적(私的)인 소유물로 여기는 문제점을 은유적으로 비판하고 있다. 한편 『예기』 「예운(禮運)」편에 "성인은 천하를 한 집안(一家)으로 삼는다"는 표현이 나온다. 이 구절은 원래 성인이 천하를 통일하여 사람들이 한 가족처럼 화목하게 지낸다는 의미이다.

18  원문의 '기상(氣象)'은 오늘날 날씨를 가리킬 때 쓰는 말이며, 본문처럼 사람의 기개나 타고난 마음씨를 가리킬 때에는 '기상(氣像)'으로 쓴다.

## | 무가의 발흥

겐페이源平가 일어남에 따라 천하의 권세權는 무가로 돌아갔고, 이로 인해 어쩌면 왕실과의 권력權力 균형이 이뤄지고 인간교제의 형세勢도 크게 바뀔 수 있을 듯 했지만 결코 그렇게 되지는 않았다. 겐페이든 왕실이든 이들은 모두 통치자 가운데 한 부분으로서, 국권國權이 무가에 돌아간 것은 통치자 가운데 이쪽 부분에서 저쪽 부분으로 힘力이 옮아갔을 따름. 통치자와 피통치자의 관계는 여전히 상하, 주객의 형세를 갖추어 털끝만큼도 지난날과 다르지 않았다. 비단 다르지 않았을 뿐만 아니라, 고닌光仁천황[19]은 호키宝龜[20] 연간에 천하에 영을 내려 병兵과 농農으로 나누고[21] 백성 중에 부유하면서 무력을 갖춘 사람을 뽑아서 병역에 쓰고 그중 허약한 사람은 농사에 종사하도록 했다고[22] 한다. 이 영의 취지에 따르면 인민 가운데 부유하고 강한 자는 무력을 가지고 작고 약한 자를 보호하고, 가난하고 약한 자는 농사를 열심히 지어 무인에게 갖다 주는 것이므로, 빈약한 자는 더욱더 빈약에 빠지고 부강한 자는 더욱더 부강해져 통치자와 피통치자의 경계가 더욱더 뚜렷해지고 권력편중은 더욱더 심해지지 않을 수 없었다.

---

19  고닌(709~782) 천황. 제49대 천황으로 나라시대 후기에 재위했다.
20  호키는 고닌 천황이 재위하던 기간의 원호이다. 770년 10월 1일~781년 1월 1일에 해당한다.
21  『속일본기(續日本紀)』의 「고닌 천황」 호키 11년(780.3)의 조(條) 및 라이산요의 『일본외사』 1, 『일본정기』 「고닌 천황」의 조(條)에도 기록되어 있다. 다만, 『속일본기』에 「고닌 천황」이 내린 영(令)의 취지는 후쿠자와가 이해하고 있는 것처럼 병(兵)과 농(農)을 분리하여 강한 자를 무인으로 쓰기 위해서가 아니라, 당시 농민의 과중한 병역 부담을 줄여 농업이 황폐해지는 것을 막고 국가재정의 건전화를 꾀하기 위해, 징병 인원을 축소하려고 한 것이었다. 따라서 이 조치로 인하여 병농이 분리되기 시작했다든가, 무사계급이 일어나기 시작한 원인이 되었다는 이야기는 무리다. 이는 메이지 초기만 해도 역사학이 발달해 있지 않아, 후쿠자와가 인용했던 역사 관련 책들에 한계가 있었기 때문이다.
22  『일본외사』 제1권에 수록되어 있다.

여러 책을 살펴보면 미나모토 요리토모가 60여 주의 총추포리總追捕吏[23]

가 되어 구니國마다 슈고[24]를 두고 장원에는 지토[25]를 임명하고, 이로써 종

전의 고쿠시國司,[26] 쇼지莊司[27]의 권한權을 박탈한 뒤, 각 구니 안의 건아健

---

23  원문에는 '총추포리'로 되어 있다. 『독사여론』 제3권에 나온다. (아라이 하쿠세키, 박경
    희 역, 『독사여론』, 세창출판사, 2015, 110~116쪽) '총추포리'는 원래 율령제 아래에
    서 율령에 정해져 있던 공식 직책이 아니라 경찰과 군사의 목적으로 설치된 임시직이었
    다. 뒤에 각 구니마다 상설 직책으로 설치되었다. 처음 설치된 것은 932년 남해도에 빈
    번하게 출몰하던 해적을 소탕하기 위해서였다. 이름에 나타나듯이 도적떼 등을 소탕하
    고 체포하는 것이 주목적이었고 군사적인 목적은 없었다. 하지만, 해적을 소탕하고, 반
    란을 진압하기 위해 전투에 참가하는 경우가 많았다. 1185년 11월 미나모토 요리토모
    가 미나모토 요시쓰네와 미나모토 유키이에를 토벌하기 위해 '총추포리'에 임명되었는
    데 이때 '66국 총추포리' 혹은 '일본국 총추포리'라고 일컬었다. 당시 천황의 칙허를 받
    아 각 구니에 '슈고(守護)'와 '지토(地頭)'를 설치하였다. 이로써 가마쿠라 막부의 권력
    은 비로소 전국적으로 영향을 미치게 되었다. 이는 미나모토 요리토모가 사실상 가마쿠
    라 막부를 창설해가는 과정이었다. 그로부터 7년 뒤 미나모토 요리토모가 정이대장군에
    취임하면서, 가마쿠라 막부가 창설되었다.
24  슈고는 가마쿠라 막부, 무로마치 막부가 설치한 무가의 직제로서, 구니 단위마다 설치된
    군사지휘관, 행정책임자였다. 원래는 영외관(令外官)인 '추포리'에서 출발하였는데, 고
    시라카와 법황(後白河法皇)이 미나모토 요리토모에게 '슈고'와 '지토'의 설치와 임명권
    을 인정해주면서 막부의 직제로 정식 편입되었다. 쇼군에 의해 임명되었으며, 설립 초기
    의 주요 임무는 각 구니에 있는 '지토'에 대한 감독이었다. 가마쿠라시대에는 '슈고닌 부
    교(守護人奉行)'라고 불렸으며, 무로마치시대에는 '슈고시키(守護職)'로 불렸다. '슈
    고' 제도는 무로마치 막부가 멸망한 뒤, 오다 노부나가와 도요토미 히데요시 정권이 더
    이상 '슈고'를 두지 않으면서 자연적으로 소멸되었다.
25  '지토'는 가마쿠라 막부, 무로마치 막부가 장원(莊園, 귀족이나 사찰의 소유지)과 고쿠가
    료(国衙領 혹은 公領, 국가의 소유지)를 지배, 관리하기 위해 설치한 직책이다. '슈고'와
    함께 설치되었다. 다이라(平氏) 정권 이전에도 존재하였지만, 미나모토 요리토모가 조
    정의 인정 아래 설치하였다. 현지에 사는 고케닌(御家人) 중에 선발하였으며, 장원과
    고쿠가료 안의 행정, 군사, 경찰, 징세업무를 맡아서, 토지와 인민을 직접 관리하였다.
    즉 개인 소유의 장원이든, 고쿠가료와 같은 공유지든 토지와 함께 이 토지 안에 사는
    인민에 대한 지배권노 함께 가지고 있었다. 기미 쿠리시대외 '슈고'는 군사 및 경찰권의
    행사가 주요한 임무였기 때문에 경제적인 권한은 없었다. 이 때문에 현지의 '지토'가 적
    극적으로 장원과 고쿠가료에 간섭하는 것이 가능했다. 하지만 무로마치시대가 되면서
    '슈고'가 변제(半済) 권한과 사절을 봉행하는 권리 등 경제적인 권능을 가지면서 슈고의
    권한이 확대되었다. 이를 배경으로 '슈고' 중에는 지토나 기타 무사, 나누시, 유력자들을
    자신의 통제 아래 두면서 '슈고 다이묘'로 성장하는 경우가 생겨났다. 반면 '지토'는 영
    향력을 잃고 '유력 나누시' 등과 같은 형태의 고쿠진(国人)으로 변질되었다. '슈고 영국
    제(守護領国制)'가 자리 잡게 되는 무로마치 중기가 되면 '지토'는 거의 소멸하게 된다.

兒[28] 가운데 뿌리도 있고 사람들도 거느리고 있는 자는 슈고나 지토 직에 임

명하고 그 아래에 있는 자는 고케닌御家人[29]이라고 일컬으며 슈고와 지토의

---

26 '고쿠시'는 나라. 헤이안시대에 중앙에서 지방을 통치하기 위해 파견된 관리다. 지금의
   현지사에 해당한다. 4계급으로 나눠지는데 위에서부터 '가미(守)', '스케(介)', '조우
   (掾)', '사칸(目)'으로 되어 있었다. 구니의 규모에 따라 '조우'와 '사칸'은 대, 소로 더
   나눠지는 경우도 있었다.
27 '쇼지'는 '쇼칸(莊官)'과 같은 의미로 장원의 영주로부터 장원 관리를 위탁받은 사람을
   가리킨다. '쇼칸' 중 하급 쇼칸을 '쇼지'라고 부르는 경우도 있었다. 일본의 장원제에서
   장원을 개발한 사람이 장원 영주로부터 '쇼칸'의 지위를 보장받는 경우도 있었지만, 장원
   영주들은 대부분 장원에 대한 지배를 강화하기 위해 자신의 가신을 '쇼칸'에 임명하여
   파견하였다.
28 '건아'란 일본의 왕조시대에 군지(郡司, 요즘의 군수에 해당하는 관직)의 자제들을 뽑
   아 병부성에 소속시킨 뒤, 주요 시설의 수비, 국경 경비 등의 업무를 맡게 한 것에서 유
   래한다. 하지만 이 제도는 신체가 약한 자제가 뽑혀 제 역할을 하지 못하는 문제점이 있
   었다. 이 때문에 간무(桓武) 천황 11년(792)부터는 징병제에서 모병제로 바꾸어 우수
   한 건아를 뽑았다. 헤이안 중기 이후 왕조체제가 약화되면서 함께 붕괴되었다.
29 '고케닌'이라는 용어는 헤이안시대에 생겨 에도시대까지 존재했다. 후쿠자와는 여기서
   '고케닌'을 '슈고'나 '지토'보다 신분이 낮은 사람으로 보고 있는데 에도막부시대에는
   그러했지만 그 이전 시기에는 달랐다. 따라서 시대별로 용어의 사용에 주의할 필요가
   있다. 헤이안시대에는 귀족이나 무가를 섬기는 무사를 단지 '케닌(家人)'이라고 불렀다.
   가마쿠라 막부가 성립하면서 쇼군과 주종관계를 맺은 막부 직속 무사를 가리킬 때 쇼군에
   대한 경칭을 붙여 '고케닌'이라고 불렀다. '가마쿠라 도노 고케닌(鎌倉殿御家人)', '간토
   고케닌(関東御家人, 가마쿠라 인근 지역)', '친제고케닌(鎮西御家人, 규슈 지역)' 등으
   로도 불렀다. 이 당시의 '고케닌'은 얼마 되지 않았다. 대부분의 구니에서 10명 정도에
   불과했고, 관동지역이 비교적 많은 편이었지만 가장 규모가 컸던 무사시구니도 약 80명
   정도 밖에 되지 않았다. 1275년의 사료에 의하면 전국의 '고케닌' 숫자는 모두 약 480명
   밖에 되지 않는다. 이처럼 '고케닌'은 무사 중에서도 매우 한정된 계층이었다. 무로마치
   막부에서는 고케닌 제도가 없었다. 다만 '호코슈(奉公衆, 막부 직속의 무관)'를 가리켜
   '고케닌'이라고 부르는 경우는 있었지만, 쇼군 가와 주종관계에 있는 사람을 가리켜 '고
   케닌'이라고 부르지는 않았다. 전국시대에는 전국 다이묘의 가신을 가리키는 용어로 사
   용되었다. 에도시대의 '고케닌'은 지교(知行)가 1만석 미만의 쇼군 직속 무사단 중에서
   가격(家格)이 쇼군을 직접 배알(御目見, 오메미에)할 수 없는 사람을 가리키는 용어로
   정착되었다. 직접 배알할 수 있는 사람은 '하타모토(旗本)'라고 불렀다. 이처럼 에도시대
   에는 고케닌의 격이 가마쿠라시대에 비해 많이 낮아졌다. 이들 대부분은 전쟁이 나면
   가치(徒士, 도보로 다니는 사무라이)역을 맡았고, 평상시에는 '간테소(勘定所, 재정)',
   '후신가타(普請方, 건설)', '한시(番士)' 혹은 마을 '부교소(町奉行所)'의 '요리키(与
   力)'나 '도신(同心)' 등과 같은 하급 관리직을 맡거나 경비업무에 종사하였다. '고케닌'
   은 원칙적으로 말이나 마차 등을 탈 수 없었으며, 집에 현관을 설치할 수도 없었다. 예외적
   으로 부교소의 '요리키'는 말을 타는 것이 허용되었다.

지배를 받게 하였는데, 이들은 모두 막부의 손 안에 있는 자로서 때로는 교대로 백일 동안 가마쿠라에 가서 숙위宿衛하는 사례도 있었다고 한다.

호조시대에도 대개 같은 형국이었으며, 나라 안 어디든지 무인이 없는 곳은 없었다. 조큐承久의 난[30] 때 호조 야스토키[31]가 기마병 18명으로 가마쿠라를 일으켜 세운 게 5월 22일이었는데, 같은 달 25일까지 3일 동안 관동 지역의 병사를 깡그리 끌어 모으니, 모두 19만 기騎나 되었다고 한다.[32] 이를 바탕으로 생각해보면, 각 구니의 무인武人이라는 자는, 평소에도 출진 준비에 바빠서, 애당초 농사에 힘쓸 겨를이 없었고, 틀림없이 다른 소민小民의 힘에 의존하여 끼니를 해결했었음을 분명히 알 수 있다. 병농兵農의 경계가 점점 명확하게 정해지고 인구가 늘어남에 따라서 무인의 수도 차례로 늘어난 게 아니겠느냐. 요리토모 때에는 대체로 관동을 가까이에서 모시던 무가를 각 구니의 슈고에 배치하여 3년 혹은 5년마다 교대하였는데, 그 뒤 어느새 후다이 세록譜代世祿[33]으로 바뀌었고, 호조가 멸망한 뒤 아시카가 대代에 이르러서는 이 슈고라는 자들이 번갈아가며 서로를 병탄하고, 때로는 흥하고 때로는 망하며, 때로는 토호에게 쫓기고 때로는 가신家來에게 뺏기어 차츰 봉건의 형세를 이루게 된 것이다.

---

30  '조큐의 난'은 조큐 3년(1221) 고토바 상황(後鳥羽上皇)이 가마쿠라 막부를 타도하려고 하다가, 거꾸로 막부 측의 호조 야스토키 등으로부터 공격을 받아 실패한 사건이다. 이로 인해 고토바 상황은 오키로, 그의 황자는 도사(그 뒤에는 아마미)로, 준토쿠(順德) 천황은 사도로 유배를 갔다.

31  호조 야스토키(1183~1242). 가마쿠라 막부의 3대 싯켄으로 1224년에서 1242년까지 재임하면서 싯켄 정치를 완성했다고 일컬어진다. 13인으로 구성되는 호조슈(評定衆)를 만들고, 최초의 무사법전인 『고쇼하이시키모쿠(御成敗式目)』을 제정했다. 이로 인해 쇼군의 일인 독재체제였던 막부체제가 합의에 바탕을 둔 정치체제로 제도화될 수 있었다.

32  이에 관한 기록은 아라이 하쿠세키의 『독사여론』 4「호조 9대, 배신(陪臣)으로 국명을 잡음」, 라이 산요의 『일본외사』 제4권 등에 나온다.

33  대대로 세습하며 가록을 받는 것을 가리킨다.

## ┃ 나라의 역사는 없고 정권의 역사만 있었다

왕대王代 이후의 모습을 개략하여 말하자면, 일본 무인은 처음에는 나라 안 곳곳에 흩어져 있으면서 한 사람 한 사람이 자신의 권세權를 휘두르며 왕실의 명命에 따랐던 것이고, 가마쿠라시대에 이르는 동안 차츰 합쳐져서 몇 개의 소집단小体을 이루어 비로소 다이묘大名, 쇼묘小名라는 호칭이 생겼다. 아시카가 대代에 이르자 또 다시 합치면서 큰 집단体을 이루었지만 그 집단과 집단을 합칠 수는 없었다.[34] 곧 오닌應仁[35] 이후의 난세로서, 무인이 최고로 번성한 때였다. 이처럼 무인의 세계에서는 이합과 집산이 있고 진퇴와 영고榮枯가 있었지만, 인민의 세계에서는 어떠한 운동運動이 있었다는 말을 듣지 못했다. 오직 농사에 힘써 무인의 세계로 날라다 줄 뿐. 따라서 인민의 눈으로 보면 왕실도 무가도 구별이 없다. 무인의 세계에 치란과 흥망이 있음은 인민에게는 마치 날씨와 계절天氣時候이 변하는 것과 다르지 않았다. 그저 말없이 그 상황을 지켜볼 따름(무가가 일어나 신정 정부의 혹닉을 일소한 사실의 장점은 제2장, 이 책 72~76쪽에 논해 두었다).

아라이 하쿠세키는 자신의 책에서 천하의 대세가 아홉 번 바뀌어 무가시대가 되었고 무가 세상이 또 다섯 번 바뀌어 도쿠가와 대代에 이르렀다고 주

---

34 일본 전국을 통일할 수는 없었다는 의미이다.
35 오닌의 난(1466~1477)을 가리킨다. 일본 무로마치시대 오닌 원년(1467) 1월 2일에 쇼군 후계 문제를 둘러싸고 교토에서 일어난 난이다. 분메이(文明) 연간에 걸쳐 있었기 때문에 오닌·분메이의 난(應仁·文明の亂)이라고도 부른다. 무로마치 막부 제8대 쇼군인 아시카가 요시마사가 출가한 친동생 요시미를 설득하여 자신의 후계자로 정했다가, 이듬해 아들을 얻자 이를 번복하면서 벌어졌다. 양 측 지지자의 대립을 축으로 하여, 지방의 유력한 슈고 다이묘들도 한쪽에 가담하여 규슈 일부를 제외한 대부분의 지역으로 대립이 확대되었다. 이로 인해 전국이 전쟁터로 변하는 전국시대로 전환되었고, 백여 년 동안의 항쟁의 결과 대부분의 슈고 다이묘는 몰락하고 소수의 전국 다이묘가 새로운 강자로 등장하게 된다.

장했고[36] 그 밖에 여러 학자들의 주장도 대동소이한데, 이 주장들은 단지 일본에서 정권을 잡은 사람이 신진교대新陳交代하는 모양을 보고 몇 번 바뀌었다고 말하고 있는 것일 뿐이다. 지금까지 일본에서 쓰인 모든 역사는 그저 왕실의 계보를 탐색詮索한 것이든지, 아니면 군주, 재상, 유사有司의 득실을 논한 것이든지, 아니면 전쟁의 승패 이야기를 기록하여 고샤쿠시講釋師[37]의 군담과 비슷한 종류든지, 대부분 이런 내용들에서 벗어나지 못했다. 드물게 정부와 관계없는 내용이 있다면 불자佛子의 허탄망설[38]일 뿐 마찬가지로 볼 만한 건 아니었다.

결론적으로 말해 일본국의 역사는 없었으며 일본 정부의 역사만 있었을 따름. 학자의 부주의이며 나라의 일대 흠전欠典이라고 말할 만하다. 아라이 선생의 『독사여론』 등도 말하자면 이런 유형의 역사인데, 그 책에는 천하의 형세 변화라고 되어 있지만 실제로 천하의 대세는 바뀌지 않았고, 천하의 형

---

36 아라이 하쿠세키가 『독사여론』 1 「총론」에서 제시한 일본사의 시대 구분 방법이다. 총론의 제목은 「우리나라 천하의 대세가 아홉 번 변하여 무가시대가 되고 무가시대는 또 다섯 번 변하여 당대에 이른 총론」이다. 아라이 하쿠세키는 정치권력의 소재에 따라 왕조시대와 무가시대를 구분하였다. 858년 고레히토 천황이 9세에 황위를 물려받자, 외조부 후지와라 요시후사가 섭정을 맡음으로써 시작된 '섭관정치'에서 시작하여 '도요토미 히데요시의 천하'까지 다루고 있다.(아라이 하쿠세키, 박경희 역, 앞의 책, 1~4쪽)

37 '고샤쿠시'는 '고단시'라고도 부른다. 책을 읽어주는 기예를 전문적으로 하는 사람을 가리킨다. 영어로 'storyteller'이다. 나라, 헤이안시대 경부터 그 원형이 나타났지만 일반적으로 알려져 있는 '고샤쿠시'는 '태평기읽기(太平記読み)'에서 시작되었다. 즉 남북조시대 이후이다. 생계를 유지하기가 어려워진 낭인들이 마을마다 다니면서 남녀노소를 모아놓고 『태평기』를 재미있게 읽어준 것에서 출발하였다. '고단'은 '라쿠고(落語)'와 비슷하지만, '라쿠고'는 대화를 위주로 구성되어 있고 '고단'은 책을 읽어준다는 점에서 다르다. 그 밖에도 '고단'에서는 부채와 책상을 소도구로 사용하면서 책상을 두드리는 등의 효과음을 활용하는 점도 다르다.

38 일본 불교 도입시기부터 원형(元亨, 1321~1323)기에 이르기까지 일본 고승들의 사적을 기록한 『원형석서(元亨釋書)』(1322) 같은 책을 이야기하는 듯하다. 원형석서는 일본 최초의 불교문화사로 불리는 책이다. 한글로도 번역되어 있다.(코칸 시렌, 정천구 역, 『원형석서』 상·하, CIR, 2010)

세는 이미 벌써 왕대王代 때에 정해져서 통치자와 피통치자라고 하는 두 원소로 구별되었고, 병농이 나누어지자 이 경계가 더욱더 뚜렷해졌으며, 오늘에 이르기까지 한 번도 바뀐 적이 없다.

따라서 왕대 말에 후지와라 가문이 권력權을 독차지하고 이따금 상황上皇이 정치에 관해 듣는 경우가 있어도 그냥 왕실 안의 일이고 애당초 세상의 형세와는 관계가 없었다. 다이라 가平家가 망하고 겐지源氏가 일어나 새로 가마쿠라에 정부를 연 것39도, 호조가 배신倍臣으로서 국명國命을 쥔 것40도, 아시카가가 남조에 대적하여 역적賊으로 불리게 된 것도, 오다도 도요토미도, 도쿠가와도 각자 일본 전체를 차지하고 이를 지배했지만, 그들이 나라를 다스림에는 단지 교졸의 차이가 있었을 뿐 천하의 형세는 여전히 옛날과 다르지 않았다. 따라서 호조와 아시카가에게 기뻤던 일은 도쿠가와도 기뻐했고, 갑甲이 걱정했던 것은 을乙도 걱정했으며, 갑과 을이 그 기쁨과 걱정에 대처하는 방법까지 털끝만큼도 다르지 않았다. 예를 들어 호조·아시카가 정부가 오곡의 풍성함과 인민의 유순함을 기뻐하는 심정은 도쿠가와 정부에게도 마찬가지였다. 호조·아시카가 정부가 두려워했던 반란자 종류는 도쿠가와 시대에도 그 종류가 다르지 않았다.

돌이켜 저 유럽 나라들의 모습을 보면 그 취지가 전혀 다르다. 그 국민 사이에 종지를 둘러싼 새로운 학설41이 차츰 퍼지면 정부도 또한 이에 맞춰 대처하지 않을 수 없다. 옛날에는 봉건 귀족만을 두려워하였지만, 세간에 상공업이 차례로 번창하고 중등의 인민 가운데 권력을 가진 자가 나오게 되면 또

---

39 『독사여론』3에 관련 내용이 나온다.(아라이 하쿠세키, 박경희 역, 앞의 책, 110~128쪽)
40 『독사여론』4에 관련 내용이 나온다.(위의 책, 129쪽) '국명을 쥐었다'는 말은 정권을 장악했다는 의미이다.
41 종교개혁을 주장하는 학설을 가리킨다.

이를 기뻐하거나 두려워하지 않을 수 없다. 따라서 유럽 각국에서는 국세國勢가 바뀜에 따라 정부 또한 그 태도趣를 바꾸지 않을 수가 없었는데, 우리 일본만은 유독 그렇지 않고, 종교도, 학문도, 상업도, 공업도, 모조리 정부 안에 농락되어 있었기에 그 변화를 걱정할 필요도 없고 또 두려워할 필요도 없으며, 만약 정부의 뜻에 맞지 않는 것이 있으면 곧바로 금지시켜 버리면 되었다. 유일한 걱정거리는 같은 집단 안에서 누군가가 들고 일어나 정부를 새롭게 교체新陳交代하려는 것에 대한 두려움뿐이었다(같은 집단 안에서 일어선다 함은 통치자 안에서 일어서는 걸 말한다).

따라서 건국 후 2,500여 년 동안 이 나라에서 정부였던 것은 모두 다 똑같은 형태의 일을 되풀이했는데, 그 모습은 마치 초판 책을 두 번 세 번 반복하여 다시 읽는 것과 같고, 같은 제목外題의 연극을 몇 번이나 공연하는 것과 같다. 아라이가 천하의 대세가 아홉 번 바뀌고 또 다섯 번 바뀌었다고 말한 건 곧 이 연극을 아홉 번 공연하고 또 다섯 번 공연한 것일 뿐.

어느 서양인의 저서에, 아시아 대륙의 여러 나라에서도 변혁과 소란[42]이 있음은 유럽과 다르지 않지만 그 변란 덕분에 나라의 문명이 나아진 경우는 없었다는 주장[43]이 있다. 생각건대 못할 말은 아니다(정부는 신구新舊 교대해도 국세國勢가 바뀌는 경우는 없었다).

---

42  이토 마사오는 '변혁'을 '혁명'으로, '소란'은 '내란'으로 번역하고 있다.(福澤諭吉, 伊藤正雄 譯, 安西敏三 補註・解題, 『文明論之概略』, 慶應義塾大學出版會, 2010, 217쪽 참조)

43  『영국문명사』 제1권 제2장에서 버클은, "인도로 대표되는 아시아의 풍요롭고 비옥한 나라에서는 궁중혁명이나 왕조 간의 전쟁은 있었지만, 인민 내부로부터의 혁명이 없어서, 자연이 부과한 가혹한 운명을 완화시키는 경우가 없었다고 말하고 있다.(Henry Thomas Buckle, *History of Civilization in England* 1, p.58

## | 일본 인민은 국사에 관여하지 않았다

이처럼 정부는 때에 따라 변혁, 교대하는 경우가 있었지만 국세國勢는 그렇지 않았고, 그 권력은 항상 한 편으로 치우쳐 마치 통치자와 피통치자 사이에 높고 큰 격벽을 세우고는 그 통로를 끊어버린 것과 같았다. 유형의 완력도 무형의 지덕도, 학문도 종교도, 모두 통치자의 당黨과 한 패가 되고, 그당원은 서로 상대방에 의존하여 각자 권력을 뻗고, 부富도 여기에 모이고 재능도 여기에 모이며, 영욕榮辱도 여기에 있고 염치도 여기에 있으며, 까마득히 높은 상류의 지위를 차지하여 아랫백성下民을 제어하고 치란과 흥망, 문명의 진퇴, 모조리 다 통치자가 아는 일이라고 하여 피통치자는 아예 여기에마음을 두지 않고 태연히 길가에서 벌어지는 일이나 구경하는 것과 같았다.

예를 들자면 옛날 일본에 어떤 전쟁이 있었다. 때로는 고에쓰甲越 전투[44]라고도 말하고, 때로는 상국上國과 관동의 쟁탈전이라고 말하는데, 그 이름을 들으면, 두 구니國가 서로 적대하며 싸운 듯 하지만, 실제로는 결코 그렇지 않다. 이 전투는 단지 두 구니의 무사와 무사 사이의 싸움일 뿐이며, 백성

---

44  보통 '가와나카지마 전투(川中島の戦い)'라고 불리는 유명한 전투다. 전국 다이묘로 유명했던 다케다 신겐(武田信玄)과 에치고노쿠니(越後国)의 우에스기 겐신(上杉謙信)이 강력한 영주가 없던 북시나노(지금의 나가노현 나가노시 남부) 지역의 지배권을 두고, 1553년부터 1564년에 걸쳐 12년 동안 벌인 다섯 차례의 전투를 가리킨다. 그중 네 번째의 전투가 지쿠마가와(千曲川)와 사이가와(犀川)가 합류하는 삼각지대의 평지인 가와나카지마를 중심으로 이루어졌기 때문에 이러한 이름이 붙어졌다. 고에쓰 전투라는 이름은 가이노쿠니(甲斐国, 현재의 야마나시현)의 다케다 신겐과 우에스기 겐신이 벌인 전투이기 때문에 앞 글자를 한 자씩 따 붙인 것이다. 이 전쟁은 뚜렷한 승패 없이 북시나노 지역을 장악한 다케다 신겐의 우세로 끝났지만, 그 사이 오와리(나고야) 지역에서 힘을 기른 오다 노부나가가 쇼군 아시카가 요시아키(足利義昭)를 옹립하여 교토로 상락함으로써 두 사람은 전국 통일의 주도권을 뺏기고 만다. '적에게 소금을 보낸다'라는 일본 속담은 그 뒤 다케다 가에서 현재의 시즈오카 지역을 침공했다가 태평양 방면으로부터 소금 반입이 봉쇄당했을 때, 동해와 접해 있는 우에스기 가에서 동해 방면의 소금을 보내준 일화에서 생긴 말이다. 적이더라도 도와줘야 할 때에는 도와준다는 의미이다.

들은 여기에 아예 관여하지 않았다. 원래 적국이라고 하면 국가의 전체 인민이 같은 마음으로 서로 적대시하고, 설령 직접 무기를 들고 전쟁터에 나가지는 않더라도, 우리 편의 승리를 기원하고 적국의 불행을 빌며, 사사건건 하찮은 일에 이르기까지도 적과 우리 편의 취지를 잊지 않아야지만, 진짜로 두 나라가 적대적이라고 말할 수 있으리라. 인민의 보국심報國心은 이 부근에 있는 것이다.[45]

그런데 우리나라의 전쟁에서는 옛날부터 여태까지 그런 예를 볼 수 없다. 전쟁은 무사와 무사의 전투지 인민과 인민의 전투는 아니었다. 가문家과 가문家의 싸움이지 구니國와 구니國의 싸움은 아니었다. 두 가문家의 무사가 병단兵端을 열면 인민은 이를 방관하면서 적이든 우리 편이든 그저 강한 편을 두려워할 따름. 따라서 전시에는 쌍방의 깃발 색깔 형편에 따라서, 어제 우리 편의 군수물자를 운송했던 자가 오늘은 적의 군량미를 맡을 수도 있다. 승패가 결정되고 전투가 끝나면 인민은 단지 소동이 진정되고 지토地頭가 교대되는 것을 지켜볼 뿐, 그 승리를 영광으로 삼지도 않고 또 그 패배를 치욕으로 여기지도 않았다. 간혹 새로 온 지토의 정령이 관대하여 연공미의 규모를 줄여주기라도 하면 이에 절하며 기뻐할 따름.

그러한 사례를 하나 들어 보겠다. 관동 8주[46]는 고호조後北條의 구니國였

---

45 '보국심'은 애국심을 말한다. 아래 문장에서 후쿠자와는 봉건체제 아래 일본 백성에게는 보국심이 있을 수 없었냐고 시직하고 있다. 토크빌은 이를 '본능적 애국심(The Instinctive Patriotism)'과 성찰적 애국심으로 나눈다. 알렉시스 드 토크빌, 이용재 역, 『아메리카의 민주주의』 1, 아카넷, 2018, 297~402쪽)

46 오다와라 호조(小田原北條)가 지배하던 관동지역을 가리킨다. 하코네에서 동쪽으로, 사가미(相模, 지금의 가나가와현), 무사시(武藏, 지금의 도쿄, 사이타마, 가나가와현 일대), 아와(安房, 지금의 지바현 남부), 가즈사(上總, 지금의 지바현 중앙), 시모우사(下總, 지금의 지바현과 이바라키현 일부), 히타치(常陸, 지금의 이바라키현), 고즈케(上野, 지금의 군마현), 시모쓰케(下野, 지금의 도치키현) 지역이 여기에 해당한다.

다. 한때 도요토미와 도쿠가와에 적대하다가 패망하였고, 멸망한 뒤 이어서 관동 8주를 차지한 자는 적수였던 도쿠가와였다. 도쿠가와 이에야스가 어떤 인걸人傑이기로서니 단 한 번에 8주의 많은 적들을 따르게 할 수 있었겠느냐. 생각건대 8주의 인민은 적도 아니고 우리 편도 아니며, 호조와 도요토미의 전쟁을 구경하고 있었던 것이다. 도쿠가와가 관동으로 옮긴 뒤에 적의 잔당을 진무鎭撫, 정토征討하였다고 함은 단지 호조 가문의 유신遺臣을 친伐 것일 뿐이며, 농민과 상인 등의 뒷처리는 마침 손으로 그들의 머리를 쓰다듬어 주는 즉시 바로 안도安堵[47]할 수 있는 것이었다.

이런 사례들을 세려면 예로부터 일일이 다 열거할 겨를이 없다. 오늘날에 와서도 그 상황狀은 아직 바뀐 게 없다. 따라서 일본은 고대 이후 아직 나라를 형성하지 못했다고 말해도 된다. 지금 만약 온 나라가 외국과 대적하는 등의 일이 생긴다면, 일본국의 인민으로서 가령 무기를 들고 출전하지는 않더라도 전투에 마음을 두는 자를 전사戰者라고 이름한다면, 이 전사의 수와 이른바 저 구경꾼의 수를 비교할 때 어느 쪽이 더 많겠느냐, 이를 미리 헤아려보면 어느 쪽이 많고 적은지 알 수 있다. 일찍이 내가 다른 책[48]에서 일본에 정부는 있어도 아직 국민Nation은 없다고 말한 것도 이런 뜻이었다. 원래 유럽 국가들에서도 전쟁으로 인해 다른 국가의 토지를 겸병하는 일이 종종 있었긴 하지만 그들이 토지를 병합하는 일은 결코 간단치 않았다. 엄청난 병력으로 억압하든지 아니면 그 토지의 인민들과 약속하여 어느 정도의 권리를 부여해 주지 않으면 이를 자신들의 판도에 넣을 수 없었다

---

**47** '안도'는 '안심'과 같은 말이다. 옛 일본어에는 '본령안도(本領安堵)'라는 말이 있는데, 옛 주인의 영지를 그대로 사용하게 해준다는 의미이다.

**48** 『학문의 권장』 제4편을 가리킨다.

고 한다. 동서東西의 인민, 그 기풍이 다름을 알 수 있다(일본 인민은 국사國事에 관여하지 않았다).


## ▌ 일본 인민은 그 지위를 중요하게 여기지 않았다

—서양의 독립시민과 일본 인민

따라서 가끔 민간에서 재덕才德을 가진 사람이 나오면, 자신의 자리地位에 있으면서 이 재덕을 쓸 수 있는 방편이 없었기 때문에 스스로 그 자리를 벗어나 상류 집단仲間에 들어가지 않을 수 없었다. 그리하여 어제의 평민이 오늘 장상으로 된 사례가 고금에 적지 않다. 이를 얼핏 보면 저 상하의 격벽이 없는 것처럼 보이지만, 이 인물은 단지 그 신분을 벗어나 다른 곳으로 도망친 것일 뿐. 이를 비유하자면 낮고 습한 땅을 피해 높고 건조한 땅으로 옮아간 것과 같다. 자신一身으로서는 형편이 좋아졌다고 말할 수 있겠지만, 원래 그 습지에 스스로 흙을 북돋아 높고 건조한 자리를 만들어 낸 것은 아니다. 따라서 습지는 옛날 그대로의 습지로서, 지금 자신이 자리를 차지하고 있는 높고 건조한 땅에 대어보면 그 격벽은 여전히 남아있고, 상하의 구별 역시 조금도 상황이 바뀐 건 없다.

나아가 옛날 오와리尾張[49]의 기노시타 도키치가 다이코太閤로 되어도, 오와리 인민은 그들의 상태를 바꾸지 못한 채 옛날의 농부百姓 그대로인 것도 마찬가지다. 도키치는 단지 농부들의 동료 집단仲間에서 뛰쳐나가 무가 당黨에 가담한 것이다. 그의 입신은 도키치 한 사람의 입신이지, 백성 전체의 지

---

49  지금의 나고야 지역을 가리킨다.

위를 높인 게 아니다. 물론 그때의 형세이기에 지금으로부터 이를 논할 수는 없고, 논해봐야 전혀 무익하지만, 만약 도키치를 그 옛날 유럽의 독립도시에 살게 한다면 시민들은 분명 이 영웅의 거동을 달가워하지 않을 것이다. 아니면 또 지금 세상에 도키치를 태어나게 하여 도키치의 일事을 하게 한 뒤 저 독립 시민들을 지금 세상에 소생시켜 그의 업적을 평가하게 하면, 이 시민들은 틀림없이 도키치를 가리켜 박정한 인물이라고 말하리라. 묘지를 돌보지 않고, 동료 백성을 버리고, 혼자 무가에 의탁하여 일신의 명예와 이익을 탐한 자는 우리 당의 사람이 아니라고 하면서 이 사람을 욕할 것이리라. 대체로 도키치와 시민은 그들이 주장하는 원소가 전혀 다르기 때문에, 그 거동의 조밀관맹粗密寬猛[50]은 서로 비슷해도 시세에 상관 않고 세태에 얽매임 없이 예로부터 지금까지 끝내 서로를 받아들이지 못하는 것이다.

생각건대 유럽에서 1200, 1300년대경 활발하게 일어난 독립 시민 같은 경우는 행동이 원래 난폭 과격하고 때로는 고루하고 준우蠢愚한 면이 있어도 결코 남에게 의존하지 않고, 본업으로는 상업에 힘쓰며 그 상업을 보호하기 위해 병비를 세우고 스스로 그 지위를 굳게 닦았던 자들이다. 근세에 이르러 영국과 프랑스 그 밖의 나라들에서 중등의 인민들이 차츰 부를 이룸에 따라 또 그들의 품행을 높이기도 하고, 의회 등에서 논쟁으로 시끄러운 경우가 있음도 단지 정부의 권한을 뺏어서 소민小民을 압제할 힘을 탐내는 것이 아니라 자신들의 지위의 이익利을 스스로 온전히 하여 타인의 압제를 압제하기 위해 애쓰는 취지일 따름.[51]

---

50  성글거나 빽빽함. 너그럽거나 연함을 의미한다.
51  존 스튜어트 밀은 『대의정부론』 제3장에서 대의제 정체가 가장 이상적인 정부임을 밝힌 뒤, 제4장에서 '대의정부의 작동을 가로막는 사회적 조건들'에 관해 논의하고 있다. 여기서 밀은, 대의정치는 어떤 사회적 조건에서 작동하지 않는가라는 의문을 먼저 제기한

여기서 지위의 이익利이란 지방에 있어서는 '로컬 인터레스트'[52]이고 직업에 있어 '클래스 인트레스트'[53]인데, 각각 그 사람들이 거주하는 지방地方 또는 영업을 함께 하는 등의 교분交情에 따라 각각 자기 집단自家의 논리를 주장하고 자기 집단의 이익을 보호하며, 이를 위해서 때로는 목숨까지 버리는 자도 없지 않다. 이런 상황을 보면, 옛날부터 일본 사람이 자신의 지위를 돌아보지 않고 편리한 쪽에 붙어 남에게 의존하여 권력을 추구하든지, 만약 남에게 의존하지 않으면 스스로 다른 사람을 대신해서 다른 사람의 일을 하고 폭력으로 폭력을 바꾸려고 했던 것과 같은 일은 매우 비열한 행동이었다. 이를 서양의 독립 인민人民에 견주어 보면 서로 하늘과 땅雲壤 만큼의 차이가 난다고 말하지 않을 수 없다.

옛날 지나에서 초楚의 항우가 진시황의 행렬을 보고 "그를 잡아 대신할 것이다"[54]라고 말하고, 한漢의 고조가 이를 보고 "대장부는 마땅히 이러해야 한다"[55]고 말한 적이 있다. 지금 이 두 사람의 마음속을 헤아려 보면, 자신의 지위를 지키기 위해 진秦의 폭정에 분개하는 것이 아니라 실은 그 폭정을 절호의 기회로 삼아 자신의 야심을 드러내고 진秦 황제의 지위를 대신하여 진

---

뒤, 다른 사람에게 권력을 휘두르고 싶은 욕망이 강한 프랑스인과 자기 자신이 다른 사람의 권력으로부터 휘둘리는 것을 싫어하는 욕망이 강한 영국인을 비교하고 있다. 이러한 국민성의 차이로 인해 프랑스에서는 민주주의를 관직을 좇아다니는 엽관운동을 당연하게 받아들이지만, 영국인의 국민성은 엽관운동과는 거리가 멀다고 분석하였다. 후쿠자와 또한 당시 국회개설운동을 추진하던 자유민권운동가들에 대해, "정부의 권력을 차지하여 소민(小民)을 압제할 수 있는 힘을 가지려고한다"고 비판했다.(존 스튜어트 밀, 서병훈 역, 『대의정부론』, 아카넷, 2015, 86~89쪽; 「時事小言」 제2편, 『著作集』 8)

52 'Local Interest'이다.
53 'Class Interest'이다.
54 『사기본기』 「항우본기(項羽本紀)」에 나오는 일화다.(사마천, 신동준 역, 『완역 사기 본기─오제부터 한무제까지 제왕의 역사』, 위즈덤하우스, 2015, 317쪽)
55 『사기본기』 「고조본기(高祖本紀)」에 나오는 일화다.(위의 책, 382쪽) 한 고조는 유방(劉邦)을 가리킨다.

秦의 일을 하려고 욕심 부린 것에 지나지 않는다. 아니면 그 폭력과 잔학함暴虐이 진秦과 같지는 않더라도, 조금이나마 일을 솜씨 있게 처리하여 사람들의 기대를 사려고 했을 따름. 그러한 권력전횡으로 백성下民을 다스리는 한 가지 일에서는 진시황도 한 고조도 다를 게 없었다. 우리나라에도 예로부터 영웅·호걸로 불리는 자가 적지 않았지만, 그 행적事跡을 보면 항우 아니면 한 고조였다. 개벽한 첫 순간부터 오늘날에 이르기까지 일본국 전체에서 독립 시민 같은 건 꿈속의 환영으로라도 망상妄想한 적이 없었다(국민은 그 지위를 중하게 여기지 않았다).


## ┃ 일본에는 독립적인 종교가 없었다—종교는 정부의 노예였다

종교는 사람 마음의 내부에서 기능하는 것으로서, 가장 자유롭고 가장 독립적이며, 털끝만큼도 남의 제어를 받지 않고, 털끝만큼도 다른 힘力에 의존하지 않으면서 세상에 살아 있어야 마땅한데 우리 일본에서는 곧 그렇지 않다. 원래 우리나라의 종교는 신·불神佛 양 도兩道라고 말하는 자가 있지만, 신도는 아직 종교宗旨로서의 형태를 이루지 못하고 있다. 설령 아주 먼 옛날에 그런 주장說이 있었다고 해도 이미 불법佛法안에서 농락당하여 수백 년 동안 본모습本色을 드러낼 수 없었다. 어쩌면 근래에 와서 조금이나마 신도神道라는 이름을 듣는 듯하지만 정부의 변혁에 즈음하여 겨우 왕실의 후광에 기대어 미미한 운동을 하려는 것일 뿐으로서 그저 한때의 우연한 일이므로 나의 소견으로는 이를 정형적인 종교라고 인정할 수 없다.

어찌됐건 고대 이후 일본에 널리 퍼져 문명의 한 국면을 움직였던 종교宗旨는 오직 하나 불교佛法였을 따름. 그런데 이 불교도 처음 생긴 그때부터 통치자 당黨에 들어가 그 힘力에 의존하지 않는 경우가 없었다. 예로부터 명승 名僧, 선지식知識으로 일컫던 자, 때로는 당唐에 가서 법法을 찾고 때로는 자신의 구니自國에 있으면서 새로운 교파新教를 열어 사람을 교화하고 사찰을 세우는 일이 많았지만, 대개 다 천자나 쇼군 등의 권고眷顧[56]를 요행으로 삼아 그 후광에 의지하여 법法을 넓히려고 했을 따름. 심하게는 정부로부터 작위를 받고 이를 영광으로 삼기에 이르렀다.

승려가 승정僧正, 승도僧都[57] 등의 지위에 임명되는 관례는 아주 오래되었으며, 『엔기시키延喜式』[58]에도 승도 이상은 관위가 3위位에 준한다고 적혀 있고, 고다이고 천황이 겐무 2년에 내린 선지宣旨에는 대승정은 2위 다이나곤大納言에, 승정은 2위 주나곤中納言에, 권승정權僧正은 3위 산기參議에 준한다고 되어 있다(『석가관반기』).[59] 그 상황을 보면 당시의 명승, 선지식도 천조天朝(조정)의 관위官位를 몸에 붙이고 그 위계位로서 조정의 신하들과 아래 위의 서열班을 다투며 한 자리 안팎을 가지고 영욕으로 삼았던 것이라.

이 때문에 일본의 종교宗旨에는 예나 지금이나 종교 교리宗教는 있어도 자립적인 종교 정책宗政이 있었다는 말은 듣지 못했다. 여전히 그 증거를 실제로 확인하고 싶다면 오늘이라도 나라 안의 유명 사찰에 가서 그 유래기를 보

---

56 특별한 관심을 가지고 보살피는 것을 말한다.
57 승정은 조정에서 승려에게 주는 관위(僧官) 중 최고 높은 직책이며 그 다음이 승도이다.
58 다이고(醍醐) 천황의 명령에 의해 연희 5년(905)부터 22년 동안에 걸쳐 당시 율령의 시행 세직 능 보소 법령을 편찬한 법령집이다. 3대 격식 중 하나이며, 전부 50권 3,300 항목으로 구성되어 있다. 그 이전에 편찬된 『홍인격과 홍인식(弘仁格式)』은 일부가 남아 있고, 『정관격과 정관식(貞観格式)』 및 『연희격(延喜格)』은 현존하지 않는 반면 『엔기시키』는 모두 남아 있다. 이다. 본문의 내용은 『연희식』 「위기(位記)」편에 있는 문장을 『석가관반기(釋家官班記)』에서 인용한 것이다.
59 1355년 후시미 천황의 아들 손엔뉴도 신노(尊円入道親王)가 편찬한 책으로 승려의 관위, 기원, 승진순서 등이 기록되어 있다. '석가'는 승려를, '관반'은 관직 상의 서열을 가리킨다.

면 된다. 쇼무聖武천황 덴표天平 연간에 일본의 각 구니에 고쿠분지國分寺[60]를

세웠고, 간무桓武 천황 엔랴쿠延暦 7년에는 전교傳教 대사가 교토에 히에이잔

比叡山을 열고 곤폰추 본당根本中堂[61]을 지어 왕성의 귀문鬼門[62]을 눌렀으며,

사가嵯峨천황 고닌弘仁 7년에는 고호弘法대사가 고야산高野山을 열고 임금帝으

로부터 인부印符를 하사받아[63] 대가람을 건립하였다. 그 밖에 남부의 여러

산과 교토京都의 여러 사원, 중고시대中古에는 가마쿠라 5산五山,[64] 근세에는

우에노上野의 도에이잔東叡山,[65] 시바芝의 조조지增上寺[66] 등 어디든 모두 정부

---

60  조정이나 막부의 후원 아래 국가의 안녕을 기원하기 위해 세운 사찰을 가리킨다.

61  교토 히에이산 엔랴쿠지(寺) 본당을 가리킨다. 일본 국보로 지정되어 있으며, 1994년
유네스코 세계문화유산으로도 등록되었다. 히에이산은 『고사기』에 히에이야마(日枝
山)로 표기되어 있어 산악신앙의 대상으로 숭배되었다. 헤이안 천도 뒤 사이초(最澄,
767~822)가 이곳에서 천태종을 개창해 일본 천태종의 총본산이다. 한편 음양도에 의
하면 히에이산은 교토의 귀문(鬼門, 기몬)에 해당하며, 교토를 수호해 주는 산이다.

62  음양도에서는 동쪽과 남쪽을 '양', 서쪽과 북쪽을 '음'으로 보고, 이 둘 사이에 있는 북동
과 남서 방위는 귀신이 출몰하는 출입구로 불안정한 방위라고 보고 있다. 그리고 북동을
'기몬', 남서를 '우라기몬'이라고 하여 큰 사찰을 세워 귀신의 출몰을 막으려고 했다. 도
쿄 우에노의 간에이지와 미나토구 시바의 조조지는 '기몬'과 '우라기몬' 자리에 세운 사
찰이라는 설이 있다.

63  임금으로부터 사찰 건립에 관한 칙허를 받았다는 의미이다.

64  가마쿠라에 위치한 5개의 선종(임제종) 사찰(禪刹)로 막부가 종교를 효율적으로 통제
하기 위해 정한 것이다. 이때 교토에도 교토 5산을 함께 정하였다. 가마쿠라 5산은 가마
쿠라 막부 5대 싯켄 호조 도키요리가 중국의 5산의 제도를 모방하여 도입한 것이 시초
지만, 사찰 순위가 지금처럼 정해진 것은 무로마치 막부 3대 쇼군 아시카가 요시미치 때
(1386)이다. 무로마치 막부를 연 아시카가 다카우지가 선종에 귀의하였기 때문에 겐무
신정 이후 남북조시대를 거쳐 선종이 크게 일어났고 3대 쇼군 요시미치가 선종 사찰을
효율적으로 통제하기 위해 가마쿠라와 교토에 각각 5산을 설치하고, 이 양대 5산의 최
고 상위 사찰 격으로 '난젠지(南禅寺)'를 별도로 두었다. 가마쿠라 5산 사찰을 순위대로
적으면 다음과 같다. '겐초지(建長寺)', '엔가쿠지(円覚寺)', '주후쿠지(寿福寺)', '조치
지(浄智寺)', '조묘지(浄妙寺)'. 교토 5산을 순위대로 적으면 다음과 같다. '덴류지(天
龍寺)', '쇼코쿠지(相国寺)', '겐닌지(建仁寺)', '도후쿠지(東福寺)', '만주지(万寿寺)'.

65  도쿄 우에노의 간에이지(寛永寺)가 있는 산이다. 간에이지는 천태종 간토 총본산 사찰
이며, 산호(山号)는 '도에이잔'이다. 도쿠가와 막부 3대 쇼군인 도쿠가와 이에미쓰가 창
립했다. 이 때문에 그 뒤에도 도쿠가와 쇼군 가의 보리사로 막강한 권력을 누렸다. 도쿠
가와가의 역대 쇼군 15명 중 6명의 묘가 이곳에 있다. 17세기 후반부터는 황족 출신이
주지를 맡았으며, 닛코잔(日光山), 에도, 히에이잔(比叡山)을 관할하는 천태종 간토 본

의 힘力에 의하지 않는 곳은 없다. 그 밖에 역대 천자天子가 스스로 부처에 귀의하거나, 아니면 친왕[67]으로서 승려가 된 자도 아주 많았다. 시라카와白河 천황에게는 8남이 있었는데 여섯 명이 승려였다고 전한다. 이 역시 종교宗教가 권세權를 얻던 원인 중 하나다. 일향종 혼자만 자립에 가깝게 있었지만, 일향종 또한 이 폐단을 피하지는 못했다. 아시카가 말기, 다이에이大永 원년, 실여 상인[68] 때, 천자 즉위에 필요한 자금을 바치고, 그 대가로 영세永世 준문적[69]이라고 하여 법친왕法親王[70]에 준하는 위계를 하사받은 적이 있었

산이었다. 메이지유신 이후 벌어진 우에노 전투 때에는 사찰의 주요 가람들이 불에 타는 참화를 겪었다.

66 도쿄 미나토구(區) 시바공원에 있는 정토종 사찰이다. 산호는 산엔잔(三緣山)이다. 도쿠가와가의 보리사로 도쿠가와가의 선조인 마쓰다이라 가 시절부터 관계가 깊었다. 현재 시바공원의 위치로는 도쿠가와 이에야스에 의해 옮겨졌다.

67 천황의 남자 황손 중 왕위를 계승하지 못한 왕자를 가리킨다.

68 실여 상인(지쓰뇨 조닌, 實如上人, 1458~1525)은 무로마치시대 중기에서 전국시대에 걸쳐 활동했던 정토진종의 승려 실여를 가리킨다. 실여는 정토진종 혼간지(本願寺)파 제9대 종주(浄土真宗本願寺派第9世宗主)이다. 정토진종은 신란을 개조(開祖)로 하여 성립된 종파로, 실여는 정토진종을 중흥시킨 제8대 연여(렌뇨, 蓮如)의 5번째 아들이다. '상인'은 불교 고승에게 붙이는 경칭으로, 원래는 『대품반야경(大品般若経)』에서 지덕을 겸비한 인물에게 존경심을 나타내기 위해 붙였다. 무로마치시대 이후로는 천황으로부터 상인의 호를 받은 사람을 그렇게 부르는 관습이 생겼다. 종파에 따라 상인이라는 경칭을 붙일 경우 이름에 쓰는 글자가 대개 정해져 있었다. 정토종에서는 이름의 끝 글자에 '예(譽)', 정토진종에서는 '여(如)', 시종(時宗)에서는 '아(阿)', 일련종에서는 이름 첫 글자에 '일(日)'을 붙인다.

69 '문적(門跡, 몬세키)'이란 황족 혹은 공가(公家)에서 주지(宗主)를 맡는 특정 사원 또는 그 주지의 직책을 가리키는 것으로, 사원의 격을 나타내기 위해 쓰였다. 원래는 불교 종파의 개조의 후계자를 가리켜 '문엽문류(門葉門流)'라고 불렸다. 가마쿠라시대 이후에는 사원의 위계가 높은 경우를 가리키는 것으로 정착되었다. 정토종 지온인(知恩院) 문적은 '정토 몬슈(浄土門主)'라고 무른다. 성토신종 혼간지파의 혼간지 주지는 '몬슈(門主)', 진종 오타니(大谷)파의 승려 및 문도의 대표자는 '몬슈(門首)'로 부른다. 정토진종의 양 파는 모두 신란의 자손인 오타니파에서 배출되고 있다. 현재 친왕문적으로는 13개 문적이 있으며, 그 외 천태종 6문적, 정토진종 5문적, 다이고사(醍醐寺) 5문적 등이 있다. 황녀나 귀족의 딸이 출가하여 주지를 맡았던 비문적(尼門跡, 比丘尼御所, 비구니 고쇼)도 있었다. 이러한 문적은 천황 가와 긴밀한 관계를 가지면서 와카, 서예 등 문화적인 교류를 하는 멤버였다. 천태종 6문적은 메이지유신 이후 화족제도가 창설될 때 모두 화족에 편입되었다. 니시혼간지 오타니파는 백작에, 다른 문적은 남작 작위를 받았

다.[71] 왕실의 쇠미함과 빈곤을 안타깝게 여겨 여유 돈을 갖다 주는 것은 승려의 신분으로서 당연한 일이지만 실상은 그렇지가 않고[72] 니시산조 뉴도西三条入道[73]의 중개를 통해 돈으로 관위를 산 것이었다. 이는 비열한 짓이라고 말할 수 있다.

따라서 옛날부터 일본국 안에서 대사원이라고 일컫는 것은 천자나 황후의 칙명으로 기도하던 곳勅願所이 아니면 쇼군의 집권에 따라 건립된 것이다. 대체로 이를 어용 사찰御用寺이라고 말하지 않을 수 없다. 그 절의 유래를 들어보면 주인장御朱印[74]은 몇백 석, 주지主職의 격식은 어떠어떠하다고 하는데, 그 꼴이 마치 역력한 사족이 자신의 가격을 늘어놓는 것과 다르지 않다.

---

다. '준문적(准門跡)'은 문적에 준하는 지위를 가지는 사원을 말한다.

70 '법친왕'은 일본의 남자 황족이 출가하여 승적을 가지게 된 뒤 친왕 선하(親王宣下)를 받은 경우에 붙이는 칭호이다. 이미 친왕 선하를 받은 친왕이 출가한 경우에는 이와 구별하기 위해 입도 친왕(入道親王)이라고 불렀다. 고시라카와 천황의 둘째 황자 각행(覚行)이 출가한 뒤 친왕 선하를 받아 '각행 법친왕'으로 불린 것에서 유래한다. 오늘날의 일본 황실에서는 천황의 남계 적통 황자가 태어날 경우, 그때부터 친왕 혹은 내친왕의 지위가 부여되기 때문에, 친왕 선하 제도는 의미가 없어졌다. 다만 지금의 황실전범 제7조에는 왕이 천황으로 즉위할 경우 왕의 형제자매인 왕 혹은 여왕에게 친왕 혹은 내친왕의 지위를 부여하는 경우가 예외로 규정되어 있다.

71 『독사여론』 3 「무로마치시대 쇼군에 관한 일」에 이와 관련된 내용이 나온다.

72 전국시대의 혼란기에 교토는 한 때 거의 황폐화되었다. 이때 조정은 막부와 다이묘의 지원이 끊겨 천황의 즉위식조차 거행할 수 없을 정도로 궁핍했다. 그때 마침 실여 상인이 혼간지의 주지로 있으면서 조정에 필요한 자금을 헌상하였는데, 그 보답으로 혼간지를 영원히 종문의 본사에 준하게 하고, 법친왕에 준하는 위계를 하사받았다.

73 니시산조 뉴도는 산조니시 사네타카(三条西実隆, 1455~1537)를 가리킨다. 무로마치 막부시대에서 전국시대에 걸쳐 활동한 공가로 내대신(內大臣)을 역임했다. 와카, 다도 등 귀족의 전통문화에 뛰어났으며 한문일기 『사네타카 공 일기(実隆公記)』와 와카집 『설옥집(雪玉集)』, 『한설집(聞雪集)』 등을 남겼다. 종교로는 정토진종에 귀의했다.

74 에도시대 막부의 공식 문서에는 쇼군의 붉은 도장(=주인장)이 찍혀 있었기 때문에, 이를 주인장이라고 불렀다. 후쿠자와는 이처럼 일본의 주요한 사찰들이 대부분 어용사찰로서 막부로부터 영지를 하사 받고 정치권력에 종속되어 있었던 사실을 비판하고 있다. 종교의 정치권력에의 종속성은 일본 종교의 주요한 특징 중 하나이다. 종교 교단의 비독립성, 신앙과 양심의 미약함 등이 여기에서 비롯되었다.

한 번만 들어도 혐오감이 생길 것이다. 절문 앞에는 하마 표지판下馬札[75]을 세우고 문을 나서면 패거리들黨勢을 몰고 다니면서 사람들을 물리치고 길을 비켜가게 하며, 그 위력이 봉건 다이묘보다 더 성한 곳도 있었다. 그런데 그 위력의 뿌리를 찾아보면 종교의 위력이 아니라 단지 정부의 위력을 빌린 것으로서 결국 속권俗權 중의 한 부분에 지나지 않았다. 불교가 번성했다고는 하지만 그 가르침敎은 모두 다 정권 안에 포섭되어 있어, 시방세계十方를 널리 비추는[76] 빛은 불교의 광명이 아니라 정권의 위광인 것과 같다. 사원에 자립적인 종교 정책이 없었음도 괴이하지 않으며, 그 가르침敎에 귀의하는 무리들에게 신앙의 본심이 없었음도 놀랍지 않다.

그 근거를 하나 든다면, 옛날부터 일본에서 종교 하나 때문에 전쟁으로 번진 경우가 지극히 드문 사실만 봐도 신자信敎者의 나약함을 엿볼 수 있다. 그 가르침敎에서 신앙심의 귀의를 겉으로 드러내는 것이라고는 무지무학無知無學의 시골 농부와 노파가 눈물을 뚝뚝 떨어뜨리며 우는 정도에 지나지 않는다. 이런 모습을 보면 불교佛法는 그저 이런 문맹 세계의 한 도구器械로서 가장 어리석고 가장 미천한 인심人心을 달래주는 방편이었을 따름. 그 외에는 어떤 공용도 없고 또 어떤 세력도 없었다. 불교에 세력이 없었음을 보여주는 심각한 사례는, 도쿠가와시대에 파계승으로서 세속의 죄를 어긴 것이 아니라 단지 종문상의 계戒를 깬 자라도 정부에서 직접 이 자를 붙잡아 시중에 끌고 다닌 뒤 유형流刑[77]에 처했던 일이다. 이런즉 승려는 정부의 노예였

---

75  '하마 표지판'이란 절이나 신사의 경내에, 말에서 내려서 걸어가라고 적혀 있는 팻말을 말한다.
76  정토종, 정토진종의 핵심 경전인 『관무량수경(觀無量壽經)』에 나오는 구절이다.
77  '유형'은 형벌 중 하나로, 변경 지역이나 섬으로 유배를 보내는 것을 말한다. 『구지카타 오사다메가키(公事方御定書)』는 에도 막부의 기본 법전이다. 8대 쇼군 도쿠가와 요시무네 때인 1742년에 완성되었다. 상·하 두 권으로 구성되어 있으며, 상권은 사법경찰

다고 말해도 된다. 근래에 와서 정부에서 전국의 승려에게 육식과 대처帶妻를 허용한다는 영令이 있었다.[78] 이 영에 따르면, 여태껏 승려가 고기를 먹지 않고 부인을 가까이 하지 않았음은 그 종교의 가르침을 지키기 위해서는 아니라 정부의 허가가 없었기 때문에 스스로 애써 삼갔다는 것 아니겠느냐. 이런 사정들을 볼 때 승려는 단지 정부의 노예였을 뿐만 아니라 일본국 안에는 종교가 아예 없었다고 말해도 된다(종교는 힘權이 없었다).


## | 일본에는 독립적인 학문이 없었다 — 학문은 세상의 전제를 도왔다

종교조차 심지어 그랬다. 하물며 유학儒道같은 학문에서야. 우리나라에 유학 서적이 전해진 지는 아주 오래되었다. 왕조시대는 박사博士를 두었고 천황이 직접 한문서적을 읽었으며, 사가嵯峨 천황 때에는 다이나곤 후유쓰구가 간가쿠인勸學院[79]을 세워 일족宗族의 자제를 가르쳤다. 우다宇多천황 때에는 주나곤 유키히라가 쇼가쿠인奬學院[80]을 세우는 등 한학이 차츰 열렸고 특히 와카 교육은 예로부터 번성하였는데, 이 시대의 학문은 모두 다 오로지

---

관련 기본법령 81개, 하권은 판례에 기초한 형사법령 등을 수록하였다. 하권은 별도로 '오사다메가키(御定書) 100개조'라고도 불린다. 본문 내용은 『구지카타오사다메가키』 하―오사다메가키 100개조 가운데 제51조를 가리킨다.

78 태정관에서 1872년 5월 31일 포고하였다. 다만 정토진종에서는 이 포고의 발표 이전부터 육식과 대처가 허용되어 있었고, 다른 종파에서도 실제로는 육식, 대처가 은밀히 허용되어 있었다.

79 간가쿠인은 후지와라노 후유쓰구(藤原冬嗣, 775~826)가 821년 후지와라 씨의 자제들을 가르치기 위해 설립한 교육시설이다. 최초의 씨족 학교이며, 그 뒤 여러 종류의 씨족 학교들이 설립되었다. 이 책에서는 후유쓰구의 직책이 다이나곤으로 나와 있지만 그 뒤 우대신까지 지냈다.

80 쇼가쿠인은 881년, 아리와라노 유키히라(在原行平)가 황족과 겐지(源氏) 성(姓)을 하사받은 가문의 자제들을 가르치기 위해 세운 교육 시설이다.

재위在位 중인 자의 자제에게만 미칠 뿐이고, 저술된 책이라고는 모두 다 관官의 손으로 만든 것이다. 당연히 인쇄술도 아직 발명되지 않았기 때문에 민간에서 교육을 접할 수 있는 방편이 있을 리 없었다. 가마쿠라 때에 오에노 히로모토大江広元,[81] 미요시 야스노부三善康信 등이 유학자로 등용되었지만 이들 또한 정부에 소속된 자로서, 인민 가운데 학자가 나왔다는 말은 듣지 못했다.

조큐承久 3년(1221), 호조 야스토키가 우지 세타宇治勢多로 공격해 들어갔을 때 고토바後鳥羽상황[82]으로부터 선지宣旨가 내려왔는데, 따르던 병사 5,000여 명 중에 이 선지를 읽을 수 있는 자를 알아보니 무사시武蔵구니 출신의 가인佳人 후지타 사부로藤田三郎라는 자 한 사람을 찾을 수 있었다고 한다.[83] 세간의 불문不文함, 이로써 알 수 있다. 이때부터 아시카가 말기에 이르기까지 학문文學은 전적으로 승려의 일이었고, 글자를 배우려는 자는 반드시 절에 의존하지 않으면 그럴 방편이 없었다. 후세에 글자 공부하는 학생을 부를 때 데라코寺子라고 말하는 것도 그런 인연이다. 어떤 사람의 주장에, 일본에서 판본版本이 시작된 건 가마쿠라의 5산五山이 시초[84]라고 말할 수 있다

---

81 오에노 히로모토(1148~1225)는 가마쿠라 막부 초기의 중신이다. 미요시 야스노부 (1140~1221)와 함께 가마쿠라 막부체제를 확립하는 데 공헌하였다.

82 고토바상황(1180~1239)은 제82대 천황이다. 1185년 즉위하였으나, 1198년에 스스로 양위한 뒤 상황(上皇)이 되었다. 1221년 가마쿠라 막부의 싯켄(執權) 요시토키를 토벌하라는 명령을 내리고 인근 구니의 병사를 소집해 군사를 일으켰지만, 막부의 대군에 패배했다. 불과 두 달 만에 요시토키의 장남 야스토키가 19만의 병사를 이끌고 상경하였고 야스토키에 의해 오키 제도(諸島)로 유배된 뒤, 1239년 그곳에서 죽었다. 한편 야스토키는 일본 역사상 최초의 무가법전이라고 할 수 있는 '고세이바이시키모쿠(御成敗式目)'를 제정하였다. 고대의 율령이나 메이지 시기의 법령이 중국이나 유럽의 법령을 본 따 제정한 것인 반면 '고세이바이시키모쿠'는 일본 고유의 독자적인 법령이라는 점에서 큰 의미를 가지고 있다.

83 『독사여론』 1 「호조가 대대로 천하의 권력을 맡아 행사함」에 나오는 내용이다.

84 한편 일본에서 가장 오래된 현존 인쇄물은 『백만탑다라니경』으로 764년에서 770년까

고 한다. 과연 믿을 수 있겠느냐. 도쿠가와 초기에 그 시조인 이에야스가 가장 먼저 후지와라 세이카藤原惺窩[85]를 데려왔고 이어 하야시 도슌林道春[86]을 썼으며, 태평이 지속됨에 따라 대학자碩儒들이 배출되면서 근세에 이르렀던 것이다. 이처럼 학문의 성쇠는 세상의 치란과 걸음을 같이 하면서 독립적인 지위를 갖지 못했고, 수십 수백 년의 전란을 겪는 동안 완전히 승려의 손에 맡겨져 있었던 것은 학문으로서 면목 없는 일이었다고 말하지 않을 수 없다. 이 일 하나만 보아도 유교가 불교에 미치지 못했음을 알 수 있다.

그렇지만 병란을 맞아 학문이 쇠퇴함은 비단 우리 일본뿐만의 일이 아니라 전 세계 모든 나라가 다 마찬가지였다. 유럽에서도 중세中古 암흑시기부터 봉건시대에 이르기까지 문자文字의 권한은 전적으로 사제僧侶에게 속했으며, 학문이 세간에 차츰 열리게 된 것은 실제로 1600년대 이후의 일이다.

---

지 6년 동안, 작은 목탑 백만 개를 만들어 전국 사찰에 나눠줄 때 그 안에 봉안되었던 『다라니경』들이다. 다만 이 『다라니경』에는 간기가 적혀 있지 않아 국제적으로 공인받지는 못했다. 국제적으로 공인된 세계 최고의 인쇄물은 중국 둔황 석굴에서 발견된 『금강반야바라밀경』이다. 이 두루마리 인쇄물에는 표제와 함께 함통 9년(868)이라는 간기와 그림이 매끄럽게 인쇄되어 있다. 현재 대영박물관에서 소장하고 있다. 유창준, 『한국인쇄문화사』, 지학사, 2014; 마틴 라이언스, 서지원 역, 『책, 그 살아있는 역사—종이의 탄생부터 전자책까지』, 21세기북스, 2011; 뤼시엥 페브르·앙리 장 마르탱, 강주헌·배영란 역, 『책의 탄생—책은 어떻게 지식의 혁명과 사상의 전파를 이끌었는가』, 돌베개, 2014. 뤼시엥 페브르의 책에는 15세기 초 조선에서 주조된 세 종류의 금속활자도 소개되어 있다.

85  후지와라 세이카(1561~1619)는 에도시대 초기를 대표하는 유학자 중 한 명이다. 임진왜란 때 일본으로 잡혀온 조선 유학자 강항을 통해 퇴계 이황의 주자학을 받아들였다. 세이카는 전국시대에 세간에서 유행하던 '천도(天道)' 관념을 주자학의 '이(理)'와 결합시켰고, 이로써 일본 유학이 불교의 영향에서 분리되어 근세유학으로 발전할 수 있는 기초가 마련되었다.(성희엽, 앞의 책, 185~196쪽 참조)

86  하야시 도슌(1583~1657)은 후지와라 세이카의 제자로 하야시 라잔(林羅山)이라고도 불린다. 후지와라 세이카의 추천을 받아 막부에 등용된 뒤 도쿠가와 이에야스의 신임을 얻었고, 1607년 막부의 정치고문이 되었다. 그 뒤 하야시 가문은 유학의 종가가 되어 신유학의 기틀을 마련하였다. 일본 유학은 하야시 라잔에 이르러 비로소 독립된 교학으로서 자리 잡는다.(위의 책, 185~196쪽)

또 동서의 학풍은 그 취지가 달라서, 서양 나라들은 실제 경험[87]에 바탕을 둔 학설實驗을 중요시하고 우리 일본은 공맹의 이론理論을 좋아하여, 허실의 차이, 당연히 같은 날에 이야기할 수 있는 것이 아니지만, 또 일률적으로 이를 책망할 수는 없다. 어찌됐건 우리 인민을 야만의 영역에서 건져내어 오늘날의 문명에 이르도록 해 준 것은 불교와 유학의 선물이라고 말하지 않을 수 없다. 특히 근세에 유학이 번성함에 따라 속간俗間에 퍼져있던 신불자神佛者 유형의 허탄과 망설을 물리치고 인심의 고혹을 깨끗이 털어내 버린 일 같은 것은 그 공적이 적지 않다. 이런 측면에서 보면 유학 역시 유력有力한 것이었다고 말할 수 있다. 따라서 동서 학풍의 득과 실은 지금 잠시 제쳐두고, 단지 그런 학문이 행해지게 된 까닭에 관해 양쪽의 뚜렷한 차이점을 들어 아래에 제시할 따름.

생각건대 그 차이란 무엇이겠느냐. 난세 뒤 학문이 일어날 때, 이 학문이라는 것이 서양 나라들에서는 전체 인민 가운데 일어났지만 우리 일본에서는 정부 안에서 일어난 사무事 중 하나였다. 서양 나라들의 학문은 학자의 사업事業으로서, 그것이 행해지는 것이야 당연히, 공·사官私의 구별 없이 오로지 학자의 세계에서였다. 우리나라의 학문은 이른바 통치자 세계의 학문으로, 마치 정부의 한 부분에 지나지 않았다. 참고로 한번 보라, 도쿠가와 치세 250년 동안 국내에서 학교라고 일컫는 것은 막부本政府가 설립한 것 아니면 각 번의 것이었다. 때로 유명한 학자가 없었던 것은 아니고 때로 대저작이 없었던 것도 아니지만, 그 학자는 반드시 다른 사람의 가신家來이었고 그 저서는 반드시 관청에서 발간發兌한 것이었다. 간혹 낭인 중에도 학자가 있

87  원문에는 '實驗의 說'로 되어 있다. '경험'을 가리킨다.

었을 것이고 사적私的인 장판藏版[88]도 있었겠지만, 그 낭인은 다른 사람의 가
신이 되기 원했는데 뜻을 이룰 수 없었던 자이고, 사적인 장판도 관에서 출
판해주길 원했지만 그 소원을 이룰 수 없었던 것이다. 나라 안에 학자들의
단체社中[89]가 있음을 듣지 못했고, 논문집,[90] 신문[91] 등의 출판이 있음을 듣

---

**88** 관청이 아니라 민간에서 개인적으로 출판하여 집안 대대로 소장하고 있는 판본을 가리
킨다. 저작권이 법적인 권리로 정착하기 전에는 장판이 저작물의 권리와 같은 역할을 했
다. 장판은 소유·매매할 수 있었다.

**89** 학회 같은 종류의 학자들의 연구 단체를 가리킨다.

**90** 일본 최초의 학술 논문집은 1873년 메이로쿠샤에서 발행한 잡지『메이로쿠잡지』다. 메
이로쿠란 '메이지 6년'이라는 뜻이다. 설립에 참여한 사람은 모두 10명으로, 당시 미국
유학에서 막 돌아온 만 26세의 모리 아리노리가 초대회장을 맡았다. 폐간될 때까지 모
두 43회 발간됐으며 베이컨, 홉즈, 스펜서, 블룬칠리, 버클 등 유럽 사상가들의 책이 부
분 발췌된 것이 16편 실렸고 그 외에 학자직분 논쟁, 민선의원설립 논쟁, 국어국자 논쟁,
축첩 논쟁 주요 이슈를 두고 회원들 사이에서 공개 논쟁이 펼쳐지기도 했다. 이런 모습
은 그 이전 시기에는 볼 수 없었던 것이었다. 학술잡지임에도 불구하고 매회 평균 3,205
권 정도(43회 동안 발간된 전체 잡지 수는 105, 984권) 팔렸는데, 당시 가장 부수가 많
았던 신문인『동경일일신문』의 발행부수가 약 8천 부였음을 감안하면『메이로쿠잡
지』의 실제 영향력은 매우 컸다고 짐작할 수 있다. 山室信一, 中野目撤 校註,『明六雜
誌』上·中·下, 岩波書店, 2008.

**91** 한편 메이지 초기의 신문은 정치평론을 위주로 하는 정론지 성격의 신문과 오락성을 중
시하는 대중 신문으로 나누어져 있었다. 각각 '대신문(大新聞)'과 '소신문(小新聞)'이
라고도 불렸다. 대신문의 독자는 주로 사족 층이었고, 소신문의 독자층은 주로 일반 백
성이었다. 대신문으로는『도쿄니치니치신문(東京日日新聞)』(1872~1942, 그 뒤『오
사카 마이니치신문』과 통합하여 현재의『마이니치신문』으로 이어짐),『유빈호치신문
(郵便報知新聞)』(1872~1894, 1894년『호치신문』, 1946년『스포츠 호치』로 바뀌어
현재도 발행 중),『초야신문(朝野新聞)』(1874~1893) 등이 있었다. 소신문으로는『요
미우리신문(読売新聞)』(1874년 이후 현재까지 발행 중),『도쿄에이리신문(東京絵入
新聞)』(1875~1890) 등이 있었다. 한편 대신문은 정당이 생기게 됨에 따라 특정 정당
의 정치적 입장을 대변하는 기관지 성격도 가지고 있었다.『도쿄니치니치신문』은 정부
의 입장을 대변하는 대표적인 신문이었다. 반면『유빈호치신문』은 오쿠마 시게노부의
개진당(改進党),『지유신문(自由新聞)』은 이타가키 다이스케의 자유당(自由党) 등 야
당의 입장을 대변하였다. 후쿠자와 유키치는 1882년 3월 1일『지지신보(時事新報)』을
창간하면서 당시 신문들의 흐름과 달리 정당으로부터의 독립을 내세웠다.『지지신
보』의 제호는 다음 문장에서 유래한다. "專ら近**時**(지)の文明を記して、この文明に進む
所以の方略**事**(지)項を論じ、日**新**(신)の風**報**(보)におくれずして、これを世上に報道
せんとする".『지지신보』라는 이름은 위 문장의 강조된 부분에서 따서 만든 것이다. 문
명의 길을 주장한 계몽주의자로서의 면모를 잘 나타나 있다.

지 못했으며, 기예 교습소를 보지 못했고, 중의衆議의 모임會席[92]을 보지 못했으며, 모든 학문 영역에서 사적인 시도라고는 털끝만큼도 없었다.

간혹 석학과 대유학자가 사숙家塾을 열어 사람을 가르친 적이 있었지만 그 생도는 반드시 사족에 한정되었고,[93] 세록을 받고 주군을 섬기는 것 외에 부업余業으로 글자를 배우는 자일 따름. 그 학풍學流 또한 통치자名義의 명분을 거스르지 않으면서 오로지 사람을 다스리는 도道만 추구하여, 수백 수천 권의 책을 읽었다고 한들 관직에 나가지 않으면 소용이 없는 것이었다. 때로 드물게 은둔 군자라고 부르는 선생이 있어도 실제로는 마음까지 기꺼이 은둔하려는 건 아니었고, 남몰래 불우함을 탄식하며 다른 사람을 원망하는 자이든지 그렇지 않으면 세상을 잊고 방심放心한[94] 자였다.

그 모습을 형용하여 말하자면, 일본의 학자는 정부라는 이름의 새장 안에 갇혀서 이 새장을 자신의 우주乾坤로 삼고 이 소우주 안에서 번민하는 자였다고 말할 수 있다. 다행히 세상에 한유漢儒 교육이 널리 보급되지 않아서 학자가 많지 않았던 것이야말로 축하할 만한 일인데, 만약 선생의 생각대로 무수히 많은 학자가 생겨났더라면 좁은 새장 안은 혼잡하고 몸을 들여놓을 만한 자리도 없어서 원망은 점점 커지고 번민은 점점 깊어지지 않을 수 없었다. 안타깝기 그지 없는 형국이지 않느냐.

---

92  심포지엄, 세미나 등과 같은 학술회의를 가리킨다.
93  1700년대 후반 이후 새로운 성격의 교육기관이 민간에서 자발적으로 생겨나기 시작한다. 이를 '사숙'이라고 하는데, '사숙'에서는 에도 사회의 지배이념에 얽매이지 않고 근대적인 자연과학 지식에서부터 양학, 국학에 이르기까지 다양한 형태의 교육이 실시되었다. 또한 자유로운 수업방식과 신분이 아닌 능력에 따른 객관적인 평가 등 에도 사회의 신분적인 한계를 뛰어넘는 다양한 시도를 하는 사숙도 있었다. 유신변혁기에는 정치결사체적인 성격을 갖는 '사숙'도 등장한다. 자세한 내용은 위의 책, 667~674쪽 참조.
94  여기서의 '방심'은, 세상에 대한 헛된 욕심을 버린다는 의미의 '하심(下心)'과는 달리 부정적인 의미를 가지고 있다.

이처럼 한정된 새장 안에서 한없이 존귀한 학자들이 탄생했지만, 새장 바깥에 인간세계가 있음을 알지 못했기에 자신의 지위를 만드는 방편을 찾을 수 없었다. 오로지 그 시대의 유권자有權者에 의존하면서 어떤 종류의 경멸을 받아도 이를 전혀 부끄러워할 줄 몰랐다. 도쿠가와시대에 학자로서 뜻을 이룬 자는 정부나 각 번의 유관儒官이었다. 말이 유관이지 실제로는 긴 소매 신분[95]으로서, 이들은 귀하게 여기지지는 않았고 그냥 일종의 기계처럼 다스려졌으며, 게다가 본인들이 좋아하는 물건好物인 정치 사무에는 끼지도 못하고 기껏해야 오두미五斗米나 받고 소년들에게 독서 교습이나 시킬 따름. 글자를 아는 자가 드문 세상이었으므로 그저 그런 부자유不自由를 메우기 위해 활용되는 정도의 일로서, 비유하자면 가죽세공에 한정된 일을 에타穢多[96]에게 시키는 것과 같았다.[97] 비굴과 천열賤劣의 극치라고 말할 수 있다.

이런 사람들에게 또 무엇을 바라고 또 무엇을 맡기겠는가. 그 사람들黨與 안에 독립적인 단체社中가 없음도 전혀 괴이하지 않고, 일정한 논의가 없음도 또한 놀랍지 않다. 게다가 정부의 전제는 교묘하게 사람을 속박한다고 말하면서, 조금이나마 기력이 있는 유학자는 걸핏하면 이에 대해 불평을 품지

---

95  에도시대에는 신분에 따라 의복의 격식까지 세밀하게 정해져 있었다. '긴 소매 신분'이란 공경이나 불교 승려, 신도의 신관, 유학의 유관 등 학문과 종교에 종사하는 신분의 사람들이 소매가 긴 옷을 입었던 데에서 유래하는 말이다. 이 문장에는 지식인의 허약함을 비웃는 의미가 담겨 있다.

96  에도시대 천민 신분 중 하나다. '에타'의 '에'는 더러움을 의미한다. 문자 그대로 더러움이 많은 직업에 종사하는 사람을 경멸해서 표현한 것으로 가축도살, 사형집행, 피혁가공 등에 종사하는 사람을 가리킨다. 불교가 전래된 뒤 살생을 금지하는 불교 교리의 영향을 많이 받았다고 말할 수 있다. 유신정부 초기의 천민해방령 등 신분제도의 폐지에 관해서는 위의 책, 462~466쪽 참조.

97  『후쿠자와 유키치 자서전』에 '에타에 가죽세공을'이라는 내용이 나오는데, 후쿠자와는 이 문장을 막부에 고용된 양학자를 가리켜 쓰고 있다.(후쿠자와 유키치, 허호 역, 『후쿠자와 유키치 자서전』, 이산, 2006, 198쪽)

않는 경우가 없었다. 하지만 그 근원을 잘 찾아보면, 공자夫子 스스로 씨를 뿌리고 이를 길러 그 싹이 너무 만연해진 바람에 거꾸로 자신이 고통을 당하게 된 것이다. 정부의 전제, 이를 가르치는 자가 누구냐. 설령 정부의 본래 성질에 전제적인 원소가 있다고 해도 그 원소의 발현을 돕고 이를 윤색한 것은 한유자 부류漢儒者流의 학문이 아니었느냐. 예로부터 일본의 유학자 가운데 가장 재능이 있으며 가장 일을 잘했던 인물이라고 일컬어지는 자는 전제에 가장 솜씨가 뛰어나 정부로부터 가장 많이 이용당했던 자이다.[98] 이 단계에 이르면 한유漢儒는 스승이고 정부는 문인門人이라고 말해도 된다.

가련하구나, 지금의 일본 인민은 누군가의 자손이 아니겠느냐. 지금 세상에 살면서 전제를 행하고 또 그 전제로부터 고통받고 있음은 지금 사람들 혼자만의 죄로 돌릴 수는 없으며, 멀리 그 선조에게서 물려받은 유전독遺傳毒이 그렇게 만든 것이라고 말하지 않을 수 없다. 그리고 이 병독의 증세를 키운 자가 누구겠느냐. 한유漢儒 선생 또한 여기에 크게 이바지했던 것이다(학문에는 힘權이 없었으며 거꾸로 세상의 전제를 도왔다).


## ▌유학의 죄와 공적

앞부분에서 이야기했듯이, 유학은 불교와 함께 각각 그 한 국면을 움직이며 오늘에 이르기까지 우리나라의 문명을 이룬 것이기에 둘 다 옛날을 그리워하는 병에서 벗어나지 못했다. 종교의 본분은 인심의 교화를 맡는 것이고 그 가르침에는 변화가 있을 수 없는 것이기에, 불교 또는 신도의 무리

---

98 이 책 제5장에서도 후쿠자와 유키치는 아라이 하쿠세키의 저서나 나카이 지쿠잔의 『일사(逸史)』를 예로 들어 막부의 정치에 영합한 사례로 비판하고 있다.

가 수백 수천 년 전의 옛날을 이야기하면서 지금 세상의 사람을 달래려는 것은 당연한 일이지만, 유학은 종교와 달라서 오로지 인간교제의 이치를 논하고 예악禮樂과 육예六禮<sup>99</sup>를 설파하여, 절반은 정치에 관한 학문이라고 말할 수 있다.

지금 이러한 학문이면서도 변통變通와 개진改進의 취지를 모름은 유감스러운 일이지 않느냐. 인간의 학문은 날마다 새로워지고 달마다 나아가며, 어제의 득得은 오늘의 실失이 되고, 지난해의 옳음是은 올해의 틀림非이 되고, 모든 일每事에 의심을 품고 모든 물체每物에 의문을 가지며, 이를 밝히고 이를 음미하며, 이를 발명하고 이를 개혁하며, 자식과 동생은 부모와 형보다 뛰어나고 후진後進은 선진先進보다 뛰어나며, 연년 세세 태어나고 또 태어나길 거듭하고 차츰 성대하게 나아가서, 100년의 옛날을 돌이켜 볼 때 거칠고 불문하여 비웃을 만한 것이 많아야만 문명의 진보, 학문의 향상上達이라고 말할 수 있다.

그런데 『논어』에 이르길, "뒤에 난 사람後生을 두려워해야 할 것이다. 앞으로 올 사람來者이 지금 사람과 같지 않음을 어찌 알겠느냐"<sup>100</sup>라고 했다. 또 『맹자』에서는 이르길, "순舜은 어떤 사람이고 나는 어떤 사람이냐, 마땅

---

99 『주례』에서 말하는 여섯 가지 기예로, 예(禮), 악(樂), 사(射), 어(御), 서(書), 수(數)를 가리킨다. 여기서 '어'는 마차를 모는 것이며, '서'는 서예를, '수'는 산학을 의미한다.
100 『논어』「자한(子罕)」편 제22장에 나온다. '후생'은 후진 학자(후학), 후배를 말한다. 후진 학자들이 지금보다 뛰어날 수 있음을 경계해야 한다는 의미이다. 원문은 다음과 같다. "子曰 後生可畏 焉知來者之不如今也 四十五十而無聞焉 斯亦不足畏也已." 뒤의 문장은, "마흔이 넘어도 이름이 알려지지 않으면 이 또한 두려워할 것이 없다"이다.(성백효, 『논어집주』, 전통문화연구회, 2007, 259~260쪽 참조) 한편 비슷한 의미인, '청출어람(靑出於藍)'은 『순자』「권학」편에 나온다. 그 번역문과 원문은 다음과 같다. 배움은 그쳐서는 안 된다. 푸른색은 쪽풀에서 얻지만 쪽빛보다 더 푸르고, 얼음은 물로 만들지만 물보다 더 차다(學不可以已. 靑取之於藍而靑於藍, 氷水爲之而寒於水). 순자, 김학주 역, 『순자』, 을유문화사, 2004, 40~41쪽.

히 해야 할 도리를 하는 자도 또한 마찬가지이다".[101] 또 이르길, "문왕이 나의 스승이라고 했다는데, 주공周公이 어찌 나를 속였겠는가"[102]라고 했다. 이 몇 마디로 한학의 정신을 살펴볼 수 있다. 뒤에 난 사람을 두려워해야 한다는 말은, 후진 학자가 열심히 공부하면 때로는 지금 사람처럼 될 수도 있을 것이니 방심油斷하면 안 된다는 의미이다. 그렇다면 뒤에 오는 사람後人이 노력하여 다다를 수 있는 정상은 기껏해야 지금 사람今人의 지위에 있을 따름. 더군다나 지금의 인물도 이미 옛 사람에게는 미치지 못하는 계세季世[103]의 사람이고, 설령 이에 미치더라도 그다지 믿을 만한 형편은 아니다. 또 후진의 학자가 크게 분발하여 큰 소리로 일갈하며 비분강개의 뜻을 펼쳤다고 해봐야 수천 년 전의 순임금처럼 되든지 아니면 주공을 증인으로 세우고 황송해하면서 문왕을 본받으려는 정도의 일로서, 그 모습은 솜씨 없는 아이가 선생님에게 습자 교본을 빌려 교본대로 글자를 베끼려고 하면서 고심하는 것과 같다. 처음부터 선생님에는 미칠 수 없는 것이라고 각오했었다면 훨씬 더 잘 할 수 있었을 텐데 선생님의 필법을 흉내낼 뿐, 그 이상으로 나아가는 것은 도저히 이룰 수가 없다.

---

101 공자의 수제자였던 안연(顏淵)의 말이다. 성선(性善)에 관해 이야기하고 있는 부분에 나오는 문장이다. 요순이든 평범한 사람이든, 본래 타고난 본성은 모두 다 같으므로, 각자 본연의 성에 따라 사람이 해야 할 도리를 다 한다면 순임금과 같이 될 것이라는 의미이다. 『맹자』 「등문공」편에 나온다. 원문은 다음과 같다. "成覸謂齊景公曰 彼丈夫也 我丈夫也 吾何畏彼哉 顏淵曰 舜何人也 予何人也 有爲者亦若是."(성백효, 『맹자집주』, 전통문화연구회, 2006, 200쪽)

102 증자의 문인이었던 공명의(公明儀)의 말이다. 앞 문장에 이어 『맹자』 「등문공」편에 나온다. 문왕은 주 왕조를 창시한 임금으로 유학에서 이상적인 인물로 추앙하는 성인이다. 주공은 문왕의 아들로 주 왕조의 기초를 닦은 사람이다. 원문은 다음과 같다. "公明儀曰 文王我師也 周公豈欺我哉."(위의 책, 200쪽)

103 '계'는 형제의 서열 중 네 번째를 가리킨다. 상대방의 작은 형제를 높여 부를 때도 '계씨'라고 한다. 여기서는 뒷 세대, 후세라는 의미이다. 다음 문단에 나오는 말세와는 구별할 필요가 있다.

한나라 유학의 도통[104]은 요순에서, 우禹, 탕湯, 문文, 무武, 주공, 공자로 전해졌는데, 공자 이후에는 성인의 명맥種도 완전히 끊어져 지나에서도 일본에서도 그런 사람이 다시 나왔다는 말을 듣지 못했다.[105] 맹자 이후 송나라시대의 유학자 또는 일본의 석학 대유학자이더라도, 후세를 향해서는 자랑할 수 있지만 공자 이전의 옛 성인에 대해서는 한 마디도 보탤 수 없다. 그저 이를 배워도 미칠 수 없다는 탄식만 뱉을 따름.

따라서 그 도는 후세에 전해지면 전해질수록 나빠져, 차츰 사람의 지덕을 줄이고, 점점 악인의 수를 늘리고, 점점 어리석은 자의 수를 늘리면서, 한 번 전하고 또 전하여 그렇게 말세인 오늘날에 이르면 벌써 완전한 금수의 세상으로 되었어야 함이 주판 상의 명백한 계산인데, 다행히 인지人智가 진보하는 법칙定則이 자연스레 세상에서 실현되어 유학자의 생각처럼 되지 않고 종종 옛사람古人보다 뛰어난 인물이 나온 것이나 지금까지 문명을 나아가도록 하여 저들의 계산과 거꾸로 된 것이야말로 우리 인민의 경사요 축복이라고 말해야 하리라. 이와 같이 옛날을 믿고 옛날을 그리워하며 자신의 공부라고는 털끝만큼도 보태지 않고 이를테면 정신의 노예Mental Slave[106]로서 자신의 정신을 받들어

<hr>

104 원문에는 '도의 계도(系圖)'라고 되어 있다.

105 이러한 유학의 도통은 『맹자』의 마지막 편인 「진심」편 끝부분에 나온다.(위의 책, 624~627쪽)

106 존 스튜어트 밀의 『자유론』 제2장에 '정신의 노예'라는 표현이 나온다. "정신적 노예 상태 같은 일반적인 분위기 속에서도, 개인으로서의 위대한 사상가는 지금까지 존재해 왔고, 앞으로도 나올지 모른다. 하지만 그 안에서 지적으로 활발한 인민은 여태껏 존재했던 적이 전혀 없었으며, 앞으로도 없을 것이다."(존 스튜어트 밀, 서병훈 역, 『자유론』, 책세상, 2005) 한편 밀의 『자유론』을 번역한 나카무라 마사오는 『자유지리』에서 '정신적 노예'를 '심중의 노예(心中の 奴隷)'로 번역하였다. 뒷날 국가주의자로 '전향' 하는 가토 히로유키 역시 1870년대 초까지만 해도 자유주의 사상을 적극적으로 받아들여, 『국체신론(國体新論)』 제6장에서 '인민의 자유의 권리, 자유의 정신'에 관하여 논하고 있다.(加藤弘之, 『國体新論』, 1874(일본 국회 国立国会図書館 디지털 라이브러리 참조. http://dl.ndl.go.jp/info:ndljp/pid/759337)). 가토 히로유키, 김도형 역,

서 옛 도道에 바치고, 지금 세상에 살면서 옛사람의 지배를 받고, 그 지배를 다시 전하여 지금 세상을 지배하고, 널리 인간교제에 정체불류停滯不流의 원소를 흡입하게 만든 것은 유학의 죄라고 말해야 한다.

그렇지만 또 다른 측면에서 말하자면, 만약 옛날 우리나라에 유학이라는 것이 없었다면 지금같은 세상의 형국에는 도달할 수 없었다. 서양 말로 리파인먼트Refinement라고 하여, 사람 마음을 단련하여 청아하게 하는 것 한 가지 일에서는 유학의 공덕 또한 적었다고 할 수 없다. 단지 과거에는 공을 거두었지만 현재에는 쓸모가 없어졌을 따름. 물건物이 궁색不自由한 시절에는 다 떨어진 멍석도 이불로 쓸 수 있었고 쌀겨도 음식재료로 쓸 수 있었다. 하물며 유학에서야 무조건 그 구악舊惡107을 책망하면 안 된다. 내 생각에 유학으로 옛 일본인을 가르친 것은 시골처녀를 어전御殿108의 고용살이奉公로 보낸 것과 같다. 어전에 기거하며 동작은 자연스럽게 청아함을 익히고 어쩌면 그녀의 재주와 지혜才智에도 영민함이 늘었겠지만, 활발한 기력은 다 잃어버리고, 가산을 꾸려 나가는 데에는 쓸모가 없는 부인을 한 명 더 만든 것이었다. 생각건대 그 시절에는 딸을 가르칠 만한 교육시설도 없었기에 봉공도 까닭이 없지는 않지만, 오늘날에 와서는 그 이해득실을 잘 살펴서 방향을 달리 정하지 않으면 안 된다.

---

「해제」, 『입헌정체략・진정대의』, 세창출판사, 2007 참조. 이처럼 1870년대 일본 지식인 사회에서는 자유, 민권, 정신적 노예 등의 개념이 유행처럼 퍼져 있었다.
107 유학을 구악으로 규정하고 있는 이 문장을 보면, 후쿠자와의 유학관을 잘 알 수 있다.
108 '고텐'이라고 말한다. 에도시대 쇼군이나 다이묘의 저택을 가리킨다.

## ┃ 일본 무사에게는 독립하려는 기상이 없었다

예로부터 우리 일본은 의롭고 용맹한 나라로 일컬어졌고, 일본 무인의 표한하면서도 과단하고 충성스러우면서도 솔직함은 아시아 나라들 중에서도 부끄러울 것이 없었다고 할 수 있다. 그중에서도 아시카가 말년에 이르러 천하대란이 일어나 호걸들이 곳곳에 할거하면서 공격과 정벌을 그친 적이 없었는데, 대체로 일본에서 무武가 횡행한 건 앞뒤를 따져도 이때보다 더 심한 적은 없었다. 한 번의 패배로 나라를 망하게 한 자도 있고 한 번의 승리로 가문을 흥하게 한 자도 있으며, 문벌도 필요없고 유서由緒도 필요없고, 공명功名은 자유자재, 부귀도 한 순간에 가질 수 있었다.

문명의 수준에 앞뒤의 차이는 있겠지만, 이는 저 로마 말기 북방 오랑캐北狄가 침략하던 시대를 방불仿佛하게 하는[109] 형국이었다고 말해도 된다. 이러한 형세 가운데 있으면 일본 무인에게도 자연스럽게 독립, 자주의 기상이 생기고, 어쩌면 저 게르만의 야만인野民들이 자주, 자유의 요소를 남긴 것처럼 우리 국민의 기풍도 크게 바뀔 수가 있었다고 생각되지만, 실제로는 전혀 그렇게 되지 않았다. 이 장 첫머리에서 말한 권력의 편중은 개벽한 처음부터 인간교제의 미세한 곳에까지 스며들어 어떤 진동으로도 이를 깰 수가 없었다.

이 시대의 무인은 쾌활, 불기不羈[110]한 것 같지만 그 쾌활, 불기한 기상은 자신의 비분강개에서 나온 것이 아니고, 스스로를 인정하길 한 사람一個의

---

109 '방불'은 거의 비슷하다는 의미이다.
110 '불기'는 도덕이나 관습 등 무엇에도 얽매이지 않고 자유로움을 의미한다. 따라서 '쾌활, 불기'는 활달하고 자유로운 상태를 가리킨다. 후쿠자와는 여기서 앞 장에서 설명한 서양 인민의 독립적이고 자유로운 기상과 비교하면서 그와는 다른 일본 무사의 특징을 논하고 있다.

사나이로男兒로 생각하고 자신 외에는 아무 것도 중요하지 않으며[111] 자기 한 몸己의 자유를 즐기겠다는 심정이 아니라, 틀림없이 외부의 뭔가外物에 이끌려서 발생한 것이든지, 아니면 외부의 뭔가에 기대서 발생하도록 도움받은 것이었다. 외부의 뭔가는 무엇을 말하는가. 선조를 위한 것이고, 가문의 이름을 위한 것이고, 주군을 위한 것이고, 부친을 위한 것이다. 자신의 신분을 위한 것이다. 대개 이때의 전투에서는 반드시 이러한 조건들을 명분으로 삼지 않는 경우가 없었다. 때로 내세울 만한 선조나 가문의 이름이 없거나 내세울 만한 주군, 부친, 신분이 없는 사람은 일부러 그 이름을 꾸며서라도 구실로 삼아야 하는 분위기였다. 어떤 영웅호걸이더라도, 힘 있고 지혜있는 자일지라도, 자신의 지력智力에만 기대어 일을 이루려고 꾀했던 자가 있었다는 말은 듣지 못했다. 여기에서는 그 발자취로 알 수 있는 것을 골라서 한 두 사례를 보여 주겠다.

아시카가 말년에 사방의 호걸들이 때로는 주인을 내쫓고 때로는 주군과 부친의 원수를 갚고 때로는 선조의 가문을 일으키려 하고 때로는 무사로서의 체면을 온전히 하기 위해서라고 하면서 당파黨與를 모아 토지를 차지하며 할거 형세를 이루었지만, 그들이 노린 것은 오직 하나 상락上洛에 있었을 따름. 이 상락이 도대체 무엇인지 알아보면, 천자 아니면 쇼군을 알현하고 그들의 명의를 빌려 천하를 다스리려는 것이었다. 혹시 아직 상락의 방편을 얻을 수 없는 자는 멀리에서나마 왕실의 관위를 받은 뒤 이 관위에 기대어 자기 가문의 영광을 늘리고, 그럼으로써 아랫사람을 다스리는 술책으로 이용하려는 것이었다. 이러한 술책은 예로부터 일본 무인들 사이에 횡행했던

---

111 원문은 '신외무물(身外無物)'로 되어 있다.

일종의 의례流儀로서, 겐페이源平의 추장[112]도 모두 다 그렇지 않은 자가 없었다.

호조北條에 이르러 곧바로 가장 높은 관위를 가지려고 하지 않고, 쇼군은 명목상 놔두고 자신이 5위位로서 천하의 권병權柄을 쥐었던 일은 단지 왕실을 도구器械로 쓴 것일 뿐만 아니라 쇼군까지도 함께 이용利用한 것이었다.[113] 그 외형만 피상적으로 보면 아름답고도 훌륭해 보이지만,[114] 내막을 자세히 살펴보면 이는 분명 사람 마음속에 있는 비겁함에서 생긴 것으로써, 참으로 천하고도 혐오할 만한 원소를 함유하고 있다고 말하지 않을 수 없다. 아시카가 다카우지가 아카마쓰 엔신赤松則村[115]의 책략을 써서 고후시미後伏見王帝의 선지[116]를 받아, 그의 아들 고묘 천황을 천황으로 대신 세운 사

---

112 다이라 키요모리와 미나모토 요리토모를 가리킨다. 이들 역시 교토 조정의 권위에 기대어 천하를 지배했다. 키요모리는 종1위 태정대신에 임명(1167) 되었고, 요리토모는 정이대장군에 임명(1192)되었다.

113 본문에서, '자신은 제5위의 관위만으로 천하의 권력을 장악하였다'는 표현은, 호조 야스토키가 집권한 지 12년 뒤에야 겨우 종5위 하 관위에 임명된 사실을 가리킨다. 아라이 하쿠세키의 『독사여론』 2에 나오는 내용이다. 호조 씨는 대대로 가마쿠라 막부의 싯켄(執權)직을 차지하였던 유력 가문이었다. 미나모토 쇼군 가는 3대를 끝으로 대가 끊겼기 때문에, 호조 씨는 이러한 권력을 배경으로 3대 쇼군 미나모토 사네토모(源実朝, 1192~1219) 이후 귀족가문인 후지와라 씨 혹은 황족 가운데에서 쇼군을 옹립하여 그 명목만 남겨 둔 채, 자신들이 실권을 장악하였다. 셋칸 가에서 2대, 친왕 가에서 4대에 걸쳐 쇼군을 배출하였다.

114 『신황정통기』에, '배신(陪臣)으로써 오랜 동안 권력을 장악한 경우는 중국과 일본에 선례가 없다'는 내용이 나온다. 그런데도 호조 씨가 9대에 걸치는 동안 권력을 계속 유지할 수 있었던 이유에 대해 『신황정통기』와 『독사여론』은 야스토키의 뛰어난 정치 운영 방식과 이를 따랐던 그의 자손들 때문이었다고 기록하고 있다.

115 아카마쓰 엔신(1277~1350)은 하리마구니의 슈고로 무라카미 겐지씨의 한 분파인 아카마쓰씨 4대 당주였다. 원래 이름은 아카마쓰 노리무라이며 엔신은 법명이다. 가마쿠라시대에서 남북조시대에 걸쳐 슈고 다이묘를 역임했다. 엔신도 처음에는 고다이고 천황을 보좌하여 겐무중흥에 참가했으나 나중에 아시카가 편으로 돌아섰다.

116 여기서 '고후시미 왕의 선지'란 실제로는 고묘 천황의 형인 고곤(光嚴)상황의 선지를 잘못 적은 것이다. 이는, 『태평기』의 오류와 이를 그대로 따른 『독사여론』의 오류를 후쿠자와가 그대로 받아들였기 때문이다. 고묘 천황과 고곤상황은 모두 고후시미 왕의 아

건[117] 같은 일은, 누구의 눈으로 봐도 존왕의 본심에서 나온 것이라고는 인정할 수 없다. 노부나가가 처음에는 쇼군 요시아키를 손에 넣었지만 쇼군의 명성이 천자의 명성에 미치지 못함을 깨닫자마자 곧바로 요시아키를 쫓아내고 천자를 보호했던 것도 그 정이 두터웠기 때문이라고는 말할 수 없다. 어느 것이든 다 사기, 음모, 위계임이 명백하여, 무릇 천하에 눈과 귀를 갖춘 자라면 그 속사정을 잘 통찰했어야 할 터인데도 오히려 겉으로는 충신 절의를 외치며 아이들 장난 같은 명분을 구실을 이용하여 스스로 묘책을 얻은 것처럼 여기고 사람들 또한 이에 의심을 갖지 않았음은 무엇 때문이었겠느냐. 생각건대 그 당파 안에서는 아래 위 모두에게 크게 이로운 점이 있었기 때문이다.

일본 무인은 개벽한 처음부터 이 나라에 퍼져있던 인간교제의 법칙에 따라 권력편중 안에서 길러져 언제나 남에게 굽힘을 부끄러워하지 않았다. 저 서양의 인민이 자기의 지위를 중하게 여기고, 자기의 신분을 귀하게 여기며, 각자 그들의 권의權義를 계속 늘린 것과 견주어보면 그 사이에 뚜렷한 차이가 있음을 알 수 있다. 따라서 병란으로 소란한 세상이더라도 이 교제의 법칙은 깨뜨릴 수가 없었다. 일족一族[118]의 우두머리로 대장이 있고, 대장 밑에

---

들이다. 북조 제1대 천황은 고묘 천황이며, 고곤상황은 일본 역대 천황의 계보에는 빠져 있다. 한편 남조는 아시카가 다카우지가 반란으로 교토 남쪽 요시노 지역으로 피신한 고다이고 천황이 이어갔다. 요시노는 긴푸산을 주 봉우리로 하는 산맥에 둘러싸인 천혜의 요새로, 헤이안시대 이후 종교수행자의 근거지로 자리 잡고 있다. 고다이고 천황은 군사적 지리적 요충지인 요시노에 근거지를 마련함으로써 북조로부터의 공격을 견뎌내고 남조를 지킬 수 있었다. 남조와 교토의 북조가 다시 통일되는 1392년까지를 남북조시대라고 부른다.

117 아시카가 다카우지가 지표인 계통의 고묘 천황을 새로운 천황으로 옹립(1336)하여 북조를 세운 것을 말한다. 기존의 천황을 배제한 채 권력을 장악하면 조정의 적 즉 조적으로 몰릴 수 있기 때문이다. 아카마쓰 엔신이 이러한 책략을 꾸몄다.

118 여기서의 '일족'은 가문이 아니라 번(藩)을 의미한다.

가로家老가 있으며, 이어 기사騎士[119]가 있고, 또 가치徒士가 있고, 그리고 아시가루足輕와 주겐中間에 이르기까지 상하의 명분이 판연하여 그 명분과 함께 권의도 다르고, 누구 하나 무리無理함을 당하지 않는 자가 없고, 누구 하나 무리함을 행하지 않는 자도 없다. 무리하게 억압당하고 또 무리하게 억압하며 이쪽을 향해 굽히면 저쪽을 향해 우쭐댈 수 있다.

예를 들어 여기에 갑, 을, 병, 정 열 명이 있는데, 그 을이란 자, 갑에 대해서는 비굴한 모습을 하고 견딜 수 없는 치욕을 겪는 듯해 보여도 병을 만나면 의기양양해하며 크게 우쭐댈 수 있는 유쾌함이 있다. 따라서 이전의 치욕은 나중의 유쾌함에 의해 보상받고, 그럼으로써 그 불만족을 평균하며, 병은 정한테 보상받고, 정은 무에게 대신 보상받고, 단계단계에 한계가 없어 마치 서쪽 이웃에게 빌려준 돈을 동쪽 이웃에게 독촉하는 것과 같다.[120] 또 이를 물질에 비유해서 말하자면, 서양 인민의 권력은 쇠와 같아서 이를 팽창시키기도 아주 어렵고 이를 수축시키는 것도 또한 결코 쉽지 않다. 이에 반해 일본 무인의 권력은 고무와 같아서 그들이 서로 접하는 곳의 물질에 따라서 수축과 팽창의 형태가 다른데, 아래와 접하면 크게 팽창하고, 위와 접하면 갑자기 수축하는 성질이 있다. 이처럼 치우쳐서 수축하고 치우쳐서 팽창[121]하는 권력을 한 덩어리一体로 모아서 이를 무가의 위광威光[122]이라고 이름하며,

---

119 기마병은 보통 '우마마와리'라고 불리며, 상급사무라이에 속한다.

120 마루야마 마사오, 김석근 역, 『현대정치의 사상과 행동』, 한길사, 2007, 제1장 「초국가주의의 논리와 심리」 참조. 마루야마 마사오는 이러한 사회현상을 '억압이양의 논리'라고 정의한다.

121 원문에는 '편축편중(偏縮偏重)'으로 되어 있지만 의미상으로는 '편축편창(偏縮偏張)'이 옳다.

122 '위광'이란 압도적인 무력, 폭력에 대한 두려움을 환기시킴으로써 복종을 보증받으려는 것을 가리킨다. 도쿠가와의 위광을 '어위광'이라고 말한다. '강한 이미지에 의한 지배'라고도 말할 수 있다. 이를 위해 "위계·복식·문서·언어 등 모든 것에서 상하의 격식"

그 한 덩어리의 위광으로부터 억압을 받는 자가 무고한 소민小民이다. 소민을 생각하면 안타깝지만, 무인 당파 안에서는 위로 대장에서 아래로 아시가루와 주겐에 이르기까지 상하 모두 이익이 같다고 말하지 않을 수 없다.

비단 같은 이익을 꾀할 뿐만 아니라, 그 상하 관계는 잘 정돈되어 대단히 아름다운 조리條理를 가지고 있는 듯하다. 그 조리란 곧 당파 안에서는 아래위 사이에 사람들의 비굴한 추태가 있어도 스스로 당파 전체의 영광을 억지로 자신의 영광으로 삼으며, 거꾸로 독일개獨一個의 지위는 버리고 그 추태는 잊고, 일종의 조리를 따로 꾸며 거기에 익숙해지는 것이다. 이런 습관 속에서 길러지다 보면 끝내는 제2의 본성을 이루어 그 어떤 물체와 접촉해도 이를 움직일 수 없다. 무위로도 굽힐 수 없고 빈천으로도 뺏을 수 없는, 엄연한 무가의 기풍을 엿볼 수 있다.[123] 어느 한 국면의 사건, 어느 한 장소에서의 그들의 행동에 관해 이를 살펴보면 참으로 부럽고 또 기릴 만한 것이 많다. 옛날 미카와의 무사가 도쿠가와가에 복속했던附屬 모습[124] 등도 이런 사례 중 하나다.

이러한 구조로 성립된 무인의 교제이기에, 이 교제를 유지하기 위해서는

---

이 정해졌다. 후쿠자와는 이를 '허위'라고 비판하고 있다. 어위광에 관한 자세한 내용은 다음 책, 와타나베 히로시, 김선희·박홍규 역, 제3장 「어위광의 구조－도쿠가 정치체제」, 『일본정치사상사』, 고려대 출판문화원, 2017.

123 실제로는 높은 사람에 대해서는 아무런 수치심도 없이 쉽게 굴복하는 비열한 모습을 역설적으로 비판하고 있다. 후구자와의 비소는 말투가 잘 드러나 있다.

124 도쿠가와 이에야스는 미카와구니(지금의 아이치현) 오카자키에서 태어났다. 전국시대 미카와구니는 서쪽으로는 오다 가, 동쪽으로는 이마가와 가라는 두 개의 강력한 가문에 둘러싸여 세력이 많이 약화되었다. 이로 인해 이에야스는 어린 시절 어머니(이마가와가 출신)와 헤어져 오다 가와 이마가와 가에 가서 인질 생활을 하는 등 고난을 겪었다. 하지만 15세에 관례를 치른 뒤 미카와구니로 돌아와 옛 가신들의 헌신적인 노력을 발판으로 재기하여 마침내 천하를 통일한다. 미카와 무사는 또 강건하고 검소함으로 이름이나, 일본 사무라이의 전형이라고 평가 받는다.

어쩔 수 없이 일종의 무형의 최고 권위가 없으면 안 된다. 그 권위가 최종적으로 머물 곳은 곧 왕실이겠지만, 인간세상의 권위는 사실 사람의 지덕이 귀결되는 곳이기 때문에 왕실이라고 해도 실질적인 지덕이 없다면 실질적인 권위가 여기로 귀결될 수가 없다. 이 때문인지 그 명목만을 남겨 왕실에는 허위虛位를 안겨주고 실권은 무가의 통령統領이 쥐는 책략을 짜냈던 것으로서, 이것이 바로 그때 사방팔방의 호걸들이 상락 한 가지 일에만 열중하며 아이들 장난 같은 명분이라도 일부러 살려서 이용했던 까닭이다. 그 근원을 찾아보면, 일본의 무인에게는 분명 독일개인獨一個人의 기상Individuality[125]이 없어서 이처럼 비열한 소행所業을 수치로 여기지 않았던 것이다(난세의 무인에게는 독일개의 기상이 없었다).

| 그 사례—무사의 편휘偏諱

예로부터 세상 사람들이 등한히 간과하며 유의하지 않았던 것이지만, 지금 특별히 이를 적는다면, 일본의 무인에게 독일개인의 기상이 없는 행태를 엿볼 수 있는 사항이 하나 있다. 그 사항은 곧 사람의 성명姓名에 관한 것이다. 원래 사람의 이름名은 부모가 짓는 것으로서, 성장한 뒤 가끔 개명하는 경우가 있어도 다른 사람의 지시를 받을 일이 아니다. 의식주에 관한 물품은 사람들의 기호에 맡겨져 있어 자유자재인 것 같지만 많은 경우 외부 사물外

---

125 밀의 『자유론』 제3장 「행복의 여러 요소 가운데 하나로서의 'Individuality'에 대하여(Cf. Individuality as one of the elements of Well-Being)」에 '독일개인의 기상 (Individuality)'과 관련된 내용이 나온다. 'Individuality'는 독일어의 'Individualitat'에서 유래하였다. 오늘날에는 '개인' 혹은 '개성으로 번역하지만, 후쿠자와 유키치는 이 단어를 '독일개인(獨一個人)의 기상' 혹은 '독일개(獨一個)의 기상'으로 번역하였다.

物에 의해 영향받으며 자연스럽게 그때의 유행에 따르게 되는데, 사람의 성명은 의식주 물품과는 달라서 이를 지을 때 다른 사람의 지시를 받지 않음은 물론 설령 친척이나 친구라고 해도 내가 원해서 상담을 받는 것이 아니라면 입을 댈 수 있는 사항이 아니다. 사람에 관한 일人事이라는 형태로 일어나는 것 중에서 가장 자유자재로운 부분이라고 말할 수 있다. 법으로 개명을 금지하는 나라에서는 그 법에 따른다고 해서 당연히 자유가 방해받지는 않고, 개명이 자유인 나라에서는 겐스케源助라고 부르는 이름을 히라키치平吉[126]로 바꾸든 아니면 바꾸지 않든 그 자유는 전적으로 자신의 의지에 달려 있어서, 밤에 잠잘 때 베개를 오른쪽에 베든 왼쪽에 베든 그것이 자유인 것과 마찬가지이다. 털끝만큼도 다른 사람과는 관계가 없다.

그런데 예로부터 우리 일본의 무가에서는 편휘偏諱[127]를 하사하여 성姓을 허락하는 관행이 있었다. 비굴하고 천열賤劣한 풍습風이라고 말할 수 있다. 우에스기 겐신[128]의 영무英武[129]도 이를 피하지 못해, 쇼군 요시데루[130]의

---

126 겐스케와 히라키치라는 이름은 겐지(源氏)와 헤이지(平氏) 즉 미나모토 가와 다이라 가에서 따온 것이다. 그만큼 두 가문의 대결에 관한 이야기는 널리 퍼져 있다.

127 천황이나 쇼군 혹은 다이묘 등의 실제 이름을 휘(諱)라고 하고, 그중 한 자를 별도로 편휘라고 한다. 일본에서는 가신 중 공이 있는 사람에게 자신의 이름 가운데 한 글자를 하사하는 관습이 있었고, 이를 매우 명예로운 일로 여겼다.

128 우에스기 겐신(上杉謙信, 1530~1578). 전국시대의 무장. 에치고(니가타현 니카타시) 구니(國)의 다이묘이다. 원래는 우에스기 가 밑에서 슈고 다이묘를 역임하던 나가오(長尾) 가 출신이었다. 뒤에 관동 관령(関東管領) 우에스기 노리마사로부터 야마우치 우에스기 가의 가독을 이어받아 우에스기 마사도라로 개명하고 관동 관령직을 물려받았다. 그 뒤 무로마치 믹부 쇼군 아시기기 요시데루에게 편휘를 받아 우에스기 데루토라로 이름을 바꿨다. 겐신은 법호이다. 겐신은 내란이 끊이지 않던 에치고 국을 통일하여 정치를 안정시켰을 뿐만 아니라 산업도 진흥시켜 구니를 번영시켰다. 겐신은 전국시대를 대표하는 무장 중 한 명으로 생애 동안 무수히 많은 전투에 참가하였고, 다케다 신겐과 5차례에 걸쳐 치렀던 가와나카시마(川中島) 전투 이야기는 각종 군기물 등에 자주 나온다.

129 영민하고 용맹스러움을 가리킨다. '영용하다'와 비슷한 말이다.

130 아시카가 요시데루(足利義輝, 1536~1565)는 무로마치 막부 제13대 쇼군이다.

편휘를 배령拜領[131] 받아 데루토라輝虎로 개명한 적이 있었다. 더욱 심한 것은 세키가하라 전투가 끝난 뒤 천하의 대권이 도쿠가와 씨에게 돌아가자, 제후 도요토미 씨를 사칭하던 자는 모조리 다 본래의 성으로 되돌아가고 다시 마쓰다이라松平[132]를 사칭하는 자가 생겨났다. 이들이 성을 바꾼 것은 스스로 원했거나 아니면 때로는 윗사람의 명에 의해 하사받는 경우도 있겠지만, 어느 쪽이든지 그 행태는 천하게 여길 만한 거동이라고 말하지 않을 수 없다.

어떤 사람이 생각건대, 개명이나 성을 사칭하는 일은 당시의 풍습으로서 사람들이 유의하지 않았던 것이기에 지금의 관점에서 책망할 수는 없다고도 말하지만 결코 그렇지 않다. 타인의 성명을 사칭하면서 마음이 상쾌하다고 여기지 않는 인정人情은 예나 지금이나 모두 같다. 그 증거로는 아시카가 때인 에이쿄 10년(1434),[133] 가마쿠라 쿠보[134] 모치우지[135]가 아들의 성인식元服을 마치고 요시히사義久라고 이름을 지은 것에 대해 관령[136] 우에스기 노리

---

131 귀하거나 높은 사람으로부터 물건 등을 받는 것을 가리킨다.
132 도쿠가와 이에야스의 본래 성은 마쓰다이라(松平)이다. 도쿠가와 이에야스가 전국을 통일하고 대권을 잡자 도쿠가와가의 성을 모방하려는 풍조가 새로 유행하였음을 알 수 있다.
133 원문에는 에이쿄(永享) 6년(1434)으로 되어 있지만, 실제로는 에이쿄 10년(1438)이다.
134 가마쿠라 구보(公方)는 남북조시대에 무로마치 막부가 관동지역을 통치하기 위해 설치한 가마쿠라 부(鎌倉府)의 수장을 말한다. 가마쿠라 구보에는 대부분 아시카가가 출신이 임명되었고 그를 보좌하기 위한 관령은 우에스기 가에서 임명되었다. 관동 관령 임명권은 당연히 무로마치 막부가 가지고 있었지만 통상적으로는 가마쿠라 구보의 의향이 반영되어 임명되었다. 그런데 4대 쇼군 시절에 관동 관령이 가마쿠라 구보에 반발하여 난을 일으켰는데, 막부의 협력을 받아 난은 금방 진압되었지만, 사후 처리를 두고 4대 가마쿠라 구보였던 모치우지가 무로마치 막부의 지시를 무시하고 독자적으로 강경책을 쓰는 바람에 오히려 막부와 가마쿠라 구보가 대립하는 양상으로 발전하게 되었다. 이로 인해 모치우지와 관동 관령이었던 우에스기 노리자네도 대립하게 되고 결국 가마쿠라 구보가 무로마치 막부와 관동 관령을 상대로 에이쿄의 난(1438)을 일으켰다.
135 아시카가 모치우지(持氏, 1398~1439)는 제4대 가마쿠라 구보이다.
136 관령(管領)은 가마쿠라 구보를 보좌하는 직책으로 대대로 우에스기 가에서 독점하였다.

자네[137]가 관례대로 무로마치[138]의 휘를 받아야 한다고 간언하였지만 듣지 않았다고 한다.[139] 이때 모치우지에게는 벌써 자립의 뜻志이 있었다. 그 뜻이 선하든 악하든, 다른 사람의 이름을 사용하는 것은 천한 거동이라고 생각한 것이리라. 또 도쿠가와시대에 호소카와 가문[140]이 마쓰다이라 성을 주려는 것에 대해 사양했다고 하여 민간에서는 이를 미담으로 이야기했다고 전한다. 진위虛實가 분명하지는 않지만, 이를 아름답다고 하는 인정은 예나 지금이나 똑같음을 분명히 증거해 준다. 지금까지 적었듯이 성명은 그렇게 큰 일도 아니지만, 옛날부터 의롭고 용맹하다고 일컫는 무인들이 실제로는 생각 밖으로 비겁했음을 알 수 있고, 또 하나는 권위를 쥐고 있는 정부의 힘力은 두려운 것으로서 사람 마음의 내부까지도 범하여 이를 다스리고도 남는다는 사정을 보여주는 것이기 때문에 여기 몇 마디 더 덧붙였다.

---

137 우에스기 노리자네(上杉憲實, 1410~1466)는 무로마치 막부 초기의 무장으로 관동지역의 관령이었다.
138 무로마치 막부의 제6대 쇼군 아시카가 요시노리(足利義教, 1394~1441)를 말한다.
139 가마쿠라 구보 아시카가 모치우지와 관동 관령 우에스기 노리자네 사이에 벌어졌던 편휘 사건은 단순히 무로마치 막부 쇼군의 이름 한 자를 쓰느냐 안 쓰느냐의 문제가 아니라 가마쿠라 구보와 관동 관령, 무로마치 막부의 갈등이 심각해져가는 과정에서 불거져 나온 사건으로 이해해야 한다. 이 사건 뒤 에이쿄의 난이 일어났으며, 가마쿠라 구보는 막부와 관동 관령 연합군에게 패배하였다. 아시카가 요시히사의 편휘를 둘러싼 사건은 『일본외사』 제8권, 『독사여론』 제3권 등에 나와 있다.
140 호소카와 가는 남북조시대에 아시카가 다카우지를 따라 북조와 무로마치 막부 편에서 활약했던 공적을 인정받아 기나이와 시고쿠 지방의 8개 구니를 차지하여 유력 슈고 다이묘 가문이 되었다. 무로마치 막부의 제3대 쇼군 아시카가 요시미치에게 인정받아 대대로 무로마치 막부의 관령에 임명되었고, 그 뒤 관령을 배출하는 3대 가문 중 하나로 되었다. 1993년에서 1994년에 걸쳐 일본 제79대 총리를 역임한 호소카와 모리히로는 히고 구마모토 번(肥後熊本 藩)의 번주 가문이었던 히고 호소카와 가의 제18대 당주다.

## ┃ 권력이 편중되면 문명은 나아갈 수 없다

앞에서 조목조목 논의했듯이 일본의 인간교제는 상고시대부터 통치자 부류와 피통치자 부류라는 두 원소로 나뉘어져 권력편중을 이루고 오늘날에 이르기까지도 그 형세가 바뀐 적이 없다. 인민 가운데 자기 집단自家의 권의權義를 주장하는 자가 없음은 당연히 두말할 필요가 없다. 종교도 학문도 모두 통치자 부류 안에 농락籠絡되어 전혀 자립할 수 없었다. 난세의 무인에게는 의지義와 용기가 있는 듯해 보였지만, 역시 독일개인獨一個人의 맛味을 몰랐다. 난세에도 치세에도, 인간교제의 지극히 큰 것에서부터 지극히 미세한 것에 이르기까지 편중이 행해지지 않는 곳은 없었고 또 이 편중에 의하지 않으면 어떤 일도 이뤄질 수 있는 것이 없었다. 마치 만병에 한 가지 약을 쓰는 것과 같고, 이 한 가지 약의 공능으로 통치자 부류의 힘을 보익補益하고 그 힘을 끌어모아 이를 집권자執權者의 한 손에 귀속시키는 구조趣向였다.

앞에서 이미 말한 것처럼, 왕조시대王代의 정치도 쇼군 가의 정치도, 호조 아시카가의 책략도 도쿠가와의 책략도 원소를 달리하는 것은 결코 아니었다. 단지 저것을 이것보다 선하다고 하고 이것을 저것보다 악하다고 말하는 것은 편중을 쓸 때의 능숙함과 서투름을 보고 그 득실을 판단하는 것이었을 따름. 편중의 기술을 솜씨 있게 펼쳐서 최상의 권력을 집권자의 가문에 귀속시킬 수 있다면 만사가 모두 이루어져 달리 또 바랄 만한 것은 없었다.

예로부터의 인습에 국가國家라는 문자가 있다. 여기서 가家 자는 인민의 집家을 가리키는 게 아니라 집권자의 가족 또는 가문의 이름家名이라는 뜻이리라. 따라서 나라國가 곧 가家이고, 가家가 곧 나라國였다.[141] 심지어는 정

---

141 일본이나 중국은 고대시기에서부터 천자 혹은 천황과 조정을 국가와 동일시하는 경향이 있었다. 일본에서는 『일본서기』를 포함하여 그런 사례가 많으며 국가를 '미카도'라

부[142]를 부유하게 하는 것을 두고 국익御國益이라고 외치기에 이르렀다. 이는 곧 국가는 가家를 위해 멸망해도 된다는 자세였다. 이러한 생각들을 바탕으로 정치의 근본을 정하였기 때문에, 거기서 나오는 책략이라 봐야 늘 편중된 권력을 한 가문에 귀속시키려는 것밖에 없었다.

라이 산요는 『외사外史』[143]에서 아시카가의 정치를 평하여 미대부도尾大不掉[144]라고 말하면서 그의 대실책이라고 했다. 이 사람도 그저 편중이 행해지지 않아서 권력이 아시카가가家에 돌아가지 않았음을 논한 정도까지로서, 당시 유학자의 사고로서는 지극히 당연한 일이지만, 도대체 가문이 있음은 알아도 나라가 있음은 모르는 논리이다. 만약 아시카가의 미대부도를 실책이라고 한다면 도쿠가와 막부의 수대편중首大偏重[145]을 보고는 여기에 만족하지 않을 수 없다.

무릇 편중의 정치로는 예로부터 도쿠가와가보다 더 정교하면서도 아름다운 경우가 없었다. 통일한 뒤 자기 가문을 위한 토목공사를 자주 일으켜 제후의 재산을 허비하게 하고, 한편으로는 각 지역의 보루를 부수고 각 번의 축성 공사를 중지시키며, 대선大船 건조를 금하고, 총기火器를 에도에 들여오는 것을 허용하지 않고, 제후侯伯의 처자식을 에도에 구류拘留시켜 성대한 저택을 짓게 하고, 이들을 자연스럽게 사치로 이끌어 인간에게 유용한 사업을

---

고 훈독했다. 福澤諭吉, 伊藤正雄 譯, 『文明論之槪略』, 慶應義塾大學出版會, 2010, 463쪽.

142 여기서의 정부는 쇼군 가를 가리킨다.

143 라이 산요(賴山陽)의 『일본외사』 제9권에 나온다. 원래는 『춘추좌씨전』「소공(昭公) 11년」에 나오는 문장이다.

144 꼬리가 너무 커서 흔들 수 없다는 말로, 신하의 권력이 너무 강해서 통제하기 어렵다는 의미이다.

145 머리가 너무 커서 편중되었음을 말한다. 도쿠가와 막부의 권력이 너무 강했음을 비유하는 말이다.

게을리 하도록 하고, 그러고도 또 그들에게 남는 힘이 있으면 때로는 오테쓰다이[146]라고 부르고 때로는 오카타메[147]라고도 부르는 온갖 구실을 갖다 붙여서 명령에 쫓아다니느라 지쳐 떨어지게 하여 영令을 내리면 시행되지 않는 게 없고 명命하면 따르지 않는 게 없었는데 그 모양이 마치 사람의 손과 발을 꺾은 채 그와 힘을 겨루는 것과 같았다. 편중의 정치에서는 실로 최상이면서 최고 아름다운 본보기로 삼을 만한 것으로서, 도쿠가와 일가를 위해 도모한 끝에 교묘하기 그지없는 책략을 얻은 것이었다고 말할 수 있다.

원래 정부를 세울 때에는 권병權柄을 쥐고 전체를 균형釣合있게 다스리지 않으면 안 된다. 이 균형이 필요함은 단지 우리 일본뿐만 아니라 세계의 모든 나라가 다 그렇다. 더욱이 야만불문不文했던 옛 일본인도 이런 이치를 터득했었다는 사실이야말로 수백 수천 년 전 시대부터 전제專制의 취지趣意만은 잊히지 않았다는 것 아니겠느냐. 하물며 문물이 차차 열릴 후세에는 누군가가 정부의 권력權을 뺏은 뒤 문명을 기약하는 경우도 있으리라. 정권政權이 필요함은 학교 다니는 어린아이들도 아는 것이다. 그렇지만 서양의 문명국들에서는 이런 권력이 단지 한 군데에서만 발원하지는 않으며, 정령政令은 한 군데에서 나오더라도 그 정령은 국내의 인심을 모은 것이든지, 아니면 설령 이를 전부 모으는 것은 불가능해도 그 인심에 따라 취지를 크게 바꾸고

---

146 '오테쓰다이(御手伝)'란 대형 건축물의 공사나 토목공사를 각 다이묘에게 분담시키던 것을 가리킨다. 분담 비율은 석고에 따라 정해졌다. 주로 사람을 동원하였고, 경우에 따라 재료를 분담하는 경우도 있었다. 실제 공사 현장에 참석한 인부들에게는 부지미를 지급하였다. 오사카 성, 취락전, 방광사 대불전, 히젠구니 나고야 성, 후시미 성 등이 이런 방식으로 축성되거나 건설되었다.

147 오카타메(御固)는 경비를 서는 것을 말한다. 1800년대 초반부터 일본 연안에 외국 함선이 자주 출몰하자, 막부에서 각 번의 병사를 동원하여 에도만 근처의 연안을 경비하게 하였다. 특히 페리 함대가 출현한 뒤부터는 연안 경비 동원이 심해졌다.

다양한 의견을 조합調合하되 단지 그 출처를 하나로 만든 것이다.

그런데 예로부터 일본에서는 정부와 국민國民[148]은 단지 주인과 손님이었을 뿐만 아니라 때로는 적대적이었다고도 일컬어도 된다. 즉 도쿠가와 정부에서 제후의 재산을 허비시킴은 적에게 이긴 뒤 배상금을 받는 것과 다르지 않다. 국민에게 선박 건조를 금하고 다이묘에게 축성 공사를 중지시킴은 전쟁에 이긴 뒤 적국의 포대를 부수는 것과 다르지 않다. 이를 같은 나라 사람이 할 짓이라고는 말할 수 없을 것이다.

세상 모든 사물에는 첫걸음과 다음 걸음의 구별이 있으며, 첫 단계의 첫걸음을 내디딜 때에는 이를 토대로 그 다음의 두 번째 걸음에 알맞은 공부가 없으면 안 된다. 따라서 다음 걸음은 첫 걸음을 지배하는 것이라고 말해도 된다. 예를 들어 속담에 괴로움은 즐거움의 씨앗이라고 말하고 좋은 약은 입에 쓰다는 말이 있다. 고통을 고통으로 여겨 이를 피하고 고락苦樂을 고락으로 여겨 이를 싫어함은 인지상정으로서 사물의 첫걸음에만 정신을 쏟을 때에는 이를 피하고 싫어함도 당연해 보이지만, 그 다음의 두 번째 걸음인 안락과 병의 치유에 눈을 두면 이를 참고 또 견디지 않을 수 없다.

저 권력의 편중도, 일시적으로 나라 안의 인심을 유지하면서 사물의 질서順序를 얻기 위해 어쩔 수 없었던 형세로서 결코 사람의 악한 마음에서 나온 것은 아니다. 이른바 첫걸음의 조치다. 게다가 그 편중의 탁월함에 이르면, 한때 사람의 이목을 놀라게 할 정도로 아주 아름다운 것이었다고 한들 그저

---

148 후쿠자와가 '국민'이라고 쓰고 있음에 주의할 필요가 있다. 그는 이런 역사적, 사회적 개념들을 아주 정확하게 구분하여 사용하고 있다. 다만 이 책에서 '국민'이라는 개념을 많이 쓰지는 않고 있다. 메이지유신으로 인해 근대적인 천황제 정부가 새로 수립되었고, 인민 또한 봉건 사회의 피지배계층에서 근대 국가의 새로운 구성원으로 바뀌었음을 나타낸다.

어쩌겠느냐, 두 번째 걸음을 내디딜 때가 되면 곧 바로 지난날의 폐해가 드러나면서 첫걸음이 적절하지 않았다는 징후를 볼 수 있을 것이다. 이를 바탕으로 생각해보면 전제정치가 탁월할수록 그 폐弊는 더욱더 심해지고, 그 치세가 오래 될수록 그 해余害는 더욱더 깊어지고, 영원한 유전독遺傳毒이 되어서 쉽게 없앨 수 없는 것과 같다. 도쿠가와의 태평 같은 게 곧 그런 사례 중 하나일 것이다. 오늘날에 이르러 세상의 모습을 변혁變革하고 교제의 두 번째 걸음으로 나아가려고 하는데 그 일이 지극히 어렵지 않느냐. 그것이 어려운 까닭이 무엇이겠느냐. 도쿠가와의 전제가 탁월하여 그 태평이 아주 오래되었기 때문이다.

내가 일찍이 미천한 말[149]로 이러한 사정을 평한 적이 있다. 즉, 전제정치를 수식함修飾은 한산한 은둔거사가 조롱박을 애지중지하며 닦는 것과 같다. 아침저녁으로 심신을 수고하며 광을 내어 얻는 것은 여전히 둥근 조롱박으로서 단지 광택을 늘렸을 따름. 시세時勢가 바야흐로 변화하여 두 번째 걸음을 내딜려고 하는 때를 맞아, 여전히 낡은 물건을 그리워하며 변통變通[150]을 부릴 줄 모르고 도저히 구할 수 없는 것을 머릿속 상상으로 그리면서 이를 실제로 찾아내려고 번민하는 모습은 조롱박이 이미 깨진 줄도 모르고 여전히 닦고 있는 것과 같다. 어리석음 역시 더욱더 심해졌다고 말할 수 있다고.

이 비언이 어쩌면 맞을 수도 있으리라. 누구든지 다 사물의 첫걸음을 걱정하다 보면 다음 걸음이 있음을 알 수 없고, 첫걸음에서 멈추어 다음 걸음으로 나아가지 못하게 되어 첫걸음이 다음 걸음을 가로막는 것이다. 이는 말하자면

---

149 원문에는 '비언(鄙言)'으로 되어 있다. '속된 말'이라는 의미가 아니라 자신의 견해를 낮추어 표현한 것이다.
150 상황에 맞춰 적절하게 대처함을 가리킨다.

저 첫걸음의 편중으로 사물의 질서順序를 얻게 한 것이라고 말은 하지만, 실제로는 질서를 얻은 것이 아니라 인간교제를 고사시킨 것이라고 말할 수 있다. 교제를 고사시킨 것이라면 산요『외사』의 이른바 미대부도든 도쿠가와의 수대편중이든 어느 것도 득실을 정할 수가 없다. 분명『일본외사』 등도 단지 일의 첫 걸음에만 눈을 두면서 조롱박을 광낼 생각만 가지고 있었을 따름.

　참고로 도쿠가와의 치세를 보면, 인민은 이 전제와 편중의 정부를 위에 이고 있었고, 돌이켜 세간의 형편을 살펴서 사람의 품행이 어떠했는지를 묻는다면 일본국 안의 수천만 인류는 각각 수천만 개의 상자 안에 갇혀 있고, 또 수천만 개의 장벽으로 가로막혀 있는 것과 같아서 조금도 움직일 수가 없었다. 사농공상으로 그 신분을 구별하였음은 물론이고, 사족 중에는 가록을 세습하고 관직을 세습하며 심지어 유관儒官이나 의사 같은 경우도 그 가(이에 家)에 정해진 규정定이 있어서 내대로 직업을 바꿀 수 없었다. 농부에게도 가문의 격家柄이 있고 상공인에게도 주식株式[151]이 있어서 그 격벽의 견고함은 쇠와 같고, 어떤 힘을 사용해도 이를 깰 수가 없었으며, 사람들이 재능을 가지고 있어도 나아가서 일을 이룰 수 있는 목표가 없었기에 그저 물러서서 몸을 보존하는 방책만 찾을 따름. 수백 년의 오랜 세월, 그 습관이 끝내 사람의 성품이 되어 이른바 도전 정신을 완전히 잃어버린 것이리라.

　예를 들어 가난한 사족과 가난한 백성은 무지하고 문맹이어서 사람들로

---

151 중세 유럽에서의 길드와 같이 특정 분야의 배타적인 '영업권'을 말한다. 가토 히로유키는『진정대의(眞政大意)』(1870)에서, 유럽에서 상인들의 전매권(monopoly), 특허권(patent)을 설명하면서, 일본에서도 상인들에게 '주식'이라는 것이 있어서 이를 사지 않으면 상업매매를 할 수 없도록 한 법이 있었는데, 이것이 바로 유럽의 전매권과 같은 것으로 대단히 적절치 않은 제도였다고 말하고 있다.(가토 히로유키, 김도형 역,『입헌정체략·진정대의』, 세창출판사, 2017, 202~203쪽)

부터 경멸을 받고 연년세세年年歲歲 가난 또 가난에 빠져 그 고통이 인간세계에 달리 견줄 만한 것이 없어도 스스로 고난을 범하며 과감하게 일을 이뤄보려는 용기가 없다. 예기치 않게 찾아오는 고난은 잘 견디지만 스스로 고난을 기약하면서 미래의 유쾌함을 추구하는 자가 없다. 비단 가난한 사족과 가난한 백성뿐만이 아니라 학자도 그렇고 상인 또한 마찬가지다.

이를 개괄하여 평하자면, 일본국의 사람은 보통의 인류에게 갖춰져 있어야 할 일종의 활력運動力이 부족하여 극단적인 정체불류停滯不流에 빠진 것이라고 말할 수 있다. 이것이 곧 도쿠가와 치세 250년 동안 이 나라에 대업을 꾀하는 자가 드물었던 까닭이다. 얼마 전 폐번이라는 큰 사건一擧이 있었지만 나라 전체의 사람이 갑자기 그 성품을 바꾸는 것은 불가능하고 통치자와 피통치자의 분계가 지금 여전히 판연함에도 털끝만큼도 그 형태를 바꾸지 않는 까닭이다. 그 근본을 찾아보면 모두 다 권력의 편중에서 비롯되는 것이고 사물의 두 번째 걸음에 주의하지 않은 폐해라고 말할 수 있다. 따라서 이 폐해를 잘 살펴 편중의 병을 없애지 않으면 천하가 난세든 치세든 문명은 결코 나아갈 수 없다. 단 이 병의 치료방법은 지금 현재의 정치가가 해야 할 일事이므로 그것을 논함이 이 책의 취지旨는 아니다. 나는 단지 그 병의 용태容体를 보여주었을 따름.

또한 원래 서양 나라들의 인민도 빈부강약이 일률적이지는 않다. 그들 중 부강한 자가 빈약한 자를 다스릴 때에는 잔인각박한 경우도 있을 것이며 오만무례한 경우도 있으리라. 빈약한 자도 또한 명리名利를 위해 남에게 아첨하는 경우도 있을 것이며 남을 속이는 경우도 있으리라. 그 교제가 추악함은 결코 우리 일본 사람과 다를 것이 없고 때로는 일본 사람보다 더 심한 경우도 있었겠지만, 그렇게 추악한 가운데에서도 사람들의 내면에 자연스럽게 독일개인의 기상을 남겨 정신의 유창함流暢을 가로막지는 않았다. 그들의 각박함과 오만함은 단지 부강하기 때문이며 달리 기댈 곳이 있어서가 아니다. 그 아첨과 사기는 단지 빈약하기 때문이며 달리 두려운 곳이 있어서가 아니다. 그리고 또 부강과 빈약은 타고나는 게 아니며 사람의 지력으로 이룰 수 있다. 지력으로 이룰 수 있다는 목표가 있으면, 설령 실제로 이룰 수 없어도 사람들 각자 자신身에 의지하며 스스로 독립 진취의 길로 나아갈 수 있다.

시험 삼아 저 가난한 백성들을 향해 물어보면, 입으로는 말할 수 없어도 마음속으로는 다음과 같이 대답할 것이리라. 나는 가난하기 때문에 부자에게 순종하게 되고 가난한 시기에만 그에게 지배당하게 되니, 나의 순종은 가난과 함께 사라질 것이고 그의 지배는 부귀와 함께 떠날 것이라고. 생각건대 정신의 유창함이란 이 언저리의 기상을 가리켜 말하는 것이리라. 이것을 우리 일본 사람이, 개벽 이래 세상에 널리 퍼진 편중의 법칙에 제어받아 사람을 접하면 그 빈부강약에 얽매이지 않고 지혜와 어리석음, 현명함과 불초不肖함을 묻지 않고 단지 그 지위 때문에 때로는 이를 경멸하고 때로는 이를 두려워하며 추호만큼의 활기조차도 남겨두지 않고서 자기 집自家의 격벽 안에 고착되어 있는 것과 견주어 보면 둘 사이에 하늘과 땅 만큼 차이가 남을 알 수 있다(권력이 편중되면 치세든 난세든 모두 다 문명은 나아갈 수 없다).


## ▮ 권력편중이 경제에 미치는 영향

### 경제의 두 규칙

이러한 권력편중으로 인하여 전국의 경제에 미치게 된 영향의 형태도 등한히 간과할 수는 없는 것이다. 경제에 관한 논의는 대개 아주 복잡하게 얽혀 있는 것이어서 이를 이해하기는 결코 쉽지 않다. 각 나라의 형편과 시대 상황에 따라서 일률적이지 않기 때문에 서양 나라들의 경제론을 우리나라에 곧바로 시행할 수 없음은 당연히 두말할 필요가 없지만, 어느 나라 어느 시대에도 널리 통용되는 요결로 아래와 같은 두 개의 규칙이 있다.

그 제1규칙은 곧 재화財를 모으고積 또 없애는散 것이다.[152] 그리고 이 모으고 없애는 두 가지 형태는 아주 긴밀하여 결코 서로 떨어질 수가 없는 관계이다. 모음은 곧 없앰의 수단術이고, 없앰은 곧 모음의 방편方便이다. 예를 들어 봄에 씨앗을 뿌리는 건 가을에 곡식을 모으기 위한 수단이고, 의식주를 위해 재화를 없앰은 신체를 건강하게 유지하고 힘을 기르며 또한 의식주에 필요한 물품을 모으기 위한 방편인 것과 같다. 이러한 적산積散에서도 때로는 없애고 모으는 것이 불가능한 경우가 있다. 화재나 수해 같은 것이 그렇다. 때로는 사람 마음의 기호嗜好 욕구로 인해 사치를 즐기고 헛되이 재화를 소비費散[153]하여 흔적도 없어지는 경우가 있다. 이 또한 화재나 수해와 다르지 않다. 경제의 요체要는 결코 소비를 금지함에 있는 게 아니라 단지 이것을 써서費 없앤散 뒤에 얻은所得 물건의 많고 적음을 따져 그 소비費散의 득실을 정하는 것일 따름. 얻은 물건이 쓴 것所費보다 많으면 이익利益이라고 이름하고, 소득과 소비가 서로 같으면 본전無益이라고 이름하며, 소득이 오히려 소비보다 적거나 전혀 소득이 없으면 손해損라고 이름하거나 전손全損이라고 이름한다. 경제가의 목적은 항상 이 소득을 손해所損보다 많게 하고 차

---

152 이 당시에는 아직 '생산과 소비'라는 용어가 정착되지 않았음을 알 수 있다. 이 책에서 생산은 '축적(蓄積)'으로, 소비는 '비산(費散)'으로 쓰이고 있다.
153 오늘날 '소비'는 한자로 '소비(消費)'라고 쓴다.

레로 축적하고 또 소비하여 나라 전체의 부富有[154]를 이루려는 데 있다.

따라서 이 축적蓄積과 비산費散 2개 항목은 어느 것을 수단術이라고 삼고 어느 것을 목적이라고 삼을 수가 없으며, 어느 것을 앞으로 삼고 어느 것을 뒤로 삼을 수도 없다. 전후와 완급의 구별이 없고 경중과 난이도에 차이가 없다. 정말 똑같은 형태의 일이며, 똑같은 형태의 마음으로 처리해야 하는 것이다. 생각건대 축적한 뒤 이를 잘 쓰는散 법을 모르는 자는 결국 크게 축적할 수 없다. 비산한 뒤 또 이를 잘 모으는 활동이 없는 자는 결국 크게 쓸 수 없게 된다.

부국富國의 바탕은 오로지 이 축적과 비산을 성대하게 함에 달려 있을 따름. 그것이 성대한 나라를 가리켜 부국이라고 부른다. 이로부터 생각해 보면 국재國財의 축적과 비산은 전국의 인심에 따라 처리하지 않을 수 없다. 이미 국재라는 명칭이 있는 이상 국심國心이라는 명칭이 있다고 해서 안 될 건 없다. 국재는 국심에 따라 처리하지 않으면 안 된다. 정부의 세입, 세출도 국재의 일부분이므로 서양 나라들에서 정부의 회계를 백성民과 논의하는 것도 생각해보면 그 취지는 여기에 바탕을 둔 것이리라.

제2의 규칙은, 재화財를 축적하고 또 이것을 소비함에는 그 재화에 상응할 만한 지력과 그 일을 처리하는 습관이 없으면 안 된다. 흔히 말해 이재理財의 지혜, 이재의 습관이라는 게 이것이다. 예컨대 천만금 집의 자식, 그 집을 망하게 히고, 도박에 빠진 자, 그 부를 오랫동안 지킬 수 없는 것과 같다. 둘 다 그 재물에 걸 맞는 지력과 습관이 없는 것이다. 지력이 없고 습관이 없는 자에게 과분한 재화를 주는 것은 헛되이 그 재산을 날려버리는 일일 뿐만

---

[154] '전국의 부'는 곧 '국부(國富)'를 의미한다.

아니라 어린아이의 손에 날카로운 칼을 맡기는 것과 같아서, 오히려 이 때문에 몸을 다치고 남에게 상처를 입히는 화를 불러 올 수도 있다. 그런 사례는 고금에 아주 많다.

### 일본의 조세제도

앞에서 얘기한 두 개의 법칙이 말 그대로 이러하기 때문에, 여기에 비추어 예로부터 우리 일본국에서 행해졌던 경제의 득과 실을 살펴 볼 수 있다. 왕조시대의 일은 잠시 제쳐두고 가쓰잔 하쿠유葛山伯有 선생[155]이 『전제연혁고田制沿革考』에서 이르길,

겐페이 난에 이르자 관아에서는 징발을 하지 않았다.[156] 백성들은 받들어야 할 곳을 몰랐다. 한 마을(鄕) 한 장원(莊)[157]의 땅(地)에서, 관(官)을 받들고, 다이라가(平族)를 받들고, 미나모토씨(源氏)를 받들었다. 또 때로는 간악한 도적떼에게 식량을 빼앗겨 무고한 백성(民)은 깊은 도탄에 빠졌다. 마침내 미나모토 공이 권세(權)를 행사하여 구니(國)에는 슈고(守護)를 두고 장원에는 지토를 세웠다. 고쿠

---

155 가쓰잔 하쿠유(773~1812)는 에도시대의 유학자로 본명은 호시노 쓰네토미(星野常富)이다. 가쓰잔은 호, 하쿠유는 자(字)이다. 시나노 다카토 번의 번사로 군다이(郡代)를 역임하고 소바요닌(御用人), 번주의 시강(侍講)을 지내기도 했다. 『전제연혁고』(『일본경제총서(日本經濟叢書)』 17, 498~501쪽, 『일본경제대전(日本經濟大典)』 26에도 실려 있다)는 율령제에서 도쿠가와 막부 체제에 이르기까지의 토지제도, 조세제도의 변천을 황실에서 무가에로의 지배체제의 변천과 결부시켜 서술한 것이다. 1812년 완성되었으며, 『일본경제대전』에 수록되어 있다. 하쿠유는 이 책 외에 『무학습수』라는 군학서도 저술하였다.
156 이 당시 일본에서는 조정의 권위가 무너짐에 따라 국가기관인 관아도 무력화되었다. 대신 전국적인 무사집단으로 성장한 미나모토 가와 다이라 가에서 각각 자신의 지배 영역 안에서 징병과 세금 부과 등의 권한을 행사하였다.
157 몇 개의 '무라(村)'를 합친 단위의 구역을 '향'이라 하였고, '장'은 '장원(莊園)'을 의미한다.

시(國司)와 쇼시(莊司)도 여전히 남아 있었으므로 백성들은 두 명의 주군을 섬기게 되었다고 말할 수 있다.

(…중략…) 아시카가 씨가 국군(國郡, 구니와 고오리)을 다스릴 때, 다른 정령은 없었고, 국·군·향·장(國郡鄕莊)을 분할하여 모조리 무사(士)에게 나눠주고, 조세는 그 주인의 지휘에 맡겼으며, 따로 50분의 1을 충당하여 스스로의 수입으로 삼았다. 예컨대 조세(租米)로 쌀 50석을 내야 하는 땅은 따로 1석을 더 내게 하여 교토로 운송한 뒤 쇼군의 주방 재료에 보태도록 하였다. 때로는 늘어나 20분의 1로 되었던 해도 있었다. 슈고와 지토가 스스로 자신의 나갈 비용을 계산하여 들어올 것을 통제하였기 때문에 양세(兩稅)[158]였다.

(…중략…) 또 단센(段錢)·무네와케(棟別)·구라야쿠(倉役)는 때를 가리지 않고 거두었다. 단센이란 밭에 관하여 돈을 내게 하는 것으로 오늘날 다카가카리(高掛)[159]라고 말하는 것과 같다. 무네와케란 가구별로 부과하여 은(銀)을 내게 하는 것인데 지금의 가기야쿠(鍵役)[160] 등과 같다. 구라야쿠란 부유한 백성과 부유한 상인에게만 부과한 것으로 요즘 말하는 부겐와리(分限割)[161]와 같은 것이다. 구라야쿠는 요시미쓰 공 대(代)에는 4계절에 할당되었고, 요시노리(足利義敎) 공[162] 대에는 1년에 12번, 요시마사(足利義政) 공[163] 대에 이르러서는 11월에 아홉 번, 12월에 여덟 번 부과하였기 때문에 농부들은 밭과 집을 버리고 도망쳐 흩어져 버렸고 상

---

158 쇼군과 슈고·지토 양 쪽에 지불하는 이중의 과세라는 의미다.
159 수확량에 따라 부과하는 세금을 가리킨다.
160 세대 별로 부과하는 세금을 가리킨다.
161 자산이 있는 자에게 부과하는 세금을 가리킨다.
162 아시카가 요시노리(1394~1441). 무로마치 막부 6대 쇼군으로, 제3대 쇼군 아시카가 요시미치의 5남이다.
163 아시카가 요시마사(1436~1490). 무로마치 막부 8대 쇼군이다. 어린 나이(9세)에 사망한 7대 쇼군 아시카가 요시카쓰의 동생이다.

인[164]들은 문을 닫고 장사를 하지 않았다고 『오닌기応仁記』[165]에 나와 있으며, 운운. 또 이르길, 도요토미 가가 통일한 뒤 분로쿠 3년(1594)에 이르러 정칙(定則)[166]에 있는 내용은 천하의 조세 중 3분의 2는 지토가 가지고 3분의 1은 백성들의 몫이어야 한다고 되어 있고, 운운. 또한 이르길, 지금 국초(國初, 도쿠가와)에 이르러 승국(勝國)[167]의 가혹함을 염려하여 조세의 3분의 1을 줄이고('4공6민법(四公六民法)'을 가리킨다)[168] 백성들의 시급한 고통(倒懸)[169]을 풀어주며, 운운.

이와 같은 『연혁고』의 주장에 따르면 예로부터 우리나라의 조세가 매우 가혹하였음은 의심할 여지가 없다. 도쿠가와 초기에 이르러 어느 정도 완화되었다고는 해도 세월이 지남에 따라 어느새 옛날의 가혹한 세금으로 다시 돌아간 것이다.[170]

---

164 원문에는 '상려(商旅)'로 되어 있다. '상인'을 가리킨다. 춘추전국시대에서 명시대에 이르기까지 중국에서는 상업이 번성하였는데, 이때 중원의 교통요충지에 있던 정(鄭)나라와 제(齊)나라는 상업을 통해 국력을 쌓았다. 『주례』 「고공기(考工記)」에 따르면, 여기에 종사하던 상인을 '상려'라고 불렀다고 한다. 원문은 다음과 같다. "四方の珍異を通じ, 以てこれを資す. これを商旅という."

165 『오닌기』는 '오닌의 난'을 주제로 삼고 있는 군기물이다. 세 권으로 구성되어 있으며 성립연대 및 저자는 알려지지 않고 있다. 본문 내용은 『오닌기』 1에서 인용하였다.

166 도요토미 히데요시가 분로쿠 3년에 실시한 검지(檢地) 정책, 즉 토지조사사업을 가리킨다. 1582년에서 1598년까지 실시되었다. 이때 비로소 일본 전국의 전답 현황 및 수확량을 모두 조사하여 등급별로 구분했으며, 이를 토대로 영주가 수확량의 3분의 2, 농민이 3분의 1을 가지는 법을 제정하였다. 검지정책으로 인해 촌 단위의 연공 징수에서 경작자 별 징수가 가능해졌다.

167 '승국(勝國)'이란 이전 시대의 망한 나라를 말한다. 『주례』에 나온다. 여기에서는 도쿠가와 이전 시대 즉, 도요토미 가를 가리킨다.

168 에도시대의 조세 원칙으로 수확량의 4할은 연공으로 영주에게 바치고, 나머지 6할은 농민이 가지도록 정했다. 이 원칙에 따라 농민의 세금은 도요토미시대에 비해 1/3 감소되었다. 『전제연혁고』의 설명에 따르면 아시카가시대에서 도요토미 히데요시시대를 거쳐 도쿠가와 이에야스시대로 내려가면서 백성들의 조세가 점점 경감되었음을 알 수 있다.

169 『맹자』 「공손추」 「상」편 제1장에 나온다. '도현'이란 몸을 거꾸로 매단다는 의미이다.

또 예로부터 세상에서 식자라고 일컫는 사람의 주장에, 농민農民은 나라의 근본인데도 공인·상인工商 두 부류의 백성이 세금을 아주 조금 내거나 아니면 아예 안 내면서 편안하게 앉아서 배부르게 지내는 것은 도리에 비춰볼 때 있을 수 없는 일이라고 하며 공인·상인을 자주 비난했는데, 실상을 좀 더 자세히 알아보면 공인·상인도 결코 편안한 백성逸民은 아니었다. 드물게 부유한 상인이나 대상인大賈 중에는 편안히 먹고 사는 사람도 있었겠지만, 이들은 단지 자신의 재산財本에 의지하여 생계를 유지하는 것이기 때문에 호농이 많은 농토를 소유하며 앉아서 먹고 지내는 것과 다르지 않았다. 그 아래의 가난한 상인에 이르면 설령 직접 세금을 내지는 않아도 생산의 어려움은 농민과 다를 게 없었다. 일본에서는 예로부터 공인·상인은 세금을 내지 않았다. 세금이 없었기에 이를 직업으로 삼는 자도 자연히 증가하지 않을 수 없었다. 하지만 그렇게 증가하는 것에야 또 당연히 한계가 있다. 이 한계는 농업의 이익과 공업·상업의 이익이 서로 균형을 이루는 곳에서 멈출 것이다.

예를 들어 4공6민四公六民의 토지를 경작하면 그 이익이 물론 넉넉하지는 않겠지만 평년平年이라면 그럭저럭 처자식을 부양하고 배고픔은 면했을 것이다. 공인과 상인이 도시에 거주하면서 세금 없는 사업을 운영하는 것이 농민과 견줘보면 편리해 보여도 굶주림과 추위에서 벗어날 수 없는 자가 많았다. 그러한 까닭은 무엇이겠느냐. 동업자의 경쟁에서 비롯된 것이다. 생각해보면 전국적으로 공인, 상인의 일거리에는 한계가 있는데 몇 명만 있으면 그

---

170 '4공6민법'은 에도시대에도 초기까지는 유지 되었지만 에도 중기 이후 무사들의 생활이 점점 궁핍해짐에 따라 막부도 각 번도 '4공6민법'에서 '5공5민', '6공4민'으로 후퇴했으며, 심지어 '7공3민'의 가혹한 세를 부과한 번도 있었다고 한다.

일을 할 수 있는 특정한 장소에서 일감은 늘지 않고 인원만 늘면, 열 명이면 될 일을 20명 혹은 30명이 분담하고, 100명이 분배받아야 할 일용 임금을 200명 혹은 300명에게 분배하여, 3할의 이익口鐩을 남겨야 할 상업도 1할로 줄고, 2관문貫文[171] 정도 받아야 할 임금도 500문으로 내려가, 자연스럽게 동업자 사이에 경쟁이 생기고 자연스럽게 그 이윤이 박하게 되어 오히려 다른 편익을 만들고, 농민도 마찬가지로 이 편익을 누릴 수 있게 된다. 따라서 공인 상인은 명목名으로는 무세無稅라고 말하지만 실제로는 유세有稅의 농민과 다를 게 없었다.

만약 공인 상인에게 이익이 많이 남는다면, 그것이 많은 까닭은 정부에서 식자의 말을 받아들여 여러 가지 규제故障를 마련하고 농민이 상업으로 옮기는 것을 가로막아 그 사람수의 비율이 더욱 낮아졌기 때문에 전매專賣의 이득을 어느 정도 얻을 수 있게 된 것이다. 이런 사정을 바탕으로 생각해 보면, 농민과 공인·상인은 정말로 이해가 같으면서 나라 안에서 함께 유용한 사업을 하는 자이기에 명목상으로는 유세와 무세의 차이가 있지만 어느 쪽도 편안한 백성은 아니다. 둘 다 함께 국재國財를 축적하는 종류의 인민이라고 말할 수 있다.


## ▎생재자生財者와 불생재자不生財者

따라서 인간의 교제에서는 통치자 부류治者流과 피통치자 부류被治者流로 구별했던 것을, 지금 여기에서는 경제적인 측면에서 재물을 생산하는 자生財者

---

171 화폐단위로, 1관은 1,000문(=3.75kg)이다. 이 문장의 예에 따르면 경쟁이 심해짐에 따라 임금은 1/4로 줄어든 셈이 된다.

와 재물을 생산하지 않는 자不生財者 두 종種으로 나눌 수 있다. 즉 농·공·상 이하의 피통치자 종족種族은 국재를 생산하는 자이며, 사족 이상의 통치자 종족은 이를 생산하지 않는 자이다. 아니면 앞 단락의 문자를 사용하여 하나는 축적의 종족이라고 말하고 다른 하나는 비산의 종족이라고 말할 수도 있다.

이 두 종족의 관계를 보면 고생하거나 편안하고 손해보거나 덕德보는 양상이 당연히 공평하지 않다고 할 수 있는데, 재원財本에 비해 인구 비율이 지나치게 높아져 서로 경쟁하면서 직업을 구하는 추세에 쫓기면 부자는 편안하고 가난한 자는 고생하지 않을 수 없다. 이 또한 우리나라 혼자뿐만이 아니라 세계의 보편적인 폐해이고 어찌 할 수도 없으므로 심하게 질책할 필요는 없다. 게다가 사족 이상의 통치자 부류에 속하는 사람을 불생재 또는 소비 종족이라고 이름하지만, 정부에서 문무文武의 사업을 펼쳐 세상 사물의 질서를 정돈하는 것도 경제를 돕는 대본大本이므로, 정부의 세출에 대해 하나같이 무익한 지출費이라고는 말할 수 없다. 다만 우리나라의 경제에서 특히 불합리하면서도 다른 문명국들과 차이나는 점은, 이처럼 동일한 형태의 일인 국재國財의 축적과 비산을 처리함에 동일한 형태의 마음가짐心으로 하지 않는다는 사실 하나에 있다.

예로부터 우리나라의 통법通法[172]에서는 인민은 늘 재화財를 축적하여, 예를 들어 4공6민의 세법이라면 그중 6할로 겨우 부모와 처자식을 부양하고 나머지 4할을 정부에 내며, 한번 자기 손을 떠나면 그것이 어디로 가는지 모르고, 그것이 어떤 용도에 쓰이는지 모르며, 남는지도 모르고 부족한지도 모른다. 결론적으로 말해, 축적함은 알아도 그 비산의 도道를 모르는 것이다.

---

172 일반적으로 통용되는 법규 혹은 법칙을 가리킨다.

정부 또한 이것이 이미 자신의 손에 들어오고 나면 그 출처를 잊고 그것이 어떤 방법에 의해 생긴지 모르고, 마치 하늘이 준 물건처럼 생각하여 그것을 쓰고費 그것을 없애며散 어느 하나도 뜻대로 안 되는 것이 없었다. 결론적으로 말해 그것을 비산費散함은 알아도 축적의 도道는 모르는 것이다.

경제의 제1규칙에 축적과 소비는 정말 똑같은 일로서 정말로 똑같은 마음가짐으로 처리해야 하는 것이라고 말했다. 그런데 지금 이 모습을 보면, 똑같은 일을 함에 두 마음으로 하여 이를 비유하자면 글자 한 자를 적는데 부수偏와 방旁을 나누어 두 사람의 손을 사용하는 것과 같다. 어떤 달필이더라도 글자를 완성할 수 없을 것임이야 명백하다. 이처럼 상하의 마음이 둘로 나뉘어 각자 자신이 생각하는 이익이 달라서 서로 상대를 알지 못할 뿐만 아니라 서로 그 거동을 보고 상대를 수상하게 여기게 되었다. 어찌 경제에 문제가 생기지 않을 수 있겠느냐. 써야 할 곳에는 쓰지 않고 쓰면 안 될 곳에는 써서 그 비율이 도저히 적절할 수가 없었던 것이다.

아시카가 요시마사足利義尚[173]가 대란이 한창일 때 은각사銀閣寺(긴카쿠지)[174]를 일으키고 하나노 고쇼花御所의 지붕을 주옥과 금, 은으로 장식[175]하

---

[173] '아시카가 요시마사'(1436~1490)는 무로마치 막부 8대 쇼군이다. 그의 치세에 오닌의 난이 발생하여 막부가 약화되기 시작했다. 말년에는 쇼군 후계 문제 등으로 실권을 잃자 정무에 관심을 잃고 사치와 향락에 빠졌다. 다만 문화적인 측면에서는 많은 공적을 남겼다. 정원사 젠아미(善阿弥)와 가노파의 화가 가노 마사노부(狩野正信), 노가쿠의 명인 온아미(音阿弥) 등을 총애하였고, 히가시야마에 히가시야마덴을 건축하였다. 유명한 관광지로 남아 있는 은각사도 이때 건축되었다. 은각사로 대표되는 이시대의 문화는 일본 전통의 미의식인 와비와 사비를 중요시하여, 금각으로 대표되는 제3대 쇼군 아시카가 요시미쓰시대의 화려한 기타야마문화(北山文化)에 대비하여 히가시야마문화라고 불린다.(유홍준,『나의 문화유산 답사기』일본편 4, 창비, 2014, 127~164·197~218쪽 참조)

[174] '긴카쿠지'는 1482년 제8대 쇼군 아시카가 요시마사가 교토에 지은 사찰로 일본을 대표하는 사찰 중 하나이다. 정식 명칭은 '동산 자조사(東山慈照寺)'이며 임제종 상국사(相国寺)의 탑두 사원 중 하나다. '히가시야마덴(동산전, 東山殿)'을 기원으로 한다. 요시

는 데 60만 민緡,[176] 다카쿠라 고쇼<sup>高倉御所</sup>[177]의 미닫이 문 한 칸에 2만 전錢을 쓸 정도로 사치하면서 각 구니國의 인민에게 단센, 무네와케를 독촉해도 정부에 한 푼의 여유 재산도 없었던 것은 상하 모두 가난한 시절이었기 때문이다. 태합이 내란 후에 오사카성을 쌓고, 이어서 또 조선을 정벌하고, 밖으로는 군비兵馬의 낭비冗費(용비), 안으로는 연회와 오락에의 사치로 끝이 없으면서도 다시 금과 말金馬를 모아둘 수 있었던 그때는, 아래는 가난해도 위는 은부殷富[178]의 시절이었다고 말할 수 있다.

또 역대로 현명하다고 이름이 높았던 호조 야스토키<sup>泰時</sup>[179] 이래 도키요

---

마사의 사후 임제종 사찰이 되었고, 요시마사의 법호였던 자조원을 따라 자조사라고 이름하였다. 9세에 가독을 승계하고 15세에 쇼군이 된 요시마사는 간소하고 담백한 동산 문화 형성에 크게 기여했다. '히가시야마덴'을 조성한 사람은 젠아미(善阿弥)로, 그의 작품으로는 이 외에도 묘련사 정원, 무로마치 도노 등이 있다. 상국사는 선종사찰을 짓기를 원했던 3대 쇼군 요시미쓰의 명에 의해 1382년에 시작하여 1392년에 완성되었다.

175 아시카가 요시마사가 집권하던 때인 간쇼 2년(1461)에 대기근이 발생하였다. 간쇼 대기근이라고 불리는 이 기근은 교토에도 막대한 피해를 입혀 아사자의 사체가 가모가와강(賀茂川)의 물줄기를 막을 정도였다는 설도 있다. 그런데도 요시마사는 저택 조영 등의 토목 공사와 사루가쿠, 주연 등에 빠져 백성들의 생활을 돌보지 않았다. 특히 이 기근 당시 고하나조노 천황의 권고를 무시하면서까지 막대한 돈을 들여 쇼군 저택인 하나노 고쇼(花の御所)를 개축한 것으로 악명이 높다.

176 '민전(緡錢)'의 약자로 '민(빈, 緡)'은 100문 혹은 1관문의 동전꾸러미를 가리켰다. 원래는 동전을 꿰어 묶던 실을 가리킨다. 중국 송나라 대에 동전 1,000문을 한 꾸러미로 꿰어 '관(貫)'이라고 불렸다. 즉 꿴다는 의미를 갖는 '관'이라는 동사가 변하여 통화의 단위로 쓰이게 된 것이다. 당나라 송나라시대의 동전이 일본에도 유입되어 쓰였음을 알 수 있다. 에도시대에는 통화의 기본 단위가 금화, 은화, 전화(동전)로 구분되어 쓰였다. 기본 단위로는 금화의 경우 소판(小判)은 양(両=4分=16朱), 은화는 '몸메(匁)', 동전은 '몬(文)'이었다.

177 '산조보본 도노(三条坊門殿)'리고도 부른다. 원래는 무로마치 막부의 초대 쇼군 아시카가 다카우지의 동생 나오마사(直義)의 저택이었다. 무로마치 막부를 세운 뒤 다카우지는 정무에 관여하지 않고 거의 다 동생에게 맡겼다. 이 때문에 무로마치 막부 기간 동안 쇼군의 거소로 이용되었다. 무로마치시대 쇼군의 거소는 이 외에도 3대 쇼군 요시미쓰가 조영한 무로마치 도노(하나노 고쇼, 花の御所)가 있었다. 둘 다 현재 교토의 나카교구(中京區)에 있다.

178 번성하여 풍요롭다는 의미이다.

179 호조 야스토키(1183~1242)는 가마쿠라 막부의 싯켄(執權)으로 '무가정치의 모범을

리時賴, 사다토기貞時 등과 같은 여러 군주君들은 그들 스스로 분명 검소하고 절약함을 본받았던 것이리라. 내려가 도쿠가와 때가 되자 초기 대代에는 명군주, 현명한 재상이 배출되어 정부의 체재에는 하나도 흠잡을 게 없었다. 이를 요시마사의 시대 등과 견주면 같은 날 논할 것은 아니지만, 민간에서 부를 이루어 큰 일을 꾀한 사람이 있었다는 말은 듣지 못했다. 호조 및 도쿠가와의 유산으로서 오늘날까지 전해진 것 가운데 가장 돋보이는 것은, 가마쿠라의 5산五山이든, 에도 및 나고야의 성이든, 닛코산日光山[180]이든, 도에이산東叡山[181]이든, 조조지增上寺든 어느 것이든 모두 다 성대한데, 특히 괴이하게 여길 만한 것은 그 시대의 일본에서 이같은 대규모 공사工業를 일으킬 수 있었다는 한 가지 사실이다. 과연 나라 전체 경제의 비율에 적절한 것이었까, 나는 결코 이를 믿을 수 없다.

지금 국내에 남아 있는 성곽은 물론 신사와 불각의 고대 유적으로서, 때로는 대불大佛과 대종大鐘 때로는 대가람 등 장대한 것이 남아 있음은 대개 다

---

만든 명군'이라고 불린다. 도키요리는 그의 손자이며, 사다토키는 도시요리의 손자이다. 모두 다 가마쿠라 막부의 싯켄으로 뛰어난 인물이었다는 평가를 받고 있다. 야스토키는 스스로 검소했던 것으로도 유명하다.

180 닛코산의 천태종 윤왕사(輪王寺)를 말한다.

181 도쿄 우에노에 있는 히에이잔을 가리킨다. 동쪽의 히에이산이란 뜻으로, 교토의 히에이잔(比叡山)에 대비하여 이름한 것이다. 천태종 사찰로 유명한 간에이지(寬永寺)가 있다. 교토 히에이잔이 교토의 귀문 위치에 해당하듯 도에이잔은 에도성의 귀문 위치에 해당한다. 이에 따라 에도성을 지키기 위해 2대 쇼군 이에미쓰의 명에 따라 간에이지 건립이 시작되어, 1625년 이에미쓰가 쇼군일 때 혼포(本坊, 주지가 거처하는 곳)가 완성되었다. 현재 우에노에 있는 도쿄국립박물관 부지에 해당한다. 그 뒤 주요 가람들이 하나씩 건립되었고, 1698년 중심 가람인 곤폰추 본당(根本中堂)이 건립되었다. 초대 주지는 덴카이(天海)이며 2대 주지는 구카이(公海)이다. 도쿠가와 쇼군 가의 보리사(菩提寺)로 15인의 역대 쇼군 중 6명의 묘가 이곳에 있다. 원래 도쿠가와가의 보리사는 2대 쇼군 도쿠가와 히데타다(秀忠)가 잠들어 있는 정토종 사찰 조조지였지만, 3대 쇼군 이에미쓰가 간에이지를 자신의 장의 장소로 선택하면서 도쿠가와 쇼군가의 두 번째 보리사가 되었다. 1869년 5월 15일, 유신혁명군과 창의대 사이에 벌어진 우에노 전투 때 가람 대부분이 불타 없어졌다.

신도와 불교의 번성을 드러내는 것이 아니라 독재군주가 번성했음을 증거해 주기에 족할 따름. 드물게 상수도[182]와 수로水道掘割[183] 등의 대공사를 일으킨 적도 있었지만 결코 인민의 뜻에서 나온 것은 아니다. 단지 그때의 군주나 재상, 관리有司의 취향에 따라서, 이를테면 백성民의 질고疾苦를 묻고 그들의 편리함을 추측한 것일 따름.[184] 물론 고대의 무지한 세상이었기에 정부에서 홀로 사업을 벌이는 것은 불가피한 형세였는데 이를 괴이하게 여길 자가 어디 있었겠느냐. 지금 관점에서 그러한 거동을 시비할 이치는 만부당하지만, 국재國財의 축적과 비산은 그 길이 달라서, 경제에 한없는 불편을 낳고 명군현상名君賢相의 세상이든 폭군과 탐관오리의 시절이든 공통적으로 이러한 폐해에서 벗어날 수 없었음은 명백하게 밝힐 수 있는 것이므로, 후세에 적어도 여기까지 안목이 이를 자가 나온다면 두 번 다시 그런 전철을 밟아서는 안 된다.

명군현상이 틀림없이 유용한 일에 재화를 썼다고 해도 그 유용함이란 군주와 재상의 뜻에 따라 정해지는 유용함이므로, 사람들의 취향에 따라 무武를 유용하다고 하는 자도 있을 것이고 문文을 유용하다고 하는 자도 있을 것이며, 때로는 진짜 유용한 일을 유용하다고 하는 자도 있겠지만 또는 무용한 일을 유용하다고 보는 자도 있으리라. 아시카가 요시마사시대에 정부에서 영令을 내려 모든 차용금에 관한 약속을 파기해 버리고 이를 덕정德政[185]이라고

---

182 에도시대에는 이미 식수를 공급하는 상수도가 설치되어 있었다. 다마가와 상수도(玉川上水), 산나 상수도(神田上水) 등이 대표적인 상수도이다.

183 '수로' 또는 '운하'를 말한다. 에도시대 오사카 서구에 설치된 교마치운하가 대표적이다. 1617년에 개설되었으며, 오사카의 상업 발전에 큰 기여를 했다. 전체 길이는 1.1km에 달했다. 제2차 세계대전이 끝난 뒤 방조제 공사 때문에 매립되어, 지금은 사라지고 없다.

184 『한서』「순리전(循吏伝)」편에 나오는 구절이다.

185 '덕정령'이란 가마쿠라 막부에서 무로마치 막부시대에 걸쳐, 막부가 토창(土倉) 등의 채권자나 고리대금업자에게 명령하여 저당 잡은 토지를 원래 소유자에게 돌려주고 채무를 면제해 준 정책을 가리킨다. 1297년 가마쿠라 막부시대 말기에 사다토키가 과다

이름 붙인 적이 있었다. 도쿠가와 막부시대에도 이와 비슷한 사례가 없지 않았다. 이런 것들도 정부에서 덕이라고 말하면 덕이 되는 것과 마찬가지다.[186]

국내의 축적자蓄積者는 어느 누구든지 비산자費散者의 조치에 대해 조금도 입을 댈 수 없는 분위기였기에, 비산자는 지출을 헤아려 수입을 제어하는 것이 아니라 지출과 수입 모두에 제한이 없었고, 단지 백성下民의 생계를 살펴 종전의 상태에 머물면 이를 최고의 인정仁政이라고 여기고 따로 돌아보지 않았다. 세세연년 똑같은 형태의 일을 되풀이하여 이쪽에서 모으면 저쪽에서 없애고, 한 글자를 두 사람이 쓰고, 그렇게 수백 년 뒤의 오늘에 이르렀는데, 돌이켜 고금을 비교하고 국내全國 경제의 유래를 살펴보면 그 진보의 느림遲에 참으로 놀라지 않을 수 없다.

이에 관한 사례를 하나 더 들면, 도쿠가와 치세 250년 동안 나라 안에서 한 명의 병사寸兵도 동원된 적이 없음은 아주 먼 옛날부터 따져도 세계에서 유례가 없는 태평이었다고 할 수 있다. 이처럼 세계에서 유례가 없는 태평 세상에 살다보면, 일본의 인민이 어리석다고 해도, 공예 분야의 도道가 열리지 않았다고 해도, 설령 그러한 축적이 서서히 진행되었다고 해도, 250년

---

한 부채에 시달리던 고케닌들을 위해 처음 실시했다. 무로마치 막부 시절에는 빈곤에 시달리던 백성들이 집단행동을 하면서 '덕정령'의 실시를 요구해 모두 13차례나 실시되었다. 그러나 이런 정책은 일시적인 효과 밖에 거두지 못하고 모두 실패로 돌아갔다. 에도시대에도 '덕정령'은 몇 차례 실시되었다. 간세, 교호, 덴포 개혁 등 에도시대의 3대 개혁이 실시될 때마다 사치금지, 풍기문란 단속 같은 '검약령'과 함께 민간의 대부금리 인하, 채무감경 정책 등이 함께 실시되었다. 당시 하타모토 고케닌 가운데에는 궁핍으로 인해 가록을 담보로 구라야도(藏宿)에게 돈을 빌리는 경우가 많았다고 한다.(박진한, 『일본 근세의 서민지배와 검약의 정치』, 혜안, 2010 참조)

186 막부나 돈을 빌린 무사, 백성의 입장에서 보면 덕정이 될 수 있지만, 거꾸로 채권자의 입장에서 보면 이것은 덕정이 아니라 폭정이다. 이런 무리한 정책은 그 뒤 금융업자가 무사나 백성들에게 대출해주는 것을 꺼리도록 만들어 결과적으로는 이들이 더 어려워지게 만들었다.

동안이면 경제적으로 장족長足의 진보進步를 이뤘었어야만 할 터인데, 실제로 그렇지 않았음은 무엇 때문이겠느냐. 이를 오로지 쇼군과 각 번주들의 부덕不德 탓으로만 돌릴 수는 없다. 만약 이것을 군주와 재상, 관리의 부덕부재 不德不才에서 유래한 재앙禍이라고 한다면, 그 부덕부재는 그 사람들의 죄가 아니라 그러한 위치에 있으면 어쩔 수 없이 부덕부재로 될 수밖에 없는 형세가 있어서 그 형세에 쫓긴 것이다. 따라서 경제 한 측면에서 논한다면 명군 현상도 생각 밖으로 의지할 게 못 되고 천하의 태평도 생각 밖으로 공능이 얇은 것이다.

어떤 사람이 주장하길 전쟁은 정말로 두렵고 증오할 만한 재앙이지만 그 나라의 경제에 미치는 영향은 이를 인체에 비유하자면 금창金創[187]과 같아서, 일시적으로 사람의 눈과 귀를 놀라게는 하겠지만 생명의 주요 부분과 관계가 없다면 그 상처는 생각 밖으로 빨리 아물며, 오로지 경제에서 각별히 두려워해야 할 것은 금창이 아니라 폐결핵[188]처럼 날마다 달마다 조금씩 쇠약해지는 병에 있다고 한다.

이 주장을 바탕으로 생각해보면, 우리 일본의 경제도 처음에 권력의 편중

---

187 칼에 벤 상처를 가리킨다. '금창(金瘡)'이라고도 쓴다. 센자키 아키나카는 금창을 '전쟁'으로 번역하고 있다. 福澤諭吉, 先崎彰容 全譯, 『文明論之槪略』, 角川文庫, 2017, 284쪽.

188 원문에는 '피로증(彼勞症)'으로 되어 있다. '결핵' 혹은 '폐결핵'을 가리킨다. '노증(勞症)'이라고도 썼다. 당시 결핵의 주요 증상이 만성적인 피로였기 때문에 이런 이름이 붙은 것으로 보인다. 오늘날에는 일본에서도 그냥 '결핵(結核)'으로 쓴다. 후쿠자와가 이 책을 쓸 당시 만해도 결핵은 그 증상만 알 뿐, 결핵의 병원균에 대해서는 전혀 알지 못했다. 결핵균은 1882년 독일의 세균학자 로베르트 코흐(Robert Heinrich Hermann Koch, 1843~1910)가 처음 발견했다. 코흐는 이 발견으로 1905년 노벨의학상을 수상하였으며, 그 밖에도 탄저균(1877), 콜레라균(1885)을 발견해, 세균학의 아버지로 불린다. 참고로 유전자 분석의 발달에 따라, 1998년에 결핵균의 완전한 게놈 시퀀스가 밝혀졌다.

으로 인하여 축적자와 비산자 두 부류으로 나뉘고, 둘 사이에 기맥氣脈이 통하지 않아 날마다 달마다 쇠약해지지 않으면, 해가 가고 달이 가도 똑같은 상황에 머물고, 혹시 수백 년 동안 조금 나아졌다고 해도 성대하고 활발한 분야로는 도저히 들어갈 수가 없어서, 도쿠가와 씨 250년의 치세에서도 뚜렷한 진보를 볼 수 없음은 이를테면 경제의 폐결핵勞症이라고 해야 할 것이다(예로부터 일본 학자들의 논의에 정부의 간조 부교勘定奉行[189]와 군 부교郡奉行[190]는 세금징수 권한權을 나누지 않으면 안 된다는 말이 있었다. 생각건대 그 취지는 간조 부교에게 세금 징수 권한을 일임하면 저절로 가혹한 세금징수(취렴聚斂)에 빠질 수 있기 때문에 백성과 가까운 군부교의 권한權으로써 균형을 잡으려는 의도였으리라. 물론 같은 정부의 한 동굴 안에 있는 관리의 역할을 나눈다고 해도 실제로는 도움이 되지 않았겠지만, 그 논의의 취지를 추론하여 생각해보면 비산자[191]의 한 손에 재화운용 권한을 주는 일의 해를 옛날 사람들도 암암리에 알고 있었던 것이다).

## ▌경제 활동과 습관의 중요성

경제의 제2법칙에, 재물을 축적하고 또 이것을 비산함에는 그 재물에 상응하는 지력과 그 일을 처리하는 습관이 없어서는 안 된다고 했다. 무릇 이 재理財의 요결은 활발하고 도전적인 행동働과 근검절약하는 힘力에 달려 있는 것으로, 이 두 가지가 적절하게 되어 서로 견제하고 서로 균형을 이룰 때 비로소 축적과 비산이 성대해 질 수 있다. 만약 그렇지 않고 한쪽으로만 치

---

189 '간조 부교'는 에도막부시대 세금징수, 금전출납 등을 담당하던 재정분야의 최고 책임자를 가리킨다.
190 '군 부교'는 군의 종합적인 행정 및 사법 등의 책임자를 말한다.
191 '정부' 혹은 '막부'를 가리킨다.

우쳐 도전적인 행동은 없고 근검절약에 전념하면 탐욕과 인색에 빠지고, 근검절약의 정신은 잊고 도전적인 행동을 발휘하면 그 폐단이야 낭비와 남용이 되어 어느 것이든 이재의 근본을 거스르는 것이라고 말할 수 있다. 그런데 앞 단락에서 말했듯이, 나라 전체의 사람이 축적자와 비산자 두 종족으로 구분되어 그 분계가 판연할 때에는 그 종족 전체의 품행은 반드시 한 쪽으로 치우쳐, 갑 종족은 근검절약의 원소는 가지고 있어도 도전적인 행동을 잃고 인색이라는 폐단에 빠지지 않을 수 없고, 을 종족은 활발하고 도전적인 행동이라는 원소는 가지고 있어도 절약의 정신을 잃고 낭비라는 폐단에 빠지지 않을 수 없다.

일본 사람國人[192]은 교육이 골고루 퍼져 있지는 않아도 천품이 어리석지는 않으므로 이재理財 한 가지 일에서 특히 서투르다고 말할 이유는 없다. 다만 그 인간교제의 형세로 인해 갈라서는 안 되는 업業을 갈라서 각 종족이 각기 다른 습관을 형성하고 마침내 그 품행品行이 달라져 서투름을 드러내기에 이른 것이다. 그 품행의 본바탕素質은 결코 악성惡性이 아니기에 이를 적절하게 조화시켰다면 활발하고 도전적인 행동력과 근검절약[193]이라고 부르

---

192 여기서 '국인'이란 일본 국민, 일본 사람을 가리킨다. 다만 '국민'과 '국인'은 주요한 역사적인 개념이기 때문에 서로 구별할 필요가 있다. '국민'이란 근대국가를 구성하는 '국민으로서의 국민의식을 가진 사람'을 말한다. 반면 '국인'은 역사적으로 전혀 다른 계층을 가리킨다. '국인'은 원래 일본 가마쿠라시대의 지토 층에서 시작하여, 남북조시대에서 무로마치시대에 걸쳐서 각 율령국의 개발을 추진한 무사 계층을 일컫는 말이다. 국중(国衆, 코쿠슈), 국인중(国人衆, 코쿠진슈)이라고도 부른다. 전국시대에 늘어서서는 슈고 다이묘의 지배가 약해진 지역에서 국인이 독자적인 영주로 성장하기도 했다. 하지만, 대부분의 '국인'은 전국 다이묘의 가신단에 흡수되었다. 한편, 다이묘 수준의 세력을 지닌 '국인' 중에는 모리씨(毛利氏)와 조소카베씨(長宗我部氏), 류조지씨(龍造寺氏)처럼 전국 다이묘로 성장한 경우도 있었다. 모리씨는 조슈, 조소카베씨는 도사의 영주 가문이다.
193 원문에는 '감위활발 절검면강(敢爲活潑 節儉勉強)'으로 되어 있다.

는 것物을 낳아 이재에 둘도 없는 쓰임새가 되었을 터인데 그렇게 쓰이지 못하고 오히려 낭비와 남용, 탐욕과 인색의 형태로 변질된 것은, 분명 본바탕이 악성이어서가 아니라 조화의 적절함을 잃어버렸기 때문이다. 이를 비유하자면 산소와 질소가 조화를 이루면 공기라고 이름하는 물질物을 낳아 동식물의 생생함에 빠져서는 안 될 공덕功德을 이룰 수 있을 터이지만, 이 두 원소를 분리하여 각각 별개로 될 때에는 공덕을 이룰 수 없을 뿐만 아니라 오히려 사물의 생명을 해치는 것과 같다.

예로부터 우리나라에서의 이재의 양상을 살펴보면 돈을 쓰며 일을 벌이는 자는 늘 사족 이상의 통치자 집단이었다. 정부에서 토목공사를 일으키고 문무文武의 일을 도모함은 물론, 세간에서 책을 읽고, 무武를 익히고, 때로는 기예를 닦고 때로는 풍류를 즐기는 등, 그 일이 유용하든 무용하든 일신의 의식衣食을 꾀하는 것 이외의 여지를 마련하여 인생에서 어느 정도 고상한 부분에 마음을 쓸 수 있는 자는 모두 항상 사족 이상에 한정되었고, 그 품행 역시 자연히 영민하고 활발하여 과감하게 일을 벌이는 기력이 부족하지는 않았다. 실로 우리 문명의 근본이라고도 일컬을 만한 것인데, 다만 어떡하겠느냐, 이재理財 한 가지 일에 있어서는 수백 수천 년의 형세에 따라 나가는 건 알아도 들어오는 건 모르고, 없앨 줄은 알아도 모을 줄은 모르고, 가지고 있는 물건을 쓸 줄은 알아도 없는 물건을 만들 줄은 모르는 자들이었으므로, 그 사이에 저절로 낭비, 남용의 폐단을 피할 수가 없었다. 게다가 인습이 오래되다 보니 마침내 일종의 풍속을 이루어, 이재를 이야기함은 사군자의 일이 아니라고 하면서 이를 모르는 것을 부끄러워하지 않을 뿐만 아니라 오히려 이를 아는 것을 부끄러워하고, 사군자 가운데 가장 상류上流인 자와 이재에 가장 서툰 자는 말은 다르지만 같은 뜻[194]으로 되고 말았다. 이 또한 우원함의 극치라고 말할 수 있다.

또 다른 한편에서 농민, 상인 이하의 피통치자 종족을 보면, 상류 종족에 대하여 명확하게 분계를 긋고 마치 다른 장소에 별도의 하류 세계下界를 열어 인정과 풍속을 달리하고, 다른 사람의 지배를 받고 다른 사람의 경멸을 받으며, 말할 때에는 호칭을 달리하고195 앉을 때에는 좌석을 따로 하며, 의복에도 제한이 있고196 법률에도 차이가 있으며,197 심지어는 생명의 권의權義마저도 다른 사람에게 맡기게 되었다. 도쿠가와의 형법집律書198에,

아시가루(足輕)라고 하더라도 하찮은 조닌 백성의 신분으로서 법에 어긋나는 잡언을 하는 등 괘씸한 짓을 하여 부득이하게 칼로 베어 죽인 자는 자세히 조사한 뒤 이것이 틀림없다면 상관하지 말 것.

이라는 조항이 있었다. 이 형법律에 따르면 백성, 조닌은 늘 수천만 명의 적을 접촉하고 있는 것과 같아서 무사함은 요행으로 피하는 것일 따름. 자칫하

---

194 원문에는 '이자동의(二字同義)'로 되어 있다.
195 무사가 백성을 부를 때에는 '너', '그쪽' 등으로 불렀지만, 백성이 사무라이를 부를 때에는 '도노사마(殿樣)', '단나사마(旦那樣)'라고 불렀다.
196 농민은 목면이나 마로 만든 옷을 입었고 비단옷을 입는 것은 금지되었다. 화려한 색의 옷을 입는 것도 금지되었다.
197 같은 범죄를 범해도 무사와 백성에게 적용되는 형벌이 달랐다. 무사에게는 명예형인 할복을 인정해준 것이 대표적인 차이 중 하나다.
198 『구지가타오사다메가키(公事方御定書)』「하」권 『오사다메가키 100개조(御定書100個條)』중 제71조이다. 이 조항은 「학문의 권장」 「제6편」에도 나와 있다. 그런데 이에 관한 후쿠자와의 설명은 어느 정도 과장되어 있는 것으로 봐야 한다. 에도시대에 '기리스테고멘'이 실제로 행해진 경우도 거의 없었을 뿐만 아니라, 실제로 무사라고 하더라도 백성, 조닌을 살해할 경우 예외적인 경우를 제외하고는 처벌을 받았다.(『福澤諭吉全集』 6, 46~49쪽) 후쿠자와도 1890년 발표한 「국회의 전도」라는 논문에서 이 부분에 관한 견해를 정정하였다.(福澤諭吉, 伊藤正雄 譯, 『文明論之槪略』, 慶應義塾大學出版會, 2010, 37쪽 참고)

면 생명도 안심할 수 없는데 어찌 다른 것을 돌아 볼 겨를이 있었으랴. 염치와 공명의 마음은 이미 온몸에서 깡그리 털어내 버렸고 또 학문, 기예 등에 뜻을 둘 여지는 남아있지 않으며, 오직 위의 명령에 따라 정부의 비용을 댈 뿐으로서 몸과 마음이 함께 속박당한 것이라고 말할 수 있다.

그렇지만 인류의 천성상 마음의 작용은 어떤 형태의 술책을 쓴다고 해도 완전히 이를 압착하여 가둘 수는 없으며 어딘가 틈을 찾아 기어이 빠져나갈 수 있는 길이 없을 리 없다. 지금 이 백성, 조닌 같은 신분도 본래 진퇴는 자유롭지 않았지만 사재를 축적하고 재산을 운용하는 일 한 가지에서는 그 마음의 작용을 넓힐 수 있는 길이 열려 있었고 이를 가로막는 것도 적었다. 이 때문인지 어느 정도 기력이 있는 자는 축재에 마음을 바쳐 천신만고를 꺼리지 않고 근검절약하여 종종 거대한 부를 모으는 경우가 없지 않았다. 그렇지만 원래 이런 무리들은 오로지 부를 탐하여 부를 이룬 자들로서 달리 뜻을 둔 곳이 있지는 않고 부를 추구함이 다른 목적을 달성하기 위한 방편도 아니라서, 참으로 이게 평생의 둘도 없는 목적인 듯했다.

따라서 인간세상, 부 외에 귀한 것이라곤 없고, 부를 팽개치고 바꿀 만한 것도 없으며, 학술学術 이상으로 사람 마음의 고상한 부분에 속하는 일들事件은 쳐다보지도 않았을 뿐만 아니라 오히려 사치 중 한 항목으로써 금하고 상류 사람들의 거동을 보며 은밀히 그 우원함을 비웃게 되었다. 그때의 형세에서는 또한 까닭이 없지가 않겠지만, 비열하면서도 도전적인 기상이라곤 없는 그 품행은 참으로 천함을 감내해야 하는 것이었다.

참고로 일본국 안에서 부호라고 일컫는 가문家의 유래와 흥망의 형태를 탐색해 보면 이에 관한 명백한 실증을 볼 수 있을 것이다. 예로부터 대상인이나 호농 가문을 일으킨 자는 결코 학자나 사군자 부류가 아니며, 100의

99는 배운 것 없고 기술도 없는 야인野人으로, 당연히 부끄럽게 여겨야 할 것을 부끄러워하지 않고, 참을 수 없는 것을 참으며, 오로지 인색 한 가지 방법으로 축적한 자일 따름. 또 그 가문을 망하게 한 자들을 보면 기력이 부족하여 축적의 기술을 게을리 했든지 아니면 주색향연과 육체의 욕망을 마음껏 부리다가 돈을 잃은 것에 지나지 않는다. 저 사족 부류가 표연飄然하게 재산産을 관리하지 않고 자신이 좋아하는 것에 빠져도 결코 뜻을 굽히지는 않으며 오히려 뜻한 일을 이루기 위해 가난도 걱정하지 않는 것에 견주어보면 같은 날 논할 게 아니다. 물론 육체의 욕망 때문에 집안을 망하게 하는 것이나 표연하여 집안을 망하게 하는 것이나 그 집안을 망하게 하는 실상實은 같지만, 마음心思이 향하는 곳을 논한다면 상류上流의 사람에게는 여전히 지덕이 활동할 여지가 남아있고 하류下流의 사람에게는 오로지 돈을 밝히고 육체의 욕망을 좇는 한 가지 원소만 있는 듯하다. 그 품행의 차이는 역시 크다고 말할 수 있다.

이러한 사정으로 인해 피통치자 부류의 근검절약은 그 형태形가 바뀌어 탐욕과 인색이 되고, 통치자 부류의 활발함과 도전적인 행동은 그 본성性이 변하여 낭비와 남용이 되어, 둘 다 이재의 쓰임에는 어울리지 않은 채 오늘날의 형국에 이르게 된 것이다. 대체로 우리 일본이 가난하다고는 해도 천연자원이 부족하지는 않으며, 하물며 농업農耕 한 가지에서는 세계 만국에 자랑할 만한 것이 많음에야 이를 결코 타고난天然 빈국이라고는 말할 수는 없다.

혹시 세법이 가혹한 것이냐. 세법이 가혹하다고 해도 그 세금을 걷어서 바다에 던져 버리는 게 아니라면 나라 안에 남아서 재산과 자본財本의 한 부분이 되지 않을 수가 없다. 그런데도 오늘날의 형국을 볼 때 나라 전체가 가난한 건 무엇 때문이냐. 분명 재화가 부족한 게 아니라 그 재화를 관리하는 지력이 부족한 것이다. 그 지력이 부족한 게 아니라 그 지력을 양단하여 상하가 각각 한 부분씩 맡고 있기 때문이다.

이를 개괄하여 말하자면, 일본국의 재화財貨는 개벽한 처음부터 오늘날에 이르기까지 아직 그에 상응할 만한 지력을 만나지 못한 것이라고 말할 수 있다. 생각건대 양단된 이 지력을 조화시켜 하나로 합치고 실제 용도에 적합하도록 만드는 것이 경제의 급선무이긴 하지만, 수백 수천 년 동안 지속된 습관이기에 하루아침 하루저녁의 운동으로 변혁할 수 있는 것이 아니다. 근래에 이르러 작으나마 그 운동의 실마리가 보이는 듯하지만, 상하의 종족[199]이 서로 그 장점을 택하지 않고 오히려 단점을 배우는 경우가 많다. 이 역시 어찌할 수가 없는 형세로서 꼭 그 사람의 죄는 아니다. 탕탕한 천하의 대세는 상고上古로부터 흘러 지금 세상에 이르렀고, 억조의 인류를 밀어뜨리며 자신이 가고자 하는 곳으로 기우는 것이기에 지금 와서 갑자기 이에 저항할 수 없음도 또한 당연하다고 말할 수 있다.

---

[199] 상하의 종족이란 통치자와 피통치자, 생자자와 비생자자로 불리된 두 계층을 가리킨다.

# 제6권

제10장 자국(自國)의 독립을 논함

# 제10장
# 자국自國의 독립을 논함

## | 일본문명론의 당면 과제—우리나라의 독립

　제8장과 제9장에서 서양 여러 나라와 일본문명의 유래를 논하였으므로 이제 그 전체 모습을 살펴서 이를 비교해보면, 일본문명은 서양문명보다 뒤처져 있다고 말하지 않을 수 없다. 문명에 앞뒤가 있다면 앞선 자는 뒤처진 자를 다스리고制[1] 뒤처진 자는 앞선 자로부터 다스려지는 게 이치다.[2]

　옛날 쇄국할 때에는 우리 인민이 서양 나라라는 것을 당연히 알지 못하였지만 지금처럼 이미 그 나라들이 있음을 알고, 또 그 문명의 상태를 알고, 그 상태를 우리와 비교하여 앞뒤의 차이가 있음을 알고, 우리 문명으로는 그들에게 미치지 못함을 알며, 문명이 뒤처진 자는 앞선 자로부터 다스려지게 된다는 이치도 아는 때에, 그 인민이 마음속으로 먼저 신경쓰는 것은 자기 나

---

1　'제'는 명사로는 '제어', '지배', '제압' 등으로, 동사로는 '다스리다', '제어하다' 등으로 번역하였다.
2　존 스튜어트 밀은 『대의정부론』 제16장에서, 고도로 문명화된 국민(a highly civilized and cultivated people)이 열등하고 뒤처진 민족(an inferior and more backward portion of human race)을 지배하는 것이 후자에게 이롭다고 본다. 그 예로 웨일스 또는 스코틀랜드의 하이랜드 사람들이 영국의 구성원이 된 경우와 나바르 지역의 바스크가 프랑스 민족의 일원이 되면서 프랑스 시민과 동일한 권리와 보호를 받게 된 경우를 들고 있다. 존 스튜어트 밀, 서병훈 역, 『대의정부론』, 아카넷, 2012, 290쪽.

라의 독립 여부 하나에 달려있지 않을 수 없다.

무릇 문명이라는 것物이야 지극히 광대해서 대개 인류의 정신이 도달하는 것은 모조리 그 이 범위區域 안에 들지 않는 게 없다. 외국에 대하여 자국의 독립을 도모하는 것 따위는 본래 문명론 중에서도 아주 사소한 일개 항목에 지나지 않지만, 이 책 제2장에서 말한 것처럼 문명의 진보에는 여러 단계가 있으므로, 진보의 단계에 따라 그에 맞는 조치가 취해지지 않으면 안 된다. 지금 우리 인민이 마음속으로 우리나라의 독립 여부에 신경을 쓰며 우려함은 곧 우리나라의 문명 단계가 지금 참으로 자국의 독립에 관해 걱정해야 하는 위치地位에 있고, 그 정신이 도달하려는 곳도 마침 이 한 국면에 한정되어 미처 다른 것을 돌아볼 겨를이 없다는 증거이다. 따라서 내가 이 문명론의 마지막 장에서 자국의 독립이라는 한 항목을 내건 것도 결국은 전체 인민의 방향에 따라서 그 정신이 정말로 도달하려는 곳에 관한 논의를 세우기 위함이다. 문명의 온오蘊奧³를 완전히 드러내어 이를 상세하게 밝히는 일 같은 것은 뒷날 후진의 학자에게 맡길 따름.


## ▎봉건시대의 가치체계와 사회관계

옛날 봉건시대에는 인간의 교제에 군신주종의 관계間柄라고 말하는 것이 있어서 세상을 지배하고, 막부와 함께 각 번의 사족이 각각 그때의 주군에게 온 힘을 다 바침은 물론 먼 선조의 유래도 잊지 않고 일향일심一向一心으로 주군 가문의 은혜를 생각하며 '그 밥을 먹는 자는 그 일에 죽는다'⁴고 하여

---

3   학문·기예 등이 아주 깊고 심오한 경지에 도달해 있음을 가리킨다.
4   『사기열전』의 「회음후열전(准陰侯列傳)」에 나온다. 「회음후열전」은 초·한시대 병법

자신의 한 목숨도 완전히 주군의 가문에 속하는 것으로 여겨 자신도 감히 이를 함부로[5] 쓰지 않았고, 주군主人은 구니國의 부모라고 일컬어지며 신하를 자식같이 사랑하여 은의恩義 두 글자로 상하 관계를 둥글면서도 단단하게 다스렸는데, 그 관계의 아름다운 모습, 때로는 부러워할 만한 것이 없지 않았다. 때로는 진정한 충신 의사가 아니더라도, 일반적으로 의리義를 귀하게 여기는 풍속이었기에 그 풍속에 따라 몸소 자신의 품행을 고상하게 지켜야만 했었다.

예를 들어 사족 사이에서 그 자식을 훈계할 때에는 반드시 신분 또는 가격家柄 등의 말을 사용하여, 사무라이 신분으로서 비열함은 안 된다고 말하거나, 아니면 선조 이래의 가문에 대해 말하거나, 아니면 주인님께 면목이 없다고 말해, 신분·가격·주인님은 참으로 사족이 따라야만 하는 큰 도리大道로서, 평생의 품행을 유지하는 밧줄과 같았다. 서양 말로 이른바 '모랄타이'[6]라는 것이다.

---

가 한신에 관한 이야기다. 회음은 출신지역이다. 진시황이 죽은 뒤 세상이 다시 어지러워지자 한신은 항량, 항우 등에게 의탁하였으나 뜻을 이루지 못하였고, 유방의 한나라로 도망쳐 곡식창고를 관리하다가 죽을 고비에 빠지기도 했지만, 하우영과 소하의 천거를 받아 대장군이 된 뒤부터는 군사적 재능을 발휘하여 유방의 천하통일에 큰 공을 세운다. 그러나 북방을 모두 평정한 뒤 유방에게 요구해 제나라 왕이 되었다. 항우가 패배한 뒤 초나라 왕이 되었지만 모반혐의를 받아 회음후로 강등되었고 결국 멸족의 벌을 받고 죽는다. 어려운 시기에 남의 도움으로 성공한 사람은, 목숨을 바쳐서라도 그 은혜에 보답해야 하며, 자신의 사적인 이익을 드러내어서는 안 된다는 교훈을 담고 있다.(사마천, 신동준 역, 『사기열전』 1, 위즈덤하우스, 2015, 803~849쪽)

5   인문은 '自由に反す'로, '지유'기 부정적인 의미로 쓰이고 있다.

6   영어로는 'moral tie'라고 한다. 신분을 넘어서 사람들을 연결하는 도덕적 일체감을 가리킨다. 후쿠자와 유키치는 기조와 토크빌의 영향을 받아 이 말을 사용하였다. 기조가 『유럽문명의 역사』 「제4장」에서 씨족(clan)의 형세를 논한 부분과, 「제11장」에서 귀족, 시민, 농민 등이 공통의 명칭과 명예감, 대외전쟁에서의 승리 등으로 인해 정신적으로 결속(모럴 타이)되면서 통합되어 가는 과정을 설명할 때 나온다. 이러한 정신적 일체감은 발루아 왕조(1328~1589)시기에 프랑스인을 신분을 넘어 프랑스 정신, 프랑스 애국주의 아래 하나의 국민으로 묶어 주었다. 여기에는 영국과의 백년전쟁(1337~

이 풍속은 단지 사족과 국군國君[7] 사이에서만 행해진 것이 아니라 널리 일본 전국의 민간民間에도 물이 들어, 조닌 집단仲間에서도 유행하고, 농민 집단에서도 유행하고, 에타 집단에서도, 히닌非人[8] 집단에서도, 무릇 인간의 교제가 있다면 아주 큰 것에서부터 아주 작은 것에 이르기까지 두루 퍼지지 않은 곳이 없었다. 예를 들어 조닌, 농민에게는 본가·별가別家의 의리가 있었고 에타와 히닌에게도 두목親分과 졸개子分의 구별이 있었는데, 그 의리의 견고함 또한 저 군신의 경우와 마찬가지였다.

이러한 풍속을 이름하여 때로는 군신의 의리라고 말하고 때로는 선조의 유서라고 말하고 때로는 위아래의 명분이라고 말하고 때로는 본말의 구별이라고 말하는데, 그 명칭이 무엇이든, 어찌됐건 일본이 개벽한 이래 오늘에 이르기까지 인간의 교제를 지배하면서 오늘날까지의 문명을 이루게 된 것은 이러한 풍속과 습관習慣에 힘입지 않은 것이 없다.

---

1453)이 중요한 계기로 작용하였다. 농민 출신 소녀 잔 다르크가 국가 영웅으로 떠올랐고 봉건귀족, 부르주아, 농민이 함께 영국에 맞서 싸웠다. 봉건시대 영주와 영민 사이에는 이러한 모럴 타이가 결여되어 있었다. 프랑수아 기조, 임승휘 역,『유럽문명의 역사 —로마제국의 몰락부터 프랑스혁명까지』, 아카넷, 2014, 373~380쪽; 알렉시스 드 토크빌, 이용재 역,『아메리카의 민주주의』1, 아카넷, 2018, 397~402쪽.

7  각 구니(國)의 영주를 가리킨다.
8  '히닌'은 에도시대 천민 신분 가운데 하나이다. 사농공상 안에는 포함되지 않지만, 공가, 의사, 가미히토(神人, 신직 종사자)처럼 신분제도 상의 신분 중 하나로 '인별장(人別帳)'에 기록되었다. '인별장'에 기록되지 않는 산카(山窩, 산속에 사는 유랑민)나 게닌(下人)으로 불리던 부자유민이나 노예와는 전혀 다르다. 사형 집행, 죄수를 돌보거나 경비 업무, 죽은 말이나 소의 사체 처리, 피혁 처리 등 다양한 일에 종사하였다. 에도에만 약 3천명의 히닌이 있었다고 하며, 에타 중 최고 높은 사람인 에타가시라(穢多頭)의 관리, 감독을 받았다.

## | 유신정변 전후의 세태

최근 외국인과 교류를 맺기에 이르러 우리나라와 그 나라의 문명을 비교해보면, 외형으로 드러나는 기술과 공업工業이 저들에게 미치지 못함은 당연히 두말할 필요가 없지만 인심人心의 내면 또한 그 취지趣가 다르다. 서양 나라들의 인민은 지력이 활발하면서도 스스로 자신身을 잘 다스리고 그 인간의 교제는 정연하면서 사물에 질서가 갖춰져 있어, 크게는 한 나라의 경제에서부터 작게는 자기 집과 일신의 처신處分에 이르기까지 지금의 상태로는 우리 일본 사람이 시도한들 도저히 따라잡을 수 없다. 개괄하여 말하자면, 서양 나라들은 문명을 이루었고 우리 일본은 아직 문명에 이르지 못하였음이 지금에 와서야 비로소 명백해져 사람들도 마음속으로 이를 받아들이지 않을 수 없다.

이 때문인지 세상의 식자들이 우리 일본이 문명화되지 못한 까닭의 원인을 찾아서 우선 가장 먼저 이를 우리의 고풍과 습관古風習慣의 부적절함에 돌리고, 곧바로 이 고습을 일소하기 위한 개혁에 착수하여 폐번치현을 시작으로 모든 낡은 것舊物들을 없애고, 다이묘는 화족이 되고 사무라이는 관속貫屬[9]이 되고 언론을 열어 인물을 등용하던 시절이기에, 지난 날 5천 석 받던 대신도 병졸이 되고[10] 일인부지一人扶持[11]의 아시가루도 현령[12]이 되고, 몇

---

9　'관속'은 원래 원적지를 의미하는 용어였다. 판적봉환 직후인 1871년 2월 다이묘들은 화속이라는 칭호를 받는 대신 도쿄 부의 관속이 되었다. 이로써 다이묘들은 독립적인 번주의 지위를 잃고 모두 도쿄로 이주하였다. 법률적으로는 도쿄 부에 소속된 상태에서 원래 자기 번의 지번사에 임명된 것이다. 일반 가신들은 폐번치현 뒤 각자가 소속된 번의 관속이 되었다. 폐번치현 뒤 이전의 가신들은 번 대신 새로 설치된 현을 원적지로 하는 '어느 현의 관속 누구누구'로 일컬어지게 되었다. 1875년 화족과 사족으로 신분제가 재편되면서 관속이라는 용어는 폐지되었다. 후쿠자와 유키치는 여기에서 봉건지배체제의 신분이 급속하게 해체되어가고 있는 현실을 설명하고 있다.

10　1872년 12월 '징병조서'가 발표됨으로써 징병제가 실시되었다.

대에 걸쳐 환전을 생업으로 이어온 호상豪商[13]은 파산하고 땡전 한 푼 없던 노름꾼은 관청의 납품업자가 되고, 사찰은 궁宮이 되고 승려는 신관이 되고,[14] 부귀와 화복禍福은 오로지 각자의 능력働에 달려있어 이른바 공명은 자재自在로 손에 침을 뱉어서 이룰 수 있는 시절이 되었고,[15] 개벽 이래 우리 인민의 마음 속 깊은 곳에 스며들어 있던 은혜와 의리, 유서, 명분, 차별 등의 사고방식은 차츰 사라지고 능력 한 쪽으로 중심重心이 쏠리게 되었는데, 좀더 무리하여 이를 묘사한다면, 인심이 활발해져서 오늘날 세간世俗에서 말하듯이 문명이 쏜살같이 빠르게 나아가는 형국이 되었다.

그런데 이처럼 공명은 자재로, 문명은 쏜살같이 빠른 형국이 되니 식자들이 바라던 대로의 목표를 이루고 문명은 이처럼 쏜살같이 빠르고도 정말로 쏜살같이 빠르게 되었으니 이제 달리 추구할 만한 것이야 없지 않느냐고 묻는데 결코 그렇지 않다. 식자들은 지금의 문명을 두고 결코 스스로 만족하는 자가 되어서는 안 된다. 왜냐하면 지금 사물의 형국[16]이 우리 인민의 품행에 끼치는 영향을 보면, 인민은 마치 선조로부터 전해 내려오던 무거운 짐은 내

---

11  겨우 한 사람을 부양할 수 있을 정도의 봉록을 가리킨다. 하급무사에게는 보통 현미로 하루에 5홉(合)정도 비율로 봉록이 지급되었다.

12  '현령'은 지금은 현지사를 가리키는 말이다. 1871년 폐번치현 뒤부터 1886년까지 현의 장관을 현령으로 일컬었다.

13  에도시대에 화폐교환(兩替)을 주업으로 하는 상인 중 단순히 소규모의 동전 교환을 하는 상인은 '전양체(錢兩替)'라고 불렸고, 예금과 대부 업무 등 오늘날의 은행과 비슷한 역할을 하던 대규모의 환전상은 '본양체(本兩替)'라고 불렸다.

14  유신정부의 신·불(신도와 불교) 분리정책에 따라, '신불습합'에서 불교와 신도가 분리되어 가는 과정을 설명하고 있다.

15  유신정변 직후에는 하급무사에서 정부 관리로 벼락출세한 사람이 많았다. 특히 메이지 유신을 주도한 사쓰마, 조슈의 하급무사 중에는 유신정변 과정에서의 공적을 내세워 하루아침에 정부의 고관으로 진출한 사례가 적지 않았다. 후쿠자와는 당시의 이런 현실을 비꼬아서 말하고 있다.

16  '현재의 사회 상황'이라는 의미이다.

려놓고 아직 대신할 짐은 지지 않으면서 쉬고 있는 자처럼 되었기 때문이다. 그 까닭은 아주 명확하다.

폐번 뒤 다이묘와 번사 사이에는 이미 군신의 의리가 없다. 이 의리를 억지로라도 은밀히 지키려면 가끔 우원하다는 말을 들어도 할 말이 없을 것이다. 아시가루가 대의 장隊長이 되어 작년의 대장支配頭[17]을 지휘해도 그 명령을 거스르면 안 된다. 위아래의 처지가 달라지고 법과 제도가 엄격해진 것 같지만, 이전의 상관도 단지 돈만 내면 병졸로 지내는 병역의무는 피할 수 있다.[18] 따라서 아시가루도 뽐내며 대장隊長으로 될 수 있었고, 그 상관 또한 만족하면서 한가롭게 된 것이다. 노름꾼이 관청의 납품업자가 되어 위세를 부리면, 파산한 조닌은 시세를 원망할지언정 자신을 책망하지는 않으면서 역시 기분 좋게 세상을 살아갈 수 있다. 신관이 때를 만났다며 만족스런 낯빛을 짓는다면, 승려 또한 공공연하게 부인을 두면서 역시 만족스런 낯빛을 짓는다.

개괄하여 말하자면 지금 시기는 상하귀천 모두 만족스런 표정을 지을 수

---

17 에도 막부의 무관 직제로는 5개의 번(番)을 들 수 있다. 각각 대번(大番), 서원번(書院番), 소성조번(小姓組番), 신번(新番), 소십인조(小十人組)라고 부른다. 이 5개 번에서 쇼군 경호, 에도성 안팎의 경비와 에도 시내 순찰, 오사카 교토 등 직할지의 경비를 맡고 있었다. 각 반은 10인에서 50인 규모의 인원(組衆)으로 구성된 구미(組)가 많게는 12개까지 있었다. 서원번의 경우를 예로 들면, 모두 10개 구미로 편제되어 있었으며, 각 구미에는 반가시라(番頭) 1인(若年寄支配), 구미가시라(組頭) 1인(若年寄支配), 구미슈(組衆) 50인(頭支配)으로 구성되었고, 그 외에 요리키 10기, 도신 20인이 배치되어 있었다. 본문은 최하의 말단 사무라이인 아시가루가 중간 정도 신분의 사무라이인 시하이가시라를 지휘하는 경우를 예로 들고 있다.

18 징병제가 처음 실시(1873)된 초창기에는 관료, 관립학교 교사, 호주 등에게 병역을 면제해 주는 예외규정이 많았다. 그중 '징병령' 제6장 제15조에 규정된 대인제도(代人制度)는 현금 270엔을 내면 병역을 면제해주는 제도였다. 이 제도는 1891년 병제개혁 때 폐지되었다.(성희엽, 『조용한 혁명─메이지유신과 일본의 건국』, 소명출판, 2016, 595~598쪽)

있으며, 빈곤과 궁핍 한 가지를 제외하고는 심신을 괴롭힐 것은 조금도 없다. 싸우다 죽으면 손해고, 복수는 헛되며, 전쟁에 나가면 위험하고, 배를 찌르면 아프다. 학문도 벼슬도 오직 돈 때문일 뿐, 돈조차 있다면 무슨 일이든 애쓰지 않아도 되고, 돈이 가는 곳은 천하무적이라고 하여 마치 사람의 품행이 돈에 의해 시세가 매겨지는 듯하다.[19] 이러한 형국을 옛날의 궁색窮屈하던 시절과 비교해 보면 어찌 마음이 편하지 않을 수 있겠는가. 따라서 말하노니 지금의 인민은 무거운 짐을 내려놓고 정말로 쉬고 있는 자들이다.

그렇지만 휴식이라 함은 해야 할 일이 아무것도 없을 때의 이야기이다. 일이 끝났든지, 아니면 또 해야 할 일이 없어서 휴식하는 것은 당연하지만, 지금 우리나라의 형국을 보면 결코 일이 없는 때가 아니다. 더구나 그 일은 옛날에 비해 더욱더 어렵다. 세상의 식자들도 여기에 마음을 쓰지 않는 것은 아니고 분명 휴식을 취할 수 없는 형세임을 알며, 될 수 있는 한 인심이 유능해지도록 이끌기 위해 학자는 학교를 세워서 사람을 가르치고 번역가는 원서를 번역하여 세상에 내놓고 정부도 인민도 오로지 학문과 기예에 힘을 다 쏟으며 시도해보고 있지만 인민의 품행에서는 아직 뚜렷한 공능이 나타나지 않고 있다. 학문과 기예에 몸을 맡긴 자들의 모습을 보면, 그 과업에 바쁘지 않은 것은 아니지만, 한 조각 본심으로 사유私有도 생명도 포기할 만한 장소라며 다짐하던 소중한 각오에 이르면, 혹 잊어버린 것 같으면서도, 어찌 되었건 관심두지 않는, 안락세계라고 말하지 않을 수 없다.

---

19 유신 이후 일본사회의 정신적인 진공상태를 설명하고 있다. 메이지유신으로 인해 봉건적 신분질서를 토대로 하는 사회적 유대가 해체된 뒤 이 공백을 채운 것은 물질적 안락이었다. 서구의 선진적인 물질문명이 급속하게 유입되면서 이러한 현상은 더욱더 심해졌다.

## ▌ 황학자皇學者 부류의 국체론

어떤 사람들은 여기에 주목하여 요즘 사람들의 소행을 경박浮薄하다고 여기면서 그 죄를 망고忘古 두 글자에 돌리고 나아가 대의명분[20]을 불러 일으켜서 옛날로 돌아가려고 하는데, 말하자면 그 가르침을 익히고 고대 신의 세계에서 증거를 찾아서 국체론이란 것을 외치며 이 논리로서 인심을 유지하려고 꾀하고 있다.[21] 이른바 황학皇學이라는 것이 이것이다. 이 교의教 또한 까닭이 없는 건 아니다.

군주제立君 나라에서 군주를 존숭하고 행정권을 이 군주에게 부여함은 원래 당연한 사리事理이고 정치적으로도 가장 긴요한 일이므로 존왕론은 결코 반박해서는 안되는 것이지만, 저 황학자 부류는 한 발 더 나아가 군주를 존숭함에 그 존숭하는 까닭을 정치적인 득실에서 찾지 않고 이를 인민의 지극한 회고의 정으로 돌리는데, 그 그릇됨이 심할 때에는 군주에게 허위虛位를 안기는 것도 마다 않고, 실實을 잊고 허虛에 기뻐하는 폐가 없을 수 없다.

무릇 인정人情이 향하는 곳은 일시적인 거동으로 쉽게 바꿀 수 있는 것이 아니므로, 요즘 사람의 지극한 정에 의지하여 군주를 존숭하는 가르침을 실현하기 위해서는 먼저 그 인정을 바꾸어 옛것舊을 잊고 새것新으로 나아가도록 하지 않으면 안 된다. 그런데 우리나라 인민은 수백 년 동안 천황이 있음

---

20 임금과 신하 사이의 '충'의 의리를 가리킨다.
21 『문명론 개략』이 발간되기 직전 간행된 국체론 관련 서적으로는, 1874년 『건국시체략설(建國之體略説)』(田中智邦), 『국체훈몽(國体訓蒙)』(太田秀敬)이, 1875년 『황국체가진(皇國体歌尽)』(加藤煕), 『국체대의(國体大意)』(石村貞一), 『국체야화(國体夜話)』(宇熹田小十郎) 등이 있다. 이처럼 국체론은 당시 유행처럼 번지고 있었다. 이는 1872년 정부에서 교부성(教部省)을 설치하고 전국의 국학자, 신관, 심지어 승려까지 교도직에 임명하면서 전국적으로 펼쳤던 국체사상 보급운동 덕분이었다. 교부성은 1877년 폐지되지만 이때 민간에 널리 뿌려진 국체사상은 시간이 흐를수록 강하게 뿌리내렸다.

을 모르고 단지 이를 구비口碑[22]로 전해 들었을 따름. 유신의 일대 거사維新一擧로 정치체재는 수백 년 전 옛날로 돌아갔지만 왕실과 인민 사이에 애틋한 정交情이 있는 것은 아니며 그 교제交際도 정치적인 관계일 뿐으로서, 정의 친소疏密를 논하자면 지금 인민은 가마쿠라 이래로 봉건 군주에 의해 길러졌기에 왕실보다는 옛날 봉건 군주에게 더 친밀함을 느끼지 않을 수 없다. 보천普天 아래[23] 주군은 오직 한 분뿐이라는 대의[24]로 그런 주장을 내세울 수는 있겠지만, 실제 현실에서 이를 잘 살펴보면 꼭 그렇지는 않음을 알 수 있을 것이다. 지금의 형세로서는 인민도 옛날을 잊고 봉건 군주를 사모하는 정情도 차츰 사라질 듯한데, 새롭게 왕실을 그리워하는 지극한 정至情을 조성하여 이로써 진짜 친자식처럼 만들려고 함은 지금 세상의 인심과 문명 아래에서는 대단히 힘들며, 거의 불가능한 일로 끝날 것이다.

어떤 사람이 주장하길 왕제일신王制一新은 인민의 회고의 정에 바탕을 둔 것으로서 인정이 패부覇府[25]를 싫어하고 왕실을 그리워했기 때문이라고 말하기도 하지만, 이는 필경 사실을 제대로 살피지 못한 주장일 따름. 만약 과연 이 주장대로 인정이 정말로 옛날을 그리워하는 것이라면, 수백 년 동안 민심을 물들인 패정覇政이야말로 정말로 그리워해야 할 터이리라. 대개

---

22  문자화되지 않고 입에서 입으로 전해내려 오는 이야기를 가리킨다.
23  '보천 아래'라는 말은 '천하(天下)'와 같은 의미이다.
24  원래는 『시경』「소아」편의 '북산(北山)'에 나오는 구절이다. 맹자가 이를 다시 인용하였다. 『맹자』「만장」편에 나온다. "지상에 있는 모든 토지는 천명을 받은 왕의 것이고, 거기에 사는 모든 백성은 왕의 신하"라는 '왕토왕민 사상'의 근거가 되는 구절이다. 오늘날의 정치적인 시각에서 본다면, 전제군주제의 이념을 표현하고 있는 것이라고 볼 수 있다. 『시경』「소아」편 '북산'의 원문은 다음과 같다. "溥天之下 莫非王土 率土之濱 莫非王臣 大夫不均 我從事獨賢." 『맹자』「만장」편의 원문은 다음과 같다. "詩云 普天之下 莫非王土 率土之濱 莫非王臣 而舜旣爲天子矣."
25  무력으로 정권을 잡은 자가 통치하는 정부를 의미한다. 여기서는 에도막부 정권을 말한다. 아래에 나오는 '패정'은 '패부 정치', 즉 '막부 정치'를 가리킨다.

지금 세상의 사족이나 그 밖의 자로서 선조의 유서 등을 외치는 건 대부분 가마쿠라 이후의 세태와 관계가 있다. 패정의 유래 또한 오래고도 넓은 것이라고 말할 수 있다. 또 만약 인정이 옛것을 잊고 새것을 그리워하는 것이라고 한다면, 왕정이 행해짐은 패정 이전의 일로서 가장 오래된 것이기에, 왕패王霸[26] 둘 중 어느 쪽을 잊겠는가, 분명 그중 가장 오래된 것을 잊는 것이 이치다.

또 인심이 왕실로 향함은 때時의 신구新舊가 아니라 대의명분이 그렇게 만든다는 주장이 있는데, 대의명분이란 진실무망無妄의 바른 도리正理[27]이리라. 진실무망의 이치理는 인간이라면 한순간도 떠나선 안되는 것이다. 그런데 가마쿠라 막부 이래 인민이 왕실을 알지 못한 게 거의 칠백 년에 가깝다. 이 칠백 년의 성상星霜은 어떠한 시간이었느냐. 이 주장에 따르면 이 칠백 년 동안 인민은 모두 다 방향을 그르쳤고, 대의명분도 완전히 땅에 떨어진 야만의 암흑 세상이었다고 말하지 않을 수 없다. 물론 인간사의 태평과 혼란은 1년 또는 몇 년의 경과만 보고 결정할 수 있는 것이 아니지만, 적어도 인심을 얻고 있으면서 스스로 방향을 그르쳤다는 것도 알면서 어찌 칠백 년이라는 오랜 세월을 용케 버틸 수 있었겠느냐. 게다가 실제로도 이를 증명할 수 있는 것이 있다. 사실 이 칠백 년 동안이 결코 폭란暴亂뿐인 세상은 아니었다. 지

---

26 '왕정'과 '패정'을 가리킨다.
27 『중용』 제20장에서 주자가 '성(誠)'에 관해 설명하는 장구(章句)에 나오는 구절이다. 원문은 다음과 같다. "誠者 天之道也 誠之者 人之道也", "誠者 眞實無妄之謂 天理之本然也, 誠之者 未能眞實無妄而欲其眞實無妄之謂 人事之當然也." 번역하면 다음과 같다. "'성'이란 진실하여 망령됨이 없음을 이르니, 천리의 본연이요, '성'하려는 것은 아직 능히 진실하여 망령됨이 없지 않되 그 진실하여 망령됨이 없고자 함을 이르니, 인사(人事)의 당연함이라." 이는 곧 사람은 마땅히 진실 무망하도록 노력하여 '성'에 이르러야 함을 이르는 말이다.(봉기종, 『중용강해』, 전학출판사, 2010, 373쪽)

금 문명의 원천을 알아보면, 열에 일고여덟은 이 시기에 성장하여 지금까지 전해진 선물이라고 말할 수 있다.

이런 사정을 바탕으로 생각해보면, 왕제일신의 원인은 인민이 패부를 싫어하고 왕실을 그리워함에서 비롯된 게 아니고 새로움을 잊고 옛것을 사모함[28]에서 비롯된 것도 아니며, 수백 수천 년百千年 동안 망각하고 있던 대의명분을 갑자기 생각해냈기 때문도 아니고, 오직 당시의 막부 정치를 바꾸려고 한 인심에 의해 이루어진 것이다. 일신一新의 과업이 모두 이루어져 천하의 정권은 왕실로 돌아갔으므로 일본 국민日本國民으로서 이를 존숭함은 맡은 바 당연한 직분職分이지만, 인민과 왕실 사이에 있는 것은 그냥 정치적인 관계일 따름. 그 정交情이 결코 갑자기 만들어질 수 있는 것은 아니다. 이를 억지로 만들려고 하면 그 목적은 이루지 못하고, 오히려 세간에 사이비 군자 부류를 낳아서 인정을 더욱 경박하게 이끌 수 있다. 따라서 말하건대, 황학자 부류의 국체론國體論은 지금의 인심을 유지하면서 그 품행을 고상한 영역으로 이끌어가는 도구로 삼기에는 부족하다.


## ┃ 예수교와 무역

또 한 부류의 학자들은 지금 인심의 경박함을 걱정하고 또 이를 구제함에 국체론으로도 공功을 이룰 수 없음을 알아서 곧바로 사람의 영혼에 호소하길, 예수의 종교를 펼쳐서 인심의 잘못을 밝히고 안심입명安心立命[29]의 지위

---

28  이 문장은 후쿠자와가 잘못 적은 것이다. 문맥상 '옛것을 잃고 새로운 것을 사모함'으로 바꾸어야 한다. 마루야마 마사오 역시 이를 지적하고 있다.(마루야마 마사오, 김석근 역, 『『문명론의 개략』을 읽는다』, 문학동네, 2007, 695쪽)
29  '안심입명'이란, 모든 것을 천명에 맡겨, 마음이 편안하고 흔들림이 없는 상태를 말한다.

를 주고 다중衆庶의 방향을 하나로 합쳐서 인류가 마땅히 따라야 할 큰 목적으로 정해야 한다고 주장한다.[30] 이 주장도 결코 경솔한 마음에서 나온 것은 아니다. 이 주장의 뿌리를 알아보면, 학자들의 생각에 지금의 인민을 보면 백 사람이면 백 사람 모두 다 지향하는 것이 다르고, 다중衆庶은 정치적인 일에 관해 일정한 주장이 없음은 물론 종교도 신神인지 부처佛인지 분명하지 않고 심지어는 무종교라고 이름붙여야 할 자도 있는데, 인류에게 가장 소중한 영혼이 머무를 곳도 알지 못하면서 어찌 다른 사람의 일人事를 돌아볼 겨를이 있겠느냐, 천도天道를 모르고 인류를 모르며, 부모자식도 없고 부부도 없으니 이는 꼭 현세現在의 지옥과 같은데, 적어도 세상을 걱정하는 자라면 이 상황을 구원하지 않을 수 없고 또 다른 한편에서 생각하면 종교를 통해 한번 인심을 유지할 수 있다면 다중이 머무를 곳 이에 비로소 정해지고 이를 널리 퍼뜨려擴 정치에 펼친다면 이로써 또한 국가 독립의 바탕으로도 삼을 수 있다는 취지이다.

이를 결코 경솔한 망설이라고는 말할 수 없다. 실제 이 도리道로 지금의 사민士民을 교화하고 그 마음의 잘못을 바로 잡아 덕의 문으로 들어가게 하고, 설령 천도天道의 극한極度에는 다다르지 못해도 부모자식이나 부부의 인륜을 밝혀서 효행과 정절의 마음을 권하고 자녀의 교육이 의무임을 알게 하고 축첩과 음행이 나쁜 일임을 분별하도록 하는 일 등과 같은 것은 세상의 문명에서 그 공능이 가장 큰 것이기에 당연히 흠잡을 건 없지만, 지금 바로

---

30  메이지유신 직후 실제로 기독교를 일본의 새로운 도덕적 기초로 삼아야 한다고 주장하는 사람들이 많이 있었다. 삿포로 농학교의 클라크, 구마모토 밴드가 대표적인 사람들이다. 메이로쿠샤에서도 이런 논의가 있었다. 스마일스의 『자조론』을 번역한 나카무라 마사오는 천황이 세례를 받아야 한다고도 주장했다. 이러한 기독교 정신을 토대로 전국 각 지역에 많은 기독교 학교들이 세워졌다.

현재 우리나라의 상태를 놓고 그 득실을 논한다면 나는 도무지 이 주장에 동의할 수 없다. 왜냐하면 저 학자들의 억측처럼, 예수의 가르침을 널리 퍼뜨려 정치에 미치게 하고 이로써 국가 독립의 기초를 세우려고 하는 주장에 대해서는 소견이 조금 다른 부분이 있기 때문인 탓이다.

원래 예수의 종교는 영원무궁함을 목적으로 삼아 행복과 안전도 영원을 기약하고 재난과 병고도 영원을 약속하며, 현재의 죄보다도 미래의 죄를 두려워하고 지금 생의 재판보다도 사후後生의 심판을 중요시하여, 결론적으로 지금 이 세상과 미래의 저 세상을 구별하여 논리를 세우고 그 주장하는 내용이 언제나 넓고 커서 다른 학문과는 취지가 완전히 다른 것이다.

일시동인一視同仁,[31] 사해형제四海兄弟[32]라고 말할 수 있으려면, 이 지구는 마치 한 집안과 같고 지구상의 인민은 동등한 형제와 같으면서도 그들이 서로 나누는 정에 두텁고 얇은 차이가 있어서는 안 된다. 사해가 이미 한 집안 같이 되었다면 집 안에 어찌 또 경계를 만들겠느냐. 그런데 지금 이 지구를 몇 개로 나누어 나라별로 각각 경계를 세우고 인민은 각각 그 경계 안에서 당파黨與를 맺어 한 나라의 인민이라고 일컫고 오직 그 당파의 편리함을 도모하기 위해서라면서 정부를 세우고 심지어 흉기를 들고 경계 밖의 형제를 죽이

---

31 '일시동인'이란, 성인은 모든 사람을 똑같이 인(仁)으로 대해야 의미로 한유의 「원인(原人)」에 나온다. 한유는 당송 팔대가 중 한 사람이며, 당나라 중기에 활동했다. 수당시대는 불교가 크게 부흥하던 시기였는데, 한유는 이러한 풍조에 대해 중국 고대의 유학을 부흥시켜야 한다는 고문부흥운동을 주장했다. 또한 당시 유행하던 4·6변려체의 지나친 수사주의를 비판했다. 원문은 다음과 같다. "是故聖人 一視而同仁 篤近而舉遠."

32 『논어』「안연(言淵)」편 제5장에 나온다. '사해지내(四海之內), 개형제야(皆兄弟也)'를 인용한 것이다. 세상 모든 사람은 형제와 같다는 의미다. 원문은 다음과 같다. "司馬牛憂曰 人皆有兄弟 我獨亡 子夏曰 商聞之矣 死生有命 富貴在天 君子敬而無失 與人恭而有禮 四海之內 皆兄弟也 君子何患乎無兄弟也."(성백효, 『논어집주』, 전통문화연구회, 2007, 336~337쪽) 후쿠자와 유키치는 '일시동인', '사해형제'라는 개념으로 기독교의 보편적인 형제애(universal brotherhood)를 설명하고 있다.

고 경계 밖의 땅을 뺏고 상업의 이익을 다투는 일 같은 것은 결코 종교의 가르침이라고는 말할 수 없다. 이러한 악업들을 보면 사후의 영원한 심판은 잠시 제쳐 두더라도 지금 현재 생의 재판도 아직 제대로 되지 않았다고 말할 수 있다. 예수의 죄인이다.[33]

그렇지만 지금 세계의 양상을 보면 곳곳에 건국建國이 되지 않은 곳이 없고 국가로서[34] 정부가 없는 곳은 없다. 정부는 인민을 잘 보호하고, 인민은 상업에 열심히 힘쓰며, 정부가 잘 싸우고 인민이 충분한 이익을 내면 이를 부국강병이라고 일컬으며, 그 나라 국민 스스로 자랑스러워함은 물론 다른 나라 사람들도 이를 부러워하며, 그러한 부국강병을 따라하려고 노력하는 건 무엇 때문이겠느냐. 종교의 뜻에는 거스를 수 있지만 세계의 형세 앞에서는 어쩔 수 없는 것이다. 따라서 오늘날의 문명에서 세계 각국의 상호관계를 묻는다면, 그 인민은 사적인 사귐에서는 때로는 만 리 밖의 사람을 벗으로 삼아 한 번만 보고도 오랫동안 서로 구면인 듯이 지낼 수가 있겠지만, 나라와 나라의 교제에서는 오직 두 가지가 있을 따름. 말하자면 평상시에는 물건을 매매하며 서로 이익을 다투고 일이 터지면 무기로 서로 죽이는 것이다. 말을 바꾸어 얘기하자면 지금의 세계는 상업과 전쟁의 세상이라고 이름 지어도 된다. 전쟁에도 종류가 많아서 때로는 세상의 전쟁을 중단시키기 위해 벌이는 전쟁도 있으리라. 무역도 원래 천지 사이에 있고 없음을 서로 통하게 하는 것으로서 아주 공정公明한 일이므로 둘 다 그 본바탕이 일률적으로 나쁘다고만은 말할 수 없지만, 지금 세계에서 행해지고 있는 각국의 전쟁과 무

---

33  이 문장은 앞 단락에서 설명했듯이, '일시동인', '사해형제' 등과 같은 기독교의 복음정신을 기준으로 현실 세계에 존재하는 국가들의 행태를 보면, 국가는 모두 죄인이라고 말할 수 있다는 의미다.(앞의 책, 700쪽)
34  원문에는 '건국(建國)'으로 되어 있다.

역의 실정을 살펴보면 원수도 사랑하라는 종교의 지극한 뜻에서 유래한 것이라고는 도저히 생각할 수 없다.

이처럼 종교라는 한쪽 측면에서만 빛을 비추어 일을 단정짓고, 그냥 무역과 전쟁이라고 말하면 그 일이 매우 조야하면서도 천하게 여겨야 할 듯이 보이지만, 지금의 사물의 상황에 따라 살펴보면 또 전혀 그렇지 않은 면이 있다. 왜냐하면 무역이 이익을 다투는 일이긴 하지만, 완력만으로는 할 수 없고 분명 지혜의 일이므로 지금의 인민에게 이를 허용하지 않을 수는 없다. 더욱이 바깥과 무역을 하려면 안에서도 열심히 노력하지 않으면 안 되기에, 무역의 번성은 국내의 인민에게 지식과 견문을 열어주고 학문과 기예가 성대하게 행해지게 하여 그 여광餘光을 바깥으로 내비치는 것으로서 한 나라의 번영의 징후라고 말할 수 있기 때문이다.

전쟁 또한 마찬가지이다. 이를 단순히 살인의 기술이라고 말한다면 증오해야만 하는 것이지만, 지금 당장 명분 없는 전쟁을 일으키려는 자가 있다면, 가령 지금 같이 불충분한 상태의 문명에서도, 부족하면 부족한대로 때로는 조약의 명문名文이 있고 때로는 담판 협상도 있고 만국공법萬國公法도 있고 학자의 논의도 있어서 경거망동을 쉽게 허용하지 않는다. 또 때로는 단지 이익 때문이 아니라 나라의 영욕을 위해, 도리를 위해서라고 하면서 일으키는 전쟁도 없지 않다. 따라서 사람을 죽이고 이익을 다투는 일의 명분은 종교의 가르침에 비춰보면 부정하고 종교의 적이라는 이름을 피하기 어렵겠지만, 지금의 문명 상황에서는 어찌할 수 없는 형세로서, 전쟁은 독립국의 권의權義를 늘리는 수단이며 무역은 나라의 빛을 내비추는 징후라고 말하지 않을 수 없다.

## ┃ 보국심報國心[35]

자국의 권익를 늘리고, 자국의 백성民을 부유하게 하고, 자국의 지덕을 닦고, 자국의 명예를 빛내려고 노력하는 자를 보국의 백성民이라고 일컫고, 그러한 마음을 이름하여 보국심이라고 말한다. 그 안목은 다른 나라에 대하여 자타自他의 차이를 만들고, 설령 남을 해치겠다는 뜻은 없어도 스스로에게는 후하게 하고 남에게는 박하게 하며, 자기 나라는 자기 나라로서 스스로 독립하려고 하는 것이다. 따라서 보국심은 한 사람을 사유화하려는 것이 아니라 한 국가一國를 사유화하려는 마음이다. 즉 이 지구를 몇 개로 구분하여 그 구역 안에서 당파를 맺고, 그 당파의 편리를 도모하여 스스로를 사유화하는 편파적인 마음이다. 따라서 보국심과 편파심은 이름은 다르지만 실질은 같은 것이라고 말하지 않을 수 없다. 이 단계에 이르면 일시동인·사해형제라는 대의와 보국진충報國盡忠[36]·건국독립이라는 대의는 서로 어긋나 상대를 받아들일 수 없음을 깨닫게 될 것이다. 따라서 종교를 널리 넓혀 정치에 미치고 그럼으로써 국가 독립의 기초를 세우려는 주장은 사고의 조리를 그르친 것이라고 말할 수 있다. 종교는 일신의 사덕私德에 관계하는 것일 뿐으로서 건국독립의 정신과는 지향하는 것이 다르기에, 설령 이 가르침으로 인민의 마음을 유지할 수는 있어도 그 인민과 함께 나라를 지키는 일 하나에서는 결국 큰 공능을 거둘 수가 없다.

개관하여 지금 세계 각국의 상황과 종교의 취지를 비교해 보면, 종교는 너무 광대하고, 너무 선하고 아름다우며, 너무 고원하고, 너무 공평한데, 각

---

35  영어의 'patriotism'을 번역한 것이다. '애국심'을 의미한다.
36  '보국진충'은 중일전쟁 이후 일본의 패전에 이르기까지 수많은 젊은이를 전쟁터로 내몰았던 구호 가운데 하나였다.

국이 대립하는 양상은 너무 협애하고, 너무 비열하며, 소견이 너무 얕고, 너무 편파적이어서, 둘이 서로 맞닿는 것은 불가능하다.


## | 한학자의 문제점

또 한 부류의 한학자는 그 소견이 약간 넓어서, 황학자 부류처럼 단지 회고의 정에 의존하는 것만은 아니지만, 결국 그 안목은 예악과 정벌로써 백성下民을 다스리겠다는 유파流儀로서 정실과 법률을 서로 반반씩 섞어 민심을 유지하려는 것이므로 지금 세상의 형국에 전혀 맞지 않다. 만약 그러한 주장을 시행하려고 한다면 인민은 그저 정부가 있음은 알되 백성이 있음은 모르고 관官이 있음은 알되 사私가 있음은 몰라 오히려 더욱더 비굴함에 빠지고 결국 일반의 품행을 고상하게 하는 경우場合까지에는 이를 수 없다. 이 일에 관해서는 이 책 제7장과 제9장에서 이미 논하였으므로 지금 여기서 되풀이하지는 않겠다.


## | 외교가 이재理財에 미치는 영향

위에서 논한 것처럼, 지금 우리나라我邦의 사정이 곤란함에도 불구하고 인민은 도무지 이 곤란함을 깨닫지 못하고 마치 예로부터의 굴레를 벗어나서 오히려 안락함에 빠져 있는 것 같은 모습이므로, 뜻있는 사군자들이 이를 깊이 걱정하여 어떤 황학자는 국체론을 주장하고 어떤 양학자는 예수교를 받아들이려고 하고 또 어떤 한학자는 요순의 도를 주장하며 어떻게 해서라도 민심을 유지하여 그들이 지향하는 것을 하나로 묶음으로써 우리나라의 독립을 지키겠다고 각자 애를 쓰고는 있지만, 오늘에 이르기까지 하나도 공을 거둔 것은 없고, 또 뒷날이 되어도 공을 거둘 만한 것이 하나도 없다. 어찌 장탄식하지 않을 수 있겠느냐. 여기까지 왔으니 나 또한 평소의 소견을 좀 이야기하지 않을 수 없다.

무릇 사물을 논할 때에는 먼저 그 사물의 이름名과 성질性質을 자세히 밝히고, 그런 뒤에야 이를 다룰 수 있는 수단을 얻을 수 있다. 예를 들어 화재를 막기 위해서는 일단 불의 성질을 알고, 물로써 이를 끌 수 있음을 자세히 밝히고 난 뒤에야 소방 기술을 얻을 수 있는 것과 같다. 지금 우리나라의 사태가 곤란하다고 말하지만 그 곤란함이란 또 도대체 어떤 사항을 가리켜 말하는 것이냐. 정령이 시행되지 않는 것도 아니고 조세를 내지 않는 것도 아니며, 인민이 별안간 무지에 빠진 것도 아니고 관리들이 모두 다 어리석고 부정한 것도 아니다. 이런 것들을 사사건건 일일이 다 열거하자면 일본은 여전히 옛날의 일본이어서, 굳이 지난날前日의 모습과 비교하자면 면목을 새로 개선하여 나아갔다고 말할 수도 있다. 그런데 우리나라의 사태事態를 지난해前年에 견주어볼 때 더욱더 곤란해지고 우환이 한층 늘었다고 함은 도대체 어떤 사항을 가리키고 어떤 곤란한 일을 걱정하는 것이냐, 이를 따져묻지 않을 수 없다.

가만히 생각해보면 이 곤란한 일은 우리 선조로부터 전래받은 게 아니고 틀림없이 근래에 갑자기 생긴 병.으로서, 이미 우리 국명國命의 귀중한 부분을 범하여 이를 없애려고 해도 없앨 수가 없고, 이를 고치려고 해도 의술과 약이 부족하여 우리나라의 종래의 생명력으로는 도저히 저항할 수 없는 것이리라. 왜냐하면 의연한 일본국으로서 옛날과 다른 게 없다면 그것에 안심해야 할 터인데도 유독 이를 걱정하고 있음은 분명 새롭게 걱정할 만한 병이 따로 생겼다는 증거이다. 세상 식자들의 걱정도 틀림없이 이 병에 있음을 단적으로 알 수 있는데 식자들은 이 병을 가리켜 무엇이라고 이름하는가. 나는 이를 외국교제外國交際라고 이름하겠다.

세상의 식자들이 이 병에 명백하게 이름을 붙여서 외국교제라고 말하지는 않는다고 해도 그들의 걱정은 정말로 나와 똑같이 지금 외국교제의 곤란함을 걱정하는 것이기에 여기에서는 우선 사물의 이름만 정하였다. 이어서 또 그 사물의 성질을 자세히 밝히지 않으면 안 된다.

애당초 외국인이 우리 일본에 온 것은 단지 무역 때문일 따름. 그런데 지금 일본과 외국 사이에서 이루어지고 있는 무역의 양상을 보면, 서양 나라들은 물건物을 제조하는製 나라이고 일본은 물질物을 산출하는産 나라이다.[37]

물건을 제조한다 함은 천연의 물질에 사람의 수고人工를 보태는 것으로, 예를 들면 솜을 바꾸어 직물을 만들고, 쇠를 다듬어 칼붙이刀物를 만드는 것과 같다. 물질을 산출한다 함은 자연의 힘에 의존해서 원래 성질 그대로의 물질을 빼어내는 것을 말한다. 일본에서 생사를 뽑고 광물을 캐내는 것이 그러하다. 따라서 지금 임시로 이름을 붙여 서양 여러 나라를 제물국製物國이라고 이름하고 일본을 산물국産物國이라고 이름하겠다. 물론 제물국과 산물국은 그 분계를 명확하게 긋기 어렵지만, 갑은 인력을 많이 사용하고 을은 자연의 힘天力에 많이 의존하기 때문에 이름이 다르다.

그런데 경제의 법칙道에서, 한 나라의 빈부는 자연적으로 생기는 물산의 많고 적음多少과는 생각 밖으로 관련이 적고 실제로는 오로지 투입하는 인력

---

37  원문에는 '제물(製物)의 나라', '산물(産物)의 나라'로 되어 있다. '물건을 제조하는 나라'란 공산품의 제조처럼 2차산업이 주력인 선진공업국을 가리키고, '물질을 산출하는 나라'라는 말은, 농산물이나 광물의 채굴처럼 자연에서 뭔가를 빼어내는 것을 가리킨다. 즉 1차산업이 주력인 나라를 가리킨다.

의 다소多少와 교졸巧拙에서 비롯되는 것이다. 토지가 비옥한 인도가 가난하고 물산이 없는 네덜란드가 부유한 것과 같다. 따라서 제물국과 산물국의 무역에서는 갑은 무형의 무한한 인력을 쓰고 을은 유형의 유한한 산물을 이용하여 힘力과 물질物을 서로 교역하는 것이다. 이를 자세하게 설명하면, 산물국의 인민은 수고시켜야 할 손과 발 그리고 지혜를 수고시키지 않으면서 제물국 사람을 해외에 고용해 두고, 그들의 손과 발 그리고 지혜를 빌려 그들을 수고하게 하고, 그 수고의 대가로 자기 나라에서 산출되는 천연 물질을 주는 것이다. 또 다른 예를 들어 설명하면 봉록³⁸ 300석에 가족 열 사람의 사무라이가 안락하고 여유 있게 지내면서 아무 일도 하지 않고, 아침저녁의 음식은 맞춤요리 집에서 시켜먹고, 여름과 겨울의 의복은 포목가게吳服屋에서 사고, 살림에 필요한 것은 하나에서 열까지 모조리 다 시중에 나와 있는 물건을 사들이면서 그 대가로 해마다 300석의 쌀을 다 써버리는 것과 같다. 300석의 쌀은 마치 자연의 물산과 같은 것인데, 해마다 다 써버려 재산을 모을 전망이라고는 도저히 있을 수 없다. 지금 우리 일본과 외국의 무역 상태를 논하면 대략 이와 같다. 이는 결국 우리나라의 손실이라고 말하지 않을 수 없다.

또한 서양 나라들은 제조물製物로 이미 그들의 부를 이루었고, 나날이 새로워지는 문명의 공덕으로 인해 인구는 해마다 증가하여 영국 같은 나라는 지금 정말로 최고의 수준에 도달했다고 말할 수 있다. 아메리카합중국의 인민도 영국 사람의 자손이고, 오스트레일리아에 사는 백인도 영국에서 옮겨간 사람들이며, 동인도에도 영국인이 있고 서인도에도 영국인이 있어 그 수

---

38 원문에는 '아테가이(완행, 宛行)'로 되어 있다. 주군으로부터 받은 영지와 봉록을 합쳐 가리키는 말이다.

를 거의 헤아릴 수가 없다.

만약 지금 전 세계에 흩어져 있는 영국 사람과 수백 년 동안 영국을 떠난 자의 자손을 모아 그들의 본국인 지금의 그레이트 브리튼Great Britain과 아일랜드 땅으로 돌아오게 하여 현재 영국에 있는 3,000여 만 명의 인민과 같은 장소에 거주하게 한다면, 전국에서 생산되는 물품으로는 입고 먹기에도 부족함은 당연히 두말할 필요가 없고, 절반 이상의 평지는 집을 짓는 데 쓰이게 되고 말 것이리라. 문명이 차츰 나아져 인간사의 형편이 좋아지면 인구가 번식하는 것으로 알 수가 있다. 자식을 낳는 일 한 가지에서는 사람도 쥐도 다를 게 없다. 쥐는 자신을 보호할 수 없어서 때로는 굶주림과 추위 때문에 죽고 때로는 고양이에게 붙잡히기 때문에 실제 번식력은 그렇게 대단하지 않지만, 인간사의 형편이 좋아져서 굶주림과 추위, 전쟁, 유행병의 우려가 적어지면 사람의 번식은 이른바 기하급수 비율鼠算割合[39]로 늘어나는 게 이치이기 때문에 유럽의 오래된 나라들은 이미 그 대책에 어려움을 겪고 있다.

저 나라의 경제가 주장에 따르면 이러한 우려를 막을 대책으로는, 첫 번째, 자국의 제조물을 수출하고 토지가 풍요로운 나라로부터 의식에 필요한 물품을 수입하는 것이다. 두 번째, 자국의 인민을 해외의 땅으로 옮기게 하여 식민植民하는 것이다. 이 중 첫 번째 대책은 한계가 있는 일로서 우려를 없애기에는 여전히 부족하고, 두 번째 대책은 재화와 자본이 크게 드는 일로

---

**39** 쥐의 번식과 인구 증가를 사례로 든 것은 에도시대에 쥐의 번식 형태처럼 기하급수적으로 수가 증가하는 계산문제가 널리 알려져 있었기 때문이다. 이를 네즈미(쥐) 산식이라고 불렀다. 예를 들어 1월에 암수 쥐 두 마리가 12마리의 새끼를 낳았는데, 2월에 부모-새끼 쥐 7쌍이 각각 12마리씩의 새끼를 낳았다. 이런 식으로 매달 새끼를 낳으면 12월 말에 모두 몇 마리의 쥐가 될까라는 종류의 문제이다. 답은 $2 \times 7^{12}$마리이다.

서 때로는 성공하지 못할 수도 있다. 따라서 세 번째 대책으로는 외국에 자본을 빌려주는 대신 이익을 얻어 자기 나라의 용도에 제공하는 것이다.

대개 사람을 해외의 땅으로 옮겨가게 함에는 이미 개방된 지방이 최고 좋다고 하지만, 개방된 땅에는 자연히 나라가 세워져建國 있고 그 인민에게는 이미 일종의 관습과 풍속이 갖춰져 있어서 다른 나라에서 와 그 중심에 들어가 그들과 잡거하면서 편리를 얻으려고 해도 쉽게 이룰 수 있는 게 아니다. 유일한 실마리는 그 해외의 나라가 아직 공업勤工 기술을 몰라서 부를 얻을 수 없고 자본은 부족한데 노동力役하는 사람은 많아 이 때문에 돈의 이자利足가 높기 때문에, 본국에 남아도는 원금을 가져와 이 빈국에 대부해줘서 힘들이지 않고 이익을 얻는 방책이다. 말을 바꾸어 얘기하면, 사람을 잡거시키지 않고 돈을 잡거시키는 방법이다. 사람은 관습과 풍속 때문에 잡거가 쉽지 않지만 돈이라면 자기 나라의 돈이든 다른 나라의 돈이든 돈의 눈에는 차이가 없기 때문에, 그것을 쓰는 자는 단지 이자의 높고 낮음만을 따져 기꺼이 다른 나라의 돈을 융통하고 부지불식간에 다른 나라 사람에게 금리金利[40]를 지급하는 것이다. 전주金主의 명안名案이라고 말할 수 있다. 지금 일본에도 이미 약간의 외채가 있으니[41] 그 이해득실을 잘 살피지 않으면 안 된다.

본래 문명국과 미개국을 비교해보면 생활生計 양식이 완전히 다르고 문명이 차츰 나아짐에 따라서 그 비용 또한 엄청나게 커지기洪大 때문에, 가령 인

---

40  앞 부분에 나오는 '돈(金)의 이자(利足)'를 줄여 '금리(金利)'라고 쓰고 있다.
41  메이지유신 직후 유신정부는 철도건설 등에 필요한 자금을 구하기 위해 영국에서 국채를 발행하여 100만 파운드(약 488만 엔, 연리 9%)를 조달하였다. 1872년 개통한 도쿄－요코하마 간 철도는 이 자금으로 건설한 것이다. 유신정부는 그 뒤에도 여러 차례 외채를 발행하여 자금을 조달하였다. 하지만 당시 외채의 금리가 매우 높았기 때문에 재정에 부담이 되지 않을 수 없었다. 이에 후쿠자와는 외채가 일본경제의 폐병과 같다고 경고하기도 했다.(『福澤諭吉全集』 20, 147～148쪽)

구번식의 우려는 제쳐 두더라도 일상 생계에 드는 비용의 일부는 반드시 다른 곳에서 구하지 않을 수 없다. 그들이 이를 구하는 곳이 바로 하류下流의 미개국이므로 세계의 빈곤은 모두 다 하류로 귀결된다고 말할 수 있다. 문명국의 자본을 빌려쓰고 그 이자를 지불함은, 빈곤이 정말 하류로 귀결되는 형태를 보여주는 것이다. 따라서 자본의 대차가 꼭 인구번식 한 가지에만 관계되는 것은 아니지만, 지금 유달리 이 사례를 꺼냄은 단지 학자들이 이해了解하기 편하도록 해주기 위해 서양 사람들이 이익利을 두고 다투지 않을 수 없는 명백한 원인을 하나 제시한 것일 뿐.

## ▎외교가 인민의 품행에 미치는 영향

이상은 외국교제의 특성 가운데 그 이재理財상의 득실을 논한 것이다. 지금은 또 이 교제가 우리 인민의 품행에 미치는 영향을 보여 주겠다. 근래에 우리나라 사람들도 면목을 크게 바꾸었고, 인민동권설人民同權說은 천하에 아주 널리 퍼져서 이에 관해 다른 견해를 내놓는 자는 없는 듯 하다. 생각건대 인민동권이란 단지 같은 나라 사람들끼리 서로 같은 권한權을 가진다는 의미뿐인 것은 아니다. 이 나라의 사람과 저 나라의 사람이 서로 마주해도 그것이 같고, 이 나라와 저 나라가 마주해도 그것이 같으며, 그들의 빈부강약 형태에 얽매임 없이, 권의權義가 정말로 동일해야 한다는 취지이다.

그런데 외국인이 우리나라에 와서 통상을 시작한 이래 그 조약서 안面에는 서로彼我 동등하다는 명문明文은 있지만 교제의 실제 현장에서 이를 보면 결코 그렇지 않다. 사우社友 오바타[42] 군은 『민간잡지』[43] 제8호에 실은 저술에서 다음과 같이 얘기하고 있다.

미국이 우리나라에서 통신(通信)을 연 것이야, 해군 제독 페리[44]에게 해군 함대를 이끌고 우리나라 연안에 갑자기 침입케 하여 우리에게 통신과 교역을 강제하고, 또 그 구실로 삼은 내용은 똑같은 하늘을 이고 똑같은 땅을 밟는 사해(四海)의 같은 형제인데 그럼에도 홀로 남을 거절하여 서로 받아들이지 않음은 하늘의 죄이므로 설사 이들과 전쟁을 치르더라도 통신과 무역을 열지 않으면 안 된다는 취지였다. 그 말은 아름다운데 그 일은 어찌 그리 추하단 말이냐. 언행의 저어함이 아주 심하다고 말할 수 있다. 이때의 상황을 수식 없이 사실만 바로 말하자면, 우리와 상업을 하지 않는 놈은 죽여 버리겠다는 말에 지나지 않는다.

(…중략…) 참고로 요즘 도쿄 시내의 경황(景況)[45]을 보라. 말을 타거나 수레에 올라 의기양양해 하며 사람을 피해 가게 하는 자는 대부분 이런 바다 건너편 사람이다. 어쩌다 나졸이든 행인이든 아니면 마부(御者)나 인력거꾼(車夫) 무리들이든 이들과 언쟁을 벌이게 되면 서양인(洋人)이 옆에 아무도 없는 듯이 손으로 때리

---

42 게이오 기주쿠 출신의 오바타 도쿠지로(小幡篤次郎)를 가리킨다. 이 책 「서문」 끝 부분에 소개되어 있는 사람과 같은 인물이다.

43 『민간잡지』는 게이오 기주쿠에서 발행한 잡지다. 1874년 2월에서 1875년 6월까지 모두 12편이 간행되었다. 오바타의 논문은 1875년 2월에 발행된 제8편에 「내지여행 니시 선생의 주장을 반박한다(內地旅行西先生の設を反駁す)」라는 제목으로 실렸다. 이 논문은 그 전 해 12월 『메이로쿠잡지』 제23호에 실렸던 니시 아마네의 「內地旅行」이란 논문을 반박하는 것이었다. 당시 '내지 여행'의 허용 여부를 두고 메이로쿠샤 동인 내부에서도 찬반으로 의견이 갈려 대립하고 있었다. 니시 아마네와 쓰다 마미치는 찬성입장 (『메이로쿠잡지』 24, 1874.12)이었다. 후쿠자와 유키치는 오바타의 논문보다 한달 앞서 『메이로쿠잡지』 제26호(1875.1)에 반대하는 내용의 논문을 발표하였다. 이처럼 니시 아마네와 쓰다 마미치는 찬성 의견을, 후구사와 오바타는 빈대 의견을 서로 주장하면서 메이로쿠샤 동인 안팎에서 치열한 찬반 논쟁이 전개되었다.(山室信一・中野目撤 校注, 『明六雜誌』 中, 岩波文庫, 2008)

44 미국의 동인도 함대 사령관 페리(Matthew Calbraith Perry, 1794~1858) 제독을 말한다. 1853년에 함대를 이끌고 도쿄만 우라가에 들어와 개국을 요구하였고, 그 다음해 다시 방문하여 '일미화친조약(가나가와 조약)'을 체결한다.(성희엽, 앞의 책, 277~287쪽 참조)

45 경기나 경제의 상태, 상황을 가리키는 말이다.

고 발로 차도, 겁 많고 비굴한 인민은 이에 대응할 기력도 없고 외국인(外人)은 어 떻게 할 수가 없기 때문에 분노를 삼키며 재판정에 가지 않는 자도 또한 적지 않다. 때로는 상업적인 거래 등의 일과 관련하여 소송할 일이 있어도 5항(港)**46** 지역에 가서 결국 그 나라 사람의 재판에서 결정되는 형세**47**이기에 어떻게 해도 그 억울함 을 풀 수가 없고, 이 때문에 사람들이 서로 말하며 이르길 소송을 해서 오히려 억울 함을 쌓느니 차라리 분노를 삼키는 편이 낫다고 하는데 그 상황은 마치 약하고 어 린 신부가 나이 많고 거친 시어머니 옆에 있는 듯하다.

외국인은 이미 이와 같이 세력을 쌓았고 또 재화가 풍요로운 나라에서 재화가 부 족한 나라에 와서 쓰는 것이 많기 때문에 이익을 좇는 무리들은 모두 앞 다투어 이 들에게 아첨을 떨면서 자신의 주머니 속을 채우려고 한다. 따라서 외국인이 가는 곳은 온천장이든 역참**48**이든 찻집이든 주점이든 일종의 경박한 인정이 양성(釀成) 되고, 사리의 곡직은 돌아보지 않고 돈의 다과만 따져 이미 방약무인해진 외국인이 더욱더 거만(妄慢)해지도록 만드는 꼴 따위는 한 번만 보고도 혐오스러움을 견뎌 야 했다고.**49**

---

**46** '5항'은 1858년의 '일미수호통상조약'에 의해 개항한 가나가와(요코하마), 효고(고 베), 나가사키, 니가타, 하코다테 등 5개 도시의 항구를 말한다.(위의 책, 287~290쪽 참조) 그 밖에 에도, 오사카에도 이 나라들의 영사가 주재하고 있었다.

**47** 미국, 영국, 프랑스, 네덜란드, 러시아 등 5개국과 체결한 불평등조약에서 영사재판권을 인정하고 있었기 때문에 일본은 일본에 거주하는 이 5개국의 국민에 대해 재판권을 행 사할 수 없었다. 대신 일본에 파견 와 있는 5개국의 영사나 영사관 직원이 자기 나라의 법률에 따라 자국 범죄자들을 재판하였다. 메이지정부는 이 불평등조약을 개정하기 위 해 끊임없이 노력했다. 그 결과 1894년 청일전쟁 중에 일영통상항해조약을 새로 체결하 면서 영사재판권 조항을 철폐하기로 했다. 실제로 폐지된 것은 1899년이다.(위의 책, 633~648쪽 참조)

**48** 원문에는 '숙역(宿駅)'으로 되어 있다. 일본에서는 가마쿠라시대 이후 교통의 요지에 숙박시설이나 운송에 필요한 사람과 말을 갖춘 마을이 형성되었다. 에도시대에 와서는 더욱더 발달하였는데 이를 '슈쿠바마치(宿場町)'라고 불렀다.

**49** 이 인용문은 오바타의 논문 내용을 그대로 번역한 것이 아니라, 후쿠자와가 첨삭하여 실 은 것이다.(마루야마 마사오, 김석근 역, 앞의 책, 724쪽)

이상은 오바타 군의 논의로 참으로 내 마음을 감동시킨 것이다. 이 밖에 외국인과의 교제에 관해서는 거류지[50]에 관한 내용이 있고, 내지 여행에 관한 내용이 있고, 외국인의 고용[51]과 출입항세[52]에 관한 내용이 있다. 이 여러 가지 안건을 보면, 설령 겉으로는 각 나라가 대등하고 그들과 우리가 동권同權의 체제인 듯해도 그 실질實까지 동등·동권의 정신을 다하고 있다고는 말할 수 없다. 외국에 대하여 벌써 동권의 정신을 잃고 여기에 주의를 기울이는 자가 없다면 우리 국민의 품행은 나날이 비굴을 향해 가지 않을 수 없게 된다.

앞에서 말했듯이, 최근에는 세상에서 인민동권설을 외치는 자가 많고 때로는 화사족의 명칭도 없애서 나라 전체에 동권의 취지를 밝히고 그럼으로써 인민의 품행을 홍기시켜 그들의 비굴한 구습을 일소시키지 않으면 안 된다고 말하는 자가 있다. 그런 논의는 웅장하고 호쾌하여 사람을 유쾌하게 해주지만, 유독 외국의 교제에 관해서는 이 동권설을 외치는 자가 적음은 무엇 때문이냐. 화사족이든 평민이든 똑같은 일본국 안의 인민이다. 그리고 그 사

---

50  당시 2부5항의 외국인 거류지에는 일본의 행정권, 경찰권이 미치지 않았다. 거류지 제도도 1899년 폐지되었다.
51  메이지유신 직후 유신정부는 선진국의 학문과 기술을 도입하기 위해 많은 수의 외국인 교사, 기술자를 고용했다. 이들 중에는 유신정부의 대신(大臣) 봉급과 비슷한 연봉을 받는 자도 적지 않았다. 이 때문에 정부 재정에는 부담이 되지 않을 수 없었다. 고용 외국인의 숫자가 가장 많았던 시기는 1875년 전후이다. 자세한 내용은 다음의 책에 나와 있다.(梅溪昇, 『お雇い外国人の研究』上·下, 青史出版, 2010)
52  일본이 서양5개국과 체결한 불평등조약 중 관세에 관한 규정은 일본에 매우 큰 경제적 손실을 가져다주었다. 우선 관세 자주권이 없었고, 세율 역시 수출입 품목 모두 5% 밖에 되지 않아 당시 선진국의 일반적인 관세율에 비해 현저히 적었다. 이로 인해 국가의 관세수입도 적었을 뿐만 아니라 국내 산업을 보호하는 역할도 제대로 하지 못했다. 관세에 관한 이러한 불평등조약은 고무라 주타로가 외상에 취임한 뒤, 1911년 2월 21일 새로운 '일미통상항해조약'을 체결함으로써 완전히 개정되었다.(성희엽, 앞의 책, 642~648쪽 참조)

이에 권력의 불균형이 있으면 또 이를 해라고 하여 평등한 지위에 두기 위해 애를 썼다. 그런데 지금 이해를 달리하고 인정을 달리하며 언어와 풍습, 피부색, 골격에 이르기까지도 서로 같지 않은 만 리 밖의 외국인에 대해서는 권력의 불평등을 우려하지 않는 것은 도대체 또 무슨 까닭이냐. 쯧쯧[53] 괴이한 일이라고 할 만하다. 그 까닭은 틀림없이 여러 가지가 있을 수 있겠지만, 나의 소견으로는 그중 가장 눈에 띄는 사항이 둘 있다.

즉 첫 번째는 세간에서 동권론을 주장하는 자, 그 주장에 관해 아직 절실한 상황에 이르지 않았다는 점이다. 두 번째는 외국과의 교제가 아직 얼마 되지 않아 아직 그 해악이 크다는 사실을 보지 못하고 있다는 점이다. 아래에서 이를 논해 보자.

첫 번째, 지금 세간에 인민동권론을 외치는 자가 적지 않다고 하지만, 이를 주장하는 자들은 대개 다 학자 부류의 사람으로서 말하자면 사족이고, 나라 안에서 중인中人 이상의 사람이며, 예전부터 특권을 가졌던 사람이고, 권력이 없어서 남에게 괴롭힘을 당하던 사람은 아니라 권력을 쥐고 남을 괴롭혔던 사람이다. 따라서 그들이 동권설을 주장할 즈음에는 가끔 격화隔靴[54]의 탄식이 없을 수 없다. 예를 들어 스스로 먹어 보지 않으면 사물의 진미를 자칫 알 수 없고, 직접 감옥牢(뢰)에 갇혀 본 자가 아니면 감옥 안에서의 생생한 간고를 이야기 할 수 없는 것과 마찬가지다. 지금 만약 국내의 농민과 조닌이 지력을 갖도록 하고, 그들이 예전부터 권력자有權者로부터 괴롭힘을 당하면

---

**53** 혀 차는 소리를 가리킨다.
**54** '격화'는 '격화소양(隔靴搔癢)'을 말한다. 신발을 신은 채로 발의 가려운 부분을 긁는다는 말로 사물의 핵심은 건드리지 않고, 피상적으로 이해하는 것을 의미한다. 『경덕전등록』에 나온다. 이 책은 중국 북송시대에 도원(道原)이 편찬하였다. 전체 30권으로 선승과 다른 승려들의 전기로 구성되어 있다.

서 뼛속 깊이 사무친 분노의 감정을 털어놓게 하여 그때의 세밀한 사정을 듣는다면야 그제서야 비로소 동권론의 진정한 절실함을 느낄 수 있겠지만, 무지하고 용기가 없는 인민은 일찍이 때로 분노해야 할 일에 마주쳐도 분노해야 하는 까닭을 모르고 가끔 마음으로는 분노해도 그것을 입밖으로 나타낼 줄 몰라서 옆에서 그 사정을 자세하게 밝혀줄 만한 계기가 전혀 없었다. 뿐만 아니라 오늘날에도 세상에는 권력 불평등 때문에 분노와 원망의 감정을 품고 사는 자가 틀림없이 많이 있겠지만 이를 구체적으로는 알 수 없다. 그저 내 마음속으로만 그 내막을 살피고 있을 따름. 따라서 지금의 동권론은 아무래도 사람들이 추량, 억측하여 내놓은 것이라고 말하지 않을 수 없다.

만약 학자들이 동권의 참뜻本旨을 찾고 그 논리에 확신을 가지고 싶다면 이를 남에게서 구할 것이 아니라 반드시 자신의 신분으로 되돌아가 소년 때부터 오늘날에 이르기까지 자신이 직접 겪은 경험을 되새겨보면 발명發明할 수 있을 것이다. 어떠한 신분의 사람이더라도, 어떠한 화족 혹은 사족이더라도 자기 신분의 경험을 자세히 음미해보면 생애 가운데 틀림없이 권력편중의 국면을 당해 일찍이 불평을 품었던 적이 있었을 것이기 때문에, 불평과 분노의 실정實情을 다른 사람에게서 찾을 것 없이 자기 자신에게 스스로 물어보면 된다.

가깝게 내가 직접 기억하고 있는 사례를 하나 들어 보겠다. 나는 본래 태어나면서부터 막부시대에 힘이 없던 후다이譜代55 자은 번의 소신小臣56이었다. 그 번중藩中에 있을 때 쟁쟁한 대신이나 사족을 접하면 늘 멸시당해 어린

---

55 후다이 다이묘란 세키가하라 전투(1600) 이전부터 도쿠가와 이에야스를 가신으로서 모셨던 다이묘를 말한다.
56 신분이 낮은 신하를 가리킨다.

마음에도 불평이 없지 않았지만, 이 불평의 진짜 실상은 소신인 나의 동료가 아니면 알 수 없었다. 대신이나 사족은 어쩌면 오늘날까지도 그것을 상상할 수 없으리라.[57] 또 간혹 번의 영지藩地를 떠나 여행하다가 구교公卿, 막부 관리, 고산케御三家[58]의 가신家來 등과 마주치면, 역참에서는 가마를 빼앗기고, 나루터에서는 순서를 추월당하고, 때로는 여관에서 함께 숙박하는 것을 허락받지 못해 한밤중에 갑자기 쫓겨난 적도 있었다. 그때의 사정, 지금 와서는 그저 한바탕 웃음거리에 불과하지만, 현실에서 그 일을 당했을 때의 울분은 아직도 상상할 수 있다.

그런데 이 울분은 단지 후다이 다이묘의 가신이었던 나 자신에게만 기억이 남아있을 뿐으로, 이 울분이 생기게 한 구교, 막부의 관리, 고산케의 가신은 어렴풋하게나마도 이를 알 리가 없고, 설령 어렴풋하지 않다고 해도 기껏해야 전혀 다른 사람의 울분을 추량, 억측하는 것에 지나지 않을 따름. 그렇지만 나 또한 결국 일본국 안에서는 중인 이상의 상급사족上士族 대열에서 살았던 사람이기에, 자신의 신분보다 높은 자에 대해서야 불평을 품었던 것을 알고 있지만, 그 아래의 농민과 조닌에게는 틀림없이 불평을 품게 한 적이 있었을 것이다. 단지 스스로 이를 모르고 있을 뿐. 세상에는 이런 종류의 일

---

57  후쿠자와 유키치는 번 안에서 신분 간의 차별과 불평등의 현실에 관해 자신의 자서전과 저작을 통해 상세하게 서술하고 있다.(후쿠자와 유키치, 허호 역,『후쿠자와 유키치 자서전』, 이산, 2006, 40~41·213~214쪽;「舊藩情」,『福澤諭吉著作集』9, 2~30쪽 참고)

58  '고산케'는 도쿠가와 이에야스의 직계혈족 가문으로 친번(親藩)이었다. 미토(水戸), 오와리(尾張), 기이(紀伊) 등 세 가문이 있었다. 쇼군가의 직계혈족이 끊어졌을 경우 쇼군직의 승계를 위해 만들어졌다. 에도막부 쇼군 중 8대 쇼군 요시무네, 14대 쇼군 이에모치가 기이 출신이었으며, 15대 쇼군 요시노부는 미토 출신으로 히토쓰바시가(고산쿄)에 양자로 가 있다가 쇼군이 되었다. 고산케라는 말은 통상적으로 어느 분야의 최고인 것 3가지를 가리킬 때에도 많이 사용된다.

이 아주 많다. 누구더라도 그러한 국면을 당해보지 않으면 그 일의 진짜 실상을 알 수 없는 것이다.

이를 바탕으로 생각해 보면, 지금의 동권론은 그 논리가 때로는 정확한 듯해도 주인主人[59]이 스스로 펼치는 논리가 아니라 다른 사람을 위해 추량하고 억측한 손님[60]의 논리客論이기 때문에 곡정曲情의 치밀함까지 다한 것은 아니다. 따라서 권력 불평등의 해害를 말할 때에는 저절로 거칠고 우원한 폐弊가 없지 않다. 국내에서 이를 논할 때에는 더욱더 성글어 빠뜨리는 것이 많다. 하물며 이를 널리 넓혀 외국의 교제에 미치고 외국인과 권력을 다투려고 하는 일에 있어서야. 지금까지는 이를 꾀할 겨를이 없었던 것이다. 뒷날 만약 이 무리들이 실제로 그러한 국면을 당하게 해 서양 여러 나라의 사람을 널리 접하며 직접 권력을 다투는 때가 되어 업신여김을輕侮 당함이 우리 농민과 조닌이 사족에게 괴롭힘을 당한 것과 같고, 후다이 작은 번의 가중家中이 구교와 막부 관리 그리고 고산케의 가신에게 욕을 당하는 것과 똑같은 처지가 되어 보면 비로소 지금 동권론의 우원함을 알게 되고 권력 불평등이 싫어할 만하고, 미워할 만하고, 분노할 만하고, 슬퍼할 만한 것임을 깨닫게 되리라. 거기에다가 옛날의 구교, 막부 관리, 사족 무리는 설령 무례하고 망령되고 거만하더라도 똑같은 국내 사람이고 또 지력이 부족한 자들이므로, 평민들이 이들을 만날 때에는 공경하되 멀리 한다는 꾀術를 써 양陽으로는 이들을 존중히는 척히면서 음陰으로는 그들이 돈을 뺏는 등의 술책策이 없지 않았다. 물론 나쁜 술책惡策이긴 하지만 불평을 어느 정도 달래주는 방편이 되었던 측면도 있었기 때문에 지금 외국인의 교활, 표한함慓悍[61]을 구교와

---

59 '당사자 본인'이라는 의미다.
60 '당사자가 아닌 제3자'라는 의미다.

막부 관리에 견줄 수는 없다. 그 지혜로 사람을 속일 수 있고 그 언변으로 사람을 홀릴 수 있으며, 다툼에 용기가 있고 싸움에 힘이 있어, 지혜, 언변, 용기, 힘을 겸비한 일종의 법 밖의 화사족이라고 말할 수도 있다. 만에 하나라도 이들의 지배 아래에 살면서 속박을 받게 된다면 그 잔학 각박함의 치밀성은 마치 공기의 흐름조차도 허용하지 않는 것과 같아서 우리 일본 인민은 이에 질식해버리고 말 것이다. 지금 벌써 이런 상황을 상상해 보면 온 몸이 별안간 오싹해지고 머리카락이 쭈뼛 서는 것을 느낄 수 있지 않느냐.

## ▎일본의 은감殷鑑[62] – 인도

이제 우리 일본의 은감으로서 인도의 사례를 하나 들어 보겠다. 영국인이 동인도 지역을 지배할 때 그 냉정 각박한 조치는 정말 말로도 참기 어려운 것이었다. 그중 한둘을 들면, 인도 정부에서 인재人物를 채용할 때에는 영국인도 원주민土人도 같은 권리權利[63]를 가지고 재능과 학력을 심사吟味[64]하여 뽑는다는 법이 있었다. 그런데 이 원주민을 심사할 때에는 18세 이하로 제한하고, 심사항목은 당연히 영어 서적을 읽어서 영국 사정에 능통하지

---

61  날쌔고 사나운 상태를 가리킨다.

62  '은감'이란 은나라의 교훈이라는 의미다. 고대 중국 은(殷)나라의 주왕(紂王)이 하(夏)의 걸왕(桀王)을 교훈으로 삼지 않아 나라가 망했다는 고사에서 나왔다. 『시경』과 『맹자』에 나오며 『맹자』 원문은 다음과 같다. "詩云 殷鑑不遠 在夏后之世 此之謂也."(성백효, 『맹자집주』, 전통문화연구회, 2006, 286쪽)

63  후쿠자와는 드물게 여기서 '권리(權利)'로 쓰고 있다. 이 시기 후쿠자와는 대부분 '권리' 대신 보통 '권의', '권', '권리통의', '통의' 등으로 썼다. 가토 히로유키는 1870년 발간한 『진정대의』에서 '권리(權利)'라고 썼다.(가토 히로유키, 김도형 역, 『입헌정체략·진정대의』, 세창출판사, 2017, 120~121쪽)

64  '음미'는 이전에 피의자를 수사, 조사한다는 뜻도 가지고 있었다. 여기서는 여러 명이 면접을 하면서 대상자를 심층 조사하는 것을 가리킨다.

않으면 불가능한 까닭에, 원주민은 연령이 18세가 되기 전에 먼저 자기 나라의 학업을 마치고 덧붙여 영국학을 공부하여 그 영국학의 힘으로 영국인을 상대하여 영국인보다 뛰어나지 않으면 합격할 수 없었다. 어쩌다 1년을 넘겨 19세에 학업을 마친 자가 있어도 연령 제한에 걸리기 때문에 재능과 학력을 묻지 않고 인물을 논하지도 않고 이에 적합하지 않은 자가 되어 벼슬길로 나아가 지방의 업무[65]에 참여하는 것이 허용되지 않았다. 게다가 영국인들은 이 무정하고 각박한 법도 부족해, 심사 장소를 반드시 영국 본토의 런던으로 정해 원주민은 일부러 만 리 파도를 건너 런던까지 출장가게하는 법을 마련했다. 따라서 원주민은 18세에 이미 심사를 봐 합격할 만한 학력을 가지고 있어도 많은 돈을 들여 먼 길을 왕복하지 않으면 관官에 나아갈 수 없는 장치에 제약받아서, 학력의 깊고 얕음에 상관없이 재산이 많지 않으면 벼슬길이 쉽지 않았다. 가끔 드물게 분발하는 자가 있어서 여비를 들여 런던으로 가 심사를 받아도 불행히 낙제해버리면 헛되이 재산만 날릴 뿐. 그 불이익은 예로 들 것도 없다.

영국의 폭정, 교묘하였다고 말할 수 있다. 또 인도정부에서 재판을 할 때에는 원주민은 배심원[66]으로 쓸 수 없으며 반드시 영국인에 한정한다는 법이 있었다(배심원에 관한 내용이다. 『서양사정』 제3편 − 영국편, 9쪽에 나옴). 어느 날

---

65 원문에는 '지방의 일(事)'로 되어 있다. 이 책 제5장 끝부분에도 '시방의 '이해'라는 밀이 나온다. 여기서는 시험에 합격하여 관리가 되어 인도의 업무를 담당한다는 의미이다. 이 책 제5장에서의 '지방'은, 민주주의 제도의 뿌리를 이루는 핵심 중 하나인 지방자치제도를 설명하면서 사용하고 있다.

66 원문에는 '참좌자(參坐者)'로 되어 있다. 한편 배심원(Jury) 제도는 메이지유신 이전에 이미 후쿠자와 유키치의 『서양사정』 3−영국편, 9쪽)에 소개되어 있었다.(福澤諭吉, Marion Saucier・西川俊作 編, 『西洋事情』, 慶應義塾大學出版會, 2009, 146쪽의 Trial by Jury(배심제 재판) 참조)

한 영국 사람이 인도 지방에서 철포로 원주민을 살해하여 소송이 제기되었
는데, 피고인 신문에서 "뭔가 동물이 한 마리 눈에 띠어, 원숭이로 알고 발
포했는데, 원숭이가 아니라 사람인 것 아니겠습니까"라고 대답하자 참석했
던 배심원단에서도 더 이상 이의가 없어 피고인은 무죄로 판결이 났다고
한다.

　최근 런던에서 몇 명의 학자들이 은밀하게 단체를 결성하여 인도의 상황
을 개혁하기 위해 애쓰고 있다고 한다. 앞에서 말한 안타까운 호소愁訴는
1874년 봄 어떤 인도 사람이 이 단체에 보낸 편지에 적혀 있던 것으로, 나
의 옛 친구, 당시 런던에 있던 바바 다쓰이馬場辰猪[67] 군이 보고한 것이다. 바
바 씨는 실제 이 단체 모임會社에 출석하여 그 사정을 직접 들었는데, 이런
종류의 사건은 일일이 늘어놓을 겨를이 없다고 한다.

---

**67**　바바 다쓰이(1850~1888)는 메이지 초기의 언론인, 민권운동가이다. 1866년 후쿠자와가
　세운 양학 학교에서 수학했으며, 후쿠자와 유키치가 매우 아꼈던 제자다. 1870년(20세)
　도사 번 유학생에 뽑혀 다른 동료(真辺正精, 国澤新九郎, 深尾貝作, 松井正水)들과 함께
　영국으로 가 법학과 해군학을 공부하였다. 1874년 귀국한 뒤 이와쿠라 사절단을 따라
　다시 영국으로 가 정부 유학생으로 공부하였다. 1878년 일본으로 돌아와 같이 유학했던
　호시노 토오루(星亨), 오노 아즈사(小野梓), 나카에 초민(中江兆民) 등과 함께 자유민권
　운동에 뛰어들었다. 1882년 『자유신문(自由新聞)』을 창간하여 주필로 활동했으며, 이타
　가키 다이스케와의 불화로 그만둔 뒤에는, 정치연설 활동을 했다. 1885년 11월 러시아
　아나키스트 활동에 영감을 받아 다이너마이트를 구하려다가 '폭발물단속법' 위반으로
　체포되었고, 1886년 6월 무죄판결을 받은 뒤 미국으로 망명하였다. 1888년 38세의 젊은
　나이로 미국 필라델피아 펜실베니아 대학병원에서 사망하였다. 언론과 사상의 자유, 천부
　인권론 등에 많은 관심을 가지고 활동했다. 모리 아리노리의 '영어공용화'론에 반대하여
　1873년 영어로 발간한 『ELEMENTARY GRAMMAR OF THE JAPANESE LANGUAGE
　WITH EASY PROGRESSIVE EXERCISES』(『日本語文典』 「서문」에 이를 비판하는 글(森
　有礼の国語英語化論を批判し」)을 발표하였다. 이 책은 영어로 발간된 최초의 일본어
　문법책이다.

## | 견문을 넓혀 고금의 세계 역사를 알아야 한다

두 번째로, 외국인이 우리나라와 통신한 것이야 이제 겨우 20년, 5개 항구를 열기는 했지만 수출입 품목도 적은 데다가 외국인이 몰려드는 곳은 요코하마가 첫 번째고 고베가 그 다음이며 나머지 세 항구는 셀 필요도 없다. 조약상의 약속에 따라 각 항에 거류지를 마련하여 안팎 인민의 주거에 경계를 긋고, 외국인의 여행 지역은 항구에서 각 방면 10리로 정하였으며 이 제한구역 밖으로는 특별한 허가가 없이는 왕래할 수가 없고, 그 밖에 부동산 매매,[68] 금은의 대차[69] 등에 관해서도 법을 마련하여 안팎의 구별을 정해 놓은 것이 많기 때문에, 오늘날에 이르기까지 양측의 교제는 점점 번성해가고 있지만 안팎의 인민이 서로 접촉하는 경우는 매우 적고, 가령 어쩌다 그 교제에서 우리 인민이 억울한 일을 당해 불평을 품는 경우가 있어도 그러한 자는 대개 다 개항장 근처의 인민에 그쳐서 세간 전체에 풍문으로 전해지는 경우는 아주 드물다.

게다가 개항 초부터 정치와 관련된 교제 사무는 정부가 도맡아 干 관여했기 때문에 인민은 여태까지 그것이 어떤 상황인지 알지 못했다. 나마무기 사건[70] 한 건에 10만 파운드, 시모노세키 배상금[71] 300만 달러, 구 막부시

---

68  외국인은 부동산 임대는 할 수 있었지만 매수는 할 수는 없었다.

69  외국인은 지권(地券, 토지소유권 증서)이나 공채증서 등을 살 수 없었다. 따라서 이런 증서를 담보로 외국인에게 돈을 빌릴 수 없었다.

70  1862년 8월, 사쓰마 영주 시마즈 히사미쓰(島津久光) 일행이 가나가와의 나마무기(生麥) 마을을 지나갈 때, 영국인 4명이 말을 탄 채 일행의 앞을 가로질러 가자, 사쓰마의 병사들이 분노하여 이들을 살상한 사건이다. 이 사건으로 인해 영국은 군함을 동원하여 가고시마를 포격하였고, 막부는 이 사건에 책임을 지고 배상금 10만 파운드를 지불하였다.(성희엽, 앞의 책, 352~354쪽 참조)

71  바칸전쟁(馬關戰爭)을 가리킨다. 1863년 5월 조슈에서 시모노세키 해협을 통과하려던 영·미·불·네덜란드의 선박을 공격했다가 이듬해 4개국 연합함대에 공격을 받고 항복하였다. 막부는 이 사건에 책임을 지고 배상금 300만 달러를 지불하기로 하였다. 이 배상금은 메이지유신 뒤 신정부로 이월되어, 1874년이 되어서야 모두 지불되었다.(위의 책, 328~331쪽 참조)

대에 아메리카亞國에 군함을 주문[72]하고, 프랑스인과 조약을 맺어 요코스카에 제조국[73]을 열고, 유신 이후에도 포함을 구입하고, 등대를 건립[74]하고, 철도를 부설하고, 전신선을 놓고,[75] 외채를 모으고, 외국인을 부리는 등 그 교제가 매우 복잡하였기에, 그 동안 담판하면서 때로는 우리가 완전히 부당하게 당하진 않았더라도 어쩔 수 없이 금전 손해를 본 적도 있었으리라. 결국 저쪽에서 손해 볼 우려가 전혀 없었음은 명확하고, 우리 쪽에서 충분한 이익과 체면을 얻었는지 아닌지야 지극히 의심스러운 일이지만, 정부가 도맡아 관여했기 때문에 인민은 아직 그것을 모르며, 단지 미천下賤한 군민群民만 이를 모르고 있는 것이 아니라 학자, 사군자, 혹은 정부 관리라고 해도 그 일에 관여하지 않은 사람에게는 이를 알 수 있는 실마리조차 없다. 따라서

---

72  후쿠자와의 『자서전』에 따르면, 당시 막부가 미국에 군함을 구입하기 위해 80만 달러를 미리 지불하였는데, 1863~1864년 경 단지 군함 1척(富士山)만 인도받고, 미국에서 남북전쟁이 발발하는 바람에 나머지 군함은 인도받지 못했다. 이에 막부는 1867년 관리를 파견하여 그 잔액으로 일본 최초의 철갑함인 아즈마(東艦)를 구입하기로 하고 귀국하였다고 한다. 가쓰 가이슈의 『해군역사』에는 1865년 2월 후지함을 24만 달러에 구입했다고 되어 있다. 하지만 이 두 기록 모두 정확하지 않다. 당시 일본 주재 미국공사 로버트 휴슨 프러인(Robert Hewson Pruyn)에게 군함을 주문한 시기는 1862년 여름으로 막부가 군제개혁의 주력으로 막부함대를 창설하는 계획의 일환이었다. 모두 3척을 주문하기로 하고 80만 달러 중 60만 달러를 지급하였는데 남북전쟁으로 인해 제 때에 인도되지 못하고 네덜란드에서 제작된 1척만 1866년 1월 요코하마에 도착했다. 후지함의 가격은 24만 달러였고, 그 뒤 프랑스인 해군 사관에 의한 전습 훈련함으로 제2차 조슈정벌전에 참가했다. 福澤諭吉, 松澤弘陽 校注, 『福澤諭吉傳』(新日本古典文學大系 明治編10), 岩波書店, 2011, 412~414쪽, 『자서전』, 191~194쪽.

73  요코스카 조선소를 가리킨다. 1865~1866년 프랑스의 자금 지원으로 프랑스 기술자를 고용하여 설립하였다. 처음에는 요코스카 제철소로 불렸지만 나중에 요코스카 조선소로 이름을 바꾸었다.

74  당시 '등대'를 '등명대(灯明台)'라고 불렀다. 일본 최초의 등대는 메이지2년(1869) 1월에 완성된 가나가와현 요코스카시에 있는 간논자키(觀音崎)등대이다. 우리나라에서는 등대를 한자로 '등대(燈臺)'라고 쓴다.

75  최초의 전신선은 1869년 요코하마 등대국-재판소 구간에 설치되었다. 이어 같은 해 말 도쿄-요코하마 구간에 설치되었다.

우리나라 인민은 외국교제에 관하여 내외의 권력이 과연 균형을 이루고 있는지 아닌지 모르고 우리가 억울한 일을 당했는지 아닌지 모르며 이해를 모르고 득실도 모른 채 태연하게 다른 나라 일을 보고 있는 것과 같다. 이것이 바로 우리나라 사람들이 외국에 대하여 권력을 다투지 않는 원인 중 하나다. 생각건대 이를 모르는 자는 이를 걱정할 이유도 없기 때문인 까닭이다.

애초에 외국인이 우리나라에 온 건 아직 얼마 되지 않았다. 게다가 오늘에 이르기까지 우리에게 뚜렷하고 큰 손해人害를 입히거나 우리의 체면을 뺏어간 것도 없으므로 인민이 마음속으로 느끼는 게 적다고 할 수 있지만, 적어도 나라를 걱정하는 참된 마음赤心이 있는 사람이라면 견문을 넓히고 세계 고금의 발자취事績를 살펴보지 않으면 안 된다. 지금의 아메리카는 원래 누구의 나라였느냐. 그 나라의 주인이던 인디언은 백인에 의해 쫓겨나고 주객의 처지가 바뀐 것 아니냐. 따라서 지금의 아메리카문명은 백인의 문명이지 아메리카의 문명이라고는 말할 수 없다. 이 밖에 동양의 여러 나라들과 대양주 여러 섬의 사정은 어떻느냐. 유럽 사람이 접촉한 곳 중에 그 나라의 권의權義와 이익利益을 온전히 지켜 진정한 독립을 유지하고 있는 곳이 있느냐. 페르시아는 어떻느냐. 인도는 어떻느냐. 샴(태국邏邏)은 어떻느냐. 루손呂宋과 자바呱哇는 또 어떻느냐.[76]

샌드위치섬[77]은 1778년 영국의 캡틴 쿡Captain James Cook[78]이 발견한

---

76 원문에는 한자로 태국은 '나섬', 루손은 '여송', 자바는 '고와'로 되어 있다. 오늘날 타이는 '섬나(暹羅)', 자바는 '조와(爪哇)'라고 쓴다.

77 미국 하와이주의 섬들(諸島)을 가리킨다.

78 제임스 쿡 함장(1728~1779)은 영국의 해양 탐험가이다. 평민으로 태어나 영국 해군 대위(Captain, 직임함장)까지 올랐으며 항해가, 지도제작자, 지리학자, 민족지(誌) 학자로도 유명하다. '자연지식의 진보를 위한 영국 왕립협회'에서 1769년 금성이 태양 면을 통과하는 시점에 지구에서부터 태양까지의 거리를 측정하기 위한 탐험대를 타히티

곳으로서 그곳의 개화 정도는 근처의 다른 섬들과 견줄 때 가장 빠른 곳이라고 일컬어졌다. 그런데 발견 당시 30~40만 명이던 곳이 1823년이 되자 겨우 14만 명만 남았다고 전한다. 50년 동안 인구가 해마다 대략 100분의 8 감소했다.[79] 인구의 증감에는 여러 가지 원인이 있을 수 있으므로 이것은 잠시 제쳐두고, 그 개화라고 일컫는 게 과연 무엇이냐. 단지 이 섬의 야만인 野民이 인육人肉을 먹는 나쁜 짓은 그만두고, 백인의 노예에 아주 걸맞게 되었음을 가리켜 말할 따름.

---

로 보내기로 결정했는데, 이때 탐험대의 선장을 맡았다. 이 탐험대에는 천문학자 외에 식물학자 등 여덟 명의 과학자가 참여했다. 이들은 타히티에서 금성의 일식을 관측한 뒤 태평양의 여러 섬과 호주 뉴질랜드에 들렀다가 1771년 귀환했다. 쿡 선장은 1768~1779년 사이에 태평양의 남·북단을 오가며 3차례나 탐사했다. 그때 호주 동부해안을 탐험하였고, 뉴질랜드와 뉴펀들랜드의 해도를 제작해, 영국이 태평양 지역에 식민지를 개척하는 기초를 닦았다. 또한 그는 선원들이 장기간의 항해에서 괴혈병으로 사망하는 원인이 채소나 과일의 부족 때문임을 실제 항해에서의 실험을 통해 밝혔다. 이로 인해 장기간 여행으로부터 승객과 선원의 생명을 건질 수 있는 길이 열렸다. 3번째 태평양 탐험에서 하와이를 발견했지만, 그곳에서 다툼이 일어나 토착 원주민에게 살해당했다.(James R. Cook, *The Journals of Captain Cook*, Penguin Classics, 2000; Richard Alexander Hough, *Captain James Cook : A Biography* Reprint edition, W. W. Norton&Company, 2013) 제임스 쿡에 관해 한글로 된 자료로는 유발 하라리, 조현욱 역, 『사피엔스』, 김영사, 2015, 391~395쪽; 제레드 다이아몬드, 김진준 역, 『총·균·쇠』, 문화사상, 2013, 325~326쪽 참조.

79 샌드위치섬의 인구는 1779년 약 50만 명이었는데, 쿡 선장과 함께 상륙한 서양인들이 매독, 임질, 결핵, 독감 장티푸스 등의 세균을 전파하였고, 이로 인한 감염으로 인해 인구가 급속히 줄어들었다. 1853년 8만 4천 명으로 감소했다. 유럽의 식민지 정책으로 유라시아의 병원균에 노출되지 않았던 민족들이 입은 피해는 누적사망률이 50%에서 100%까지 이르렀다. 1492년 콜롬버스가 도착한 히스파니올라 섬의 인디언 인구는 당시 약 800만이었는데, 1535년 '0'으로 되었다. 제레드 다이아몬드, 김진준 역, 『총, 균, 쇠』, 문학사상, 2013, 325~326쪽.

## │ 제국주의의 위험과 외국교제라는 고질병

지나와 같은 나라는 국토도 광대하고 아직 그 내륙內地으로 들어갈 수 없기 때문에 유럽인의 발자국이 아직 해안에만 머물고 있을 뿐이지만, 앞으로의 진행과정을 추측해推察 보면 지나 제국도 정말 유럽인의 전원田園에 지나지 않게 될 것이다.[80] 유럽 사람이 손을 댄 곳은 마치 토지의 생명력生力이 끊기고 풀도 나무도 성장할 수 없게 되는 듯하다. 심할 때에는 그 인종이 섬멸되는 경우도 있다. 이러한 발자취事跡들을 밝히고 우리 일본도 동양의 한 나라임을 안다면, 설령 지금까지는 외국교제에서 심한 해를 입은 적이 없어도 뒷날의 재앙은 두려워하지 않으면 안 된다.

지금까지 설명한 내용이 과연 옳다면, 우리 일본에게 외국교제의 성질은 이재理財 측면에서 논하든 권의權義 측면에서 논하든[81] 지극히 곤란한 대사건이면서 국명國命의 귀중한 부분을 범한 고질병이라고 말할 수 있다. 그리고 이 고질은 우리나라 전체 인민의 일반적인 병이기 때문에 인민 모두가 스스로 그 치료법을 찾지 않으면 안 된다. 병이 진행하는 것도 자신의自家 일이고, 병이 물러가는 것도 자신의 일이다. 이해득실이 모두 다 나에게 달려 있으므로 털끝만큼도 남에게 기대어서는 안 되는 것이다. 생각思想이 얕은 사

---

80  서구 국가들이 본격적으로 동아시아 지역의 영토를 침범하는 시기는 1890년대이다. 1870년대까지만 해도 미국의 독립전쟁에 이어 유럽에서는 크림 전쟁 등이 일어나 동아시아 지역에 신경 쓸 여력이 없었다. 그럼에도 불구하고 후쿠자와는 이때 이미 제국주의의 위험성을 성확하게 인식하고 있었다. 후구자와가 세계정세를 얼마나 징확하고 빠르게 파악하고 있었는지 알 수 있다.

81  '불평등조약'과 관련된 내용으로, '이재에 관한 것'은 관세에 관한 조문을 가리키며, '권의(권리)에 관한 것'은 영사재판권에 관한 조문을 가리킨다. 유신정부는 처음에 이 두 부분의 차이를 정확히 구분하지 못한 채 조약개정 협상을 추진하다가, 조약 상대 국가의 회피로 협상을 추진할 수 없게 되자 두 부분을 분리하여 영사재판권 폐지 협상을 먼저 진행하였다. 그 결과 1894년 청일전쟁 직전에 영국과의 조약을 개정하여 영사재판권을 철폐하였고, 1911년 관세자주권도 완전히 회복하였다.(성희엽, 앞의 책, 633~649쪽 참조)

람 중에는 최근의 세상 모습이 옛날과 다름을 보고 이를 문명이라고 이름하고, 우리 문명은 외국교제의 선물이므로 그 교제가 더욱 왕성해지면 세상의 문명도 함께 진보할 것이라며 기뻐하는 자가 없지 않지만, 그들이 문명이라고 이름하는 것은 그저 외형의 체재일 뿐. 원래 내가 바라는 것이 아니다. 설령 어쩌다 그 문명을 아주 고상한 것으로 만든다고 해도 전국의 인민 사이에 한 조각의 독립심이 없다면 문명도 우리나라를 위해 쓰이지 않기 때문에 이를 일본문명이라고 이름 붙여서는 안 된다.

지리학에서는 토지와 산천을 가지고 나라國라고 이름하지만 나의 논의에서는 토지와 인민을 합쳐서 나라國라고 이름하며, 그 나라의 독립이라거나 그 나라의 문명이라고 하는 것은 그 나라 인민이 서로 모여 스스로 그 나라를 보호하고 그 나라의 권의와 면목을 온전히 함을 가리켜 이름을 붙인 것이다. 만약 그렇지 않고 나라의 독립과 문명을 단지 토지에만 결부시키고 사람과는 관련이 없는 것이라고 하면, 지금의 아메리카문명을 보고 인디언에게 축하해야만 하는 이치가 된다. 또는 우리 일본으로서도 정치, 학술 등 모든 사항들을 거두어서 이를 문명한 유럽 사람에게 나눠주고 우리 일본 사람은 노예로 되어 사역당한다고 해도 일본의 토지에는 영향을 미치지 않으므로 그러고도 지금의 일본 상태보다 수백 배 뛰어난 독립문명국으로 될 것이리라. 지극히 고약한 일이라고 말할 수 있다.


| 국제법(천지공도)과 정실情實—보국심과 편파심

또 어떤 학자의 주장에서 말하길, 각 나라의 교제는 천지天地의 공도公道[82]에 바탕을 둔 것이다. 꼭 서로를 해치는 취지가 아니라면 자유롭게 무역하고

자유롭게 왕래하며 그저 자연天然에 맡겨야 할 따름. 혹시 가끔 나의 권의權義를 해치고 나의 이익利益을 잃는 일이 생긴다면 그러한 까닭의 원인은 나에게서 찾지 않으면 안 되고, 스스로 노력하지 않으면서 남에게서 많이 찾음은 바람직한 도리가 아니며, 오늘날 이미 여러 외국과 화교和交한 이상 배부를 때까지[83] 성의를 다해 그 교분交誼을 온전히 해야만 되고, 털끝만큼도 의심을 품어서는 안 된다고 한다.

이 주장은 참으로 옳다. 하지만 한 사람 한 사람의 사적인 교제에서는 참으로 그와 같이 될 수도 있겠지만, 각 나라의 교제와 사람들의 사적인 교제는 그 취지가 전혀 다른 것이다. 옛날 봉건시대에 널리 행해지던 각 번의 교제라는 것을 알지 않느냐, 각 번의 인민이 꼭 올바르지 않은 자不正者가 아니었음에도 번과 번의 교류附合에서는 각자 저절로 사적인 추구[84]에서 벗어날 수가 없었다. 그 사私야 번 밖에 대해서는 사私이지만 번 안에서는 공公이라고 말하지 않을 수 없다. 이른바 각 번의 정실情實이라는 것이다. 이 사私의 정실은 천지의 공도를 외친다고 없앨 수 없으며, 번이 있는 한 번과 함께 존속하며 무궁하게 이어질 수 있는 것이다. 수년 전 폐번의 거사로 비로소 이것을 없애고 오늘날에 와서는 각 번의 인민도 차츰 옛 번정藩情에서 벗어나

---

82  '천지의 공도'란 국제법을 말한다. 막말에서 메이지 초기에 걸쳐 '만국공법'과 함께 쓰였다. 메이지유신 직후 발표된 '5개조서문'에서는 '우내(宇內)의 통의(通義)'라고 썼다. '천지의 공도'라는 표현은 '공도'라는 단어에서 알 수 있듯이 서양 국제법을 자연법적인 측면에서 받아들인 용어다. 주자학의 천리(天理), 천두(天道) 개념을 끌어들여, 당시의 국제질서를 규제할 수 있는 국제법이 있다고 본 것이다. 국제질서를 이상주의적인 관점에서 바라보는 견해라고 할 수 있다. 이러한 견해를 바탕으로 막부 말기 일본의 개국을 주장한 대표적인 인물로는 요코이 쇼난을 들 수 있다.(위의 책, 239~242쪽 참고) 후쿠자와는 국제법을 이처럼 이상주의적으로 바라보는 것에 비판적이었다.

83  '철저하게', '끝까지', '완전히' 등의 의미이다.

84  원문에는 '私する'로 되어 있다. '공적인 것을 개인의 것으로 하다', '사유화하다', '사적으로 하다' 등의 의미이다. 문맥을 고려하여, '사적인 것을 추구하다'로 번역했다.

고 있는 듯하지만, 번이 존속하는 동안은 결코 책망해서는 안되는 것이다.[85]

　겨우 일본국 안의 각 번에서도 여전히 이러한데, 동서로 멀리 떨어져 지역이 서로 다른 외국 사람에 대하여 그들과 교제할 때 천지 공도에 의지해야 한다고 함은 도대체 무슨 의도냐. 우활迂闊[86]함이 아주 심하다. 흔히 말해 마음씨 좋은 사람結構人의 논의라고 말할 수 있을 따름. 천지의 공도는 흠모할 만한 것인데, 서양 각국도 이 공도에 잘 따르면서 우리와 접촉하겠느냐, 그렇다면 우리 또한 기꺼이 여기에 응해야 하고 결코 이를 거절하면 안 된다. 혹시 정말 그렇다면 먼저 세상의 정부를 없애는 것 우리가 옛 번을 없애버렸듯이 하지 않으면 안 된다. 학자들아, 이런 전망이 있느냐. 만약 그런 전망이 없다면, 세상에 나라를 세워서 정부가 있는 한 그 국민의 사적인 정私情[87]을 없앨 방법은 없다. 그 사적인 정을 없앨 수 있는 방법이 없다면 우리도 또한 이들을 접할 때 사적인 정으로 대하지 않을 수 없다. 이것이 곧 편파심과 보국심이 그 이름은 달라도 실제로는 같은 까닭이다.


## ｜ 외국교제라는 난치병困難病의 치료

　이상과 같이 외국교제는 우리나라의 큰 난치병으로서, 이를 치료함에는 우리나라 인민이 아니면 믿을 만한 곳도 없다. 그 임무는 크고 그 책임은 무겁다고 말할 수 있다. 즉 이 장의 첫 부분에서 말했듯이 지금 우리나라는 무

---

85　이 부분은 『학문의 권장』 「초편」에도 나온다.
86　시대에 뒤떨어지고 세상물정에 어둡다는 의미이다.
87　각 번의 '정실(情實)'에 빗대어 각 국 국민의 사적인 정을 이야기하고 있다. 이 사적인 정이 긍정적으로 발현될 때에는 보국심, 즉 애국심이 되며, 부정적으로 발현되면 배타적인 민족주의 즉 극단적인 민족중심주의, 인종주의가 될 수도 있다. 후쿠자와는 이 두 측면을 모두 다 고찰하면서 당시 서구와의 불평등한 외교관계를 설명하고 있다.

사無事한 때日가 아니며 게다가 그 일은 예년에 견주어볼 때 더욱 곤란해졌다고 한 건 바로 이 외국교제라는 난치병 때문이다. 한 조각 본심에서 사유재산도 생명도 버릴 수 있는 장소란 바로 외국교제 이곳이다. 그런즉 지금의 일본인으로서 어찌 홀가분한 마음으로 소일할 수 있겠느냐, 어찌 아무런 일 없이 휴식할 수 있겠느냐. 개벽 이래 군신의 의리, 선조의 유서, 상하의 명분, 본말의 차이라고 말하던 것, 오늘날에 와서는 본국本國[88]의 의리가 되고, 본국의 유서가 되고, 안팎의 명분이 되고, 안팎의 차이가 되어서, 그 중대함이 몇 배나 더 늘었지 않느냐.

옛날 봉건시절에 사쓰마의 시마즈 씨와 휴가日向의 이토 씨 사이에는 숙원[89]이 있었는데, 이토 씨의 신민은 사쓰마를 마음 속 깊이 원수로 새겨 해마다 설날에 신하들이 무리지어 등성할 때면 먼저 서로 경계하길 "사쓰마의 구원仇怨을 잊지 말지어다"라고 말한 뒤에야 새해를 축하하는 것을 관례로 삼았다는 이야기가 있다.

또 유럽에서는 프랑스 황제 나폴레옹 1세 때 프러시아가 프랑스에 패배하여 미증유의 치욕을 당했는데, 그 뒤 프러시아인은 깊은 원한을 품어 복수의 일념을 늘 잃지 않고 이를 위해 국민이 노력함은 물론, 그중에서도 특히 나라 안의 교회와 그 밖에 다중이 군집하는 장소에는 이전에 프러시아인이

---

88 '번'이나 '막부'가 아니라 '일본'을 의미한다. '본말론'에 빗대어 일본은 '본'으로, 봉건체제 아래에서 신봉하던 군신의 의리, 신조의 유서 등은 '밀'로 보고 있는 것이다.

89 '이토(伊東)씨'는 에도시대 휴가(현재의 미야자키현) 오비(飫肥)의 영주로 석고는 57,000석이었다. 전국시대 말 인근 지역을 공략하여 세를 확장했지만, 사쓰마와의 전투에서 두 번이나 져 세력이 약화되었다. 그 뒤 도요토미 히데요시의 가신이 되어 규슈 평정에 공을 세워 휴가 다이묘로 복귀하였다. 1600년 세키가하라 전투에 동군으로 참여하여 승리하였고 폐번치현 때까지 오비의 영주로 존속하였다. 이처럼 사쓰마의 시마즈씨와 휴가의 이토 씨는 전국시대와 에도시대, 메이지유신 이후까지 서로 숙원을 지닌 채 대립하였다.

대패하여 치욕을 당했을 때의 분노할 만하고 비탄해 할 만한 모습을 도화에 묘사한 액자를 거는 등 각양각색의 방법을 다 동원하여 인심을 격하게 만들고 그 방향을 한 곳으로 모아 복수를 꾀한 끝에, 마침내 1870년에 이르러 옛 원한을 갚았다고 한다.[90] 이러한 일들은 어느 것이든 모두 다 원한이라는 좋지 않은 마음에서 나온 것으로서 드러내어 놓고 그 일이 훌륭하다고 칭찬할 수는 없지만, 이로써 나라를 지키는 일의 어려움과 인민이 고통받는 형국은 알 수 있다. 우리 일본도 외국교제에서는 아직 이토 씨 및 프러시아의 고통을 맛본 적은 아직 없다고 할 수 있지만, 인도나 그 밖의 선례를 보고 이를 경계함은 이토 씨처럼 또 프러시아처럼 하지 않으면 안 된다. 어쩌면 한 번이 아니라, 국민인 자는 매일 아침 서로 경계하길 "외국교제에서 우유부단해서는 안 된다"고 말하고 그런 뒤에 아침을 드는 것도 괜찮으리라.

## ▎일본 사람의 짐과 사물의 비율

이를 바탕으로 생각해 보면, 일본 사람은 선조로부터 전해 내려오던 무거운 짐을 내려놓고 그 대신 질 짐을 구하지 못한 것이 아니라, 그 짐은 현재 머리 위에 매달려 있으며, 그것도 옛날 물건보다 몇백 배나 무게가 늘고 정말로 이 짐을 맡아야만 하는 책임도 있어서, 옛날과 견주어보면 또 몇백 배의 힘을 쏟지 않으면 안 된다. 옛날에 맡았던 일은 그저 궁굴窮屈하게[91] 참는 것뿐이었지만 지금 맡은 일은 궁굴함과 함께 또한 활발함을 필요로 한다. 인

---

90 1870년에 일어난 독일과 프랑스의 전쟁, 즉 보불전쟁을 가리킨다. 이 전쟁에서 독일은 승리하여 통일국가를 이루었고 반대로 프랑스는 패배의 여파로 사회주의 정부인 파리 코뮌 정부가 들어서는 등 극도로 혼란한 정국이 이어졌다.
91 '궁굴'은 답답하고 융통성이 없음을 의미한다.

민의 품행을 높인다고 함은 말하자면 이 궁굴한 수신修身의 덕의德義와 활발 발지活潑潑地92한 행동動에 달려 있는 것이다.

그런데 지금 이러한 짐을 인수하고서도 아직 여전히 몸에 안락함을 느끼고 있다는 건 오직 그 짐의 성질과 경중을 몰라서 그것에 마음을 두지 않고 있을 따름. 아니면 그것에 마음을 두더라도 그 짐을 맡는 방법이 잘못된 것이다. 예컨대 세상에는 외국 사람을 미워하는 자가 없지 않은데, 그렇게 이들을 미워하는 것이야 취지를 잘못 알아서, 미워해야 할 것은 미워하지 않고 미워해서는 안 될 것을 미워하며 시의하고 질투하는 마음을 품어 눈앞의 사소한 일에 분노하고, 작게는 암살, 크게는 양이로 자기 나라에 큰 해악을 빚어내는 자들이 있다. 이런 무리는 일종의 미치광이癲狂로서, 마치 큰 병에 걸린 나라 안大病國中의 병자라고 불러야 할 따름.

또 일종의 우국자憂國者는 양이가攘夷家에 견주면 소견이 약간 높아서 제멋대로 외국 사람을 쫓아내려고 하지는 않지만, 외국교제의 곤란함을 보고 그 원인을 단지 군사력兵力의 부족함에 돌려 우리가 군비兵備만 성대하게 갖추면 맞설 수 있는 형세를 가질 수 있다고 하면서, 때로는 육해군의 예산資本을 늘리자고 말하고, 때로는 거함과 대포를 사자고 말하고, 때로는 포대를 구축하자고 말하고, 때로는 무기고를 짓자고 말한다.93

이러한 주장들의 의도를 살펴보면 영국에 1,000척의 군함이 있으므로 우리에게도 1,000척의 군함이 있으면 틀림없이 이에 대적할 수 있다고 생각하는 듯하다. 필경 사물의 비율割合을 모르는 자의 사고방식이다. 영국에 1,000척의 군함이 있음은 단지 군함만 1,000척을 보유하고 있는 게 아니

---

92  물고기가 뛰어오르는 듯이 활발하게 활동한다는 의미이다.
93  메이지 시기의 강병정책에 관해서는 성희엽, 앞의 책, 587~594쪽 참조.

며, 1,000척의 군함이 있으면 10,000척의 상선도 있을 것이고, 10,000척의 상선이 있으면 100,000명의 항해사도 있으리라. 항해사를 길러내는 데에는 또 학문이 없으면 안 된다. 학자도 많고 상인도 많고, 법률도 정돈되고 상업도 번성하며, 인간교제의 사물이 다 갖춰져 때마침 1,000척의 군함에 상응할 만한 형국에 이르러서야 비로소 1,000척의 군함이 있을 수 있다. 무기고도 포대도 모두 다 이와 같아서 다른 여러 조건에 적합한 비율이 없으면 안 된다. 비율이 맞지 않으면 이기利器도 소용이 없다. 예를 들어 앞뒤로 문단속을 하지 않아 집안이 낭자狼藉[94]한 그 집 대문 앞에 20인치 대포 1문을 설치해봐야 도적을 방어하기에는 맞지 않는 것과 마찬가지다.

무력이 편중된 나라에서는 자칫하면 앞뒤의 분별이 없어서 헛되이 병비에 돈을 허비하고 빚 때문에 스스로 나라를 무너뜨리는 경우가 없지 않다. 생각건대 거함과 대포로 거함과 대포를 가진 적은 대적할 수 있어도, 빚이라는 적에게는 대적할 수 없는 것이다. 지금의 일본으로서도 군비武備를 갖추기 위해서는, 포함은 물론 소총과 군복에 이르기까지 100에 99는 외국 물품을 우러러 보지 않을 수 없다. 어쩌면 아직 우리의 제조기술이 열리지 않았기 때문이라고 말할 수 있겠지만, 그 제조기술이 아직 열리지 않은 건 곧 나라의 문명이 아직 충분히 갖춰지지 않았다는 증거이므로, 그것이 충분히

---

94 '낭자'는 이리가 풀이나 나뭇잎 위에서 자고 난 뒤 엉망진창으로 헝클어져 있는 상태를 일컫는 말이다. 『사기』 「골계전(滑稽伝)」에 나온다. '골계'란 재치있는 익담을 통해 어떤 교훈, 가르침을 주는 것을 말한다. 골계는 원래 술 마시는 도구의 이름이었는데 신기하에 하루종일 술을 따라도 끊이지 않았다고 한다. 『사기』에서는 술 잔이 어지럽게 흩어져 있는 모양을 가리켜 '낭자하다'고 쓰고 있다. 술이 극에 달하면 어지러워지고, 즐거움이 극에 달하면 슬퍼진다는 교훈을 말하고 있다. 원문은 '酒極則亂, 樂極則悲(주극즉란, 낙주즉비)'이다. 제나라 순우곤의 이야기다. 메이지시대 후반 오사카에서는 『골계신문』(1901~1908)이 창간되어, 정치인이나 권력자를 풍자하면서 인기를 얻기도 했다.

갖춰져 있지 않은 상태에서는 군비 하나만 충분히 갖춘다고 한들 사물의 비율을 잃어 실제 쓰임새에는 맞지 않을 것이다. 따라서 지금의 외국교제는 군사력兵力을 갖춘다고 해서 유지할 수 있는 것이 아니다.

## ▎나라의 독립이 목적이다

이처럼 암살과 양이론은 당연히 입에 담을 만한 가치도 없고, 또 한 걸음 나아가 군비의 공부도 실제 쓰임새實用에는 맞지 않으며, 또한 앞에서 이야기한 국체론, 예수론, 유학론漢儒論 역시 인심을 유지하기에는 부족하다. 그렇다면 곧 이를 어떻게 하면 되겠느냐. 말하노니, 목적을 정하여 문명으로 나아가는 것[95] 하나가 있을 따름. 그 목적이란 무엇이냐. 안팎의 구별을 명확히 하여 우리 본국의 독립을 지키는 것이다. 그리고 이 독립을 지키는 방법은 문명 밖에서는 찾을 수 없다. 지금의 일본국 사람을 문명으로 나아가게 함은 이 나라의 독립을 지키기 위해서일 따름. 따라서 나라의 독립은 목적이고, 국민의 문명은 이 목적에 다다르기 위한 수단이다. 인간사 모든 일에서 그 목적과 여기에 도달하기 위한 수단을 세어 보면 단계마다 제한이 있는 건 아니다. 예를 들어 솜을 잣는 건 실을 뽑는 수단이고, 실을 뽑음은 목면을 짜는 수단이며, 목면은 의복을 만드는 수단이 되고, 의복은 추위와 바람을 막는 수단이 되어, 이 몇 단계의 수단들이 서로 수단이 되기도 하고 또 서로 목적이 되기도 하며 결국에는 체온을 보호하여 몸을 건강하게 해주는 목적에 다다르는 것과 같다. 나도 이 한 장章의 논의에서 결국 자국自國의 독립을 목

---

95  이 책 제2장의 제목과 같다.

적으로 세웠던 것이다. 이 책의 첫머리에서 사물의 이해와 득실은 그것이 삼으려는 목적을 정하지 않으면 이야기할 수가 없다고 말한 것도 생각건대 이러한 논의들을 펼칠 때에 참고할 만하다.

때로는 사람들이 말하리라, 인류의 약속은 단지 자기 나라의 독립만을 목적으로 삼아서는 안 되며 한층 더 특별하고 영원하며 고상한 궁극極에 눈을 둬야 한다고. 이 말은 참으로 옳다. 인간의 지덕智德이 궁극의 수준極度에 이르면, 그것이 기약하는 내용은 당연히 고원高遠하면서도 일국의 독립 등과 같은 사소한 일에 얽매여선 안 된다. 고작 다른 나라의 경멸에서 벗어난 것을 가지고 이를 바로 문명이라고 이름할 수 없음은 두말할 필요가 없지만, 지금 세계의 형국 아래, 나라와 나라 사이의 교제에서는 아직 이 고원한 일을 이야기할 수 없으며, 만약 이를 이야기하는 자가 있다면 우활공원空遠迂闊[96]하다고 말하지 않을 수 없다.

특히 눈앞에 있는 일본의 경황을 살펴보면 사태가 더욱더 시급함을 깨닫게 돼 또 다른 것을 돌아볼 겨를이 없다. 먼저 일본이라는 나라와 일본 인민을 존속하게 하고, 그런 뒤에야 문명에 관한 일도 말할 수 있으리라. 나라가 없고 사람이 없으면 이를 우리 일본의 문명이라고 말할 수 없다. 이것이 바로 내가 이론理論의 영역을 좁혀서 단순히 자국의 독립을 문명의 목적으로 삼는다는 논의를 외치는 까닭이다. 따라서 이 논의는 지금 세계의 형국을 살피고, 지금의 일본을 위해 도모하며, 지금 일본의 급한 상황에 맞춰 꺼낸 것이므로 당연히 영원, 미묘한 오온奧蘊이 아니다. 학자들아, 이 책을 급하게 봐서 문명의 참뜻을 오해하고, 이를 경멸시하며 그 자의字義의 면목을 욕되

---

96  사리에 어둡고 세상 물정과 동떨어져 있어서 아주 공허함을 가리킨다.

게 하지 말라.

덧붙여 또 내가 독립을 목적으로 정한다고는 했지만, 세상 사람이 모조리 다 정담가政談家[97]가 되어 아침저녁으로 여기에 종사하게 하는 것을 바라지는 않는다. 사람은 각자 일하는 곳이 다르고 또 다르지 않을 수 없다. 때로는 고상한 학문에 뜻을 품어 담천조룡談天雕龍[98]에 빠지기도 하고, 때로는 깊이 파고 때로는 나아가며 이를 즐거워하여 끼니를 잊는 자도 있으리라. 때로는 활발한 영업에 종사하여 밤낮으로 쉴 틈도 없이 동분서주[99]하며 가사를 잊는 자도 있으리라. 이를 나무랄 수 없을 뿐만 아니라, 문명 안의 일대 사업으로서 칭찬하지 않을 수 없다. 단지 바라는 건 그렇게 끼니를 잊고 가사를 잊을 즈음에도, 나라의 독립 여부와 관계된 일에 마주치면 홀연히 여기에 감응感動하여 마치 벌침에 쏘인 것처럼 몸과 마음이 함께 영민해지길 바랄 따름.

## | 쇄국과 자주독립

어떤 사람이 말하길, 앞의 주장처럼 단지 자국의 독립만 바라는 것이라면 외국의 교제를 그만두는 것보다 편리한 것은 없다. 우리나라에 외국인이 아직 오지 않았던 시대에 있을 때는, 나라의 상태는 불문不文했지만, 이를 순수한 독립국이었다고 말하지 않을 수 없다. 그러므로 지금 독립을 목적으로 삼

---

97 정치나 시국에 관해 논하는 사람을 가리킨다. 부정적인 의미는 아니다. 오규 소라이가 지은 책 중에 『정담(政談)』이 있다. 제8대 쇼군 도쿠가와 요시무네의 극비 요청에 따라 1726년 오규 소라이가 집필하여 헌상했던 정책제안서이다.

98 '담천조룡'은 『사기』 74 「맹자순경열전(孟子筍卿列傳)」에 나온다. 하늘을 논하고 용을 조각한다는 말로, 학문을 추구함에 고상하고 원대한 면도 있지만 다른 한편으로 이상주의에 빠져 비현실적임을 가리킨다.

99 원문에는 '동주서치(東走西馳)'로 되어 있다.

는다면 옛날의 쇄국으로 돌아감이 상책이다. 오늘에 이르러서야 독립 걱정도 있지만, 가에이嘉永시대 이전에는 사람들이 알지 못하던 일이다. 나라를 열고 나라의 독립을 걱정함은 스스로 병을 부르고 스스로 이를 걱정함과 다르지 않다. 만약 병이 걱정할 만한 것임을 안다면 병이 없던 때로 돌아감만 못하다고 한다.

여기에 답하여 말한다면, 그렇지 않다, 독립이란 독립할 수 있는 세력을 가리켜 말하는 것이다. 우연히 독립해 있는 외형形을 보고 말하는 것이 아니라, 우리 일본에 외국인이 아직 오지 않아 나라가 독립한 것은 진정으로 그러한 세력을 가지고서 독립한 것이 아니다. 단지 외국인과 접하지 않았기 때문에 우연히 독립의 형체体를 이루고 있을 따름.

이를 비유하면 아직 비바람과 마주친 적 없는 가옥과 같다. 그것이 과연 비바람을 견딜 수 있을지 없을지는 아직 비바람과 마주치지 않았기에 증명할 수 없다. 비바람이 오느냐 마느냐는 외부의 일이고, 가옥이 견고한지 아닌지는 내부의 일이다. 비바람이 오지 않은 것을 가지고 가옥의 견고함을 증명할 수는 없다. 바람이 없고 비가 없을 때 가옥이 건재해야 함은 물론 어떤 대풍大風 대우大雨를 만나도 우뚝 선 채 흔들리지 않아야지만 진짜 견고한 가옥이라고 말할 수 있으리라. 내가 말하는 이른바 자국의 독립이란, 우리 국민이 외국과의 교제를 맡도록 하여 백 번을 불리고 천 번을 갈아千磨百錬 마침내 그 세력을 약해지지 않게 하여 마치 이런 대풍우大風雨에도 견딜 수 있는 가옥처럼 되게 하려는 취지이다. 어찌 스스로 퇴축하여 옛날로 돌아가고 우연한 독립을 요행으로 삼아 만족스런 낯빛을 지을 수 있겠느냐. 더군다나 지금의 외국교제는 이에 적절하게 대처하면 우리 민심을 진작하는데 때마침 알맞은 자극이 될 수 있기 때문에, 오히려 이로 인해 우리 문명에 크게 이롭게 될 것이다. 결국 나의 뜻은, 나아가 독립의 열매實를 얻는 데 있다. 물러나 그런 허명虛名을 지키는 것과 같은 일은 굳이 좋아하지 않는다.


## ❙ 독립은 목적이고 문명은 수단이다

따라서 다시 앞의 주장으로 돌아가서 말하겠다. 나라의 독립은 목적이고, 지금의 우리 문명은 이 목적에 다다르기 위한 수단이다. 지금이라는 이 글자는 특별한 뜻文意이 있어서 쓴 것이니 학자들은 소홀히 간과하지 말라. 이 책 제3장에서는, 문명은 지극히 크고 지극히 넓어서 인간만사 모두 이를 목적으로 삼지 않는 것이 없으므로 인류가 마땅히 이르러야만 하는 문명의 본지를 목적으로 삼아 논의를 세웠지만, 여기에서는 우리의 지위를 지금 현재의 일본에 한정하고 그 논의도 또한 자연스럽게 범위를 좁혀서 오직 자국이 독립할 수 있도록 하는 것에 눈을 두면서 임시로 문명이라는 이름을 붙였을 따름. 따라서 지금의 우리 문명이라고 말하는 것은 문명의 본지가 아니라, 우선 일의 첫걸음으로서 자국의 독립을 도모하고 그 밖의 것은 두 번째 걸음으로 남겨서 다른 날에 이루려는 취지이다. 생각건대 이와 같이 논의를 한정하면, 나라의 독립은 곧 문명이다. 문명이 아니면 독립을 지킬 수 없다. 독립이라고 말하든 문명이라고 말하든 둘 다 차이가 없는 듯하지만, 독립이라는 문자를 쓰면 일을 상상想像할 때 경계限界가 한층 분명해지고 이해하기 쉬운 편리함이 있다. 그냥 문명이라고만 말하면 때로는 자국의 독립과 문명에 아무 관계가 없으면서도 문명이 되는 경우가 있다. 심지어는 자국의 독립이나 문명을 해치면서도 여전히 문명과 비슷한 경우도 있다.

그러한 사례를 하나 들어 이야기하자면, 지금 우리 일본의 여러 항구에는 서양 각 나라들이 함선을 대어 놓고 육상에는 거대한 상관을 지어 그 모습이 거의 서양 나라들의 항구와 다르지 않게 번성하고 있다고 말할 수 있다. 그런데 사리에 어두운 우인愚人이 이렇게 번성하는 모습을 목격하고는, 바야흐로 5대주의 인민이 우리나라 법의 관대함을 사모하여 앞다투어 황국으로 몰려오지 않을 수 없고 우리 무역이 날마다 번성하고 우리 문명이 달마다 나아감은 각 항구의 모습을 한번 보면 알 수 있을 것이다 등이라며 뿌듯한 낯빛을 짓는 경우가 없지 않다. 큰 오해가 아니겠느냐. 외국인은 황국에 몰려온 것이 아니라, 그 황국의 차와 비단에 몰려온 것이다. 여러 항구가 번성함은 문명의 문물과 다르지 않다고 할 수 있지만, 항구의 배는 외국의 배이고 육지의 상관은 외국 사람의 주거지일 뿐 우리의 독립과 문명에는 조금도 관계가 된 것이 없다.

때로는 또 빈털터리 투기꾼山師이 외국 사람의 자본元金을 사용하여 나라 안에서 거래를 넓히고[100] 그 소득은 모조리 다 전주의 이익으로 귀결시키며 상업의 번창을 보여주는 경우가 있다. 때로는 외국에서 돈을 차용하여 그 돈으로 외국에서 물건을 사들이고 그 물건을 국내에 전시하여 문명의 장관을 이루는 경우도 있다. 석조 건물과 철교, 함선과 총포 같은 종류가 그렇다. 우리 일본은 문명의 생산국生國이 아니라 기류지寄留地라고 말해야 할 따름. 결국 이러한 상업의 경기, 문명의 장관은, 나라의 빈곤을 초래하여 긴 세월이 지난 뒤에는 틀림없이 자국의 독립을 해칠 수 있는 것이다. 생각건대 내가 여기서 문명이라고 말하지 않고 독립이라는 문자를 쓴 것도 이러한 오해들

---

100 메이지유신 직후에는 일본에 아직 무역상사가 발달하지 않았기 때문에 일본의 무역 업무는 대부분 거류지에 있는 상관 즉 외국인 무역상사가 독차지했다. 일본 상인은 이들의 매매를 중개하여 약간의 차익을 얻는 정도일 뿐이었다.

을 막으려는 취지일 따름.

이처럼 최종 목적을 자국의 독립으로 정하고 마침 지금의 인간만사를 모두 녹여 하나로 되게 하고 이 모든 것을 다 저 목적에 다다르기 위한 수단으로 삼을 때에는 그 수단의 다양頫多함에 제한이 있을 수 없다. 제도든, 학문이든, 상업이든, 공업이든, 하나같이 이 수단이 아닌 것은 없다. 비단 제도, 학문 등의 종류뿐만 아니라, 더러는 비속하고 부박한 일이거나 오락과 유희를 위한 물건이라고 해도 그 속사정을 잘 살펴 그것이 가져올 수 있는 공능을 알아보면 또한 문명의 항목에 넣을 수 있는 것이 많다. 따라서 인간의 생생한 사물을 두고 그 이해득실을 이야기할 때에는 개개 사물의 한 부분만 보고 쉽게 결정해서는 안 된다. 예컨대 옛날부터 학자들의 논의는 아주 많다. 절검질박節儉質朴을 주장하는 자가 있는 반면, 수미청아秀美精雅를 좋아하는 자도 있다. 전제독단專制獨斷을 편리하다고 말하는 자가 있으면 뇌락자유磊落自由[101]를 주장하는 자도 있고, 의견이 백출百出하여, 서쪽이라고 말하면 동쪽이라고 소리치고, 왼쪽에서 논하면 오른쪽에서 반박하여 도저히 그 끝을 알 수 없다. 심지어는 정해진 소견도 전혀 없이 그저 자신의 지위에 맞춰 논리를 만들어 자기 자신과 논리와 그 출처가 영고를 함께 하는 자도 있다. 나아가 이보다 더 심한 경우에는, 정부에 의존하여 몸을 숨기는 지위가 되어 구구하게 정권에 기대어 단지 자신의 묵은 주장을 펼치려고 하면서 그 주장의 이해득실은 잊어버린 듯한 자도 있다. 비열함 또한 아주 심하다고 말할 수 있다.

이러한 모습을 형용하자면 과녁 없이 활을 쏘는 것과 같고, 재판소 없이

---

101 호방하고 자유로운 상태를 가리킨다.

소송하는 것과 같다. 어느 것을 옳다고 하고 어느 것을 그르다고 하겠는가. 이것은 단지 어린아이들의 장난일 뿐. 한번 보라. 천하의 사물, 그 한 부분에 관해 논하면 어느 하나 옳지 않은 것이 없고 어느 하나 그르지 않은 것도 없다. 절검질박은 거칠고 투박해[102] 보이지만 한사람 한 사람에게는 이를 권하지 않을 수 없다. 수미청아는 사치스럽고 황당해 보이지만 나라 전체 인민의 생활生計을 도모한다면 날로 수미함으로 나아가길 바라지 않을 수 없다. 국체론의 완고함은 민권에는 크게 불편하지만 지금의 정치에 중심을 정하고 행정 질서를 유지하는 데에는 또 크게 편리하다. 민권홍기라는 거친 이론粗暴論은 군주제 나라立君治國에는 크게 해롭지만 인민의 비굴한 과거 악습을 일소하는 수단으로 쓰인다면 또 아주 편리하다. 충신의사의 논리도 예수 그리스도교의 논리도, 유학자의 논리도 불교의 논리도, 어리석다고 하면 어리석고, 지혜롭다고 하면 지혜롭고, 단지 이를 시행하는 장소에 따라서 어리석음이 될 수도 있고 지혜로도 될 수 있을 따름. 게다가 저 암살과 양이의 무리들이라고 해도, 단지 그 행동事業이야 책망할 수 있겠지만 그 사람의 심사를 해부하여 잘 검사해 보면 틀림없이 한 조각의 보국심이 있음을 분명히 알 수 있을 것이다.

그렇다면 이 장의 첫 부분에서 말했던, 군신의 의리, 선조의 유서, 상하의 명분, 본말의 구별 등과 같은 것도 인간의 품행 가운데 귀하게 여겨야 할 항목으로서 말하자면 문명의 방편이므로 일괄적으로 배척할 이유는 없다. 다만 이러한 방편을 써서 세상에 이익이 될지 아닐 지는 그 사용방법 여하에 달려 있을 따름.

---

102 원문에는 '야만조폭(野蠻粗暴)'으로 되어 있다.

무릇 사람으로서 나라를 팔아먹으려는 악한 마음을 품지 않는 정도 이상의 자라면 틀림없이 국익을 위하는 일을 좋아하지 않을 리가 없다. 만약 그렇지 않고 나라를 해치는 일이 생긴다면 그 죄는 단지 지향해야 할 목적을 몰라서 우연히 저지른 죄이다. 세상만사 모든 일은 여러 가지 수단을 모아서 공을 이루는 것이므로, 그 수단은 가능한 한 많을 필요가 있고 또 많지 않으면 안 된다. 다만 수백 수천 가지의 수단을 쓸 즈음에는 그 사용 방법을 그르치지 않고, 이 수단이 과연 이 목적과 관계가 있는지, 만약 관계가 있다면 어떤 길을 통해 여기에 다다를 수 있을지, 혹시 곧 바로 다다를 수 있을지, 아니면 그 사이에 또 다른 수단을 둬서 이 수단을 거쳐 나중에 다다를 수 있는지, 혹시 두 가지 수단이 있다면 어느 쪽이 중하여 앞서 해야 하는지, 어느 쪽이 가벼워 뒤에 해야 하는지 등등 여러 가지로 궁리를 짜내면서도 결국 최후 최고의 큰 목적을 잊지 않는 것이 가장 중요緊要할 따름. 마치 장기象棋를 두는 자는 천태만상「種万樣의 수가 있어도 결국 그 목적은 자신의 왕장을 지키고 적의 왕을 사로잡는 한 가지 일에 달려있는 것과 마찬가지다. 만약 그렇지 않고 왕보다 비차飛車[103]를 더 중요하게 여기는 자가 있다면 하수 장기라고 말하지 않을 수 없다.

따라서 지금 이 한 장의 안목眼目인 자국독립自國獨立 네 글자를 내걸어 안팎의 구별을 분명히 하고, 그럼으로써 다중衆庶이 따라야 할 길道을 보여줄 수 있다면, 물物의 경중도 이에 비로소 가늠이 되고, 사事의 완급도 이에 비로소 정해지며, 경중완급이 이에 분명해지면 어제 화내 일도 오늘은 기뻐할 일이 되고 지난해에 즐거웠던 일도 올해에는 걱정거리가 되고, 만족감得意은 바뀌어 근심이 되고, 낙원樂國은 변하여 고통의 세계苦界[104]가 되고, 원수도

---

103 우리나라 장기의 차(車)와 같다. 후쿠자와는 장기를 매우 좋아했다.
104 불교에서 고통에 찬 세계를 가리키는 말로, 지옥, 아귀, 축생, 수라, 인간, 천상의 육도

친구가 되고, 타인도 형제가 되고, 희로喜怒를 함께하고 우락憂樂을 같이하며 그럼으로써 동일한 목적을 향해 갈 수 있을 것인가. 나의 소견으로는, 지금의 일본 인심을 유지하는 데에는 오로지 이 방법 하나가 있을 따름.

(六道)가 있다.

## 참고문헌

1. 국내 서적

가토 히로유키, 김도형 역, 『도나리구사(隣草)』, 문사철, 2014.

_____, 『입헌정체략·진정대의』, 세창출판사, 2017.

고야스 노부쿠니, 김석근 역, 『후쿠자와 유키치의『문명론의 개략』을 정밀하게 읽는다』, 역사비평사, 2007.

고야스 노부쿠니, 이한정 역, 『한자론―불가피한 타자』, 연세대 대학출판문화원, 2017.

구메 구니타케, 박삼헌 역, 『특명전권대사 미구회람실기』 1~5, 소명출판, 2011.

김경희·이혜경, 『덕의 귀환―동서양 덕의 역사』 동양편, 서울대 출판부, 2017

김욱동, 『번역과 한국의 근대』, 소명출판, 2010.

나가하라 게이지, 하종문 역, 『20세기 일본의 역사학』, 삼천리, 2011.

나리타 류이치 외, 일본근대와 젠더 세미나팀 역, 『근대 일본의 문화사』 3―근대지(知)의 성립, 소명출판, 2011.

나카쓰카 아키라, 박현옥 역, 『시바 료타로의 역사관』, 모시는 사람들, 2014.

니얼 퍼거슨, 구세희·김정희 역, 『시빌라이제이션―서양과 나머지 세계』, 21세기북스, 2011.

다카시로 코이치, 역자, 『후쿠자와 유키치의 조선정략론 연구』, 도서출판 선인, 2013.

량치차오, 이혜경 역, 『신민론』, 서울대 출판문화원, 2014.

량치차오, 강중기 외역, 『음빙실자유서』, 푸른역사, 2017.

래리 시덴톱, 정명진 역, 『개인의 탄생―양심과 자유, 책임은 어떻게 발명되었는가?』, 부글북스, 2016.

뤼시엥 페브르·앙리 장 마르탱, 강주헌·배영란 역, 『책의 탄생-책은 어떻게 지식의 혁명과 사상의 전파를 이끌었는가』, 돌베개, 2014.

뤼시엥 페브르, 김중현 역, 『마르틴 루터-한 인간의 운명』, 이른비, 2016.

리디아 류, 차태근 역, 『충돌하는 제국』, 글항아리, 2016.

마루야마 마사오, 김석근 역, 『일본정치사상사연구』, 통나무, 1998.

_____, 『『문명론의 개략』을 읽는다』, 문학동네, 2007.

_____, 『현대정치의 사상과 행동』, 한길사, 1997.

마루야마 마사오, 박충석·김석근 역, 『충성과 반역』, 나남, 1998.

마루야마 마사오·가토 슈이치, 임성모 역, 『번역과 일본의 근대』, 이산, 2002

마르크 블로크, 한정숙 역, 『봉건사회』 상·하, 한길사, 2001.

마르크 블로크, 고봉만 역, 『역사를 위한 변명』, 한길사, 2011.

마르퀴 드 콩도르세, 장세룡 역, 『인간 정신의 진보에 관한 역사적 개요』, 책세상, 2002.

마르틴 루터, 황정욱 역, 『독일 민족의 그리스도인 귀족에게 고함·교회의 바빌론 포로에 대한 마르틴 루터의 서주·그리스도인의 자유에 대한 논설』, 길, 2017.

마에다 쓰토무, 김복순·조인희 역, 『에도의 독서회-회독의 사상사』, 소명출판, 2016.

미노아 겐료, 김천학 역, 『일본불교사』, 동국대 출판부, 2017.

마르틴 루터, 황정욱 역, 『독일민족의 그리스도인 귀족에게 고함 외』, 도서출판 길, 2017.

마츠다 고이치로, 윤채영 역, 『후쿠자와 유키치 다시 보기』, 아포리아, 2017.

마틴 라이언스, 서지원 역, 『책, 그 살아있는 역사-종이의 탄생부터 전자책까지』, 21세기북스, 2011.

미야지마 히로시, 『나의 한국사 공부』, 너머북스, 2013.

박규태, 『일본 신사의 역사와 신앙』, 역락, 2017.

박귀순·송유레, 『덕의 귀환-동서양 덕의 역사』 서양편, 서울대 출판부, 2017.

박근갑 외, 『개념사의 지평과 전망』(개정증보판), 소화, 2015.

박노자 외, 『개념의 번역과 창조-개념사로 본 동아시아 근대』, 돌베개, 2012.

박례경 역, 『의례(儀禮) 역주』 2, 세창, 2013.

박상현, 『일본의 맛, 규슈를 먹다』, 따비, 2013.

박진한, 『일본 근세의 서민지배와 검약의 정치』, 혜안, 2010.

샤를 루이 스콩다 몽테스키외, 하재홍 역, 『법의 정신』, 동서문화사, 2016.

사마천, 신동준 역, 『완역 사기 세가-역대 제후와 공신들의 연대기』, 위즈덤하우스, 2015.

_____, 『완역 사기 본기-오제부터 한무제까지 제왕의 역사』, 위즈덤하우스, 2015.

사사키 아타루, 송태욱 역, 『잘라라, 기도하는 그 손을-책과 혁명에 관한 닷새 밤의 기록』, 자음과 모음, 2012.

사사키 아타루, 김소운 역, 『춤춰라 우리의 밤을 그리고 이 세계에 오는 아침을 맞이하라』, 여문책, 2016.

새뮤얼 스마일스, 장만기 역, 『자조론/인격론』, 동서문화사, 2007.

새뮤얼 존슨, 이인규 역, 『라셀라스』, 민음사, 2013.

성희엽, 『조용한 혁명-메이지유신과 일본의 건국』, 소명출판, 2016.

셰시장, 김영문 역, 『량치차오 평전』, 글항아리, 2015.

손일, 『에노모토 다케아키와 메이지유신』, 푸른길, 2017.

시오노 나나미, 송태욱 역, 『십자군 이야기』 1~3, 문학동네.

신정근, 『철학사의 전환』, 글항아리, 2012.

아라이 하쿠세키, 박경희 역, 『독사여론』, 세창출판사, 2015.

애덤 스미스, 박세일·민경국 역, 『도덕감정론』(개역판), 비봉출판사, 2017.

애덤 스미스, 김수행 역, 『국부론』 상·하, 비봉출판사, 2007.

야나부 아키라, 김옥희 역, 『번역어의 성립』, 마음산책, 2011.

야스카와 쥬노스케, 이향철 역, 『후쿠자와 유키치의 아시아 침략 사상을 묻는다』, 역사비평사, 2011.

야스카와 쥬노스케, 이향철 역, 『마루야마 마사오가 만들어낸 후쿠자와 유키치라는 신화』, 역사비평사, 2015.

야코프 부르크하르트, 이기숙 역, 『이탈리아 르네상스의 문화』, 한길사, 2003

양현지, 서윤희 역, 『낙양가람기』, 눌와, 2001.

열어구, 정유선 역, 『열자(列子)』, 동아일보사, 2016.

에드워드 사이드, 박홍규 역, 『오리엔탈리즘』, 교보문고, 1991.

에르네스트 르낭, 신행선 역, 『민족이란 무엇인가』, 책세상, 2002.

옌안성, 한영혜 역, 『신산을 찾아 동쪽으로 향하네-근대 중국 지식인의 일본 유학』, 일조각, 2004.

오카다 데쓰, 정순분 역, 『돈가스의 탄생』, 뿌리와이파리, 2006.

옥성득, 『한국 기독교 형성사』, 새물결플러스, 2020.

와타나베 히로시 · 박충석 편, 『'문명' '개화' '평화'-한국과 일본』, 아연, 2008.

_____, 『한국 · 일본 · '서양'』, 아연, 2008.

왕양명, 한정길 · 정인재 역, 『전습록』 1 · 2, 청계, 2007.

요한 호이징아, 이종인  역, 『중세의 가을』, 동서문화동판, 2010.

월운, 『전등록』 1~3, 동국역경원, 2008.

윌리엄 제임스, 정해창 역, 『실용주의』, 아카넷, 2008.

유길준, 장인성 역, 『서유견문』, 아카넷, 2017.

유길준, 허경진 역, 『서유견문』, 서해문집, 2008.

유발 하라리, 조현욱 역, 『사피엔스』, 김영사, 2015.

유창준, 『한국인쇄문화사』, 지학사, 2014.

이근식 · 황경식 편, 『자유주의란 무엇인가』, 삼성경제연구소, 2001.

이근식 · 황경식 편, 『자유주의의 원류-18세기 이전의 자유주의』, 철학과 현실사, 2003.

이노우에 노부타카 외, 박규태 역, 『신도, 일본 태생의 종교시스템』, 제이앤씨, 2010.

이재숙 · 이광수 역, 『마누법전』, 한길사, 1999.

이중톈, 김택규 역, 『이중톈 중국사』 2-국가, 글항아리, 2013.

이토 진사이, 장원철 역, 『논어고의』 상 · 하, 소명출판, 2013.

이혜경, 『천하관과 근대화론-양계초를 중심으로』, 문학과지성사, 2002.

일본사학회, 『아틀라스 일본사』, 사계절, 2016.

요한. G. 피히테, 서정혁 역, 『학자의 사명에 관한 몇 차례의 강의』, 책세상, 2014.

_____, 『학자의 본질에 관한 몇 차례의 강의』, 책세상, 2017.

임사영, 『황제들의 당제국사』, 푸른역사, 2016.

장 자크 루소, 박호성 역, 『사회계약론 외』, 2015.

_____, 『사회계약론』, 책세상, 2017.

전용신, 『일본서기』, 일지사, 2010.

정약용, 이지형 역, 『역주 매씨서평』, 문학과지성사, 2012.

제레드 다이아몬드, 김진준 역, 『총 · 균 · 쇠』, 문화사상, 2013,

제임스 레스턴, 서미석 역, 『루터의 밧모섬-바르트부르크성에서 보낸 침묵과 격동의 1년』, 이른
        비, 2016.

조르조 바사리, 이근배 역, 고종희 해설, 『르네상스 미술가 평전』 1~5, 한길사, 2018.

존 듀이, 김진희 역, 『자유주의의 사회적 실천』, 책세상, 2011.

존 스튜어트 밀, 김형철 역, 『자유론』, 서광사, 2015.

존 스튜어트 밀, 박홍규 역, 『자유론』, 문예출판사, 2017.

존 스튜어트 밀, 서병훈 역, 『대의정부론』, 아카넷, 2012.

_____, 『공리주의』, 책세상, 2007.

_____, 『자유론』, 책세상, 2017

존 스튜어트 밀, 박상혁 역, 『공리주의』, 계명대 출판부, 2014.

존 스튜어트 밀, 박동천 역, 『정치경제학 원리』 1~4, 나남출판, 2010.

진관타오 류칭펑, 양일모 외역, 『관념사란 무엇인가』 1 · 2, 푸른역사, 2010.

찰스 다윈, 송철용, 『종의 기원』, 동서문화사, 2013.

찰스 해스킨스, 이희만 역, 『12세기 르네상스』, 혜안, 2017.

칼 마르크스, 임지현 외역, 『프랑스혁명사 3부작』, 소나무, 2017

코칸 시렌, 정천구 역, 『원형석서』 상 · 하, CIR, 2010.

알렉시스 드 토크빌, 임효선 · 박지동 역, 『미국의 민주주의』 II, 1997.

_____, 『미국의 민주주의』 I, 2016.

폴 케네디, 이일주 외역, 『강대국의 흥망』, 한국경제신문사, 1990.

풍우란, 정인재 역, 『중국철학사』 상 · 하, 형설출판사, 1989.

프랑수아 기조, 임승휘 역, 『유럽문명의 역사—로마제국의 몰락부터 프랑스 혁명까지』, 아카넷, 2014.

한나 아렌트, 김선욱 역, 『예루살렘의 아이히만』, 한길사, 2006.

한일문화교류기금 · 동북아역사재단, 『한국과 일본의 서양문명 수용』, 경인문화사, 2011.

허버트 스펜서, 이상률 역, 『개인 대 국가』, 이책, 2014.

허버트 스펜서, 이정훈 역, 『진보의 법칙과 원인』, 지식을만드는지식, 2014.

홀트라이히 츠빙글리, 공성철 역, 『츠빙글리 저작 선집』 1~4, 연세대 출판문화원, 2014~2018.

후쿠자와 유키치, 남상영 역, 『학문의 권장』, 소화, 2003.

후쿠자와 유키치, 허호 역, 『후쿠자와 유키치 자서전』, 이산, 2006.

## 2. 국내 논문

김석근, 「福澤諭吉의 『自由』와 『通義』—「獨立不羈」의 정치학」, 『정치사상연구』 2, 한국정치사상학회, 2000.

김성근, 「후쿠자와 유키치(福澤諭吉)의 궁리(窮理) 인식과 과학제국주의」, 『동서철학연구』 76, 한국동서철학회, 2015.

김정호, 「일본 메이지유신기 계몽사상의 정치사상적 특성—후쿠자와 유키치의 문명개화론을 중심으로」, 『한국동북아논총』 10-4, 한국동북아학회, 2005.

미야지마 히로시, 「후쿠자와 유키치(福澤諭吉)의 유교인식」, 『韓國實學研究』 23, 한국실학학회, 2012.

박규태, 「공사(公私) 개념의 일본적 '수용문제'—서구의 공사 개념과 후쿠자와 유키치」, 『比較日本學』 30 漢陽大學校 日本學國際比較研究所, 2014.

방광석, 「근대 일본의 '통계' 수용과 통계기관의 추이」, 『역사와 담론』 80, 호서사학회, 2016.

사토 코에츠, 『후쿠자와 유키치의 儒敎觀과 「脫亞論」의 사상적 지평』, 『日本思想』 10, 韓國日本思想史學會, 2006.

_____, 「退溪學과 藤原惺窩의 儒學—近世동아시아의 儒佛交涉의 틈새(」, 『퇴계학논집』 5,

영남퇴계학연구원, 2009.

_____, 「일본·중국의 근대화와 전통에 대하여-유교문화의 시점에서」, 『퇴계학논집』 3, 영남퇴계학연구원, 2008.

이정은, 「메이지 초기 일본의 천황제 국가 건설과 '인권'-후쿠자와 유키치와 가토 히로유키의 '인권론'을 중심으로」, 『사회와 역사』 68, 문학과지성사, 2005.

이충호, 「福澤諭吉の「楠公權助論」をめぐる論爭-帝國日本における文明開化論者と尊王論者の對立」, 『일본연구』 19, 고려대 일본연구센터, 2013.

## 3. 사전

코젤렉 외, 안삼환 역, 『코젤렉의 개념사 사전』 1-문명과 문화, 한림대 한림과학원, 푸른역사, 2010.

코젤렉 외, 황선애 역, 『코젤렉의 개념사 사전』 2-진보, 한림대 한림과학원, 푸른역사, 2010.

코젤렉 외, 황승환 역, 『코젤렉의 개념사 사전』 3-제국주의, 한림대 한림과학원, 푸른역사, 2010.

코젤렉 외, 권선형 역, 『코젤렉의 개념사 사전』 4-전쟁, 한림대 한림과학원, 푸른역사, 2010.

코젤렉 외, 한상희 역, 『코젤렉의 개념사 사전』 5-평화, 한림대 한림과학원, 푸른역사, 2010.

코젤렉 외, 남기호 역, 『코젤렉의 개념사 사전』 6-계몽, 한림대 한림과학원, 푸른역사, 2010.

코젤렉 외, 공진성 역, 『코젤렉의 개념사 사전』 7-자유주의, 한림대 한림과학원, 푸른역사, 2010.

코젤렉 외, 제8권, 백승종 역, 『코젤렉의 개념사 사전』 8-개혁 및 종교개혁, 한림대 한림과학원, 푸른역사, 2010.

코젤렉 외, 조종화 역, 『코젤렉의 개념사 사전』 9-해방, 한림대 한림과학원, 푸른역사, 2010.

코젤렉 외, 이진모 역, 『코젤렉의 개념사 사전』 10-노동과 노동자, 한림대 한림과학원, 푸른역사, 2010.

미조구치 유조, 고희탁 역, 『한 단어 사전-공사(公私)』, 푸른역사, 2013.

사쿠타 케이이치, 김석근 역, 『한 단어 사전-개인』, 푸른역사, 2013.

야나부 아키라, 박양신 역, 『한 단어 사전-문화』, 푸른역사, 2013.

히구치 요이치, 송석원 역, 『한 단어 사전-인권』, 푸른역사, 2013.

히라이시 나오아키, 이승률 역, 『한 단어 사전-천(天)』, 푸른역사, 2013.

김용구, 『만국공법』, 소화, 2009.

박명규, 『국민, 인민, 시민-개념사로 본 한국의 정치주체』, 소화, 2014.

노대환, 『문명』, 소화, 2010.

노엘 쇼멜 백과사전, 『후생신편(厚生新編)』[105]

---

[105] 도쿠가와 막부는 1811년 덴몬가타(天文方)에 설치된 서양책 번역기관인 반쇼와게고요에 명하여 프랑스 신학자 노엘 쇼멜(1633~1712)의 생활 백과사전 『후생신편』을 번역하게 했다. 이 책은 쇼멜 사후에 파리에서 공간되었고, 유럽 각국의 언어로 번역되었다. 일본에는 7권으로 구성된 1768~1777년판 네덜란드어 증보본이 전해졌다. 35년 동안 102권에 이르는 이 작업은 에도시대 최대의 번역사업이었다. 모리시마 주로(森島中良), 오쓰키 겐타쿠가 이미 1700년대 말에 자신의 책에서 『후생신편』을 언급하고 있을 정도로 이 책은 당시의 난학자들에게 신지식의 원천이자 서구 학문의 바다를 항해하기

체임버스, 『백과전서』, 1873~1884.[106]

## 4. 중국 고전 문헌

공자, 이민수 역, 『공자가어』, 을유문화사, 2015.
노자, 김학목 역, 『노자도덕경과 왕필의 주』, 홍익출판사, 2012.
범엽, 장은수 역, 『후한서─본기』, 새물결, 2014.
봉기종, 『중용강해』, 전학출판사, 2010.
사마천, 신동준 역, 『사기본기』 1~6, 위즈덤하우스, 2015.
_____, 『사기열전』 1·2, 위즈덤하우스, 2015.
성백효, 『논어집주』, 전통문화연구회, 2007.
_____, 『맹자집주』, 전통문화연구회, 2006.
_____, 『대학·중용집주』, 전통문화연구회, 2007.
열자, 정창영 역, 『열자』, 물병자리, 2015.
유안, 『회남자』 1·2, 소명출판, 2010.
월운스님 역, 『경덕전등록』 1~5, 동국역경원, 2008.
이기동, 『시경강설』, 성균관대 출판부, 2015.
이기동, 『서경강설』, 성균관대 출판부, 2017.
장자, 안병주 역, 『역주장자』 1~4, 전통문화연구회, 2008.

---

위한 해도와 같았다. 네덜란드 통역사 집안에서 자란 바바 사다요시가 책임을 맡았으나 1821년 36세에 사망하는 바람에 다른 난학자들이 맡아서 작업을 이어갔다. 오쓰키 겐타쿠, 우다가와 겐신, 스기타 류케이 등 당시 대표적인 난학자들이 대거 참가했으며, 오쓰키 가에서는 3대가, 우다가와 가, 스기타 가에서는 2대에 걸쳐 참여했다. 하지만 막부는 이 책을 출간하지 않고 내부에서 회람만 하다가 메이지유신이 일어나면서 시즈오카 현립중앙도서관 아오이문고에 보관되었는데 1937년 70권으로 출간되고 40년 뒤 다른 32권이 또 발견되어 1979년 『후생신편』 전편이 간행되었다. 네덜란드판 『후생신편』은 알파벳 순서로 배열되어 있지만 번역본은 550개의 항목을 선정하여 항목별로 구성되어 있다. 오스미 가즈오, 임경택 역, 『사전 시대를 엮다─사전으로 보는 일본의 지식문화사』, 사계절, 2014, 173~189쪽.

106 체임버스 『백과전서』는 스코틀랜드 출신 로버트 체임버스와 그의 형 윌리엄 체임버스가 독일 브로크하우스(Brockhaus)에서 펴낸 백과사전에 영향을 받아 간행한 것으로 당시 요약본(10권)이 널리 보급되어 있었다. 메이지 신정부는 일반 국민 개개인이 서양 문명에 빨리 적응할 수 있도록 돕기 위해 서구 백과사전의 번역에 큰 힘을 기울였다. 이 『백과전서』는 미쓰쿠리 린쇼의 주도 아래 시작되어 1873년 화학 편 발간을 시작으로 1884년까지 전 90편이 간행됐다. 문부성은 또 『후생신편』의 경우와 다르게 『백과전서』를 민간에서도 출판할 수 있도록 허가해 유린도, 마루젠에서도 간행했다. 체임버스의 『백과전서』 외에도 많은 백과사전이 발간되어 메이지기 일본 사회에서 계몽적인 역할을 담당했고 이를 바탕으로, 산업이 발전하고 생산이 늘어 부국강병에 크게 기여했다. 위의 책, 211~215쪽.

좌구명, 신동준 역, 『춘추좌전』 1~3, 한길사, 2006.
지재희, 이준영 역, 『주례』, 자유문고, 2002.

## 5. 일본 서적

月脚達彦, 『福沢諭吉の朝鮮問題−朝鮮改造論の展開と蹉跌』, 東京大学出版会, 2014.
_____, 『福沢諭吉の朝鮮』−日朝清関係のなかの「脱亜」』, 講談社, 2015.
新井白石, 横井清 譯, 『讀史餘論』, 講談社, 2012.
井上角五郎, 『福澤諭吉先生と金玉均について−暴力クーデターから「脱亜論」へ』, 朝鮮・韓国知
    られざる近代史, 幕末明治研究会, 2016.
飯田鼎, 『福沢諭吉−国民国家論の創始者』, 中公新書, 1984.
池田勇太, 『福澤諭吉と大隈重信−洋学書生の幕末維新』(日本史リブレット), 2012.
石河幹明, 『福澤諭吉傳』 1~4, 岩波書店, 1932.
猪木武徳, 『自由の条件−スミス・トクヴィル・福澤諭吉の思想的系譜』, ミネルヴァ書房, 2016.
伊藤正雄, 『福沢諭吉論考』, 吉川弘文館, 1969.
鹿野政直, 『福沢諭吉』, 清水書院, 1967.
加藤三明・山内慶太・大澤輝嘉, 『福澤諭吉歴史散歩』, 慶應義塾大学出版会, 2012.
鬼頭 宏, 『文明としての江戸システム』, 講談社, 2002.
苅部 直, 『「維新革命」への道−「文明」を求めた十九世紀日本』, 新潮選書, 2017.
ギゾー, ヘンリー 再訳, 『欧羅巴文明史』, 奎章閣, 1877.
慶應義塾, 『福澤諭吉事典』, 慶應義塾大學出版會, 2015.
小泉信三, 『福澤諭吉』, 岩波新書, 2013.
_____, 『私と福澤諭吉』, 慶應義塾大学出版会, 2017.
小室正紀 編著, 『近代日本と福澤諭吉』, 慶應義塾大学出版会, 2013.
新日本古典文學大系 明治編, 『福澤諭吉集』, 岩波書店, 2011.
ジョン・スチュアート・ミル(弥児), 『代議政体』, 奎章閣, 1875~1878(복각본 1927).
ミル, 「代議政体 ミル」, 『明治文化全集』 3−政治篇, 日本評論社, 1927
武田友宏, 『太平記』, 角川ソフィア文庫, 2012.
田原嗣郎・関晃・佐伯有清, 芳賀昇, 『平田篤胤・伴信友・大国隆正』(日本思想大系 50), 岩波書
    店, 1973.
津田左右吉, 『日本古典の研究』, 岩波書店, 1972.
デ・トヲクヴィル, 小幡篤次郎 譯, 『上木自由之論』, 1873.(http://dl.ndl.go.jp/info:ndljp/pid
/783212?_lang=jp).
遠山茂樹, 『福沢諭吉』, 東京大学出版会, 1970.
_____, 遠山茂樹著作集 5 『明治の思想とナショナリズム』, 岩波書店, 1992.
平山洋, 『福澤諭吉の真実』, 文藝春秋, 2004.
西周 加藤弘之, 『西周 加藤弘之−日本の名著 34』, 中央公論社, 1981.
西部邁, 『の福沢諭吉−報國心と武士道』, 中公文庫, 2013.
袍巴土・斯辺瑱(ハーバート・スペンサー), 松島剛 訳, 『社会平権論』, 報告社, 明14~17.

樋口陽一, 『加藤周一と九山眞男』, 平凡社, 2014.

_____, 『福沢諭吉の真実』, 文春新書, 2004.

平山洋, 『アジア独立論者 福沢諭吉－脱亜論・朝鮮滅亡論・尊王論をめぐって 』, ミネルヴァ書房, 2012.

ひろた まさき, 『福沢諭吉』, 岩波現代文庫, 2015.

福澤諭吉, 『福澤諭吉著作集』 1~12, 慶應義塾大學出版會, 2002.

_____, 『文明論之概略』, 岩波文庫, 2011.

福澤諭吉, 慶應義塾 編, 『福澤諭吉全集』 1~21, 岩波書店, 1958.

福澤諭吉, Marion Saucier・西川俊作 編, 『西洋事情』, 慶應義塾大學出版會, 2009.

福澤諭吉, 伊藤正雄 譯, 『文明論之概略』, 慶應通信, 1972.

福澤諭吉, 伊藤正雄 譯, 現代語譯, 『文明論之概略』, 慶應義塾大学出版會, 2010(安西敏三 補註・解題).

福澤諭吉, 松澤弘陽 校注, 『文明論之概略』, 岩波文庫, 2001.

福澤諭吉, 先崎彰容 全譯, 『文明論之概略』, 角川文庫, 2017.

福澤諭吉, 齋藤孝 譯, 『現代語訳文明論之概略』, ちくま文庫, 2013.

福澤諭吉, 慶應義塾編, 『福澤諭吉の手紙』, 岩波文庫, 2004.

ヘンリー・トマス・バクル, 西村二郎 譯, 『世界文明史』 1~6, 而立社, 大正12~13(1923~24).

梅溪昇, 『お雇い外国人の研究』 上・下, 青史出版, 2010.

_____, 『緒方洪庵』, 吉川弘文館, 2016.

松沢弘陽, 『近代日本の形成と西洋経験』, 岩波書店, 1993.

丸山眞男, 『文明論之概略を読む』 上・中・下, 岩波新書, 1986.

_____, 松澤弘陽 編, 『福澤諭吉の哲學－他六篇』, 岩波書店, 2015.

丸山眞男, 『丸山眞男講義録』 別冊 2, 東京大学出版会, 2017.

本居宣長, 山口志義夫 譯, 『馭戎慨言』, 多摩通信士, 2009.

賴山陽・賴成一, 『日本外史』 上・中・下, 岩波文庫, 1976.

安川壽之輔 外, 『 福沢諭吉』 1・2, 花傳社, 2017.

安西敏三, 『福沢諭吉と西欧思想』, 名古屋大学出版会, 1995.

柳父章, 『飜譯語成立事情』, 岩波新書, 2014.

山路愛山・丸山正男 外, 市村弘正 編, 『論集 福沢諭吉』, 平凡社, 2017.

山室信一・中野目撤 校注, 『明六雑誌』 上・中・下, 岩波書店, 2009.

吉川英治, 『私本太平記』 1~8, 講談社, 2012.

和田英松, 『官職要解』, 講談社, 2012.

## 5. 후쿠자와 유키치 전집 및 선집들

『福澤全集』, 時事新報社, 1898.

『福澤全集』, 国民図書, 1925~1926.

『福澤選集』, 岩波書店, 1928.

『続・福澤全集』, 岩波書店, 1933~1934.

『福澤諭吉・神田孝平集』, 誠文堂新光社, 1936.

『福澤諭吉経済論集』, 慶應出版社, 1943.

『福澤諭吉集』, 筑摩書房, 1946.

『福澤諭吉選集』, 岩波書店, 1951~1952.

『福澤諭吉・内村鑑三・岡倉天心集』, 筑摩書房, 1958.

『福澤諭吉全集』, 岩波書店, 1958.

『福澤諭吉』, 筑摩書房, 1963.

『福澤諭吉選集』, 慶應義塾大学百六年三田会, 1965.

『福澤諭吉』, 中央公論社, 1969.

『日本現代文学全集』2-福澤諭吉・中江兆民・岡倉天心・徳富蘇峰・三宅雪嶺集, 講談社, 1969.

『開かれた学問へ向って』, 大和書房, 1971.

『近代日本思想大系』2-福沢諭吉集, 筑摩書房, 1975.

『福澤諭吉選集』, 岩波書店, 1980~1981.

『福澤諭吉教育論集』, 明治図書出版, 1981.

『福澤諭吉教育論集』, 岩波書店, 1991.

『福澤諭吉家族論集』, 岩波書店, 1999.

『福澤諭吉著作集』, 慶應義塾出版会, 2002~2003.

『福沢諭吉朝鮮・中国・台湾論集』, 明石書店, 2010.

이 중 1898년 후쿠자와 생전에 간행된 첫 번째 전집, 『福澤諭吉全集』(전5권)과 1958년부터 1864년까지 걸쳐 이와나미서점에서 간행한 전집, 『福澤諭吉全集』(전21권)이 일반적으로 많이 인용된다. 가장 최근에 편찬된 것은 2002년 간행된 『福沢諭吉著作集』 전12권이다. 참고로 이들의 세부 목차는 다음과 같다.

## 『福澤諭吉全集』(1898)의 주요 목차

第1巻　福澤全集緒言 / 華英通語 / 西洋事情初編 / 西洋事情外編 / 西洋事情二編 / 雷銃操法 / 西洋旅案内

第2巻　條約十一ヶ国記 / 西洋衣食住 / 訓蒙窮理圖解 / 洋兵明鑑 / 掌中萬國一覧 / 淸英交際始末 / 英國議事院談 / 世界国盡 / 啓蒙手習之文 / 學問のすゝめ / 童蒙教草 / かたわ娘 / 改暦辨

第3巻　帳合之法 / 第一文字之教 / 第二文字之教 / 文字之教附録 / 會議辯 / 文明論之概略 / 學者安心論 / 分權論

第4巻　民間經濟録一編 / 民間經濟録二編 / 福澤文集一編 / 福澤文集二編 / 通貨論 / 通俗民權論 / 通俗國權論前篇 / 通俗國權論後篇 / 民情一新 / 時事小言 / 時事大勢論

第5巻　帝室論 / 德育如何 / 兵論 / 學問之獨立 / 全國徵兵論 / 通俗外交論 / 日本婦人論 / 日本婦人論後編 / 品行論 / 士人處世論 / 男女交際論 / 日本男子論 / 尊王論 / 国會の前途 / 国會難局の由来 / 治安小言 / 地租論 / 實業論

『福澤諭吉全集』(1958)의 주요 목차

## 6. 영어 문헌

Albert M. Craig, *Civilization and Enlightment The Early Thought of Fukuzawa Yukichi*, Cambridge, Massachusetts : Havard University Press, 2009.

*Chambers's Educational Course*, The Moral Class Book, London and Edinburgh : Willliam and Robert Chambers, 1871.

Edward Gibbon, *The History of Decline and Fall of The Roman Empire*, London : Strahan & Cadell, 1776~1788.

Francis L. Hawks, *Narrative of the Expedition of an American to the China Seas and Japan*, New York : D Appleton, 1857.

Francis Wayland, *The Elements of Political Economy*, Boston : Gould&Lincoln, 1856.

F. P. G. Guizot, C. S. Henry trans., *General History of Civilization in Europe*, Nineth American(2nd English edition, with occational notes) NewYork : D. Appleton and Company 1870.

George Ripley, *Charles A. Dana, The New American Cyclopedia : a Popular Dictionary of General Knowledge*, New york : D. Appleton and Company, 1863.

John Hill Burton, *Political Economy for Use in School, and for Private Instruction*, London and Edinburgh : Willian and Robert Chambers, 1952.

John Stuart Mill, *Principles of Political Economy, with Some of their Applications to Social Philosophy* 1~5, London : John W. Porker, 1848.

_____, *Considerations on Representative Government*, London : Porker, Son and Bourn, 1861.

_____, *Dissertations and Discussions; Political, Philosophical, and Historical* II(2nd ed), London : Longmans, Green, 1867.

_____, *Autobiography*(3rd ed), London : Longmans, Green, 1874.

_____, *On Liberty*, London : John W. Parker and Son, 1859.

Henry Thomas Buckle, *History of Civilization in England* 1~3, London : Longmans, Green, and Co., 1872.

_____, *History of Civilization in England* 1 · 2(2nd London ed), New york : D. Appleton and Company 1872~73.

Herbert Spencer, *The Study of Sociology*, New York : D. Appleton, 1874.

Samucl A. Mitchell, *School Geography*, Philadelphia : F. H. Burtler, 1852.

Sarah S., *Cornell High School Geography*, New York : D. Appleton, 1856.

William T. Brand · George W. Cox, *A Dictionary of Science, Literature and Art* 3(2ed ed), London : Longmans, Green, 1865~1867.

## 7. 디지털 자료

구텐베르크 프로젝트(https://www.gutenberg.org/wiki/Main_Page)
일본 국립국회도서관 디지털 라이브러리(http://dl.ndl.go.jp/)

일본 게이오대학 도서관 디지털 갤러리 귀중서 및 특별컬렉션(http://project.lib.keio.ac.jp)
한국경학자료시스템, 성균관대학교 동아시아학술원 존경각(http://koco.skku.edu/)
Internet Archive: 미국 소재 비영리 디지털 아카이브(https://archive.org/)

| 1834(天保 5) 0세 | 12월 12일(태양력 1835.1.10), 오사카 나카쓰 구라야시키에서 출생(大坂堂島, 中津藩蔵屋敷). |
|---|---|
| 1836(天保 7) 1세 | 부친 햐쿠스케 사망, 모친 등 6식구가 나카쓰로 돌아옴. |
| 1853(嘉永 6) 18세 | 페리 함대 내항 |
| 1854(安政 元) 19세 | 형 산노스케의 권유로 난학을 배우러 나가사키로 감. |
| 1855(安政 2) 20세 | 의사이며 난학자인 오가타 고안의 데키주쿠(適塾, 오사카)에 입문. |
| 1856(安政 3) 21세 | 형 산노사케가 병사, 나카쓰로 가서 가독을 이음. |
| 1857(安政 4) 22세 | 데키주쿠의 숙장(塾長)이 됨. |
| 1858(安政 5) 23세 | 번명으로 에도 나카쓰 야시 키(츠키지 뎃포슈 鐵砲洲)에서 난학숙(게이오기주쿠의 기원) 개설. |
| 1859(安政 6) 24세 | 요코하마 시내를 돌아본 것을 계기로 독학으로 영어를 배우기 시작함. |
| 1860(万延 元) 25세 | 간난마루를 타고 미국으로 감, 귀국 후 막부의 외국방(外国方)에 고용됨. 최초 단행본『增訂華英通語』간행. |
| 1861(文久 元) 26세 | 나카쓰 번사 土岐太郎八의 2녀 킨(錦)과 결혼. |
| 1862(文久 2) 27세 | 견구사절단(遣欧使節団)에 참가. 유럽 각국을 순방함(프랑스, 영국, 네덜란드, 프러시아, 러시아, 포르투갈 등) |
| 1863(文久 3) 28세 | 유럽에서 귀국. 장녀 탄생. 그 뒤 모두 3남 5녀를 얻음. |
| 1864(元治 元) 29세 | 나카쓰에서 오바타 도쿠지로 등 6명의 나카쓰번 자제를 데리고 귀경. 막부의 번역방이 됨. |
| 1866(慶応 2) 31세 | 유럽 각국을 순방한 경험을 토대로『西洋事情』(初編) 간행. |
| 1867(慶応 3) 32세 | 막부의 군함인수위원(軍艦受取委員)을 수행하여 다시 미국으로 감. |
| 1868(慶応 4) 33세 | 학교를 신긴자로 이전하고 연호를 따라 학교 이름을 '慶應義塾'이라고 정함. 무진 전쟁이 일어나고, 우에노 전투가 중에도 웨일랜드의 경제서를 강의함. |
| 1869(明治 2) 34세 | 『世界國尽』간행. |

| 1870(明治 3) 35세 | 나카쓰에서 모친을 모시고 귀경. 이때『中津留別の書』의 초안을 작성. |
|---|---|
| 1871(明治 4) 36세 | 나카쓰 양학교(中津市学校)를 개설. 교장으로 오바타 도쿠지로를 파견. |
| 1872(明治 5) 37세 | 『学問のすゝめ』(初編) 간행.(明治 9年 전체 17편으로 완결) 게이오기주쿠 출판국 설립. |
| 1873(明治 6) 38세 | 서양식 부기 교과서인『帳合之法』를 간행. 메이로쿠샤(明六社) 참가. |
| 1874(明治 7) 39세 | 서양의 연설(speech)를 보급하기 위해 미타연설회를 시작. |
| 1875(明治 8) 40세 | 미타연설관 설립.『文明論之概略』간행. |
| 1879(明治 12)44세 | 동경학사회원(현재 일본학사원) 초대 회장 취임.『民情一新』,『国会論』간행. |
| 1880(明治 13) 45세 | 사우 결사체인 '交詢社' 창립. |
| 1881(明治 14) 46세 | '메이지 14년 정변' 발생, 후쿠자와의 문하생들이 관직에서 추방됨. |
| 1882(明治 15) 47세 | 일간신문『時事新報』창간. |
| 1890(明治 23) 55세 | 慶應義塾에 대학부를 설립, 문학, 이재(理財), 법률 등 3개 과를 설치. |
| 1891(明治 24) 56세 | 『痩我慢の説』탈고(공표는 1901년). |
| 1892(明治 25) 57세 | 키타사토 시바사부로(北里柴三郎)를 도와 전염병 연구소 설립에 노력함. |
| 1894(明治 27) 59세 | 매물로 나온 야바케(耶馬渓)의 경수봉(競秀峰) 일대 토지를 구입(자연보호 운동의 선구적인 사례임). |
| 1897(明治 30) 62세 | 『福翁百話』간행. |
| 1898(明治 31) 63세 | 『福澤全集』전5권 간행. 뇌일혈 발병. |
| 1899(明治 32) 64세 | 『福翁自伝』,『女大学評論・新女大学』간행. |
| 1900(明治 33) 65세 | 문하의 제자들에게 편찬을 맡긴「修身要領」발표. |
| 1901(明治 34) 66세 | 1월 25일 뇌일혈 재발. 2월 3일 도쿄 미타 자택에서 영면. |

| 대수 | 재위기간 | 천황시호 (중국풍) | 천황시호(일본풍) | 연호 | 비고 | |
|---|---|---|---|---|---|---|
| 1 | BC 660 ~BC 585 | 진무 (神武) | 카무야마토 이와레비코노 미코토 (神倭伊波礼琵古命) | | 아마테라스 오미카미의 후손(신화) | |
| 2 | BC 581 ~BC 549 | 스이제이 (綏靖) | 간누 나카와미미노 스메라미코토 (神渟名川耳天皇 / 神沼河耳命) | | 진무의 3남(신화) | |
| 3 | BC 549 ~BC 511 | 안네이 (安寧) | 시키츠히코 타마데미노 미코토 (磯城津彦玉手看尊) | | 스이제이의 적장자(신화) | |
| 4 | BC 510 ~BC 476 | 이토쿠 (懿徳) | 오야마토히코 스키토모노 미코토 (大日本彦耜友尊) | | 안네이의 차남(신화) | |
| 5 | BC 475 ~BC 393 | 고쇼 (孝昭) | 미마츠히코 카에시네노 미코토 (御真津日子訶恵志泥命) | | 이토쿠의 적장자(신화) | 결사팔대1 |
| 6 | BC 392 ~BC 291 | 고안 (孝安) | 오야마토 타라시히코 쿠니오시히토노 미코토 (大倭帯日子国押人命) | | 고쇼의 차남(신화) | |
| 7 | BC 290 ~BC 215 | 고레이 (孝霊) | 오야마토 네코히코 후토니노 미코토 (大倭根子日子賦斗邇命) | | 고안의 적장자(신화) | |
| 8 | BC 214 ~BC 158 | 고겐 (孝元) | 오야마토 네코히코 쿠니쿠루노 미코토 (大倭根子日子国玖琉命) | | 고레이의 적장자(신화) | |
| 9 | BC 157 ~BC 98 | 카이카 (開化) | 와카야마토 네코히코 오호비비노노 미코토 (若倭根子日子大毘毘命) | | 고겐의 차남(신화) | |
| 10 | BC 97 | 스진 | 미마키 이리히코 이니에노 | | 카이카의 차남. | |

1 이 결사팔대(欠史八代 )는 『고사기』와 『일본서기』에 계보가 기록되어 있지만 역사적 기록이 없는 8명의 천황을 가리킨다.

2 왜오왕은 고대 중국 역사책에 나오는 5명의 왜국(倭國) 왕을 가리킨다. 413년에서 503년까지 1세기에 걸쳐 중국의 남조(南朝)에 조공했다.

| 대수 | 재위기간 | 천황시호<br>(중국풍) | 천황시호(일본풍) | 연호 | 비고 | |
|---|---|---|---|---|---|---|
| | ~BC 30 | (崇神) | 미코토<br>(御眞木入日子印惠命) | | 실존 추정되는 최초의<br>천황. | |
| 11 | BC 29<br>~ 70 | 스이닌<br>(垂仁) | 이쿠메 이리히코 이사치노<br>미코토<br>(伊久米伊理毘古伊佐知命) | | 스진의 적장자. | |
| 12 | 71~130 | 케이코<br>(景行) | 오호 타라시히코 오시로와케노<br>미코토<br>(大足彦忍代別尊) | | 스이닌의 3남. | |
| 13 | 131~191 | 세이무<br>(成務) | 와카 타라시히코노 미코토<br>(稚足彦尊) | | 케이코의 아들. | |
| 14 | 192~200 | 주아이<br>(仲哀) | 타라시 나카쓰히코노 미코토<br>(足仲彦天皇 / 帶中日子天皇) | | 야마토 타케루의 아들.<br>케이코의 손자. | |
| | 201~269 | 진구<br>(神功) | 오키나가 타라시히메노 미코토<br>(気長足姫尊 / 息長足姫尊) | | 주아이의 배우자.<br>아들 오진이 섭정.<br>천황으로 인정 않음. | |
| 15 | 270~310 | 오진<br>(応神) | 호무타와케노 미코토<br>(誉田別尊) | | 진구의 아들.<br>하치만 신으로 숭배됨. | |
| 16 | 313~399 | 닌토쿠<br>(仁徳) | 오오사자키노 미코토<br>(大鷦鷯尊) | | 오진의 사남. | 왜<br>오<br>왕<br>2 |
| 17 | 400~405 | 리추<br>(履中) | 오오에노 이사호와케노 미코토<br>(大兄去来穂別尊) | | 닌토쿠의 장남. | |
| 18 | 406~410 | 한제이<br>(反正) | 타지히 미즈하와케노 미코토<br>(多遅比瑞歯別尊) | | 닌토쿠의 삼남. | |
| 19 | 411~453 | 인교<br>(允恭) | 오아사즈마 와쿠고노 스쿠네<br>(雄朝津間稚子宿禰) | | 닌토쿠의 사남. | |
| 20 | 453~456 | 안코<br>(安康) | 아나호노 미코토<br>(穴穂尊) | | 인교의 차남. | |
| 21 | 456~479 | 유랴쿠<br>(雄略) | 오하츠세 와카타케루노 미코토<br>(大泊瀬幼武尊) | | 인교의 오남. | |
| 22 | 480~484 | 세이네이<br>(清寧) | 시라카노 오야마토네코노<br>미코토<br>(白髪大倭根子命) | | 유랴쿠의 삼남. | |
| 23 | 485~487 | 겐조<br>(顕宗) | 오케노 이와스와케노 미코토<br>(袁祁之石巣別命) | | | |

| 대수 | 재위기간 | 천황시호<br>(중국풍) | 천황시호(일본풍) | 연호 | 비고 |
|---|---|---|---|---|---|
| 24 | 488~498 | 닌켄<br>(仁賢) | 오시노 미코토<br>(大石尊) | | 결<br>사 |
| 25 | 498~506 | 부레츠<br>(武烈) | 오하츠세노 와카사자키노<br>미코토<br>(小長谷若雀命) | | |
| 26 | 507~531 | 게이타이<br>(継体) | 오오도노 스메라미코토<br>(雄大迹天皇) | | 이 뒤의 천황은<br>대체로 신빙성<br>있다고 여겨짐 |
| 27 | 531~535 | 안칸<br>(安閑) | 히로쿠니 오시타케 카나히노<br>미코토<br>(広国押建金日命) | | |
| 28 | 535~539 | 센카<br>(宣化) | 타케오 히로쿠니 오시타테노<br>미코토<br>(建小広国押楯命) | | |
| 29 | 539~571 | 긴메이<br>(欽明) | 아메쿠니 오시하루키<br>히로니와노 스메라미코토<br>(天国排開広庭天皇) | | 십<br>대 |
| 30 | 572~585 | 비다츠<br>(敏達) | 오사다노 누나쿠라노<br>후토타마시키노 미코토<br>(他田渟中倉太珠敷尊) | | |
| 31 | 585~587 | 요메이<br>(用明) | 타치바나노 토요히노 스메라<br>미토코<br>(橘豊日尊) | | |
| 32 | 587~592 | 스슌<br>(崇峻) | 하츠세베노 와카사사기노<br>스메라미코토<br>(長谷部若雀天皇) | | |
| 33 | 592~628 | 스이코<br>(推古) | 토요미케 카시키야히메노<br>미코토<br>(豊御食炊屋姫尊) | | 최초의 여자 천황.<br>쇼토쿠<br>대지기 섭정. |
| 34 | 629~641 | 조메이<br>(舒明) | 오키 나가타라시히 히로누카노<br>스메라미코토<br>(息長足日広額天皇) | | |
| 35 | 642~645 | 고교쿠<br>(皇極) | 아메토요 타카라이<br>카시히타라시 히메노 | | |

| 대수 | 재위기간 | 천황시호<br>(중국풍) | 천황시호(일본풍) | 연호 | 비고 |
|---|---|---|---|---|---|
| | | | 스메라미코토<br>(天豊財重日足姫尊) | | |
| 36 | 645~654 | 고토쿠<br>(孝徳) | 아메요로즈 토요히노<br>스메라미코토<br>(天万豊日天皇) | 다이카(大化)<br>하쿠치(白雉) | |
| 37 | 655~661 | 사이메이<br>(斉明) | 아메토요 타카라이<br>카시히타라시 히메노<br>스메라미코토<br>(天豊財重日足姫尊) | | |
| 38 | 661~672 | 텐지<br>(天智) | 아메미코토 히라카스와케노<br>미코토<br>(天命開別尊) | | |
| 39 | 672 | 고분<br>(弘文) | | | 텐무에게 찬탈당함.<br>시호는 1870년에 추존 |
| 40 | 672~686 | 텐무<br>(天武) | 아메노 누나하라오키노<br>마히토노 스메라미코토<br>(天渟中原瀛真人天皇) | 슈초(朱鳥) | |
| 41 | 686~697 | 지토<br>(持統) | 타카마노 하라히로노 히메노<br>스메라미코토<br>(高天原廣野姫天皇) | | |
| 42 | 697~707 | 몬무<br>(文武) | 아메노 마무네 토요오호지노<br>스메라미코토<br>(天之真宗豊祖父天皇) | 다이호(大宝)<br>게이운(慶雲) | |
| 43 | 707~715 | 겐메이<br>(元明) | 야마토네코 아마츠 미시로<br>토요쿠니 나리히메노<br>스메라미코토<br>(日本根子天津御代豊国成姫天皇) | 게이운(慶雲) | |
| 43 | 707~715 | 겐메이<br>(元明) | 야마토네코 아마츠 미시로<br>토요쿠니 나리히메노<br>스메라미코토<br>(日本根子天津御代豊国成姫天皇) | 와도(和銅) | |
| 44 | 715~724 | 겐쇼<br>(元正) | 야마토네코<br>타마미즈키요타라시히메노<br>스메라미코토<br>(日本根子高瑞浄足姫天皇) | 레이(霊亀)<br>요로(養老) | |

| 대수 | 재위기간 | 천황시호<br>(중국풍) | 천황시호(일본풍) | 연호 | 비고 |
|---|---|---|---|---|---|
| 45 | 724~749 | 쇼무<br>(聖武) | 아메시루시 쿠니오시하라키<br>토요사쿠라 히코노<br>스메라미코토<br>(天璽国押開豊桜彦天皇) | 진키(神龜)<br>덴표(天平)<br>덴표칸포<br>(天平感宝) | |
| 46 | 749~758 | 고켄<br>(孝謙) | 야마토네코노 스메라미코토<br>(倭根子天皇) | 덴표쇼호<br>(天平勝宝)<br>덴표호지<br>(天平宝字) | |
| 47 | 758~764 | 준닌<br>(淳仁) | | 덴표호지<br>(天平宝字) | 쇼토쿠에게 폐위됨.<br>시호는 1870년 추존 |
| 48 | 764~770 | 쇼토쿠<br>(稱德) | 야마토네코노 스메라미코토<br>(倭根子天皇) | 덴표호지<br>(天平宝字)<br>덴표진고<br>(天平神護)<br>진고케이운<br>(神護景雲) | |
| 49 | 770~781 | 고닌<br>(光仁) | 아메무네 타카츠기노 미코토<br>(天宗高紹天皇) | 호키(宝亀)<br>덴오(天応) | |
| | 사후 추존 | 스도<br>(崇道) | | | |
| 50 | 781~806 | 간무<br>(桓武) | 야마토네코 아마츠 히츠기<br>이야테리노 미코토<br>(日本根子皇統弥照尊) | 덴오(天応)<br>엔랴쿠(延暦) | |
| 51 | 806~809 | 헤이제이<br>(平城) | 야마토네코 아메오시쿠니<br>타카히코노미코토<br>(日本根子天推国高彦尊) | 다이도(大同) | |
| 52 | 809~823 | 사가<br>(嵯峨) | | 다이도(大同)<br>고닌(弘仁) | |
| 53 | 823~833 | 준나<br>(淳和) | 야마토네코<br>아메노타카유즈루이야토오노<br>미코토<br>(日本根子天高譲弥遠尊) | 고닌(弘仁)<br>덴초(天長) | |
| 54 | 833~850 | 닌묘<br>(仁明) | 야마토네코<br>아마츠미시루시토요사토노스 | 덴초(天長)<br>조와(承和) | |

| 대수 | 재위기간 | 천황시호<br>(중국풍) | 천황시호(일본풍) | 연호 | 비고 |
|---|---|---|---|---|---|
| | | | 메라미코토<br>(日本根子天璽豊聡慧天皇) | 가쇼(嘉祥) | |
| 55 | 850~858 | 몬토쿠<br>(文德) | | 가쇼(嘉祥)<br>닌주(仁寿)<br>사이코(斉衡)<br>덴난(天安) | |
| 56 | 858~876 | 세이와<br>(清和) | | 덴난(天安)<br>조간(貞観) | |
| 57 | 876~884 | 요제이 | | 조간(貞観)<br>간교(元慶) | |
| 58 | 884~887 | 코코<br>(光孝) | | 간교(元慶)<br>닌나(仁和) | |
| 59 | 887~897 | 우다<br>(宇多) | | 닌나(仁和)<br>간표(寛平) | |
| 60 | 897~930 | 다이고<br>(醍醐) | | 간표(寛平)<br>쇼타이(昌泰)<br>엔기(延喜)<br>엔초(延長) | |
| 61 | 930~946 | 스자쿠<br>(朱雀) | | 엔초(延長)<br>조헤이(承平)<br>덴교(天慶) | |
| 62 | 946~967 | 무라카미<br>(村上) | | 덴교(天慶)<br>덴랴쿠(天暦)<br>덴토쿠(天德)<br>오와(応和)<br>고호(康保) | |
| 63 | 967~969 | 레이제이<br>(冷泉) | | 고호(康保)<br>안나(安和) | |
| 64 | 969~984 | 엔유<br>(円融) | | 안나(安和)<br>덴로쿠(天禄)<br>덴엔(天延)<br>조겐(貞元)<br>덴겐(天元)<br>에이간(永観) | |

| 대수 | 재위기간 | 천황시호<br>(중국풍) | 천황시호(일본풍) | 연호 | 비고 |
|---|---|---|---|---|---|
| 65 | 984~986 | 카잔<br>(花山) | | 에이간(永観)<br>간나(寛和) | |
| 66 | 986~1011 | 이치조<br>(一条) | | 간나(寛和)<br>에이엔(永延)<br>에이소(永祚)<br>쇼랴쿠(正暦)<br>조토쿠(長徳)<br>조호(長保)<br>간코(寛弘) | |
| 67 | 1011<br>~1016 | 산조<br>(三条) | | 간코(寛弘)<br>조와(長和) | |
| 68 | 1016<br>~1036 | 고이치조<br>(後一条) | | 조와(長和)<br>간닌(寛仁)<br>지안(治安)<br>만주(万寿)<br>조겐(長元) | |
| 69 | 1036<br>~1045 | 고스자쿠<br>(後朱雀) | | 조겐(長元)<br>조랴쿠(長暦)<br>조큐(長久)<br>간토쿠(寛徳) | |
| 70 | 1045<br>~1068 | 고레이제이<br>(後冷泉) | | 간토쿠(寛徳)<br>에이쇼(永承)<br>덴기(天喜)<br>고헤이(康平)<br>지랴쿠(治暦) | |
| 71 | 1068<br>~1073 | 고산조<br>(後三條) | | 지랴쿠(治暦)<br>엔큐(延久) | |
| 72 | 1073<br>~1087 | 시라카와<br>(白河) | | 엔큐(延久)<br>조호(承保)<br>조랴쿠(承暦)<br>에이호(永保)<br>오토쿠(応徳) | |
| 73 | 1087<br>~1107 | 호리카와<br>(堀河) | | 오토쿠(応徳)<br>간지(寛治)<br>가호(嘉保) | |

| 대수 | 재위기간 | 천황시호<br>(중국풍) | 천황시호(일본풍) | 연호 | 비고 |
|---|---|---|---|---|---|
| | | | | 에이초(永長) | |
| | | | | 조토쿠(承德) | |
| | | | | 고와(康和) | |
| | | | | 조지(長治) | |
| | | | | 가쇼(嘉承) | |
| 74 | 1107<br>~1123 | 토바<br>(鳥羽) | | 가쇼(嘉承)<br>덴닌(天仁)<br>덴에이(天永)<br>에이큐(永久)<br>겐에이(元永)<br>호안(保安) | |
| 75 | 1123<br>~1142 | 스토쿠<br>(崇德) | | 호안(保安)<br>덴지(天治)<br>다이지(大治)<br>덴쇼(天承)<br>조쇼(長承)<br>호엔(保延)<br>에이지(永治) | |
| 76 | 1142<br>~1155 | 코노에<br>(近衞) | | 에이지(永治)<br>고지(康治)<br>덴요(天養)<br>규안(久安)<br>닌페이(仁平)<br>규주(久寿) | |
| 77 | 1155<br>~1158 | 고시라카와<br>(後白河) | | 규주(久寿)<br>호겐(保元) | |
| 78 | 1158<br>~1165 | 니조<br>(二条) | | 호겐(保元)<br>헤이지(平治)<br>에이랴쿠(永曆)<br>오호(応保)<br>조칸(長寬)<br>에이만(永萬) | |
| 79 | 1165<br>~1168 | 로쿠조<br>(六条) | | 에이만(永萬)<br>닌난(仁安) | |

| 대수 | 재위기간 | 천황시호<br>(중국풍) | 천황시호(일본풍) | 연호 | 비고 |
|---|---|---|---|---|---|
| 80 | 1168<br>~1180 | 타카쿠라<br>(高倉) | | 닌난(仁安)<br>가오(嘉応)<br>조안(承安)<br>안겐(安元)<br>지쇼(治承) | |
| 81 | 1180<br>~1185 | 안토쿠<br>(安德) | | 지쇼(治承)<br>요와(養和)<br>주에이(寿永) | |
| 82 | 1183<br>~1198 | 고토바<br>(後鳥羽) | | 겐랴쿠(元曆)<br>분지(文治)<br>겐큐(建久) | |
| 83 | 1198<br>~1210 | 츠치미카도<br>(土御門) | | 겐큐(建久)<br>쇼지(正治)<br>겐닌(建仁)<br>겐큐(元久)<br>겐에이(建永)<br>조겐(承元) | |
| 84 | 1210<br>~1221 | 준토쿠<br>(順德) | | 조겐(承元)<br>겐랴쿠(建曆)<br>겐포(建保)<br>조큐(承久) | |
| 85 | 1221 | 추쿄<br>(仲恭) | | 조큐(承久) | 시호는<br>1870년 추존 |
| 86 | 1221<br>~1232 | 고호리카와<br>(後堀河) | | 조큐(承久)<br>조오(貞応)<br>겐닌(元仁)<br>가로쿠(嘉禄)<br>안테이(安貞)<br>간기(寬喜)<br>조에이(貞永) | |
| 87 | 1232<br>~1242 | 시조<br>(四条) | | 조에이(貞永)<br>덴푸쿠(天福)<br>분랴쿠(文曆)<br>가테이(嘉禎)<br>랴쿠닌(曆仁) | |

| 대수 | 재위기간 | 천황시호<br>(중국풍) | 천황시호(일본풍) | 연호 | 비고 |
|---|---|---|---|---|---|
| | | | | 엔오(延応)<br>닌지(仁治) | |
| 88 | 1242<br>~1246 | 고사가<br>(後嵯峨) | | 닌지(仁治)<br>간겐(寬元) | |
| 89 | 1246<br>~1260 | 고후카쿠사<br>(後深草) | | 간겐(寬元)<br>호지(寶治)<br>겐초(建長)<br>고겐(康元)<br>쇼카(正嘉)<br>쇼겐(正元) | |
| 90 | 1260<br>~1274 | 카메야마<br>(龜山) | | 쇼겐(正元)<br>분오(文応)<br>고초(弘長)<br>분에이(文永) | |
| 91 | 1274<br>~1287 | 고우다<br>(後宇多) | | 분에이(文永)<br>겐지(建治)<br>고안(弘安) | |
| 92 | 1287<br>~1298 | 후시미<br>(伏見) | | 고안(弘安)<br>쇼오(正応)<br>에이닌(永仁) | |
| 93 | 1298<br>~1301 | 고후시미<br>(後伏見) | | 에이닌(永仁)<br>쇼안(正安) | |
| 94 | 1301<br>~1308 | 고니조<br>(後二条) | | 쇼안(正安)<br>겐겐(乾元)<br>가겐(嘉元)<br>도쿠지(德治) | |
| 95 | 1308<br>~1318 | 하나노조<br>(花園) | | 도쿠지(德治)<br>엔쿄(延慶)<br>오초(応長)<br>쇼와(正和)<br>분포(文保) | |
| 96 | 1318<br>~1339 | 고다이고<br>(後醍醐) | | 분포(文保)<br>겐오(元応)<br>겐코(元亨)<br>쇼추(正中) | |

| 대수 | 재위기간 | 천황시호<br>(중국풍) | 천황시호(일본풍) | 연호 | 비고 | |
|---|---|---|---|---|---|---|
| | | | | 가랴쿠(嘉曆)<br>겐토쿠(元德)<br>겐코(元弘)<br>겐무(建武) | | |
| | 1331<br>~1333 | 코곤<br>(光嚴) | | 쇼쿄(正慶) | 고후시미의 삼남. | |
| | 1336<br>~1348 | 코묘<br>(光明) | | 쇼쿄(正慶)<br>랴쿠오(曆応)<br>고에이(康永)<br>조와(貞和) | | 비<br>정<br>통 |
| | 1348<br>~1351 | 스코<br>(崇光) | | 조와(貞和)<br>간노(観応) | | |
| | 1352<br>~1371 | 고코곤<br>(後光嚴) | | 분나(文和)<br>엔분(延文)<br>고안(康安)<br>조지(貞治)<br>오안(応安) | | |
| | 1371<br>~1382 | 고엔유<br>(後円融) | | 오안(応安)<br>에이와(永和)<br>고랴쿠(康曆)<br>에이토쿠(永德) | | |
| | 1382<br>~1392 | 고코마츠<br>(後小松) | | 에이토쿠(永德)<br>시토쿠(至德)<br>가쿄(嘉慶)<br>고오(康応)<br>메이토쿠(明德) | 1392년 남북조<br>통합 | |
| 96 | 1318<br>~1339 | 고다이고<br>(後醍醐) | | 겐무(建武)<br>엔겐(延元) | | 남<br>조 |
| 97 | 1339<br>~1368 | 고무라카미<br>(後村上) | | 엔겐(延元)<br>고코쿠(興国),<br>쇼헤이(正平) | | |
| 98 | 1368<br>~1383 | 조케이<br>(長慶) | | 쇼헤이(正平)<br>겐토쿠(建德)<br>분추(文中) | | |

| 대수 | 재위기간 | 천황시호<br>(중국풍) | 천황시호(일본풍) | 연호 | 비고 |
|------|----------|---------------------|------------------|------|------|
|      |          |                     |                  | 덴주(天授)<br>고와(弘和) |      |
| 99   | 1383<br>~1392 | 고카메야마<br>(後龜山) |          | 고와(弘和)<br>겐추(元中) |      |
| 100  | 1392<br>~1412 | 고코마츠<br>(後小松) |          | 메이토쿠(明德)<br>오에이(応永) | 남조 고카메야마 천황<br>삼종신기를 북조<br>고코마츠 천황에게 이양 |
| 101  | 1412<br>~1428 | 쇼코<br>(称光) |                  | 오에이(応永)<br>쇼초(正長) |      |
| 102  | 1428<br>~1464 | 고하나조노<br>(後花園) |        | 쇼초(正長)<br>에이쿄(永享)<br>가키쓰(嘉吉)<br>분안(文安)<br>호토쿠(宝德)<br>교토쿠(亨德)<br>고쇼(康正)<br>조로쿠(長禄)<br>간쇼(寛正) |      |
| 103  | 1464<br>~1500 | 고츠치미카도<br>(後土御門) |      | 간쇼(寛正)<br>분쇼(文正)<br>오닌(応仁) |      |
| 103  | 1464<br>~1500 | 고츠치미카도<br>(後土御門) |      | 오닌(応仁)<br>분메이(文明)<br>조쿄(長享)<br>엔토쿠(延德)<br>메이오(明応) |      |
| 104  | 1500<br>~1526 | 고카시와바라<br>(後柏原) |       | 메이오(明応)<br>분키(文亀)<br>에이쇼(永正)<br>다이에이(大永) |      |
| 105  | 1526<br>~1557 | 고나라<br>(後奈良) |          | 다이에이(大永)<br>교로쿠(享禄)<br>텐분(天文)<br>고지(弘治) |      |

| 대수 | 재위기간 | 천황시호<br>(중국풍) | 천황시호(일본풍) | 연호 | 비고 |
|---|---|---|---|---|---|
| 106 | 1557<br>~1586 | 오기마치<br>(正親町) | | 고지(弘治)<br>에이로쿠(永禄)<br>겐키(元亀) | |
| 106 | 1557<br>~1586 | 오기마치<br>(正親町) | | 겐키(元亀)<br>덴쇼(天正) | |
| 107 | 1586<br>~1611 | 고요제이<br>(後陽成) | | 분로쿠(文禄)<br>게이초(慶長) | |
| 107 | 1586<br>~1611 | 고요제이<br>(後陽成) | | 게이초(慶長) | |
| 108 | 1611<br>~1629 | 고미즈노오<br>(後水尾) | | 게이초(慶長)<br>겐나(元和)<br>간에이(寛永) | |
| 109 | 1629<br>~1643 | 메이쇼<br>(明正) | | 간에이(寛永) | |
| 110 | 1643<br>~1654 | 고코묘<br>(後光明) | | 간에이(寛永)<br>쇼호(正保)<br>게이안(慶安)<br>조오(承応) | |
| 111 | 1655<br>~1663 | 고사이<br>(後西) | | 메이레키(明暦)<br>만지(万治)<br>간분(寛文) | |
| 112 | 1663<br>~1687 | 레이겐<br>(霊元) | | 간분(寛文)<br>엔포(延宝)<br>덴나(天和)<br>조쿄(貞享) | |
| 113 | 1687<br>~1709 | 히가시야마<br>(東山) | | 조쿄(貞享)<br>겐로쿠(元禄)<br>호에이(宝永) | |
| 114 | 1709<br>~1735 | 나카미카도<br>(中御門) | | 쇼토쿠(正徳)<br>교호(享保) | |
| 115 | 1735<br>~1747 | 사쿠라마치<br>(桜町) | | 교호(享保)<br>겐분(元文)<br>간포(寛保)<br>엔쿄(延享) | |

| 대수 | 재위기간 | 천황시호<br>(중국풍) | 천황시호(일본풍) | 연호 | 비고 |
|------|----------|---------------------|------------------|------|------|
| 116 | 1747<br>~1762 | 모모조노<br>(桃園) | | 엔쿄(延享)<br>간엔(寬延)<br>호레키(宝暦) | |
| 117 | 1762<br>~1771 | 고사쿠라마치<br>(後桜町) | | 호레키(宝暦)<br>메이와(明和) | |
| 118 | 1771<br>~1779 | 고모모조노<br>(後桃園) | | 메이와(明和)<br>안에이(安永) | |
| 119 | 1780<br>~1817 | 코카쿠<br>(光格) | | 덴메이(天明)<br>간세이(寬政)<br>교와(享和)<br>분카(文化) | |
| 120 | 1817<br>~1846 | 닌코<br>(仁孝) | | 분카(文化)<br>분세이(文政)<br>덴포(天保)<br>고카(弘化) | |
| 121 | 1846<br>~1867 | 코메이<br>(孝明) | | 고카(弘化)<br>가에이(嘉永)<br>안세이(安政)<br>만엔(万延)<br>분큐(文久)<br>겐지(元治)<br>게이오(慶應) | 일세일원제<br>정착 이전의<br>마지막 천황 |
| 122 | 1867<br>~1912 | | | 메이지<br>(明治) | 일본 제국의<br>초대 천황. |
| 123 | 1912<br>~1926 | | | 다이쇼<br>(大正) | 1921~1926년<br>히로히토 황태자<br>섭정 |
| 124 | 1926<br>~1989 | | | 쇼와<br>(昭和) | 일본 제국의<br>마지막 천황. |
| 125 | 1989<br>~2019 | | | 헤이세이<br>(平成) | 2019년 4월30일<br>재위 중 퇴위. |
| 126 | 2019<br>~현재 | | | 레이와<br>(令和) | 현재의 천황 |

| 연도 | | 구력 | | 주요 사건 | 관련 사료 |
|---|---|---|---|---|---|
| 1853 | 7.8 | 가에이 6 | 6.3 | 미국 동인도 함대, 에도 만 우라가(浦賀沖) 도착 | 미합중국 대통령 서한 |
| 1854 | | 가에이 7 | 1.16 ~2.13 | 페리 다시 방문, 그 다음 달부터 요코하마에서 막부 대표와 회담 | |
| | 3.31 | 가에이 7 | 3.3 | 일미화친조약 조인 | 일미화친조약(필사) |
| 1858 | 7.29 | 안세이 5 | 6.19 | 일미수호통상조약 조인 | |
| | 10.31 | | 9.7 | 안세이대탄압 시작 (1860년 3월 24일, 사쿠라다문밖의 사건까지 지속) | |
| 1863 | 9.30 | 분큐 3 | 8.18 | 금문의 전투(금문禁門의 변), 조정 안의 존왕양이파 추방 | |
| 1866 | 3.7 | 게이오 2 | 1.21 | 사쓰마–조슈 토막 밀약 성립 | |
| 1867 ~ 1868 | | 게이오 3 | 6월 | 도사의 고토 쇼지로(後藤象二郎), 야마우치 요도(山内容堂)에게 대정봉환 건의 | |
| | 11.8 | | 10.13 | 천황, 막부 토벌(토막, 도막)의 밀칙 내림 | |
| | 11.9 | | 10.14 | 도쿠가와 요시노부, 대정봉환 상표(上表) 조정에 제출 | |
| | 12월 | | 11월 | 사카모토 료마, 신정부강령8책 기초 | 신정부강령8책 |
| | 12월 | | 11월 | 니시 아마메西周, 의제 초안 작성 | 의제 초안議制草案 |
| | 1.3 | | 12.9 | 왕정복고 쿠데타 단행, 왕정복고대호령 발표 | |
| | 1.11 | | 12.17 | 신정부, 총재總裁, 의정議定, 참여參与 등 3직 설치 | |
| 1868 | 6.11 | 게이오 4 | 윤4.21 | 정체서 공포, 3권분립에 기초, 태정관제(8관) 수립 | 정체서政體書 |
| 1869 | 8.15 | 메이지 2 | 7.8 | 관제 개혁(2관 6성), 직원령職員令 제정 | |
| 1871 | 9.13 | 메이지 4 | 7.29 | 관제 개혁(3원 8성), 태정관직제 및 사무장정 제정 | 태정관직제 연혁 원문 |
| | 12.3 | | 11.12 | 이와쿠라 사절단, 요코하마 항 출발(~1973.9) | 이토 히로부미 수기 (외유일기) |
| 1872 | | 메이지 5 | 4월 | 미야지마 세이치로宮島誠一郎, 좌원左院에 헌법 제정 건의 | 입국헌안立國憲議 |

| 연도 | 구력 | | 주요 사건 | 관련 사료 |
|---|---|---|---|---|
| 1873 | 메이지 6 | 10.25 | 정한논쟁에서 패배한 사이고 다카모리, 이타가키 다이스케 등 참의직 사직(메이지 6년 정변) | 오쿠보, 정체政體에 관한 의견서 |
| 1874 | 메이지 7 | 1.12 | 애국공당愛國公黨 결성 | 애국공당 본서 및 부서 초안 |
| | | 1.17 | 민찬의원 설립 건의서 제출 | 민찬의원 설립 건백 초고(3종) |
| | | 4.1 | 입지사 설립 | |
| | | | 아오키 슈조靑木周藏 국헌초안 | 제호대일본국정전초안帝号大日本國政典 |
| 1875 | 메이지 8 | 2.11 | 오쿠보 도시미치, 기도 다카요시, 이타가키 다이스케 등, 정체 협의(오사카 회의) | 정체 개혁 도안政府改革圖案 |
| | | 4.14 | 천황, 점진적인 입헌 정체 수립 조직 하달 | 오사카회의초안, 입헌정체수립의 조詔 |
| | | 6.24 | 제1회 지방관회의개최(~7.17) | |
| 1876 | 메이지 9 | 9.6 | 원로원에 국헌 기초 칙유 하달 | 일본국헌안日本國憲按 |
| | | 10월 | 서일본 각지에서 사족 반란 발발 | |
| 1877 | 메이지 10 | 2.15 | 가고시마에서 사이고 다카모리 거병, 서남전쟁 시작(~10.24) | 공성포대攻城砲隊 전투 보고 |
| | | 6월 | 입지사, 국회 개설 청원 원로원과 좌원에 제출 | 입지사 건백(필사) |
| 1880 | 메이지 13 | 3.17 | 애국사대회에서 국회 기성 동맹 결성 | 국회개설윤가상원서允可上願書 |
| | | 7월 | 이와쿠라 도모미, 헌법에 관한 의견을 상주上奏 | 헌법강령 의의憲法中綱領之議 |
| 1881 | 메이지 14 | 8월 | 입지사의 우에키 에모리植木枝盛, 국헌초안 동양대일본국헌안 작성 | 동양대일본국東洋大日本國 국헌안國憲案 |
| | | 10.11 | 어전회의에서 국회 개설의 방침, 오쿠마 시게보부의 참의 파면 등 결정(메이지 14년 정변) | 오쿠마 시게노부 상주문(필사) |
| 1882 | 메이지 15 | 3.14 | 이토 히로부미, 헌법 조사를 위해 유럽 출발 | 입헌 정체 조사立憲政體調査, 특파이사구주 파견 칙서特派理事歐洲派遣勅書 |
| 1885 | 메이지 18 | 12.22 | 태정관제 폐지, 내각 제도 도입(초대 총리는 이토 히로부미) | 내각직권內閣職權 |

| 연도 | 구력 | | 주요 사건 | 관련 사료 |
|---|---|---|---|---|
| 1886 | 메이지 19 | 10.24 | 대동단결 운동 고양 | |
| 1887 | 메이지 20 | 6월 | 이토 히로부미, 이토 기요지, 가네코 긴타로 등 가나가와현 나쓰지마夏島의 이토 별장에서 국헌 초안 검토 | 나쓰지마초안 |
| | | | | 대일본제국헌법 3월 안三月案 |
| 1889 | 메이지 22 | 2.11 | 대일본제국 헌법 발포 | |
| | | 2.12 | 구로다 기요타카黑田淸隆 수상, 헌법 발포에 즈음하여 초연주의超然主義 연설 | 구로다 수상 연설 |
| | | 10.18 | 오쿠마 시게노부 외상, 폭탄 테러로중상(조약 개정 교섭 일시 중단) | 재외공사전신훈령在信 訓令案 |
| 1890 | 메이지 23 | 7.1 | 제1회 중의원의원 총선거 | 중의원議員之証 |
| | | 7.10 | 제1회 귀족원백자남작의원 호선선거伯爵伯子男 爵議員互選選擧 | 귀족원 자작 의원 선 거인 확정 명부, 투표 용지 |
| | | 9.15 | 입헌자유당 결성식 | 입헌자유당立憲自由黨結黨 |
| | | 11.29 | 제1회 제국의회 개원식 | 이노우에 기요시가 이 토 히로부미에게 보낸 편지 |
| 1892 | 메이지 25 | 2.15 | 제2회 중의원의원 총선거, 마쓰카타松方 내각에 의한 선거개입 정치문제화 | 중의원선거 후보자 명부 |
| 1893 | 메이지 26 | 1~2 월 | 제4의회, 군함건조비 지출을 둘러싸고 정부와 민당 대립 | 화협和協의 조칙안詔勅案 |
| 1894 | 메이지 27 | 7.16 | 영일통상항해조약 조인(영사재판권 철폐) | |
| | | 8.1 | 일본, 청에 선전포고, 청일전쟁 발발 | 건건여록초고蹇蹇餘錄草 稿卷上 |
| | | | | 하야시林董에게 보내 는 서한 (무쓰 무네미쓰) |
| 1895 | 메이지 28 | 4.17 | 청일강화조약(하관下關조약) 조인 | |

| 연도 | 구력 | | 주요 사건 | 관련 사료 |
|---|---|---|---|---|
| 1896 | 메이지 29 | 3.1 | 입헌개진당 등 진보당 결성 | 이토 수상의 시정방침 담화 요지 |
| 1898 | 메이지 31 | 6.22 | 자유, 진보 양당 합당, 헌정당 결성 | 선언 |
| 1900 | 메이지 33 | 9.15 | 입헌정우회 결성 | 입헌정우회 회칙 초안 |
| 1901 | 메이지 34 | 5.18 | 사회민주당(안부기웅安部磯雄 등) 결성, 즉시 결사 금지 | 사회민주당 결성 신고서, 당칙黨則(필사) |
| | | 9.7 | 의화단사변 최종의정서 체결 | 가쓰라 타로 자서전 (북청사변기술) |
| 1902 | 메이지 35 | 1.30 | 제1회 영일동맹협약 조인 | 영독협상, 러일동맹 |
| 1904 | 메이지 37 | 2.10 | 일본, 러시아에 선전포고 러일전쟁 발발 | 진중陣中휴대 노트 (一) |
| | 메이지 38 | 9.5 | 러일강화조약(포츠담조약) 조인 | |
| | | | 가쓰라桂園 시대(~메이지 말) | 사이온지 긴모치가 가쓰라에게 보낸 편지 |
| 1910 | 메이지 43 | 5.25 | 대역사건 검거 시작 | |
| | | 8.22 | 한국합병에 관한 조약 조인 | 가쓰라 타로 각서 |
| 1911 | 메이지 44 | 2.21 | 일미통상항해조약개정 조인(관세자주권 확립) | |

주 : * 일본역사자료센터, '사료로 보는 일본의 근대(개국에서 강화까지, 100년의 궤적) 특별전 연표를 일미통상항해조약 개정 조인(1911)까지 재구성.
   ** 대일본제국헌법(1887) 3월 안의 정사淨寫는 깨끗하게 필사된 것을 말함.
출처 : 사료의 원문은 일본역사자료센터(www.jacar.go.jp) 연표 참조.

## 부록 4-1 ▮ 『난학계제』(1783)에 언급된 네덜란드 도서 현황

| 책이름 | 분야 | 저자 등 | 수량 |
|---|---|---|---|
| Oefenschoolboek | 직업훈련, 교원양성 교과서 | | |
| Nieuw en volkomenwoordenboek van der kunsten en weertenschappen, 10dln, Amsterdam( 1769~1778) | 과학기술사전 (난학자 애용) | Egbert Buys (프러시아 국왕 궁정고문관) | |
| Schouwtooneel natuur boek | 무대(舞台) 배치서 | | |
| Konst | Kunst(기술) | | |
| Kabinet | 대형수납 상자, 서랍장, 선반 | | |
| Wisconstboek | Wiskunstboek (수학책) | | |
| Zeespiegel | 海面(해면)항해술 | | |
| Vroedkonst | 産科學(산과학) | | |
| Gazophylacium medico-physicium oder Schatzkammer (醫事集成宝函, 1671) | 의학백과사전 | Woyt (1671~1709) | |
| J. Hübuner, Algemeene Geographie, Amsterdam(1768) | 지리학 | 독일 지리학자 Hübuner (1668~1732) | |

---

1  스기타 겐파쿠는 이 사람들 외에도 벨기에 의학사 Volcher Coitier(1535 - 1600), 독일 의학자 Philippe verheyen(1648~1710) 등의 해부서 등 자기가 본 것만 수십 권이 된다고 말하고 있다. 「和蘭醫事問答」, 『洋學』(上), 200쪽.
2  네덜란드의 의학자, 곤충학자, 박물학자다. 그의 해부학 책은 『해체신서』 번역에도 참고자료로 쓰였다. 그는 많은 책을 저술하였는데 약학책으로는 *De Nieuwe Nederlantsche Apothekers Winckel, Amsterdam*(1678)이 있다. 그의 『홀란드 식물지(Den Nederlandschen Herbarius, Amsterdam)』(1698)는 藤林普山에 의해 『武蘭加児都本草』란 제목으로 발췌, 번역되었다.

| 책이름 | 분야 | 저자 등 | 수량 |
|---|---|---|---|
| De Staats en Koeranten-Tolk, Leiden(1732) | 정치신문백과 사전 | 獨, Hübuner | |
| Rembert Dodonaeus, Crûydeboek(1553) (일본에는 1644년 판이 17세기 초에 전래됨) | 본초학 | 벨기에, 라이덴대학 교수 (1517~1585) | |
| Nauwkeurige beschryving van de Natur der vietvoetige dieren(1660) | 동물학 | 네덜란드, John Jonston (1603~1675) | |
| Heelkonstboek | 외과학 | 벨기에, Jean Palfyn (1650~1730) | |
| Heelkonstboek | 외과학 | 독일, Lorenz Heister (1683~1758) | |
| Compleet Franschen Nederduitsche Woordenboek(Amsterdam, 1730) | 사전, 사서(蘭佛辭書) | Pieter Marin | |
| Woordenboek der Nederduitsche en Francsche Taalen (Amsterdam en Utrecht, 1729)(2판) Het Groor Frans en Nederduitsche Woordenboek (Amsterdam en Utrecht, 1733)(4판) | 사전, 사서(蘭佛辭書) | 네덜란드, 출판업 François Halma(1653~1722) | |
| Nieuw Woordenboek der Nederlandsche en Latynsche Taalen (Amasterdam, 1719) | 사전, 사서 (네덜란드-라 틴) | S. Hannot | |
| Konsrwoordboek | 기술용어사전 | | |
| Paardenstaalboek | 마술(馬術) 및 치료법 | | |
| Anatomia corporum humanorum(1739) | 해부학[1] | William Cowper (1666~1709) | 수십권 |
| Tabulae Aatomicae(독일, 1734) Ontleedkundige Tafelen(네덜란드, 『해체신서』 저본) | 해부학 | 독일, 해부학교수 Johann Adam Kulmus (1689~1745) | |
| Casper Anatomia(실제 집필자는 Casper의 | 해부학 | 덴마크, 의학자 | |

| 책이름 | 분야 | 저자 등 | 수량 |
|---|---|---|---|
| 아들 Thomas Bartholin) | | Casper Bartholin Sr. (1585~1629) | |
| De Nieuw Hervormde Anatomia(1678)[2] | 해부학 | Steven Blankaart (1650~1702) | |
| d'Amsterdammer Apothek(1736) | 약학 | | |
| Practyk der medicine(1712) | 내과학 | Henricus Buyzen | |
| Huisiyke Geneeskunde(1772) | 내과학 | William Bucham (1729~1805) | |
| Heelkundige Onder Wyzingen(1755) | 내과학 | 독일, 의학자 Lorenz Heister(1683~1758) | |
| Aronome francais dictionaire économique(Lyon, 1709) | 백과사전 (난학자 애용) | 프랑스, 선교사 Noel Chomel(1632~1712) | |
| Algemeen huishoudelyk-, natuur-, zedekundig-, enkunst-woordenboek, Leiden(1778~1793) (네덜란드 역은 1834년 제2판) | 가정용 백과사전 | Chomel 편 | |

## 부록 4-2 ┃ 『난학사시』(1815)에 언급된 서양번역서 현황

| 번역자 이름 | 분야 | 책명 | 저본, 참고도서, 주요내용 | 비고 |
|---|---|---|---|---|
| 가쓰라가와 호슈<br>(桂川甫周,<br>1751~1809) | 의학<br>지리 | 『顯微鏡鏡法』(1802)<br>『新製地毬萬國圖說』(1786)<br>『地球全図』(1791)<br>『魯西亜志』(1793) | 『화란약찬(和蘭藥撰)』<br>『해상비요방(海上備要方)』 | 해체신서 교정<br>의학관 교관 |
| 구쓰기 마사쓰나<br>(朽木昌綱,<br>1750~1802) | 지리 | 『태서여지도설(泰西興地圖說)』 | 세계지도<br>前野良沢, 大槻玄沢, 杉田玄白,<br>司馬江漢, 宇田川玄随,<br>平賀源内, 桂川甫周 등과 교류 | 다이묘 난학자<br>(丹波 福知山<br>藩主) |
| 나카가와 준안<br>(中川淳庵,<br>?~1786) | 약학 | 『화란국방(和蘭局防)』 | | 해체신서 교열 |
| 니시 젠자부로<br>(西善三郎,<br>?~1768) | 어학 | | 피테르 마린(Pieter Marin),<br>『佛-蘭 사전』 | 미완성<br>나가사키 통사<br>대통사(1754) |
| 바바 사주로<br>(馬場佐十郎,<br>1787~1823,<br>사다요시(貞由)<br>라고도 함) | 어학 | 『화란문전(和蘭文典)』<br>『노어문법규범(魯語文法規範)』<br>『아라사어소성(俄羅斯語小成)』<br>『후생신편(厚生新編)』<br>(바바 사후 완성)<br>『통역관필수영어집성<br>(譯司必用厄利亞語集成)』<br>『동북달단제국도지에조잡기역설<br>(東北諸國圖誌野作雜記譯說)』(1809) | 네덜란드어 문법책<br>佛 놀 쇼멜(Nol Chomel),<br>『백과사전』<br>니콜라스 비천(Nicolaes<br>Witsen),<br>Noord en Oost<br>Trtarye(1692)발췌,번역<br>네덜란드 상관장 헨드릭<br>두프(Hendrik | 오가타 고안(緒方洪庵<br>데키주쿠에서 교재<br>사용.<br>막부, 바바를 위해<br>서양문헌 번역기관이<br>화란서적화해어용(和<br>和解御用) 설립(181 |

---

1. 케일은 라이프니츠의 미적분이 뉴턴의 표절이라고 주장했던 인물이다.
2. 우다가와 겐신(宇田川玄眞, 1770~1835), 야마무라 사이스케, 이나무라 산파쿠 등과 함께 오쓰기 겐타쿠가 설립한 지란당(芝蘭堂)의 사천왕이라고 불린다. 모두 에도시대 난학발전에 큰 기여를 했다.
3. 겐신은 겐타쿠 문하에서 수학한 뒤 풍운당(風雲堂)이라는 난학숙을 만들었다. 의학과 과학 등 다양한 분야에 걸친 연구를 계속하며 겐즈이의 뒤를 이었다. 요시다 조슈, 사토 노부히로, 오가타 고안, 미쓰쿠리 린포 등 뛰어난 제자들을 많이 배출했다.프랑스인 쇼멜이 편찬한 백과사전의 네덜란드 판『가사백과사전』을 번역하는 일도 처음에는 겐신이 맡았다. 겐신 사후 이 책은『후생신편』이라는 제목으로 출간되었다.

| 번역자 이름 | 분야 | 책명 | 저본, 참고도서, 주요내용 | 비고 |
|---|---|---|---|---|
| | | 『노서아국정서만문훈역강해 (魯西亞國呈書滿文訓譯强解)』(만주어) | Doeff)에게서 네덜란드어, 프랑스어, 영어 수학 | |
| 토키 료에이 (本木良永, 35~1794) | 천문 지도 측량 | 『아란타지구설(阿蘭陀地球說)』(1772) 『아란타지구도설(阿蘭陀地球圖說)』 『아란타전세계지도서(阿蘭陀全世界地圖書)』(1790) 『천지이구용법(天地二球用法)』(1774) 『성술본원태양궁리요해신제찬지이구용법기(星術本源太陽窮理了解新制天地二球用法記)』(1792) | 독일 루이 르나르 (Louis Renard, 1678~1746), 『항해와 무역의 아틀라스』(1739) 영국, 천문학자 조지 애덤스(George Adams, 172~1773), A treatise on Describing and Explaining the Contruction and Use of New Celestial and Terrestrial Globes(1766) 네덜란드, 물리학자 윙클러(Johann Heinrich Winkler, 1703~1770), Anfangsgrunde der Physik(1753) | 네덜란드어판 번역 '아란타' = '홀랜드' |
| 토키 료이 本木良意, 28~1697) | 의학 | 『아란타경락근맥황도해(阿蘭陀經絡筋脈晃圖解)』(1682) | Pinax Microsomo Graphicus(1667) | 출간은 1772년(최초의 번역서) |
| 타 겐파쿠 杉田玄白, 3~1817) | 의학 | 『해체신서(解體新書)』(1774) 『지료술(治療術)』 | 독일, 단치히 해부학교수 Johann Adam Kulmus(1689~1745), Tabulae Anatomicae(1734) Ontleedkundige Tafelen(네덜란드 역) 외 5종의 유럽 해부서 독일, 로렌츠 하이스터(Lorenz Heister, 1683~1758) 외과 책 Chirurgjjen) 역. | 오바마 번 가로 오카 마사카타 (岡正固, 1736~ 1790)에게 부탁 하여 구입 번역의 완성은 오쓰기 겐타쿠 |
| 지즈키 | 천문 | 『역상신서(曆象新書)』 | 존 케일(John Keil, | 뉴턴역학체계 소개 |

| 번역자 이름 | 분야 | 책명 | 저본, 참고도서, 주요내용 | 비고 |
|---|---|---|---|---|
| 주지로(다다오)<br>(志筑忠次郎,<br>1760~1806) | 물리 | 『쇄국론(鎖國論)』 | 1671~1721),[1] 천문물리서<br>Inleeidinge tot de waare<br>Natuuren<br>Sterrekunde(1741)<br>엥겔베르트<br>캠페르(Engelbert<br>Kaempfer)의 History of<br>Japan(1727) 발췌 번역 | '쇄국' 용어 최초로 사 |
| 아라이 쇼주로<br>(荒井莊十郎) | 지리<br>측량 | 『태서도설(泰西圖說)』 | 번역 참여<br>(번역 발행은 후쿠지야마<br>번주, 구쓰기 마사쓰나) | |
| 아라이<br>하쿠세키<br>(新井白石,<br>1657~1725) | 각국<br>사정 | 『채람이언(采覽異言)』<br>『서양기문(西洋記聞)』 | 예수회 선교회 시도티<br>(Giovanni Battista Sidotti,<br>1688~1714) 심문 자료 | 1708, 시도티 가고시마<br>야쿠시마 상륙 |
| 아오키 곤요<br>(青木文藏,<br>1698~1769) | 박물<br>어학 | 『아란타본초화해(阿蘭陀本草和解)』<br>(1741~1750)<br>『화란문자약고(和蘭文字略考)』 | 도도네우스<br>(Rembertus Dodonaeus,<br>1517~1585),<br>『식물도감』(1554) | 네덜란드 상관 통사<br>구술을 기록 |
| 야마무라<br>사이스케<br>(山村才助,<br>1770~1807)[2] | 지리 | 『정정증역채람이언(訂正增譯采覽異言)』 | 아라이 하쿠세키,<br>『채람이언(采覽異言)』 | |
| 요시오<br>고자에몬<br>(吉雄幸左衛門,<br>1724~1800) | 의학 | 『인액발비(因液發備)』 | 일본 최초 소변검사법 설명 | 「해체신서」 서문 적 |
| 오쓰기 겐타쿠 | 의학 | 『증정해체신서』 | | |
| 우다가와<br>겐즈이<br>(宇田川玄隨,<br>1755~1798) | 의학 | 『서설내과찬요(西說內科纂要)』<br>『증정내과찬요(增訂內科纂要)』 | 요하네스 데 호르터르<br>(Johannes de Gorter,<br>1689~1762) 내과학 서적<br>Gezuiverde<br>Gedeeskonost(1744) | 일본 최초의<br>내과의학 서적<br>쓰야마(津山)번 번 |
| 우다가와 겐신<br>(宇田川玄眞, | 의학<br>약학 | 『화란내경의범제강(醫範題綱)』<br>『원서의범(遠西醫範)』 | | 겐즈이의 양자<br>네덜란드 해부서 번 |

| 번역자 이름 | 분야 | 책명 | 저본, 참고도서, 주요내용 | 비고 |
|---|---|---|---|---|
| 770~1835)[3] | | 『원서의방명물고(醫方名物考)』<br>『신정증보화란약경』 | | 일본 최초 동판<br>해부도(52장) |
| 이나무라<br>산파쿠<br>(稻村三伯,<br>758~1811)<br>(우타가와<br>즈이, 오카다<br>호세쓰(岡田甫<br>說)도 참여) | 어학 | 『하루마와게<br>(波留麻和解 혹은 ハルマ和解)』(1796) | 프랑수아 할마<br>(François, Halma,<br>1653~1722),<br>Woordenboek der<br>Nederduitsche en<br>Francsche<br>Taalen(1729)(13년 소요) | 당시 네덜란드도<br>국어사전으로 사용<br>64,305단어, 30부 발행 |
| 이시이<br>쓰네에몬<br>石井恆右衛門)<br>다 세이키치,<br>馬田淸吉) | 박물<br>본초 | 이나무라 산파쿠의 『하루마와게』<br>번역에도 참여 | 도도네우스의 『본초학』 | 미완성 사망 |
| 하시모토<br>소키치<br>(橋本宗吉,<br>763~1836) | 의학<br>전기<br>물리 | 『난과내외삼법방전(蘭科內外三法方典)』<br>『네덜란드 시제(始制)<br>일렉키텔구리원 | | |
| 라가 겐나이<br>(平賀源内,<br>28~1779) | 식물<br>박물 | 『物類品隲(물류품즐)』(1763)<br>『番椒譜(향초보)』 | 蘭 상관장 얀 크란스(Jan<br>Crans)와 친분. 그로부터<br>Johnston, 『동물도감』,<br>도도네우스, 『식물도감』,<br>Rumphius, 『패류도감』 등<br>선물 받음 | 『동물도감』은 일본에<br>처음 소개된 네덜란드 책 |

아래 자료는 1883년(메이지 16년 11월 14일 출판) 야노 후미오가 쓴『역서독법』에 소개된 도서 분류체계와 주요 도서목록을 정리한 것이다. 야노는 이 목록에 대해 자신이 직접 수천 권의 책을 세밀히 검토하여 유익하다고 생각되는 것을 선정하였다고 말하고 있다. 원래는 자신의 고향 사람(오이타현 쓰루타니(鶴谷))들이 결성한 어느 독서회(譯書周覽會)[1]의 공부를 돕기 위해 만든 것인데 나중에 그 모임의 권유에 따라 출판까지 하게 되었다.[2] 이 자료를 보면 아직 도서 분류체계가 확립되어 있지 않았던 메이지 초기의 도서분류 체계와 당시 일본에서 번역된 서양서적들의 제목, 그리고 주요 서양 개념어의 번역 상태 등을 확인할 수 있다.

### 『역서독법』의 분류체계

신상(身上) 부류(部類)[3]

I. 사회에 관한 것(者)

1. 지리서 부(部)

2. 역사서 부(部) : 만국사, 각국사, 만국근세사

3. 수신서 부(部)

---

1 주람독서회란 영국 미국 등에서 유행하던 순회도서관(Circulation Library)와 비슷한 것으로 여러 사람이 독서회를 결성하여 일정 금액을 내고 책을 구입한 뒤 돌아가면서 독서를 하는 모임이다. 적은 금액으로 많은 책을 읽을 수 있는 장점 때문에 당시 일본 전국에 이런 모임이 많이 생겼다고 한다.

2 『譯書讀法』序 참고.

3 『譯書讀法』, 89~106쪽 참고.

4. 종교서 부(部)

5. 정리(政理)서 부(部)

6. 정체(政体)서 부(部)

7. 법리서 부(部)

8. 법률서 부(部)

9. 경제서 부(部)

10. 예의서 부(部)

II. 일신에 관한 것

1. 생리서 부(部)

2. 심리서 부(部)

3. 윤리서 부(部)


## 신외(身外) 부류(部類)

I. 필요서 류(必要書類)

1. 물리서 부(部)

2. 화학서 부(部)

3. 동물서 부(部)

4. 식물서 부(部)

5. 천상(天象)서 부(部)


II. 諸雜書 部

1. 진화학류

2. 문명사류

3. 사회학류

4. 전문 및 색인용서 류

5. 전기류

6. 난세사류

7. 기행류

8. 소설류


## 『역서독법』에 소개된 서양번역서 목록

### 身上에 관한 부류

I. 사회에 관한 것

1. 지리서 부(部) : 『지구설략역해(地球說略譯解)』(福田 譯解), 『병요(兵要)만
국지리소지』(近藤 譯述), 『여지지략(輿地志略)』(內田 纂譯), 『지리논략』(Phisical
Geography, 荒井 譯)

2. 역사서 부(部)

만국사 : 『파레만국사』(굳리치, 牧山 譯), 『만국사략』(치트레·테롤 등, 西村 譯)

각국사 : 『희랍사략』(세베르, 楢岡 譯), 『로마사략』(大槻 譯), 『게르만국사』(마
르캄, 小林 譯), 『구씨(具氏)프랑스사』(굳리치, 和蘭漢加斯底爾 譯), 『영국
사』(흄 등, 大島 譯)』, 『미국사략』(콱켄보스, 高橋 譯), 『러시아연혁사』(千葉 譯)

만국근세사 : 『만국신사』(참블·기르네이 등, 箕作 譯), 『근세태서통람』(다이
아, 沼間 外譯)

3. 수신서 부(部) : 『수신론』(웨이랜드, 阿部 譯), 『은씨(殷氏)도덕학』(西村 譯)

4. 종교서 부(部) : 『신약전서』(훈점 있는 한문), 『구약전서』(동)

5. 정리(政理)서 부(部) : 『영국정치론설』(롯셀, 高橋 抄譯), 『자치론』(리버, 林

譯), 『자유원론』(토크빌, 肥塚 重譯), 『입법논강』(벤덤, 島田 譯)

6. 정체(政休)서 부(部) : 『영국정전』(英國政典)(웍크스, 平井 譯), 『미국정치략전』(요르덴, 文部省 出版), 『영국의원정치론』(토드, 尾崎 譯)

7. 법리서 부(部) : 『민법논강』(벤덤, 何 譯), 『형법논강』(벤덤, 林 譯)

8. 법률서 부(部) : 『영국율법요결』(카비치트로야, 司法省 出版), 『미국법률원론』(토마스 루드미트, 高橋 譯), 『법률원론』(테레, 島田 譯), 『만국공법』(울시)』(한문 훈점 있음), 『만국공법』(켄트, 蕃地事務局 譯), 『해씨만국공법』(海, 司法省 譯)

9. 경제서 부(部) : 『경제입문』(小幡 譯), 『경제설략』(永田 譯), 『보씨(寶氏)경제학』(보우세트, 永田 譯), 『영씨(英氏)경제학』(웨이랜드, 小幡 譯), 『미아(彌兒)경제론』(밀, 林 譯), 『부국론』(오카아, 永峯 譯)

10. 예의서 부(部) : 『영미예의』(영미판 에티켓, 矢野 譯), 『영국교제의식』(영국판 모랄과 에티켓, 渡邊 譯)


II. 일신에 관한 것

생리서 부(部) : 『학교용생리서』(쿨트, 今井 譯), 『초학인신구리』(松山 譯), 『불씨(弗氏)생리서』(큐치린, 문부성 출판), 『생리서』(永松 纂述)

심리서 부(部) : 『배인씨(培因氏)심리신설』(베인, 井上 譯), 『심리학』(헤븐, 西 譯)

윤리서 부(部) : 『논리야설』(톰슨 등, 菊池 譯), 『연역추리학』(尾崎), 『논리신편』(제본, 添田 譯)


**신외(身外)에 관한 부류**

I. 필요서 류(必要書 類)

물리서 부(部) : 『물리계제』(파클 등, 片山 纂輯), 『물리일기』(릿텔 口授, 문부성 역), 『물리학』(飯盛 纂譯)

화학서 부(部) : 『화학서』(로스코치 撰, 문부성 역), 『화학일기』(릿텔 구수, 문부성 역), 『신식화학』(太田 譯)

동물서 부(部) : 『박물전지동물편(博物全志動物篇)』(内田 譯), 『보통동물학』(실링 등, 丹波 譯)

식물서 부(部) : 『식물학역해』(安部 譯), 『보통식물학』(쥐벨트, 丹波 譯), 『식물통해』(그레이, 矢田部 譯), 『식물생장여하』

천상(天象)서 부(部) : 『천학신설』(테트, 吳 譯), 『천문학』(로크야, 문부성 출판)


Ⅱ. 제잡서 류(諸雜書 類)

1. 진화학류 : 『동물진화론』(모스, 石川 筆記), 『인조(人祖)론』(다윈, 神津 譯)

2. 문명사류 : 『구라파문명사』(기조, 永峯 譯), 『영국문명사』(버클, 土居 譯)

3. 사회학류 : 『사회학』(스펜서, 大石 譯), 『사회조직론』(스펜서, 山口 譯), 『사회개조신론』(스펜서, 大石 譯), 『사회학원리』(케이레, 田中 譯), 『이학(利学)』(밀, 西 譯)

4. 전문 및 색인용서 류 : 『정사류전(政事類典)』(시보원, 동경경제잡지사 역), 『프랑스법률서』(헌법 민법 소송법 상법 형법 치죄법, 箕作 譯), 『만국상법』(豊島 譯), 『이태리민법』(메, 島田 譯), 『영국헌법사』(메, 島田 譯), 『국법범론(加藤 譯)』, 『국헌범론』(小野 譯), 『자유지리』(밀, 中村 譯), 『민약논요의』(服部 譯), 『정학(政學)』(울시, 堀口 譯), 『정경(政經)』(리버, 大石 譯)

5. 전기류 : 『서국입지론』(스마일스, 中村 譯), 『위적총전(偉績叢傳)』(星 纂譯), 『태서명사감(泰西名士鑑)』

6. 난세사류 : 『프랑스혁명사』(河津 譯)』, 『혁명사감(革命史鑑)』(久松 譯)』,

『청국근세난사』(曾根 撰)』

7. 기행류 : 『미구회람실기』(태정관 판), 『만유기정(漫遊記程)』(中井), 『잔운
협우일기(桟雲峽雨日記)』(竹添), 『청국만유기(淸國漫遊記)』(曾根), 『지나총설
(支那總說)』(金子)

8. 소설류 : 『이소진물어(伊蘇普物語)』(全譯), 『전세계일대기서』(全譯), 『80일
간세계일주』(全譯), 『월세계여행』(全譯), 『허무당퇴치기담』(全譯), 『로민손표류
기』(全譯), 『경국미담』(纂譯), 『진단랑난전(眞段郎蘭傳)』(全譯), 『화류춘화(花柳
春話)』(全譯)

| 도서명 | 저자 | 분야 | 수량 |
|---|---|---|---|
| Webster's Dictionary unabridged new illustrated Edition 3000. Engravings-18. | | 大字書 | 18<br>6 |
| Webster's counting house and family Dictinary | | 字書 | 24 |
| Webster's Dictinary | | 자서 | 15 |
| Webster's primary Dictinary revised Edition | | 초학, 자서 | 3 |
| Webster's Royal Octavo Dictinary | | 자서 | 5 |
| Webster's pronouncing Dictinary | | 자서 | 1 |
| First lesson on Natural Philosophy for Children | | 초학, 궁리서 | 2 |
| History of Greek | Swell | 희랍사 | 1 |
| History of Rome | Swell | 로마사 | 1 |
| Perkins series on Primary arismetic | | 算書 | 15 |
| An elementaru arismetic | | 算書 | 15 |
| Smith's new grammar English grammer on the production | | 文典 | 45 |
| Elementary of Political Economy Engravings-6. | | 政體書 | 1 |
| Wayland | | 政體書 | 1 |
| Upton's infantry tactics double and single Rank | | 調練書 | 2 |
| Taylor's manual of Ancient and modern History | | 上世, 中古史 | 8 |
| Perkin's treatise on Algebra Engravings-6. | | 算書 | 29 |
| Cornell's Grammer school grography | | 지리서 | 15 |
| Cornell's Companion Atlas | | 大地圖 | 33 |

---

1 　이 표는 金子宏二의 아래 논문을 참고로 작성했다.
　　「『藩学養賢堂洋書目録』について―慶応三年福沢諭吉将来本―」, 『福澤諭吉年鑑』 8, 1981,
　　207~217쪽.

| 도서명 | 저자 | 분야 | 수량 |
|---|---|---|---|
| Bowditch's Navigator thirty fifth's Edition | | 항해서 | 1 |
| Wheaton's International Law | | 民政記 | 2 |
| Bishop on Criminal Law | | 刑典書 | 2 |
| Parley's universal History school Edition | | 通國, 史記 | 26 |
| Goodrich Parley's common school history of the world | | 通國誌 | 11 |
| Youman's new chemistry | | 舍密書 | 1 |
| Pinneo's Analytical Grammer of the English language | | 文典, 說解 | 1 |
| English grammar Quackenbos | | 文法書 | 1 |
| Sheet Anchor | | 帆船, 運用書 | 1 |
| Handbook of steam Engine-Bourne | | 蒸氣, 機械書 | 1 |
| The steam Engine-Bourne | | 蒸氣, 機械書 | 1 |
| Ordance instructions v.5. Navy-1866 | | 合衆國海軍書 | 1 |
| Observations on the Scientific study of Human Nature | | 智囊(지낭) | 2 |
| Natiral philosophy | | 究理書 | 2 |
| English grammer | | 文典 | 1 |
| Famous Americans of recent time portion | | 近代米利堅記 | 1 |
| | | 蘭語, 要器書 | 2 |
| | | 草稿本 | 幾許 |
| Natural philosophy Quackenbos | | 窮理書 | 76 |
| Cornell's High school Georgraphy | | 地理書 | 34 |
| New primary reader | | 語學書 | 98 |
| New series mandeville's school second reader | | 同 | 64 |
| Mandeville's New series the third reader | | 同 | 35 |
| Mandeville's New series the fourth reader | | 同 | 40 |
| Mandeville's New series the fifth reader | | 同 | 40 |
| I. Perkin's Key to practical Arithmetic | | 算術書 | 15 |
| II. Perkin's practical Arithmetic | | | 10 |
| III. Perkin's higher Arithmetic | | | 15 |

| 도서명 | 저자 | 분야 | 수량 |
|---|---|---|---|
| IV. Perkin's Elements of Algebra | | | 6 |
| V. Perkin's Elements of Geometry | | | 6 |
| VI. Perkin's elements of Geometry | | | 9 |
| VII. Perkin's elements of Algebra | | | 9 |
| VIII. Perkin's practical Arithmetic | | | 4 |
| 鐵鍵 | | | 4個 |
| 棒 | | | 4本 |

# 찾아보기